Handbuch Bewegungs- wissenschaft – Bewegungslehre

Beiträge zur Lehre und Forschung im Sport

141

Handbuch Bewegungswissenschaft – Bewegungslehre

Herausgegeben von
Heinz Mechling und Jörn Munzert

Mit Beiträgen von:
K. Blischke, M. Brach, S. Bruhn, R. Daugs, M.-O. Dillinger, A. O. Effenberg, A. Gollhofer, M. Gruber, F. Hänsel, H. Heuer, F. Hildebrand, P. Hirtz, E. Hossner, A. Hummel, G. Jendrusch, A. Kibele, J. Konczak, J. Krug, S. Künzell, V. Lippens, R. Magill, F. Marschall, H. Mechling, J. Munzert, A. Neumaier, N. Olivier, K. Pfeifer, G. Postuwka, M. Raab, M. Reiser, T. Schack, N. Schott, M. T. Spahr, J. Wiemeyer, R. Wollny

VERLAG HOFMANN SCHORNDORF

Bibliografische Information der Deutschen Bibliothek

Die Deutsche Bibliothek verzeichnet diese Publikation in der Deutschen Nationalbibliografie; detaillierte bibliografische Daten sind im Internet über http://dnb.ddb.de abrufbar.

Bestellnummer 1911

Texterfassung und Layout: Anika Stephan und Martin Spahr

Erschienen als Band 141 der „Beiträge zur Lehre und Forschung im Sport"

Gesamtherstellung in der Hausdruckerei des Verlags
Printed in Germany · ISBN 3-7780-1911-2

Inhaltsverzeichnis

Handbuch Bewegungswissenschaft – Bewegungslehre

Inhalt 5

Vorwort 7

A Überblick 11

A.1 Einleitung und Aufbau des Handbuches
Heinz Mechling & Jörn Munzert 13

A.2 Zu Gegenstand und Geschichte der Bewegungswissenschaft
Heinz Mechling 19

B Grundlagen 55

B.1 Muskelphysiologie
Albert Gollhofer, Markus Gruber & Sven Bruhn 57

B.2 Neurophysiologische Grundlagen
Jürgen Konczak 81

B.3 Bewegungssteuerung – Bewegungskoordination
Herbert Heuer & Jürgen Konczak 105

B.4 Motorisches Lernen
Ernst-Joachim Hossner & Stefan Künzell 131

C Funktionsbereiche von Wahrnehmung Bewegung und Handlung 155

C.1 Antizipation und Automatisation
Klaus Blischke & Jörn Munzert 157

C.2 Sinnesleistungen im Sport
Gernot Jendrusch & Michael Brach 175

C.3 Unbewusste Wahrnehmungsfunktionen bei der Bewegungsregulation
Alfred O. Effenberg 197

C.4 Vorstellung und mentales Training
Jörn Munzert & Mathias Reiser 219

C.5 Motorisches Gedächtnis, Behalten und Vergessen
Markus Raab & Richard A. Magill 231

C.6 Implizites Lernen
Armin Kibele 243

D Grundlagen des Lehrens und Lernens von Bewegungen 263

D.1 Instruktion
Frank Hänsel 265

D.2 Feedback
Franz Marschall & Reinhard Daugs 281

D.3 Subjektives Empfinden und objektives Messen in Lern- und Optimierungsprozessen
Volker Lippens 295

D.4 Kognition und Emotion
Thomas Schack 313

D.5 Belastung und Beanspruchung beim Bewegungslernen
Norbert Olivier & Marc-Oliver Dillinger 331

D.6 Von koordinativen Fähigkeiten zum Strategie-Adaptations-Ansatz
Heinz Mechling 347

D.7 Differenzielle Aspekte des motorischen Lernens
Rainer Wollny 371

D.8 Technische und technologische Hilfsmittel beim motorischen Lernen
Falk Hildebrand & Martin T. Spahr 387

E Motorisches Lernen in unterschiedlichen Bereichen 403

E.1 Motorisches Lernen - Lehrmethoden und Übungsgestaltung
Josef Wiemeyer 405

E.2 Motorisches Lernen im Sportunterricht
Peter Hirtz & Albrecht Hummel 429

E.3 Techniktraining
August Neumaier & Jürgen Krug 443

E.4 Motorisches Lernen im Alter
Michael Brach & Nadja Schott 461

E.5 Motorisches Lernen in Trendsportarten
Klaus Pfeifer 475

E.6 Bewegung und Bewegungslernen im Tanz
Gabriele Postuwka 487

Anhang 499

Index 501

Autorenverzeichnis 507

Vorwort

Ein Handbuch mit dem Titel „Bewegungswissenschaft – Bewegungslehre“ verweist auf ein Grundproblem anwendungsorientierter Wissenschaften und somit auf das in der Sportwissenschaft latent vorhandene Theorie-Praxis-Problem. Mit diesem Problem hatten sich die Lehrbuchklassiker zur ‚Bewegungslehre‘ der 1960er und 1970er Jahre wie auch die der 1990er Jahre auseinanderzusetzen. Eine abschließende Lösung dieses Problems wird es nicht geben, da es sich allenfalls um einen iterativen Prozess der Annäherung von beiden Seiten handeln kann. Für ein Handbuch zu einer Wissenschaftsdisziplin kann dies aus unserer Sicht nur bedeuten, die Forschungsperspektive zu akzentuieren und die Praxisüberlegungen darauf aufzubauen. Denn es zeigt sich zunehmend, dass gerade die verborgenen Prozesse der Bewegungsproduktion entscheidend für das tiefere Verständnis der menschlichen und damit auch der sportlichen Bewegung sind. Diese Prozesse sind durch ausschließliche Beobachtung in der Sportpraxis nicht aufzudecken und zu erklären. Viele prozessuale Abläufe mussten auf diesem Wege spekulativ mit sportlichen Bewegungen in Verbindung gebracht werden. In den letzten Jahrzehnten hat sich diese Situation dramatisch verändert. Neue Erkenntnisse sind insbesondere auf die beschleunigte Methodenentwicklung zurückzuführen. Die Prozesse lassen sich in ihrem Beitrag für das Zustandekommen der Bewegung viel exakter beschreiben. Was könnte für die zukünftige Entwicklung einer fundierten sportwissenschaftlichen Bewegungswissenschaft und Bewegungslehre wichtiger sein als von diesen Erkenntnissen zu profitieren? Ein Überblick über diese zentrale sportwissenschaftliche Disziplin mit ihren Forschungs- und Praxisfeldern ist bei diesem Stand der Entwicklung von einem einzelnen Autor heute nicht mehr zu schreiben. Die Autorinnen und Autoren dieses Handbuches tragen dieser Tatsache durch vielfältige interdisziplinäre Sichtweise Rechnung.

Mit dem vorliegenden Handbuch wird ein Überblick über aktuelle bewegungswissenschaftliche Theorie- und Forschungsansätze sowie aktuelle Forschungsergebnisse vermittelt. Grundlagen des Lehrens und Lernens sowie deren Umsetzung im motorischen Lernen ausgewählter Praxis- und Anwendungsbereiche werden dargestellt. Wir sind der Überzeugung, dass die Alltagstheorien zum Bewegungslernen und Techniktraining neben der notwendigen Erfahrung durch Eigenrealisation und in Vermittlungssituationen nur durch neue, integrationsfähige wissenschaftliche Erkenntnisse sukzessive verbessert werden können. Dabei gilt es, für die Ausführungskontrolle und das Lernen von sportlichen Fertigkeiten verstärkt unter die Oberflächenstrukturen zu sehen und gerade die verdeckten Vorgänge kognitiv-motorischer Art so transparent zu machen, dass sie in lebensweltliche Zusammenhänge einbezogen werden können. Dazu bedarf es auf der einen Seite profunder wissenschaftlicher Erkenntnisse und auf der anderen Seite praxisbezogener Transformationen. Mag auch die Zahl an ‚knowledge linkers' in den vergangenen Jahren nicht sehr groß gewesen sein, so deutet die wachsende Zahl an Publikationen zu theoriefundierter Praxis auch in diesem Band auf eine höchst begrüßenswerte Entwicklung hin.

Die sportbezogene Bewegungswissenschaft umfasst selbstverständlich auch den gesamten Beitrag der Biomechanik. Auf die Darstellung der biomechanischen Grundlagen in diesem Handbuch wurde – nicht nur aus Gründen des Umfangs – ebenso verzichtet wie auf den gleichermaßen bedeutenden Bereich der motorischen Entwicklung. Für die eine Thematik liegt mit dem Handbuch *„Motorische Entwicklung"* bereits eine umfassende Darstellung vor, für die *„Biomechanik"* steht ein weiteres Handbuch kurz vor dem Abschluss.

Das vorliegende Handbuch richtet sich an einen vorinformierten Leserkreis von Studierenden sowie Fachkolleginnen und Fachkollegen in der Sportwissenschaft, in der Allgemeinen Psychologie, der Neurologie, Neurophysiologie und Orthopädie. Es richtet sich auch an bewegungswissenschaftlich interessierte Sportlehrer und Sportlehrerinnen, Trainerinnen und Trainer im Spitzensport und in freizeitorientierten Trendsportarten, an Sporttherapeuten und Sporttherapeutinnen und Krankengymnastinnen und Krankengymnasten. Es soll der vertiefenden Prüfungsvorbereitung, der wissenschaftlichen und beruflichen Orientierung und Weiterbildung oder auch nur als Nachschlagewerk dienen. Unser Bemühen war es, mit der Struktur des Handbuches, der Schlagwortvergabe und der Indexierung diesem Anspruch ebenso gerecht zu werden wie dadurch, sprachlich und inhaltlich so weit allgemein verständlich zu bleiben wie möglich.

Den Autoren und Autorinnen, die sich aus der deutschen und amerikanischen Sportwissenschaft, aus der Psychologie und Neurophysiologie zusammensetzen, gilt zunächst unser Dank. Sie haben das Konzept akzeptiert und durch ihre Anregungen mitgestaltet. Jeder Beitrag wurde von zwei Gutachtern bzw. Gutachterinnen beurteilt. Auch diesen gilt unser Dank. Bei 35 Autorinnen und Autoren konnten Abstimmungs- und Terminprobleme nicht ganz ausbleiben. Besonderer Dank gilt all denen, die termingerecht ihre Beiträge fertig gestellt haben. Für die eingetretenen Verzögerungen bis zum endgültigen Erscheinen des Handbuches bitten wir um Nachsicht. Nur in den seltensten Fällen lassen sie sich ganz vermeiden.

Für die Übernahme von organisierenden und koordinierenden Aufgaben ist meiner Sekretärin in Bonn Frau Kann-Hähn zu danken, ebenso Sven Goebel in der Anfangsphase der Entstehung des Handbuches und Martin Spahr in der Endphase. Insbesondere ist Anika Stephan zu nennen, die in der entscheidenden Phase kontinuierlich den Kontakt zu den Autoren und Autorinnen hielt, die Manuskripte sorgfältig Korrektur gelesen und den Index betreut hat. Der Redaktionsausschuss hat gemeinsam mit den Vertretern des Verlages die Konzeption des Handbuches beratend unterstützt und in der Entstehung betreut. Für die sorgfältige Korrektur und die hilfreichen Hinweise durch Redaktionsausschuss und Betreuer ist ebenfalls zu danken.

Mit diesem Handbuch haben wir das Ziel verfolgt, den aktuellen Erkenntnis- und Wissensstand des zentralen originären Bereiches der Sportwissenschaft, ihrer Bewegungswissenschaft und Bewegungslehre aufzuarbeiten und darzustellen. Wir sind uns bewusst, dass wir auch mit einem Handbuch nur ein Zwischenergebnis eines andauernden Erkenntnisprozesses vorlegen können. Wir hoffen, dass wir unsere Faszination am eigenen Fachgebiet innerhalb der Sportwissenschaft und auf andere, bewegungswissenschaftlichen Fragen nahe stehende Fächer und Personen übertragen können. Der Erfolg und die Wirkung eines solchen Handbuches bleiben nun der konstruktiv kritischen Rezeption durch die Leser und Leserinnen vorbehalten.

Nur die Offenheit für neue Perspektiven aus der eigenen Disziplin und den Mutterdisziplinen sowie die anhaltende Diskussionsbereitschaft innerhalb und zwischen den sportwissenschaftlichen Teildisziplinen scheint uns Gewähr für den wissenschaftlichen Fortschritt zu sein. Diesen benötigt die Sportwissenschaft wie jede andere Wissenschaftsdisziplin. Wenn sich Leserinnen und Leser dieses Handbuches dieser Auffassung anschließen und diese auch umsetzen, wäre das wichtigste Ziel unserer Bemühungen erreicht.

Heinz Mechling und Jörn Munzert

Bonn/Gießen, Mai 2003

A Überblick

Inhalt

A.1 Einleitung und Aufbau des Handbuches
Heinz Mechling & Jörn Munzert

A.2 Zu Gegenstand und Geschichte der Bewegungswissenschaft
Heinz Mechling

A.1 Einleitung und Aufbau des Handbuches

Heinz Mechling & Jörn Munzert

Die sportwissenschaftliche Bewegungslehre befindet sich seit vielen Jahren in einer Umbruchsituation. Aus der Bewegungslehre als Theorie der sportlichen Bewegung unter pädagogischem Aspekt, der Bewegungslehre der Leibesübungen oder des Sports wurde zunehmend eine Theorie der sportlichen Motorik – eine sportwissenschaftliche Bewegungswissenschaft. Diese Entwicklung war eine nahezu zwangsläufige Folge des Anspruchs, der Komplexität der menschlichen Bewegung wissenschaftlich adäquat gerecht werden zu können. Damit wurde es mehr und mehr erforderlich, Erkenntnisse einer Reihe von Mutter- und Kontaktdisziplinen zu berücksichtigen. Die Differenzierung und Spezialisierung im Rahmen der allgemeinen und damit auch unserer disziplinspezifischen Wissenschaftsentwicklung hat zu neuen interdisziplinären Orientierungen beigetragen. Diese Notwendigkeit zu interdisziplinärem Denken in der Bewegungswissenschaft ist eine entscheidende Ursache für die dynamische Entwicklung dieser Disziplin.

Bereits in den Anfängen der Bewegungslehre des Sports waren die Bezüge zu den mutterwissenschaftlichen Wurzeln in der Biomechanik, der Sinnes- und Neurophysiologie und der Psychologie angelegt. Erkenntnisse dieser Disziplinen wurden frühzeitig für die Korrektur und Präzisierung von Unterrichts- und Trainingsmethoden im Sport genutzt. So war es zwangsläufig, dass die fortschreitende Theorie- und Methodenentwicklung in den grundlagenorientierten Bewegungs- und Motorikwissenschaften verstärkt aufgegriffen wurde. Auch wenn diese neuen Erkenntnisse oft an sportfremden Bewegungsaufgaben gewonnen wurden, übten sie trotzdem einen theoriestrukturierenden Einfluss aus und trugen zu einem vertieften wissenschaftlichen Methodenbewusstsein bei. Von den Mutterwissenschaften konnte allerdings nicht erwartet werden, dass sie sportspezifische Fragestellungen hinreichend behandeln würden. Die sportwissenschaftliche Bewegungslehre musste deshalb auf die eigene Forschungsinitiative setzen. Die allzu enge Anlehnung an mutterwissenschaftliche Theorien und Methoden hat sich in den letzten Jahren zugunsten einer komplexitätsangemessenen Eigenständigkeit verändert. Zwischenzeitlich finden sportmotorische Erkenntnisse auch in den Mutterwissenschaften Beachtung.

Die Beiträge dieses Bandes reflektieren weniger die Genese der deutschsprachigen Bewegungswissenschaft als deren gegenwärtiges Endprodukt. Man könnte es noch etwas provokativer formulieren: Die sportwissenschaftliche Bewegungswissenschaft hat sich von ihren Ursprüngen zumindest teilweise emanzipiert. Pädagogische und geisteswissenschaftliche Wurzeln der Sportwissenschaft spielen bei der Analyse bewegungswissenschaftlicher Probleme zur Zeit praktisch keine Rolle mehr. Der Schwerpunkt liegt auf verhaltens- und neurowissenschaftlichen Fragestellungen und Methoden. Die Bezugsfächer sind Neurophysiologie, Biomechanik und experimentelle kognitive Psychologie einschließlich der Neuropsychologie. In den Beiträgen dieses Bandes spiegelt sich das mit der bereits im Vorwort begründeten Ausnahme einer Reduktion um biomechanische Themen wider. Unabhängig von wissenschaftlicher Spezialisierung, wissenschaftspolitischer Eigenständigkeit und der Denomination einzelner Professuren ergibt sich inhaltlich ein relativ homogenes Fach, das klassischerweise als Bewegungs- und technomotorisch als orientierte Trainingswissenschaft bezeichnet wird und das inzwischen starke Anteile an Biomechanik enthält.

Was macht den eigenständigen Charakter der Bewegungswissenschaft aus? Unseres Erachtens lässt sich das weniger aus einer engen institutionellen, und damit auf einen nationalen Entwicklungszusammenhang gerichteten Perspektive, denn aus einer den internationalen Gang der Wissenschaftsentwicklung berücksichtigenden Perspektive verstehen (vgl. dazu A.2 Mechling). Bewegungswissenschaft wird international unter verschiedenen Bezeichnungen gefasst, wie Kinesiology, (Human) Movement Science oder Motor Control and Learning. Diese Bereiche haben sich international ohne direkten Bezug auf pädagogische und geisteswissenschaftliche Themen entwickelt und entsprechende wissenschaftliche Standards gesetzt. Die sportwissenschaftliche Bewegungswissenschaft hat diese Entwicklungen frühzeitig aufgegriffen und diesen Diskussionstand reflektiert. Dies lässt sich z. B. in diesem Band relativ einfach überprüfen, in dem man einen Blick auf die Literaturverzeichnisse der einzelnen Beiträge wirft. Die englischsprachigen Quellen dominieren und es ist eher eine Frage der Aufnahme- und Verarbeitungskapazität, diese vielfältigen aktuellen Entwicklungen aufzugreifen und für sportwissenschaftliche Fragestellungen nutzbar zu machen.

Man sollte nicht vorschnell den Ist-Zustand der Bewegungswissenschaft als dauerhafte Beschreibung des Gegenstands auffassen. Im Gegenteil: Es zeichnen sich eine Reihe neuer Entwicklungslinien ab, die auch in den vorliegenden Beiträgen zu finden sind. Eine solche Entwicklung ist der Trend, neurowissenschaftliche Ergebnisse aufzugreifen. Dies läuft auch international nicht ohne Brüche ab, ist doch ein Teil der Motorikforschung sehr stark durch den Ansatz von Richard R. Schmidt geprägt und damit dem informationstheoretischen Ansatz verpflichtet. Neurowissenschaftliche Konzepte führen näher an motorische Prozesse und ausgehend von James J. Gibson, Michael T. Turvey und Scott J. A. Kelso zum Ansatz Dynamischer Systeme. Methodologische Probleme, die sich z. B. bei bildgebenden Verfahren (z. B. PET, MRT) ergeben, werden in diesem Zusammenhang viel offensiver diskutiert als in der sportwissenschaftlichen Bewegungswissenschaft. Solche Diskussionen z. B. über die Interpretation von Reaktionszeiten oder von biomechanischen Daten wären auch in der Sportwissenschaft nicht nur höchst wünschenswert sondern auch äußerst notwendig. Auch wenn diese Diskussionen noch nicht in ausreichendem Maße geführt werden, liegen in der sportwissenschaftlichen Vorgehensweise Vorteile. Gerade in der Verbindung von verhaltens- und von neurowissenschaftlichen Daten scheint die Zukunft bewegungswissenschaftlicher Forschung und damit neuer Erkenntnisse auch für sportpraktische Fragestellungen zu liegen.

Wie haben wir die Bandbreite der Themen, die sich aus unseren Vorüberlegungen ergeben, organisiert? Um dem Leser eine Orientierung zu ermöglichen, sind die Beiträge jenseits der Einleitungs- und Überblickskapitel in vier Abschnitte gegliedert. Die ersten beiden sind mit „Grundlagen“ und mit „Funktionsbereiche von Wahrnehmung, Bewegung und Handlung“ überschrieben, die beiden folgenden mit „Grundlagen des Lehrens und Lernens von Bewegungen“ und mit „Motorisches Lernen in unterschiedlichen Bereichen“. Damit wird ein grundsätzlicher Strang der Argumentation von den Grundlagen hin zur Anwendung deutlich. Denn es stellt sich auch im Kontext der vorangehenden skizzierten Entwicklung der Bewegungswissenschaft die Frage, wozu (mit welchem Ziel) wissenschaftliche Fragen zur Bewegung bearbeitet werden. Das Ziel ist die Vermittlung und Optimierung von Bewegungskompetenzen. Dies mag trivial klingen, aber für die ganz unterschiedlichen Bereiche von Leistungs- und Schulsport, von Therapie und Rehabilitation ist genau dies das Ausgangsproblem! Wie funktionieren Bewegungen und wie lässt sich wissenschaftlich begründet in den Lehr-Lern-Prozess eingreifen? Im Prinzip sind diese Fragestellungen nicht so weit entfernt von dem, was z. B. Fetz oder Meinel und Schnabel im Rahmen einer pädagogisch orientierten Sportmotorik formuliert und entwickelt haben. Auch sie kamen ohne die Integration grundlagenwissenschaftlicher Erkenntnisse nicht aus. Den Unterschied von 30 bis 40 Jahren macht vor allem die beschleunigt verlaufende Methoden- und Erkenntnisentwicklung aus. Wir haben heute in der Bewegungswissenschaft einen breiten Fundus an Theorien und Modellen, die datengestützt präskriptive Aussagen für

Lehr-/Lernprozesse ermöglichen. Der hermeneutisch geisteswissenschaftliche Zugang spielt hierbei eine völlig untergeordnete Rolle. Der bisweilen von mehr geisteswissenschaftlich orientierter Seite erhobene Vorwurf, eine verkürzte Sicht auf den Menschen, kurz ein falsches Menschenbild zu haben, ist unsinnig. Bei solchen Vorwürfen werden Menschenbild und Forschungsprogramm verwechselt. Forschungsprogramme können nur dann erfolgreich sein, wenn sie selektiv sind. Dabei muss klar sein, dass es sich jeweils nur um eine von weiteren möglichen Perspektiven handelt, die für den Gegenstand Bewegung zu einem umfassenderen Verständnis führen sollen. Wenden wir uns nun wieder den Beiträgen in diesem Handbuch zu.

Die ersten vier Beiträge im Abschnitt „Grundlagen“ nehmen diese Einordnung „wörtlich“ und beschreiben in der Tat sehr basale Grundlagen der Bewegungsorganisation, bei denen (noch) kein Sportbezug im engeren Sinn aufkommt. Als Beiträge in einem Handbuch, das in weiten Teilen Lehrbuchcharakter aufweist, muss zu Beginn geklärt werden, was den Gegenstand der Bewegung ausmacht und welches Wissen über seine Funktionsweisen vorliegt. Dabei wird die physiologische Perspektive bei den Kapiteln „Neurophysiologische Grundlagen“ (B.2 Konczak) und „Muskelphysiologische Grundlagen“ (B.1 Gollhofer et al.) und ergänzend die verhaltenswissenschaftliche Perspektive für die (B.3 Heuer & Konczak) und für das motorische Lernen (B.4 Hossner & Künzell) eingenommen. Alle vier grundlagenorientierten Kapitel legen die Basis für die nachfolgenden Kapitel. Dabei wird thematisiert, wie mit dem Problem der Komplexität von Bewegungen umgegangen wird, wie die zentralen Mechanismen bis hin in die Aktivitäten der Muskulatur umgesetzt und wie sie in Zusammenhang mit motorischem Lernen gebracht werden können.

Eine Brückenstellung zwischen diesen Grundlagen und den späteren anwendungsbezogenen Kapiteln nehmen die Beiträge des zweiten Abschnitts zu „Funktionsbereichen von Wahrnehmung, Bewegung und Handlung“ ein. Für ein Handbuch Bewegungswissenschaft scheint dieser Abschnitt sehr wahrnehmungslastig. Vier von sechs Beiträgen lassen sich im engeren oder weiteren Kontext der Wahrnehmung zuordnen (C.1 Blischke & Munzert; C.2 Jendrusch & Brach; C.3 Effenberg; C.4 Munzert & Reiser). Dies ist nach unserer Auffassung kein Zufall! Wahrnehmung ist immer noch ein unterschätzter Themenbereich der Bewegungungswissenschaft. Bewegungshandeln ist immer stark von der Wahrnehmung situativer Gegebenheiten abhängig. Nehmen wir als ein sehr einfaches Beispiel die Abwehr eines Handballtorhüters. Damit befinden wir uns in einem Fertigkeitsbereich, der traditionell den offenen (gegenüber den geschlossenen) Fertigkeiten zugeordnet wird. Das Verhalten des Schützen wird antizipiert, es werden verschiedene Sinnesmodalitäten integriert, die Geschwindigkeit des Balles definiert sinnesphysiologische Randbedingungen, die Art und Güte der Abwehr beeinflussen. Den Übergang zu den Lernthemen „Behalten und Vergessen“ (C.5 Raab & Magill) und „Implizites Lernen“ (C.6 Kibele) bilden die Überlegungen zur Bewegungsvorstellung und zum mentalen Training. Wie sieht es aber bei eher geschlossenen Fertigkeiten aus? Auch dort spielen diese Funktionen eine wesentliche Rolle. Der Turner oder die Turnerin antizipieren ebenfalls kommende Ereignisse, allerdings solche, die sie selber produzieren. Sie haben extreme Anforderungen an Sinneswahrnehmung im visuellen, kinästhetischen und vestibulären Bereich. Und sie arbeiten systematisch mit Vorstellungen, um das Behalten und Lernen von Fertigkeiten zu optimieren.

Der folgende Abschnitt zum Lehren und Lernen von Bewegungen trifft einen Kernpunkt der klassischen Sportmotorik, stellt aber gleichzeitig einen Zielbereich der modernen Bewegungswissenschaft dar. Instruktion und Feedback die Rolle von Belastungen und subjektiven Empfindungen, Kognition und Emotion stellen wesentliche Grundbedingungen des Lernprozesses dar. Dies gilt auch für die Beschreibung technologischer Hilfsmittel, die bisher nahezu ausschließlich in Lernprozessen im (Hoch-) Leistungsbereich eine Rolle spielen. Zwei Beiträge akzentuieren eher von dem aktuellen ‚mainstream‘ abweichende Themen: Dies betrifft den Beitrag über „Koordinative Fähigkeiten und den Strategie-Adaptations-Ansatz“ (D.6 Mechling) und den über „Differenzielle Aspekte des motorischen Lernens“ (D.7 Wollny). Beide heben auf eine differenzielle Sichtweise ab, die in den Anfängen der Sportwissenschaft stark vertreten war, in der klassischen Motorikforschung, wie auch in der sportmotorischen Forschung – auch aus Gründen der experimentellen Komplexität – allerdings eher unterrepräsentiert ist. Aufgrund der vorherrschenden, allgemein etablierten experimentellen Orientierung und der Suche nach den allgemeinen Gesetzmäßigkeiten treten Unterschiede zwischen Individuen eher in den Hintergrund. Wenn man es extrem formulieren möchte: Sie verschwinden in der Fehlervarianz der Untersuchungsdesigns. Beide Beiträge versuchen den individuellen Differenzen auf unterschiedlichem Weg zu ihrem Recht zu verhelfen und zur Weiterentwicklung der in der Sportpraxis weitgehend akzeptierten, theoretisch und empirisch allerdings nicht ausreichend fundierten fähigkeitsorientierten Ansätze beizutragen. Damit ergibt sich ein Rückbezug zu den Beiträgen des vorherigen Abschnitts. Wie wirken Instruktionen oder Feedback in

Abhängigkeit von individuellen Bedingungen und wie lassen sie sich auf konkrete Lernsituationen und Lernprozesse zuschneiden?

Im letzten Abschnitt wird noch einmal auf die spezifischen Anwendungsbereiche fokussiert und gefragt, welche Rolle motorisches Lernen und vor allem welcher Bereich des Lernens für Schule, Techniktraining oder Altersbereich akzentuiert wird. Die Antworten fallen unterschiedlich aus, je nach Bewegungs- und Lernkonzeptionen, die in den Anwendungsbereichen dominieren. Mit dem Bezug zu Trendsportarten und dem Tanz wurden bewusst Bereiche ausgewählt, die üblicherweise nicht einen Schwerpunkt bewegungswissenschaftlicher Untersuchungen darstellen. Die Beiträge zeigen, dass sich hier neue Fragestellungen für die Bewegungswissenschaft eröffnen können. Es sei an dieser Stelle nicht verschwiegen, dass für den Anwendungsbereich weitere Themen und Beiträge geplant waren, die aus unterschiedlichen Gründen nicht realisiert wurden. Dennoch meinen wir, dass das Anwendungsfeld der Bewegungswissenschaft skizziert ist und die Verbindung von neurophysiologischen Grundlagen über einzelne funktionelle Zusammenhänge bis zum Lehren und Lernen von Bewegungen deutlich wird.

Mit dem von uns gewählten Aufbau des Handbuches meinen wir, dass das Theorie- und Anwendungsfeld Bewegungswissenschaft und Bewegungslehre umfassend beschrieben ist. Der Zusammenhang zwischen neuromuskulären, neurophysiologischen und lerntheoretischen Grundlagen, über die funktionellen Zusammenhänge bis zu den grundlegenden und anwendungsbezogenen Fragen des Lehrens und Lernens sollte deutlich werden. Die konsistente Verbindung dieser verschiedenen Zugangsweisen zu einem theoretisch umfassend begründeten und gleichzeitig praktisch schlüssigen Handlungskonzept für die Sportpraxis wird wohl für die Bewegungswissenschaft und die Sportwissenschaft als Ganzes noch eine geraume Zeit Problem und Herausforderung bleiben. Einen neuen Anfang mit vielfältigen Angeboten und Anregungen haben wir mit diesem Handbuch angestrebt. Die zukünftige Aufgabe bewegungswissenschaftlicher Forschung und Praxisbegleitung wird verstärkt darin bestehen müssen, den Wissenstransfer zwischen Forschung und Praxis weiter zu verbessern, diesen zu stabilisieren und in technologieunterstützte Praxisangebote für das motorische Lernen und die Fertigkeitsoptimierung umzusetzen.

A.2 Zu Gegenstand und Geschichte der Bewegungswissenschaft[1]

Heinz Mechling

Gliederung

1 Vorbemerkungen

2 Bewegung zwischen Seele und Körper
- 2.1 Die Naturphilosophen
- 2.2 Die klassische griechische Philosophie
- 2.3 Von der Philosophie zur Medizin

3 Bewegung und menschlicher Körper
- 3.1 Von der Anatomie zur Physiologie
- 3.2 Physiologie und Neurophysiologie
- 3.3 Muskelphysiologie und Biomechanik

4 Bewegung zwischen Teilen und Ganzheiten
- 4.1 Psychophysik
- 4.2 Ganzheitstheorien
- 4.3 Bernsteins Biologie der Aktivität

5 Bewegung in Leibesübung, Turnen und Sport

6 Perspektiven

Kurzreferat

Als einigendes Merkmal aller Problemstellungen zur menschlichen Bewegung und deren Koordination wird der Begriff der Ordnung identifiziert. Der historische Überblick geht dem jeweiligen Verständnis von Ordnung und deren Ursachen für das Zustandekommen einer koordinierten Bewegung nach. Von den Anfängen der griechischen Philosophie bis über die Mitte des 20. Jahrhunderts werden philosophische, medizinische, anatomische, physiologische, neurophysiologische, biomechanische und psychologische Einflüsse sowie eigenständig sportwissenschaftliche Aktivitäten auf die Bewegungsauffassung verfolgt. Die Entwicklung einer sportwissenschaftlichen Bewegungslehre wird vor dem Hintergrund dieser Einflüsse und in Verbindung mit Leibesübung, Turnen und Sport beschrieben.

Schlagworte

Bewegungskoordination, Bewegungswissenschaft, Ganzheit, Gestalt, menschliche Bewegung, offene Systeme, Ordnung

---

[1] Prof. Dr. Günter Schnabel zum 75. Geburtstag gewidmet, verbunden mit dem Dank für Anregungen und Hinweise.

1 Vorbemerkungen

Die wissenschaftliche Betrachtung der menschlichen Bewegung berührt Grenzgebiete vieler Disziplinen. Für die Disziplin Sportwissenschaft stellt die körperliche Bewegung das konstituierende Element ihres Gegenstandes dar. Die Behandlung dieses bedeutsamen Konstitutivums aus der Perspektive der historischen Entwicklung führt zu der Frage: Was eint die wissenschaftliche Behandlung der Bewegung und der menschlichen Bewegung über lange Zeiträume in verschiedenen Disziplinen über unterschiedliche Erkenntnisstufen sowie wechselnde Welt- und Menschenbilder hinweg?

Sollte es ein einigendes Merkmal geben, müsste dies weitgehend gleichbedeutend sein mit dem Kernproblem, das zur Beschreibung und Erklärung der menschlichen Bewegung herangezogen wird. Die Definition eines solchen Problems enthält meist auch den Schlüssel zu seiner Lösung. Gelingt es, die Lösung eines Problems zu verbessern, ist damit verbunden, dass das Maß an Ordnung erhöht wird. Sokrates sieht dieses Bestreben beim Handwerker erfüllt, der darum bemüht ist, etwas in sich Geordnetes zustande zu bringen. Er überträgt diesen Gedanken auch auf die Gymnastiklehrer seiner Zeit, wenn er feststellt, „sie ordnen den Körper auf seine Schönheit hin und bringen seine Teile in einen geordneten Zusammenhang" (Gorg. 503 d-504 a zit. nach Figal, 2000, S. 108).

Das Problem der „Ordnung", der Bewegungskoordination und damit der Fragen nach ihren Ursachen, ihrem Zustandekommen, ihrer Aufrechterhaltung und ihrer Veränderung bildet den Mittelpunkt der bewegungswissenschaftlichen Problembetrachtung. Die Antwortversuche auf diese Fragen im Einzelnen lassen sich im Rahmen der allgemeinen und spezifischen wissenschaftlichen Entwicklung von den Anfängen bis zu aktuellen Konzeptionen verfolgen. Dieser historisch-bewegungswissenschaftliche Überblick ist eng verbunden mit der jeweiligen Vorstellung von Ordnung und Ordnungsprinzipien. Manche Vorstellungen führten und führen auch in Sackgassen, die trotzdem zum Erkenntnisfortschritt beitragen können.

Der Ordnungsbegriff scheint sich für die bewegungswissenschaftliche Betrachtung besonders zu eignen, weil er eine sehr grundlegende Rolle in der wissenschaftlichen Auffassung von Wirklichkeit spielt und ein entscheidender Ausgangspunkt aller Beobachtungs- und Messmethoden ist. Ihm ist als wesentlichem Aspekt des Verstandes ein Primat bei der Strukturierung unseres Denkens und Erkennens nicht abzusprechen. Das Wissen und die Erkenntnisse über die Welt und den Menschen zu ordnen kennzeichnet die wissenschaftlichen Bemühungen von den Anfängen der Philosophie bis zum ausdifferenzierten Wissenschaftssystem im 21. Jahrhundert. Wie die Frage nach der Ordnung formuliert, wie also das Problem definiert wurde und wird, beeinflusst zwangsläufig die Lösungswege und die angebotenen Antworten. Die Ordnung, die sich auf unsere Bewegung bezieht, ist mit dem zweckmäßig geregelten Zusammenspiel von einzelnen Elementen und damit dem zielgerichtet koordinierten Bewegungsablauf in Verbindung zu bringen.

Viele Gedanken, Ergebnisse und Erkenntnisse aus der allgemeinen wissenschaftlichen und bewegungswissenschaftlichen Vergangenheit sind keineswegs veraltet. Manche Forscherpersönlichkeiten und ihr Werk verdienen nicht nur unseren ganzen Respekt, sondern sie sind oft auch dazu geeignet, deutlich zu machen, dass eine Reihe der von ihnen beschriebenen Probleme auch heute nicht gelöst sind. Manches erscheint sogar hochaktuell. Aus diesem Grunde sollte die Bewegungswissenschaft und Bewegungslehre als sportwissenschaftliche Disziplin nicht auf die Retrospektion und damit die Prüfung sowie Neugewichtung ihrer Konzepte verzichten. Neue Ansätze haben einen umfassenderen Überblick zur Voraussetzung. Für die Perspektive einer interdisziplinären Theoriebildung hat Nitsch (2002, S. 31) höchst treffend festgestellt: „Wer die neue Literatur nicht kennt, ist nicht auf der Höhe der Zeit; wer die alten Quellen nicht kennt, ist nicht auf der Höhe der Sache.“ Mit dem vorliegenden Beitrag wird überblickartig, ausgehend von philosophisch-wissenschaftlichen Hintergründen, die Bewegungswissenschaft bis zum Beginn des 20. Jahrhunderts und ihr Einfluss auf die sportwissenschaftliche Bewegungswissenschaft ab dem 19. Jahrhundert bis zum Beginn der sportwissenschaftlichen Entwicklung in der zweiten Hälfte des 20. Jahrhunderts dargestellt. Diese Darstellung erfolgt in vier Kapiteln: Bewegung zwischen Seele und Körper (2), Bewegung und menschlicher Körper (3), Bewegung zwischen Teilen und Ganzheiten (4) sowie Bewegung in Leibesübung, Turnen und Sport (5).

2 Bewegung zwischen Seele und Körper

Bewegung muss eine Ursache haben. Bei den ersten belegten Annahmen über diese Ursachen ist Bewegung weitgehend gleichzusetzen mit dem „Werden“, dem Aufbau der Welt und der Natur. Der Zusammenhang zur menschlichen Bewegung ergibt sich nur indirekt, weshalb die Prinzipien, die zum Wissen über menschliche Bewegung beitragen können, im Vordergrund stehen. Der Beitrag der griechischen Philosophie zu diesen Prinzipien bestimmt unser Denken bis heute und steht somit auch hier im Vordergrund (vgl. Haag, 1996, S. 12). Die grundsätzlichen Kategorien der unterschiedlichen philosophischen Ausrichtung werden auf ihren Beitrag zu unserem heutigen bewegungswissenschaftlichen Wissen beleuchtet. Die genannten Philosophen sollen damit jedoch nicht als „Bewegungswissenschaftler" vereinnahmt werden. Das Bestechende an ihren Erkenntnissen ist allerdings die Tatsache, dass sie versuchten, nahezu ausschließlich mit Beobachtung und Denken den Geheimnissen der Welt und des Menschen näher zu kommen.

2.1 Die Naturphilosophen

Die älteste Periode wird als die der Naturphilosophen oder „Vorsokratiker" bezeichnet (ca. 600-400 v. Chr.). Sie ist gekennzeichnet von der Suche nach dem alles einenden Prinzip, einem Weltgesetz. So galt für Thales (ca. 625-547 v. Chr.) das Wasser als der Urstoff. Pythagoras (ca. 580-500 v. Chr.) suchte das Geheimnis der Welt nicht in einem Urstoff, sondern in einem „Urgesetz" – einer unveränderlichen zahlenmäßigen Beziehung unter den Bestandteilen der Welt. Dieser Grundgedanke bestimmt in hohem Maße unsere Erkenntnisse, aber auch die aktuelle und zukünftige Vorgehensweise naturwissenschaftlicher Forschung. Auf der Suche nach dem „einheitlichen Gesetz" vermutete Heraklit (ca. 550-480 v. Chr.) ein „Urfeuer", das als „Urenergie" zu verstehen ist. Diese Energie trägt dazu bei, dass eine kontinuierliche, dialektische Auseinandersetzung auf allen Ebenen zwischen Ideen, Menschen und Völkern besteht, die erst zu jeweiligen, auch vorübergehend harmonischen Ganzheiten wie der Welt, den Staaten oder den Menschen führt. Für diese Weltordnung, das Weltgesetz, verwendete Heraklit das Wort „Logos" (vgl. Bächli, 2000). Ohne diese dialektisch-schöpferische Spannung würde nach Heraklit Stillstand oder Tod eintreten – ein auch in modernen Theorien zum Gleichgewicht von Organismen höchst aktueller Gedanke. Aus dem naturphilosophischen Gedankengut und verschiedenen Wissensdisziplinen hat Demokrit (ca. 460-380 v. Chr.) ein relativ geschlossenes System entwickelt. Der Begriff der „Atome" wird in die wissenschaftliche Debatte eingeführt. Demokrit nimmt an, dass der Mensch und somit Leib und Seele aus Atomen bestehen und die Seele insofern etwas, wenn auch sehr feines, Körperliches ist (vgl. Störig, 1968, S. 92).

2.2 Die klassische griechische Philosophie

Für Platon (427-347 v. Chr.), der von der „Weltseele" als immaterielle Bewegungsursache, die den Kosmos in Gang hält, ausging, war die „Individualseele" die Ursache für die Bewegung des Leibes. Sie galt als die Übertragung in die sinnlich wahrnehmbare Form des Materiellen. Er unterschied dabei drei Teile der Seele, das „Begehrliche" (die Begierde, den Trieb – im Unterleib), das „Muthafte" (den

Willen – in der Brust) und das „Vernünftige“ (das Denken – im Kopf). Allein das „Vernünftige“ ist der unsterbliche Bestandteil, während der Leib vergänglich ist und von Platon als „Kerker der Seele“ ohne eigenständigen Beitrag zur Bewegung aufgefasst wird (vgl. Görgemanns, 1967). Platon beschäftigt sich im Hinblick auf Bewegung und im Vergleich mit den Vorsokratikern eher mit den unsichtbaren symbolischen Vorgängen als mit der sichtbaren Welt, unter naturwissenschaftlicher Perspektive eher ein Rückschritt. Bereits sein Schüler Aristoteles (348-322 v. Chr.) stellt eine Einheit von Leib und Seele her, indem er mit dem Bewegten sowohl das Körperliche als auch das Seelische verbindet. Die Seele betrachtet allerdings auch er als unvergänglich und in Form eines Lebensprinzips (Entelechie) als Ursache für die organische Bewegung des vergänglichen Leibes. Auch wenn kein direkter Einfluss auf unseren heutigen wissenschaftlichen Zugang zur menschlichen Bewegung vorliegt, kommt Aristoteles unter methodisch-wissenschaftlichen Gesichtspunkten trotzdem eine besondere Bedeutung zu. Ihm ist die unvoreingenommene Beobachtung der Natur insbesondere durch eine induktive Vorgehensweise zu verdanken. Sein Vertrauen in die Beobachtung und damit auch in die individuelle sinnliche Wahrnehmung (vgl. Zeller, 1963, S. 224 ff.) hat ihn bereits über das heute höchst aktuelle Problem des Zusammenhangs von Wahrnehmung und Bewegung nachdenken lassen. Wenn die Einzelsinne sich speziell nur auf die von ihnen verarbeitete Eigenschaft eines Dings beziehen, wie werden dann deren einzelne Daten zu einem einheitlichen Bild der Wirklichkeit zusammengefügt? Aristoteles nahm einen dem Einzelsinn übergeordneten „Gemeinsinn“ an, dessen Sitz er allerdings ins Herz verlegte (Zeller, 1963, S. 224 ff.).

2.3 Von der Philosophie zur Medizin

Das Interesse an der menschlichen Bewegung wechselte in der Folgezeit zunehmend von der Philosophie zu der Medizin, die sich neben Mathematik und Rhetorik als eigenständige Wissenschaftsdisziplin entwickelte (vgl. Stückelberger, 2000). Diese Ursprünge sind für die Entwicklung des wissenschaftlichen Interesses am Menschen, seinem Körper und seiner Bewegung besonders wichtig und lassen sich bis in die moderne Bewegungswissenschaft wie auch in die Sportwissenschaft verfolgen. So berufen sich Ärzte nicht nur mit ihrem Eid, sondern insbesondere diejenigen, die körperliche Aktivität als vorbeugende Maßnahme gegen Krankheit propagieren, bis heute auf Hippokrates (460-377 v. Chr.). Er gilt als der erste „moderne“ Arzt, der mit der an Götter und magische Kräfte gebundenen Medizin brach. Auch wenn wenig über ihn bekannt ist, gilt er als Begründer einer rational-empirischen Medizin und schuf damit wesentliche Voraussetzungen für die

Fragmenten aber Wegweisendes zum menschlichen Körper und seiner Bewegung hinterlassen.

Das erste vollständige Lehrbuch der Anatomie „De humani corporis fabrica“ stammt von dem Professor für Chirurgie und Anatomie Andreas Vesalius (1514-1564). Er hat die seit Galenus überlieferten Fehlannahmen, wie z. B. über ein „Wundernetz“ beim Menschen, widerlegt und sich intensiv mit dem Bewegungsapparat des Menschen beschäftigt. Für die Bewegungsforschung war seine, von Galenus vorbereitete Auffassung, dass „der Muskel das Instrument der Willkürbewegung ist“, ein entscheidender Schritt.

Wie bei Leonardo bereits angedeutet, spielte neben den umwälzenden Entwicklungen in Anatomie und Physiologie die zunehmende Kenntnis und Faszination an „mechanischen“ Hilfsmitteln und Erfindungen eine große Rolle. Die Abhängigkeit von Zeit und Bewegung – ein Thema der Philosophie und der Mechanik – macht die Zeitmessung zu einer weiteren Triebfeder für die Erforschung der Bewegung. Dies gilt für die des Universums (Galilei, Kopernikus, Keppler, Newton) wie für die des Menschen. Von den ersten durch Gewichte angetriebenen Räderuhren im 13. Jahrhundert bis zur genauen Zeitmessung mit der durch den zu seiner Zeit führenden Mathematiker und Naturwissenschaftler Europas, den niederländischen Mathematiker, Astronomen und Uhrenbauer Christiaan Huygens (1629-1695) optimierten Pendeluhr, hat die Zeitmessung ihre bis heute zunehmende wissenschaftliche Bedeutung erhalten. Die Suche nach der steuernden koordinierenden Instanz der Bewegung erhält neue messmethodische Unterstützung. Ideen- und geistesgeschichtlich bleibt die vereinfachte Betrachtung eine Herausforderung für die wissenschaftlich umfassend behandelten Themen Dualismus, Rationalismus, Idealismus und Materialismus. Für die weitere Betrachtung der Bewegungs- und Motorikforschung mag diese reduzierte Sichtweise für die Beschreibung des Übergangs zu einem neuen Welt-, Menschen- und damit auch Wissenschaftsbild zulässig sein.

Mit dem mechanistischen Weltbild erhielt die in vorangegangenen Zeiten bereits als *aktiv* charakterisierte Materie zunächst eine ausschließlich *passive* Rolle. So verwundert es nicht, dass in Verbindung mit der ausklingenden Renaissance und dem Humanismus der Antrieb für die passive Materie immer noch gesucht wurde. Bei dieser Suche wurde in Ermangelung besserer Erklärungsmodelle immer wieder in Teilen oder auch ganz auf die Sichtweisen des Mittelalters und der Antike zurückgegriffen.

René Descartes (1596-1650), Philosoph, Mathematiker und Naturwissenschaftler, scheint bereits überzeugt, dass alle Naturerscheinungen rational erfassbar und erklärbar seien. Seine mechanistische Denkweise, den Menschen als Maschine zu verstehen, zeigt sich z. B. in seiner Vorstellung der Arbeitsweise des Nervensystems und der körperlichen Vorgänge, die der menschliche „Geist“ (Wille) nicht aufhalten kann. So unterscheidet er konsequent zwischen der Seele und dem Körper, zwischen zwei Substanzen, der „res cogitans“ (denkende Substanz, Innenwelt) und der „res extensa“ (ausgedehnte, physikalische Substanz, Außenwelt). Als Methode zur Wahrheitsfindung baut er auf der rationalen Arbeitsweise der denkenden Substanz auf und vertraut den wahren eigenen erkennbaren Gedanken – „Ich denke, also bin ich“. Die Seele ist für ihn das bewegende Prinzip, das alle individuellen Bewegungen kontrolliert und koordiniert. Auch wenn er sich hier noch in Übereinstimmung mit antiken Vorstellungen befindet, scheint er doch davon auszugehen, dass ein engerer Zusammenhang zwischen Seele und Körper bestehen muss. Diesen Zusammenhang glaubt er 1649 gefunden zu haben. Er lokalisiert den Sitz der Seele in der Zirbeldrüse. Es kann bezweifelt werden, dass er von dieser Zuweisung völlig überzeugt war, belegte er diese Tatsache doch nur mit der alltäglichen Erfahrung (Descartes, 1953, S. 710).

Die mechanistische Interpretation von Lebens- und Bewegungsvorgängen ist ebenfalls kennzeichnend für den Naturforscher Giovanni Alfonso Borelli (1608-1679). Neben physikalischen Untersuchungen zum Pendel, zu Stoß und Elastizität, zur Bestimmung der Schallgeschwindigkeit in der Luft belegte er die Ursachen des dynamischen Gleichgewichts der Planetenbewegung, sowie die Zentripetal- und Zentrifugalkräfte. Für Borelli war es daher konsequent, die Gesetze der unbelebten Natur auch für lebende Körper nachzuweisen und grundlegende biomechanische Erkenntnisse zu gewinnen. Er bestimmte die Hebelwirkung der Muskulatur und als Erster nach vorangegangen Ansätzen durch Huygens den Schwerpunkt des menschlichen Körpers (1674); er beschrieb dies in seinem Werk „Von der Bewegung der Lebewesen“ (vgl. Bovelli, 1989) sieben Jahre vor Newtons „Prinzipien“. Aber auch er zweifelte nicht daran, dass die Bewegung von Lebewesen durch die Seele verursacht wird. Als das aktive Werkzeug der Seele bezeichnet er den Willen. Über das, was tatsächlich von den Nerven zu den Muskeln übertragen wird – er spricht davon, dass die Seele die Nerven erschüttert – spekuliert er zwischen einer immateriellen Kraft, einem Gas, einer Flüssigkeit, einer Bewegung, einem Impuls oder etwas Anderem (1989, S. 7 f., 333 f.). So bestand das Problem auf der einen Seite darin, dass Bewegung offensichtlich aus mechanischer Sichtweise nicht von innen gesteuert und koordiniert (selbstgesteuert) werden kann und dass auf der anderen Seite eine immaterielle Seele den Zusammenhang zur materiellen Welt nicht herzustellen in der Lage ist. Leibniz' (1646-1716) Versuch, beide Vorstellungen mit einem eher irrationalen, unwissenschaftlichen Kompromiss miteinander zu versöhnen, stellte einen Rückschritt dar. Er postulierte eine immerwährende „prästabilisierte Harmonie" zwischen der Seele und dem Körper, die beide von Gott getrennt geschaffen wurden. Erst mit der sich im 17. Jahrhundert durchsetzenden Auffassung von einer aktiven bzw. selbstaktiven Materie boten sich neue Alternativen an. Der Gedanke einer aktiven bzw. selbstaktiven Materie war aus den Alltagsbeobachtungen von chemischen Reaktionen wie z. B. der Gärung entstanden und stellt im 17. Jahrhundert den Übergang von alchemistischem Gedankengut zu einer empirischen Chemie und selbstaktiven Prozessen dar.

Die Erklärung der Energieversorgung im menschlichen Körper zur Bewegung der Muskeln war nach wie vor ein wissenschaftliches Problem. Der englische Anatom und Arzt William Harvey (1578-1657) stellte fest, dass die Blutversorgung nicht durch die Nahrungs- und Flüssigkeitsaufnahme alleine hergestellt werden kann. Er entdeckte den großen Blutkreislauf und veröffentlichte seine neue Lehre 1628 in der Schrift „Exercitacio anatomica de motu cordis et sanguinis in animalibus". Er ging dabei allerdings noch von einem alchemistischen Prinzip aus, dass die Hitze des Herzens das Blut zum Überkochen bringt und in den Körper treibt, von wo es nach Abkühlung zum Herzen zurück fließt. Für ihn stand fest, dass die Grundlagen für diese Bewegungsursachen „Hitze" und „Kälte" (Harvey, 1959, S. 51) sind. Diese waren seiner Meinung nach auch für die Kontraktion des Muskels mitverantwortlich. Das harmonische Zusammenspiel der Muskeln und die zugrunde liegende Ordnung, kurzum das Problem der Koordination, beschäftigten und faszinierten ihn, ohne dass er diese Ordnung erklären konnte. Die zentrale Frage war für ihn bereits, welche Rolle das Gehirn spielt. Er spekulierte darüber in der Form von Herrschaftsmetaphern, indem er das Gehirn als General, die Nerven als die Kommandanten, das Rückenmark als Fanfarenbläser zum Angriff, die Nervenverzweigung als Hauptleute, die Befehle zum Muskel geben und die Muskeln als die Soldaten betrachtete (Harvey, 1959, S. 151).

In der Nachfolge von Kopernikus, Keppler, Galilei und Huygens ist Isaac Newton (1643-1727) mit seinem Werk „Mathematische Prinzipien der Naturlehre" (1686) der Begründer der klassischen theoretischen Physik. Mit diesem Werk hat er die Voraussetzung für eine einheitliche Naturwissenschaft der Neuzeit geschaffen. Seine Interpretation der Gravitation als Kausalkraft hat Auswirkungen auf die physikalische Betrachtung der Bewegung und der menschlichen Bewegung durch die Biomechanik bis heute. Doch auch für ihn war die Frage, wie zwischen der passiven Materie und dem aktiven Geist vermittelt wird, nicht von einem mechanischen Standpunkt aus zu beantworten. Als vermittelndes Medium griff er dabei auf den „Äther" als etwas geistig-stoffliches höherer Ordnung und damit auf eine philosophisch spekulative Deutung zurück. Aus heutiger Sicht erscheint dies für das späte 17. Jahrhundert und in Anbetracht Newtons genialer Leistung für die Physik eher als ein Rückschritt. Es mag spekuliert werden, ob Newton mit seinen umwälzenden Erkenntnissen und deren immensem Einfluss auf das wissenschaftliche Denken eine Stagnation der Forschung zu den prozessualen Abläufen der Bewegungskoordination bewirkt hat.

In Kenntnis der mechanischen und mathematischen Naturerklärung von Galilei bis Newton nimmt der englische Philosoph Thomas Hobbes (1588-1679) erheblichen Einfluss auf die Erforschung der Natur und des Menschen. Er stützt sich alleine auf die Erfahrung und versucht, empirische Methoden selbst auf die Geschichte und Gesellschaftslehre anzuwenden (vgl. Störig, 1968, S. 203). Aufbauend auf Hobbes ist John Locke (1632-1704) zuzuschreiben, dass Voraussetzungen entwickelt wurden, unvoreingenommen von metaphysischen Überlegungen, Untersuchungen am Menschen und damit an der menschlichen Bewegung durchzuführen. Die Suche nach der Ursache der menschlichen Bewegung, als die bisher die Seele betrachtet worden war, wurde von nun an experimentell und nicht ausschließlich durch Reflexion weiter geführt. Meijer (2001) identifiziert als den Untersuchungsgegenstand der empirisch-experimentellen Forschung, der sich vom 17. bis ins 19. Jahrhundert nachweisen lässt, den „spinalen Frosch". Dieser wird offensichtlich bereits 1654 von Locke in seinen medizinischen Studien verwendet. Systematische Untersuchungen hierzu werden von Robert Boyle (1627-1692) durchgeführt. Wie bereits Locke entfernte Boyle das Herz von Fröschen und konnte beobachten, dass diese trotzdem noch sprangen oder ins Wasser gesetzt noch eine Weile schwammen. Demnach konnte das Herz nicht wie bisher angenommen, der Sitz der Seele sein. Die meist verbreitete Annahme, dass der Kopf der Sitz der Seele sei, wurde ebenfalls überprüft. Boyle dekapitierte Frösche und beobachtete, dass sie sich noch bewegen konnten, was auch den Kopf als Sitz der Seele ausschloss. Es war Albrecht von Haller (1708-1777), ein Schweizer Arzt und Naturforscher, als Medizin- und Botanikprofessor an der Universität Göttingen tätig, der auf der Grundlage seiner Untersuchungsergebnisse auf die von der Seele unabhängige „Sensibilität und Irritabilität" der Gewebestrukturen und damit auf deren Eigenaktivität hinwies. Die Annahme einer Eigenaktivität biologisch-körperlicher Strukturen war damit zu einer Voraussetzung empirischer prozessorientierter Bewegungsforschung geworden. Diese Form der Eigenaktivität lässt sich bis in aktuelle evolutionär-ökologisch orientierte Ansätze verfolgen.

3.2 Physiologie und Neurophysiologie

In Fortsetzung dieser auf von Haller zurückgehenden Grundannahmen hat 100 Jahre später Friedrich Wilhelm Pflüger (1829-1920), Physiologieprofessor an der Universität Bonn, weitere Untersuchungen am dekapitierten Frosch durchgeführt. Mit Essigsäure auf den Rumpf des spinalen Frosches löste er Wischreflexe mit einem Bein aus, die nach Amputation dieses Beines vom erhaltenen Bein der anderen Körperseite übernommen wurden (vgl. Pflüger, 1853). Diese Untersuchungen sind als entscheidende Schritte in Richtung der empirisch prozessualen Koordinationsforschung zur Bewegungssteuerung einzuschätzen und deuten bereits die bis heute diskutierten Fragen zu Körperschema, koordinativen Strukturen und motorischen Programmen an.

Die Bewegungsforschung und unser Verständnis von menschlicher Bewegung erhielt insbesondere im 19. und zu Beginn des 20. Jahrhunderts die stärksten Impulse. Besonders hervorgehoben werden hier exemplarisch einige Forscherpersönlichkeiten, deren Einfluss auf die Bewegungsforschung des Turnens und des Sports zwar nicht direkt nachweisbar ist, aufgrund der gewonnenen Erkenntnisse aber höchst plausibel erscheint. Ein besonderer Einfluss muss dem Physiologen und Anatomen Johannes Peter Müller (1801-1858) zugeschrieben werden, der als Begründer der neuzeitlichen Physiologie gilt. Er war Professor an den Universitäten Bonn (1826) und Berlin (1833) und Lehrer von Ernst Wilhelm Brückner (1819-1892), Professor für Physiologie in Königsberg und Wien, von Emile Du Bois-Reymond (1818-1896), ab 1851 Professor in Berlin und gemeinsam mit Hermann Ludwig Ferdinand von Helmholtz (1821-1894) Begründer der physikalischen Richtung der Physiologie und der Elektrophysiologie. Alle waren übrigens Turner, ohne jemals turnphysiologische Untersuchungen durchgeführt zu haben (vgl. Langenfeld, 1988, S. 136).

Von Helmholtz war als Mediziner Professor für Physiologie in Königsberg (1849), Bonn (1855) und Heidelberg (1858). Ab 1871 war er Professor für Physik in Berlin und ab 1889 Präsident der Physikalisch-Technischen Reichsanstalt. Von Helmholtz öffnete zu dieser Zeit bereits einen multidisziplinären Zugang durch die Verbindung seines profunden Wissens in Physiologie, Mathematik und Physik. Für die motorische Kontrolle betonte er die natürliche Verbindung von Wahrnehmung und Handlung und spricht sich gegen eine isolierte Erforschung dieser Bereiche aus. Insbesondere seine sinnesphysiologische Forschung (Sehen, Augenbewegung, Ton- und Farbwahrnehmung) berührte bereits die Fragen der sensorischen Interpretation neuronaler Aktivität. Die Bedeutsamkeit dieser Überlegungen wurde erst in den letzten Jahrzehnten wieder voll erkannt (Gielen, 2001). Seine Untersuchungen zu Wahrnehmung und Handlung zeigen bereits, dass Wahrnehmung bei aller Funktionalität subjektiven Charakter hat und sich durch Lernprozesse verändert. Für ihn steht fest, dass es notwendig ist, die Effekte der motorischen Befehle sensorisch zu überwachen, um Fehler in den motorischen Befehlen auszugleichen. Bewegungen erzeugen durch Entfernungsveränderungen veränderte Umweltinformationen und somit neue Wahrnehmungen. Primär aufgrund seiner Untersuchungen zur visuellen Wahrnehmung und Augenbewegung kam von Helmholtz zu diesen Schlussfolgerungen, obwohl er keine expliziten Untersuchungen zur motorischen Koordination vornahm. Auf diesem Wege beschrieb er auch bereits Ansätze der „Selbstorganisation“ im ZNS und die Bedeutung, die Signale für diese Selbstorganisation im Sinne einer Eichung und Rekalibrierung (Korrektur) von visueller Wahrnehmung haben. In Verbindung mit Theorien über die Beziehung zwischen physischen Reizmerkmalen und psychischen Repräsentationen wird der Ansatz der korrelativen Reizphysik und Zeichentheorie von Helmholtz als Vorläufer des Gibson'schen (1979) ökologischen Ansatzes gesehen (vgl. Stoffer, 1996, S. 212 ff.). Die Frage nach den Hintergründen für die Steuerung der Augen führte von Helmholtz bereits zu Hinweisen auf die Notwendigkeit der „Reduktion von Freiheitsgraden“, wie sie für die Argumentation zur Bewegungskoordination später von Bernstein (1940; 1988) in den Mittelpunkt gerückt wird.

Auf dem Gebiet der Physiologie und der Neurophysiologie waren es in der Nachfolge von Helmholtz‘ die entscheidenden funktionell prozessualen Erkenntnisse, aber auch die messmethodischen Fortschritte, die weitere Aufklärung über die menschliche Bewegung und Koordination erbrachten. Nachdem bereits 1662 Descartes das Reflexprinzip beschrieb, hat 1733 Males den Ausfall von Reflexen nach Zerstörung des Rückenmarkes demonstriert. Die experimentelle Reflexforschung begann aber erst nach 1800 und so waren es der französische Physiologe und Mitbegründer der Experimentalphysiologie Francois Magendie (1783-1855) und der schottische Anatom und Physiologe Charles Bell (1774-1842), die die Reflexbahnen über die spinalen vorderen (motorisch, efferente Fasern) und die hinteren (sensible, afferente Fasern) beschrieben: Bell-Magendie'sches Gesetz

(Bell, 1811; 1824; Magendie 1822, zit. nach Lullies, 1966, S. 161). Magendie hatte mit seinen tierexperimentellen Ergebnissen Fakten gegen den Vitalismus der romantischen Naturphilosophie geschaffen. Mit seiner physiologischen Forschung nahmen er und die Pariser Fakultät bis zur Mitte des 19. Jahrhunderts eine Sonderstellung ein. Die Zahl der experimentell gewonnenen Einsichten in die Physiologie des Muskels und des Nervensystems nahm mit weiteren Forschungszentren in Berlin, Bonn, Wien und Leipzig, aber auch in Russland mit Setchenow und Pawlow sprunghaft zu. Der Zusammenhang der Reflexphysiologie mit der Instinkt- und Willkürbewegung, aber insbesondere der sensomotorischen Steuerung der Zielmotorik, stand bei diesen Forschern nicht im Vordergrund. Doch bereits 1891 führte der österreichische Physiologe Exner (1846-1926) den Begriff der „Sensomobilität" ein und erweiterte die Reflexphysiologie. Er bezeichnete damit die „Bewegungsfähigkeit ..., sofern sie von sensorischen Eindrücken beeinflusst, beherrscht oder bedingt wird ..." (1891, S. 592). Von der Willkürbewegung des Menschen stellt er bereits fest, „dass sie durch sensorische Eindrücke eine Regulierung erfährt" (S. 601) und er vermutet bereits bewusste Empfindungen beim Rückmeldevorgang zwischen sensorischen und motorischen Zentren, die er als „Intentionsregulierung" (S. 609) zusammenfasst.

Das Interesse an der zentralen Steuerung der Willkürbewegung und damit der Erforschung der Großhirnfunktionen begann mit der Entdeckung der elektrischen Erregbarkeit des motorischen Kortex durch Fritsch und Hitzig (1870), nachdem bereits 1861 Broca die bis dahin gültige Lehre von der Gleichwertigkeit der Hirnrindenregionen aufgrund der Erfahrung bei Sprachstörungen bezweifelt hatte. Systematische Reiz- und Ausschaltungsexperimente führten zu einer Lokalisationslehre des Gehirns mit einer „oft naiven Funktionslokalisation" und einer Überbewertung des Kortex (Zülch, 1976, S. 255). Bei all diesen Überlegungen dominierte aber immer noch ein Reflexkonzept (vgl. Jung, 1976, S. 4), das zunehmend in Frage gestellt wurde. So war es insbesondere der englische Neurophysiologe und Schüler von Rudolf Virchow und Robert Koch, Charles S. Sherrington (1857-1952), der die motorische Einheit isolierte, funktionell beschrieb und die reziproke Hemmung als aktiven Prozess der Antagonistenhemmung beim Bewegungsablauf identifizierte (1906). Sherrington hat den Reflex als künstlich isoliertes Phänomen und damit als artifizielle Vereinfachung der physiologischen Forschung erkannt. Die Grenzen der Reflexphysiologie wurden insbesondere mit den Anfängen der psychologischen und der physiologischen Verhaltensforschung am Ende des 19. Jahrhunderts deutlich.

Ein neues Kapitel der Motorikforschung wurde mit der Registrierung von Hirn- und Muskelaktionsströmen eröffnet. Seit der Beobachtung der Kontraktionen präparierter Froschmuskeln durch elektrische Funken oder metallische Berührung durch den italienischen Arzt und Naturforscher Luigi Galvani (1737-1798) im Jahre 1791, der Erklärung dieses Phänomens durch den italienischen Physiker Alessandro Volta (1745-1827) und der systematischen Ableitung von Aktionsströmen waren über hundert Jahre vergangen. Erst nachdem Hoffmann (1910) den elektrisch auslösbaren Eigenreflex beim Menschen entdeckte, wurde eine elektrophysiologische Analyse möglich (vgl. Haase, 1976, S. 176). So entwickelte der englische Physiologe Douglas E. Adrian (1889-1977) die Neuronenableitung und beschrieb die Mikrophysiologie einzelner Neuronen. Mit der Entdeckung der Registrierung von Hirnströmen durch den Neurologen Hans Berger (1873-1941) wurden Hirnstromableitungen von der unversehrten Kopfhaut mit Hilfe des Elektroenzephalogramms (EEG) möglich.

Für die Verhaltens- und Bewegungsforschung in Biologie, Physiologie, Neurologie und Psychologie stehen die 1920er-1930er Jahre für außergewöhnliche wissenschaftliche Leistungen auf diesen Gebieten. Hierzu zählen Albrecht Bethe in Frankfurt als Vertreter der „funktionalen Plastizität des zentralen Nervensystems" und Erich von Holst (1908-1962), der als Verhaltensphysiologe die relative Koordination und Raumorientierung untersuchte und gemeinsam mit Mittelstaedt das Reafferenzprinzip beschrieb (1950). In Verbindung mit den elektromyographischen Untersuchungen (EMG) ist besonders der Physiologe Kurt Wachholder (1893-1961) hervorzuheben. Er war der Erste, der mit Nadelelektroden arbeitete, um Aktionsströme im Muskel bei der menschlichen Reflex- und Willkürbewegung zu messen. Wachholder hat als Erster das dreiphasige EMG-Muster beschrieben (vgl. Wiesendanger, 1997). Aufgrund seiner Forschung hat er die Koordination nicht nur als einfaches Zusammenspiel physiologischer Mechanismen verstanden. Für ihn war die Koordination nur vor dem Hintergrund des Bewegungsziels und der Intention des Handelnden zu verstehen. Dies bedeutete eine Abkehr von der mechanistischen Physiologie und der Annahme von elementar festgelegten Schemata oder Programmen in der Muskelaktivität – „nicht das Schema, sondern die Wandlungsfähigkeit ist die Norm" (Wacholder, 1928, S. 596). In seinen Experimenten variierte er, aktuellen experimentellen Untersuchungen durchaus vergleichbar, die objektiven Bedingungen (Geschwindigkeit, Last) und die subjektiven Bedingungen (Intentionen) und versuchte auf diesem Wege Gesetzmäßigkeiten der Koordination zu gewinnen. Dabei bezog er sich auch auf die Ergebnisse von

Ottfried Foerster (1873-1941) und dessen Werk „Die Psychologie und Pathologie der Koordination“ (1902), der die Bewegungskoordination – ganz im Sinne Bernsteins – als „Funktion – im mathematischen Sinne – der gestellten Aufgabe“ (S. 1) bezeichnete.

3.3 Muskelphysiologie und Biomechanik

Das zunehmende Interesse an der Bewegung des Menschen, die beschleunigte Entwicklung der Naturwissenschaft und der Industrie verstärkte nicht nur in der Physiologie den physikalischen Methodeneinsatz. Die Biomechanik der menschlichen Bewegung sowie die spätere Biomechanik des Turnens und des Sports erhielt bedeutsame Anfangsimpulse ebenfalls in der ersten und zweiten Hälfte des 19. Jahrhunderts sowie im Übergang zum 20. Jahrhundert. Besondere Verdienste kommen hierbei den Gebrüdern Ernst Weber (1795-1878), dem Autor des Weber-Fechner'schen Gesetzes und Begründer der experimentellen Psychologie und Psychophysik, Wilhelm Weber (1804-1891) und deren jüngstem Bruder Eduard sowie insbesondere W. Braune und O. Fischer zu. Die Brüder Wilhelm (Physikprofessor in Göttingen) und Eduard Weber (Physiologe in Leipzig) analysierten den Beitrag der Muskeln zur Mechanik des menschlichen Ganges. Ihr Werk „Mechanik der menschlichen Gehwerkzeuge“ (1836) beschreibt ihre *Pendeltheorie*, die insbesondere durch die konstante Schrittlänge beim Gehen begründet wird. Sie ließen dabei die Muskelaktivität während des Vorschwingens des Beines außer acht. Ihre Theorie und insbesondere die ca. 150 Hypothesen, die sie in ihrem Buch postulierten, stellten Grundlage und Ausgangspunkt für eine Vielzahl von nachfolgenden Untersuchungen dar. So waren es insbesondere W. Braune und O. Fischer, die ab 1895 bis 1904 ihre Forschungsergebnisse zur menschlichen Bewegung und zum menschlichen Gang publizierten. Durch ihre Ergebnisse stellten sie die Weber'sche Pendeltheorie in Frage. Besonders bedeutsam ist die mathematisch-physikalische Bearbeitung der von ihnen für damalige Verhältnisse auf beeindruckend hohem Niveau erfassten Daten. Dies veranlasst Cavanagh (1990) von einer „wissenschaftlich monumentalen Perspektive“ zu sprechen. Braune und Fischer erreichten mit den neu entwickelten Methoden zur Erfassung kinematischer Informationen (Fotographie, Gelenkpunktemarkierung, Segmentbetrachtung) eine außerordentlich hohe Messgenauigkeit; nur die niedrige Aufnahmefrequenz verhinderte noch exaktere Erkenntnisse. Erst die Weiterentwicklung und Vervollkommnung der Chronofotografie und Zyklogrammmetrie (die Bahnen einzelner Lämpchen), wie dies später durch Bernstein geschah, ließen exaktere Berechnungen von Geschwindigkeit und Beschleunigung sowie von Kräften zu. Eine große Rolle für diese Entwicklung spielte die ab ca. 1870 perfektionierte Fotografie. Wesentlichen Einfluss nahmen die Bewegungs- und Sportaufnahmen von Eadweard Muybridge (1830-1904), wobei seine automatische Aufnahme der Bildserie eines Reiters (1887) besonderes Aufsehen erregte. Muybridge oder auch anderen Fotografen wie O. Anschütz (seit 1880) ging es dabei nicht um die wissenschaftliche Auswertung ihrer Aufnahmen. Für den französischen Physiologen Etiennes Jules Marey, der sich der Erforschung der tierischen und menschlichen Motorik widmete, war diese Entwicklung eine wichtige Voraussetzung für seine fotografischen Bewegungsanalysen. Marey hatte mit seinem Hauptwerk „La machine animale“ (1873) das Konzept von de la Mettries „L'homme machine“ (1748) programmatisch aufgegriffen. Er entwickelte die Chronofotografie zur Aufnahme von Reihenbildern, die er bereits als „Strichmännchen“ darstellte. Mit ihm war es sein engster Mitarbeiter George Demeny, der mit seinem Werk „Le base scientifique de l'éducation physique“ (1903) den wissenschaftlichen Bezug zur Leibeserziehung herstellte.

4 Bewegung zwischen Teilen und Ganzheiten

Die in den bisher dargestellten Forschungsansätzen präferierten mechanisch-anatomischen und auch physiologischen Methoden gingen von objektiven, naturwissenschaftlichen Grundlagen aus und bauten darauf ihre theoretischen Vorstellungen. Diese wurden auch auf Bereiche und Fragestellungen ausgeweitet, die bisher der Philosophie vorbehalten waren. Die daraus erwachsene Diskussion über die Erklärungsmöglichkeiten des Seelischen, des Bewusstseins und des Willens führte zu divergierenden Forschungsrichtungen.

4.1 Psychophysik

Als Protagonisten der strukturalistischen physiologisch-naturwissenschaftlich ausgerichteten Psychologie können Fechner, Weber, aber insbesondere Wilhelm Wundt (1832-1920) bezeichnet werden. Als „Vater der experimentellen Psychologie“ gilt der Schüler von Helmholtz, Wilhelm Wundt. Er hat 1879 in Leipzig das erste Institut für experimentelle Psychologie gegründet. Physikalisch-physiologisch ausgerichtete Schwellenbestimmungen, Reaktionszeitmessungen und tachistoskopische Versuche bildeten den Ausgangspunkt zur Verifizierung von „psychischen Elementen“. Auf diesem Wege kam Wundt zur Unterscheidung von zwei Funktionsebenen des Psychischen, der *Assoziation* und der *Apperzeption*. Die Assoziation verbindet unselbstständige Elemente mentaler Inhalte, während die Apperzeption die Aufgabe einer „mentalen Exekutive“ erfüllt, die den sensorischen und motorischen Zentren des ZNS übergeordnet ist (Wundt, 1908, S. 383). Empfindungen werden auf die Umwandlung der Reizinformation durch die Rezeptorenaktivität zurückgeführt. Die Seele ist für Wundt nichts anderes als unmittelbar erlebte Wirklichkeit. Parallel zu Wundt entwickelte I. M. Setchenow (1829-1905) als Physiologe an der Universität Moskau ebenfalls eine objektive Psychologie. Von Setchenow und seinem Werk ging ein großer Einfluss auf I. B. Pawlow (1849-1936) aus, der mit seiner Physiologie der höheren Nerventätigkeit und der Entdeckung des bedingten Reflexes später ebenfalls versuchte, alle psychischen Vorgänge auf der Grundlage physiologischer Prozesse zu erklären. Pawlows Lehre nahm ebenfalls starken Einfluss auf den frühen amerikanischen Behaviorismus und die Lernforschung.

4.2 Ganzheitstheorien

An dieser Art von Psychophysik, der Suche nach „psychischen Elementen" entzündete sich die Kritik und die scharfe Gegenposition von erkenntnistheoretischen Ansätzen, die den Ganzheitscharakter psychischer Prozesse, aber auch der Bewegung akzentuierten. Kann die elementaristisch-atomistische Vorgehensweise in der Psychologie als eine Reaktion auf die von der philosophisch orientierten Psychologie geprägte Vorstellung vom Primat des Geistes über die Materie verstanden werden, so sind die Ganzheitsüberlegungen als Reaktion auf deren Bemühen zu verstehen, das Ganze aus seinen Teilen zu erklären. Nach Metzger (1975, S. 3) wurde schon in den 1880er Jahren klar, „dass die damals anerkannten psychologischen Gesetze auf einer unzutreffenden Auffassung von dem Verhältnis der Ganzen und ihrer Teile beruht." Mit seiner Lehre von der „Intentionalität des Bewußtseins" (1874) kann Franz Brentano (1838-1917) als einer der Auslöser für diese kritische Auseinandersetzung mit der Elementenpsychologie und als Begründer der neueren Akt- bzw. Handlungspsychologie betrachtet werden. Im gleichen Jahr, in dem Wundts „Grundzüge der physiologischen Psychologie" erscheinen, unterscheidet Brentano in seinem Werk „Psychologie vom empirischen Standpunkt" beim Hörvorgang zwischen dem Ton als physischem Phänomen und dem Hören als psychischem Phänomen. Hören ist für ihn ein psychisches Phänomen, weil es durch „intentionale Inexistenz" durch „Richtung auf ein Objekt" charakterisiert ist (vgl. Scheerer, 1996, S. 99). Diesen Zusammenhang hat auch R. S. Woodworth (1869-1962) hervorgehoben, der sich mit der Psychophysik der Bewegung, besonders der Bewegungsgenauigkeit, beschäftigt hat. Er betrachtet die Intention als Verbindungsglied zwischen Bewusstsein und Wahrnehmung und präferiert bereits einen „action in perception and perception in action" Untersuchungsansatz.

Die Unzufriedenheit mit der Psychophysik war insbesondere durch den von Wundt vehement vertretenen psychophysischen Parallelismus entstanden. So entwickelten sich um die Jahrhundertwende mehrere Schulen, die eine Theorie der psychophysischen Interaktion und eine ganzheitliche Betrachtung präferierten. Praktisch in allen wissenschaftlichen Disziplinen traten „Ganzheitslehren" hervor (vgl. Scheerer, 1996, S. 103). Eine wissenschaftlich präzise Fassung des Ganzheitsbegriffes ist in besonderem Maße mit dem Gestaltbegriff und der Gestaltpsychologie verbunden. Mit „Gestalt" wird eine phänomenologische Bezeichnung für die Einheit in der Wahrnehmung und gleichzeitig eine Spezifizierung der Ganzheit vorgenommen. Die das „Ganze" charakterisierende Ordnung wird als gegliedert und analysierbar betrachtet. Als Begründer des Begriffs der „Gestaltqualitäten" gilt Ehrenfels (1890). Er definiert sie durch die Kriterien der *Transponierbarkeit* und der *Ganzbestimmtheit der Teile* („Übersummativität"). Ehrenfels verdeutlicht diese Kriterien am Beispiel der Melodie, die trotz Veränderung von Tonhöhe oder Klangfarbe ihre „Qualität" beibehält. Die elementaristischen Erklärungsversuche von beobachtbaren Phänomenen werden damit in Frage gestellt. Mit der Bearbeitung des psychischen Phänomens der Wahrnehmung auf dieser Grundlage hat sich insbesondere die „Berliner Schule" der Gestaltpsychologie beschäftigt. Sie ist verbunden mit den Namen Werthcimer (1880-1943), Köhler (1887-1970) und Koffka (1886-1941). Deren Untersuchungen zu Wahrnehmungsvorgängen, bei denen es um die Erklärung der Übereinstimmung von realen und wahrgenommenen Objekten ging, hat zur Formulierung von so genannten Gestaltgesetzen geführt. Diese (z. B. Gesetz der guten Gestalt) sollen im phänomenalen Feld zu einfachen, prägnanten und „guten" Ordnungen führen. Diese Tendenzen werden als Grundeigenschaften der phänomenalen zentralnervösen Aktivitäten interpretiert. Der Zusammenhang zwischen psychischen und zentralnervösen psychophysischen Vorgängen wird als Isomorphie-Beziehung beschrieben. Mit diesem Prinzip wird „Gestaltgleichheit" bzw. Strukturidentität psychischer und physischer Zustände auf dem psychophysischen Niveau behauptet (vgl. Köhler, 1924). Auch wenn einige implizite Annahmen der Gestalttheorie nicht bestätigt werden konnten, weisen viele Grundüberlegungen bereits auf aktuelle Ansätze der Theorie der dynamischen Selbstorganisation und des *common coding* hin, die auch zur weiteren Klärung des Organisationsmodus des psychophysischen Niveaus beitragen können. Bereits Köhler nahm an, dass dieses nicht nach Art einer Maschine, sondern nach einem Prinzip der „freien Selbstverteilung elektrischer Ladungen in einem Elektrolyt" funktioniert (vgl. Scheerer, 1996, S. 105). Gestaltpsychologische Annahmen wurden über die Wahrnehmung hinaus auf fast alle Teilgebiete der Psychologie (Gedächtnis, Lernen, Handeln) ausgedehnt und haben der psychologischen Analyse von Handlungen den Weg bereitet. Menschliches Verhalten wurde als ganzheitlicher Prozess analysiert und der Zusammenhang von Person und Umwelt durch das Erleben der Situation beschrieben. Der hier bereits analysierte Wahrnehmungs-Bewegungs-Zusammenhang kann bis in die aktuelle Forschung und Praxis verfolgt werden.

Neben der „Berliner Schule" der Gestaltpsychologie entwickelte sich unter Wundts Nachfolger in Leipzig, F. Krueger (1874-1948), die Leipziger Schule der Ganzheitspsychologie. Sie ging von dem Primat der Gefühle und von Erlebnisganzheiten aus, hinter denen die Strukturganzheiten nur mittelbar zu erschließen sind. Ganzheit wurde von Krueger allerdings als diffuse Komplexität beschrieben und im Vergleich zur Gestaltpsychologie mangelte es ihr insgesamt an methodisch experimenteller Klarheit. Der damit verbundene Ganzheitsbegriff veranlasste Rubinstein (1973, S. 96), einen „mystischen, irrationalistischen Idealismus" festzustellen. Allerdings wurden von Krügers Mitarbeitern bewegungswissenschaftliche Untersuchungen zu Fragen der Variation von Teil und Ganzem durchgeführt, die aktuelle Replikationen und Weiterentwicklungen gefunden haben (vgl. Loosch, 1990; 1995; Müller, 2001). Drill (1933) berechnete für die Zeiten von Hub und Schlag der Gesamtbewegung beim Hammerschlag die Variabilitätskoeffizienten. Klemm (1930) untersuchte die Teilzeiten beim Laufen. Stimpel (1933), Oeser (1936) und Voigt (1933) untersuchten leichtathletische Wurf- und Sprungdisziplinen und verglichen die Variabilitäten von Abflug- bzw. Abwurfgeschwindigkeit und Abwurfwinkeln. In dieser Tradition ist auch die in der Sportpsychologie vielbeachtete Arbeit zu motorischer Präzisionsleistung von Feige (1934) zu sehen. Die verschiedenen Studien belegen, dass die Streuung der Zielgröße – des „Ganzen" – geringer ist, als dies die größere Streuung der Teile (Geschwindigkeiten, Winkel) erwarten ließe. Ein für die Bewegungskoordination und die Ordnung zwischen Teilen und Ganzen höchst bedeutsames Ergebnis.

Für die Psychosomatik formulierte Viktor von Weizsäcker (1886-1957) den „Gestaltkreis" mit dem er die funktional geschlossene Wechselbeziehung von Organismus und Umwelt verdeutlicht. Wahrnehmung und Bewegung sind in einem Akt untrennbar verbunden. Auch die Theorie des Gestaltkreises ist als Kritik an der unzulänglichen Vereinfachung, hier insbesondere der Reflexphysiologie, zu verstehen. Für von Weizsäcker standen dabei besonders die damit verbundenen Konsequenzen für die psychosomatische Praxis und die Patienten im Vordergrund. Der Mensch als „Subjekt“ wurde von ihm in den Mittelpunkt psychiatrischen und psychosomatischen Denkens gestellt. Christian (1948) hat diese Subjektbetrachtung um die Kategorie des „Wertbewußtseins im Tun“ erweitert. Aus bewegungswissenschaftlicher Sicht bedeutsam ist, dass er im Vergleich zur Gestaltpsychologie, die den sinnesphysiologisch wahrnehmungsbezogenen Aspekt in den Vordergrund stellt, den motorischen Aspekt verstärkt berücksichtigt. Der Zentralbegriff des „Vorsatzes“ (Intention) rückt von Weizsäcker bereits in die Nähe handlungstheoretischer Überlegungen. Mit der Formulierung seines „Leistungsprinzips“ gegenüber dem „Leitungsprinzip“ überwindet er die enge Reflexkettenauffassung nervaler Vorgänge der traditionellen Reflexlehre. Er erkennt, dass Bewegungsausführungen nicht an festgelegte nervöse Bahnungen und Reflexe gekoppelt sind, sondern die Koordination der Bewegung von Anforderungen (Leistungen) ausgelöst werden, die die Umwelt stellt. Der „Funktion des menschlichen Handelns mit und in der Umwelt“ gilt das Hauptinteresse unter besonderer Berücksichtigung der „Dynamik der Außenwelt“ (von Weizsäcker, 1947, S. X). Damit nimmt er implizit eine Reihe von Diskussionspunkten der aktuellen Wahrnehmungs- und Bewegungstheorien vorweg. Dies trifft auf sein Hauptbemühen der „Einführung des Subjekts“ nicht im gleichen Maße zu. Mit der Setzung „es kann keine Definition des Begriffes Subjekt“ geben (von Weizsäcker, 1950, S. 203) macht er den wissenschaftlich empirischen Zugang zur Kernannahme seiner Theorie nahezu unmöglich. Der im Vergleich zu heute eingeschränkte Erkenntnis- und Methodenstand mag die Überbetonung des Subjektiven erklären.

Vom Subjekt „als Grund und Zentrum des Verhaltens“ geht auch der Niederländer F. J. J. Buytendijk (1887-1974) aus. In seinem 1948 erschienenen Buch „Allgemeine Theorie der menschlichen Haltung und Bewegung“ (deutsch 1956) verbindet er biologisch-physiologische Erkenntnisse mit psychologischen Problemen, aber auch mit philosophischen Hintergründen. Buytendijk geht von der bei Tier und Mensch beobachtbaren „Selbstbewegung“ (1956, S. 21) aus. Er stellt allerdings fest, dass niemand die Frage beantworten kann, was oder wo dieses Selbst ist (1956, S. 22). Für ihn gilt „die Selbstbewegung ist nicht zu begreifen, aber sie ist wahrnehmbar und zwar so evident, dass dieser Begriff sich innerhalb und außerhalb der Wissenschaft trotz seiner fehlenden Klarheit behauptet“ (1956, S. 22). In der Selbstbewegung, die über die Verhaltensbeobachtung sichtbar wird, entdeckt er das Subjekt. Allerdings gelingt es ihm nicht, hier durchaus von Weizsäcker vergleichbar, das

Subjekt näher zu beschreiben. Er stellt fest „das Subjekt ist der tragende Grund aller Bewegung jeglichen Inhalts und jedweder Form der Verwandlung, doch was es selbst ist, bleibt verborgen" (1956, S. 26). Buytendijk greift zur Erläuterung der Selbstbewegung auf metaphysische und vitalistische Ansätze sowie eine philosophisch imprägnierte Terminologie zurück. Damit schränkt er mögliche analytische Erklärungsversuche zur Selbstbewegung ein. Die mit seinem Ansatz der „funktionellen Bewegungslehre" in hervorragender Weise herausgearbeiteten prozessualen und funktionellen Hintergründe der Bewegung bezieht er ausschließlich auf die Seite des Verhaltens. Damit immunisiert er seine Theorie gegen die Integration der physiologischen und biomechanischen Erkenntnisse seiner Zeit, was die Weiterentwicklung seiner Theorie verhindert. Durch die pädagogische Theorie der Leibeserziehung wurde sein Werk allerdings bereitwillig rezipiert, weil das Subjektive der Person und das Objektive der Bewegungsausführung von ihm integrativ behandelt wurden.

4.3 Bernsteins Biologie der Aktivität

Der entscheidende Schritt zur empirisch wissenschaftlichen Weiterentwicklung des Problems der menschlichen Bewegung im 20. Jahrhundert ist dem russischen Physiologen und Biomechaniker N. A. Bernstein (1896-1966) gelungen. Bernstein hat das biologisch-physiologische, physikalisch-mechanische und das psychologische Wissen seiner Zeit über die menschliche Bewegung innovativ und stringent zusammengefasst. Seit den frühen 1920er Jahren arbeitete er im Zentralinstitut für Arbeit in Moskau. Mit Hilfe von selbstentwickelten, neuen kinematischen Methoden untersuchte er Arbeitsbewegungen. Erste deutschsprachige Arbeiten dazu erschienen u. a. um 1930 in der Zeitschrift „Arbeitsphysiologie". Für seine Untersuchungen kooperierte er eng mit dem Psychologischen Institut in Moskau. Über Wygotski, einen jungen Kollegen aus diesem Institut, der Literatur zur Gestaltpsychologie übersetzte, lernte er die klassischen Publikationen der Gestalttheorie kennen (vgl. Bongaard & Meijer, 2000). Durchaus von Weizsäcker vergleichbar erkannte auch er, dass Bewegungstrajektorien und Muskelkräfte nicht direkt einem zentralen, nervalen Kommando entsprachen. Diese nicht eindeutige Beziehung zwischen Nervenimpulsen und Bewegungsleistung machten ein differenziertes nichtmechanistisches und nicht ausschließlich reflextheoretisches Modell für die Erforschung der Bewegungskoordination notwendig. So kam Bernstein noch vor der Geburt der Kybernetik mit Norbert Wieners (1948) bahnbrechendem Werk zu eindeutig kybernetischen Konzepten. Die von ihm bereits klar erkannte Notwendigkeit, zwischen lebenden und unbelebten Systemen zu unterscheiden (1988,

S. 229), beeinflusste seine Suche nach neuen Begründungen für das Zustandekommen der Bewegungskoordination. Bernstein entwickelte als erster eine, wie sich zeigen sollte, zukunftsweisende Auffassung von Ganzheit, der er eine unbestreitbar zentral-nervale Genese zuschrieb. Bewegung betrachtete er als ganzheitliche Abläufe, nicht mehr als Sequenz von einzelnen Muskelaktionen: „gerade dieser ganzheitliche Charakter der Bewegung ist das typische Merkmal für das, was wir unter Bewegung verstehen“ (1988, S. 71). Über die Organisationsprinzipien der Wahrnehmung aus der Gestaltpsychologie hinaus formuliert er Annahmen, die auch die Umwelt systematisch mit der Person in Beziehung bringt. So wird nach seiner Auffassung „die Koordination auf keinen Fall selbstständig in der Peripherie entschieden“ (1988, S. 63). Er geht von einer „selbständigen Initiative und einer führenden Funktion des Zentralnervensystems“ aus. Als einzige Standarddeterminante der Bewegungshandlung identifiziert er „einzig und allein die ausgebildete, in irgendeiner Weise im Gehirn widergespiegelte Bewegungsaufgabe“ (1988, S. 197). Außer „dem Sinn der Bewegungsaufgabe und der Vorwegnahme des gesuchten Resultats ihrer Lösung“ wird keine „andere führende Invarianz“ zu finden sein (vgl. 1988, S. 186). Mit der Unterscheidung zwischen metrischen und topologischen Eigenschaften – Topologie als die Gesamtheit der qualitativen Besonderheiten eines Objektes – schafft er die Voraussetzung, neue topologische Merkmale zu finden. Bewegungen mit den gleichen topologischen Mustern (Organisationen) zeigen vergleichbare neurophysiologische Muster und erlauben einen Bezug zur Morphologie und Phänomenologie der Bewegung. In seinen Beiträgen zur Biologie der Aktivität (1988, S. 233 ff.) und der Identifikation der Spontanaktivität als das wichtigste Merkmal aller lebenden Systeme nimmt er zu Zeiten von Assoziationstheoretikern sowie der Theoretiker zu unbedingten und bedingten Reflexen, die aktive Einwirkung des Organismus (nicht des Subjekts wie bei von Weizsäcker und Buytendijk) auf seine Umwelt an. Er formuliert bereits Annahmen, die erst in späteren Theorien zu dynamischen Systemen erneut beschrieben werden wie:

> ... kein einziges System ... könnte sich verändern und gar in einer angepassten Weise verändern (worin ja der gesamte Lebensprozeß der lebenden Systeme besteht), wenn nicht ständig eine *Störung des Gleichgewichtszustandes* stattfinden würde, die das lebende System des Organismus ununterbrochen aktiv zu minimieren trachtet, ohne jedoch diese Störung bei Lebzeiten bis auf null bringen zu können. Gleichgewicht ist für ein lebendes System gleichbedeutend mit Tod. (1988, S. 204)

Bernstein fasst Koordination bereits hypothetisch als selbstorganisierenden, synergetischen Prozess auf (vgl. Kelso, 1998, S. 205). Der Einfluss Bernsteins auf die sportwissenschaftliche Bewegungsforschung und Bewegungslehre in Deutschland ist insbesondere mit der Übersetzung von Bernsteins Veröffentlichungen in der ehemaligen DDR verbunden (Hrsg. L. Pickenhain & G. Schnabel). Mit seinem Namen verbindet sich auch eine Forschungstradition an der Universität Greifswald (vgl. Hirtz & Nüske, 1997). Unvergleichlich größeren Einfluss hat die englischsprachige Bernsteinübersetzung von 1967 ausgelöst. Zunächst wurden durch Turvey et al. (1978) und Kugler et al. (1980) die Grundgedanken der Biologie der Aktivität und der dynamischen Systeme rezipiert. Unter dem Einfluss der selbstständigen Musterformation in der Laserphysik durch synergetische Prozesse (Haken, 1977) wurden spontane Musterbildungen bei Koordinationsvorgängen empirisch untersucht. Mit der kommentierten Bernsteinausgabe von Whiting (1984) wurde eine wahre Bernstein-Renaissance in der englischsprachigen Bewegungs- und Motorikforschung ausgelöst, die nach wie vor andauert (vgl. Bongaard & Meijer, 2000; Latash, 1998; Latash & Turvey, 1996). Der auch in der deutschsprachigen Bewegungslehre nachweisbare Einfluss Bernstein'schen Gedankenguts lässt sich in der Tradition zu Publikationen der Bewegungslehre vor allem bei Meinel und Schnabel (1998), aber auch in der aktuellen sportwissenschaftlichen Forschung nachweisen (vgl. Müller, 2001; Munzert 1989).

5 Bewegung in Leibesübung, Turnen und Sport

Die Entwicklung der sportwissenschaftlichen Bewegungs- und Motorikforschung ist, wie die vorausgegangenen Kapitel gezeigt haben, primär in der Geschichte ihrer Mutterwissenschaften aufzuspüren. Diese Auffassung mag nicht von allen Sportwissenschaftlern unterschiedlicher disziplinärer Ausrichtungen geteilt werden. In ihrer Nichtakzeptanz sind allerdings die Gründe für manche aktuelle Verständigungsschwierigkeiten zwischen sportwissenschaftlichen Disziplinen zu suchen. Die Eigenständigkeit der sportwissenschaftlichen Entwicklung ist aber gerade in der anwendungsorientierten Übertragung mutter- und grundlagenwissenschaftlicher Erkenntnisse auf Leibesübungen, Turnen und Sport zu suchen. Diese Übertragung war und ist notwendig, da sich die Mutterwissenschaften mit den sportspezifischen Bewegungs- und Motorikfragestellungen kaum beschäftigen. Dies bedeutet allerdings nicht, dass die sportwissenschaftliche Bewegungs- und Motorikforschung auf die Integration von deren Erkenntnissen verzichten könnte. Der hier angedeutete Vorgang der anwendungsorientierten Übertragung ist nicht immer gleichzusetzen mit den daraus abzuleitenden sportpädagogischen und sportdidaktischen Konsequenzen. Diese bedürften unter dem Stichwort einer pädagogischen Bewegungslehre einer eigenständigen Diskussion (vgl. Mechling, 1984; 2001).

Die Belege für mutterwissenschaftliche Einflüsse auf das sportwissenschaftliche Wissen zur körperlichen Bewegung sind vielfältig. So waren es im 18. Jahrhundert insbesondere Ärzte, die die Einführung körperlicher Bewegung zur Krankheitsprophylaxe in den öffentlichen Schulen propagierten. Dabei beriefen sie sich auf Galenus als unbestrittene Autorität (vgl. Langenfeld, 1988, S. 129). Das Bedürfnis, die Gymnastik insbesondere vor dem Hintergrund des starken medizinischen Einflusses entsprechend wissenschaftlich zu begründen, drückte bereits GutsMuths (1793, S. XXXIV) aus: „Es ist mir wohl bekannt, dass eine echte Theorie der Gymnastik auf physiologische Gründe gebaut und so die Praxis jeder einzelnen Übung derselben nach den individuellen Körperbeschaffenheiten abgewogen werden sollte.“ GutsMuths ging es bereits 1793, aber noch mehr in der zweiten Auflage von 1804 um die „pädagogische Gymnastik“. Für die körperliche Bewegung als anthropologische Konstante und deren koordiniertes Zustandekommen in Gymnastik, Turnen und Sport kann festgehalten werden, dass seit den Anfängen des 19. Jahrhunderts das Bestreben vorherrschte, zu einer „echten Theorie der Gymnastik“ zu gelangen. Die Einflüsse der physiologischen, physikalischen, biomechanischen und technologischen Erkenntnisse auf Leibesübungen, Turnen und Sport sind offensichtlich. Bestimmte Sportarten wie Turnen und Leichtathletik konnten von diesen Erkenntnissen in besonderer Weise profitieren. Aus diesem Grunde sind bei diesen Sportarten auch frühe Übertragungen festzustellen. Seit den ersten fotografischen Aufnahmen von Tier- und Menschenbewegungen (siehe Kap. 3) und der Einführung der Fotografie als Methode der Bewegungsforschung bestand von Seiten des Turnens und des Sports größtes Interesse an den daraus zu gewinnenden Erkenntnissen. Diese physiologischen, physikalischen, biomechanischen und methodologischen Erkenntnisse wurden in den einschlägigen Publikationsorganen berücksichtigt und kontrovers diskutiert. Dies gilt beispielhaft für die seit 1855 erscheinenden „Neuen Jahrbücher für die Turnkunst“ und der seit 1856 erscheinenden „Deutschen Turnzeitung“. Die Beiträge zu den physikalisch-mechanischen und physiologischen Hintergründen behandelten eine Vielzahl von Themen. Besonders hervorzuheben sind hierbei die Behandlung des Stehens und Gehens, des Schrittes und des Griffes. Darüber hinaus wurden unterschiedliche Techniken des Turnens und der Leichtathletik behandelt. Auch Fragen zu der Bewegungskoordination, den nervalen und physiologischen Grundlagen sowie die Frage von willkürlichen und unwillkürlichen Bewegungen und der Beteiligung des Bewusstseins wurden diskutiert. Aus methodologischer Sicht standen Fragen zur „Augenblicksfotografie“ und deren Bedeutung für die Bewegungslehre wie auch anthropometrische Messungen im Vordergrund. Viele Beiträge beziehen sich ohne genaue Literaturangaben auf die Untersuchungen der Gebrüder Weber, auf Braune und Fischer sowie auf Marey (vgl. Kap. 3). Wesentlichen Einfluss als Autoren in diesen Publikationsorganen und durch ihre Monographien nahmen die Mediziner Roth (1866), Fick (1879), Du Bois-Reymond (1881; 1905), Lagrange (1888) und insbesondere Schmidt (1893; 1905) sowie später Müller (1924). Für die Biomechanik des Turnens und die entsprechende Methodenentwicklung ist Kohlrausch (1887) zu nennen. Wegen ihrer engen Verbindung zur gesamten Theorie des Turnens und der Leibesübungen sind Ernst Kohlrausch (1815-1923) und Ferdinand August Schmidt (1852-1929) besonders hervorzuheben. Kohlrausch, Mathematik-, Physik- und Turnlehrer in Hannover, stellte bereits 1880 eine physikalische Skizze zur Mechanik des Turnens vor und bearbeitete mit seiner „Physik des Turnens“ (1887) ein bisher wissenschaftlich nicht zusammenhängend bearbeitetes Thema. Kohlrausch verbesserte mit einem Apparat für fotografische Reihenaufnahmen die von Muybridge, Marey und Anschütz verwendeten Techniken, die allerdings bald durch die kinematographischen Filmaufnahmen abgelöst wurden.

Der Medizinprofessor der Universität Bonn, F. A. Schmidt, der selbst nie in der medizinischen Forschung aktiv war, kann als einer der bedeutenden Wegbereiter der Theorie der Leibesübungen betrachtet werden. Mit seiner Verbreitung des physiologischen und bewegungswissenschaftlichen Zugangs zu Turnen und Sport schuf er bereits wesentliche Voraussetzungen für eine sportwissenschaftliche Entwicklung. Seit 1893, dem Jahr, in welchem er seine erste umfassende und für die Leibesübungen richtungsweisende Publikation vorlegte (Schmidt, 1893), war er für die Turnlehrer/innen-Kurse in Bonn verantwortlich. Mit seiner „Physiologie der Leibesübungen“ (1905) veröffentlichte er ein über Jahrzehnte hinweg gültiges Lehrbuch. Vergleichbare Lehrbücher legten Müller (1924) und Schnell (1922) vor. Aus der Sicht der funktionellen Anatomie und Orthopädie führte die Gliederkettentheorie (kinematische Kette) von von Baeyer (1925) die physiologische Betrachtungsweise mit den in der Orthopädie vorherrschenden mechanischen Tendenzen zusammen. Mit der Beschreibung der Wechselwirkung von Form und Funktion sowie der Abkehr von einer elementaristischen, morphologisch-statischen Bewegungsbeschreibung zu funktionellen Zusammenhängen trug von

Baeyer wesentlich zu einem modernen Verständnis der Bewegung bei, was u. a. von praktischer Bedeutung für die Prothesenkonstruktion war.

Mit der sich entwickelnden Theorie der Leibesübungen wurde der Bedarf nicht nur analytischer, sondern auch integrativer, über die funktionellen Zusammenhänge an der Bewegungsform orientierter Betrachtungen notwendig. Autoren wie Waitzer (1926) mit einem sportmechanischen Ansatz, Mensendieck (1929) mit einem auf Einzelmuskeln bezogenen elementaristischen Ansatz sowie Bode (1922) mit einem vitalistisch-ganzheitlichen Ansatz versuchten, diesen Anforderungen gerecht zu werden. Neben vielen Anregungen enthielten diese Ansätze auch unhaltbare und nicht ausreichend wissenschaftlich begründete Annahmen. Die Entwicklung der Ganzheitstheorie nach 1900 (vgl. Kap. 4) hat sicherlich zu den sportpädagogischen Überlegungen beigetragen, wie sie Streicher (1924) sowie Gaulhofer und Streicher (1930) zum „natürlichen Turnen" angestellt haben. Die Bewegungslehre von Streicher folgt wie auch die „elementaren Bewegungen" durch Paschen (1954) nahezu ausschließlich einem pädagogisch-normativen Interesse. Sie richtete sich insbesondere gegen das von Spiess geprägte formale Schulturnen. Ihre Bedeutung für eine wissenschaftlich begründete Bewegungslehre war gering. Vorstufen von wissenschaftlich fundierten und integrativen Bewegungslehreansätzen sind allerdings bei Klinge (1924), bei Schmith (1929) sowie Hoke und Schmith (1937), die sich u. a. an von Baeyer anlehnen, und auch bei Honisch (1939) zu finden. Der gestalttheoretische Einfluss auf die sportwissenschaftliche Bewegungslehre ist insbesondere Kohl (1956) zuzuschreiben, dessen Untersuchungsergebnisse und konzeptionelle Beiträge nach wie vor aktuell sind.

Von der Überzeugung ausgehend, dass „erfolgreiches Unterrichten in der Körpererziehung ... wesentlich auf einer tieferen Einsicht in die Strukturen und gesetzmäßige Entwicklung der motorischen Funktionen des menschlichen Organismus" beruht (Meinel, 1960, S. 13), entstand die erste integrative Bewegungslehre der noch jungen Sportwissenschaft von dem Professor der Theorie der Körpererziehung an der DHfK Leipzig, Kurt Meinel (1898-1973). Ab 1950 waren in mehreren Veranstaltungen die unterschiedlichen für die Sportwissenschaft in Frage kommenden Bewegungslehren diskutiert worden (vgl. Schnabel, 1955). Trotz der eindeutigen Ausrichtung der Meinel'schen Bewegungslehre an einer morphologischen Theorie der sportlichen Bewegung unter pädagogischem Aspekt wird durchgängig deutlich, dass Meinel „auf eine Synthese der Erkenntnisse aus unterschiedlichen Einzelwissenschaften (1960, S. 13) aufbaut. Dies zeigt sich in seiner interdisziplinären Zugangsweise, die historisch-gesellschaftliche, phylo- und ontogenetische, anatomisch-physiologische, biomechanische und psychologische Erkenntnisse integriert und für die auf die äußere Form gerichtete morphologische Analyse berücksichtigt (vgl. Krug et al. 2001; Schnabel, 1998, S. 8 ff.). Mit der Betonung des Handlungscharakters der sportlichen Bewegung, ihrer Ziel- und Zweckgerichtetheit sowie ihrer Orientierung an der personalen und materialen Umwelt zeigt Meinel seine umfassende Orientierung an den bewegungs- und koordinationstheoretischen Erkenntnissen seiner Zeit (vgl. Kap. 3 und 4). Die enge wissenschaftliche Anlehnung der DDR an die sowjetische Wissenschaftstradition trug dazu bei, dass frühzeitig die herausragenden Werke von Rubinstein (1973) und Puni (1961) aus der Psychologie, aus der Biomechanik Donskoi (1975), aber insbesondere auch Anochin (1958) und Bernstein (1988) berücksichtigt werden konnten. Hatte 1960 noch die „wissenschaftspolitisch geförderte Lehre Pawlows" (Schnabel, 1999, S. 9) im Vordergrund gestanden, erkannten Meinel und insbesondere seine Schüler in der Folgezeit die besondere Bedeutung Bernsteins. Für die Erforschung des komplexen Charakters des motorischen Lernens unter dem Gesichtspunkt der Bewegungskoordination finden sich bereits bei Meinel (1960, S. 388) vielfache Belege. Seine aus der morphologischen Sichtweise abgeleiteten Bewegungskategorien, die Phasenstruktur der Bewegung, die Kennzeichnung von optimalen Bewegungsausführungen und die Phasen des motorischen Lernens befruchteten lernmethodische Überlegungen bis in die heutige Zeit (vgl. Göhner, 1992, S. 13 ff.).

In der Folge der Meinel'schen Bewegungslehre erschienen mehrere sportwissenschaftliche Bewegungslehreansätze, die sich kritisch mit Meinel und dessen Terminologie auseinandersetzten sowie Ergänzungen um differenzielle motorische Eigenschafts- und Fähigkeitskonzepte lieferten (Fetz, 1972) oder die informationstheoretische Ergebnisse in den Vordergrund stellten (Ungerer, 1971). Die englischsprachige Bewegungs- und Motorikforschung, insbesondere der Ansatz der „Kinesiology", war bereits Meinel bekannt (1960, S. 92), wurde allerdings von ihm nicht berücksichtigt. Erst mit dem Einfluss des informationstheoretischen Ansatzes durch Ungerer kann von einer verstärkten Rezeption der englischsprachigen Literatur ausgegangen werden. Diese hat sich mit der Übersetzung von Cratty (1975) und von Singer (1985) verstärkt. Diese unterschiedlichen Einflüsse sind auch in den späteren Bewegungslehrepublikationen von Willimczik und Roth (1983) bzw. Roth und Willimczik (1999), bei Pöhlmann (1986), Göhner (1992; 1999) und bei Loosch (1999) festzustellen, die in diese historische Betrachtung allerdings nicht einbezogen werden. Der seit dem 19. Jahrhundert zunehmende

Einfluss der Biomechanik als sportwissenschaftliche Disziplin wird in diesen Publikationen zur Bewegungslehre und Sportmotorik ebenfalls deutlich. Obwohl sich beide bei der Erfüllung ihrer sportwissenschaftlichen und sportpraktischen Aufgaben ergänzen wird die Biomechanik hier nicht weiter berücksichtigt (vgl. Gollhofer & Schmidtbleicher 2003 i. Vorber.) Nach fünf Auflagen der Meinel'schen Bewegungslehre erschien 1975 eine völlig neu bearbeitete Fassung durch ein Autorenkollektiv (Meinel & Schnabel, 1976, vgl. 1998). Der implizit bei Meinel (1960) vorhandene Anspruch zur Klärung der strukturellen und funktionellen Zusammenhänge des motorischen Lernens wurde mit der zentralen Thematik der Bewegungskoordination nun in den Mittelpunkt gestellt. Damit wurde der Notwendigkeit der wissenschaftlichen Bearbeitung der Probleme von Motorik und Bewegung auch in der Sportwissenschaft Rechnung getragen. Hatte Meinel sich ursprünglich bis auf die Bernstein'schen topologischen (morphologischen) Merkmale und gewisse Anleihen beim „Prinzip der gleichen Einfachheit" nicht an dessen Gedankengut orientiert, so ist Schnabel (1998) mit der Bearbeitung der Bewegungskoordination verstärkt auf Bernstein eingegangen. Von dieser tiefgehenden Erfassung und Verarbeitung des Bernstein'schen Gedankengutes kann auch heute noch behauptet werden, dass es „keineswegs alle in Frage kommenden Gebiete der Sportwissenschaft erreicht hat" (Pickenhain & Schnabel, 1988, S. 17). Damit ist auch für die sportwissenschaftliche Bewegungs- und Motorikforschung die Frage nach der Ordnung der Bewegung immer wieder neu gestellt.

6 Perspektiven

Der Ordnungsbegriff und insbesondere die Vorstellung davon, wie Ordnung in lebenden Systemen zustande kommt, hat sich über die Jahrhunderte hinweg dramatisch geändert. So wie die Gesamtauffassung von Ordnung sich verändert hat, hat sich auch die Sicht auf das Individuum und seine Bewegung verändert (vgl. Kugler et al., 1980; Prigogine & Nicolis, 1971). Der Versuch, alle beteiligten Strukturen und deren Funktionen für die Bewegungskoordination in allen Einzelheiten erklären und prognostizieren zu wollen, musste früh als offensichtlich unmöglich betrachtet werden. So waren die Ausgangspunkte der wissenschaftlichen Überlegung entsprechend der heutigen Terminologie mit geschlossenen Systemen verbunden, mit denen Stabilität und Gleichgewicht erzeugt werden konnte, wobei Ordnung mit Gleichgewicht und Unordnung mit Nicht-Gleichgewicht verbunden wurde. Die in Zusammenhang mit diesen Systemen betrachteten Phänomene wurden als deterministisch und reversibel betrachtet. Dies führte zur einhelligen Meinung, alle Vorgänge mit fundamentalen Gesetzen beschreiben zu können. Die Welt galt durchweg als kausal determiniert. Insbesondere mit dem mechanistischen Paradigma der Newton'schen Wissenschaft hatte alles, was geschah, eine eindeutige Ursache und führte zu einer eindeutigen Wirkung. Alles was nicht verstanden wurde, wurde als zu komplex charakterisiert oder ignoriert. Mit der Entdeckung, dass Materie spontan aktiv ist, ergaben sich neue Ansätze, die dazu führten, lebende Systeme als offene Systeme zu betrachten und von irreversiblen stochastischen Prozessen auszugehen. Damit ist ein grundlegender Wechsel verbunden, der sich in vielen sportwissenschaftlich-bewegungswissenschaftlichen Überlegungen z. B. in der Auseinandersetzung zwischen Informationstheoretischem- und „Action"-Ansatz andeutet, aber noch nicht zu einem neuen Forschungsparadigma geführt hat, geschweige denn, dass solche Erkenntnisse sportpraktische Überlegungen bereits beeinflussen könnten.

Nicht nur die bereits angesprochene Bernstein-Renaissance, sondern auch die auffällige Zuwendung zur Geschichte der Bewegungswissenschaft (vgl. Latash & Zatsiorsky, 2001) kann als ein Zeichen für die Notwendigkeit gewertet werden, sich in der Ausrichtung der Bewegungsforschung auch an älteren Quellen neu zu orientieren. Die Herausforderungen durch die neurobiologische, genetische und technologische Forschung werden auch die verhaltensorientierte Bewegungsforschung massiv beeinflussen. Die sportwissenschaftliche Motorik- und Bewegungsforschung muss dieses innovative Gedankengut rezipieren, diskutieren und an eigenen Fragestellungen empirisch prüfen. Darüber hinaus muss sie bestrebt sein, diese Erkenntnisse zur sportpraktischen, sportdidaktischen Nutzung zu übertragen. Diese Übertragungsleistung ist, wie dieser Beitrag zeigt, auch in der Vergangenheit immer wieder hervorragend gelungen. Viele der für diese Entwicklung in der Theorie der Leibesübungen und der Sportwissenschaft verantwortlichen Bewegungswissenschaftler und Bewegungspraktiker konnten hier nicht oder nur ungenügend berücksichtigt werden. Die systematische Bearbeitung des Leitgedankens der „Ordnung" in der Bewegung ließ eine umfassende Würdigung all dieser Personen nicht zu. Dies gilt auch für die Diskussion der Forschungsansätze der letzten 50 Jahre, von denen allerdings angenommen wird, dass sie sich ausreichend in den Beiträgen zu diesem Handbuch widerspiegeln.

Literatur

Anochin, P.K. (1958). Physiologie und Kybernetik. *Sowjetwissenschaft, Naturwissenschaftliche Beiträge, 5*, 533-557.

Bächli, A. (2000). Heraklit – Einheit der Gegensätze. In M. Erler & A. Graeser (Hrsg.), *Philosophen des Altertums* (S. 56-71). Darmstadt: Wissenschaftliche Buchgesellschaft.

Baeyer, H. v. (1925). *Bewegungslehre und Orthopädie*. Stuttgart: Thieme.

Bernstein, N.A. (1940, russisch). Über den Aufbau der Bewegungen und ihre Systematisierung nach einem neurophysiologischen Merkmal. *Teor. I prakt. fiz. kul't. 5*, 50-62.

Bernstein, N.A. (1988). *Bewegungsphysiologie* (2. Aufl.). Leipzig: J.A. Barth.

Bode, R. (1922). *Ausdrucksgymnastik*. München: C.H. Beck

Bongaard, R. & Meijer, O.G. (2000). Bernsteins theory of movement behaviour: Historical development and contemporary relevance. *Journal of Motor Behaviour, 32*, 57-71.

Borelli, G.A. (1989). *On the Movement of Animals*. Berlin: Springer.

Braune, W. & Fischer, O. (1895-1904, 1987). *The Human Gate*. Berlin: Furlong.

Brentano, F. (1874). *Psychologie vom empirischen Standpunkte*. Leipzig: Duncker & Humblot.

Buytendijk, F.J.J. (1956). *Allgemeine Theorie der menschlichen Haltung und Bewegung*. Berlin: Springer.

Cavanagh, P.R. (1990). *Biomechanics of Distance Running*. Champaign, Ill.: Human Kinetics.

Christian, P. (1948). Vom Wertbewusstsein im Tun. In V. von Weizsäcker, *Beiträge aus der allgemeinen Medizin, 4. Heft*. Stuttgart: F. Enke Verlag.

Cratty, B.J. (1975). *Motorisches Lernen und Bewegungsverhalten*. Frankfurt: Limpert.

Demeny, G. (1903). *Méchanisme éducation de Movement*. Paris: ohne Verlag.

Descartes, R.,& Bridoux, A. (Hrsg.). (1953). (Hrsg.: A. Bridoux). *Oeuvres et lettres*. Paris: Gallimard.

Donskoi, D.D. (1975). *Grundlagen der Biomechanik*. Berlin: Sportverlag.

Drill, R. (1933). Der Hammerschlag. *Neue Psychologische Studien, 9* (2), 139-208.

Du Bois-Reymond, E. (1881). *Über die Übung*. Berlin: Lange.

Du Bois-Reymond, R. (1905). Spezielle Bewegungslehre und Überblick über die Physiologie der Gelenke. In W. Nagel. (Hrsg.), *Handbuch der Physiologie des Menschen, Bd. 4,* (S. 564-578). Braunschweig: F. Vieweg.

Ehrenfels, C. v. (1890). Über Gestaltqualitäten. *Vierteljahresschrift für wissenschaftliche Philosophie, 13*, 249-292.

Exner, S. (1891). Über Sensomobilität. *Pflügers Archiv für die gesamte Physiologie des Menschen und der Tiere., 48*, 592-613.

Feige, K. (1934). *Präzisionsleistungen menschlicher Motorik*. Dissertation, Universität Rostock.

Fetz, F. (1972). *Bewegungslehre*. Frankfurt: Limpert.

Fick, A. (1879). Specielle Bewegungslehre. In L. Hermann (Hrsg.), *Handbuch der Physiologie, 1. Bd., II. Teil* (S. 239-344). Leipzig: Thieme.

Figal, G. (2000). Sokrates, der Philosoph. In M. Erler & A. Graeser (Hrsg.), *Philosophen des Altertums* (S. 99-111). Darmstadt: Wissenschaftliche Buchgesellschaft.

Foerster, O. (1902). *Die Psychologie und Pathologie der Koordination.* Jena: Fischer

Fritsch, G. & Hitzig, E. (1870). Über die elektrische Erregbarkeit des Großhirns. *Archiv für Anatomie, Physiologie und Wissenschaftliche Medicin, 37*, 300-332.

Gaulhofer, K. & Streicher, M. (1930). *Natürliches Turnen.* Wien: Verlag f. Jugend u. Volk.

Gibson, J.J. (1979). *The ecological approach to visual perception.* Boston: Houghton Mifflin.

Giehlen, S. (2001). Helmholtz: Founder of the Action-Perception Theory. In M.L. Latash & V.M. Zatsiorsky (Eds.), *Classics in Movement Science* (pp. 221-242). Champaign: Human Kinetics.

Göhner, U. (1992). *Einführung in die Bewegungslehre des Sports, Teil 1.* Schorndorf: Hofmann.

Göhner, U. (1999). *Einführung in die Bewegungslehre des Sports, Teil 2.* Schorndorf: Hofmann.

Görgemanns, H. (1967). *Platon.* Heidelberg: Winter.

Gollhofer, A. & Schmidtbleicher, D. (Hrsg.). (2003, in Vorber.). *Biomechanik sportlicher Bewegungen – ein Handbuch.* Schorndorf: Hofmann

GutsMuths, J.C.F. (1793). *Gymnastik für die Jugend.* Schnepfental: Buchhandlung der Erziehungsanstalt.

Haag, H. (Hrsg.). (1996). *Sportphilosophie – Ein Handbuch.* Schorndorf: Hofmann.

Haase, J. (1976). Haltung und Bewegung und ihre spinale Koordination. In J. Haase, H.-D. Henatsch, R. Jung, P. Strata & U. Thoden (Hrsg.), *Sensomotorik* (S. 99-192). München: Urban & Schwarzenberg.

Haken, H. (1977). *Synergetics. An Introduction.* Berlin: Springer.

Harvey, W. (1959). *De Motu Locali Animalium.* Cambridge: Cambridge University Press.

Hirtz, P. & Nüske, F. (Hrsg.). (1997). *Bewegungskoordination und sportliche Leistung integrativ betrachtet (2. Bernstein-Konferenz).* Hamburg: Czwalina.

Hoke, R.J. & Schmith, O. (1937). *Grundlagen und Methoden der Leichtathletik.* Leipzig: J.A. Barth.

Holst, E. v. & Mittelstaedt, H. (1950). Das Reafferenz-Prinzip. *Die Naturwissenschaften, 37*, 464-476.

Honisch, R. (1939). Was erwarten wir von einer Bewegungslehre? *Leibesübungen und körperliche Erziehung, 10*, 236-239.

Jung, R. (1976). Einführung in die Bewegungsphysiologie. In J. Haase, H.-D. Henatsch, R. Jung, P. Strata & U. Thoden (Hrsg.), *Sensomotorik* (S. 1-97). München-Berlin-Wien: Urban &Schwarzenberg.

Kelso, J.A.S. (1998). From Bernstein's Physiology of Activity to Co-Ordination Dynamics. In M.L. Latash (Ed.), *Progress in Motor Control, Vol. 1* (pp. 203-219). Champaign, Ill.: Human Kinetics.

Klemm, O. (1930). Über Eigengesetzlichkeiten körperlichen Tuns. In F. Schumann (Hrsg.), *Bericht über den ersten Kongress der experimentellen Psychologie* Wien 1929 (S. 387-398). Leipzig: J.A. Barth.

Klinge, E. (1924). Allgemeine und unterrichtliche Bedeutung einer Bewegungslehre. *Jahrbuch der Leibesübungen, 31*, 180-185.

Köhler, W. (1924). *Die physischen Gestalten in Ruhe und im stationären Zustand.* Erlangen: Philosphische Akademie.

Kohl, K. (1956). *Zum Problem der Sensumotorik.* Frankfurt: W. Kramer.

Kohlrausch, E. (1887). *Physik des Turnens.* Hof: Lion.

Krug, J., Schnabel, G. & Hartmann, C. (2001). Die Meinel'sche Bewegungslehre – Ein Fundament der Sportmotorik. Sportwissenschaft, 31, 31-44.

Kugler, P.N., Kelso, J.A.S. & Turvey, M.T. (1980). On the Concept of Co-Ordinative Structures as Dissipative Structures: I. Theoretical Line. In G.E. Stelmach & J. Requin (Eds.), *Tutorials in Motor Behaviour* (pp. 3-47). Amsterdam: North-Holland.

Lagrange, F. (1888). *Physiologie des Exercices du Corps.* Paris: Alcan.

Langenfeld, H. (1988). Auf dem Wege zur Sportwissenschaft: Mediziner und Leibesübungen im 19. Jahrhundert. *Stadion IV, 1*, 125-148.

Latash, M.L. (1998). *Progress in Motor Control. Bernstein's Traditions in Movement Studies.* Champaign, Ill.: Human Kinetics.

Latash, M.L. & Turvey, M.T. (Eds.). (1996). *Dexterity and its Development.* Mahwah, NJ: Erlbaum.

Latash, M.L. & Zatsiorsky, V.M. (Eds.). (2001). *Classics in Movement Science.* Champaign: Human Kinetics.

Loosch, E. (1990). *Ganzheitsprinzip und Variabilität in der Motorik.* Kassel: GSHS-Bibliothek.

Loosch, E. (1995). Funktionelle Variabilität im Dartwurf. *Sportwissenschaft, 25*, 417-425.

Loosch, E. (1999). *Allgemeine Bewegungslehre.* Wiebelsheim: Limpert.

Lullies, H. (1966). *Physiologie II.* Köln: Tropon.

Marey, E.-J. (1873). *La Machine Animale.* Paris: Bailliere.

Mechling, H. (1984). Bewegungswissenschaft. In K. Carl, D. Kayser, H. Mechling & W. Preising (Hrsg.). Handbuch Sport (S. 84-134). Düsseldorf: Schwann

Mechling, H. (2001). Sportwissenschaftliche Bewegungslehre – Zwischen Verstehen und Erklären. In R. Prohl (Hrsg.), *Bildung und Bewegung* (S. 223-231). Hamburg: Czwalina.

Meijer, O.G. (2001). Making Things Happen: An Introduction to the History of Movement Science. In M.L. Latash & V.M. Zatsiorsky (Eds.), *Classics in Movement Science* (pp. 1-58). Champaign, Ill.: Human Kinetics.

Meinel, K. (1960). *Bewegungslehre.* Berlin: Volk und Wissen.

Meinel, K. & Schnabel, G. (1998). *Bewegungslehre – Sportmotorik* (9. Aufl.). Berlin: Sportverlag.

Mensendieck, B. (1929). *Funktionelles Frauenturnen*. München: Bruckmann.

Metzger, W. (1975). *Psychologie*. Darmstadt: Steinkopf.

Munzert, J. (1989). *Flexibilität des Handelns*. Köln: bps

Müller, H. (2001). *Ausführungsvariabilität und Ergebniskonstanz.* Lengerich: Pabst.

Müller, J. (1924). *Die Leibesübungen*. Leipzig: Teubner.

Muybridge, E. (1887). *Animal Locomotion*. New York: Dover.

Nitsch, J. R. (2002). Interdisziplinäre Theoriebildung – Eine Problemanalyse. *Ze-phir, 8* (2), 18-33.

Oeser, M. (1936). Über den Speerwurf. *Neue Psychologische Studien 9*, 209-239.

Paschen, K. (1954). Bewegungserziehung. Bad Godesberg: Voggenreiter Verlag.

Pflüger, E.F.W. (1853). *Die sensorischen Funktionen des Rückenmarks der Wirbelthiere nebst einer neuen Lehre der Leitungsgesetze der Reflexionen*. Berlin: R. Hirschwald.

Pickenhain, L. & Schnabel, G. (1988). Einführung. In N.A. Bernstein(Hrsg.), *Bewegungsphysiologie* (S. 15-19). Leipzig: Barth.

Pöhlmann, R. (1986). *Motorisches Lernen.* Berlin: Sportverlag.

Prigogine, I. & Nicolis, G. (1971). Biological order, structures and instabilities. *Quarterly Reviews of Biophysics, 4*, 107-148.

Puni, A.Z. (1961). *Abriss der Sportpsychologie.* Berlin: Sportverlag.

Roth, K. & Willimczik, K. (1999). *Bewegungswissenschaft*. Hamburg: Rowohlt.

Roth, W. (1866). *Grundriss der physiologischen Anatomie für Turnlehrer-Bildungsanstalten.* Berlin: Voss.

Rubinstein, S.L. (1973). *Grundlagen der allgemeinen Psychologie*. Berlin: Volk und Wissen.

Scheerer, E. (1996). Einmal Kopf, zweimal Kognition: Geschichte und Gegenwart eines Problems. In G. Roth & W. Prinz (Hrsg.), *Kopf-Arbeit* (S.87-116) Heidelberg: Spektrum.

Schmidt, F.A. (1893). *Die Übung des Herzens und des Kreislaufs*. Berlin: ohne Verlag.

Schmidt, F.A. (1905). *Physiologie der Leibesübungen*. Leipzig: Voigtländer.

Schmith, O. (1929). Die Bewegungsvorgänge in Leben und Lehre. Zur Bewegungslehre des Sports. *Die Leibesübungen, 19*, 444-450.

Schnabel, G. (1955). Zur Problematik der Bewegungsforschung. *Theorie und Praxis der Körperkultur, 4*, 444-449.

Schnabel, G. (1998). Meinels Bewegungslehre – Das Konzept einer Wissenschaftsdisziplin der sich entwickelnden Sportwissenschaft. *Leipziger Sportwissenschaftliche Beiträge, 34* (1/2), 4-16.

Schnabel, G. (1999). Der wissenschaftliche Beitrag von Prof. Meinel zur Entwicklung einer Bewegungslehre des Sports. In J. Krug & C. Hartmann (Hrsg.), *Praxisorientierte Bewegungslehre als angewandte Sportmotorik* (S. 19-32). Sankt Augustin: Academia.

Schnell, W. (1922). *Biologie und Hygiene der Leibesübungen*. Berlin: U & S.

Sherrington, C.S. (1906). *Integrative Action of the Nervous System*. New Haven: University Press.

Singer, R.N. (1985). *Motorisches Lernen und menschliche Leistung*. Bad Homburg: Limpert.

Stimpel, E. (1933). Der Wurf. *Neue Psychologische Studien, 9* (2), 105-138.

Störig, H.J. (1968). *Kleine Weltgeschichte der Philosophie*. Stuttgart: Kohlhammer.

Stoffer, T.H. (1996). Individuelle Unterschiede in der Wahrnehmung. In M. Amelang (Hrsg.), *Enzyklopädie der Psychologie, differentielle Psychologie und Persönlichkeitsforschung. Band 2.* (S. 195-243), Göttingen: Hogrefe.

Streicher, M. (1924). Über die natürliche Bewegung. In K. Gaulhofer & M. Streicher(Hrsg.), *Natürliches Turnen. Gesammelte Aufsätze I* (S. 146-153). Wien/Leipzig: Verlag f. Jugend u. Volk.

Stückelberger, A. (2000). Hippokrates und hippokratisches Denken. In M. Erler & A. Graeser (Hrsg.), *Philosophen des Altertums* (S. 84-98). Darmstadt: Wissenschaftliche Buchgesellschaft.

Turvey, M.T., Shaw, R.A. & Mace, W. (1978). Issues in the Theory of Action: Degrees of Freedom, Coordinative Structures and Coalitions. In J.E. Requin (Ed.), *Attention and Performance VII* (pp. 557-595). Hillsdale: Erlbaum.

Ungerer, D. (1971). *Zur Theorie des sensomotorischen Lernens*. Schorndorf: Hofmann.

Voigt, E. (1933). Über den Aufbau von Bewegungsgestalten. *Neue Psychologische Studien, 1*, 5-32.

Wacholder, K. (1928). Willkürliche Haltung und Bewegung insbesondere im Lichte elektrophysiologischer Untersuchungen. *Ergebnisse der Physiologie, 26*, 568-775.

Waitzer, J. (1926). Die Gesetze der Sportmechanik. *Start und Ziel, 2* (12), 367-371.

Weber, W. & Weber, E. (1836). *Die Mechanik der menschlichen Gehwerkzeuge*. Göttingen: Universität Göttingen.

Weizsäcker, V. von (1947, 1950). *Der Gestaltkreis*.(4.Aufl.) Stuttgart: Thieme.

Whiting, T.A. (Ed.). (1984). *Human Motor Actions – Bernstein Reassessed*. Amsterdam: North-Holland.

Wiener, N. (1948). *Cybernetics*. Cambridge, MA.: MIT Press.

Wiesendanger, M. (1997). Paths of Discovery in Human Motor Control. A Short Historical Perspective. In M.C. Hepp-Reymond & G. Marini (Eds.), *Perspectives of Motor Behaviour and its Neural Basis* (pp. 103-134.). Basel: Karger.

Willimczik, K. & Roth, K. (1983). *Bewegungslehre*. Hamburg: Rowohlt.

Wundt, W. (1908). *Grundzüge der physiologischen Psychologie, Band 1*. Leipzig: Engelmann.

Zeller, E. (1963). *Die Philosophie der Griechen in ihrer geschichtlichen Entwicklung*. Hildesheim: G. Olms.

Zülch, K.J. (1976). A critical appraisal of „Lokalisationslehre" in the brain. *Die Naturwissenschaften, 63* (6), 255-265.

B Grundlagen

Inhalt

B.1 Muskelphysiologie
Albert Gollhofer, Markus Gruber & Sven Bruhn

B.2 Neurophysiologische Grundlagen der Motorik
Jürgen Konczak

B.3 Bewegungssteuerung – Bewegungskoordination
Herbert Heuer & Jürgen Konczak

B.4 Motorisches Lernen
Ernst-Joachim Hossner & Stefan Künzell

B.1 Muskelphysiologie

Albert Gollhofer, Markus Gruber & Sven Bruhn

Gliederung

1 Einleitung
1.1 Architektur der Skelettmuskulatur
1.2 Morphologische Struktur und funktionelle Aspekte der Skelettmuskulatur
1.3 Gleitfilamenttheorie der muskulären Kontraktion
1.4 Innervation des Skelettmuskels

2 Kraft-Längen-Relation
2.1 Betrachtung für das Sarkomer
2.2 Betrachtung für den ganzen Muskel

3 Kraft-Geschwindigkeits-Relation

4 Motorische Einheit
4.1 Anatomie
4.2 Physiologie

5 Konvergenzebenen motorischer Systeme
5.1 Intramuskuläre Koordination
5.2 Intermuskuläre Koordination

Kurzreferat

Die Skelettmuskulatur des Menschen ist das größte Organ des Körpers und besitzt hinsichtlich seiner Anpassungsfähigkeit an Training bzw. an Nichtgebrauch eine erstaunliche Plastizität. Muskelfasern können sich verändern: Nach systematischem Krafttraining werden funktionelle Anpassungen der Querschnittsfläche ebenso beobachtet wie Muskelatrophie nach Immobilisation. Die Skelettmuskulatur wird über das Nervensystem aktiviert, dabei bestimmen die Aktivierungscharakteristika die qualitativen Eigenschaften der beteiligten Muskelfasern. Funktionelle Anpassungen an spezifische Trainingsformen bedingen deshalb immer Veränderungen, die das neuromuskuläre System betreffen. Im Kapitel werden, ausgehend von den funktionell-physiologischen Grundlagen des kontraktilen Apparates, die Mechanismen der Rekrutierung und der Frequenzierung bei der Kraftentwicklung besprochen. Im Abschluss wird unter systematischer Betrachtung das neuromuskuläre System in Zusammenhang zur Bewegungskoordination gestellt.

Schlagworte

Aktinfilamente, aktive und passive Insuffizienz, glatte Muskulatur, Gleitfilamenttheorie, Herzmuskulatur, Kraft-Geschwindigkeits-Relation, Kraft-Längen-Relation, motorische Einheit, Myosinfilamente, Skelettmuskulatur

1 Einleitung

Die Muskulatur erfüllt lebenswichtige Aufgaben. Die unterschiedlichen Muskelarten haben verschiedene Funktionen: Die *Skelettmuskulatur* ist für Haltungs- und Bewegungsaufgaben zuständig, die *Herzmuskulatur* stellt den Motor unseres Kreislaufsystems dar und die *glatte Muskulatur* erfüllt lebenswichtige Aufgaben in unterschiedlichen Organfunktionen.

1.1 Architektur der Skelettmuskulatur

Mit ca. 40 % der gesamten Körpermasse stellt die Skelettmuskulatur das größte Organ des Körpers dar. Über willkürliche Kontraktionen können wir die Skelettmuskulatur aktivieren. Ziel dieser Aktivierung können Relativbewegungen von Körperteilen, Versteifungen von Gelenksystemen oder Ortsveränderungen des gesamten Menschen sein. Dabei übertragen die Muskeln ihre Kontraktionskraft einerseits über Sehnen oder Aponeurosen oder gar direkt an das Skelettsystem. Über Ansatz und Ursprung eines Muskels sind biomechanische Randbedingungen vorgegeben, unter denen der Muskel über eine oder mehrere Gelenksysteme arbeiten kann.

Makroskopisch betrachtet unterscheiden sich die Skelettmuskeln erheblich. Generell unterscheidet man gefiederte und ungefiederte Muskeln. In einem ungefiederten Muskel (Abb. 1a) verlaufen die Faserbündel des Muskels in der Linie, die von Ansatz und Ursprung vorgegeben wird, während beim gefiederten Muskel je nach Fiederungswinkel (γ) eine in Bezug zu Ansatz und Ursprung schräge Verlaufsrichtung vorgegeben ist (Abb. 1b).

Bei Kontraktion der Muskelfasern entsteht nun eine Kraft entlang der Faserbündel. Dadurch ist der nichtgefiederte Muskel in der Lage, relativ schnell eine vorgegebene Verkürzungsstrecke zurückzulegen. Da die meisten unserer Extremitätenmuskeln diesem Typus zugeordnet werden können, spricht man beim ungefiederten Muskel auch vom „Verkürzungsmuskel". Dieselbe Kraft erzeugt beim gefiederten Muskel aufgrund der geometrischen Anordnung nur einen Bruchteil dieser Verkürzungsstrecken. Dieser Muskeltypus besitzt umgekehrt den Vorteil, dass nur ein Teil der Muskelkräfte in Faserlängsrichtung erscheint. Dadurch sind gefiederte Muskeln in der Lage, hohe Kräfte generieren zu können, man spricht von „Kraftmuskeln" (Abb. 1c).

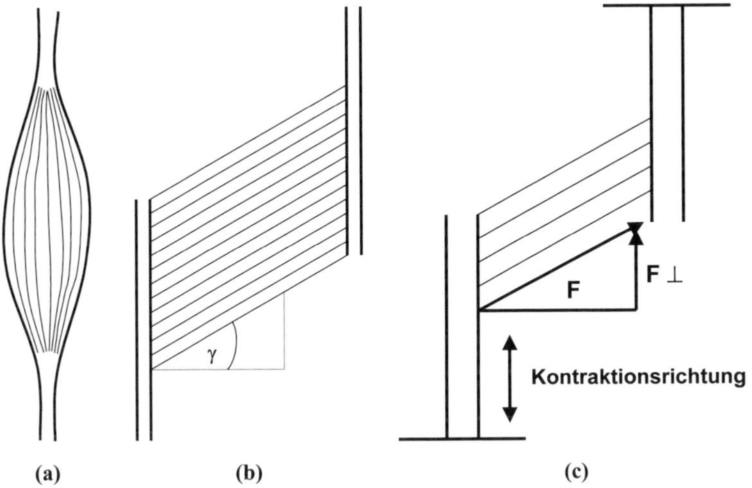

Abb. 1: Physiologischer und anatomischer Querschnitt **(a)** ungefiederter Muskel, **(b)** gefiederter Muskel mit Fiederungswinkel γ, **(c)** Kraft- und Verkürzungsvektor im gefiederten Muskel

Während der anatomische Querschnitt eines Muskels die physikalische Fläche eines Schnittes durch den Muskel bezeichnet, berücksichtigt der physiologische oder funktionelle Querschnitt die jeweilige geometrische Anordnung der Muskelfasern. Beim ungefiederten Muskel fällt demnach der anatomische und der physiologische Querschnitt zusammen, während beim gefiederten Muskel der physiologische Querschnitt sehr viel größer als der anatomische sein kann (Abb. 2).

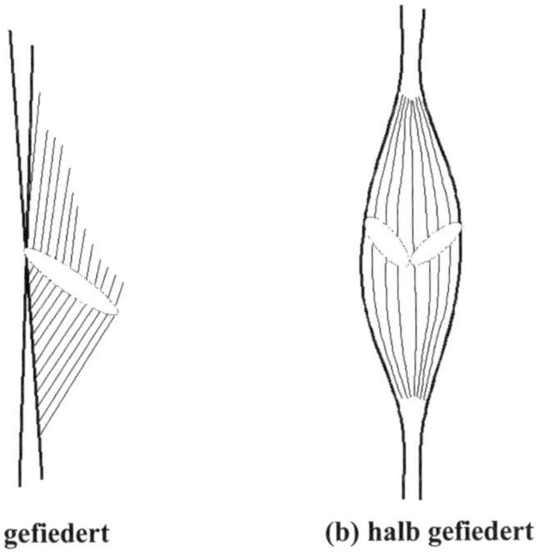

Abb. 2: Physiologischer und anatomischer Querschnitt

1.2 Morphologische Struktur und funktionelle Aspekte der Skelettmuskulatur

Die Funktionsweise des Muskels, sein Verhalten bei überwindender, statischer oder nachgebender Arbeitsweise kann nur verstanden werden, wenn die funktionellen Gegebenheiten einer Muskelfaser bzw. einer Myofibrille bekannt sind. Unter anatomischer Betrachtung kann bereits in lichtmikroskopischen Aufnahmen die typische Querstreifung entlang der Myofibrillen erkannt werden (Wilmore & Costill, 1999). Diese Querstreifung kommt zustande aus dem regelmäßigen Wechsel von dunklen (A-Bande) und hellen Streifen (I-Bande), die durch lichtdichte Proteinstrukturen (Z-Scheiben) unterbrochen sind. Betrachtet man entlang einer Myofibrille einen durch die Z-Scheiben definierten Abschnitt (Sarkomer) detailliert, so wird der prinzipielle Aufbau eines Sarkomers als grundlegende Funktionseinheit deutlich. Ausgehend von den Z-Scheiben sind dünne globulinartige Eiweißfäden, die Aktinmoleküle, erkennbar (Abb. 3) (Hollmann & Hettinger, 2000).

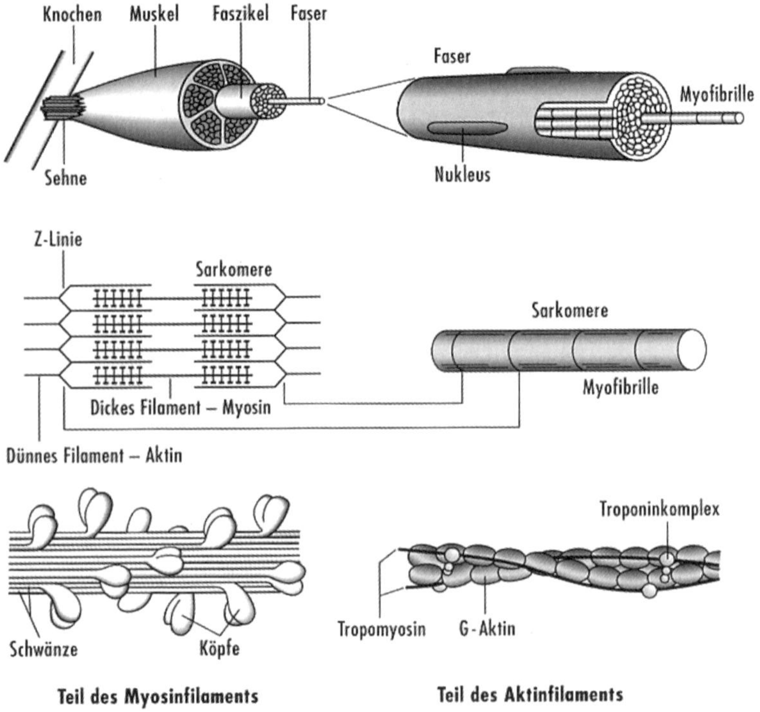

Abb. 3: Funktionelle Bestandteile einer quergestreiften Muskelfaser (Hollmann & Hettinger, 2000, S. 41)

Diese Eiweißfäden ragen, von beiden Z-Scheiben ausgehend, in die Mitte des Sarkomers hinein. In den Zwischenräumen sind ausgehend von der Sarkomermitte nach beiden Seiten die dicken Myosinketten eingelagert. Dabei besteht jede Myosinkette aus einer Anordnung von zwei „leichten" Meromyosin-Ketten (LMM), die geflochten den Myosinschaft bilden. „Schweres" Meromyosin (SMM) bildet den Kopf und den Hals der Querbrücken; beide stehen seitlich in Richtung Aktinfilament ab. Der Myosinkopf besitzt einerseits eine enzymatische Komponente (ATP-ase), andererseits die Fähigkeit, unter spezifischen Situationen mit den Aktinfilamenten eine aktive Verbindung (Querbrücke oder Aktomyosinkomplex) einzugehen. Das dünne Filament, bestehend aus zwei ineinandergeschlungenen Aktinmonomeren und den Steuerungsproteinen Troponin und Tropomyosin, gibt die Kontaktstellen frei für die Bildung des Aktomyosinkomplexes (Abb. 3). Das Tropomyosin, in den Furchen der Aktinproteinketten eingelagert, hat in regelmäßigen Abständen ein Troponin angelagert. Aufgrund seiner hohen Calciumaffinität kann das Troponin sehr schnell die Konfiguration des gesamten Komplexes ändern.

1.3 Gleitfilamenttheorie der muskulären Kontraktion

Huxley und Hansen (1954) beschrieben in ihrer bahnbrechenden Arbeit erstmals die strukturellen Abläufe bei der Muskelkontraktion. Die Theorie der Gleitfilamente besagt, dass sich infolge der Muskelkontraktion die Muskelfaser verkürzt, indem Kraft durch die Formation von Querbrücken gebildet wird. Obwohl noch nicht alle Einzelheiten des Kontraktionsvorgangs bekannt sind, wird die Gleitfilamenttheorie heute allgemein sehr gut akzeptiert (Edmann, 1994; Wodledge et al., 1985).

Durch ein eingehendes Aktionspotential, welches über die motorischen Nervenbahnen an die Muskulatur abgegeben wird, werden durch Reizweiterleitung auf der Muskelmembran Calciumionen aus dem sarkoplasmatischen Retikulum freigesetzt (Abb. 4). Übersteigt im Sarkoplasma die Calciumkonzentration einen kritischen Wert, werden Calciumionen an das Troponin gebunden, wodurch sich die Konfiguration am Tropomyosinfaden ändert und am Aktinmolekül die Bindungsstellen für den Myosinkopf freigegeben werden. Unter Aufspaltung von ATP in ADP+P bindet das Myosinmolekül an das Aktin, wodurch Energie frei wird (Schmidt & Thews, 2000).

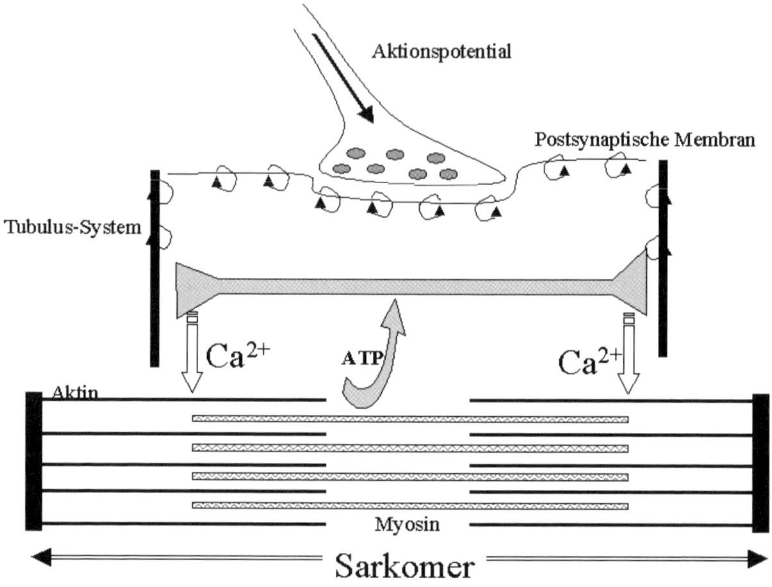

Abb. 4: Innervation: Das Aktionspotential der motorischen Nervenzelle löst postsynaptisch auf der Muskelmembran ebenfalls eine Depolarisation aus. Diese wandert entlang des Tubulus-Systems und verursacht eine Ca^{2+}-Ausschüttung aus dem sarkoplasmatischen Retikulum ins Innere des kontraktilen Apparates. Dadurch wird erst die Andockstelle auf dem Aktinfilament für den Myosinkopf freigegeben. Durch aktive Mechanismen (ATP-Verbrauch) werden die Ca^{2+}-Ionen wieder ins sarkoplasmatische Retikulum zurückgepumpt.

1.4 Innervation des Skelettmuskels

In den Vorderhörnern des Rückenmarks liegen die motorischen Nervenzellen, die, als Bestandteil des pyramidalen Systems, einerseits Informationen aus dem Gehirn, andererseits aus den peripheren Muskelzellen sammeln. Je nach funktioneller Aufgabe versorgt jede Muskelzelle eine unterschiedliche Anzahl von Muskelfasern über ihr Axon. Vom Rückenmark zieht die Erregung im Spinalnerv an die motorischen Endplatten der Muskelfasern (Abb. 5). Die Zahl der Muskelfasern, die eine motorische Nervenzelle versorgt, ist um so kleiner, je präziser die Bewegungsaufgaben anzusteuern sind.

Am Nerv-Muskel-Übergang (Motorische Endplatten) wird die Erregung mit Hilfe eines Überträgerstoffes (ACH) auf die muskuläre Membran weitergeleitet. Dabei gilt es festzustellen, dass bei Erregung einer spezifischen motorischen Nervenzelle immer alle die sie versorgenden Muskelfasern erregt werden („Alles-oder-Nichts-

Gesetz“). Dadurch, dass die muskulären Membranen ebenfalls reizleitend sind, wird gewährleistet, dass die Übertragung der Erregungsinformation sehr schnell über das Tubulussystem auch überall in der Muskelfaser verteilt wird. Die Erregung des transversalen Tubulussystems bewirkt eine Freisetzung von Calciumionen ins Sarkoplasma, wodurch die Konfiguration am Troponin/Tropomyosinkomplex des Aktinmoleküls verändert wird, was schlussendlich die Interaktion von Aktin und Myosin (den Querbrückenzyklus) ermöglicht.

Die elektromechanische Kopplung umfasst demnach den Prozess der neuronalen Signalübertragung an der motorischen Endplatte (neuromuskuläre Endplatte), die Transduktion über den synaptischen Spalt, die Weiterleitung über das Tubulussystem bis hin zur Calciumfreisetzung und zur Konfigurationsänderung des Aktomyosin-Komplexes.

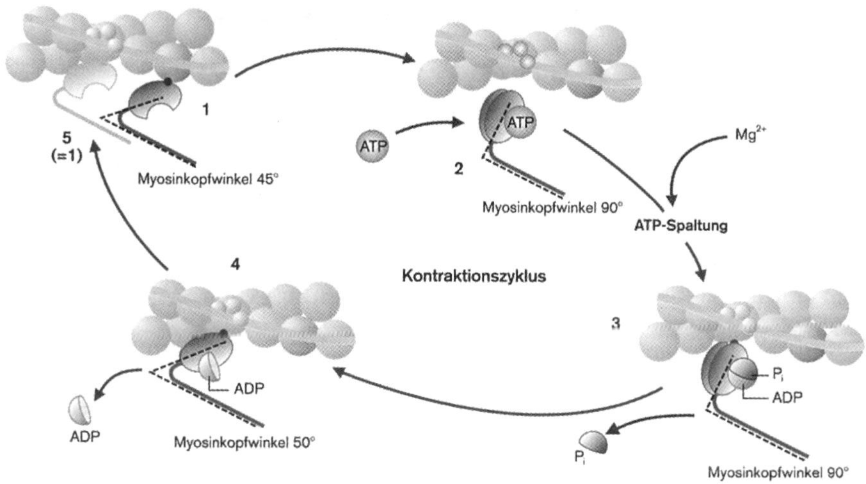

Abb. 5: Der elementare Kontraktionszyklus (Klinke & Silbernagel, 2001, S. 85)

2 Kraft-Längen-Relation

2.1 Betrachtung für das Sarkomer

Die Querbrücken zwischen Aktin und Myosin sind für die Kraftentwicklung im Muskel verantwortlich. Dabei erzeugen 1 Milliarde Querbrücken gerade einmal eine Kraft von ca. 1 Nm. Die Gesamtkraft eines Sarkomers resultiert aus der Summe der gerade bestehenden Querbrücken. Die Zahl der Querbrücken und damit die resultierende Kraft kann dabei über die neuronale Aktivierung reguliert werden.

Im Falle einer konstanten maximalen Aktivierung kann jedoch gezeigt werden, dass die Kraft darüber hinaus auch über die Ausgangslänge des Sarkomers selbst determiniert ist (Abb. 6).

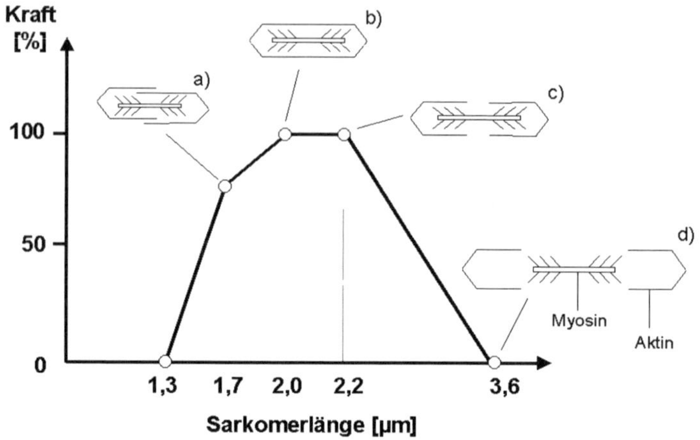

Abb. 6: Zusammenhang zwischen Kontraktionskraft und Sarkomerlänge. Die strukturellen Verhältnisse der Aktin- und Myosinfilamente sind schematisch für wichtige Sarkomerlängen dargestellt.

Dieses Verhalten kann über eine Betrachtung der Sarkomerstruktur erklärt werden. Bei einer sehr großen Vordehnung des Sarkomers (Gesamtlänge von größer 3,6 µm) findet keine Überlappung der Myosinfilamente statt (d). Dadurch fehlt die Möglichkeit, Querbrücken zu bilden, und als Konsequenz kann bei einer derart großen Vordehnung keine Kraft produziert werden. Nimmt die Ausgangslänge immer weiter ab, dann schieben sich die Aktinfilamente immer stärker über die Myosinketten, der Überlappungsbereich wird größer und damit steigt die Anzahl möglicher Querbrücken im Sarkomer kontinuierlich an (c). Im Resultat ergibt sich eine linear ansteigende Kraftentwicklung bis zu einer Sarkomerausgangslänge von ca. 2,2 µm. Nach dieser ansteigenden Kraftentwicklung schließt sich ein kurzer Längenbereich an, in dem eine optimale Überlappung von Myosin und Aktin zu einer maximalen Kraftentfaltung des Sarkomers führt (b). Kommt es im weiteren Verlauf zu einer verstärkten Längenabnahme des Sarkomers, schieben sich die Aktinfilamente übereinander und der Bereich der Aktin-Myosin-Überlappung wird dementsprechend geringer (a). Die Abnahme an möglichen Querbrücken führt dabei zu einer verminderten Kraftentfaltung des Sarkomers. In der Literatur wird für diesen Bereich auch die Möglichkeit diskutiert, dass es durch die Überlappung der

Aktinfilamente zu Querbrückenbildungen kommen kann, die der Kraftrichtung des Sarkomers entgegengerichtet sind, und dadurch die resultierende Kraft weiter vermindern (Peiper, 1996). Nach dieser Betrachtungsweise wird über die Länge des Sarkomers die Stellung der Myosinfilamente zueinander und damit der Bereich der Aktin-Myosin-Überlappung bestimmt. Aus diesem Grund gibt es einen optimalen Längenbereich des Sarkomers, in dem eine maximale Anzahl an Bindungsstellen vorliegt.

Die angeführten Erklärungen des von Gordon, Huxley und Julien (1966) beschriebenen Verhaltens beruhen auf der Betrachtung der strukturellen Verhältnisse im Sarkomer unter Zugrundelegung der Querbrückentheorie. Sie scheinen auf den ersten Blick einleuchtend und plausibel, sind aber für den Bereich der abfallenden Kraftentfaltung des Sarkomers bei starker Verkürzung (< 2,0 µm) nicht unwidersprochen. So konnte durch zwei Studien gezeigt werden, dass die reduzierte Freisetzung von Ca^{2+} bei geringen Muskellängen eine wichtige Rolle bei der Kraftentwicklung spielt. Durch Verabreichung von Koffein wurde die Kraft trotz der kurzen Sarkomerlänge über eine künstlich erhöhte Ausschüttung von Ca^{2+} signifikant gesteigert (Rüdel & Taylor, 1971; Fabiato & Fabiato, 1975). Diese Ergebnisse deuten darauf hin, dass die verminderte Ca^{2+}-Ausschüttung im sarkoplasmatischen Retikulum eine wesentliche Rolle für den Kraftverlust des Sarkomers bei Längen unterhalb des Optimums spielt. Sie widerlegen die Hypothese, dass einzig und allein mechanische Vorgänge im Sarkomer bei starker Verkürzung für die Krafteinbuße verantwortlich sind.

2.2 Betrachtung für den ganzen Muskel

Die Kraft, die der ganze Muskel in unterschiedlichen Ausgangslängen bei maximaler Aktivierung erzeugen kann, setzt sich aus dem Beitrag der einzelnen Sarkomere (aktive Komponente) mit dem oben beschriebenen charakteristischen Kraftverhalten und dem Widerstand des Bindegewebes (passive Komponente) zusammen. Die passive Komponente erzeugt bei einer größer werdenden Länge einen immer größer werdenden Dehnungswiderstand und erlangt daher bei höheren Ausgangslängen des Muskels eine immer wichtigere Bedeutung. Die Anteile der passiven Komponente lassen sich in parallel elastische Anteile (Sarkolemm, Endomysium, Perimysium und Epimysium) und seriell elastische Anteile (Sehnen, Aponeurosen und Protein Titin) unterteilen (vgl. Huijing, 1994).

Wenn am Muskel weder eine neuronale Aktivierung noch eine äußere Kraft wirken, dann befindet sich der Muskel-Sehnen-Komplex in der Ruhelänge (l_o = 100 %

Ausgangslänge). In diesem Zustand existiert weder eine Spannung im kontraktilen noch im bindegewebigen Anteil. Die oben angeführten bindegewebigen Strukturen besitzen allerdings keine idealelastischen Eigenschaften; aus diesem Grund ist der Anstieg der passiven Spannung nicht linear, sondern wird mit zunehmender Dehnung immer steiler. Für den Muskel-Sehnen-Komplex stellt sich die Kraft-Längen-Relation wie folgt dar:

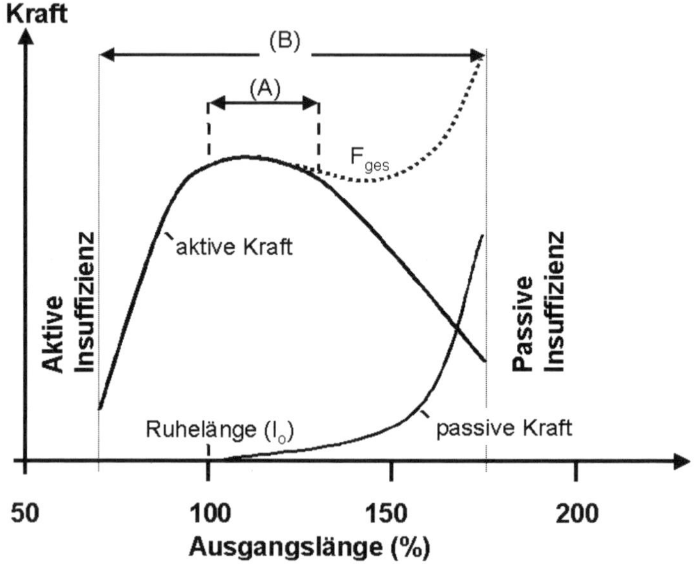

Abb. 7: Zusammenhang von Muskelkraft und der Ausgangslänge. Getrennte Betrachtung der aktiven und der passiven Kraftkomponenten. Die nach außen wirkende Gesamtkraft (F_{ges}) setzt sich aus diesen beiden Anteilen zusammen.

Die Kraftwirkung des Muskel-Sehnen-Komplexes bei einer Verkürzung weit unterhalb der optimalen Ausgangslänge entspricht weitgehend den Verhältnissen für das isolierte Sarkomer. Bei einer Ausgangslänge von ca. 60 % der Ruhelänge strebt die isometrische Kraftfähigkeit des Muskel-Sehnen-Komplexes gegen Null (vgl. Abb. 7).

Treten diese Verhältnisse in der Praxis auf, spricht man von einem Zustand der *aktiven Insuffizienz* (Elftman, 1966). Dieser Zustand der aktiven Insuffizienz lässt sich besonders gut am Beispiel der zweigelenkigen Hamstrings-Muskeln zeigen. Diese Muskelgruppe streckt im Hüftgelenk und beugt zur gleichen Zeit im Kniegelenk. Allerdings ist die Muskulatur zu lang, um zur gleichen Zeit eine vollständige Hüftstreckung und eine vollständige Kniebeugung ausführen zu können.

Wenn man also auf einem Bein steht, die Hüfte vollkommen gestreckt, ist man normalerweise nicht in der Lage, das Kniegelenk stärker als 90° zu beugen. Die Hamstrings verlieren durch die Verkürzung immer stärker an ihrer Fähigkeit Kraft zu entwickeln – sie befinden sich in einem Zustand der aktiven Insuffizienz. Beugt man aber im Hüftgelenk und verlängert dadurch die Hamstrings, kann man scheinbar mühelos einen Kniewinkel von 90° und mehr erreichen. Dies wird möglich, weil die Muskelgruppe näher an ihrer Ruhelänge arbeiten kann und dort die Möglichkeit besitzt, mehr Kraft zu entwickeln.

Da sich die aktive Kraftkomponente der Muskel-Sehnen-Einheit in der Längen-Kraft-Relation der Sarkomere widerspiegelt, müsste neben der Insuffizienz bei sehr stark verkürztem Muskel auch eine Insuffizienz bei sehr stark gedehntem Muskel zu beobachten sein. Diese verminderte Kraftfähigkeit bei zunehmender Dehnung des Muskels ist tatsächlich nachweisbar und wird als *passive Insuffizienz* bezeichnet (Elftman, 1966).

Geht die Ausgangslänge des Muskels gegen 210 % der Ruhelänge, dann würde die Kraft, die der Muskel produzieren kann, gegen Null streben. Allerdings wird durch die parallelelastischen Strukturen eine so große Dehnung des Muskels verhindert. Sie begrenzen die Ausgangslänge etwa auf 175 % der Ruhelänge. In diesem Zustand ist die Fähigkeit des Muskels, Kraft zu erzeugen, bereits deutlich eingeschränkt, man spricht deshalb von einer passiven Insuffizienz des Muskel-Sehnen-Apparates.

Der gesamte Arbeitsbereich des Muskels befindet sich demnach zwischen den Grenzen der aktiven und der passiven Insuffizienz, also zwischen 75 % und 175 % der Ruhelänge des Muskels (vgl. Abb. 7 (B)). In der Praxis bewegt sich der Arbeitsbereich aber fast ausschließlich zwischen 100 % und 130 % der Ruhelänge und damit in einem Bereich, in dem die aktive Kraftentwicklung nahe dem Maximum liegt und die passive Spannung des Muskels relativ gering ist (A). Aus dieser Kombination ergibt sich für den Muskel die Möglichkeit, seine Kraft sehr flexibel produzieren zu können.

3 Kraft-Geschwindigkeits-Relation

Für jede Bewegung, die wir ausführen, sei es im Alltag oder beim Sport, muss der Muskel-Sehnen-Apparat eine Kraft erzeugen, die der externen Last entgegenwirkt, diese übersteigt und damit eine Bewegung ermöglicht. Diese externe Last kann einfach nur das Gewicht eines Körperteils sein, z. B. der Unterschenkel, den wir beim Gehen anheben müssen, um nicht zu stolpern oder ein zusätzliches Gewicht, etwa ein Handball, ein Speer oder eine Kugel.

Wird durch den Muskel-Sehnen-Apparat eine der Last entgegengerichtete Kraft entwickelt, die den gleichen Betrag wie diese aufweist, dann kommt es normalerweise zu keiner Längenveränderung der beteiligten Muskulatur und infolgedessen auch zu keiner sichtbaren Bewegung. Man spricht in diesem Fall von einer isometrischen Kontraktion der beteiligten Muskulatur.

Wenn die externe Last kleiner ist als die isometrische Maximalkraft des Muskels, dann kann der Muskel eine konzentrische Kontraktion durchführen. Es kommt zu einer Verkürzung, bei der sich Ursprung und Ansatz des Muskels nähern. Ist die externe Last größer als die isometrische Maximalkraft, dann kommt es zu einer erzwungenen Dehnung des Muskels – Ursprung und Ansatz entfernen sich voneinander; man spricht in diesem Fall von einer exzentrischen Kontraktion. Selbstverständlich werden im alltäglichen Leben wie auch im Sport viele isometrische, konzentrische und exzentrische Kontraktionsformen im submaximalen Bereich durchgeführt.

Aus der Erfahrung wissen wir, dass es einen Zusammenhang zwischen der Geschwindigkeit einer Bewegung (und damit der Geschwindigkeit einer Muskelkontraktion) und der Kraft, die dabei durch den Muskel bereitgestellt wird, gibt. Wir wollen diesen Zusammenhang anhand der Streckbewegung der Arme z. B. beim Bankdrücken verdeutlichen. Die maximale Streckgeschwindigkeit der Arme erreichen wir, wenn wir ohne zusätzliche externe Last arbeiten. Nehmen wir die Hantelstange hinzu, wird die maximale Geschwindigkeit der Streckbewegung verringert. Diese Tendenz setzt sich durch Zuladung der Hantel weiter fort. Die Bewegungsgeschwindigkeit wird immer kleiner und erreicht bei der isometrischen Maximalkraft den statischen Zustand – die Geschwindigkeit wird Null, die Kraft erreicht dabei ihr vorläufiges Maximum. Die externe Last kann über das isometrische Maximalkraftniveau erhöht werden. Solche Lasten können aber nicht mehr entgegen ihrer Kraftlinie bewegt oder gehalten, sondern nur noch „abgelassen" werden. Je größer dabei die Last gewählt wird, um so schneller erfolgt das „Ablassen" der Last.

Die Fähigkeit, nachgebend (exzentrisch) größere Kräfte zu erzeugen als überwindend oder haltend, beruht auf der in dieser Kontraktionsform auftretenden Dehnung der Querbrücken, die zusätzlich zur aktiven Kraft noch eine passive Kraftkomponente erzeugen.

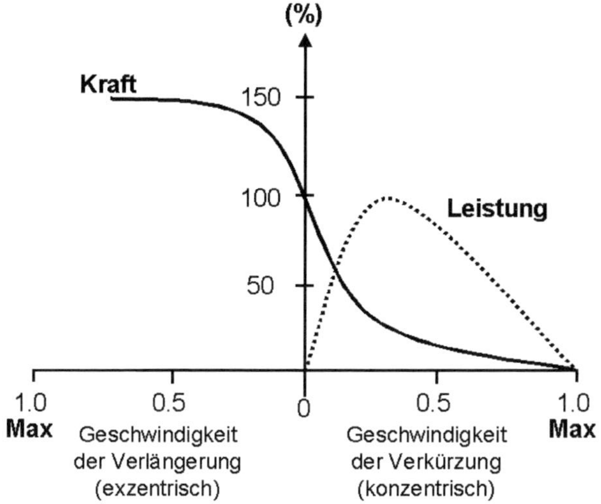

Abb. 8: Kraft-Geschwindkeits-Relation (durchgezogene Linie) und Kraft-Leistungs-Relation (gepunktete Linie). Die Kraft-Leistungs-Relation ist für den relevanten konzentrischen Arbeitsbereich des Muskels dargestellt. Die Kraft ist in Prozent der maximalen isometrischen Maximalkraft dargestellt.

Im wissenschaftlichen Sinn ist die Kraft-Geschwindigkeits-Relation definiert als die Relation, die zwischen der maximalen Kraft eines Muskels (oder einer Muskelfaser) und der sofortigen Längenänderung des Muskels (der Muskelfaser) besteht. Die Kraft-Geschwindigkeits-Beziehung wird dabei normalerweise durch maximale Kontraktionen bei der Ruhelänge des Muskels gemessen. Diese Verhältnisse lassen sich im Experiment an isolierten Muskelfasern sehr schön demonstrieren (Hill, 1938).

Die Kraft-Leistungs-Relation lässt sich mathematisch sehr einfach aus der Kraft-Geschwindigkeits-Relation bestimmen. Die muskuläre Leistung wird dabei aus dem Produkt von Kraftwert und Geschwindigkeitswert errechnet (Abb. 8). Für viele praktische Anwendungen ist es von Interesse, die Kontraktionsgeschwindigkeit zu kennen, bei der die maximale muskuläre Leistung erzielt werden kann. Über die Kraft-Geschwindigkeits-Relation kann diese Geschwindigkeit sehr einfach bestimmt werden. Sie beträgt ca. 31 % der maximalen Verkürzungsgeschwindigkeit des Muskels. Die muskuläre Leistung ist bei dieser Betrachtung allerdings nur für den momentanen Zustand definiert (Energiebereitstellungsprozesse spielen keine Rolle) und besitzt dadurch eine eher geringfügige Bedeutung im sportlichen Alltag.

Aufgrund der Kraft-Geschwindigkeits-Relation hängt die Kraft nicht nur von der Länge des Muskels ab, sondern ebenfalls von der Geschwindigkeit der konzentrischen bzw. exzentrischen Kontraktion (Abb. 8). Aus diesem Grund gilt die in Abb. 7 dargestellte Kraft-Längen-Relation nur für den statischen, sprich isometrischen Fall. Für den dynamischen (konzentrischen bzw. exzentrischen) Fall verändern sich diese Verhältnisse im Hinblick auf die Kontraktionsgeschwindigkeit. In Abb. 9 werden die Kraft-Längen-Relationen des Muskels für zwei exzentrische Kontraktionen (E_1 und E_2), die isometrische Kontraktion (I) und zwei konzentrische Kontraktionen (K_1 und K_2) schematisch dargestellt.

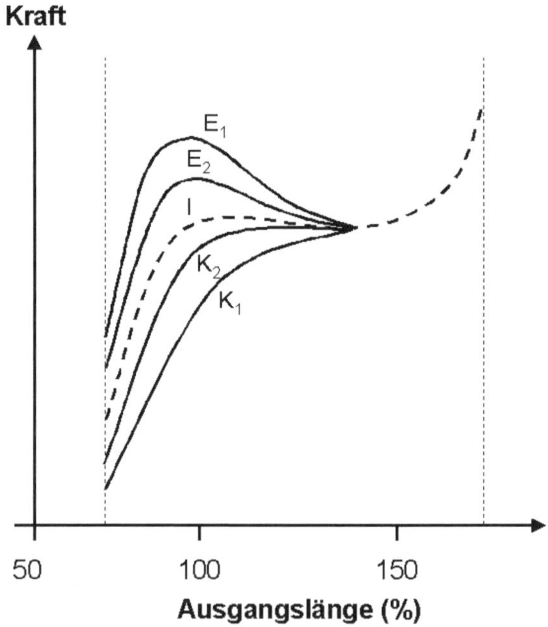

Abb. 9: Abhängigkeit der Muskelkraft von der Ausgangslänge bei unterschiedlichen Kontraktionsformen. Aufgrund der Kraft-Geschwindigkeits-Relation ergeben sich für den Fall einer konzentrischen (K_1 und K_2) bzw. einer exzentrischen (E_1 und E_2) Kontraktion andere Verhältnisse in der Kraft-Längen-Relation als bei einer isometrischen (I) Kontraktion. Dabei gilt: je schneller die konzentrische Kontraktion durchgeführt wird, desto kleiner die aktiv erzeugte Kraft (die Geschwindigkeit der Kontraktion K_1 ist größer als die Geschwindigkeit der Kontraktion K_2) und je schneller die exzentrische Kontraktion abläuft, desto größer ist die maximale Muskelkraft (die Geschwindigkeit der Kontraktion E_1 ist größer als die Geschwindigkeit der Kontraktion E_2).

4 Motorische Einheit

4.1 Anatomie

Das elektrische Signal zur Kontraktion wird an der motorischen Endplatte vom Motoneuron einer motorischen Einheit auf die zugehörigen Muskelfasern übertragen. Zu einer motorischen Einheit gehört die motorische Vorderhornzelle mit ihrem Axon und dessen Verzweigungen mit den anhängenden Synapsen sowie die daran angeschlossenen Muskelfasern (Liddell & Sherrington, 1925). Innerhalb eines Muskels liegen die Muskelfasern einer motorischen Einheit nicht alle dicht beisammen, sondern sind über einen kleinen Bereich des Muskelquerschnitts verteilt und mit Muskelfasern anderer motorischer Einheiten vermischt.

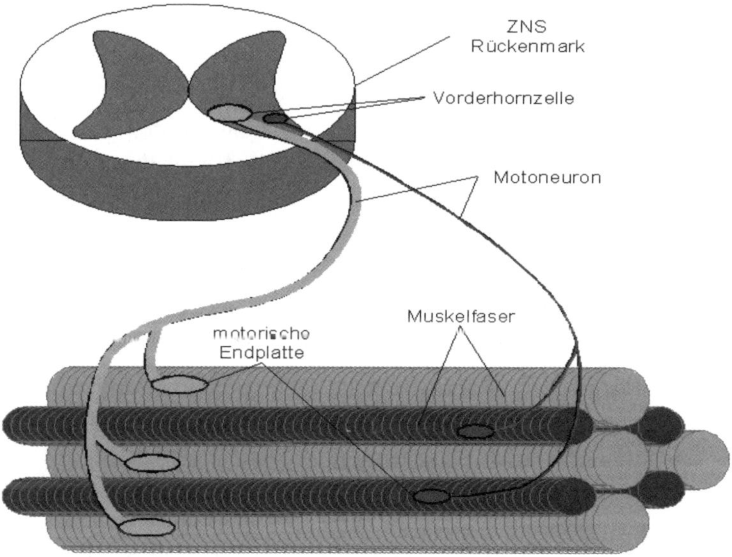

Abb. 10: Zwei motorische Einheiten mit Motoneuronen (hell = schnell leitend; dunkel = langsam leitend) und den zugehörigen Muskelfasern (hell = schnell kontrahierend; dunkel = langsam kontrahierend)

Ein Motoneuron innerviert immer mehrere Muskelfasern. Je nach Größe der motorischen Einheit liegt das Innervationsverhältnis zwischen einigen wenigen Muskelfasern (ca. 10 bei den äußeren Augenmuskeln) pro Motoneuron bis zu mehreren hundert Muskelfasern pro Motoneuron (ca. 2000 bei großen Skelettmuskeln, z. B. beim Gastrocnemius).

4.2 Physiologie

Da die Muskelfasern einer motorischen Einheit immer von ein und demselben Motoneuron innerviert werden, werden deren Membranen synchron depolarisiert, so dass sie alle nahezu gleichzeitig kontrahieren. In Abhängigkeit von der Größe des Aktionspotentials einer motorischen Einheit, kontrahieren dabei entweder alle Muskelfasern dieser Einheit mit entsprechender Kontraktionskraft oder gar keine (Alles-oder-Nichts-Gesetz).

Mit der Größe einer motorischen Einheit sind Merkmale verbunden, welche die motorische Einheit charakterisieren. Die motorischen Einheiten können hinsichtlich ihrer physiologischen und biochemischen Eigenschaften schematisierend in drei Gruppen eingeteilt werden (Burke, 1981):

- Langsam kontrahierende (S = slow), ermüdungsresistente motorische Einheiten, die von kleineren Motoneuronen mit niedriger Reizleitungsgeschwindigkeit innerviert werden. Die Motoneurone dieser Einheiten besitzen eine niedrige Aktivierungsschwelle, so dass diese Einheiten bei einer Muskelkontraktion als erste aktiviert werden. Diese Einheiten liefern nur geringe Kraftbeiträge, da ihre Muskelfasern aber reich an Myoglobin und oxidativen Enzymen sind, gelten sie auch als sehr ermüdungsresistent. Daher sind sie vorwiegend bei tonischer Haltearbeit aktiv. Da sie sich schon bei niedrigen Entladungsfrequenzen tetanisch kontrahieren, steht damit ein empfindliches, fein regulierbares System für die Stützmotorik zur Verfügung. Diese motorischen Einheiten können über lange Zeiträume daueraktiv sein.
- Schnell kontrahierende, weitgehend ermüdungsresistente motorische Einheiten (FR = fatigue resistant), die von mittelgroßen Motoneuronen innerviert werden. Die Muskelfasern dieser Einheiten sind ebenfalls mit oxidativen Enzymen ausgestattet, so dass auch sie noch länger andauernde Kontraktionsprozesse leisten können. Die Motoneurone besitzen eine mittlere Aktivierungsschwelle, daher werden diese Einheiten nach den langsamen motorischen Einheiten in den Kontraktionsprozess einbezogen, wenn der geforderte Kraftbeitrag nicht mehr von den langsamen Einheiten bereitgestellt werden kann.
- Schnell kontrahierende, ermüdungsanfällige motorische Einheiten (FF = fast fatiguable), die von großen Motoneuronen innerviert werden. Die Motoneurone dieser Einheiten haben die größten Reizleitungsgeschwindigkeiten aber auch die höchsten Aktivierungsschwellen. Daher werden diese Einheiten erst bei hohen Anforderungen an den Kraftbeitrag eines Muskels rekrutiert. Der Kraftbeitrag pro motorischer Einheit ist bei diesem Typ sehr groß. Aufgrund

einer geringen Ausstattung mit oxidativen Enzymen ermüden diese Einheiten sehr schnell. Sie werden vorwiegend in dynamischen Zielbewegungen mit hohen Anforderungen an den Kraftbeitrag eingesetzt. Ihr Entladungsverhalten ist überwiegend phasisch. Die Muskelfasern dieser motorischen Einheiten können entsprechend der histochemischen Eigenschaften ihrer kontraktilen Proteine in zwei Untertypen eingeteilt werden (IIa und IIb).

Da der Typ des Motoneurons und seine Reizleitungscharakteristik einen großen Einfluss auf die Ausgestaltung seiner zugehörigen Muskelfasern hat, ist es nicht verwunderlich, dass die Muskelfasern einer motorischen Einheit alle nahezu die gleichen histochemischen und physiologischen Eigenschaften besitzen. Tabelle 1 gibt einen Überblick über einige wichtige physiologische und histochemische Eigenschaften der unterschiedlichen Typen von motorischen Einheiten.

Die relative Verteilung von langsamen und schnellen Einheiten innerhalb eines Muskels hängt sehr stark von seinen Aufgaben ab. Im M. trizeps surae der Katze

Tab. 1: Eigenschaften von motorischen Einheiten, den Motoneuronen und den zugehörigen Muskelfasern (abgeändert nach Klinke & Silbernagl, 2001 und Watkins, 1999)

Parameter	**Einteilung**		
Motorische Einheit			
Bezeichnung	S	FR	FF
Innervationsverhältnis	niedrig	mittel	hoch
Motoneuron			
Bezeichnung	Aβ	Aα	Aα
Größe	klein	mittel	groß
Axondurchmesser	7-14 μm	12-20 μm	12-20 μm
Reizleitungsgeschwindigkeit	40-80 $^{m}/_{s}$	65-120 $^{m}/_{s}$	65-120 $^{m}/_{s}$
Aktivierungsschwelle	niedrig	mittel	hoch
Entladungsfrequenz	niedrig	mittel	hoch
Entladungsverhalten	tonisch	phasisch/tonisch	phasisch
Muskelfaser			
Bezeichnung	I	IIa	IIa und IIb
Kontraktionsgeschwindigkeit	langsam (100-120 ms)	schnell (40-45 ms)	schnell (40-45 ms)
Ermüdbarkeit	sehr gering	gering	hoch
Myosin-ATPase	niedrig	hoch	hoch
Glykolytische Enzyme	niedrig	hoch	hoch
Oxidative Enzyme	hoch	mittel	gering

konnte eine Spezialisierung seiner Anteile nachgewiesen werden. Der Soleus ist fast vollständig aus langsam kontrahierenden Muskelfasern zusammengesetzt, die einen ökonomischen Stoffwechsel im niedrigen Kraftbereich sicherstellen und dadurch für Haltearbeit prädestiniert sind. Der M. gastrocnemius besteht zu lediglich 25 % aus langsamen Muskelfasern und zu 75 % aus schnell kontrahierenden Fasern. Dadurch ist die Möglichkeit gegeben, schnell auf unerwartete und hohe Anforderungen an den Kraftbeitrag dieses Muskels zu reagieren.

Es gibt allerdings auch erhebliche interindividuelle Unterschiede im Bezug auf ein und denselben Muskel. So konnte im M. gastrocnemius von männlichen Sprintern ebenfalls wie bei der Katze eine Faserverteilung von 25 % langsamen und 75 % schnellen Fasern nachgewiesen werden, während bei Langstreckenläufern umgekehrt ein Verhältnis von 79 % langsamen und 21 % schnellen Fasern festgestellt wurde. Die intraindividuelle Faserverteilung ist weitgehend genetisch festgelegt. Eine trainingsbedingte Verschiebung des Faserspektrums ist nur von schnell nach langsam in gewissem Umfang beschrieben. Umgekehrt ist eine Verschiebung von langsam nach schnell im Experiment nur dadurch möglich, dass man die langsamen Muskelfasern an ein schnelles Motoneuron „anschließt", um sie mit höherer Frequenz zu aktivieren (Kreuzinnervation). Um die Kontraktionskraft eines Muskels im Laufe einer Kontraktion zu erhöhen, stehen zwei unterschiedliche Mechanismen zur Verfügung:

Frequenzierung

Auf der Ebene der einzelnen motorischen Einheiten kann die Kontraktionskraft durch Steigerung der Aktivierungsfrequenz erhöht werden (Frequenzierung). Ein einzelnes Aktionspotential löst eine Einzelzuckung aus (Abb. 11a). Tritt ein zweites Aktionspotential auf, bevor die Muskelfasern mechanisch vollständig entspannt sind, so beginnt die mechanische Wirkung der zweiten Zuckung auf einem höheren Kraftniveau, sie schaltet sich sozusagen auf die erste Zuckung auf und führt dadurch zu einem größeren Kraftbeitrag als isolierte Einzelzuckungen (Superposition, Abb. 11b). Wird die Aktivierungsfrequenz weiter erhöht, so überlagern sich die Einzelzuckungen zu einer unvollständigen tetanischen Kontraktion, wobei der Kraftbeitrag weiter anwächst. Die Einzelzuckungen bleiben in der Kraft-Zeit-Kurve noch erkennbar (Abb. 11c). Eine weitere Erhöhung der Aktivierungsfrequenz führt wiederum zu einem Anwachsen der Kontraktionskraft. Dabei kommt es durch Verschmelzung der Einzelzuckungen zu einer vollständigen tetanischen Kontraktion. Die Einzelzuckungen sind in der Kraft-Zeit-Kurve nicht mehr erkennbar (Abb. 11d). Eine weitere Erhöhung der Entladungsfrequenz über die

Verschmelzungsfrequenz hinaus führt zwar nicht mehr zu einer Steigerung der maximalen Kraft, aber zu einer höheren Explosivkraft. Die Steigerung der Kraftbildungsgeschwindigkeit wird in der Kraft-Zeit-Kurve als höhere Anstiegssteilheit erkennbar. Die Verschmelzungsfrequenzen der motorischen Einheiten sind sehr unterschiedlich. Kleine motorische Einheiten haben niedrige Verschmelzungsfrequenzen, während große motorische Einheiten erst bei hohen Innervationsfrequenzen tetanisch kontrahieren.

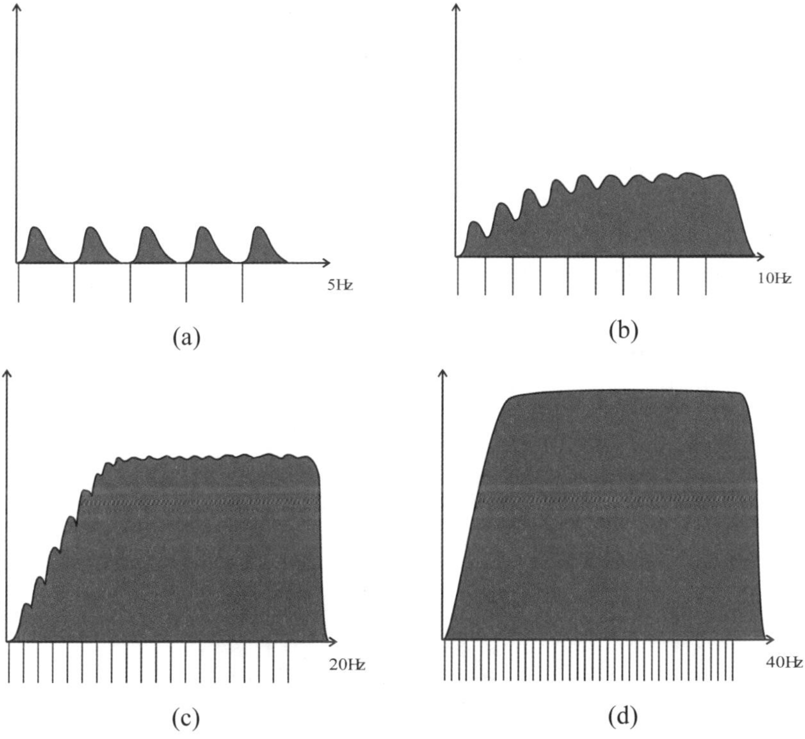

Abb. 11: Kraft-Zeit-Kurven einer motorischen Einheit bei unterschiedlichen Innervationsfrequenzen. (a) Einzelzuckung, (b) Superposition, (c) unvollständige tetanische Kontraktion, (d) vollständige tetanische Kontraktion

Betrachtet man die Kraft-Zeit-Kurve eines gesamten Muskels, so sind die Einzelzuckungen schon unterhalb der Verschmelzungsfrequenz der motorischen Einheiten nicht mehr erkennbar. Während die Muskelfasern innerhalb einer motorischen Einheit synchron kontrahieren, kontrahieren die motorischen Einheiten innerhalb eines Muskels im Gegensatz dazu asynchron. Dabei sind einige Einheiten gerade aktiv, während andere zur gleichen Zeit inaktiv sind. So wird schon bei niedriger Entladungsfrequenz eine gleichmäßigere Kraftentfaltung möglich. Das Zuschalten (Rekrutieren) zusätzlicher motorischer Einheiten während der Kontraktion bildet den zweiten Mechanismus zur Steigerung der Kontraktionskraft eines Muskels.

Rekrutierung

In welcher Reihenfolge die motorischen Einheiten aktiviert werden, hängt von deren Größe ab (Size Principle: Henneman, 1965). Niedrige Anforderungen an den Kraftbeitrag eines Muskels werden zunächst nur von den kleinen motorischen Einheiten (S) realisiert. Steigen die Anforderungen an den Muskel, wird die Entladungsfrequenz der bereits rekrutierten Einheiten erhöht. Steigen die Anforderungen weiter, so werden parallel dazu auch größere motorische Einheiten (FR) rekrutiert, die ebenfalls mit zunehmenden Anforderungen höherfrequent innerviert werden. Die größten motorischen Einheiten (FF) werden je nach Muskel erst nahe der Maximalkraft aktiviert. Frequenzierung und Rekrutierung sind dabei nicht als alternative Prozesse zu verstehen, sondern laufen während der Kraftproduktion eines Muskels zeitlich überlappend ab (Latash, 1998).

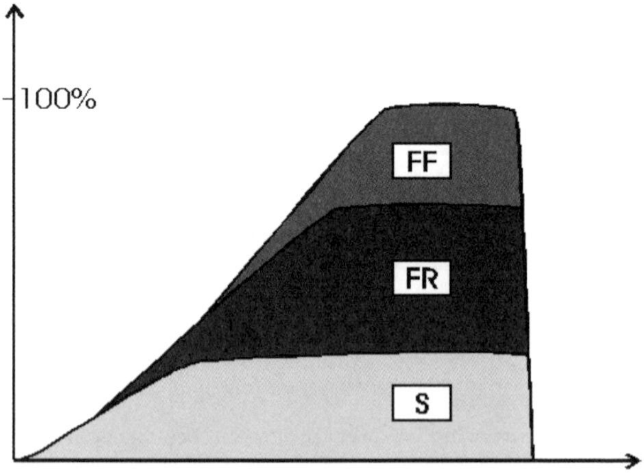

Abb. 12: Prozentualer Anteil der Muskelfasern bei einer Kontraktion mit ansteigendem Kraftbeitrag. Zunächst werden die kleinsten, langsam kontrahierenden motorischen Einheiten rekrutiert (S). Bei steigendem Kraftbeitrag werden die nächstgrößeren, schnell kontrahierenden und ermüdungsresistenten motorischen Einheiten rekrutiert (FR). Die größten, schnell kontrahierenden und ermüdungsanfälligen motorischen Einheiten werden erst bei hohen Anforderungen an den Kraftbeitrag eines Muskel rekrutiert (FF).

Wie hoch der Anteil an der Maximalkraft eines Muskels ist, bei dem alle Einheiten rekrutiert werden, ist von Muskel zu Muskel verschieden. Beim M. interosseus dorsalis werden bereits bei 50 % der Maximalkraft alle motorischen Einheiten rekrutiert, während beim M. deltoideus erst bei 80 % der Maximalkraft alle motorischen Einheiten aktiv sind. Demnach ist es auch von Muskel zu Muskel verschieden, wie groß der Anteil des Kraftzuwachses ist, der entweder über die Erhöhung der Entladungsfrequenz oder die Rekrutierung zusätzlicher motorischer Einheiten realisiert wird.

Muskeln, die große Kraftbeiträge liefern müssen, besitzen häufig größere motorische Einheiten. Muskeln, die nur geringe maximale Kraftbeiträge liefern, wie etwa Fingermuskeln, besitzen dagegen viele kleine motorische Einheiten, die ihrerseits nur wenige Muskelfasern umfassen. Über die Rekrutierung der motorischen Einheiten kann die Kraftentfaltung dieser Muskeln sehr fein dosiert werden. Da die Anzahl der motorischen Einheiten auch bei kleineren Muskeln einige Hundert bis Tausend betragen kann, ist über die Rekrutierung die Voraussetzung für eine koordinierte Feinmotorik gegeben.

5 Konvergenzebenen motorischer Systeme

Eine noch heute praktizierte strikte Trennung in die sportwissenschaftlichen Disziplinkategorien – Biomechanik, Bewegungs- und Trainingswissenschaft – ist wissenschaftlich nur schwer begründbar, da neuromuskuläre Kontrollmechanismen sowohl in qualitativer als auch in quantitativer Hinsicht die Bewegungsabläufe steuern.

Um die Notwendigkeit eines integrativen und komplexen Forschungsansatzes zu veranschaulichen, in dem die biologischen Randbedingungen berücksichtigt werden, soll das aus Winter (1990) modifizierte Diagramm (Abb. 13) erläutert werden.

Das neuromuskuläre System arbeitet innerhalb der metabolischen Energiegewinnung quasi als Kontrollsystem. Ziel dieser Kontrollinstanz ist die Generierung muskulärer Spannungsabfolgen, und zwar im Einklang mit den physikalischen Möglichkeiten, die der passive Bewegungsapparat zulässt.

Auf den einzelnen Stufen des motorischen Systems sind – unter systematischer Betrachtung – mehrfach Konvergenzebenen festzustellen: So sehen wir auf der neurophysiologischen Seite, auf der Ebene des motorischen Neurons eine Konvergenz von erregenden und hemmenden Einflüssen aus dem Zentralnervensystem (ZNS); dabei ist die Zuleitung über efferente Bahnen zur Muskulatur nichts anderes als die letzte gemeinsame „Wegstrecke“ dieser inhibitorischen und faszilitatorischen Einflüsse. Mit Hilfe der Elektromyographie kann also nicht die tatsächliche Intention des ZNS abgeschätzt werden, sondern nur die Nettobilanz aus Erregung und Hemmung.

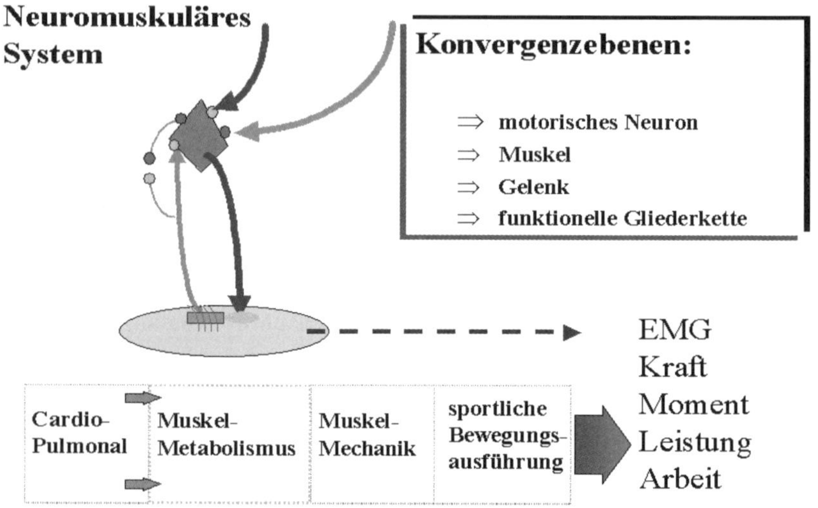

Abb. 13: Modifiziertes Diagramm; in Anlehnung an Winter (1990)

Innerhalb des Muskels ergeben sich wiederum Konvergenzen im Hinblick auf die Aktivierung, die Rekrutierung und die Frequenzierung der motorischen Rückenmarksneuronen. Auf der nächsthöheren Ebene, der Gelenksebene, sind, in Verbindung mit den jeweiligen Hebelarmen, Konvergenzen im Gelenksmoment als integrative Summe der agonistischen und antagonistischen Muskulatur erkennbar.

Unter dieser Betrachtungsweise kann konsequenterweise das resultierende Gelenksmoment als „letzte gemeinsame Wegstrecke“ bezeichnet werden, die sich dann als algebraische Summe der vom ZNS kontrollierten Kräfte darstellen lässt.

Bei der Analyse von Gesamtkörperbewegungen oder aber bei der Diagnostik in der Leistungsbetreuung von Patienten, Sportlern oder auch im Hochleistungssport, schätzen wir letztendlich den Nettobetrag metabolischer und neuronaler Prozesse ab: Aus der Sicht der motorischen Kontrolle, nur unter einem höheren Integrationsgrad, nämlich über die Balance und Abstimmung unterschiedlicher Gelenksmomente innerhalb einer funktionellen Gliederkette. Dieser Aspekt wird in anderen Zugängen der Bewegungsforschung auch als Bewegungskoordination bezeichnet.

5.1 Intramuskuläre Koordination

In der Koordinationsforschung hat sich bei der Strukturierung von koordinativen Bewegungsleistungen eine Aufteilung in intra- und intermuskulär determinierte Koordinationsanforderungen als ein tragfähiges Konzept erwiesen. Dabei werden die intramuskulären koordinativen Prozesse primär mit den Regelungsmechanismen, die über die Rekrutierung und Frequenzierung motorischer Einheiten organisiert werden, in Verbindung gebracht. Bei muskulärer Kontraktion werden sukzessive Einheiten in den Kontraktionsablauf einbezogen. Dieses von Henneman formulierte Rekrutierungsprinzip (Henneman, 1981) kann für alle Kontraktionstypen als vorgegebenes Prinzip angenommen werden. In Situationen jedoch, in denen es sich um schnelle, explosive Muskelkontraktionen handelt oder in denen möglichst hohe Kraft erzielt werden soll, spielt die Frequenzierung, d. h. die möglichst hochfrequente Aktivierung der mechanischen Einheiten, eine weitere wichtige Rolle.

Anwendungsbeispiele intramuskulärer Koordinationsforschung finden sich vor allem im Schnellkraftbereich. In sportlichen Situationen, in denen eine funktionelle Muskelgruppe sehr schnell und effizient Kraft entfalten muss, sind Rekrutierung und Frequenzmechanismen leistungsdeterminierende Größen.

5.2 Intermuskuläre Koordination

Im Bereich der intermuskulären Koordination bezeichnen Synergismus und Antagonismus das wechselseitige Mit- oder Gegeneinander von einzelnen Muskeln oder ganzen Muskelgruppen. Mit dem Ziel, eine abgestimmte Bewegungsabfolge der Extremitäten durchführen zu können, wird unter Synergismus die möglichst funktionell abgestimmte, gleichsinnige Inanspruchnahme mehrerer Muskeln bezeichnet. Bei der intermuskulären Koordination spielt das wechselseitige Aktivierungsverhalten von funktionellen Muskelgruppen eine entscheidende Rolle. Vor allem in Sportdisziplinen, in denen hochdynamische Bewegungsabläufe die sportliche Leistungsfähigkeit determinieren, sind derartige Ansprüche an die Koordination zentraler Gegenstand des sportlichen Trainings.

Literatur

Burke, R.E. (1981). Motor Units: Anatomy Physiology, and Functional Organization. In S.R. Geiger & V.B. Brooks (Eds.), *The Handbook of Physiology. The Nervous System II* (pp. 345-422). Baltimore: Waverly Press.

Edmann, K.A.P. (1994). Die kontraktile Funktion der Skelettmuskulatur. In P.V. Komi (Hrsg.), Kraft und Schnellkraft im Sport (S. 104-120). Köln: Deutscher Ärzte Verlag.

Elftman, H. (1966). Biomechanics of muscle. *Journal of Bone and Joint Surgery, 48A*, 363-377.

Fabiatio, A. & Fabiato, F. (1975). Dependance of the contractile activation of skinned cardiac cells on the sarcomere length. *Nature, 256,* 54-56.

Gordon, A.M., Huxley, A.F. & Julien, F.J. (1966). The variation in isometric tension with sarcomere length in vertebrate muscle fibres. *Journal of Physiology, 184*, 170-190.

Henneman, E. (1965) Recruitment of motoneurons: the size principle. *Journal of Neurophysiology, 28, 560-580.*

Hill, A.V. (1938). The heat of shortening and the dynamic constants of muscle. *Proceedings of the Royal Society of London, 126* (B), 136-195.

Hollmann, W. & Hettinger, T. (2000). *Sportmedizin: Grundlagen für Arbeit, Training und Präventivmedizin.* Stuttgart: Schattauer.

Huijing, P.A. (1994). Mechanische Muskelmodelle. In P.V. Komi (Hrsg.), *Kraft und Schnellkraft im Sport* (S. 135-154). Köln: Deutscher Ärzte Verlag.

Huxley, H.E. & Hansen, J. (1954). Changes in the cross-striations of muscle during contraction and stretch and their structural interpretation. *Nature, 173,* 973-977.

Klinke, R. & Silbernagl, S. (2001). *Lehrbuch der Physiologie.* Stuttgart: Thieme.

Liddell, E.G.T. & Sherrington, C.S. (1925). Recruitment and some other features of reflex inhibition. *Proceedings of the Royal Society of London, 97,* 488-519.

Latash, M.L. (1998). *Neurophysiological Basis of Movement.* Champaign, Ill.: Human Kinetics.

Peiper, U. (1996). Muskulatur. In R. Klinke & S. Silbernagl (Hrsg.), *Lehrbuch der Physiologie* (S. 80-103). Stuttgart: Thieme Verlag.

Rüdel, R. & Taylor, S.R. (1971). Striated muscle fibres: Facilitation of contraction at short lengths by caffeine. *Science, 172,* 387-388.

Schmidt, R.F. & Thews, G. (2000). *Physiologie des Menschen.* Berlin: Springer.

Watkins, J. (1999). *Structure and Function of Musculo-Skeletal System.* Champaign, Ill.: Human Kinetics.

Wilmore, J.H. & Costill, D.L. (1999). *Physiology of Sport and Exercise.* Champaign, Ill.: Human Kinetics.

Winter, D. (1990). *Biomechanics and Motor Control of Human Movement.* New York: Wiley.

Wodlege, R.C., Curtin, N.A. & Homsher, E. (1985). *Energetic Aspects of Muscle Contraction.* London: Academic Press.

B.2 Neurophysiologische Grundlagen der Motorik

Jürgen Konczak

Gliederung

1 Neuronale Basis der Motorik
- 1.1 Zwei Formen neuronaler Kontrolle
- 1.2 Willkürliche und unwillkürliche Motorik

2 Motorischer Kortex
- 2.1 Somatotope Bewegungsrepräsentationen: Motorischer Homunkulus
- 2.2 Motorische Karten im Kortex kodieren globale Bewegungsparameter
- 2.3 Durch Lernen verändern sich motorische Repräsentationen der Hirnrinde
- 2.4 Motorische Defizite bei Schädigungen der motorischen Rindenfelder und Assoziationskortices

3 Basalganglien
- 3.1 Funktionsschleife zwischen Basalganglien und Großhirnrinde
- 3.2 Motorische Defizite bei Schädigung der Basalganglien

4 Kleinhirn
- 4.1 Funktionsschleife zwischen Kleinhirn und Großhirnrinde
- 4.2 Rolle des Kleinhirns bei motorischen Lernprozessen
- 4.3 Motorische Defizite bei Schädigung des Kleinhirns

5 Fach- und Schlüsselbegriffe

Kurzreferat

Dieses Kapitel gibt eine Einführung in die neuronale Basis der menschlichen Motorik. Eingangs werden die neuronalen Korrelate der verschiedenen Formen der motorischen Kontrolle (Regelung und Steuerung) vorgestellt. Es wird unterschieden zwischen willkürlicher und unwillkürlicher Motorik und ausgeführt, wie das Zusammenspiel spinaler und supraspinaler Strukturen eine intakte Motorik bedingen. Der weitere Teil des Kapitels ist drei Hirnstrukturen gewidmet, die maßgeblich sind für die Willkürmotorik: der motorische Kortex, die Basalganglien und das Kleinhirn. Die spezifische Funktion jeder dieser Strukturen für die Motorik wird auf der Basis neurowissenschaftlicher Befunde erläutert und diskutiert. Abschließend werden die motorischen Defizite dargestellt, die sich aus der Schädigung dieser Hirnareale ergeben.

Schlagworte

Basalganglien, Kleinhirn, motorische Kontrolle, motorischer Kortex, motorisches Lernen, Neuroanatomie, Neurophysiologie

1 Neuronale Basis der Motorik

1.1 Zwei Formen neuronaler Kontrolle

Generell lassen sich zwei Arten der motorischen Kontrolle unterscheiden: Regelung und Steuerung. Bei der Regelung (*Feedback Control*) wird auf der Basis sensorischer Rückmeldungen ein Kontrollsignal generiert. Die sensorischen Rückmeldungen werden entweder während der Bewegungsausführung (*on-line*) oder nach Bewegungsende (*off-line*) verarbeitet. Steuerung (*Feedforward Control*) hingegen ist eine Form der Kontrolle, die auf der Ausführung eines vorher formulierten Bewegungsplans basiert (siehe Kap. C.1). Das Nervensystem des Menschen bedient sich beider Kontrollformen und beide Prozesse können zeitlich parallel ablaufen. Regelung und Steuerungsprozesse sind durch die Aktivierung unterschiedlicher neuroanatomischer Areale implementiert. Spinalmark und Hirnstamm sind besonders an *on-line* Regelungsprozessen beteiligt, während große Teile des menschlichen Großhirns (Cerebrum) bei der Bewegungssteuerung und beim motorischen Lernen auf der Basis eines Rückmeldefehlers aktiviert sind (Abb. 1).

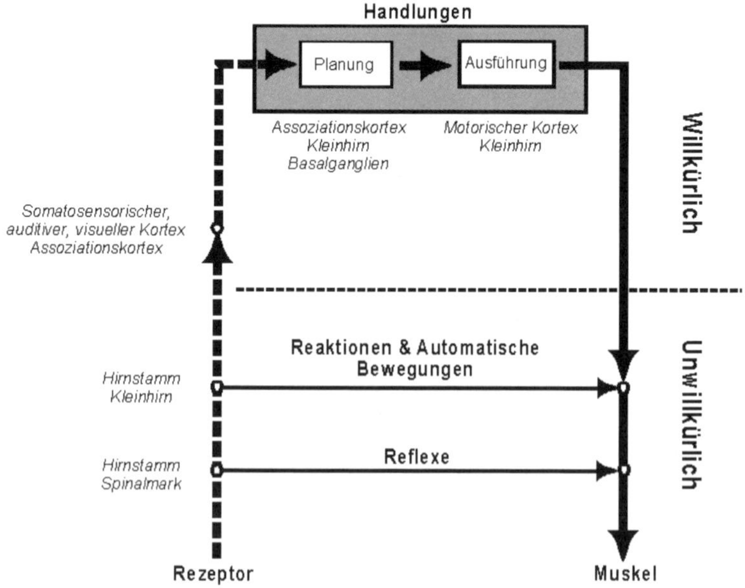

Abb. 1: Schema der verschiedenen Ebenen des sensomotorischen Prozesses und der neuronalen Strukturen, die an diesen Prozessen beteiligt sind. Die beiden unteren Ebenen sind Teil der unwillkürlichen Motorik, die nur bedingt durch den Willen beeinflussbar ist.

Für die Bewegungsplanung sind inbesondere der posteriore parietale Kortex (Brodmann Area 5, 7), die supplementärmotorische Area (SMA) und der prämotorische Kortex von Bedeutung. Eine Aktivierung der motorischen Kortices einschließlich des primärmotorischen Kortex (M1) ist während der Ausführung von Willkürmotorik zu beobachten (Abb. 2 (A)). Neben den Prozessen im Großhirn sind zwei neuroanatomische Schleifen für die motorische Kontrolle von Bedeutung – die cerebro-cerebelläre Schleife und die Verbindungen zwischen dem Stammhirn (Basalganglien) und der Großhirnrinde. Funktionell gesehen ergibt sich das Bild einer motorischen Hierachie durch die willkürliche und unwillkürliche Bewegungen kontrolliert werden.

1.2 Willkürliche und unwillkürliche Motorik

Für die Unterscheidung zwischen Willkürmotorik und unwillkürlicher Motorik ist es hilfreich, sich die drei Klassen von Bewegungen zu vergegenwärtigen, die neuronaler Kontrolle unterliegen:

- Reflexe – Dies sind stereotype Bewegungsmuster, die durch sensorische Stimuli ausgelöst werden. Sie sind unwillkürlich, d. h. sie können gar nicht oder nur eingeschränkt durch den Willen beeinflusst werden. Husten, Lidschluss-, Kniesehnen-, und gekreuzter Extensorenreflex sind nur einige Beispiele. Reflexe sind die am schnellsten auslösbaren motorischen Reaktionen (Latenzen variieren je nach Reflex zwischen 10 - 120 ms). Sie gelten als *subkortikale* Bewegungsmuster, die spinal oder durch den Hirnstamm aktiviert werden. Das Ausmaß und die Stärke einer Reflexantwort kann allerdings durch *supraspinale* Zentren beeinflusst werden. Bei Neugeborenen beobachtet man in den ersten sechs bis acht Monaten eine Reihe sogenannter *primitiver* oder infantiler Reflexe (z. B. Fechterreflex – Abb. 3). Diese Reflexe werden mit zunehmender neuronaler Reifung durch supraspinale motorische Zentren inhibiert, bzw. in willkürmotorische Bewegungsmuster integriert. Nach Schädel-Hirn-Traumen, bei denen der motorische Kortex oder dessen deszendierende Bahnen beschädigt worden sind, sind diese Reflexe unter Umständen wieder auslösbar.
- Automatische Bewegungen – Hierunter versteht man rhythmische Bewegungsmuster wie Gehen, Laufen oder Kauen. Diese Bewegungen kennzeichnet eine geringe kinematische Variabilität. Durch deszendierenden kortikalen Input werden Rhythmusgeneratoren im Rückenmark und im Hirnstamm angeworfen, die dann selbsttätig efferente motorische Signale generieren. Diese

Bewegungen erscheinen uns „automatisch", da wir sie in der Regel unbewusst und ohne gerichtete Aufmerksamkeit ausführen können.

- Willkürbewegungen – Dies sind intendierte, geplante Bewegungen wie Greifen, Zeigen oder Sprechen. Willkürbewegungen werden durch die Aktivierung der sensomotorischen Areale im Neokortex realisiert. Hocherlernte willkürliche Bewegungen wie das Sprechen und Schreiben bekommen eine automatische Qualität. Dies bedeutet aber nicht, dass sie unbewusst sind und ausschließlich durch subkortikale motorische Zentren realisiert werden.

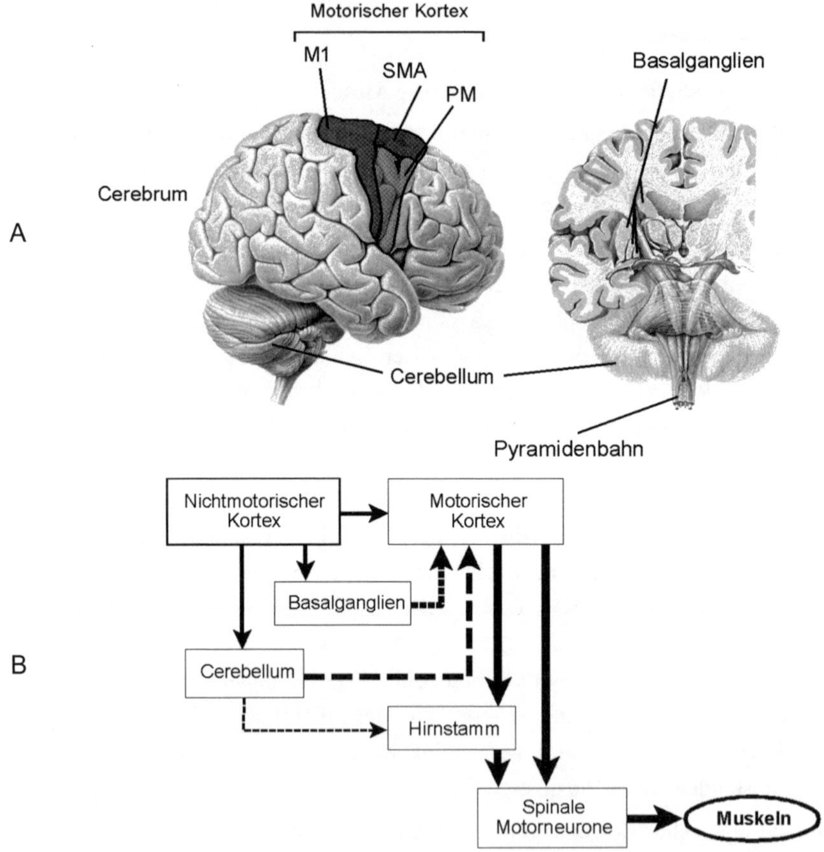

Abb. 2: (A) Motorische Rindenfelder des menschlichen Neokortex. Der primärmotorische Kortex (M1) ist im *Gyrus praecentralis* lokalisiert. Die *supplementärmotorische Area* (SMA) und der prämotorische Kortex liegen anterior zu M1. (B) Die Hierarchie motorischer Subsysteme. Deutlich werden hier die zwei Funktionsschleifen von der Großhirnrinde zu den Basalganglien und zum Kleinhirn. Aus Gründen der Vereinfachung sind nicht alle Verbindungen zwischen einzelnen neuronalen Systemen dargestellt.

Die Definition der drei Bewegungsklassen und ihre Einteilung in willkürliche oder unwillkürliche Motorik ist sicherlich vereinfachend. Sie soll nicht implizieren, dass es drei unterschiedliche, neuroanatomisch eingrenzbare Formen der neuronalen Kontrolle gibt. Selbstverständlich sind während Willkürbewegungen auch Strukturen im Hirnstamm und im Spinalmark aktiv; ohne die Erregung der α-Motoneurone käme es zu keiner Kontraktion der Skelettmuskulatur. Umgekehrt wird das Großhirn über die Aktivierung spinaler Neurone durch aufsteigende Bahnen informiert. Die motorische Kontrolle ist in diesem Sinne kein streng serieller Prozess, in dem bestimmte Hirnareale nacheinander aktiviert werden. Vielmehr kommt es im Gehirn zu einer parallelen Verarbeitung sensomotorischer Information. Eine solche Parallelverarbeitung im Nervensystem bedeutet aber nicht, dass der gesamte motorische Kontrollprozess keine zeitliche Ordnung besitzt und ausschließlich heterarchisch strukturiert ist. Passender ist daher das Bild einer hierarchischen Organisation des sensomotorischen Systems, in dem bestimmte motorische kortikale und subkortikale Subsysteme in einzelnen Phasen des Planungs- und Exekutivprozesses gleichzeitig aktiv sind (siehe Abb. 1 und 2).

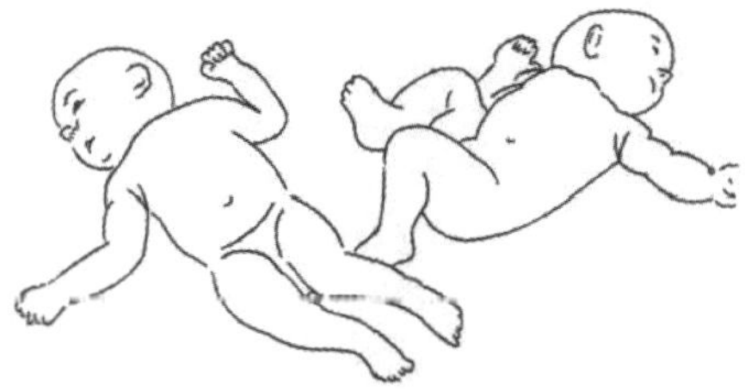

Abb. 3: Fechterreflex bei drei Monate alten Zwillingen. Der sensorische Reiz entsteht durch das Drehen des Kopfes zur Seite. Die Bewegungsantwort besteht in der Streckung des ipsilateralen und der Beugung des kontralateralen Arms. Die Position ähnelt der eines Fechters. Der Reflex ist bei den meisten Kindern nur zwischen dem 1.-4. Monat nach der Geburt auslösbar und „erlischt“ dann. Der genaue Zweck dieses Reflexes ist unbekannt. Es wird angenommen, dass er die frühe Auge-Hand-Koordination bei Säuglingen unterstützt.

2 Motorischer Kortex

2.1 Somatotope Bewegungsrepräsentationen: Motorischer Homunkulus

Im Jahr 1870 entdeckten die deutschen Neurologen Gustav Fritsch und Eduard Hitzig, dass beim Hund die elektrische Stimulation der Hirnrinde Muskelkontraktionen auf der kontralateralen Seite auslöste. Nahezu zeitgleich entdeckte der englische Neurologe Hughlings Jackson, dass bestimmte epileptische Anfälle, die heute als *Jackson Anfälle* bekannt sind, durch Läsionen der motorischen Rinde des Großhirns verursacht werden. In nachfolgenden Untersuchungen an Affen konnte der englische Neurophysiologe Charles Sherrington (1906) nachweisen, dass die Reizung des präzentralen Gyrus (Brodmann Area 4) Muskelkontraktionen am leichtesten und mit der geringsten Stimulusintensität induziert. Dieser Bereich des Kortex wird heute als primärmotorischer Kortex (M1) bezeichnet. Für Neurologen war dieser Befund besonders interessant, da eine kortikale motorische Repräsentation klinische Phänomene wie Lähmung und muskuläre Schwäche nach Hirninfarkten erklären konnte. Um die „Herde" epileptischer Hirnaktivität zu bestimmen, begann der kanadische Neurochirurg Wilder Penfield in den 30er Jahren des letzten Jahrhunderts den freigelegten Kortex von Epilepsiepatienten mit Mikroelektroden zu stimulieren. Bei der Reizung des Gyrus praecentralis zeigte sich, dass mediale Reizorte Bewegungen der Beine induzierten, während Reizung der lateralen motorischen Hirnrinde Handbewegungen auslösten oder die Gesichtsmuskulatur aktivierten. Dies war vorher schon bei Primaten gefunden worden und bestätigte, dass auch der primärmotorische Kortex des Menschen eine somatotopischen Karte des Körpers enthält. Diese zusammenhängende Karte wird auch als *Homunkulus* bezeichnet (Abb. 4). Auch die Rindenareale, die unmittelbar anterior zu M1 liegen (Brodmann Area 6), enthalten solch somatotopische Repräsentationen. Dem *mesialen* Anteil von Brodmanns Area 6 gab Penfield den Namen supplementär motorische Area (SMA), der laterale Anteil wird als prämotorischer Kortex (PM) bezeichnet (Abb. 2A).

In der Vergangenheit ist der motorische Homunkulus oft als neuroanatomisches Korrelat für motorisches Gedächtnis angesehen worden. Andere Wissenschaftler kritisierten diese Interpretation des Homunkulus als „intelligent agent" und hielten dessen Rolle in der Motorik für überbewertet (Crick, 1979; Kelso, 1982). Heute kann festgestellt werden, dass die Existenz einer somatotopen Karte im primärmotorischen Kortex eindeutig belegt ist. Die Ergebnisse zahlreicher neurophysiologischer Studien zeigen aber auch, dass es somatotopische Repräsentationen in anderen Teilen des Nervensystems gibt, wie zum Beispiel in den Basalganglien, im Thalamus oder im Spinalmark. Das heißt, Somatotopie ist keine Besonderheit von M1. Und obwohl der motorische Homunkulus karikaturhaft ein Zerrbild des menschlichen Körpers zeigt, bedeutet dies nicht, dass dieser „Mann im Gehirn" selbsttätig und allein verantwortlich die Motorik steuert oder über irgendeine Form von eigenständiger Intelligenz verfügt. Darüber hinaus muss festgestellt werden, dass der Befund einer somatotopen Karte in M1 nichts über dessen

Funktion aussagt. Eine bestimmte Topologie impliziert nicht eine bestimmte Funktion für den motorischen Kontrollprozess, sondern ist nur eine bestimmte Art, Information zu speichern bzw. Verarbeitungswege zu strukturieren. Es ist daher falsch, M1 als das ausschließliche neuroanatomische Korrelat des motorischen Gedächtnisses oder als Sitz *motorischer Programme* anzusehen.

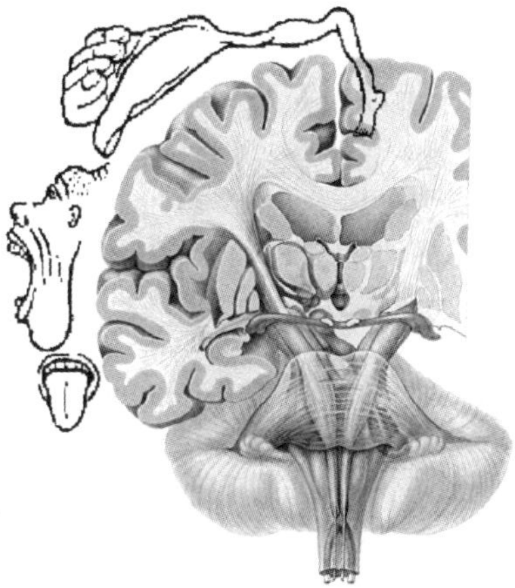

Abb. 4: Der Homunkulus im primärmotorischen Kortex. Die verzerrte Darstellung des Homunkulus soll die unterschiedliche Größe der neuronalen Repräsentation anzeigen. Es wird deutlich, dass die Größe der Rindenfelder nicht mit der Größe der innervierten Muskeln assoziiert ist, sondern dass sie der Komplexität der motorischen Funktion entsprechen (Feinmotorik der Hand gegenüber Stützmotorik der Rumpf- und Beinmuskulatur) (nach Penfield & Rasmussen, 1950).

2.2 Motorische Karten im Kortex kodieren globale Bewegungsparameter

Untersuchungen an Primaten zeigen, dass Neuronenpopulationen in M1 eine Reihe motorischer Parameter kodieren. Wenn ein Affe Armbewegungen zu verschiedenen Zielen ausführt, verändert sich die Aktivität einer Population von mehreren hundert Neuronen im „Armareal" von M1 etwa 100 - 200 ms vor Bewegungsbeginn. Die Arbeitsgruppe um den amerikanischen Neurowissenschaftler Apostolos Georgopoulos registrierte die Aktivität dieser Neuronen und repräsentierte sie als Vektor. Die Richtung des Vektors gibt an, bei welcher Bewegungsrichtung des Arms die Zelle feuerte, die Länge des Vektors entspricht der Entladungsintensität bei der entsprechenden Bewegungsrichtung. Während ein einzelnes Neuron am stärksten auf eine bestimmte Richtung anspricht (Vorzugsrichtung) und mit niedrigeren Frequenzen bei benachbarten Zielen feuert, entspricht die Richtung des Vektors der gesamten Population ziemlich genau der tatsächlichen Bewegungsrichtung. Vereinfacht ausgedrückt, diese Neurone kodierten die Bewegungsrichtung des Arms (Abb. 5). Aber M1 Neurone feuern auch, wenn keine Bewegung sichtbar ist, sondern lediglich eine bestimmte Kraft erzeugt werden soll. Bei isometrischen Kraftaufgaben (z. B. Greifen eines Gegenstands mit der Hand ohne ihn anzuheben) wird die Kraftrichtung und *Kraftrate* kodiert (Georgopoulos, Ashe, Smyrnis & Taira, 1992). Diese tierexperimentellen Befunde sprechen dafür, dass eine wichtige Funktion von M1 die Kodierung globaler kinematischer und dynamischer Bewegungsparameter ist. Der Homunkulus in M1 ist in diesem Sinne keine zusammenhängende Karte der Skelettmuskulatur. Andere Studien unterstützen diese Bewertung: Die systematische Stimulation des Handareals bei Primaten konnte keine somatotope Repräsentation der Handmuskeln nachweisen, sondern zeigte, dass innerhalb dieses Areals die Handmuskulatur in einer frakturierten Karte repräsentiert ist (Schieber, 1999). Die wiederholte Reizung desselben M1 Neurons bei unterschiedlichen motorischen Aufgaben aktiviert nicht zwangsläufig dieselben Muskelfasern (Georgopoulos, Pellizzer, Poliakov & Schieber, 1999). Das heißt, es besteht keine 1:1 Verknüpfung eines bestimmten M1 Neurons zu einer definierten Gruppe von Muskelfasern.

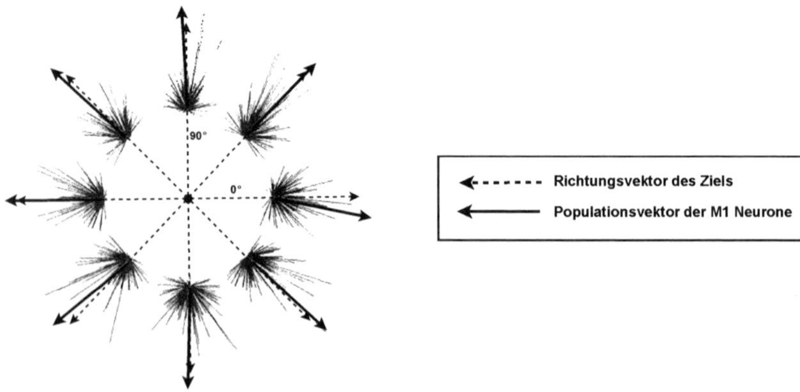

Abb. 5: Kodierung der Bewegungsrichtung im primärmotorischen Kortex M1. Der Affe führte von einer mittleren Position Handbewegungen in acht verschiedene Richtungen aus (Pfeile im inneren Kreis). Während der Bewegungsausführung wurde die Entladungsrate von über 200 Neuronen in M1 registriert. Für jede der acht Bewegungsrichtungen ist die Aktivität jedes einzelnen Neurons als Vektor abgebildet (schmale schwarze Striche). Die Richtung des Vektors zeigt an, bei welcher Bewegungsrichtung des Arms das Neuron feuerte; die Länge des Vektors entspricht der Entladungsintensität bei der entsprechenden Bewegungsrichtung. Während ein einzelnes Neuron bei einer Anzahl benachbarter Ziele aktiviert ist, entspricht die Richtung des Vektors der gesamten Population (gestrichelter Pfeil) ziemlich genau der tatsächlichen Bewegungsrichtung (aus: Georgopoulos, Caminiti, Kalsaka & Massey, 1983).

2.3 Durch Lernen verändern sich motorische Repräsentationen der Hirnrinde

Motorische Lernprozesse können das Ausmaß von neuronalen Repräsentationen in der motorischen Hirnrinde verändern (Sanes, Wang & Donoghue, 1992). Werden beispielsweise der Zeige- und Mittelfinger der rechten Hand zusammengebunden, so dass diese beiden Finger wie ein „einziger" Finger agieren, dann verändert sich auch die Fläche dieser beiden Rindenfelder im motorischen Kortex. Die beiden Felder verschmelzen und statt 5 gibt es nur noch 4 Finger-Repräsentationen der rechten Hand. Werden nach einiger Zeit die Finger wieder getrennt, so bilden sich wieder getrennte Repräsentationen der beiden Finger. Man spricht in diesem Zusammenhang von der neuronalen Plastizität motorischer kortikaler Karten. Sie sind ein neurobiologisches Korrelat für motorischen Lernen.

Während des Erlernens einer neuen Bewegung ist nicht nur die motorische Hirnrinde aktiviert, sondern auch das Cerebellum und sensorische Areale im Parietal- und Temporallappen. Beim Übergang von der Lern- zur Könnensphase zeigt sich, dass die neuronale Aktivität auf die motorischen Area des Neokortex konvergiert. Beispielsweise zeigen beim Erlernen einer Sequenz von Fingerbewegungen der rechten Hand die somatosensorischen Kortizes einen erhöhten Metabolismus (Seitz & Roland, 1992), der jedoch abnimmt, wenn die Sequenz erlernt ist. Ebenso verringerte sich die Aktivität im Frontallappen (gyrus inferior frontalis) mit zunehmender Bewegungsautomatisation; die Probanden berichteten, dass sie in dieser Phase nicht mehr auf verbale Fremdinstruktionen angewiesen waren. Diese Verengung der kortikalen Aktivität auf die primär-motorischen Area ist auch tierexperimentell nachgewiesen. Bei Katzen ist der somatosensorische Kortex notwendig, um eine neue Folge von Supinationsbewegungen der Vorderpfote zu erlernen (um an eine verborgene Futterquelle zu gelangen). Ist die Bewegungssequenz einmal erlernt, bleibt sie auch nach Entfernung des somatosensorischen Kortex erhalten (Asanuma & Keller, 1991). Dies spricht dafür, dass diese neuronalen Bewegungsrepräsentationen nicht im Parietallappen abgelegt sind und nicht der Aktivierung des somatosensorischen Kortex bedürfen, um abrufbar zu sein.

2.4 Motorische Defizite bei Schädigungen der motorischen Rindenfelder und Assoziationskortices

Lähmungen und Apraxie sind Zeichen einer Schädigung der motorischen Rindenfelder bzw. der Assoziationskortices, die auf die motorische Hirnrinde projizieren. Läsionen innerhalb des primärmotorischen Kortex führen zur Lähmung auf der kontralateralen Seite. Eine leichtere Lähmung wird als *Parese*, eine schwere bis vollständige Lähmung als *Plegie* oder *Paralyse* bezeichnet. Bei Paresen ist die Bewegungsausführung stark eingeschränkt. Die Reaktionszeiten dieser Patienten sind verlängert, sie bewegen sich langsamer und die Koordination zwischen den einzelnen Gliedmaßen ist gestört.

Bei Schädigungen des parietalen Assoziationskortex treten keine Lähmungen, sondern komplexe motorische Störungen auf, die man als *Apraxien* bezeichnet. Bei einer Apraxie ist nicht die Koordination der Einzelbewegungen gestört, sondern die ausgeführte Bewegung entspricht nicht den äußeren Gegebenheiten. Die Patienten können mit Gegenständen oder Werkzeugen nicht richtig umgehen: Beispielweise wird versucht, einen Hammer wie einen Schraubenzieher zu benutzen, oder eine Kronkorkenflasche mit einem Korkenzieher zu öffnen. Es handelt sich also um ein Problem der motorischen Planung oder des Bewegungsentwurfs. Bei Kindern können in der Entwicklung Apraxien auftreten, die Sprech- und Feinmotorik beeinträchtigen. Ursache für diese kindlichen Apraxien sind in der Regel Komplikationen bei der Geburt.

3 Basalganglien

3.1 Funktionsschleife zwischen Basalganglien und Großhirnrinde

Die Basalganglien (Stammhirn) sind eine Ansammlung von fünf subkortikalen Nuclei. Die drei größten Kerne sind der Nucleus caudautus, das Putamen und der Globus pallidus. Sie sind verbunden mit der substantia nigra und dem Nucleus subthalamicus und bilden mit diesen eine funktionelle Einheit. Der Nucleus caudatus und das Putamen haben identische Zelltypen und werden zusammen auch als Striatum bezeichnet (Abb. 6).

Die Basalganglien erhalten starke *afferente* Projektionen von nahezu allen Rindenfeldern im Großhirn. Alle kortikalen und thalamischen Afferenzen erreichen die Basalganglien über das Striatum. Funktionell kann man entsprechend dem kortikalen Ursprungsgebiet vier verschiedene Schleifen unterscheiden: Eine skelettmotorische, okulomotorische, limbische und eine assoziative Schleife. In den Basalganglien bleiben diese Schleifen topographisch getrennt und die entsprechenden afferenten Signale werden parallel verarbeitet und an die ursprünglichen Rindenfelder zurückgeschickt (Abb. 7). Die Existenz der limbischen und assoziativen Schleifen weist darauf hin, dass die Basalganglien keineswegs ausschließlich mit der Kontrolle von Willkürmotorik befasst sind, sondern auch eine wichtige Rolle für die Kognition und die Motivation, Intention und Planung von Handlungen spielen.

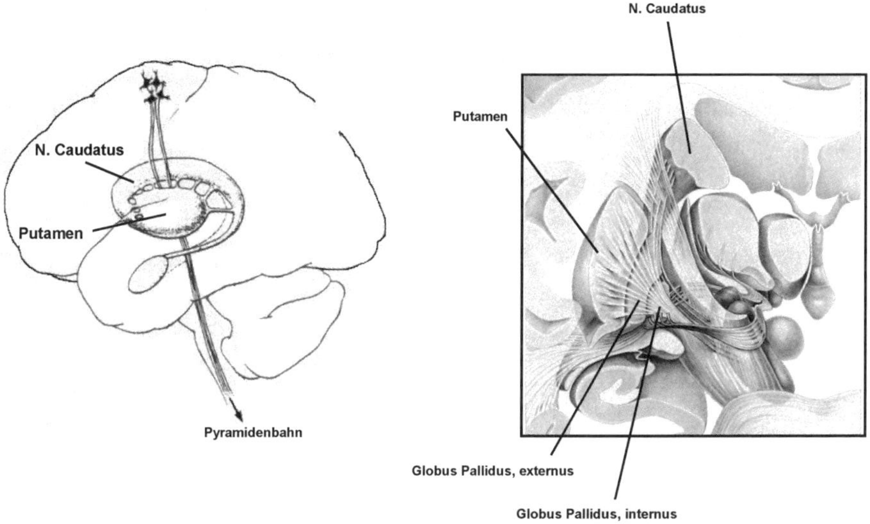

Abb. 6: Links: Seitenansicht der Basalganglien. Rechts: Coronarer Schnitt des Gehirns, der die Lage der drei großen Basalganglienkerne zeigt: *Nucleus caudatus, Putamen und Globus pallidus* (modifiziert nach Kandel & Schwartz, 1985 aus: Nieuwenhuys & van Huijzen, 1988).

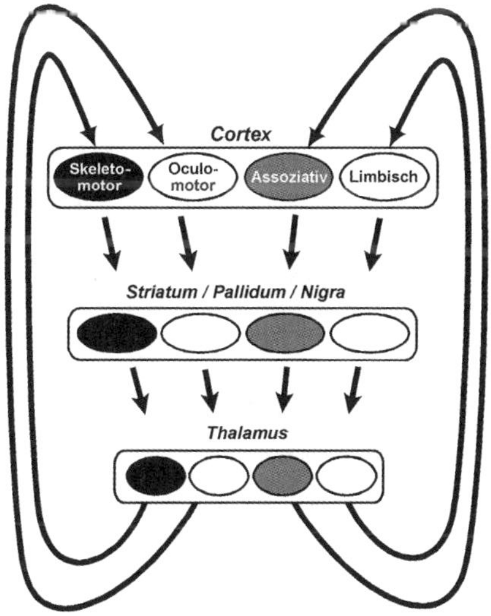

Abb. 7: Schema der getrennten und parallelen Verarbeitung von kortikaler Information in den Basalganglien (nach Alexander, 1995).

Der Putamen ist der Eingang der skelettmotorischen Funktionsschleife zu den Basalganglien. Er erhält Afferenzen von prämotorischen, primärmotorischen und somatosensorischen Rindenfeldern. Eine wichtige Operation des Putamen scheint die Integration der multiplen sensomotorischen Signale vom Kortex zu sein. Beispielsweise werden alle Signale, die Armbewegungen betreffen, in einer *rostrokaudalen* Säule im Putamen abgebildet (zur Übersicht siehe Wiesendanger, 1995). Die Aktivität dieser Neurone korreliert ausschließlich mit Bewegungen des Arms und kodiert motorische Parameter wie Bewegungsrichtung, Bewegungsamplitude und Kraft.

Der Output der skelettmotorischen Kompartimente in den Basalganglien erfolgt durch den Globus pallidus internus (GPi) über den Thalamus an präfrontale und prämotorische kortikale Areale. Die Basalganglien haben keine direkten efferenten Verbindungen zum Spinalmark und können die Aktivität der (alpha) Motoneurone daher nur indirekt über die basalganglien-cerebrale Funktionsschleife oder über eine Projektion zum pedunculopontinen Nucleus (PPN) beeinflussen (Abb. 8).

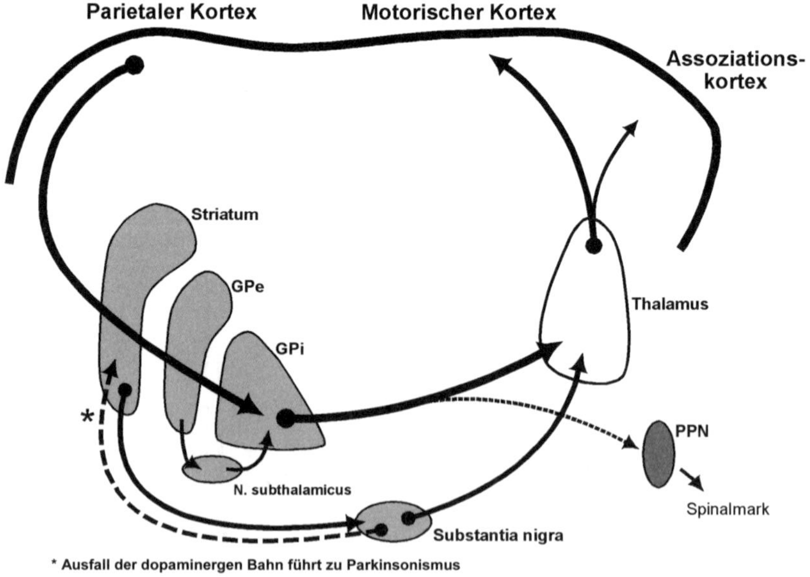

Abb. 8: Vereinfachte schematische Darstellung der skelettmotorischen Funktionsschleife der Basalganglien, die verdeutlicht, dass von großen Teilen der Hirnrinde sensorische und motorische Efferenzen an die Basalganglien geleitet werden. Die Basalganglien wiederum haben starke Projektionen zu den motorischen Arealen des Großhirns (Area 6). Der penduncolopontine Nucleus (PPN) projiziert über die Formatio Reticularis (hier nicht gezeigt) auf das Spinalmark.

3.2 Motorische Defizite bei Schädigung der Basalganglien

Ein Großteil unseres Wissens über die mögliche motorische Funktion der Basalganglien stammt aus zahlreichen Beobachtungen und Studien der klinischen Neurologie. Schädigungen der basalganglien-cerebralen Schleife führen zu einer Reihe von recht unterschiedlichen motorischen Störungen:

- Bradykinese – Verlangsamung
- Tremor – unwillkürliche, rhythmische Oszillationen
- Rigor – erhöhte Muskelsteifigkeit
- Chorea – schnelle, abgehackte, unwillkürliche Bewegungen
- Athetose – langsame, schlangenförmige oder kreisende Bewegungen der distalen Extremitäten
- Ballismus – heftige, großamplitudige Bewegungen.

Die häufigste Erkrankung der Basalganglien ist der *Morbus Parkinson*, benannt nach dem englischen Arzt James Parkinson, der 1817 in seinem „*Essay on shaking palsy*" erstmals das Krankheitsbild beschrieb. Die Kennzeichen der Parkinson'schen Krankheit sind stark verlangsamte Bewegungen, ein kleinschrittiges Gangbild, ein Ruhetremor und eine erhöhte Steifigkeit der Glieder. Auch Wilhelm von Humboldt, der preußische Reformer und ein Zeitgenosse von Parkinson, litt an dieser (Abb. 9). Er hat in vielen Briefen seine motorischen Probleme eindrucksvoll geschildert. Humboldt sah „die Schwäche und das Zitterhafte" seiner Hand nicht als Ausdruck einer Krankheit, sondern glaubte, seine Symptome seien lediglich Ausdruck eines überschnellen Alterungsprozesses (Brief an Charlotte Diede vom 3. Juni, 1831).

Abb. 9: Statuette von Wilhelm von Humboldt, die ihn in seinen späten Lebensjahren zeigt. Die vornübergebeugte Haltung ist typisch für einen Parkinson-Patienten. Staatliche Gipsformerei Berlin, Stiftung Preußischer Kulturbesitz.

Die Parkinson'sche Krankheit ist eine der verbreitetsten neurologischen Erkrankungen. Die neurophysiologische Ursache der Krankheit ist der Zelltod der Dopamin produzierenden Neurone in der Substantia nigra. Dopamin ist ein *Neurotransmitter*, der von vielen Neuronen in den Basalganglien und im präfrontalen Kortex benutzt wird – ca. 80 % des verfügbaren Dopamins ist in den Basalganglien lokalisiert (Bertler & Rosengren, 1959). Bei den meisten Patienten wird die Krankheit im Alter von 55 bis 65 Jahren diagnostiziert. Schätzungen für Westeuropa und die USA gehen davon aus, dass ca. 1 % der Bevölkerung über 60 Jahre und 2 % der Bevölkerung über 80 Jahre die Parkinson'sche Krankheit haben (Lang & Lozano, 1998). Zum Zeitpunkt der Diagnose sind bereits 70 – 90 % aller Dopamin produzierenden Neurone in der Substantia nigra untergegangen. Warum diese Zellen frühzeitig absterben, ist derzeit noch nicht vollständig geklärt.

Motorisch gesehen steht bei den meisten Patienten die Bradykinese im Vordergrund. Die Verlangsamung bei Parkinson-Patienten manifestiert sich durch verlängerte Reaktionszeiten auf visuelle und auditorische Stimuli und durch geringere Spitzengeschwindigkeiten und längere Bewegungszeiten bei nahezu allen repetitiven und zielgerichteten Bewegungen (z. B. beim Gehen, Sprechen, Greifen, Zeigen). Weiterhin haben die Patienten Probleme, Objektbewegungen zu antizipieren, Bewegungen zu initiieren und komplexere Bewegungssequenzen zu koordinieren (Abb. 10). Trotz dieser motorischen Defizite sind sie in der Lage, durch Übung ihre motorische Leistungsfähigkeit zu verbessern.

Unser heutiges Verständnis über die genaue Funktion der Basalganglien für die Kontrolle der Willkürmotorik ist unvollständig. Eine These aktueller Modelle ist es, dass die efferenten Signale der Basalganglien eine definierte Neuronenaktivität in den Zielgebieten im ventrolateralen Thalamus freisetzen („focused disinhibition"). Diese Freisetzung thalamischer Neurone führt dann zu einer erhöhten Erregbarkeit von M1. Verringerungen in der neuronalen Transmission im direkten Pfad bzw. verstärkte Aktivität im indirekten Pfad würde den inhibitorischen Einfluss auf den Thalamus drastisch erhöhen und dessen erregenden Einfluss auf den Cortex verringern. Ein solcher Mechanismus könnte indirekt willkürmotorische Aktionen unterdrücken oder auslösen (Alexander, 1995). Die mangelnde kortikale Aktivierung könnte erklären, warum Parkinson-Patienten Probleme haben, Bewegungen zu initiieren, und warum die ausgeführten Bewegungen verlangsamt sind (Abb. 8).

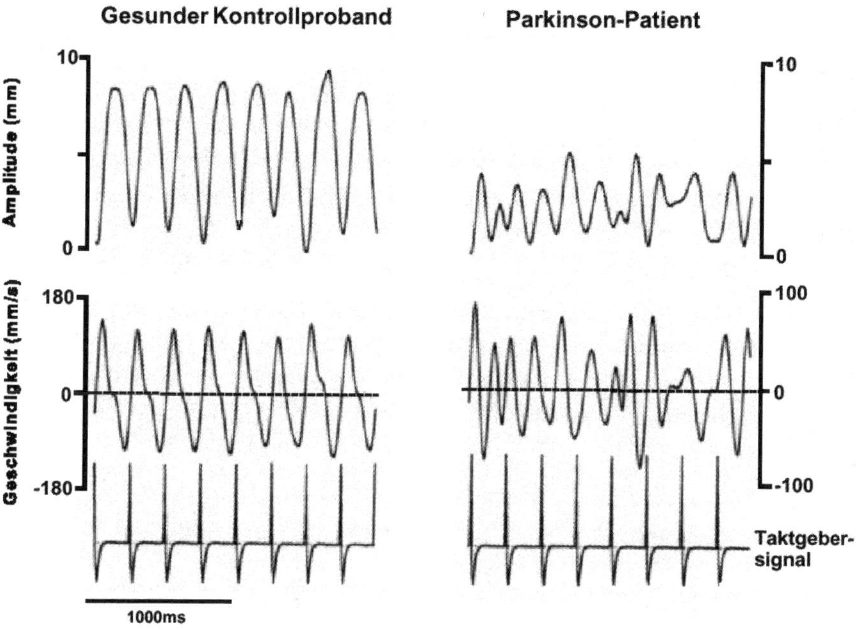

Abb. 10: Verlangsamte Lippenbewegungen beim Morbus Parkinson. Kontrastiert sind die Bewegungsspuren eines Patienten mit einem neurologisch gesunden Probanden gleichen Alters. Die Probanden sprachen die Silbe „Pa" und hatten die Aufgabe, Silbenproduktion und den Rhythmus des Tonsignals zu synchronisieren. Die Bewegungsamplitude und Spitzengeschwindigkeit sind beim Patienten stark reduziert (aus: Konczak et al., 1997).

4 Kleinhirn

4.1 Funktionsschleife zwischen Kleinhirn und Großhirnrinde

Das Cerebellum erhält umfangreichen Input von fast allen sensorischen Arealen des Großhirns (außer vom Riechhirn) und propriozeptive Information über die aktuelle Gelenkpositionen und den Zustand der Skelettmuskulatur über aufsteigende spinocerebelläre Bahnen im Rückenmark. Zusätzlich innervieren etwa 20 Millionen cortico-bulbäre Nervenfasern die *pontinen* Kerne im Hirnstamm, die über Moosfasern auf das Kleinhirn projizieren (Towe, 1973; Wiesendanger, 1969). Das heißt, neben sensorischer Information erhält das Cerebellum bewegungsrelevante Information direkt von den motorischen Rindenarealen des Großhirns. Im Vergleich dazu enthält die gesamte *Pyramidenbahn*, die Signale vom motorischen

Kortex direkt zum Rückenmark leitet, nur maximal 1 Million Fasern, von denen die meisten pyramidalen Fasern auch kollaterale Fasern über die Brückenkerne an das Cerebellum abgeben. Setzt man also die Größe dieser cortico-cerebellären Projektion in Relation zur Pyramidenbahn, wird deutlich, dass ein enormer sensomotorischer Informationsstrom ins Kleinhirn geleitet wird (siehe Abb. 2).

Alle efferenten Signale des Cerebellums werden über die tiefen Kleinhirnkerne fast ausschließlich zum Großhirn geleitet (primär zum Assoziations- und Motorkortex). Lediglich die Nuclei fastigii projizieren bevorzugt auf die Vestibulariskerne im Hirnstamm, was darauf hinweist, dass das Kleinhirn auch an der Gleichgewichtsregulation beteiligt ist. Die übrigen Kerne entsenden überwiegend Faserbündel zu Arealen im Thalamus, die mit präfrontalen und motorischen Rindenfeldern des Großhirns kommunizieren (Abb. 11). Das Größenverhältnis von cerebellärem Ein- und Ausgangssignal ist ungefähr 40:1 (Tomasch, 1968). Das heißt, cerebelläre Prozesse integrieren bzw. filtern in massiver Weise sensomotorische Information.

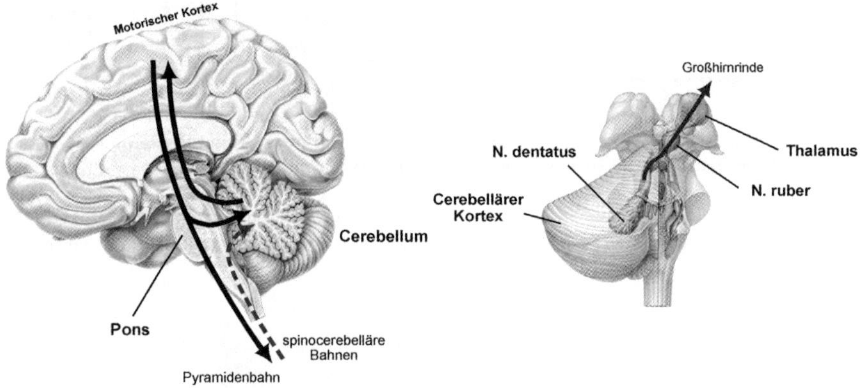

Abb. 11: Vereinfachtes Schema der afferenten und efferenten Verbindungen des Kleinhirns. Eine Efferenzkopie der motorischen Kommandos erreicht das Kleinhirn vom Großhirn. Signale über Körperorientierung und Gliedmaßenposition von der Peripherie (Afferenzkopie) werden via spinocerebelläre Bahnen zum Kleinhirnkortex geleitet. Das Ergebnis cerebellärer Prozesse wird über die tiefen Kleinhirnkerne größtenteils auf Neurone der Großhirnrinde im Frontallappen projiziert (modifiziert nach Nieuwenhuys & van Huijzen, 1988).

Die Ergebnisse neuerer Studien weisen darauf hin, dass das Kleinhirn sowohl in motorische Regelungs- als auch in Steuerungsprozesse eingebunden ist. Wenn die Bewegung eines Objektes im visuellen Feld verfolgt wird, müssen die Augen dieses Objekt fixieren können. In dieser Situation kodieren Neurone im Paraflocculus des Cerebellums von Affen ein Fehlersignal für das okulomotorische System, das hilft, die retinale Bildverschiebung zu kompensieren. Das heißt, diese Neurone übernehmen die Funktion eines Reglers (*Feedback-Controller*) bei Augenfolgebewegungen. Darüber hinaus spricht experimentelle Evidenz dafür, dass Populationen von *Purkinje-Zellen* im cerebellären Kortex die *inverse Dynamik* von Augenbewegungen kodieren. Dies bedeutet, dass diese Neurone ein *inverses Modell* des okulomotorischen Systems bilden (zu inversen Modellen siehe auch Kap. C.1). Ob Neurone im Kleinhirnkortex auch invers dynamische Modelle der Skelettmuskulatur kodieren, ist bis heute nicht eindeutig belegt, obwohl die Ergebnisse psychophysischer Experimente dafür sprechen (zur Übersicht: Wolpert, Miall & Kawato, 1998).

4.2 Rolle des Kleinhirns bei motorischen Lernprozessen

Von allen Hirnarealen, die als mögliche Zentren des motorischen Lernens diskutiert werden, hat das Cerebellum die größte Aufmerksamkeit erfahren. Es wird angenommen, dass der sensomotorische Input, der über den Pfad Moosfasern-Körnerzellen-Parallelfasern zu den Purkinje-Zellen des cerebellären Kortex gelangt, und durch die afferenten Signale eines zweiten Pfades (untere Olive – Kletterfasern – Purkinje-Zellen) modifiziert wird (Albus, 1971; Marr, 1969). Da benachbarte Purkinje-Zellen durch Parallelfasern verbunden sind, aber jeweils nur Input von einer Kletterfaser bekommen, kann auf diese Weise die massiv konvergierende sensorische und motorische Information, die jede Purkinje-Zelle erreicht, integriert werden und durch das „Fehlersignal" der jeweiligen Kletterfaser verändert werden (Bloedel, 1992). Das Ergebnis dieser Operationen wird vornehmlich an motorische und präfrontale Anteile des Großhirns projiziert, und kann so mittelbar zur Behebung eines „Bewegungsfehlers" benutzt werden (Abb. 12). Im Einklang mit diesem vorgeschlagenen Lernmechanismus stehen die Ergebnisse tierexperimenteller Studien zur Reflexkonditionierung. Die klassische Konditionierung des Lidschluss- und des vestibular-okulären Reflexes ist nach cerebellärer Läsion nicht möglich. Die Verstärkung dieser Reflexe ist nicht normal. Ein weiteres Indiz für die spezielle Rolle der unteren Olive als „Lehrer" ist, dass ihre neuronale Aktivität während der Lernphase höher ist als in der Könnensphase (als Übersicht siehe: Thompson, Thompson, Kim, Krupa & Shinkman, 1998). Diese Befunde zeigen, dass zumindest basale Formen motorischen Lernens ein intaktes Kleinhirn voraussetzen. Es sollte jedoch nicht unerwähnt bleiben, dass die Ergebnisse zur Reflexkonditionierung nicht universell repliziert werden konnten.

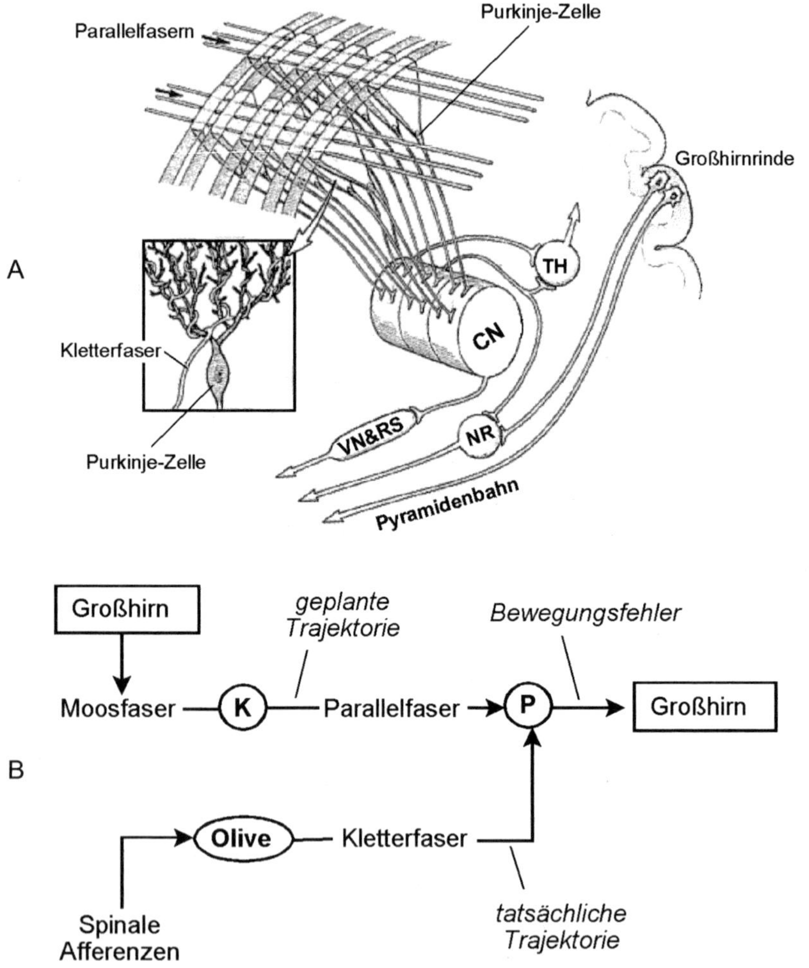

Abb. 12: (A) Interne Verbindungen des Kleinhirns. CN = cerebelläre Nuclei, NR = Nucleus ruber, TH = Thalamus, RS = reticulospinaler Trakt, VN = vestibuläre Nuclei (nach Bloedel, 1992). (B) Schematische Darstellung der Berechnung eines Bewegungsfehlers im Cerebellum. Eine Efferenzkopie der geplanten Bewegung erreicht über die Achse Moosfasern – Körnerzellen – Parallelfasern den Kleinhirnkortex. Es wird angenommen, dass die kurzfristige Aktivierung der Kletterfasern die Übertragung von den Parallelfasern auf die Purkinje-Zellen bahnt. Diese Aktivität der Kletterfaser könnte so den Ist-Zustand (augenblickliche Bewegung) des Systems kodieren, der mit dem Soll-Zustand (geplante Bewegung) verglichen wird. Das resultierende „Fehlersignal" wird von den Purkinje-Zellen gebündelt und auf die tiefen Kleinhirnkerne projiziert. Das heißt, das Kleinhirn würde in diesem Fall wie ein klassischer Regler (*Feedback Controller*) arbeiten. K = Körnerzelle, P = Purkinje-Zelle.

Die Rolle des Kleinhirns für das Erlernen komplexer Bewegungsformen beim Menschen ist weniger eindeutig geklärt. Einige Untersuchungen belegen die Lernfähigkeit von Patienten mit Kleinhirnläsionen bei visuomotorischen Aufgaben, während andere Experimente darauf hinweisen, dass visuomotorische Transformationen fehlerhaft sind. Beispielsweise ist die Prismenadaptation bei Kleinhirnpatienten gestört. Bei rechtsverschiebenden Prismengläsern werfen Gesunde in einem Dart Spiel die Pfeile zunächst rechts am Ziel vorbei. Durch mehrmaliges Üben können sie diesen Fehler verringern und kompensieren die Verschiebung des visuellen Feldes nahezu vollständig. Patienten mit Läsionen der unteren Olive, des pedunculus inferior oder der unteren Regionen des Kleinhirnkortex zeigen keine oder nur eine unvollständige Prismenadaptation. Bei Schädigung der superior anterioren Anteile des cerebellären Kortex bleibt die visuomotorische Adaptionsfähigkeit erhalten (Martin, Keating, Goodkin, Bastian & Thach, 1996).

Fraglich ist immer noch, ob das Kleinhirn über diese Adaptations- und Prädiktionsfähigkeit eine spezifische Rolle für das Erlernen komplexmotorischer Aufgaben hat. Der augenblickliche Forschungsstand bietet hierfür keine eindeutigen Belege. Patienten mit Schädigungen des *olivo-ponto-cerebellären* Systems haben in verschiedenen Experimenten gezeigt, dass sie sehr wohl lernen, kinematische Parameter aufgabengerecht zu skalieren und in der Lage sind, motorische Fehler zu entdecken und zu korrigieren.

4.3 Motorische Defizite bei Schädigung des Kleinhirns

Die klinischen Untersuchungen des englischen Neurologen Gordon Holmes, der im 1. Weltkrieg Soldaten mit Schusswunden im Cerebellum untersuchte, zeigen eindrücklich, dass das Cerebellum an der Regulation des Muskeltonus, der Kontrolle der Stütz- und Gangmotorik als auch der Koordination einzelner Bewegungssegmente beteiligt ist (Holmes, 1917; Holmes, 1939). Kleine Läsionen, besonders im cerebellären Cortex können relativ gut kompensiert werden, während größere Läsionen oder die Beschädigung der tiefer gelegenen Kleinhirnkerne und deren efferenter Faserbündel eindeutige ataktische Bewegungsstörungen hervorrufen. *Ataxie* ist definiert als der Mangel an Koordination ohne erkennbare muskuläre Schwäche. Das ungeordnete Zusammenspiel einzelner Bewegungsabläufe kann sich betont sowohl in der Augen-, Sprech-, Rumpf- und Extremitätenmotorik zeigen (*Nystagmus*; Probleme beim Sprechen oder Sitzen; unsicherer, breitbeiniger Gang). Die verschiedenen Symptome können als spezielle Formen der Ataxie verstanden werden:

- Dysmetrie – Die Unfähigkeit bei zielgerichteten Bewegungen adäquate Bewegungsimpulse zu produzieren. Das Ergebnis sind unter- oder überschießende Bewegungen (Abb. 13).
- Dysdiadochokinese – Die Unfähigkeit schnelle, alternierende Bewegungen auszuführen, die ein präzises Umschalten von Agonisten- und Antagonisten-Muskulatur erfordern.
- Intentionstremor – Im Gegensatz zum Ruhetremor beim Parkinson-Syndrom tritt dieser Tremor während der Bewegungsausführung auf. Häufig ist besonders die Endphase der Bewegung betroffen, wenn die Anforderungen an die Genauigkeit am größten sind.
- Dysarthrie – Verlangsamte, stockende Sprache mit ungleicher Silbenbetonung und schlechter Artikulation.

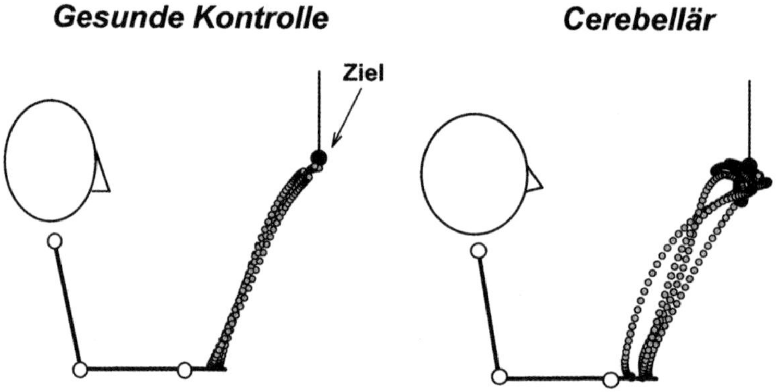

Abb. 13: Zeigebewegungen einer gesunden Person und eines Patienten mit einer Kleinhirnschädigung in sagittaler Projektion. Gezeigt sind jeweils vier Trajektorien (Bewegungsbahnen) zu einem Ziel in Augenhöhe. Die gestörte Koordination (Überschießen, Intentionstremor) zeigt sich besonders gegen Ende der Bewegung (aus: Konczak, 1997).

Außer den beschriebenen motorischen Defiziten scheinen cerebelläre Patienten in der Regel normale kognitive Fähigkeiten zu besitzen. Sie wissen um ihre Behinderung, beschreiben klar ihre eigenen Behinderungen und versuchen, gezielt Strategien zu entwickeln, um alltägliche Bewegungsaufgaben zu bewältigen. Da das Cerebellum neben den motorischen Rindenfeldern auch auf die präfrontale, parietale und temporale Area projiziert, wird vermutet, dass es neben seiner Funktion für die Motorik auch Kognition und Wahrnehmung beeinflusst (Schmahmann, 1998).

5 Fach- und Schlüsselbegriffe

Afferent: aus lat. *affere* = hineintragen. Hinführend zu einem Organ oder einer bestimmten Struktur des Nervensystems, z. B. sensorische Information von Gelenkrezeptoren wird über periphere Nerven an spinale Neurone geleitet.

Ataxie: aus gr. *ataxia* = Unordnung, Verwirrung. Unter Ataxie wird ein Mangel an Koordination ohne erkennbare muskuläre Schwäche verstanden. Das ungeordnete Zusammenspiel einzelner Bewegungsabläufe kann sich sowohl in der Augen-, Sprech-, Rumpf- und Extremitätenmotorik zeigen.

Apraxie: aus gr. *apraxia* = Untätigkeit. Die Unfähigkeit, sinnvolle und zweckentsprechende Bewegungen auszuführen. Die Koordination ist nicht gestört, aber die Bewegung selber ist der Situation nicht angemessen und falsch ausgewählt.

Efferent: aus lat. *effere* = heraustragen. Aus einem Organ oder einer bestimmten Struktur des Nervensystems herausführend, z. B. motorische Signale vom Kortex an die spinalen Motoneurone.

Feedback Control: Form der Systemkontrolle, die eine Rückmeldung benötigt, um ein Fehlersignal für den Regler zu generieren. *Regelung* und *closed-loop control* sind synonyme Begriffe. Man unterscheidet *positive* und *negative feedback control*. Bei *negative feedback control* wird der Ist-Wert vom Soll-Wert abgezogen. Bei *positive feedback control* werden beide Werte addiert.

Feedforward Control: Form der Kontrolle, die keiner Rückmeldung bedarf, sondern auf der Ausführung eines vorher formulierten Plans basiert (siehe Abb. 2B). Der deutsche Begriff ist *Steuerung*. *Open-Loop control* ist ein englisches Synonym.

Homunkulus: Nicht proportionale Repräsentation des Körpers im Nervensystem. Im Großhirn unterscheidet man einen sensorischen Homunkulus im Parietallappen von den motorischen Homunkuli im Frontallappen (siehe auch *Somatotopie*).

Inverse Dynamik: hier: Berechnung der notwendigen Muskelkraft aus der geplanten Kinematik (siehe auch *Kinematik*).

Inverses Modell: Modell, das die umgekehrte Transformation durchführt als das System, das es abbildet. In der Motorik vollziehen inverse Modelle eine kinematisch-dynamische Transformation. Sie berechnen aus einem raum-zeitlichen Plan (Kinematik) die Kräfte (Dynamik), die notwendig sind, um den Körper der Intention entsprechend zu bewegen.

Kinematik: Teilgebiet der Physik, das untersucht, wie sich die Lage eines Körpers über die Zeit verändert, ohne nach den Ursachen der Bewegung zu fragen. Typische kinematische Variablen sind Position (des Körpers), Geschwindigkeit und Beschleunigung.

Mesial: nach der Mitte gerichtet.

Motorisches Programm: Satz im Gehirn gespeicherter Bewegungsanweisungen, die abrufbar sind, bevor die Bewegung beginnt. Kognitionspsychologisches Konzept, das in den 60er Jahren in den USA entwickelt wurde, um Bewegungssteuerung zu erklären. Wurde von Richard Schmidt in den 70er Jahren weiterentwickelt (Generalisierte Motorische Programme).

Neurotransmitter: Substanzen, die bei der Übertragung von Erregung zwischen Synapsen freigesetzt werden (z. B. Dopamin, Acetylcholin).

Nystagmus: Augenzittern, sichtbar als unwillkürliche Bewegungen des Augapfels in horizontaler oder vertikaler Richtung. Oft Begleitsymptom bestimmter neurologischer Erkrankungen.

Olivo-ponto-cerebellär: Die Olive, den Pons und das Cerebellum (Kleinhirn) umfassend. Olive und Pons sind zwei große Hirnstammregionen anterior zum Kleinhirn und sind mit dem Kleinhirn durch die so genannten Pedunculi verbunden.

Pontin: aus lat. *pons* = Brücke. Zur Brücke gehörig.

Purkinje Zelle: Nach dem tschechischen Physiologen J. E. von Purkinje (1787-1869) benannte birnenförmige Nervenzelle in der Kleinhirnrinde.

Pyramidenbahn: Allgemeine Bezeichnung für den Tractus corticospinalis. Großes Nervenfaserbündel, das von der motorischen Rinde des Großhirns zu den Motoneuronen im Spinalmark zieht.

Rostra-kaudal: aus lat. *rostrum* = Schnabel und lat. *cauda* = Schwanz. Vom oberen zum unteren Körperende gelegen. Gibt hier eine Orientierung an, die nach schräg unten vom Gesicht zum Nacken verläuft.

Somatotopie: aus gr. *soma* = Körper (im Gegensatz zu Geist) und *topos* = Ort, Platz. Der Begriff Somatotopie bezieht sich auf die anatomische Darstellung der einzelnen Körperregionen und bezeichnet im Allgemeinen eine zusammenhängende Karte des Körpers.

Subkortikal: unterhalb des Neokortex (Cerebrum) gelegen.

Supraspinal: oberhalb des Spinalmarks gelegen.

Literatur

Albus, J.S. (1971). A theory of cerebellar function. *Mathematical Bioscience, 10*, 25-61.

Alexander, G.E. (1995). Basal Ganglia. In M. Arbib (Ed.), *Handbook of Brain Theory and Neural Networks* (pp. 139-143). Cambridge, Mass.: MIT Press.

Asanuma, H. & Keller, A. (1991). Neural mechanisms of motor learning in mammals. *Neuroreport, 2*, 217-224.

Bertler, Å. & Rosengren, E. (1959). Occurrence and distribution of dopamine in the brain and other tissues. *Experientia, 15*, 10-11.

Bloedel, J.R. (1992). Functional heterogeneity with structural homogeneity: How does the cerebellum operate? *Behavioral and Brain Sciences, 15*, 666-678.

Crick F.H. (1979). Thinking about the brain. *Scientific American, 241*, 219-232.

Fritsch, G. & Hitzig, E. (1870). Über die elektrische Erregbarkeit des Großhirns. *Archiv der Anatomischen und Physiologischen Wissenschaften der Medizin, 37*, 300-332.

Georgopoulos, A.P., Ashe, J., Smyrnis, N. & Taira, M. (1992). The motor cortex and the coding of force. *Science, 256,* 1692-1695.

Georgopoulos A.P., Caminiti, R., Kalaska, J.F. & Massey, J.T. (1983). Spatial coding of movement: A hypothesis concerning the coding of movement direction by motor cortical populations. *Experimental Brain Research Supplement, 7,* 327-336.

Georgopoulos, A.P., Pellizzer, G., Poliakov, A.V. & Schieber, M.H. (1999). Neural coding of finger and wrist movements. *Journal of Computational Neuroscience, 6,* 279-288.

Holmes, G. (1917). The symptoms of acute cerebellar injuries due to gunshot injuries. *Brain, 40,* 463-535.

Holmes, G. (1939). The cerebellum of man. *Brain, 62,* 1-30.

Kandel, E.R. & Schwartz, J.H. (1985). *Principles of Neuroscience.* Amsterdam: Elsevier.

Kelso, J.A.S. (1982). *Human Motor Behavior: An Introduction.* Hillsdale, N.J.: Erlbaum.

Konczak, J. (1997). Zum Problem der Lokalisation motorischer Funktion. In P. Hirtz & F. Nüske (Hrsg.), *Bewegungskoordination und sportliche Leistung integrativ betrachtet* (S. 42-50). Hamburg: Czwalina.

Konczak, J., Ackermann, H., Hertrich, I., Spieker, S. & Dichgans, J. (1997). Control of repetitive lip and finger movements in Parkinson's disease: influence of external timing signals and simultaneous execution on motor performance. *Movement Disorders, 12,* 665-676.

Lang, A.E. & Lozano, A.M. (1998). Medical Progress: Parkinson's disease. *The New England Journal of Medicine, 339,* 1044-1053.

Marr, C.D. (1969). A theory of the cerebellar cortex. *Journal of Physiology (London), 202,* 437-470.

Martin, T.A., Keating, J.G., Goodkin, H.P., Bastian, A.J. & Thach, W.T. (1996). Throwing while looking through prisms. I. Focal olivocerebellar lesions impair adaptation. *Brain, 119,* 1183-1198.

Nieuwenhuys, R. & Huijzen, C. van (1988). *The Human Central Nervous System* (3rd ed.). Heidelberg: Springer-Verlag.

Parkinson, J. (1817). *An Essay on the Shaking Palsy.* London: Whittingham and Rowland.

Penfield, W. & Rasmussen, T. (1950). *The Cerebral Cortex of Man.* New York: Macmillan.

Sanes, J.N., Wang, J. & Donoghue, J.P. (1992). Immediate and delayed changes of rat motor cortical output representation with new forelimb configurations. *Cerebral Cortex, 2,* 141-152.

Schieber, M.H. (1999). Somatotopic gradients in the distributed organization of the human primary motor cortex hand area: Evidence from small infarcts. *Experimental Brain Research, 128,* 139-148.

Schmahmann, J.D. (1998). Dysmetria of thought: Clinical consequences of cerebellar dysfunction on cognition and affect. *Trends in Cognitive Sciences, 2,* 362-371.

Sherrington, C. (1906). *The Integrative Action of the Nervous System.* New Haven: Yale University Press.

Seitz, R.J. & Roland, P.E. (1992). Learning of sequential finger movements in man: A combined kinematic and positron emission tomography (PET) study. *European Journal of Neuroscience, 4,* 154-165.

Thompson, R.F., Thompson, J.K., Kim, J.J., Krupa, D.J. & Shinkman, P.G. (1998). The nature of reinforcement in cerebellar learning. *Neurobiology of Learning and Memory, 70*, 150-176.

Tomasch, J. (1968). The overall information carrying capacity of the major afferent and efferent cerebellar cell and fiber systems. *Confinia Neurologica, 30*, 359-367.

Towe, A. (1973). Motor Cortex and Pyramidal System. In J.D. Maser (Ed.), *Efferent Organization and the Integration of Behavior* (pp. 67-97). New York: Academic Press.

Wiesendanger, M. (1969). The pyramidal tract. Recent investigations on its morphology and function. *Ergebnisse der Physiologie, Biologie, Chemie und experimentellen Pharmakologie, 61*, 72-136.

Wiesendanger, M. (1995). Motorische Systeme. In R.F. Schmidt & G. Thews (Hrsg.), Physiologie des Menschen (S. 91-127). Berlin: Springer Verlag.

Wolpert, D.M., Miall, R.C. & Kawato, M. (1998). Internal models in the cerebellum. *Trends in Cognitive Sciences, 2*, 338-347.

B.3 Bewegungssteuerung – Bewegungskoordination

Herbert Heuer & Jürgen Konczak

Gliederung

1 Das Problem der Bewegungssteuerung
1.1 Regelkreise und offene Steuerketten
1.2 Freiheitsgrade der Bewegungssteuerung

2 Autonome Prozesse der Bewegungssteuerung
2.1 Vorausschauende Bewegungsvorbereitung
2.2 Konzepte der Bewegungsrepräsentation
2.3 Was wird repräsentiert?

3 Nutzung sensorischer Rückmeldungen

4 Koordination
4.1 Strukturelle Randbedingungen der Koordination
4.2 Kompensatorische Kovariation

Kurzreferat

Das Problem der Bewegungssteuerung besteht im Kern darin, die für eine gewünschte Bewegung erforderlichen motorischen Kommandos zu bestimmen. Dazu wird wahrscheinlich eine Kombination von Regelkreisen und offenen Steuerketten eingesetzt; für eine eindeutige Lösung sind zusätzliche Randbedingungen erforderlich. Autonome Prozesse, die keine Bewegungsrückmeldungen erfordern, gehen über die Funktionen einer offenen Steuerkette insbesondere durch ihren antizipatorischen Charakter hinaus. Bereits vor Beginn der Bewegung wird eine Repräsentation bereitgestellt, die spätere Abschnitte einschließt und wahrscheinlich kinematische Merkmale betrifft. Koordinationserfordernisse entstehen, wenn mehrere Körperglieder an einer Bewegung beteiligt sind. Koordinationsmuster sind aufgabenspezifisch, aber nicht in völlig beliebiger Weise wählbar.

Schlagworte

Bewegungskoordination, Bewegungsprogramm, Bewegungssteuerung, Bewegungsvorbereitung, inneres Modell, Netzwerkmodell, Oszillator, Regelkreis, Rückmeldungen, Transformation

Das Begriffspaar, das die Überschrift dieses Kapitels bildet, kann unterschiedlich verstanden werden. Insbesondere der Begriff der Bewegungskoordination wird mit einer weiten und einer engen Bedeutung verwendet. In der weiten Bedeutung bezeichnet er die Anpassung von Bewegungen oder Bewegungsteilen an ein beabsichtigtes Ergebnis oder Ziel (z. B. Rüssel, 1944; Meinel, 1977, S. 61 f.); dieser Begriff ist weitgehend identisch mit dem der Bewegungssteuerung. In der engeren Bedeutung bezeichnet „Koordination“ das Zueinander genauer definierter Teilbewegungen, meist Teilbewegungen unterschiedlicher Körperteile. Beispielsweise wird von der Auge-Kopf-Koordination oder der intermanuellen Koordination gesprochen. In diesem Kapitel wird der Begriff in seiner engeren Bedeutung verwendet. Bevor die Koordination vor allem beidhändiger Bewegungen besprochen wird, sollen zunächst das Problem der Bewegungssteuerung und die hauptsächlichen Bestandteile seiner Lösung dargestellt werden. Die Koordination betrifft dann Besonderheiten der Steuerung von Bewegungsmustern, an denen mehrere Gliedmaßen beteiligt sind.

1 Das Problem der Bewegungssteuerung

Bewegungen entstehen durch Kräfte, die innerhalb des Skelett-Muskel-Systems entstehen, und durch Kräfte, die von außen auf den Bewegungsapparat einwirken. Innere Kräfte sind beispielsweise die aktiven Muskelkräfte oder die Reibung zwischen zwei Knochen. Beispiele für äußere Kräfte sind Gravitation oder Bodenreaktionskräfte. Aktive Muskelkräfte sind das Ergebnis der Erregung von Muskelfasern, die mit Hilfe des Elektromyogramms registriert werden kann. Die Beziehung zwischen Erregung der Muskelfasern und Kräften ist dabei variabel; sie ändert sich beispielsweise im Verlauf länger dauernder Muskelkontraktionen. Da die Ansatzpunkte der Skelettmuskeln immer einen gewissen Abstand zur Drehachse des Gelenks haben, entstehen durch Muskelkontraktionen Rotationskräfte. Diese Drehmomente liegen der Drehbewegung der Gelenke zugrunde. Wollen wir beispielsweise mit einem in der Hand gehaltenen Ball einen Korb treffen, so werden die Drehbewegungen verschiedener Gelenke zur Geschwindigkeit der Hand (in den Koordinaten des Raums) kombiniert. Damit der Ball sein Ziel erreicht, muss die Bewegung der Hand in dem Augenblick, in dem der Ball seinen Flug beginnt, bestimmte Merkmale aufweisen.

Die Folge von Transformationen unterschiedlicher Art, die von der Muskelerregung zur Endposition eines Wurfs führen, oder eine Teilmenge dieser Transformationen kann man zusammenfassend als „motorische Transformation“ bezeichnen. Die motorische Transformation ist in einem so hohen Maße komplex und variabel, dass es eigentlich nicht verwunderlich wäre, wenn menschliche Bewegungen in erster Linie Zufallsereignisse wären. Sie sind aber zielgerichtet. Das setzt voraus, dass die Eingangsgröße der motorischen Transformation so ausgewählt wird, dass die Ausgangsgröße bestimmte gewünschte Eigenschaften aufweist. Formal bedeutet das eine Invertierung der motorischen Transformation, da die für eine gewünschte Ausgangsgröße benötigte Eingangsgröße bestimmt werden muss. Im Alltag gelingt die Invertierung motorischer Transformationen fast immer; auf Grenzen stoßen wir eher selten, beispielsweise beim Sport oder beim Musizieren. Die Frage ist daher vor allem, wie die Invertierung gelingt.

1.1 Regelkreise und offene Steuerketten

Probleme der Steuerung sind natürlich nicht auf Bewegungen beschränkt. Jordan (1994) beschreibt in einführender Weise die prinzipiellen Möglichkeiten der Lösung. Abb. 1 illustriert eine Kombination zweier Lösungen, wie sie wahrscheinlich auch bei der Steuerung menschlicher Bewegungen genutzt wird (z. B. Cruse, Dean, Heuer & Schmidt, 1990; Davidson, Jones, Sirisena & Andreae, 2000). Es handelt sich dabei um die Kombination einer offenen Steuerkette, die ein inneres Modell der (inversen) motorischen Transformation einschließt, und einen Regelkreis, die beide eine Schätzung der für eine gewünschte Ausgangsgröße y* der Transformation T benötigten Eingangsgröße x liefern.

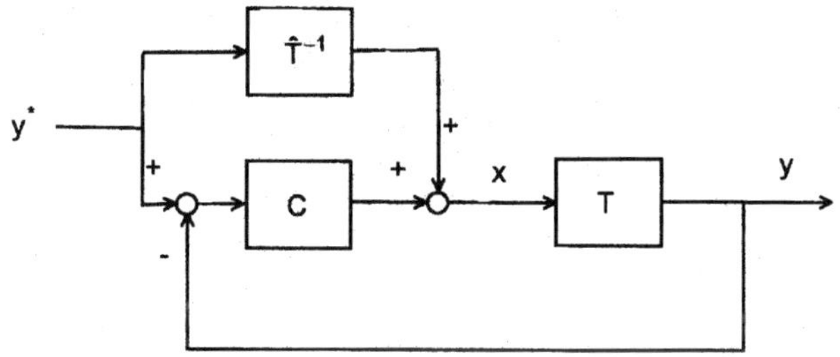

Abb. 1: Kombination von offener Steuerkette und Regelkreis bei der Bestimmung der Eingangsgröße x einer Transformation T für eine gewünschte Ausgangsgröße y*. Die offene Steuerkette schließt ein inneres Model der inversen Transformation $\hat{T}^{-1}$ ein; C ist der Regler.

Ebenso wie die motorische Transformation eine Reihe von Teil-Transformationen umfasst, so umfasst natürlich auch das innere Modell eine Reihe von Teil-Transformationen. Es werden kinematische und dynamische Transformationen unterschieden. Zu den kinematisch-kinematischen Transformationen zählen zum Beispiel die Transformationen von Gelenkwinkeln in räumliche Positionen der Hand; die dynamisch-kinematische Transformation betrifft die Transformationen von Kräften in Bewegungen, die kinematisch-dynamische Transformation ist die Umsetzung von (geplanten) Bewegungstrajektorien in Gelenkkräfte. Inverse Modelle, die eine kinematisch-dynamische Transformation durchführen, gelten in der Robotik als ideale Controller. Komplementäre Vorwärtsmodelle führen die umgekehrte Transformation von der Dynamik zur Kinematik durch.

Wenn wir Werkzeuge bedienen, haben wir es mit erweiterten Transformationen zu tun, und in diesem Fall wird besonders deutlich, dass wir ein hohes Maß an Flexibilität im Umgang mit verschiedenen Transformationen benötigen. Das schließt eine hohe Anpassungsfähigkeit innerer Modelle ein. Das innere Modell der dynamischen Transformation beispielsweise muss nicht nur an die mechanischen Eigenschaften der eigenen Gliedmaßen angepasst sein, sondern auch an Veränderungen dieser Eigenschaften durch Wirkungen äußerer Kräfte.

Um für eine gewünschte Bewegung zum Beispiel die erforderlichen Kräfte bzw. Drehmomente zu bestimmen, wird ein inverses Modell der dynamischen Transformation benötigt. Ein solches inverses Modell muss aber nicht notwendigerweise explizit existieren, sondern es kann auch mit Hilfe eines Vorwärtsmodells realisiert werden, das für gegebene Kräfte bzw. Drehmomente die resultierende Bewegung bestimmt. Darüber hinaus erlaubt ein Vorwärtsmodell auch eine Vorhersage, die schneller zur Verfügung steht als die eigentliche Bewegung (erfahrbar wird das in den Fällen, in denen bereits während eines Wurfs klar wird, dass er erfolglos sein wird).

Die Kombination von offener Steuerkette und Regelkreis birgt nicht nur eine Reihe von Vorteilen gegenüber nur der einen oder anderen dieser beiden Lösungsmöglichkeiten, sondern weist zudem Eigenschaften auf, wie sie sich in sehr allgemeiner Weise auch bei menschlichen Bewegungen finden (s. Cruse et al., 1990). Diese Eigenschaften haben einen in sich widersprüchlichen Charakter, sofern offene Steuerketten und Regelkreise als Alternativen gedacht werden, wie es längere Zeit der Fall war (z. B. Stelmach, 1982).

Wenn Bewegungsrückmeldungen ausgeschaltet werden, hat das oft verblüffend geringe Wirkungen. Abb. 2b illustriert das für das Schreiben eines gesunden Mädchens, in der oberen Zeile mit geöffneten Augen, in der unteren Zeile mit geschlossenen Augen. Ohne Sehen wird in erster Linie die Zeile nicht mehr genau eingehalten. In Abb. 2a ist die Handschrift einer Patientin mit Verlust der myelinisierten afferenten Fasern gezeigt, bei der also kein „Bewegungsgefühl" vorhanden war. Mit Sehen – in der oberen Zeile – gibt es kaum deutliche Auffälligkeiten. Erst dann, wenn auch visuelle Rückmeldungen fehlen, wird die räumliche Anordnung der Einzelteile der Schrift gestört, während die Form der einzelnen Buchstaben weitgehend normal bleibt.

Weitgehend intakte Bewegungen bei ausgeschalteten Rückmeldungen sind dann möglich, wenn das innere Modell der (inversen) motorischen Transformation hinreichend genau ist; die verbleibenden Fehler, die sonst durch die Regelung ausgeglichen werden, sind dann mehr oder weniger vernachlässigbar. Bei einfachen Handbewegungen dürfte das der Fall sein, nicht aber beispielsweise bei der Bedienung eher ungewohnter Werkzeuge mit hinreichend komplizierten Transformationen der Bewegungen.

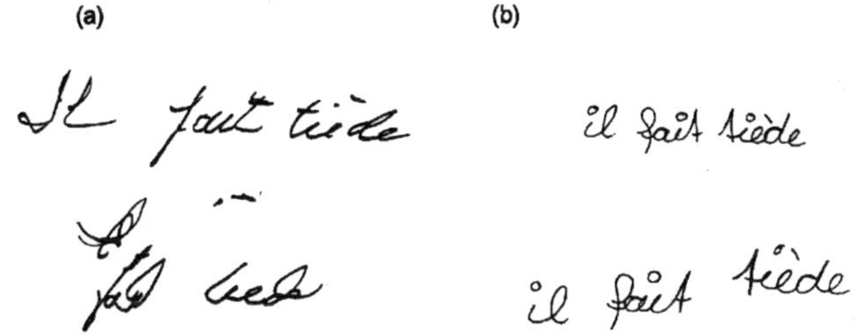

Abb. 2: Schreiben mit (obere Zeile) und ohne (untere Zeile) Sehen der eigenen Hand. (a) Patientin mit Verlust der myelinisierten afferenten Fasern (nach Teasdale et al., 1993); (b) gesundes Mädchen.

Verzerrte Rückmeldungen haben in der Regel deutliche Wirkungen. Wird beispielsweise eine Bewegung der Hand auf einer geraden Bahn gekrümmt gesehen, so wird die Bewegung in Gegenrichtung gekrümmt ausgeführt (Nielsen, 1963). Verzögerte Rückmeldungen beispielsweise der eigenen Sprache führen zu stotterähnlichen Dehnungen und Wiederholungen (Lee, 1951), obwohl wir ohne Hören des eigenen Sprechens durchaus normal sprechen können, meist allerdings etwas lauter. Im Fall verzerrter Rückmeldungen bekommt der Regelkreis in Abb. 1 ein höheres Gewicht, da die Regelabweichungen gewissermaßen künstlich vergrößert sind. Das gilt vor allem auch in den Fällen, in denen die offene Steuerkette eine hohe Genauigkeit besitzt, so dass ohne die Verzerrung der Rückmeldungen kaum eine Regelabweichung auftreten würde.

1.2 Freiheitsgrade der Bewegungssteuerung

Eine einfache fiktive Transformation könnte von der Form $x_1(t) + x_2(t) = y(t)$ sein, wobei y die Ausgangsgröße ist und x_1 und x_2 die beiden Elemente eines Eingangsvektors. Gegeben sei eine gewünschte Ausgangsgröße $y^*(t) = 10$ für $t > 5$. An diesem einfachen Beispiel lassen sich die zwei hauptsächlichen Gründe für die Existenz von Freiheitsgraden bei der Bewegungssteuerung erkennen.

In vielen Fällen ist die gewünschte Ausgangsgröße nur teilweise vorgegeben, etwa in Form eines räumlichen Ziels. Alle weiteren Einzelheiten sind dann mehr oder weniger freigestellt. Im Beispiel ist für $t < 5$ die gewünschte Ausgangsgröße nicht vorgegeben. Auch dann, wenn sie festgelegt ist, gibt es weitere Freiheitsgrade, da die Dimensionalität der Eingangsgröße höher ist als die Dimensionalität der Ausgangsgröße; für einen bestimmten Wert $y(t) = y^*(t)$ gibt es beliebig viele Kombinationen von $x_1(t)$ und $x_2(t)$, deren Summe genau dem vorgegebenen Wert entspricht. An dem einfachen Beispiel wird deutlich, dass die Freiheitsgrade einerseits ein Problem darstellen, da das Steuerungsproblem keine eindeutige Lösung besitzt. Andererseits aber können bei der Invertierung weitere Randbedingungen berücksichtigt werden, die sowohl die Lösung eindeutig machen wie auch weitere Vorteile ergeben.

Die zusätzlichen Randbedingungen können auf die Aufgabe bezogen sein. Die wohl bekannteste Randbedingung dieser Art ist die relative Zielgröße bei einer gezielten Bewegung, die mit einer Anpassung der Bewegungsdauer einhergeht (Fitts, 1954; Plamondon & Alimi, 1997): je kleiner das Verhältnis von Zielgröße und Weite der Bewegung ist, desto langsamer wird die Bewegung ausgeführt. In ähnlicher Weise wird auch ein höher gefüllter Becher langsamer zum Mund geführt als ein weniger gefüllter Becher (Latash & Jaric, 2002).

Die zusätzlichen Randbedingungen können auch die Ökonomie der Bewegungssteuerung betreffen, wobei wahrscheinlich verschiedene Kriterien von Bedeutung sind (z. B. Nelson, 1983; Flash & Hogan, 1985; Cruse & Brüwer, 1987); das wohl bekannteste betrifft die Glattheit von Bewegungen (minimum jerk). Schließlich kann zu den Randbedingungen auch die aktuelle Nutzbarkeit einzelner Freiheitsgrade gehören. Im ermüdeten Zustand beispielsweise sind die Armbewegungen beim Werfen verändert, aber die Merkmale der Bewegung, die Richtung und Weite des Wurfs bestimmen, sind im Wesentlichen unverändert (Forestier & Nougier, 1998). Die Existenz der Freiheitsgrade erlaubt es also prinzipiell, ein und dasselbe gewünschte Merkmal einer Bewegung auf unterschiedliche Arten zu erreichen, ein Sachverhalt, der oft auch als „motorische Äquivalenz" bezeichnet wird.

2 Autonome Prozesse der Bewegungssteuerung

Autonome Prozesse der Bewegungssteuerung sind abgegrenzt gegen solche Prozesse, die von Rückmeldungen aus der Körperperipherie abhängen. Im Prinzip bilden die autonomen Prozesse der Bewegungssteuerung die offene Steuerkette; sie sind jedoch umfassender vor allem deshalb, weil die gewünschte Bewegung oft nur unvollständig durch die Aufgabenanforderungen bestimmt ist. Zumindest ein Teil der autonomen Prozesse beginnt bereits, bevor die eigentliche Bewegung beginnt. Im Folgenden soll der antizipatorische, vorausschauende Charakter der Bewegungsvorbereitung gezeigt werden. Den Kern autonomer Prozesse der Bewegungssteuerung bilden Repräsentationen der bevorstehenden Bewegung. Konzepte dieser Repräsentationen sollen nachfolgend skizziert werden. Abschließend soll kurz die Frage besprochen werden, wie die Bewegungsrepräsentationen und das innere Modell der (inversen) motorischen Transformation zusammenhängen.

2.1 Vorausschauende Bewegungsvorbereitung

Bereits zu Beginn einer Bewegung finden sich Abhängigkeiten von Bewegungsmerkmalen, die erst im späteren Verlauf der Bewegung oder Bewegungsfolge auftreten. Bewegungen werden also von Anfang an gewissermaßen mit einem Blick auf das Ende hin durchgeführt. Bereits vor oder beim Beginn einer Bewegung muss daher eine zentrale Repräsentation zur Verfügung stehen, die, über den unmittelbaren Anfang einer Bewegung hinaus, sich in die Zukunft erstreckt. Das gilt zumindest für solche Bewegungen, die hinsichtlich der Festlegung ihrer Merkmale Freiheitsgrade aufweisen. Aus der Vielzahl von Befunden, die die Existenz antizipatorischer Bewegungsrepräsentationen belegen, sollten drei kurz beschrieben werden.

Es ist ohne Weiteres plausibel, dass die einfache Reaktionszeit vom ersten Element einer Bewegungsfolge abhängen sollte. In einem inzwischen wohl klassischen Beitrag zeigten Henry und Rogers (1960) jedoch, dass bei identischem Anfangselement die einfache Reaktionszeit länger wird, wenn weitere Elemente folgen. Die von ihnen verwendeten Elemente waren heterogen. Bei eher gleichartigen Elementen wie Anschlägen auf einer Tastatur oder gesprochenen Buchstaben oder Wörtern mit fester Silbenzahl steigt die einfache Reaktionszeit linear mit der Länge der Folge an und flacht erst bei mehr als 6-12 Elementen ab (vgl. Monsell, 1986). Die späteren Elemente der Bewegungsfolge bestimmen also schon die Zeit mit, die für den Beginn der Folge benötigt wird.

Eine zweite Klasse von Beobachtungen, die die Existenz antizipatorischer Bewegungsrepräsentationen belegen, sind Anpassungen von im Bewegungsverlauf frühen Merkmalen an spätere; solche Anpassungen treten beim Sprechen, aber auch beim Klavierspielen und anderen Bewegungsfolgen auf. Ein ganz anderes Beispiel ist der Effekt des sog. „end-state comfort“. Abb. 3a illustriert eine Versuchsanordnung von Rosenbaum, Vaughan, Barnes und Jorgensen (1992, Exp. 1). Die Aufgabe der Versuchspersonen war es, einen Stab mit einem Zeiger schnell zu ergreifen und auf einer Zielhalterung aufzusetzen, so dass der Zeiger auf die durch eine helle Leuchtdiode markierte Zielposition zeigte. In Abb. 3b ist die relative Häufigkeit gezeigt, mit der der Stab so ergriffen wurde, dass der Daumen dem Zeiger zugewandt war. Natürlich hängt die relative Häufigkeit dieses Griffs von der anfänglichen Orientierung des Stabs ab: zeigt der Zeiger anfangs nach oben oder links, so ist beim bequemsten Griff der Daumen dem Zeiger zugewandt; zeigt der Zeiger dagegen anfangs nach unten oder rechts, so liegt der Daumen beim bequemsten Griff auf der zeigerabgewandten Seite. Wichtiger als die Abhängigkeit der Art des Griffs von der initialen Orientierung des Zeigers ist aber die Abhängigkeit von der Orientierung des Stabs, wenn er sich in den Endpositionen befindet. Diese Abhängigkeit zeigt, dass die Bewegungen von vornherein gewissermaßen mit einem Blick auf das Ende gesteuert werden.

Der vorausschauende Charakter der Bewegungssteuerung zeigt sich schließlich auch in der Stabilisierung der Körperhaltung, die sich oft vor willkürlichen Bewegungen findet (Überblick bei Massion, 1992). Soll beispielsweise auf ein Signal hin möglichst schnell ein Arm gehoben werden, so gehen der eigentlichen Bewegung des Arms die Aktivierung posturaler Muskeln im Thorax und in den Beinen voraus, damit das Gleichgewicht erhalten bleibt.

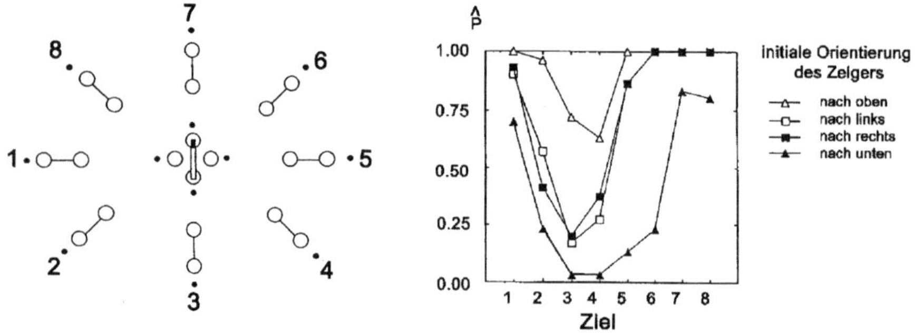

(a) (b)

Abb. 3: (a) Illustration der Versuchsanordnung von Rosenbaum et al. (1992). (b) Relative Häufigkeit des Greifens mit zeigerzugewandtem Daumen in Abhängigkeit von der Orientierung des Stabes in Anfangs- und Endposition.

2.2 Konzepte der Bewegungsrepräsentation

Für die zentrale Repräsentation einer bevorstehenden Bewegung gibt es in der deutschsprachigen älteren Literatur den Begriff des Bewegungsentwurfs. Die genaue Bedeutung dieses Begriffs war allerdings unscharf bzw. variabel (vgl. Rüssel, 1976, S. 32 ff.). Das gilt nach wie vor, auch wenn statt von einem Bewegungsentwurf eher von einem motorischen Programm oder einem motorischen Plan gesprochen wird. Unabhängig von den verwendeten Begriffen lassen sich zwei Klassen von Modellen antizipatorischer Bewegungsrepräsentationen unterscheiden. Die eine Klasse umfasst explizite Repräsentationen von Bewegungen; diese Klasse ist in der Literatur eng mit dem Begriff des Bewegungsprogramms assoziiert. Die zweite Klasse umfasst dagegen generative Strukturen, die die Bewegungen implizit repräsentieren; in diesen Fällen wird eher von dynamischen Modellen oder Netzwerkmodellen gesprochen. Allen Konzepten antizipatorischer Bewegungsrepräsentationen scheint aber gemeinsam zu sein, dass sie für eine Klasse von Bewegungen, z. B. gezielte Bewegungen, gelten, wobei die Auswahl aus dieser Klasse durch Parameter erfolgt.

Die explizite Repräsentation einer bevorstehenden Bewegung kann als prototypische Funktion $\varphi(\vartheta)$ dargestellt werden, die z. B. den Verlauf einer Kraft beschreibt (z. B. Meyer, Smith & Wright, 1982). Das hauptsächliche Merkmal einer prototypischen Funktion ist ihre Skalierbarkeit, wobei in der Regel ein Amplitudenparameter F_0 und ein Dauerparameter T_0 postuliert werden. Der Verlauf der einzelnen Bewegung ergibt sich dann aus der prototypischen Funktion als

$$F(t) = F_0 \cdot \varphi(T_0 \cdot \vartheta),\ 0 \leq \vartheta \leq 1.$$

Modelle, in denen $\varphi(\vartheta)$ einen prototypischen Verlauf der Kraft (oder des Drehmoments) angibt, werden auch als Impuls-Variabilitäts-Modelle bezeichnet (Schmidt, Zelaznik, Hawkins, Frank & Quinn, 1979; Schmidt, Sherwood, Zelaznik & Leikind, 1985). Typischerweise enthalten diese Modelle weitere Annahmen insbesondere über die Variabilität der Parameter. Natürlich können prototypische Funktionen aber auch für kinematische Bewegungsmerkmale postuliert werden. In allgemeiner Weise kann man sie als einfache Formalisierungen generalisierter Bewegungsprogramme ansehen (Schmidt, 1975; 1980; 1985).

Ein kritisches Merkmal prototypischer Funktionen ist ihre Skalierbarkeit, wobei vor allem die Skalierbarkeit der Zeitachse untersucht wurde. Sie impliziert eine Eigenschaft vieler Bewegungen, nämlich die Invarianz der relativen Zeitgebung. Dieses Phänomen – bei Variation der Bewegungsdauer werden alle Bewegungsabschnitte gleichmäßig gedehnt oder gestaucht – wurde zunächst unabhängig beschrieben (z. B. Terzuolo & Viviani, 1980); die Invarianz war aber genau von der Art, wie sie das Konzept generalisierter Bewegungsprogramme benötigte (vgl. Heuer, 1991). Die Invarianz der relativen Zeitgebung ist wohl niemals perfekt (Gentner, 1987); aber in vielen Fällen stellt sie eine brauchbare Näherung an die Wirklichkeit dar (z. B. Schmidt, Heuer, Ghodsian & Young, 1998). Allerdings gibt es auch klare Verletzungen; beispielsweise steigt bei gezielten Bewegungen bei erhöhten Genauigkeitsanforderungen die relative Dauer der Bremsphase systematisch an (MacKenzie, Marteniuk, Dugas, Liske & Eickmeier, 1987).

Das Konzept einer prototypischen Funktion lässt nicht nur erwarten, dass spontane oder instruierte Variationen von Bewegungsdauern mit einer Invarianz der relativen Zeitgebung einhergehen, sondern auch, dass nach dem Lernen eines einfachen Bewegungsmusters ein Wechsel seiner zeitlichen Struktur schwerer fällt als ein Wechsel seiner Dauer. Im ersten Fall sollte es nämlich erforderlich sein, eine neue prototypische Funktion zu lernen, während im zweiten nur ein neuer Dauerparameter gesetzt werden muss. Diese Erwartung konnte jedoch nicht bestätigt werden, so dass es sich bei der invarianten relativen Zeitgebung in den Fällen, in denen sie vorliegt, eher um ein fakultatives als um ein obligatorisches Bewegungsmerkmal handeln dürfte (Heuer & Schmidt, 1988; Heuer, 1991).

Die Alternative zur Annahme expliziter Repräsentationen bevorstehender Bewegungen ist die Annahme impliziter Repräsentationen in Form generativer Strukturen: nicht die Bewegungen selbst mit ihren Merkmalen sind repräsentiert, sondern Strukturen, die die Bewegungen generieren können. Die wohl bekanntesten Beispiele dafür sind zentrale Mustergeneratoren für periodische Bewegungen, für die es zahlreiche Beispiele gibt (z. B. Brown, 1911; Matsuoka, 1985; Grossberg, Pribe & Cohen, 1997).

Abb. 4 illustriert eine generative Struktur für gezielte Bewegungen (nach Bullock & Grossberg, 1988). Die Variable P bezeichnet die zentrale Repräsentation der Position eines Körpergliedes, die Variable T die Repräsentation einer Zielposition. Die Variable V folgt der Differenz $T-P$ mit einer gewissen Verzögerung. Das Verhalten der Struktur wird durch zwei Differentialgleichungen beschrieben:

(1) $$\frac{dV}{dt}+\alpha V=\alpha(T-P)$$ (2) $$\frac{dP}{dt}=max(V,0)$$

Insgesamt kann man die Struktur auch als einen zentralen Regelkreis charakterisieren, der die Abweichung zwischen den zentralen Repräsentationen von Position P und Zielposition T ausgleicht. Er wird erst dann aktiv, wenn das sog. Go-Signal G größer als Null ist. Abb. 4b illustriert Position, Geschwindigkeit und Beschleunigung als Funktion der Zeit.

Unbeschadet der Gültigkeit spezieller Modelle zur zentralen Repräsentation von Bewegungen stellt sich natürlich die Frage, ob zwischen den beiden skizzierten Modellklassen prinzipiell zu unterscheiden ist. Wahrscheinlich ist es das nicht, und möglicherweise gibt es auch tatsächlich verschiedene Arten von Bewegungsrepräsentationen. Allerdings ist die Klasse der Modelle mit generativen Strukturen prinzipiell umfassender als die Klasse der Modelle mit prototypischen Funktionen, solange für letztere nur zwei einfache Parameter zugelassen sind. Dann nämlich spricht jede Verletzung der Invarianz relativer Zeitgebung gegen die eine Klasse von Modellen, nicht aber gegen die andere.

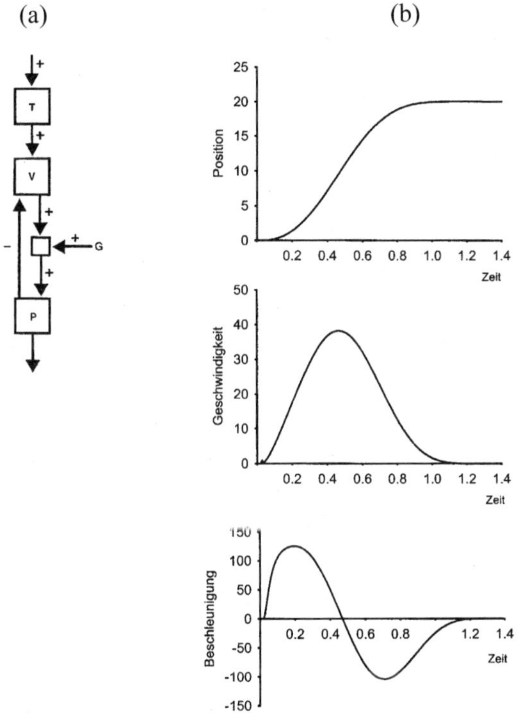

Abb. 4: (a) Struktur eines Elements des VITE-Modells von Bullock und Grossberg (1988). (b) Kinematische Merkmale einer mit der in (a) gezeigten Struktur generierten Bewegung.

2.3 Was wird repräsentiert?

Modelle zentraler Bewegungsrepräsentationen unterscheiden sich in den Annahmen über die repräsentierten Größen. Grob lassen sich Modelle unterscheiden, die die Invertierung der motorischen Transformation einbeziehen oder aber sie als der zentralen Bewegungsrepräsentation nachgeordnet behandeln.

In einer lange Jahre oft zitierten Definition eines Bewegungsprogramms spricht Keele (1968) von einer vorbestimmten Folge motorischer Kommandos. In diesem Fall ist also direkt die Eingangsgröße der motorischen Transformation (x in Abb. 1) repräsentiert; die zentrale Repräsentation impliziert in diesem Fall sowohl die gewünschte Ausgangsgröße wie auch die Invertierung der motorischen Transformation. Die Folge einer solchen Art von Bewegungsrepräsentation ist es, dass die Anpassung an veränderte motorische Transformationen stets spezifisch für die Art von Bewegungen sein sollte, mit denen die veränderten Transformationen erfahren wurden.

Eine Alternative zur Repräsentation motorischer Kommandos ist die Repräsentation kinematischer Merkmale, etwa in Form der generativen Strukturen von Abb. 4. In diesem Fall ist die gewünschte Ausgangsgröße der motorischen Transformation (y^* in Abb. 1) repräsentiert, und die Invertierung der motorischen Transformation ist der zentralen Repräsentation nachgeordnet. Da das innere Modell der (inversen) motorischen Transformation von der Repräsentation der Bewegungen getrennt ist, kann ein verändertes inneres Modell natürlich prinzipiell auf alle möglichen Arten von Bewegungen angewendet werden.

Möglicherweise ist eine allgemeingültige Aussage über die repräsentierten Bewegungsmerkmale gar nicht möglich, etwa deshalb, weil es im Verlauf langdauernder Übung zu Veränderungen kommt. Auf der anderen Seite aber gibt es eine Reihe von Befunden, nach denen die Repräsentation kinematischer Merkmale der Bewegung des Endeffektors eher die Regel als die Ausnahme ist. Allerdings beruht der Schluss von beobachteten Daten auf repräsentierte Bewegungsmerkmale stets noch auf zusätzlichen Annahmen. Die beiden wichtigsten sind: repräsentierte Bewegungsmerkmale unterscheiden sich von nicht-repräsentierten (die sich also durch nachfolgende Operationen aus den repräsentierten ergeben) entweder nach dem Kriterium der Einfachheit und/oder dem Kriterium der Invarianz.

Das Kriterium der Einfachheit wurde vor allem auf einen Teil der motorischen Transformation, die sog. kinematische Transformation von Gelenkwinkeln in Positionen eines Endeffektors, speziell der Hand, angewendet (Hollerbach & Atkeson, 1987). Bewegungen der Hand in einer Ebene folgen näherungsweise einer geraden Bahn; trägt man also die Positionen der Hand auf den beiden Achsen eines räumlichen Koordinatensystems gegeneinander ab, erhält man eine Gerade. Trägt man aber die Winkel der verschiedenen Gelenke bei den gleichen Bewegungen ab, so erhält man in der Regel gekrümmte Kurven, möglicherweise bei einzelnen Gelenkwinkeln sogar nicht-monotone Verläufe (Cruse & Brüwer, 1987). Nach dem

Kriterium der Einfachheit lassen solche Befunde vermuten, dass die Bewegung des Endeffektors repräsentiert ist, nicht aber die Gelenkbewegungen.

Das Kriterium der Invarianz kann man vor allem dann anwenden, wenn die motorische Transformation variiert. Eine alltägliche Variation der motorischen Transformation entsteht durch die unterschiedlichen Wirkungen der Schwerkraft bei Bewegungen in verschiedene Richtungen. Bewegungen gegen die Schwerkraft (nach oben) und mit der Schwerkraft (nach unten) weisen zum Beispiel mehr oder weniger identische kinematische Merkmale auf, aber deutlich verschiedene Muster der Muskelaktivität (Virjii-Babul, Cooke & Brown, 1994). Ähnlich findet sich eine näherungsweise, aber nicht perfekte, kinematische Invarianz beim Umgang mit verschiedenen Massen (z. B. Bock, 1990). Wenn das Kraftfeld, in dem beispielsweise gezielte Bewegungen ausgeführt werden, stark verformt wird, benötigt die Anpassung eine gewisse Zeit.

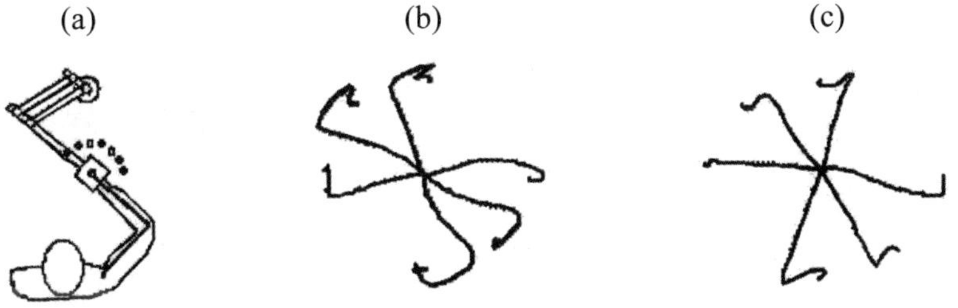

Abb. 5: Die Adaptation von Handtrajektorien an ein visköses Kraftfeld. (a) Manipulandum, (b) anfängliche Verformung, (c) kinematischer Nacheffekt (nach Gandolfo, Mussa-Ivaldi & Bizzi, 1996)

Abb. 5 illustriert die Wirkung eines neuartigen Kraftfeldes (Gandolfo, Mussa-Ivaldi & Bizzi, 1996). Die Versuchspersonen ergriffen eine Art von Roboterarm (Abb. 5a), der eine geschwindigkeitsabhängige Kraft etwa senkrecht zur Bewegungsrichtung der Hand ausübte. Wie in Abb. 5b gezeigt ist, werden die normalerweise geraden Bewegungsbahnen von einem zentralen Startpunkt zu kreisförmig angeordneten Zielen durch die zusätzlich wirkende Kraft stark gekrümmt. Nach längerem Üben (ca. 750 Versuche) werden die Bewegungsbahnen aber wieder gerade; die kinematischen Merkmale der Bewegung sind wieder so, wie sie vor Einführung des neuartigen Kraftfeldes waren, aber die dabei eingesetzten Kräfte sind jetzt natürlich anders. Lässt man das Kraftfeld unerwartet weg, führen sie zu einem Nacheffekt – zu Bewegungen, die jetzt in Gegenrichtung gekrümmt sind (Abb. 5c).

Nach dem Kriterium der Invarianz sprechen die Befunde zur Anpassung an neuartige Kraftfelder für eine Repräsentation kinematischer Bewegungsmerkmale. Auch die Befunde zum Transfer der Anpassung an neue motorische Transformationen legen die gleiche Folgerung nahe, denn die Anpassung ist nicht auf die speziellen Bewegungen beschränkt, bei denen das neue Kraftfeld erfahren wurde (z. B. Conditt, Gandolfo & Mussa-Ivaldi, 1997; Shadmehr & Moussavi, 2000).

3 Nutzung sensorischer Rückmeldungen

Auch autonome Prozesse der Bewegungssteuerung müssen in der Regel an die Umwelt angepasst werden, wobei das Sehen eine zentrale Rolle spielt. Von dieser Funktion der Wahrnehmung für die Bewegungssteuerung soll hier aber nicht die Rede sein, sondern nur von der Nutzung sensorisch vermittelter Information über die eigene Bewegung. Es handelt sich also um eine eingeschränkte Sichtweise, die nicht dazu führen sollte, andere Aspekte der Beziehung zwischen Wahrnehmung und Bewegung für weniger belangvoll zu erachten.

Es ist klar, dass sensorische Rückmeldungen in der Regel zur Bewegungsgenauigkeit beitragen, aber auch bei fehlenden Rückmeldungen oft verblüffend gute Bewegungsleistungen erzielt werden (z. B. Lashley, 1917; Teasdale et al., 1993). Die Bedeutung sensorischer Rückmeldungen nimmt in dem Maße zu, in dem innere Modelle motorischer Transformationen ungenau werden. Aber auch bei relativ genauen inneren Modellen können sich Fehler im Verlauf der Zeit kumulieren, beispielsweise bei längeren Bewegungsfolgen. Wird – wie im Beispiel von Abb. 2 – ohne visuelle Rückmeldungen geschrieben, so geht im Verlauf der Zeit die richtige räumliche Einordnung der Schreibbewegungen allmählich verloren.

Für einfache Bewegungen zu einem Ziel gibt es eine klassische, aber dennoch unzutreffende Charakterisierung der Nutzung sensorischer Rückmeldungen, speziell visueller. Woodworth (1899) führte die Unterscheidung von „initial adjustment" und „current control" ein. Bei einer schnellen Zielbewegung soll zunächst eine schnelle Teilbewegung in die Nähe des Ziels führen – und zwar ohne Nutzung sensorischer Rückmeldungen –, deren Abweichung vom Ziel in der zweiten Phase dann unter Nutzung sensorischer Rückmeldungen ausgeregelt wird. Nach dieser Auffassung sollte die Genauigkeit gezielter Bewegungen nur von visuellen Rückmeldungen in späteren Abschnitten der Bewegung abhängen; tatsächlich hängt sie aber auch von visuellen Rückmeldungen am Anfang der Bewegung ab (Paillard, 1982; Spijkers, 1993). Offene Steuerung und Regelung laufen also nicht nacheinander ab, sondern parallel und gleichzeitig (vgl. Desmurget & Grafton, 2000).

Die Nutzung sensorischer Rückmeldungen geht mit zeitlichen Verzögerungen einher. Eine Antwort auf die Frage, wie groß diese Verzögerungen sind, scheint kaum möglich zu sein. Beantwortet werden aber kann die Frage, wie lange eine Bewegung dauern muss, damit ihre Genauigkeit überhaupt durch vorhandene Rückmeldungen erhöht werden kann. Diese Zeit schließt auch die Verzögerungen beim Wirksamwerden der rückmeldungs-abhängigen motorischen Kommandos ein. Im Verlauf von ca. 100 Jahren ist ihre Schätzung von ca. 0,5 s (Woodworth, 1899) über ca. 0,2 s (Keele & Posner, 1968) auf ca. 0,1 s (Zelaznik, Hawkins & Kisselburgh, 1983; Elliott & Allard, 1985) gesunken. Das gilt für visuelle Rückmeldungen, während die Verzögerungen bei der Verarbeitung propriozeptiver Rückmeldungen eher kleiner sein sollten.

Während die Nutzung visueller Rückmeldungen bei der Bewegungssteuerung recht umfassend untersucht ist, wurde die Bedeutung propriozeptiver Rückmeldungen weniger umfassend untersucht. Der Grund dürfte sein, dass visuelle Rückmeldungen leicht ein- und auszublenden oder zu verzerren sind, propriozeptive Rückmeldungen aber nicht. Zwar liegen inzwischen sehr viele Befunde über Bewegungen bei fehlender Propriozeption vor, aber in diesen Fällen fehlt oft mehr als die eigentliche Bewegungsrückmeldung. Wahrscheinlich spielen propriozeptive Rückmeldungen bei Bewegungen, bei denen in erster Linie die räumliche Präzision von Bedeutung ist, nur eine geringe Rolle, und wenn, vor allem bei ausgeschaltetem Sehen. Visuell können nämlich Positionen eigener Gliedmaßen meist genauer erfasst werden als propriozeptiv, vor allem auch Positionen relativ zu einem in der Außenwelt definierten Ziel.

Anders dürfte es bei Bewegungen sein, bei denen es vor allem auf eine genaue Dosierung von Kräften ankommt; Kräfte kann man fühlen, aber nicht sehen. Bei solchen Aufgaben dürften auch taktile Rückmeldungen bedeutsam sein, die etwa den Druck auf den Fingerkuppen beim Halten eines Objekts betreffen (vgl. Johansson, 1996).

Sensorische Rückmeldungen werden wahrscheinlich nicht nur für die Regelung genutzt, sondern für weitere Zwecke der Bewegungssteuerung. Sie sind beispielsweise auch erforderlich, um die Genauigkeit offener Steuerketten, speziell die Genauigkeit innerer Modelle motorischer Transformationen, zu erhalten. Innere Modelle motorischer Transformationen besitzen ein hohes Maß an Flexibilität, so dass sie an verschiedene Transformationen angepasst werden können; diese Anpassung selbst kann natürlich nur über Rückmeldungen erfolgen, die die „neuen“ Wirkungen bestimmter motorischer Kommandos indizieren. Auch ein im Prinzip vorhandenes inneres Modell scheint gelegentliche Rückmeldungen zur Aufrechterhaltung zu benötigen.

Sensorische Rückmeldungen können sich auf andere Bewegungsmerkmale als Gliedmaßenpositionen und Kräfte beziehen. In Frage kommen nicht nur Ableitungen dieser Größen, sondern auch Merkmale periodischer Bewegungen wie Frequenz, Amplitude und Phase. Schließlich können sensorische Rückmeldungen auch auf andere Weise genutzt werden als für Regelprozesse, etwa für das Anstoßen einzelner Teilbewegungen (vgl. Cruse et al., 1990).

4 Koordination

Einzelne Körperglieder werden selten allein bewegt. Das Muster koordinierter Bewegungen beider Hände ist natürlich je nach Aufgabenstellung verschieden. Allerdings gibt es – bei Rechtshändern – eine charakteristische Rollenverteilung für die linke und rechte Hand. Typisch ist, dass mit der linken Hand etwas gehalten wird, während feine und schnelle Bewegungen eher mit der rechten Hand ausgeführt werden. Diese Funktionsspezialisierung lässt sich auch in etwas verallgemeinerter Form beobachten (Guiard, 1987), indem die linke Hand zwar durchaus bewegt werden kann, aber auch in diesem Fall eine Art Bezugspunkt für die Bewegungen der rechten Hand darstellt.

Unabhängig von der Verschiedenheit beidhändiger Bewegungsmuster bei unterschiedlichen Aufgaben lassen sich doch einige allgemeine Eigenschaften feststellen. Zum einen sind nicht alle denkbaren Bewegungsmuster etwa unserer beiden Hände möglich, sondern bestimmte Muster fallen leicht, andere sind dagegen schwer oder können gar nicht ausgeführt werden; Beobachtungen dieser Art verweisen auf die Existenz struktureller Randbedingungen der Koordination, die nur schwer oder gar nicht zu überwinden sind. Zum anderen werden Teilbewegungen aber auch im Dienste der Aufgabenstellung aneinandergekoppelt, was sich am klarsten bei der sog. kompensatorischen Kovariation zeigt.

4.1 Strukturelle Randbedingungen der Koordination

Eine der offensichtlichen strukturellen Randbedingungen für die Koordination von Bewegungen beider Arme besteht in der Unterstützung symmetrischer Bewegungen und der gleichzeitigen „Behinderung“ asymmetrischer Bewegungen. Die wohl am häufigsten verwendete Untersuchungsanordnung erfordert gleichzeitige periodische Bewegungen. Abb. 6 gibt ein Beispiel: Abb. 6a zeigt die Positionen beider Hände bei symmetrischen Bewegungen, Abb. 6b bei asymmetrischen.

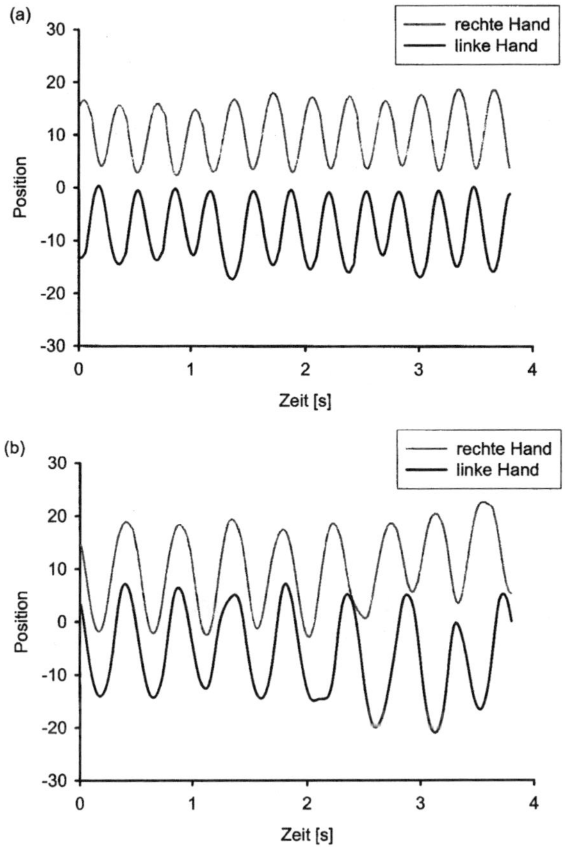

Abb. 6: Weg-Zeit-Kurven gleichzeitiger periodischer Bewegungen beider Hände. (a) symmetrische Bewegungen; (b) asymmetrische Bewegungen, die nach etwas mehr als 2 s in symmetrische Bewegungen umschlagen.

Asymmetrische periodische Bewegungen sind in der Regel unregelmäßiger als symmetrische; zudem schlagen sie gelegentlich in symmetrische Bewegungen um (Cohen, 1971), vor allem bei höheren Frequenzen (Lee, Blandin & Proteau, 1996). Ein Beispiel für eine solches Umschlagen ist in Abb. 6b gezeigt. Werden die Versuchspersonen instruiert, die Bewegungen gewissermaßen sich selbst zu überlassen und insbesondere das Umschlagen asymmetrischer in symmetrische Bewegungen nicht zu korrigieren, so schlagen die asymmetrischen Bewegungen mit hoher Regelmäßigkeit in symmetrische Bewegungen um, wenn die bevorzugte Frequenz für die asymmetrischen Bewegungen hinreichend überschritten wird (Kelso, 1984).

Die Beobachtungen an beidhändigen periodischen Bewegungen gaben Anlass zur Formulierung des einflussreichsten Modells auf dem Gebiet der motorischen Koordination. Haken, Kelso und Bunz (1985) modellierten jede der beiden periodischen Bewegungen mit Hilfe eines nicht-linearen Oszillators; darüber hinaus wurde eine nicht-lineare Kopplung der beiden Oszillatoren angenommen. Abb. 7 zeigt beispielhaft das Verhalten der gekoppelten Oszillatoren bei zwei verschiedenen Frequenzen: bei der kleinen Frequenz (Abb. 7a) sind die Ausgangssignale der beiden Oszillatoren gegenphasig. Bei höherer Frequenz (Abb. 7b) aber schlagen die gegenphasigen Oszillationen in gleichphasige um, entsprechend dem Umschlagen asymmetrischer in symmetrische Bewegungen. In dem Modell geht der Anstieg der Frequenz, der zum Umschlagen der Phasenlage der beiden Oszillatoren führt, stets mit einem Sinken der Amplitude einher. Das ist bei menschlichen Bewegungen nicht immer der Fall (Peper & Beek, 1998).

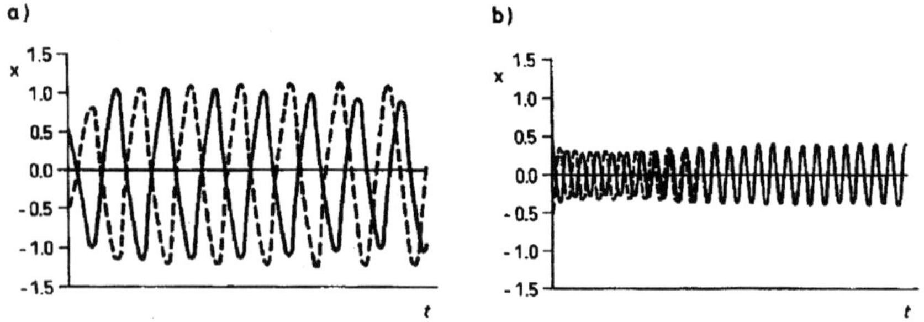

Abb. 7: (a) Gegenphasige Oszillationen gekoppelter Oszillatoren bei niedriger Frequenz; (b) gegenphasige Oszillationen gekoppelte Oszillatoren bei hoher Frequenz, die in gleichsinnige Oszillationen umschlagen.

Das Modell von Haken et al. (1985) besitzt eine zweite Ebene, auf der nicht mehr die Dynamik der einzelnen Oszillationen betrachtet wird, sondern die ihrer Koordination. Die Koordination wird durch einen Ordnungsparameter (oder eine kollektive Variable) gekennzeichnet, im speziellen Fall die Phasendifferenz der beiden Oszillatoren. Meist wird von der relativen Phase gesprochen, also der Phase der einen Schwingung relativ zur anderen. Für die relative Phase wird – in erster Linie auf der Grundlage formaler Erwägungen – eine einfache Dynamik postuliert:

$$\dot{\phi} = -a \sin \varphi - 2b \sin 2\phi$$

wobei $\dot{\phi}$ die erste Ableitung der Phase nach der Zeit ist. Bekannter als diese Differentialgleichung ist aber die Potentialfunktion

V mit $\dot{\phi} = -dV / d\phi$

$V = -a \cos \phi - b \cos 2\phi.$

Abb. 8 illustriert diese Funktion für a;b = 1 sowie für a = 1, b = 0,25. Im ersten Fall gibt es Minima bei allen relativen Phasen nπ, n = 0, 1, 2 ..., im zweiten Fall aber nur bei n = 0, 2, 4, ... Dieser zweite Fall kennzeichnet den Wegfall stabiler asymmetrischer Oszillationen bei hinreichend hohen Frequenzen.

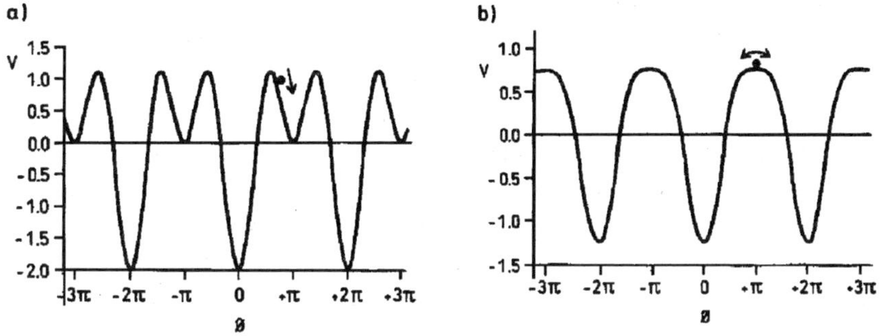

Abb. 8: Potentialfunktionen für die relative Phase im Modell von Haken, Kelso und Bunz (1985). (a) Parameter für niedrige Frequenz mit stabilen gleich- und gegenphasigen Oszillationen; (b) Parameter für hohe Frequenz mit stabilen gleich-, aber nicht gegenphasigen Oszillationen.

Das Modell von Haken, Kelso und Bunz (1985) sowie nachfolgende Erweiterungen (z. B. Schöner & Kelso, 1988a; b) verdeutlicht einige wichtige Merkmale struktureller Randbedingungen der Koordination. Sie sind „weich“, durch Täler im Potential gekennzeichnet und nicht durch Löcher. Bestimmte Bewegungsmuster bekommen den Charakter „natürlicher Muster“; es können auch andere Muster ausgeführt werden, aber das ist schwer, und die strukturellen Randbedingungen lassen stets ihre Einflüsse erkennen. Nicht-natürliche Bewegungsmuster sind in der Regel nicht nur ungenauer, sondern weisen zudem systematische Fehler auf, die auf die natürlichen Muster verweisen. Solche erhöhten Ungenauigkeiten und systematischen Fehler lassen sich z. B. beobachten, wenn beidhändige Bewegungen mit anderen Phasenlagen als 0 und π rad ausgeführt werden sollen (Yamanishi, Kawato & Suzuki, 1980; Tuller & Kelso, 1989).

Die Vielfalt der strukturellen Randbedingungen der Koordination ist größer, als dass sie an dieser Stelle umfassend beschrieben werden könnte (vgl. Heuer, 1994). Allein die Unterstützung symmetrischer Bewegungen lässt sich in mehrere

Aspekte unterteilen, z. B. zeitliche und räumliche. Darüber hinaus lassen sich viele oder alle Randbedingungen zwar als Kopplungen verstehen, aber diese Kopplungen (und Entkopplungen) können ihren Ursprung auf unterschiedlichen funktionellen oder anatomischen Ebenen der Bewegungssteuerung haben. Das Modell von Haken et al. (1985), so populär es auch sein mag, betrifft nur einen kleinen Ausschnitt aus dem Komplex der motorischen Koordination.

Der Begriff der strukturellen Randbedingungen legt den Gedanken nahe, dass sie unabhängig von der Aufgabenstellung existieren. Tatsächlich zeigen sie sich am klarsten dann, wenn Bewegungsaufgaben nicht erfüllt werden können bzw. die Bewegungen dabei systematisch verformt werden. Auf der anderen Seite aber gibt es natürlich Aufgaben, die durch die strukturellen Randbedingungen unterstützt werden (beispielsweise in Spiegelschrift mit der linken Hand schreiben). Zweckmäßig wäre es also, wenn die Wirkung der strukturellen Randbedingungen zumindest in Grenzen modulierbar wäre. Das scheint tatsächlich so zu sein. Beispielsweise sind die Weiten beidhändiger Bewegungen hoch korreliert, wenn gleiche Weiten ausgeführt werden sollen; sollen dagegen unterschiedliche Weiten ausgeführt werden, so ist die Korrelation wesentlich kleiner (z. B. Heuer, Kleinsorge, Spijkers & Steglich, 2001). Gleiches gilt für die maximalen Kräfte sowie die Dauer isometrischer Kontraktionen (Rinkenauer, Ulrich & Wing, 2001), wobei zum einen die Modulation der Kraft-Korrelation ausgeprägter ist als die der Dauer-Korrelation, und zum anderen das Sinken der Korrelation generalisiert. Die Instruktion, unterschiedliche Zeitspannen bei gleichen Kräften zu produzieren, hat nicht nur verringerte Dauer-Korrelationen zur Folge, sondern auch verringerte Kraft-Korrelationen.

4.2 Kompensatorische Kovariation

Im Dienste der Aufgabenerfüllung kann nicht nur die Wirksamkeit struktureller Randbedingungen der Koordination moduliert werden, sondern es können auch neue wechselseitige Abhängigkeiten zwischen den Teilbewegungen entstehen. In der älteren Literatur (z. B. Klemm, 1938) wird dieser Sachverhalt als Dominanz einer Bewegungsgestalt über ihre Komponenten gedeutet. In der neueren Literatur findet sich der aus der Synergetik übernommene Gedanke des „Versklavungsprinzips", nach dem ein Ordnungsparameter die Komponenten, durch die er bestimmt wird, unterordnet. Das allgemeine Prinzip, untergeordnete Größen aus übergeordneten abzuleiten, beispielsweise Bewegungen von Gelenkwinkeln aus Bewegungen eines Endeffektors, findet sich inzwischen in mehreren Modellen der

Bewegungssteuerung (z. B. Saltzman & Kelso, 1987; Rosenbaum, Loukopoulos, Meulenbroek, Vaughan & Engelbrecht, 1995).

Wechselseitige Abhängigkeiten zwischen untergeordneten Teilbewegungen haben typischerweise den Charakter einer kompensatorischen Kovariation, so dass die Wirkung der Variabilität jeder Komponente auf die übergeordnete Größe reduziert wird. Recht deutlich lassen sich solche Phänomene beim Sprechen beobachten (Überblick z. B. Jäncke & Bauer, 1995). Eine bestimmte Öffnung der Lippen kann mit Hilfe unterschiedlicher Positionen von Unterkiefer, Unterlippe (relativ zum Kiefer) und Oberlippe erreicht werden. Wenn also die eine Position beispielsweise besonders hoch ist, kann die Wirkung auf die Lippenöffnung durch entsprechende Änderungen der anderen Positionen ausgeglichen werden. Ein solcher Ausgleich findet sich sowohl bei spontanen Variationen wie auch bei mechanischer Störung der Bewegungen.

Kompensatorische Kovariation findet sich offenbar nicht nur bei den Teilbewegungen eines koordinierten Bewegungsmusters, sondern in allgemeinerer Weise zwischen Merkmalen einer Bewegung; ihr Zweck scheint prinzipiell darin zu bestehen, das Ergebnis eines Bewegungsmusters möglichst gleichförmig genau zu halten. Ein Beispiel ist der Wurf. Stimpel (1933) berichtete z. B. über Zusammenhänge von Abwurfwinkeln und Abwurfgeschwindigkeiten, deren Ergebnis eine möglichst konstante Wurfweite ist. Neuere Untersuchungen werden von Müller (2001) beschrieben, der auch weitere Strategien zum Erreichen möglichst gleichförmig guter Bewegungsergebnisse bei variablen Konstituenten beschreibt.

Literatur

Bock, O. (1990). Load compensation in human goal-directed movements. *Behavioural Brain Research, 41*, 167-177.

Brown, T.G. (1911). The intrinsic factors in the act of progression in the mammal. *Proceedings of the Royal Society, 84B*, 308-319.

Bullock, D. & Grossberg, S. (1988). Neural dynamics of planned arm movements: Emergent invariants and speed-accuracy properties during trajectory formation. *Psychological Review, 95*, 49-90.

Cohen, L. (1971). Synchronous bimanual movements performed by homologous and nonhomologous muscles. *Perceptual and Motor Skills, 32*, 639-644.

Conditt, M.A., Gandolfo, F. & Mussa-Ivaldi, F.A. (1997). The motor system does not learn the dynamics of the arm by rote memorization of past experience. *Journal of Neurophysiology, 78,* 554-560.

Cruse, H. & Brüwer, M. (1987). The human arm as a redundant manipulator: The control of path and joint angles. *Biological Cybernetics, 57*, 137-144.

Cruse, H., Dean, J., Heuer, H. & Schmidt, R.A. (1990). Utilization of Sensory Information for Motor Control. In O. Neumann & W. Prinz (Eds.), *Relationships Between Perception and Action. Current Approaches* (pp. 43-79). Berlin: Springer.

Davidson, P.R., Jones, R.D., Sirisena, H.R. & Andreae, J.H. (2000). Detection of adaptive inverse models in the human motor system. *Human Movement Science, 19*, 761-795.

Desmurget, M. & Grafton, S. (2000). Forward modeling allows feedback control for fast reaching movements. *Trends in Cognitive Sciences, 4*, 423-431.

Elliott, D. & Allard, F. (1985). The utilization of visual feedback information during rapid pointing movements. *Quarterly Journal of Experimental Psychology, 37A*, 407-425.

Fitts, P.M. (1954). The information capacity of the human motor system in controlling the amplitude of movement. *Journal of Experimental Psychology, 47*, 381-391.

Flash, T. & Hogan, N. (1985). The coordination of arm movements: An experimentally confirmed mathematical model. *Journal of Neuroscience, 5*, 1688-1703.

Forestier, N. & Nougier, V. (1998). The effects of muscular fatigue on the coordination of a multijoint movement in human. *Neuroscience Letters, 252*, 187-190.

Gandolfo, F., Mussa-Ivaldi, F.A. & Bizzi, E. (1996). Motor learning by field approximation. *Proceedings of the National Academy of Science USA, 93,* 3843-3846.

Gentner, D.R. (1987). Timing of skilled motor performance: Tests of the proportional duration model. *Psychological Review, 94*, 255-276.

Grossberg, S., Pribe, C. & Cohen, M.A. (1997). Neural control of interlimb oscillations: I. Human bimanual coordination. *Biological Cybernetics, 77*, 131-140.

Guiard, Y. (1987). Asymmetric division of labor in human skilled bimanual action: The kinematic chain as a model. *Journal of Motor Behavior, 19*, 486-517.

Haken, H., Kelso, J.A.S. & Bunz, H. (1985). A theoretical model of phase transitions in human hand movements. *Biological Cybernetics, 51*, 347-356.

Henry, F.M. & Rogers, D.E. (1960). Increased response latency for complicated movements and a "memory drum" theory of neuromotor reaction. *Research Quarterly, 31*, 448-458.

Heuer, H. (1991). Invariant Relative Timing in Motor-Program Theory. In J. Fagard & P.H. Wolff (Eds.), *The Development of Timing Control and Temporal Organization in Coordinated action. Invariant Relative Timing, Rhythms, and Coordination* (pp. 37-68). Amsterdam: North-Holland.

Heuer, H. (1994). Koordination. In H. Heuer & S.W. Keele (Hrsg.), *Enzyklopädie der Psychologie C II 3: Psychomotorik* (S. 147-222). Göttingen: Hogrefe.

Heuer, H., Kleinsorge, T., Spijkers, W. & Steglich, C. (2001). Static and phasic cross-talk effects in discrete bimanual reversal movements. *Journal of Motor Behavior, 33*, 67-85.

Heuer, H. & Schmidt, R.A. (1988). Transfer of learning among motor patterns with different relative timing. *Journal of Experimental Psychology: Human Perception and Performance, 14*, 241-252.

Hollerbach, J.M. & Atkeson, C.G. (1987). Deducing planning variables from experimental arm trajectories: Pitfalls and possibilities. *Biological Cybernetics, 56*, 279-292.

Jäncke, L. & Bauer, A. (1995). Sprechkoordination. *Psychologische Beiträge, 37*, 396-452.

Johansson, R.S. (1996). Sensory and Memory Information in the Control of Dexterous Manipulation. In F. Lacquaniti & P. Viviani (Eds.), *Neural bases of motor behaviour* (pp. 205-260). Dordrecht: Kluwer.

Jordan, M.I. (1994). Komputationale Aspekte der Bewegungssteuerung und des motorischen Lernens. In H. Heuer & S.W. Keele (Hrsg.), *Enzyklopädie der Psychologie. Themenbereich C: Theorie und Forschung, Serie II: Kognition, Band 3: Psychomotorik* (S. 87-146). Göttingen: Hogrefe.

Keele, S.W. (1968). Movement control in skilled motor performance. *Psychological Bulletin, 70*, 387-403.

Keele, S.W. & Posner, M.I. (1968). Processing of visual feedback in rapid movements. *Journal of Experimental Psychology, 77*, 155-158.

Kelso, J.A.S. (1984). Phase transitions and critical behavior in human bimanual coordination. *American Journal of Physiology: Regulatory, Integrative, and Comparative, 246*, R1000-R1004.

Klemm, O. (1938). Zwölf Leitsätze zu einer Psychologie der Leibesübungen. *Neue Psychologische Studien, 9*, 351-382.

Lashley, K.S. (1917). The accuracy of movement in the absence of excitation from the moving organ. *American Journal of Physiology, 43*, 169-194.

Latash, M.L. & Jaric, S. (2002). The organization of drinking: Postural characteristics of the arm-head coordination. *Journal of Motor Behavior, 34*, 139-150.

Lee, B.S. (1951). Artificial stutter. *Journal of Speech and Hearing Disorders, 16*, 53-55.

Lee, T.D., Blandin, Y. & Proteau, L. (1996). Effects of task instructions and oscillation frequency on bimanual coordination. *Psychological Research, 59*, 100-106.

MacKenzie, C.L., Marteniuk, R.G., Dugas, C., Liske, D. & Eickmeier, B. (1987). Three-dimensional movement trajectories in Fitts' task: Implications for control. *Quarterly Journal of Experimental Psychology, 39A*, 629-647.

Massion, J. (1992). Movement, posture, and equilibrium: Interaction and coordination. *Progress in Neurobiology, 38*, 35-56.

Matsuoka, K. (1985). Sustained oscillations generated by mutually inhibiting neurons with adaptation. *Biological Cybernetics, 52*, 367-376.

Meinel, K. (1977). *Bewegungslehre* (2. Auflage). Berlin: Volk und Wissen.

Meyer, D.E., Smith, J.E.K. & Wright, C.E. (1982). Models for the speed and accuracy of aimed movements. *Psychological Review, 89*, 449-482.

Monsell, S. (1986). Programming of Complex Sequences: Evidence From the Timing of Rapid Speech and Other Productions. In H. Heuer & C. Fromm (Eds.), *Generation and Modulation of Action Patterns* (pp. 72-86). Berlin: Springer.

Müller, H. (2001). *Ausführungsvariabilität und Ergebniskonstanz*. Lengerich: Pabst.

Nelson, W.L. (1983). Physical principles for economies of skilled movements. *Biological Cybernetics, 46*, 135-147.

Nielsen, T.I. (1963). Volition: A new experimental approach. *Scandinavian Journal of Psychology, 4*, 225-230.

Paillard, J. (1982). The Contribution of Peripheral and Central Vision to Visually Guided Reaching. In D.J. Ingle, M.A. Goodale & R.J.W. Mansfield (Eds.), *Analysis of Visual Behavior* (pp. 367-385). Cambridge, Mass.: MIT Press.

Peper, C.E. & Beek, P.J. (1998). Are frequency-induced transitions in rhythmic coordination mediated by a drop in amplitude? *Biological Cybernetics, 79*, 291-300.

Plamondon, R. & Alimi, A.M. (1997). Speed/accuracy trade-offs in target-directed movements. *Behavioral and Brain Sciences, 20*, 279-349.

Rinkenauer, G., Ulrich, R. & Wing, A.M. (2001). Brief bimanual force pulses: Correlations between the hands in force and time. *Journal of Experimental Psychology: Human Perception and Performance, 27*, 1485-1497.

Rosenbaum, D.A., Loukopoulos, L.D., Meulenbroek, R.G.J., Vaughan, J. & Engelbrecht, S.E. (1995). Planning reaches by evaluating stored postures. *Psychological Review, 102*, 28-67.

Rosenbaum, D.A., Vaughan, J., Barnes, H.J. & Jorgensen, M.J. (1992). Time course of movement planning: Selection of handgrips for object manipulation. *Journal of Experimental Psychology: Learning, Memory, and Cognition, 18*, 1058-1073.

Rüssel, A. (1944). Das Wesen der Bewegungskoordination. *Archiv für die gesamte Psychologie, 112*, 1-22.

Rüssel, A. (1976). *Psychomotorik. Empirie und Theorie der Alltags-, Sport- und Arbeitsbewegungen*. Darmstadt: Steinkopff.

Saltzman, E. & Kelso, J.A.S. (1987). Skilled actions: A task-dynamic approach. *Psychological Review, 94*, 84-106.

Schmidt, R.A. (1975). A schema theory of discrete motor skill learning. *Psychological Review, 82*, 225-260.

Schmidt, R.A. (1980). On the Theoretical Status of Time in Motor-Program Representations. In G.E. Stelmach & J. Requin (Eds.), *Tutorials in Motor Behavior* (pp. 145-165). Amsterdam: North-Holland.

Schmidt, R.A. (1985). The search for invariance in skilled movement behavior. *Research Quarterly for Exercise and Sport, 56*, 188-200.

Schmidt, R.A., Heuer, H., Ghodsian, D. & Young, D.E. (1998). Generalized Motor Programs and Units of Action in Bimanual Coordination. In M.L. Latash (Ed.), *Progress in Motor Control. Vol. I: Bernstein's Traditions in Movement Studies* (pp. 329-360). Champaign, Ill.: Human Kinetics.

Schmidt, R.A., Sherwood, D.E., Zelaznik, H.N. & Leikind, B.J. (1985). Speed-Accuracy Trade-offs in Motor Behavior: Theories of Impulse Variability. In H. Heuer, U. Kleinbeck & K.-H. Schmidt (Eds.), *Motor Behavior: Programming, Control, and Acquisition* (pp. 79-123). Berlin: Springer.

Schmidt, R.A., Zelaznik, H.N., Hawkins, B., Frank, J.S. & Quinn, J.T. (1979). Motor-output variability: A theory for the accuracy of rapid motor acts. *Psychological Review, 86*, 415-451.

Schöner, G. & Kelso, J.A.S. (1988a). A synergetic theory of environmentally-specified and learned patterns of movement coordination. I: Relative phase dynamics. *Biological Cybernetics, 58*, 71-80.

Schöner, G. & Kelso, J.A.S. (1988b). A synergetic theory of environmentally-specified and learned patterns of movement coordination. II: Component oscillator dynamics. *Biological Cybernetics, 58*, 81-89.

Shadmehr, R. & Moussavi, Z.M.K. (2000). Spatial generalization from learning dynamics of reaching movements. *Journal of Neuroscience, 20*, 7807-7815.

Spijkers, W. (1993). *Sehen und Handeln: Die Rolle visueller Information bei zielgerichteten Bewegungen.* Aachen: Shaker.

Stelmach, G.E. (1982). Motor Control and Motor Learning: The Closed-Loop Perspective. In J.A.S. Kelso (Ed.), *Human Motor Behavior: An Introduction* (pp. 93-115). Hillsdale, N.J.: Erlbaum.

Stimpel, E. (1933). Der Wurf. *Neue Psychologische Studien, 9*, 105-138.

Teasdale, N., Forget, R., Bard, C., Paillard, J., Fleury, M. & Lamarre, Y. (1993). The role of proprioceptive information for the production of isometric forces and for handwriting tasks. *Acta Psychologica, 82*, 179-191.

Terzuolo, C.A. & Viviani, P. (1980). Determinants and characteristics of motor patterns used for typing. *Neuroscience, 5*, 1085-1103.

Tuller, B. & Kelso, J.A.S. (1989). Environmentally-specified patterns of movement coordination in normal and split-brain subjects. *Experimental Brain Research, 75*, 306-316.

Virjii-Babul, N., Cooke, J.D. & Brown, S.H. (1994). Effects of gravitational forces on single joint arm movements in humans. *Experimental Brain Research, 99*, 338-346.

Woodworth, R.S. (1899). The accuracy of voluntary movement. *Psychological Review, 3* (Suppl. 2), 1-114.

Yamanishi, J., Kawato, M. & Suzuki, R. (1980). Two coupled oscillators as a model of the coordinated finger tapping by both hands. *Biological Cybernetics, 37*, 219-225.

Zelaznik, H.N., Hawkins, B. & Kisselburgh, L. (1983). Rapid visual feedback processing in single-aiming movements. *Journal of Motor Behavior, 15*, 217-236.

B.4 Motorisches Lernen

Ernst-Joachim Hossner & Stefan Künzell

Gliederung

1 Begriffsbestimmung
2 Motorisches Lernen als Gegenstand bewegungswissenschaftlicher Forschung
3 Motorisches Lernen unter funktionalem Aspekt
4 Motorisches Lernen unter formalem Aspekt
5 Statt einer Zusammenfassung: Zur Lerngeschichte eines Beispielsystems

Kurzreferat

Unter motorischem Lernen versteht man die erfahrungsabhängige und relativ überdauernde Veränderung der Kompetenz, in bestimmten Situationen durch ein bestimmtes Verhalten bestimmte Effekte zu erzielen. Nach dieser Begriffsbestimmung lassen sich klassische Lerntheorien im Hinblick auf die Akzentuierung der SR-Relation (Stimulus → Response: klassisches Konditionieren, Programmtheorien) oder die Akzentuierung der RE-Relation (Response → Effect: operantes Konditionieren, Regelungstheorien) einordnen. Moderne Lerntheorien gehen von einer emergenten motorischen Kontrolle aus, in der sich die R-Komponente in Abhängigkeit von Situation und antizipiertem Verhaltenseffekt ergibt (antizipative Verhaltenskontrolle, Motorikschemata). Die Plausibilität solcher S(R)E-Ansätze verdeutlicht sich nicht nur aus evolutionär-funktionaler Perspektive, sondern zeigt sich darüber hinaus auch in Formalisierungen mit konnektionistischen Modellen. Für Unterbestimmtheitsprobleme, die im Rahmen der Netzwerkmodellierung zu Tage treten, wird ein Lösungsvorschlag unterbreitet, der auf der Herstellung sensorischer Konsistenz beruht.

Schlagworte

Antizipative Verhaltenskontrolle, Konditionieren, merkmalsspezifische Antizipation, Motorikschema, motorisches Lernen, Programmtheorien, Regelungstheorien, sensorische Konsistenz, Unterbestimmtheitsproblem

1 Begriffsbestimmung

Sportliche Situationen sind nicht zuletzt dadurch gekennzeichnet, dass situativ geforderte Bewegungsmuster nicht auf Anhieb gelingen. Bevor man eine sportliche Technik beherrscht, bedarf es vielmehr einer mehr oder weniger ausgedehnten Übungsphase. Da solche Übungsphasen auf die Veränderung der motorischen Kontrollmechanismen abzielen, die der Bewegungsausführung zugrunde liegen, spricht man von *motorischem Lernen.* Um genau solche motorischen Lernprozesse soll es in diesem Kapitel gehen.

Definitorisch entspricht motorisches Lernen der erfahrungsabhängigen und relativ überdauernden Veränderung der Kompetenz, in bestimmten Situationen durch ein bestimmtes Verhalten bestimmte Effekte zu erzielen. Aus dieser Begriffsbestimmung ergeben sich folgende Konsequenzen:

- Vorübergehende Verhaltensänderungen fallen nicht unter den Lernbegriff. Die Frage, ob sich eine Intervention nur auf die aktuelle Ausführungsleistung, die Performanz, auswirkt oder ob sie zu überdauernden Lernleistungen führt, ist erst nach einer Ruhepause, einem Retentionsintervall, zu beantworten.
- „Veränderung“ ist neutral zu verstehen, was bedeutet, dass auch relativ überdauernde Leistungsminderungen als Lernprozesse zu deuten sind.
- Die obige Begriffsbestimmung beinhaltet, dass Lernen erfahrungsabhängig erfolgen soll. Ausgeschlossen werden damit Veränderungen, die auf Reifungs- oder Wachstumsprozesse zurückzuführen sind oder aufgrund von physiologischen Anpassungen an konditionelle Trainingsreize zustande kommen.
- Wenn von der Veränderung einer Kompetenz gesprochen wird, ist damit gemeint, dass die Verhaltensmöglichkeiten, die diese Kompetenz ausmachen, nicht unbedingt realisiert werden müssen, um dennoch als Lernprodukt zu gelten.
- Der Zusatz „motorisch“ kennzeichnet, dass sich das angesprochene Lernprodukt auf eine Veränderung der internen Prozesse der Bewegungskontrolle bezieht. Weil diese Kontrollprozesse Relationen von Situation, Verhalten und Effekt betreffen, beinhaltet dies gleichzeitig, dass auch veränderte sensorische Kompetenzen der Situations- und Effektwahrnehmung die motorische Kontrolle beeinflussen. Mit motorischem Lernen ist also eigentlich sensomotorisches Lernen oder – wenn man anders gewichten will – motosensorisches Lernen gemeint.
- Wenn in der Sportwissenschaft von motorischem Lernen geredet wird, dann ist damit in der Regel die Veränderung eines spezifischen Verhaltens angesprochen, die Veränderung sogenannter „Fertigkeiten“. Die Veränderung allgemeiner Leistungsvoraussetzungen, der „Fähigkeiten“, wird hingegen eher mit dem Begriff des Trainings verbunden.

Wie sieht es mit der Abgrenzung von motorischem Lernen zu lernbedingten Verhaltensänderungen aus, die auf höhere Prozesse der Kognition, Motivation und Emotion zurückzuführen sind? Diese Abgrenzung fällt schwerer als es auf den ersten Blick erscheinen mag, denn selbstverständlich geht *jede* Verhaltensäußerung

– also auch solche, die eigentlich „höhere" Prozesse betreffen – mit motorischen Akten einher. Menschliches Handeln lässt sich auf diese Weise als Zusammenspiel der auf verschiedenen Ebenen einer Planungs- und Kontrollhierarchie ablaufenden Prozesse modellieren, wobei der einzelne Bewegungsakt auf der untersten Hierarchieebene festgelegt wird (für eine handlungstheoretische Modellierung vgl. Volpert, 1983; für eine tätigkeitsorientierte Modellierung Hacker, 1973). In einem solchen Mehrebenenmodell erachtet z. B. Bernstein (1998) den Wechsel der führenden Kontrollebene als ein wesentliches Merkmal des motorischen Lernprozesses. In Übereinstimmung mit den Konzeptionen der Kapitel zu psychologischen und neurowissenschaftlichen Modellen der Bewegungskoordination (vgl. Beiträge B.2 und B.3) wird hier hingegen eine engere Fassung des motorischen Lernbegriffs bevorzugt, ohne dabei den unstrittigen *Einfluss* höherer Prozesse in Frage stellen zu wollen. Im Zentrum der Betrachtungen sollen also solche Aspekte relativ überdauernder Verhaltensänderungen stehen, die die motorische Umsetzung einer bereits fixierten Intention betreffen. Nach einer kurzen Übersicht über den aktuellen Stand der bewegungswissenschaftlichen Lernforschung in Abschnitt 2 wird in Abschnitt 3 die Funktion des motorischen Lernens für einen Organismus beleuchtet, um daraus Konsequenzen für die Modellbildung abzuleiten. In Abschnitt 4 werden solche Modelle in einer formalen Sprache dargestellt. Die dabei aufgedeckte Unterbestimmtheit wird in einem eigenen Ansatz zu lösen versucht. Die diesem Ansatz zugrunde liegenden Überlegungen werden in Abschnitt 5 noch einmal an einem Beispiel verdeutlicht.

2 Motorisches Lernen als Gegenstand bewegungswissenschaftlicher Forschung

Aus bewegungswissenschaftlicher Perspektive geht es beim Thema „motorisches Lernen" um die Untersuchung des Einflusses verschiedener Treatmentvariablen auf motorische Lernverläufe sowie um die theoretische Aufarbeitung der erhaltenen empirischen Befunde. Zum erstgenannten Fragenkomplex findet man in diesem Buch eine Fülle von experimentellen Resultaten der psychologisch-grundlagenorientierten sowie der sportwissenschaftlich-anwendungsorientierten Forschung (vgl. vor allem die Beiträge im Abschnitt D). Bei dem zweitgenannten Fragenkomplex sind zwei Schwerpunkte erkennbar. Zum einen wird die langfristige zeitliche Strukturierung von Lernprozessen untersucht. Hier ist vor allem die Einteilung aufgrund koordinativer Aspekte in dem Phasenkonzept von Meinel und Schnabel (1998) bekannt geworden. Sie geht von einer Dreischrittigkeit von (1)

Grobkoordination, (2) Feinkoordination sowie (3) stabilisierter Feinkoordination und variabler Verfügbarkeit aus. In der Sportpraxis findet man hier auch die Einteilung in Neulernen und Optimieren einer Bewegungsfertigkeit mit der „Automatisation“ als einem wichtigen Optimierungsaspekt. Im zweiten Schwerpunkt spielen Lerntheorien eine wichtige Rolle, wenn es um die Erklärung der beobachteten Verhaltensänderungen selbst geht. Was passiert also, wenn Menschen motorische Fertigkeiten erlernen oder optimieren? Genau diese Frage soll im Mittelpunkt der weiteren Betrachtungen in diesem Abschnitt stehen.

Zu Beginn dieses Kapitels wurde motorisches Lernen als erfahrungsabhängige und relativ überdauernde Veränderung der Kompetenz gekennzeichnet, in bestimmten Situationen durch ein bestimmtes Verhalten bestimmte Effekte zu erzielen. In dieser Definition werden motorische Aktionen (engl. *response*, R) auf der einen Seite mit situativen Bedingungen (engl. *stimulus*, S) und auf der anderen Seite mit resultierenden Situationsänderungen (engl. *effect*, E) in Beziehung gesetzt.

Tab. 1: Beispiele für Lerntheorien, geordnet nach akzentuierter Relation für die Verhaltenserklärung sowie nach angenommenen Kontrollmechanismen

Kontrollmechanismus	**Akzentuierte Relation**	
	Stimulus → Response	**Response → Effect**
„Black box“	Klassisches Konditionieren (z. B. Pawlow)	Operantes Konditionieren (z. B. Thorndike)
Präskriptiv	Lernen von Programmen (z. B. Schmidt)	Lernen von Regelkreisgrößen (z. B. Adams)
Emergent	S(R)E-Lernen (z. B. Elsner & Hommel; Hoffmann; Munzert)	

Wie in Tabelle 1 gezeigt, lassen sich diese Komponenten auch heranziehen, um motorische Lerntheorien einzuordnen. Das erste Ordnungskriterium betrifft die Frage, ob in der betrachteten Theorie eher die SR- oder die RE-Relation akzentuiert wird. Kommt es also vor allem deshalb zu einem Verhaltensakt, weil eine situative Konstellation dies nahe legt (S → R) oder weil damit ein bestimmter Effekt erzielt werden soll (R → E)? Das zweite Ordnungskriterium bezieht sich zunächst auf die Frage, ob die Theorie Annahmen über interne Kontrollmechanismen macht oder nicht. Dass solche Annahmen nur auf Spekulationen beruhen und daher aus Gründen der Wissenschaftlichkeit nicht erlaubt sind, kennzeichnet eine der zentralen Grundpositionen des in der ersten Hälfte des 20. Jahrhunderts vorherrschenden Behaviorismus. Es wurde daher gefordert, allein äußerlich beobachtbare Relationen zu betrachten und eventuelle kognitive Aspekte in eine nicht zu öffnende „Black box“ zu verbannen. Die zweite Hälfte des 20. Jahrhunderts stand dagegen genau umgekehrt im Lichte der Überzeugung, dass menschliches Verhalten nur dann verstanden werden kann, wenn die Theoriebildung auch intern ablaufende Kontrollprozesse der Kognition berücksichtigt. Die Frage, ob selbst kleinste Details der Bewegung zentral kontrolliert werden sollen oder ob sich diese nicht vielmehr bedingungsabhängig „ergeben“, ohne zentral kontrolliert werden zu müssen, erlaubt die Einteilung kognitiver Lerntheorien in solche mit präskriptivem und solche mit emergentem Charakter. Was genau mit dieser Unterscheidung gemeint ist, wird im Verlaufe der weiteren Darstellungen noch deutlicher werden.

Innerhalb des *Behaviorismus* sind grundlegend zwei Lernmechanismen zu unterscheiden. Beim *klassischen Konditionieren* wird in einer bereits vorliegenden SR-Verbindung der unbedingte Reiz durch einen neutralen ersetzt, indem dieser mit ausreichender Zuverlässigkeit in zeitlicher Nähe dargeboten wird. Das Standardbeispiel für diese Lernart ist der Hund von Pawlow (1953), bei dem der Speichelfluss (unbedingte Reaktion) nach einer Phase der gleichzeitigen Darbietung von Futter (unbedingter Reiz) mit einem Klingelton (bedingter Reiz) auch dann einsetzt (bedingte Reaktion), wenn nur die Klingel ertönt. Während nach der klassischen Konditionierung Verhalten also nach SR-Regeln *ausgelöst* wird, stehen die Effekte der RE-Beziehungen im Vordergrund des *operanten Konditionierens*, bei dem ein spontan auftretendes Verhalten durch Belohnungen verstärkt wird. Aufgrund der damit einhergehenden Bedürfnisbefriedigung wird dann nach dem „Law of Effect“ (Thorndike, 1931) eine entsprechende RE-Verbindung fixiert und damit die Auftretenswahrscheinlichkeit des Verhaltens erhöht. Beim operanten Konditionieren spielen also Belohnungen und Bestrafungen die vorherrschende Rolle.

Im Gegensatz zu behavioristischen Ansätzen fußen *kognitive Lerntheorien* auf der Annahme, dass sich die SRE-Komponenten nicht nur im äußerlichen Verhalten beobachten lassen, sondern dass darüber hinaus interne Repräsentationen dieser Komponenten eine Rolle spielen. Eine akzentuierte SR-Verhaltensbegründung bedeutet dann, dass ein intern identifizierter und mit Bedeutung versehender Reiz eine interne Struktur für die Auslösung eines Bewegungsgrundmusters aufruft. Die hierzu notwendige Kontrollstruktur hat die Form eines Programms, so dass der Erwerb solcher Kontrollstrukturen als *Programmlernen* zu bezeichnen ist. Die *Schematheorie* von Schmidt (1975) stellt einen Klassiker dieser Denkrichtung dar, wenn auch einschränkend anzumerken ist, dass es sich bei dieser Theorie nur insofern um eine Programmlerntheorie handelt, als dass die zu erwerbenden motorischen Schemata als für die Programmrealisierung unverzichtbare Instanzen angesehen werden, der Erwerb der Motorikprogramme selbst jedoch nicht thematisiert wird. „Generalisierte“ Motorikprogramme sollen nach Schmidt eine ganze Klasse von Bewegungen steuern, wie z. B. den Tennis-Vorhand-Grundschlag in all seinen Variationen. Als invariante Programmmerkmale werden temporale und dynamische *Relationen* zwischen den Muskelimpulsen an die relevante Muskulatur angenommen. Wie schnell und mit wieviel Kraft der Tennisschlag *absolut* zur Ausführung kommt, wird durch das dem Programm zugeordnete Wiedergabe-Schema bestimmt, in dem regelhafte Beziehungen zwischen früheren Programmparametrisierungen, früheren Ausgangsbedingungen und früheren Bewegungsresultaten gespeichert vorliegen. Da diese Speicherung schematisch, also in von den Einzelerfahrungen abstrahierter Form geschehen soll, ist eine der wichtigen Vorhersagen der Schematheorie, dass sich variable Übungsbedingungen hinsichtlich der Programmparametrisierung im Vergleich zu konstanten Bedingungen positiv auf die Güte des Lernresultats auswirken.

Die Schematheorie von Schmidt ist als Beispiel für eine SR-akzentuierte Verhaltensbegründung herangezogen worden, da nach dieser Vorstellung der unmittelbare Bewegungsimpuls stets auf die Aktivierung und Parametrisierung eines Motorikprogramms zurückzuführen ist. Die Kontrolle, ob damit der angestrebte Effekt auch tatsächlich eingetreten ist, spielt bei Schmidt hingegen eine nur nachgeordnete Rolle im Rahmen der Fehlerkorrektur oder der Bewegungsevaluation, ohne unmittelbar verhaltensauslösend zu wirken. Genau umgekehrt verhält es sich bei der *Regelungstheorie* von Adams (1971), in der die sogenannte perzeptive Spur die zentrale Kontrollinstanz darstellt. In ihr soll die Gesamtheit der mit jeder Bewegungsausführung einhergehenden Rückmeldungen repräsentiert sein, während eine hiervon unabhängige Gedächtnisspur als rudimentäres Motorikprogramm allein der Einleitung der Bewegung dient. Die unmittelbare motorische Kontrolle soll jedoch stets auf dem Vergleich der aktuell rückgemeldeten Istwerte mit den Sollwerten der im Laufe des Lernprozesses an Stärke zunehmenden perzeptiven Spur basieren. Verhalten wird also – im Gegensatz zu Schmidts Vorstellungen – weniger ausgelöst als vielmehr so lange ausgeführt, bis nach interner Analyse eine hinreichende Übereinstimmung von Soll- und Istwert vorliegt. Da die erwarteten sensorischen Konsequenzen, also die Effekte der Bewegung, die unmittelbare Kontrollgröße bilden, stellt die Regelungstheorie von Adams ein geeignetes Beispiel für eine RE-akzentuierte Verhaltenserklärung und mit Blick auf den motorischen Lernprozess für ein *Regelkreislernen* dar.

Während sich die Schematheorie von Schmidt und die Regelungstheorie von Adams im Hinblick auf die Akzentuierung von SR- und RE-Relationen unterscheiden, weisen sie eine definitive Gemeinsamkeit im Hinblick auf die Annahme auf, dass selbst die kleinsten Details der Bewegung zentral – mittels Programmsteuerung bzw. Soll-Istwert-Regelung – kontrolliert werden. In dieser weitreichenden Art „vorschreibende", *präskriptive* Theorien werden seit Beginn der 90er Jahre des 20. Jahrhunderts in der Bewegungswissenschaft nicht mehr ernsthaft vertreten.

Die entgegengesetzte Extremposition, die mit dem Schlagwort der „Emergenz" gekennzeichnet wird, konnte sich jedoch ebenso wenig durchsetzen. Die grundlegende Idee besteht hier darin, dass sich Verhalten aufgrund von Randbedingungen ergibt, ohne dass hierzu eine zentrale Kontrollinstanz vonnöten wäre. Ein vermittelndes Modell zwischen Präskription und Emergenz könnte darin bestehen, dass Invarianten durch ein Schema festgelegt werden, die Parametrisierung aber über Randbedingungen vonstatten geht, die sich z. B. aus Aspekten der Umwelt ergeben und von daher nicht kognitiv zu fixieren sind. Wie Munzert (1989) in seinem Konzept des *Motorikschemas* argumentiert, könnten sich die zentralen Festlegungen in dieser Weise auf topologische Merkmale des Bewegungsverlaufs beschränken. Solche qualitativen Eigenschaften betreffen in Anlehnung an Bernstein (1984) z. B. eine angestrebte Kreisförmigkeit oder eine bestimmte Anzahl von Kreuzungspunkten der Bewegungsbahn. Quantitative, metrische Details der Bewegung wie z. B. Radien, Winkel oder Distanzen würden sich hingegen vor dem Hintergrund sogenannter Affordanzen (Gibson, 1982) ergeben, also von Merkmalen der Umwelt, die aufgrund ihres unmittelbaren Aufforderungscharakters bestehende Freiheitsgrade so weit einschränken, dass eine eindeutige Bewegungsbahn resultiert (vgl. auch Nitsch & Munzert, 1997).

Emergenz ist im vorliegenden Zusammenhang natürlich nicht so zu verstehen, dass Verhalten „von alleine" auftritt. Insbesondere wird weiterhin angenommen, dass die R-Komponente in Abhängigkeit von situativen Bedingungen und angezieltem Effekt zustande kommt. Im Unterschied zu präskriptiven Modellen wird jedoch davon ausgegangen, dass die auf einen Effekt ausgerichtete Intention in einer gegebenen Situation ausreicht, um ein angemessenes Verhalten ablaufen zu lassen. Die R-Komponente „versteckt" sich also quasi in den intentional eingebetteten SE-Relationen, so dass es wenig Sinn macht, motorisch emergente Ansätze dieser Art einer akzentuierten SR- oder RE-Verhaltenserklärung zuzuordnen. Im Vordergrund steht vielmehr die Annahme, dass der motorische Lernprozess ganz grundsätzlich auf den Erwerb von S(R)E-Triplets ausgerichtet ist (vgl. auch Klix, 1992).

Einen hypothetischen Lernmechanismus für ein S(R)E-Lernen dieser Art liefert das *Modell der antizipativen Verhaltenskontrolle* von Hoffmann (1993; 2001). Angenommen wird hier, dass nach einem erfolgten Verhaltensakt stets ein Vergleich zwischen antizipierten und real eingetretenen Effekten durchgeführt wird. In einem primären Lernvorgang werden die RE-Verbindungen bei bestätigten Antizipationen verstärkt und bei nichtbestätigten geschwächt („R führt zu E" bzw. „R führt nicht zu E"). Der sekundäre Lernvorgang bezieht sich dann darauf, dass die RE-Verbindungen in Abhängigkeit von den vorliegenden Situationsbedingungen differenziert werden („Unter der Bedingung S führt R zu E" bzw. „Unter der Bedingung S führt R nicht zu E."). Einen sehr ähnlichen Vorschlag findet man in dem Zweistufen-Lernmodell von Elsner und Hommel (2001), die ebenfalls von einer schrittweisen Ausbildung zunächst von RE- und erst anschließend von S(RE)-Verknüpfungen ausgehen. In beiden Fällen resultieren aus dem Lernprozess kognitive Koordinationsstrukturen, die eine zunehmende Sicherheit in der Vorhersage erlauben, unter welchen Bedingungen welches Verhalten zu welchen Effekten führt. Da in diesem Ansatz eine intern repräsentierte Situationswahrnehmung und Effektantizipation angenommen wird, kann der vorgeschlagene Lernmechanismus den kognitiven Modellen zugeordnet werden. Der Mechanismus ist insofern emergent, als dass diese Repräsentationen ausreichen, um Verhalten entstehen zu lassen, ohne dass Bewegungsdetails zentral gespeichert vorliegen müssen.

3 Motorisches Lernen unter funktionalem Aspekt

Wozu lernen wir überhaupt? Und: Worum geht es eigentlich, wenn motorisch gelernt wird? Wenn man grundsätzliche Fragen dieser Art stellt, begibt man sich auf das Gebiet der *funktionalen Analyse* eines Themenkreises (vgl. auch Neumann, 1992). Die damit verbundene Perspektive lässt sich leicht anhand der im vorangegangenen Abschnitt skizzierten Lerntheorien erläutern. Bei genauerer Betrachtung der beiden präskriptiven Theorien wird man nämlich feststellen, dass dort keine Antworten auf Wozu-Fragen gegeben werden. Was stattdessen geliefert wird, sind bildhafte *Metaphern:* Motorisches Lernen entspricht dem Erwerb von Motorikprogrammen bzw. der Speicherung von Regelkreisgrößen. Hoffmann liefert hingegen mit seinem Modell der antizipativen Verhaltenskontrolle einen sinnvollen Vorschlag für einen *Lernmechanismus.* Was sich ergeben soll, sind Kontrollstrukturen, die eine zunehmende Sicherheit in der Vorhersage erlauben, unter welchen Bedingungen welches Verhalten zu welchen Effekten führt. Dass eine solche Verhaltenssicherheit überlebensrelevant ist, liegt auf der Hand. Lernprozessen kommt damit eine evolutionär wichtige Funktion zu. Die Frage, welcher tiefere Sinn hinter einer zunehmenden Programm- oder Regelkreiskontrolle stecken sollte, ist hingegen nur schwer zu beantworten.

Wenn wir noch ein wenig grundsätzlicher an das Phänomen des (motorischen) Lernens herangehen, wird deutlich, dass in der Evolution zwei parallele Mechanismen einer zunehmenden Anpassung an Umweltgegebenheiten auszumachen sind. Der erste Mechanismus betrifft die Stammesgeschichte, die *Phylogenese*, und funktioniert über Prozesse der Variation und Selektion. Organismen mit umweltangepasster Ausstattung geben ihre Gene mit einer erhöhten Wahrscheinlichkeit weiter. Der zweite Mechanismus betrifft die Individualentwicklung, die *Ontogenese*. Er ist insofern als gegenläufig zu bezeichnen, als dass lernfähige Organismen gerade *nicht* oder zumindest nicht vollständig mit einer festen Ausstattung versehen sind, die sich in vorangegangenen Generationen bewährt hat, sondern vielmehr in der Lage sind, ihre Verhaltensweisen auch kurzfristigeren Umweltänderungen anzupassen. Bei der Lernfähigkeit handelt es sich von daher um eine Medaille mit zwei Seiten. Phylogenetisch herausgebildete Funktionen, die aufgrund ihres hohen Bewährungsgrades mit der Geburt „fest verdrahtet" vorliegen, haben den Vorteil einer Funktionsfähigkeit von Anfang an und in der Regel den einer sparsameren neuronalen Realisation, gleichzeitig aber auch den Nachteil einer weitestgehend fehlenden Anpassungsfähigkeit an veränderte Umweltbedingungen. Ontogenetische Lernprozesse auf der anderen Seite sind nur um den Preis einer anfänglichen Schutzlosigkeit des Organismus zu bekommen und bedürfen in der Regel einer recht aufwändigen neuronalen Struktur. Dafür ergibt sich aber eine erhöhte Anpassungsfähigkeit innerhalb einer Lebensspanne und beim Menschen darüber hinaus die in dieser Art einzigartige Fähigkeit, die Umwelt gemäß den eigenen Bedürfnissen vorausschauend zu verändern.

Eine neben der zunehmenden Anpassung an Umweltgegebenheiten zweite Entwicklungslinie der menschlichen Stammesgeschichte ist in der zunehmenden Organisation der biologischen Ausstattung zu sehen. Mit „Organisation" ist im vorliegenden Zusammenhang der Zusammenschluss einer Vielzahl von Zellen zu einem Organismus gemeint, in dem einzelne Organe jeweils besondere Aufgaben erfüllen. Wenn man die Ausstattung des Menschen mit der eines niederen Organismus wie – im Extremfall – der eines Einzellers vergleicht, so zeigen sich natürlich deutliche Überlegenheiten des Menschen im Hinblick auf die abbildbaren Ausschnitte der Umwelt sowie auf die Eingriffsmöglichkeiten mittels der motorischen Systeme, die zudem beim Menschen in der Regel auf Ziele und bewertbare

Effekte ausgerichtet sind. Der diese Überlegenheit begründende hohe Organisationsgrad verlangt jedoch nach internen Koordinations- und Kontrollinstanzen (in psychologischer Terminologie „Repräsentationen“), die neurobiologisch in erster Linie Prozesse des Zentralen Nervensystems betreffen. Diese Mindestausstattung umfasst zum ersten Schnittstellen zur Umwelt – also sensorische Transduktoren und motorische Effektoren, die dafür sorgen, dass Umweltsignale in ein zentralnervöses Format überführt werden und dass aus zentralnervösen Erregungen Körperbewegungen entstehen – und zum zweiten interne Systeme, die übergeordnet für die Fixierung von Zielen und für die Bewertung erzielter Effekte zuständig sind und in denen nachgeordnet sensomotorische Kontrollstrukturen ausgebildet werden.

Nach der in Abschnitt 1 begründeten engen Fassung des Motorikbegriffs werden sich die weiteren Ausführungen auf Betrachtungen zu den nachgeordneten sensomotorischen Koordinationsstrukturen beschränken. Diese Beschränkung mag im vorliegenden Zusammenhang zunächst verwundern, da die Einzigartigkeit menschlicher Lernprozesse selbstredend auf Eigenheiten der übergeordneten Instanzen zurückzuführen ist. Am Beispiel des Sports: Nur Menschen können einen erzielten Effekt wie die Erreichung einer bestimmten 100m-Zeit im Hinblick auf dessen Stellenwert im langfristigen Trainingsprozess beurteilen. Nur Menschen setzen sich überhaupt solche künstlichen Ziele, wie sie für den Sport typisch sind. Was damit zum Ausdruck kommt, ist, dass es sich beim Sport um ein Produkt der kulturellen und nicht um eines der natürlichen Evolution handelt. Dass es dennoch Sinn macht, motorisches Lernen in evolutionären Zusammenhängen zu betrachten, wird deutlich, wenn man beachtet, dass die besonderen Leistungen, die in der jüngeren menschlichen Entwicklungsgeschichte aufgetreten sind, nicht erst durch eine qualitative Veränderung der sensomotorischen Kontrollstrukturen ermöglicht wurden. Mit anderen Worten: Es besteht kein Grund zu der Annahme, dass der Mensch die sensomotorische Kontrolle neu „erfunden“ hat. Vielmehr dürfte es so sein, dass Merkmale der sensomotorischen Kontrolle Randbedingungen für kulturelle Entwicklungen darstellen. Am Beispiel des Sports: Es konnten sich nur solche Sportarten herausbilden, die aufgrund der bestehenden natürlich-evolutionären Ausstattung zu bewältigen sind, und umgekehrt ist es genau diese phylogenetisch alte Ausstattung, die die Bewältigung erlaubt. Für die nachgeordneten Prozesse der sensomotorischen Kontrolle – und *nur* für diese nachgeordneten Prozesse – wird also im Folgenden davon ausgegangen, dass kein grundlegender Unterschied zwischen Menschen und z. B. anderen Säugetieren besteht. Dass übergeordnete Zielsetzungen und Effektbewertungen beim Menschen ein völlig anderes Aussehen haben als bei Vertretern anderer Spezies, wird dabei durchaus in Rechnung gestellt. Betrachtet wird jedoch allein, wie diese Ziele und Bewertungen auf die Herausbildung sensomotorischer Kontrollinstanzen wirken, und nicht die Zielsetzungs- und Bewertungsprozesse selbst.

4 Motorisches Lernen unter formalem Aspekt

In Abschnitt 2 wurde erklärt, dass moderne Lerntheorien davon ausgehen, dass sich motorische Aktionen emergent aus der aktuellen Umweltsituation und dem angestrebten Effekt ergeben (vgl. Tab. 1). Eine emergente Eigenschaft entsteht durch die Interaktion mehrerer Komponenten eines dynamischen Systems, wobei die einzelnen Komponenten diese Eigenschaft nicht besitzen und sie nicht „von außen" in das System gesteckt wird. Ihre Entstehung bleibt aber mystisch, wenn sie nicht durch Formalisierungen beschrieben oder in Simulationen nachvollzogen werden kann. Zu diesem Zweck sind für das motorische Lernen Modelle entwickelt worden, in denen die Eigenschaften dynamischer Systeme durch mathematische Gleichungen formalisiert vorliegen (z. B. Jordan, 1994). In Simulationen konnte dabei gezeigt werden, dass die formulierten Gleichungssysteme lösbar sind und sich die emergenten Eigenschaften tatsächlich ergeben (Jordan & Rumelhart, 1992).

Bei den folgenden Betrachtungen handelt es sich in gewisser Weise um eine Fortführung der funktionalen Diskussionen des vorangegangenen Abschnitts. Dort wurde für ein S(R)E-Lernen festgestellt, dass hiermit ein aus evolutionär-funktionaler Perspektive plausibler Lernmechanismus beschrieben wird. Nach der Behandlung der Wozu-Frage umfasst eine vollständige funktionale Analyse aber auch die Demonstration, dass die als plausibel erachteten Mechanismen tatsächlich funktionieren. In diesem Abschnitt soll daher erklärt werden, *wie* motorisches Lernen als emergente Eigenschaft entstehen kann. Da sich die hierzu notwendigen Formalisierungen stets auf dynamische Systeme beziehen, wird dabei nicht von „Organismen" oder von „handelnden Subjekten" die Rede sein, sondern der neutralere Begriff „System" verwendet werden. Die im Text geschilderten Formalisierungen werden im Überblick in dem Exkurs-Kasten präzisiert. Diejenigen Leserinnen und Leser, die keine Freundschaft mit Formeln oder Grafiken geschlossen haben, können auch ohne Auseinandersetzung mit dem Exkurs dem weiteren Text folgen.

Exkurs: Mathematische und kontrolltheoretische Formalisierung

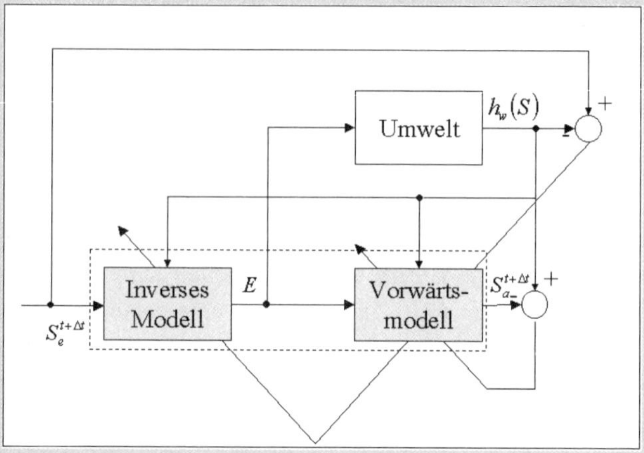

Die Abbildung zeigt die Methode des distalen überwachten Lernens (nach Jordan, 1994, S. 134) in der Notation der Kontrolltheorie. Das Lernsystem ist mit gestrichelten Linien eingekästelt. Die der Simulation zugrunde liegenden Gleichungen für das Vorwärtsmodell (1) und das inverse Modell (2) lauten:

(1) $h_w(S_a^{t+\Delta t}(t)) = f_m(h_w(S(t)), m(E(t\text{-}ct))$ (2) $E(t) = g_m(h_w(S_e^{t+\Delta t}(t)), h_w(S(t)))$

mit der Wahrnehmungsfunktion h_w, der mentalen Repräsentation der Umwelt f_m, der mentalen Bewegungsrepräsentation g_m, den Efferenzen E sowie dem antizipierten (S_a), erwünschten (S_e) und tatsächlichen (S) Stimulus jeweils zum Zeitpunkt t.

Ausgabe des Vorwärtsmodells ist der zum Zeitpunkt t für den Zeitpunkt $t+\Delta t$ antizipierte wahrgenommene Stimulus $h_w(S_a^{t+\Delta t}(t))$. Parameter des Vorwärtsmodells sind der aktuelle Umweltzustand als zum Zeitpunkt t wahrgenommener Stimulus S sowie die vom inversen Modell produzierten, nach einer unbekannten Verarbeitungszeit ct zur Verfügung stehenden Efferenzen E.

Ausgabe des inversen Modells sind die Bewegung erzeugenden Efferenzen. Eingabeparameter sind der wahrgenommene aktuelle Umweltzustand $h_w(S(t))$ sowie der zum Zeitpunkt t für den Zeitpunkt $t+\Delta t$ erwünschte wahrgenommene Umweltzustand $h_w(S_e^{t+\Delta t}(t))$.

Das Verhalten von dynamischen Systemen hängt sowohl von ihrem Zustand als auch von den auf sie einwirkenden Kräften ab. Motorische Kontrolle würde also bedeuten, dass das sensomotorische System gezielt auf das System Umwelt einwirkt. In der Terminologie der Kontrolltheorie handelt es sich bei dem sensomotorischen System um das Steuerglied, bei der Umwelt, die „gesteuert“ werden soll, um die Strecke. Zu diesem Zweck übt das System durch seine Bewegungen Kräfte (oder in psychologischer Terminologie „Reaktionen“) auf die Umwelt aus. Die Umwelt wirkt wiederum durch Kräfte (in psychologischer Terminologie „Reize“) auf das System ein. Das Lernproblem ist dabei ein zweifaches: Erstens ist der Zustand der Umwelt nicht bekannt, sondern er muss aus den wirkenden Kräften konstruiert („wahrgenommen“) werden; zweitens ist unbekannt, welche Effekte durch welche Reaktionen bei welchen Umweltzuständen bewirkt werden.

Auf das erste Problem kommen wir später noch zurück. Das zweite Problem, die Kontrolle eines unbekannten dynamischen Systems, ist Gegenstand intensiver Forschung. Eine mächtige Lösungsstrategie ist die *internal model control*-Strategie (Narendra, 1995). Dabei wird ein internes Modell des zu kontrollierenden Systems erstellt. Es dient dazu vorherzusagen, welche Aktion des Steuerglieds welche Ausgabe der Strecke bewirkt. Auf diese Weise kann es einen Fehler vorhersagen, bevor dieser tatsächlich vorliegt. In unserem Fall muss also das System ein Modell der Umwelt erlernen, mit dessen Hilfe antizipiert wird, welche seiner Reaktionen unter welchen wahrgenommenen Umweltbedingungen welche Effekte haben. Dieses Modell wird in der Kontrolltheorie *Vorwärtsmodell* genannt (vgl. Beitrag B.3). Es kann gelernt werden, indem der Vorhersagefehler, also die Differenz zwischen den tatsächlich eingetretenen und den vorhergesagten Effekten, zurückgemeldet wird. Jordan (1994) konnte zeigen, dass für das Problem des motorischen Lernens von Bewegungen, die nicht über Rückmeldungen gesteuert werden können, Lösungsstrategien ohne internes Vorwärtsmodell versagen.

Ziel des motorischen Lernens ist aber nicht, die Umwelt korrekt vorherzusagen, sondern sie den eigenen Zielen entsprechend zu verändern. Ein erwünschter Umweltzustand soll mittels einer Reaktion erreicht werden; das Steuerglied ist zu lernen. Da die Umweltdynamik aber unbekannt erscheint, ist bei einem vorliegenden Verhaltensfehler auch unbekannt, *was* denn an der Bewegung verändert werden muss, damit der Fehler kleiner wird. Beim *distalen überwachten Lernen* (Jordan & Rumelhart, 1992) wird genau dieses Problem durch das Vorwärtsmodell gelöst, indem es aus der Veränderung der Efferenzen die Veränderung in der Umwelt schätzt. Der Verhaltensfehler, d. h. die Differenz zwischen erwünschtem und tatsächlich erreichtem Umweltzustand, wird durch das Vorwärtsmodell in den Efferenzfehler, d. h. die Differenz zwischen einer zielerreichenden und der tatsächlichen Efferenz transformiert. Dabei kommt es nicht unbedingt darauf an, dass die quantitativen Änderungen richtig vorhergesehen werden. Die Richtung der Veränderung reicht vielmehr aus, um Lernen zu ermöglichen. Das Vorwärtsmodell muss also nicht perfekt, sondern nur ungefähr gelernt sein. Ist das Steuerglied gelernt, entspricht es einem *inversen Modell* (vgl. Beiträge B.2 und B.3). Möchte man die beiden Modelle in sportwissenschaftliche Terminologie übertragen, so kommt dem inversen Modell die Bewegungssteuerung nahe, während das Vorwärtsmodell am ehesten mit Bewegungsvorstellung oder Bewegungsgefühl (Künzell, 2000a) zu bezeichnen wäre.

Zu beachten ist, dass es sehr viele Reaktionen gibt, die geeignet sind, um bei einem wahrgenommenen Umweltzustand einen gewünschten Umweltzustand zu erreichen. Dahinter verbirgt sich das *Problem der Freiheitsgrade*, das zuerst von Bernstein (1967) formuliert wurde und deswegen auch „Bernsteins Problem“ genannt wird. Das Problem ist jedoch nur dann problematisch, wenn es darum geht, aus der Vielzahl von möglichen Lösungen eine bestimmte festzulegen. Bei dem hier verfolgten emergenten Ansatz ergibt sich einfach aus der Dynamik des Systems eine der möglichen Lösungen. Die Unterbestimmtheit ist also eher eine Erleichterung. In weiteren Lernschritten kann durch das Beachten zusätzlicher Randbedingungen dann die optimale Lösung gefunden werden. Dies wird um so schwieriger, je weniger Freiheitsgrade vorhanden sind.

Wie sieht es mit dem weiter oben genannten ersten Lernproblem aus, dem Problem der internen Konstruktion des Umweltzustands aus den auf das System einwirkenden Reizen? In den bisherigen Betrachtungen dieses Abschnitts sind wir implizit davon ausgegangen, dass dieses Problem bereits gelöst sei, denn die Wahrnehmung des „tatsächlichen“ Umweltzustands stand immer fehlerfrei zur Verfügung, ohne dass eventuelle Wahrnehmungsfehler berücksichtigt worden wären. In dem in Abschnitt 2 dargestellten Modell der antizipativen Verhaltenskontrolle von Hoffmann wurde umgekehrt vorausgesetzt, dass Verhaltensfehler nicht aufgrund falscher Bewegungen, sondern wegen ungenügend differenzierter Wahrnehmungen auftreten. Folglich wird in dem von Hoffmann formulierten Mechanismus bei einer Differenz von antizipiertem und tatsächlichem Effekt die Wahrnehmung der Umwelt differenziert, während bei Jordan und Rumelhart in dem gleichen Fall sich die Bewegungskomponente anpassen muss.

Es ergibt sich erneut ein *Problem der Unterbestimmtheit* (vgl. Hossner, 2002; Künzell, 2002), denn es stellt sich die Frage, woran das System erkennen kann, ob ein Verhaltensfehler durch einen Wahrnehmungsfehler, einen Vorhersagefehler oder einen Bewegungsfehler verursacht wird. Dieses Problem wurde in der Literatur bislang stiefmütterlich behandelt, Lösungsvorschläge wurden u. W. nicht vorgelegt. Nach Auffassung der Autoren besteht ein erfolgversprechender Ansatz darin, dass das System merkmalspezifisch immer wieder auftretende Übereinstimmungen der Reizsituation entdeckt. In erster Näherung könnte zu diesem Zweck eine Übereinstimmung zwischen „nicht-sensorischen", interozeptiven und exterozeptiven Stimuli betrachtet werden. Auf „nicht-sensorische" Stimuli ist dabei bisher nur geschlossen worden. Von Holst und Mittelstaedt (1950) beschäftigten sich mit der Tatsache, dass Änderungen der auf die Retina eintreffenden Reize unterschiedlich interpretiert werden, je nach dem, ob sich die Umwelt oder die Augen bewegt haben. Sie kommen zu der Erklärung, dass Änderungen des Retinabildes durch Augenbewegungen auf der Grundlage der an die Augenmuskulatur gesendeten Efferenzen antizipiert werden. Dies soll durch Verarbeitung einer Efferenzkopie und ohne Rückgriff auf sensorische Rückmeldungen geschehen. Die Verarbeitung der Efferenzkopie wird auch „nicht-sensorische Rückmeldung" (Desmurget & Grafton, 2000) genannt; daran lehnt sich der (scheinbar paradoxe) Begriff „nicht-sensorischer Stimulus" an.

Unser Lösungsansatz des Problems der Unterbestimmtheit besteht darin, dass z. B. für jede Sinnesmodalität spezifische Vorwärtsmodelle gelernt werden. Zusammengenommen repräsentieren die verschiedenen Vorwärtsmodelle die Antizipation der angestrebten Verhaltenseffekte. Eine große Diskrepanz zwischen den beteiligten Vorwärtsmodellen der verschiedenen Modalitäten (wie z. B. zwischen dem Gleichgewichtssinn und dem optischen Sinn bei Seegang auf einem Schiff, vgl. Stadler, 1999) kann zu Unwohlsein führen, später aber dem Lernen neuer Ausgangsbedingungen dienen, wie dies auch in Versuchen mit Prismenbrillen bestätigt wurde, bei denen die visuelle Wahrnehmung manipuliert wurde (vgl. zusammenfassend Heuer, 1983). Die zentrale – und nach diesen Befunden plausible – Annahme besteht darin, dass einer Konsistenz der Wahrnehmung höchste Priorität eingeräumt wird. Wenn sich also im Hinblick auf die Prüfung der vom nicht-sensorischen, vom interozeptiven und vom exterozeptiven Vorwärtsmodell vorhergesagten Verhaltenseffekte Unterschiede ergeben, folgt daraus, dass die Wahrnehmung differenziert werden muss. Dieser Mechanismus entspricht dem Vorschlag von Hoffmann. Wenn hingegen Unterschiede ausbleiben, die Effektantizipationen in verschiedenen Modalitäten also hinreichend übereinstimmen, dann kommt es darauf an, ob der antizipierte Effekt auch tatsächlich eingetreten ist. Wenn dies der Fall ist, kommt es zu einer Verstärkung der S(R)E-Tripel; wenn dies nicht der Fall ist, muss die R-Komponente verändert werden. Dieser Mechanismus entspricht dem Vorschlag von Jordan und Rumelhart. Dabei ist weniger davon auszugehen, dass es zu einer distinkten Entscheidung hinsichtlich der zu bevorzugenden Anpassung kommt. Es macht vielmehr Sinn anzunehmen, dass

Verstärkungen und Korrekturen nach dem Grad der Übereinstimmung zwischen den modalitätsspezifischen Antizipationen und tatsächlichen Resultaten aufgeteilt werden.

Das gleiche Prinzip des wechselseitigen Abgleichs und anschließender Aufteilung der Korrektur kann auch in fortgeschrittenen Lernstadien, bei denen es nicht um das Erlernen anfänglicher Wahrnehmungs- und Bewegungskategorien geht, zur Erklärung von motorischen Lernleistungen dienen (vgl. auch Künzell, 2000b). Hier ist es die Aufgabe des Mechanismus, den erwünschten, den antizipierten und den tatsächlich erreichten Umweltzustand zur Übereinstimmung zu bringen. Wenn tatsächlicher und antizipierter Effekt übereinstimmen, beide aber nicht dem erwünschten Effekt entsprechen, wird das inverse Modell angepasst (vgl. Abschnitt 5: Lernanlass 1), das tatsächlichen und antizipierten Effekt gleichermaßen beeinflusst. Bei Übereinstimmung von antizipiertem und erwünschtem Effekt, die aber beide nicht dem tatsächlichen Effekt entsprechen, wird die Wahrnehmung differenziert (vgl. Abschnitt 5: Lernanlass 2). Stimmen schließlich tatsächlicher und erwünschter Effekt überein, ohne dass dies antizipiert wurde, wird das Vorwärtsmodell angepasst (vgl. Abschnitt 5: Lernanlass 3).

Mit diesen beiden Zusatzmechanismen versehen müssten erfolgreiche Simulationen gelingen, in denen sowohl darauf verzichtet wird, von einer bereits differenzierten Wahrnehmung auszugehen, als auch auf die Vorstellung, dass die R-Komponente keiner lernabhängigen Anpassung bedarf. Zusammenfassend erhält man auf diese Weise ein theoretisches Modell für Lernprozesse, das sich zwar auf die in einer Handlungskontrollhierarchie „tiefen" Mechanismen der motorischen Kontrolle beschränkt (Abschnitt 1), hier aber den modernen S(R)E-Lerntheorien mit der Annahme einer emergenten motorischen Kontrolle zuzurechnen ist (Abschnitt 2), und das sich sowohl aus funktionaler (Abschnitt 3) als auch aus formaler Perspektive (Abschnitt 4) als tragfähig erweist. Wie sieht es aus, wenn wir uns im folgenden Abschnitt 5 die zentralen Grundgedanken dieses Lernmodells noch einmal anhand eines sehr einfachen Beispiels vor Augen führen?

5 Statt einer Zusammenfassung: Zur Lerngeschichte eines Beispielsystems

Nehmen wir an, dass wir ein Beispielsystem in die Welt setzen, ein Beispielsystem, dem wir – um motorische Lernprozesse sozusagen „in Reinform" zu beobachten – keinerlei Vorwissen mit auf den Weg geben wollen, so dass es sich von „Geburt" an durch Lernen anpassen muss. Wie alle Vertreter der Beispielsystemspezies ist unser Beispielsystem bewegungsbegabt und verfügt über Sinne, die ihm Auskunft über den Zustand seines Körpers sowie seiner Umwelt geben. Genauer muss man hier sagen, dass die Sinne ihm diese Auskunft geben *könnten*, denn zu Beginn seiner Existenz erhält unser Beispielsystem nur eine bedeutungslose, von ihm nicht zu interpretierende Flut von Reizen – und von daher tut es auch nichts anderes, als unkontrolliert herumzuzappeln. Und wenn man noch genauer hinschaut: *Völlig* bedeutungslos ist der Wahrnehmungsstrom für das Beispielsystem nicht, denn einige Reize aus dem Körperinneren geben ihm unmittelbar das Gefühl, dass etwas nicht in Ordnung ist. Später würde es vielleicht sagen, dass es Hunger oder Durst hat, dass ihm zu heiß oder zu kalt ist oder dass es gestreichelt werden will. Im Moment „weiß" es von diesen Bedeutungen noch nichts und die Wahrnehmung dürfte sich stattdessen auf ein „Mehr-oder-weniger-gut" beschränken. In gewisser Hinsicht verfügt das Beispielsystem damit aber auch schon über Intentionen – wenn auch über sehr einfach gestrickte, die in etwa die folgende Form annehmen: Mehr vom Mehr-gut und weniger vom Weniger-gut! (Was das System auch nicht weiß, ist, dass sich an diesem archaischen Zustand wahrscheinlich während seines gesamten weiteren Lebens nichts Grundsätzliches mehr ändern wird. Aber dies ist ja vielleicht auch ganz gut so.)

Nehmen wir an, dass die beispielsystemtypische Umwelt von Beispielsystemen verlangt, dass sie später einmal selbst für sich sorgen. Dann sind zwei Dinge überlebenswichtig: Der noch bedeutungslose Wahrnehmungsstrom muss differenziert und das Zappeln kontrolliert werden. Wie kann dies gelingen? Eine grundlegende Strategie – die sich das System natürlich nicht „überlegen" kann und die von daher fest „eingebaut" sein muss – könnte darin bestehen, dass nach Zusammenhängen gesucht wird. Solche Zusammenhänge können zwischen Reizen verschiedener Sinnessysteme auftreten, zwischen motorischen und sensorischen Systemen und zwischen Motorik/Sensorik und dem Bewertungssystem, das feststellt, ob gerade alles in Richtung zu einem Mehr-gut oder zu einem Weniger-gut läuft. Das entspräche dann z. B. den folgenden Beobachtungen: Die vor meinen Augen auftauchenden rot-gelben Kugeln und dieses Rasselgeräusch, das ich höre, gehören irgendwie zusammen. Heftiges Strampeln mit den Beinen und ein Schmerz an den Füßen auch. Schreien und Gefüttertwerden haben etwas miteinander zu tun, und wenn dieses andere Beispielsystem auftaucht, das viel größer ist als ich, werde ich immer gestreichelt. Um es nochmals zu betonen: Dies sind natürlich nicht die Sätze, die sich unser Beispielsystem denkt, denn weder weiß es etwas von Kugeln noch von Farben, und erst recht hat es keinen Begriff davon, was es bedeutet, „ich" zu sagen. Die Zusammenhänge sind jedoch nichtsdestoweniger dazu geeignet, dem System erste Strukturen zu verleihen. Um Bedeutung in diese Strukturen zu bekommen, geht es aber um mehr als einfache Zusammenhänge. Das Beispielsystem muss lernen, unter welchen Bedingungen welches Verhalten zu welchen Effekten führt.

Nehmen wir an, unser Beispielsystem wächst in dem Labor eines Verhaltensbiologen auf. In diesem Labor löst das Betätigen eines blauen Knopfes rechts vor dem System einen Mechanismus aus, der ihm eine wohlschmeckende Futterpille serviert. Von diesem Mechanismus weiß das System nicht das geringste. Und es würde auch nicht weiterhelfen, ihm diesen Mechanismus zu erklären, denn das Beispielsystem lebt im Moment ja noch in einem völlig bedeutungslosen Wahrnehmungsstrom. Was es merkt, ist, dass es im Moment Richtung Weniger-gut geht, denn es hat Hunger, und es tut alles, was in seiner Macht steht, um dieses Unwohlsein abzustellen: Es zappelt wild herum. Dabei trifft es zufällig den Knopf, bekommt die Futterpille, frisst sich satt und fühlt sich mehr-gut. Nach einiger Zeit hat es wieder Hunger, zappelt, berührt wieder den Knopf, bekommt wieder die Futterpille und fühlt sich wieder mehr-gut. Offensichtlich lohnt es sich für das Beispielsystem, sich diesen Vorgang einzuprägen. Im Einzelnen sollte es sich dabei die folgenden Details merken: Wenn ich Hunger habe, muss ich einen Zustand erzeugen, in dem ich meinen Greifarm auf dem Knopf rechts vor mir spüre und sehe, denn dann bekomme ich die Futterpille, die mich satt macht. Zwar kann auch dieser Satz wieder nicht vom Beispielsystem selbst formuliert werden; mit zunehmender Erfahrung wird es allerdings zuverlässig genau so agieren, als ob es diesen Satz verinnerlicht hätte. Wenn dem so ist, hat es etwas gelernt.

Nehmen wir an, der Verhaltensbiologe setzt unser Beispielsystem so um, dass sich der blaue Knopf nicht mehr rechts, sondern links von ihm befindet. Was wird das System jetzt tun, wenn es das nächste Mal Hunger bekommt? Es wird natürlich wieder nach rechts greifen, denn es hat ja gelernt, dass diese Bewegung mit einer Futterpille belohnt wird. (In dieser Hinsicht unterscheidet sich das Beispielsystem in keiner Weise von dem Autofahrer, der in seinem neuen Auto das Licht genauso anschaltet wie in seinem alten – und dabei immer wieder den Scheibenwischer in Gang setzt.) Die Futterpille bleibt diesmal jedoch aus. Und das System ist zu Recht verwirrt, denn der Greifarm fühlt sich ganz genauso an, wie er sich bisher immer angefühlt hatte, wenn eine Futterpille serviert worden war. Irgendwie ist der erreichte Zustand aber auch anders. Was fehlt, ist das Fühlen des Knopfs am Greifarm, und auch wird nicht gesehen, wie der Greifarm auf dem Knopf liegt. Wenn dem Beispielsystem jetzt in den Sinn kommt, dass auch die Ausgangsbedingungen andere waren, ist es auf der richtigen Spur, denn was bisher gelernt wurde, scheint wohl nur unter der Bedingung zu gelten, dass „das Blaue“ rechts gesehen wird. Für die Situation „Blaues links“ ist das System jetzt wieder darauf angewiesen, so lange zu zappeln, bis dass der Knopf zufällig getroffen und die Futterpille serviert wird. Wenn das aber geschafft ist – und der Verhaltensbiologe gemein genug ist, die Positionen unseres Systems in Relation zum Knopf immer wieder zu variieren –, dann gewinnt das Beispielsystem zunehmend an Kompetenz, seinen Greifarm bedingungsabhängig zielgerichtet zum Knopf zu bewegen. Es hat dann so etwas wie ein sensomotorisches Konzept für die Richtung erworben. Was ihm noch völlig fehlt, sind Konzepte für rund vs. eckig, für blau vs. grün, für Knopf vs. Taste usw. Aber immerhin: Unser Beispielsystem ist auf dem besten Wege, sich sein persönliches Weltbild auszudifferenzieren. Und da es im Labor eines Verhaltensbiologen aufwächst, steht zu erwarten, dass dieser noch eine Unmenge an Erfahrungskategorien für unser System bereithält.

Nehmen wir an, unser Beispielsystem hat nach etlichen Mühen ganz viel gelernt. Nun will es Skifahren lernen. Dies ist nicht leicht, da Skihänge in der Regel ein völlig anderes Aussehen haben als verhaltensbiologische Labors. Zwar verfügt das System schon über Wahrnehmungskonzepte wie bergauf und bergab und Bewegungskonzepte, die auf nicht so schneeglatten Oberflächen das Gleichgewicht sichern; dennoch gleichen – mit milder Ironie betrachtet – die allerersten Versuche mit Skiern im Schnee ein wenig dem Zappeln im Labor. Nach einiger Zeit des Sammelns von Bewegungserfahrungen durch Versuch und Irrtum und unterstützt durch einige methodische Kniffe einer Skilehrerin ist unser System in der Lage, bei griffigem Schnee aufrecht einen leichten Hang hinunter zu fahren. Doch bis zu einem guten Skifahrer ist es noch ein weiter Weg.

Nehmen wir also an, dass das Beispielsystem nicht nur „irgendwie“ sturzfrei unten am Hang ankommen will, sondern darüber hinaus eine Vorstellung davon entwickelt, wie dies geschehen soll, also z. B. mit extrem gecarvten Kurven. Wie sich so etwas anfühlt, kann das System nicht sagen. (In formaler Sprache: Im fehlt ein entsprechendes Vorwärtsmodell.) Im Gegensatz zu seiner Lebensphase im verhaltensbiologischen Labor ist es jetzt allerdings nicht mehr auf bloßes Versuch-und-Irrtum-Lernen angewiesen. Es kann vielmehr mit seiner Skilehrerin absprechen, in welche Richtung es probieren soll, damit sich die erwünschten Verhaltenseffekte einstellen. Diese erwünschten Verhaltenseffekte (es soll E_{real} eintreten) kommen also zu der Antizipation von Verhaltenseffekten (es wird E_{ant} eintreten) und der

Wahrnehmung tatsächlicher Verhaltenseffekte (es ist E_{real} eingetreten) hinzu, die das System ja schon im Labor benötigte. Für das System ergeben sich damit die folgenden drei Lernanlässe, die zu jeweils unterschiedlichen Anpassungen führen.

Lernanlass 1: Unser System rutscht bei der Schrägfahrt immer noch quer zu den Skikanten ab. Dies kann es selbst spüren, sehen und hören. Die tatsächlichen Effekte entsprechen also weder den erwünschten noch den antizipierten. Aufgrund seiner Bewegungserfahrung weiß das System aber, was zu tun ist: Die Knie müssen mehr zum Hang gedreht werden. Bei der nächsten Fahrt korrigiert das System also die efferenten Kommandos an die Muskulatur so, dass die Schrägfahrt ohne Abrutschen gelingt.

Lernanlass 2: Die Skilehrerin (in puncto Gemeinheit durchaus mit dem Verhaltensbiologen vergleichbar) führt unser System auf einen anderen Hang, an dem sich vereiste Stellen befinden. Obwohl es gefahren ist wie sonst auch, fliegt das Beispielsystem prompt auf die Nase – sofern wir eine annehmen wollen. Erneut entsprechen die tatsächlichen Effekte nicht den erwünschten, zum Teil aber den antizipierten, denn die Bewegung an sich hat sich ja so angefühlt wie erwartet, das Bewegungsresultat hingegen ganz anders. Für das System bedeutet dies jetzt, dass es die Wahrnehmung hinsichtlich der Griffigkeit der Unterlage differenziert und versucht, die Bewegung dahingehend anzupassen.

Lernanlass 3: Was bei einer Bewegung auf Skiern unter gegebenen Bedingungen rauskommt, lernt das System fortwährend, mit jeder Bewegungsdurchführung und auch dann, wenn der tatsächliche Effekt gar nicht hätte eintreten sollen. Vielleicht wird das System ja selbst einmal Skilehrer und kann dann beim Demonstrieren des Seitrutschens auf die Erfahrungen aus Lernanlass 1 zurückgreifen. Vielleicht wird es aber auch als Stunt-Beispielsystem arbeiten und weiß dann aus der Lernanlass 2-Situation schon, wie man bei vereisten Hängen spektakuläre Stürze produziert. Die Bewegung kann aber auch plötzlich und unerwartet gelingen – dies ist Lernanlass 3. Nehmen wir zur Verdeutlichung wieder an, dass unser System nun endlich gecarvte Kurven fahren möchte. Es weiß, wie dies aussieht, hat es auch schon oft versucht, ist aber immer wieder gescheitert. Auch bei dem nächsten Versuch erwartet es, wieder mit den Skienden über die Falllinie zu rutschen. Doch durch eine Bodenunebenheit wird es in die richtige Ausgangslage gebracht, und unerwartet ziehen die Skier wie auf Schienen durch den Schnee. „Heureka!“, freut es sich. „*Das* ist es, was ich mir schon so lange gewünscht habe.“

In diesem Beispiel würde also der tatsächliche Effekt nicht dem antizipierten, allerdings einem erwünschten Effekt entsprechen. Was das System diesmal lernt, ist das Bewegungsgefühl, das mit der Einleitung einer gecarvten Kurve verbunden ist, und es versucht, dieses Gefühl auch beim nächsten Mal herzustellen.

Nehmen wir an, dass nach einer Vielzahl von Lerngelegenheiten nicht nur im Labor, sondern auch auf dem Skihang alles bestens läuft. Die bei den wahrgenommenen Ausgangsbedingungen erwarteten Effekte stellen sich zuverlässig ein und es gibt auch keine Überraschungen mehr im Hinblick auf ein Auseinanderfallen von antizipierten und erwünschten Effekten. „Ich kann Skifahren", freut sich unser Beispielsystem und lässt sich von einem befreundeten System auf Video aufnehmen, wie es den Hang hinunterwedelt. Als es sich die Aufnahme zum ersten Mal anschaut, ist es allerdings entsetzt, denn es muss ein Beispielsystem entdecken, das ganz hinten auf den Skienden absitzt – und das sieht ziemlich stümperhaft aus. „Das hätte ich nicht gedacht!", schnieft das System. „Es hat sich so gut angefühlt. Und dann so viel Rücklage! Ich habe noch ganz, ganz viel zu lernen." Wir wollen das System ein wenig trösten, denn im Gegensatz zu dem sprichwörtlichen Hans gilt: Was Beispielsystemchen nicht lernt, kann Beispielsystem immer noch lernen.

Literatur

Adams, J.A. (1971). A closed-loop theory of motor learning. *Journal of Motor Behavior, 3*, 111-150.

Bernstein, N.A. (1967). *The Coordination and Regulation of Movements*. Oxford: Pergamon Press.

Bernstein, N.A. (1984). The Problem of the Interrelation of Co-ordination and Localization. In H.T.A. Whiting (Ed.), *Human Motor Actions. Bernstein Reassessed* (pp. 77-119). Amsterdam: North-Holland.

Bernstein, N.A. (1998). *Die Entwicklung der Bewegungsfertigkeiten*. Leipzig: IAT Eigenverlag.

Desmurget, M. & Grafton, S. (2000). Forward modeling allows feedback control for reaching movements. *Trends in Cognitive Sciences, 4*, 423-431.

Elsner, B. & Hommel, B. (2001). Effect anticipation and action control. *Journal of Experimental Psychology: Human Perception and Performance, 27*, 229-240.

Gibson, J.J. (1982). *Wahrnehmung und Umwelt*. München: Urban & Schwarzenberg.

Hacker, W. (1973). *Allgemeine Arbeits- und Ingenieurpsychologie*. Berlin: Volk und Wissen.

Heuer, H. (1983). *Bewegungslernen*. Stuttgart: Kohlhammer.

Hoffmann, J. (1993). *Vorhersage und Erkenntnis*. Göttingen: Hogrefe.

Hoffmann, J. (2001). Das ideomotorische Prinzip, ABC, Closed Loops und Schemata. In J.R. Nitsch & H. Allmer (Hrsg.), *Denken – Sprechen – Bewegen* (S. 69-75). Köln: bps.

Holst, E. von & Mittelstaedt, H. (1950). Das Reafferenzprinzip. *Naturwissenschaften, 37*, 464-476.

Hossner, E.-J. (2002). *Bewegende Ereignisse – ein Versuch über die menschliche Motorik*. Unveröffentlichte Habilitationsschrift, Universität Heidelberg.

Jordan, M.I. (1994). Komputationale Aspekte der Bewegungssteuerung und des motorischen Lernens. In H. Heuer & S. Keele (Hrsg.), *Enzyklopädie der Psychologie. Themenbereich C, Theorie und Forschung. Serie II, Kognition. Band 3, Psychomotorik* (S. 87-146). Göttingen: Hogrefe.

Jordan, M.I. & Rumelhart, D.E. (1992). Forward models: Supervised learning with a distal teacher. *Cognitive Science, 16*, 307-354.

Klix, F. (1992). *Die Natur des Verstandes*. Göttingen: Hogrefe.

Künzell, S. (2000a). Computermodelle aus dem Blickwinkel der handlungstheoretischen Psychologie. In D. Hackfort, J. Munzert & R. Seiler (Hrsg.), *Handeln im Sport als handlungspsychologisches Modell* (S. 115-130). Heidelberg: Asanger.

Künzell, S. (2000b). Learning the Basics. In AISB (Ed.), *Time for AI and Society. Proceedings for the AISB'00 Symposium on How to Design a Functioning Mind* (pp. 151-152). Birmingham: University of Birmingham.

Künzell, S. (2002). *Die Bedeutung der Efferenzkopie für das motorische Lernen*. Unveröffentlichte Dissertation, Universität Gießen.

Meinel, K. & Schnabel, G. (1998). *Bewegungslehre – Sportmotorik* (9. stark überarbeitete Aufl.). Berlin: Sportverlag.

Munzert, J. (1989). *Flexibilität des Handelns*. Köln: bps.

Narendra, K.S. (1995). Adaptive Control: Neural Network Applications. In M.A. Arbib (Ed.), *The Handbook of Brain Theory and Neural Networks* (pp. 69-73). Cambridge, Mass.: MIT Press.

Neumann, O. (1992). Theorien der Aufmerksamkeit: Von Metaphern zu Mechanismen. *Psychologische Rundschau, 43*, 83-101.

Nitsch, J.R. & Munzert, J. (1997). Handlungstheoretische Aspekte des Techniktrainings. Ansätze zu einem integrativen Modell. In J.R. Nitsch, A. Neumaier, H. de Marées & J. Mester (Hrsg.), *Techniktraining. Beiträge zu einem interdisziplinären Ansatz* (S. 109-172). Schorndorf: Hofmann.

Pawlow, I.P. (1953). *Gesammelte Werke. Band 3*. Berlin: Akademie.

Schmidt, R.A. (1975). A schema theory of discrete motor skill learning. *Psychological Review, 82*, 229-261.

Stadler, M. (1999). *Psychologie an Bord* (5., überarb. und erw. Aufl.). Bielefeld: Klasing.

Thorndike, E.L. (1931). *Human Learning*. New York: Century.

Volpert, W. (1983). Das Modell der hierarchisch-sequentiellen Handlungsorganisation. In W. Hacker, W. Volpert & M. von Cranach (Hrsg.), *Kognitive und motivationale Aspekte der Handlung* (S. 38-58). Bern: Huber.

C Funktionsbereiche von Wahrnehmung, Bewegung und Handlung

Inhalt

C.1 Antizipation und Automatisation
Klaus Blischke & Jörn Munzert

C.2 Sinnesleistungen im Sport
Gernot Jendrusch & Michael Brach

C.3 Unbewusste Wahrnehmungsfunktionen bei der Bewegungsregulation
Alfred O. Effenberg

C.4 Vorstellung und mentales Training
Jörn Munzert & Mathias Reiser

C.5 Motorisches Gedächtnis, Behalten und Vergessen
Markus Raab & Richard A. Magill

C.6 Implizites Lernen
Armin Kibele

C.1 Antizipation und Automatisation

Klaus Blischke & Jörn Munzert

Gliederung

1 Lernphasencharakteristika bei offenen und geschlossenen Fertigkeiten

2 Antizipation bei offenen Fertigkeiten

3 Automatisation im Rahmen motorischer Kontrolle

3.1 Primäre Automatismen

3.2 Sekundäre Automatismen

4 Zusammenfassung

Kurzreferat

Antizipation und Automatisation sind Grundbestandteile einer jeden geübten Bewegungsorganisation. Sie werden im Lernverlauf fertigkeitsspezifisch entwickelt und entfalten ihr Potential jeweils in späteren Phasen des Lernprozesses. Dabei hängt es von den Aufgabencharakteristika ab, ob stärker Automatisierungs- oder Antizipationsmechanismen im Vordergrund der Aufgabenlösung stehen. Dies wird im Folgenden anhand des Lernphasenmodells von Gentile (1972) begründet. Automatisation betrifft dabei Effekte des Lernens bei geschlossenen Fertigkeiten. Hierunter fasst man Phänomene eines verminderten kognitiven Aufwandes bei der Bewegungsregulation, eine geringe Störanfälligkeit gegenüber Umwelteinflüssen und eine Festigung und Individualisierung des Bewegungsmusters. Antizipation bezieht sich auf die explizite oder implizite Vorwegnahme von Handlungsbedingungen in einer sich dynamisch verändernden Umwelt (vgl. Abernethy, 1987). Solche Prozesse ermöglichen effektives, angepasstes Verhalten bei offenen Fertigkeiten.

Schlagworte

Antizipation, attentionales System, Direkte Parameterspezifikation, Doppeltätigkeitskosten, Expertise, interceptive tasks, Lernphasen, nicht-attentionales System, occlusion paradigm, primäre Automatismen, Reaktionszeit, sekundäre Automatismen

1 Lernphasencharakteristika bei offenen und geschlossenen Fertigkeiten

Deduktiv entwickelte Lernphasenmodelle umfassen zumeist drei (Fitts & Posner, 1967) oder zwei Lernstadien (Gentile, 1972; Newell, 1985). Gemeinsam ist ihnen, dass sie für frühe Lernphasen einen Schwerpunkt bei kognitiven und verbalen Prozessen sehen, die im Lernverlauf zunehmend vermindert werden. Gentile bezeichnet diese Phase als „getting the idea of the movement". Ziel ist es, ein Verständnis der Aufgabe und des damit verbundenen Handlungszieles zu erhalten. Es wird ein Handlungsplan entwickelt, der zumindest eine erste, näherungsweise

Aufgabenlösung beinhaltet. Ein wesentliches Lernziel besteht darin, aufgabenrelevante und -wirksame Handlungsmerkmale von aufgabenirrelevanten unterscheiden zu können. In dieser Phase sind sich Lernprozesse bei offenen und geschlossenen Fertigkeiten relativ ähnlich. Die Unterschiede treten erst im weiteren Lernverlauf auf. Dabei kommt es darauf an, ob das in der ersten Lernphase erworbene Bewegungsmuster verfeinert und stabilisiert, oder ob es noch einmal wesentlich verändert wird. Bei relativ konstanten Umweltbedingungen (closed skills) ist ersteres der Fall, bei variablen Umweltbedingungen (open skills) trifft der zweite Fall zu. Dies wird in Abb. 1 symbolisch dargestellt.

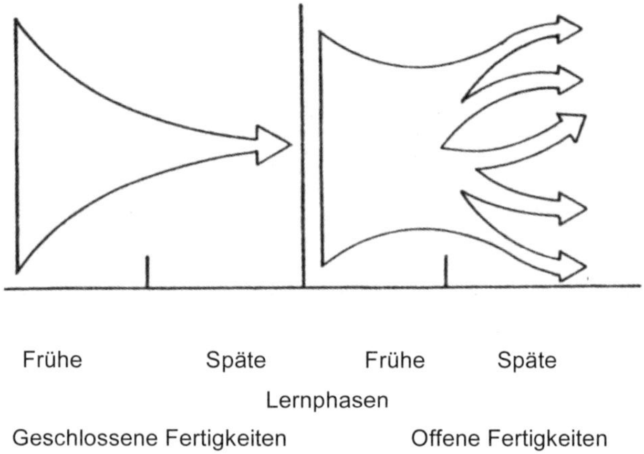

Abb. 1: Lernverlaufscharakteristika im Sinne der Verringerung der Ausführungsvariabilität bei geschlossenen und der Erhöhung der Flexibilität bei offenen Fertigkeiten (vgl. Gentile, 2000, S. 123)

Geschlossene Fertigkeiten sind also durch eine Stabilisierung des Bewegungsmusters (fixation) gekennzeichnet. Dies geht mit einer Verringerung der Ausführungsvariabilität, geringerer bewusster Kontrolle der Bewegung und einer Optimierung des physischen Koordinationsaufwandes einher. Dagegen erfordern offene Fertigkeiten in zunehmendem Maße Flexibilität (diversification). Die Auswahl und Entscheidung für eine spezifische Bewegungsvariante wird hier vor allem dann zu einem limitierenden Faktor, wenn nur eine (eng) begrenzte Zeit dafür zur Verfügung steht (Zeitdruck). Erfolgreiches Bewegungshandeln setzt hier die Vorhersage aufgabenrelevanter Bedingungen voraus: „the individual is required to predict what conditions are going to be like in the immediate future from the input of the immediate or more distantly removed past“ (Gentile, 1972, S. 12).

2 Antizipation bei offenen Fertigkeiten

In der Bewegungswissenschaft werden Antizipationsprozesse schwerpunktmäßig bei offenen Fertigkeiten untersucht, obwohl sie auch bei geschlossenen Fertigkeiten eine Rolle spielen. Im Prinzip wird die empirische Analyse noch weiter eingeengt auf sog. „interceptive tasks", bei denen die Bewegung mit dynamisch sich verändernden Aufgaben- und Umweltbedingungen (z. B. einem bewegten Objekt, das zu treffen ist) abzustimmen ist. Im folgenden Abschnitt werden zunächst zwei Beispiele für Antizipationsleistungen dargestellt, ehe dann vor allem mit Bezug auf den Expertise-Ansatz Prozesse der Antizipation im Sport referiert werden.

Das Fangen stellt eine grundlegende Fertigkeit dar, für die sich bei sechs bis acht Monate alten Kleinkindern Vorformen beobachten lassen, die antizipative Komponenten beinhalten. Die Regulationserfordernisse sind dadurch gekennzeichnet, dass das Bewegungsmuster mit einem bewegten Objekt zielgerichtet zu koordinieren ist. Die Bewegung muss in ihrer Hauptphase abgeschlossen sein, wenn der Ball die Hand berührt. In Abb. 2 ist die zeitliche Koordination in mehreren Etappen abgebildet.

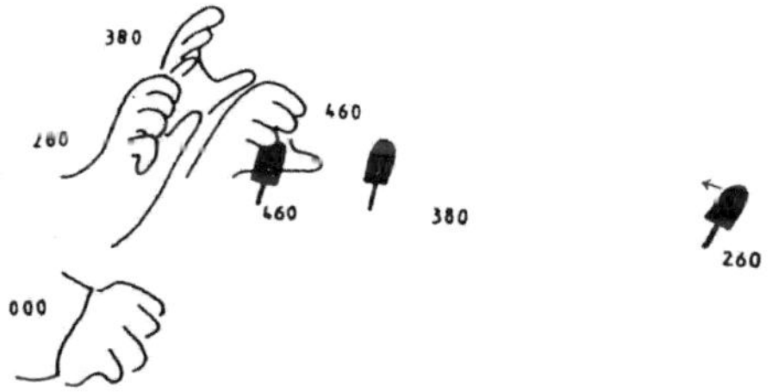

Abb. 2: Greifen beim Kleinkind (adaptiert nach von Hofsten, 1983, S. 82)

Im dargestellten Beispiel dauert die Greifbewegung etwa 460 ms. Währenddessen wird die Hand in Richtung Objekt bewegt (Transportbewegung) und durch Öffnen und Schließen der Hand der eigentliche Greifakt vorbereitet. Das Greifen eines bewegten Objekts besitzt bereits in diesem Alter eine zeitliche Genauigkeit von etwa 50 ms und eine räumliche Fehlerkomponente von wenigen Grad Abweichung (von Hofsten, 1983). Auf diesen Antizipationsleistungen können dann entsprechende Mechanismen für komplexe sportmotorische Fertigkeiten aufbauen.

Ein Beispiel dafür ist der Return im Tennis. Die im Folgenden zugrunde gelegten Daten sind aus Kleinöder, Neumaier und Mester (1994) entnommen. Um die zeitliche Koordination beschreiben zu können, wird der Zeitpunkt des Ballkontaktes beim Aufschlag als t_0 gesetzt. Dann beginnt die Flugkurve des Balls, die der

Returnspieler zu berücksichtigen hat. Dieser hat auf Sandplätzen durchschnittlich 900 ms Zeit bis zum Treffpunkt des Returns. Häufig führt der Returnspieler zum Auftakt einen kleinen Vertikalsprung aus, der wahrscheinlich der Voraktivierung der Muskulatur dient (Kleinöder, Neumaier & Mester, 1994, S. 174). Dieser Vertikalsprung beginnt etwa zum Zeitpunkt -100 ms (also vor t_0!) und endet etwa zum Zeitpunkt t_{200}. Etwa 220 ms nach t_0 beginnt bei Weltklassespielern die Ausholbewegung. Das bedeutet, dass zu diesem Zeitpunkt bereits die Entscheidung für die Art des Return (Vorhand vs. Rückhand) gefallen ist. Da man weiß, dass die Reaktionszeit für Einfachreaktionen auf singuläre visuelle Signale etwa 200 ms beträgt, muss die „eigentliche" Entscheidung spätestens zu t_0, wahrscheinlich sogar noch früher gefallen sein. Vergleichsdaten zeigen zudem, dass Weltklassespieler gegenüber Oberligaspielern die Schlagbewegung etwa 50 ms früher beginnen können. Der Umkehrpunkt der Schlagbewegung ist etwa bei 670 ms, also 450 ms nach Beginn der Ausholbewegung. Die zeitliche Charakteristik dieser Abläufe ist in Abb. 3 näherungsweise dargestellt.

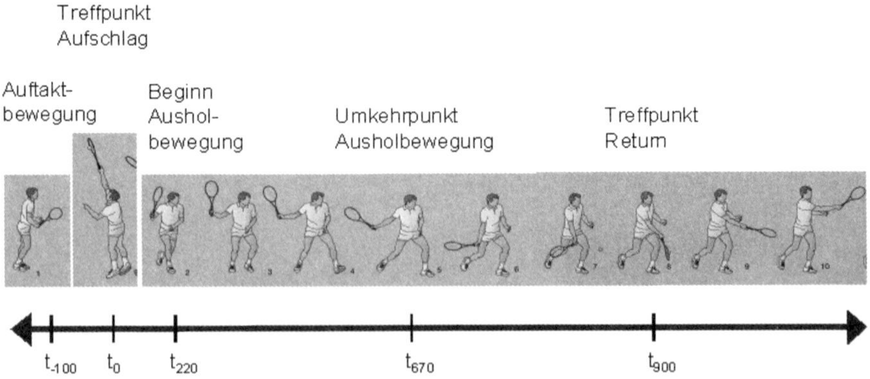

Abb. 3: Zeitachse für den Tennisreturn bei einem Weltklassespieler (Erläuterungen im Text)

Eine Erklärung für die schnelleren und präziseren Reaktionen der Spitzenspieler könnte darin liegen, dass sie kürzere Reaktionszeiten oder bessere Wahrnehmungsleistungen gegenüber durchschnittlichen Spielern aufweisen. Beide Hypothesen lassen sich in der Regel nicht stützen. So findet man zwar häufig Reaktionszeitenunterschiede zwischen Sportlern und Nichtsportlern, aber nicht zwischen Athleten unterschiedlicher Leistungsniveaus (vgl. z. B. für die Sportart Hockey: Bhanot & Sidhu, 1979). Ebenso zeigt sich bei Tontaubenschützen, dass die Spitzenkönner keine Vorteile bei physiologischen Wahrnehmungsleistungen, wie Sehschärfe oder

Tiefensehen, besitzen. Im Gegenteil haben sich bei Untersuchungen z. T. sogar bessere Werte bei Anfängern nachweisen lassen (vgl. Abernethy & Neal, 1999).

Wenn also sportartspezifische Reaktionsleistungen nicht auf eine generelle Reaktionsfähigkeit oder Wahrnehmungsfähigkeit zurückzuführen sind, müssen sie im Lern- und Übungsverlauf tätigkeitsspezifisch erworben worden sein. Die Reaktionsleistungen kommen im Prinzip nicht dadurch zustande, dass Könner wirklich schneller reagieren können, sondern dass ihnen für die Reaktionen mehr Zeit zur Verfügung steht. Dies lässt sich bereits aus dem Beispiel zum Tennisreturn ableiten, soll aber im Folgenden genauer anhand von Befunden aus der Expertiseforschung skizziert werden.

Genauer lässt sich der Zeitpunkt der tätigkeitsspezifischen Aufnahme von Wahrnehmungsmerkmalen über das sog. „film occlusion paradigm" untersuchen. Dabei werden Filmaufnahmen (aus der Perspektive des Handelnden) zu unterschiedlichen Zeitpunkten angehalten, zu denen der Versuchsteilnehmer dann z. B. ein Urteil darüber abgibt, wohin der Schlag des (fiktiven) Gegners gehen wird. In Ermangelung von Längsschnittstudien wird klassischerweise von einem Experten-Novizen-Vergleich ausgegangen. Dabei zeigt sich, dass Experten die Ballflugrichtung besser voraussagen können, und dass die Vorhersageleistung umso schlechter wird, je früher man den Film stoppt. Das Besondere an den Befunden ist jedoch, dass sich der Expertisevorteil auch zu sehr frühen Zeitpunkten (in der Logik von Abb. 3 zu t_0 und noch früher) durchsetzt (Abernethy & Russell, 1987).

Über eine Spezifizierung der Experimentaltechnik lässt sich weiter differenzieren, welche Wahrnehmungsmerkmale zu diesen frühen Zeitpunkten zur besonderen Antizipationsleistung der Könner führen. Dabei werden bei einer spezifischen Aufnahme je nach Versuchsbedingung unterschiedliche Körperbereiche bzw. zum Vergleich auch irrelevante Umgebungsbereiche abgedeckt bzw. ausgeblendet. Im Vergleich zur „Normalbedingung" kann dann festgestellt werden, bei welcher Bedingung der Fehler besonders ansteigt. Abernethy und Russell (1987, Exp. 2) zeigten, dass Könner deutlich mehr Fehler machen, wenn Arm und Schläger abgedeckt sind, im Gegensatz zur Ausblendung nur des Schlägers. Dieser Unterschied besitzt bei den Anfängern keine wesentliche Bedeutung. Könner nehmen relevante Informationen nicht nur schneller auf, sie haben dabei auch andere Informationsbereiche im Visier als Anfänger.

Damit ergeben sich auch Hinweise darauf, ob und wie entsprechende Antizipationsleistungen trainierbar sind. Aus den Befunden zur tätigkeitsspezifischen Selektion von Informationen wird deutlich, warum generalisierte Wahrnehmungs-

oder Augentrainings keinen Vorteil für sportmotorische Aktivitäten mit sich bringen (vgl. Abernethy & Wood, 2001). Sie setzen an Merkmalen an, die nicht kritisch für das Erbringen von Leistungen sind. Schwieriger ist dagegen die Frage zu beantworten, ob sportartspezifische Wahrnehmungstrainings wirklich Leistungsvorteile bringen. Mit ihnen werden zweifelsohne die Wahrnehmungsleistungen verbessert, ein Nachweis einer damit einhergehenden motorischen Leistungsverbesserung lässt sich jedoch meist nicht erbringen (vgl. Abernethy, Wann & Parks, 1998, S. 21 ff.; Abernethy, Wood & Parks, 1999). Eine Voraussetzung für spezifische Antizipationstrainings sollte zumindest darin bestehen, dass mit der Entdeckung handlungsrelevanter Wahrnehmungsmerkmale eine spezifische Reaktion verbunden ist. Somit würden die Merkmale im Sinne der Direkten Parameterspezifikation verwendet werden (vgl. Abschnitt 3.2.2). Bisher gibt es kaum Evidenzen dafür, dass jenseits des langwierigen Übens ein rein kognitives Training die gewünschten Effekte bewirken könnte.

Die Einzelbefunde sind z. T. abhängig von den Bedingungen der spezifischen Sportarten. Der generelle Trend ist jedoch, dass Reaktionsvorteile bei offenen Fertigkeiten auf der frühen und genauen Wahrnehmung von situativen Bedingungen aufbauen. Dabei handelt es sich immer um Antizipation *aufgabenrelevanter Informationen*, die zur Vorbereitung und Spezifizierung einer motorischen Reaktion dienen.

3 Automatisation im Rahmen motorischer Kontrolle

3.1 Primäre Automatismen

Automatische Leistungen werden auf zwei Ebenen realisiert. Die erste Ebene ist durch die Reflexmotorik gegeben. Diese stellt ein Repertoire funktionaler Koordinationsleistungen bereit, die nicht erlernt werden müssen. Vielmehr sind diese „primären“ Automatismen in den neuronalen Verschaltungen von Muskeln, Sinnesorganen und Teilen des Zentralnervensystems (Rückenmark und Hirnstamm) von vornherein fest angelegt. Sie sichern und unterstützen zahlreiche Grundfunktionen koordinierten Verhaltens, die für den Organismus wichtig sind. Hierzu gehören u. a. die Muskellängen- und Gelenkstabilisierung, Schmerzvermeidung, Orientierung von Kopf, Rumpf und Gliedmaßen zueinander und im Schwerefeld der Erde, Gleichgewichtsregulation, Mithilfe bei der Fortbewegung und Akte reflektorischer wie antizipativer Haltungsstabilisierung. Alle diese Leistungen kommen ohne Willensentschluss und ohne Zutun höherer kognitiver

Prozesse zustande. Übergeordnete motorische Systeme können zwar eingreifen, sind aber nicht zwingend beteiligt. Die reflexmotorischen Systeme arbeiten mit kurzen Leitungswegen und sind in vieler Hinsicht autonom. Sie entlasten das Bewusstsein und das Arbeitsgedächtnis. Wegen ihrer fixierten neuronalen Strukturen sind sie zugleich verlässlich und in gewisser Weise stereotyp.

Ein Beispiel hierfür ist der Beuge-Rückzieh- oder Schutzreflex: Eine schmerzhafte Reizung etwa der Fußsohle führt vermittelt durch entsprechende Zwischenneurone im Rückenmark zu einer Erregung der ipsilateralen Beuge- und zu einer Hemmung der ipsilateralen Streckmuskeln. Zugleich kommt es in der kontralateralen Extremität zur umgekehrten Reaktion (gekreuzter Streckreflex). Das Ergebnis ist eine koordinierte Beugung im Hüft-, Knie- und Fußgelenk – das betroffene Bein wird aus der Gefahrenzone gebracht, das nicht betroffene Bein wird gestreckt. Letzteres ist Ausdruck einer sinnvollen Automatik zur Erhaltung des Gleichgewichts, wenn ein Beuge-Rückzieh-Reflex beim Stehen oder Gehen ausgelöst wird.

Obgleich genetisch verankert und strukturell fest angelegt, sind primäre Automatismen allerdings keineswegs immer vollkommen stereotyp: Zum Einen bestimmt die Reizintensität Umfang und Stärke der Muskelkontraktion. Zum Anderen erfolgen Reflexantworten häufig situations- sowie aufgabenangepasst und unterstützen darin auch Willkürbewegungen in einer für den Organismus sinnvollen Weise. Berührt man etwa leicht die Pfote einer spinalisierten Katze in der Vorschwungphase eines Schrittes, kontrahieren die Beugemuskeln noch stärker als ohnehin schon, um die Pfote am Hindernis vorbeizubekommen. Die gleiche Berührung der Pfote in der Abdruckphase hingegen resultiert in einer verstärkten Streckeraktivierung, um den Abdruck zu beschleunigen und auf diese Weise dem potentiellen Hindernis rasch zu entkommen (Forssberg, Grillner & Rossignol, 1975). Besonders deutlich wird dieser Sachverhalt am Beispiel der reflektorischen Gleichgewichtssicherung. Zieht man etwa eine in der Hocke befindliche Person an einem der beiden nach vorn ausgestreckten Arme, so kontrahieren die dadurch gedehnten Muskeln des betreffenden Armes reflektorisch. Zugleich kommt es aber auch in den Ellbogenextensoren des anderen, kontralateralen Arms zu einer starken Kontraktion, sofern sich die betreffende Person mit diesem Arm zur Sicherung ihres Gleichgewichts beispielsweise an einer vor ihr befindlichen Tischkante abstützt. Hält derselbe (also der nicht gestörte) Arm jedoch statt dessen ein instabiles Objekt, z. B. eine gefüllte Kaffeetasse, tritt eine reflektorische Hemmung seiner Ellbogenextensoren in Erscheinung, wodurch nunmehr die Tasse stabilisiert wird (Marsden, Merton & Morton, 1981, zitiert nach Kandel, Schwarz & Jessel, 2000).

Reflexantworten fallen also in einem gewissen Rahmen, und angepasst an die jeweiligen Reiz- und Aufgabenbedingungen, durchaus flexibel aus. Der dafür jeweils angemessene Funktionszustand (functional set) wird vorab von supraspinalen Zentren eingestellt. Die konkreten Mechanismen dieser adaptiven Voreinstellung sind allerdings derzeit noch kaum bekannt. Ist das entsprechende funktionale „set" erst einmal etabliert, so erfolgen alle diese exemplarisch beschriebenen Aktivitäten automatisch: reizgetriggert, und ohne jedes Eingreifen höherer Bewertungs-, Steuerungs- und Entscheidungsinstanzen des Zentralnervensystems (ZNS). Bewusst wird dieses Geschehen erst im Nachhinein. Ohne dieses Repertoire flexibler primärer Automatismen wäre kein Organismus überlebensfähig. Zugleich bedienen wir uns seiner aber auch unbewusst und in vielfältiger Weise zur Unterstützung von erlernten Zweck- und Zielbewegungen.

3.2 Sekundäre Automatismen

Die Ebene primärer Automatismen reicht aber nicht aus. Unsere Lebensumstände erfordern, den Bestand automatisch kontrollierter Verhaltensbausteine ständig zu erweitern. Dies ist die zweite Ebene der erlernten und erst durch Übung automatisierten Fertigkeiten, der „sekundären" Automatismen. Eine Fülle von Alltagsverrichtungen wie z. B. Radfahren, das Kuppeln und Schalten von Gängen beim Autofahren oder das Binden der Schnürsenkel am Schuh laufen augenscheinlich ebenfalls anstrengungslos und ohne unsere bewusste Kontrolle ab. Während diese Tätigkeiten vonstatten gehen, kann der Ausführende seine Aufmerksamkeit zugleich anderen Dingen, Vorgängen oder Personen zuwenden, also etwa ein Gespräch fortführen. Bewusst werden uns derartig automatisierte Prozesse erst dann, wenn sie an Hindernisse stoßen, wenn sie nicht funktionieren und fehlerhaft sind (vgl. v. Cranach & Ochsenbein, 1985). Leistungseinbußen bei Doppeltätigkeit gelten in der experimentellen Forschung als Indikatoren für das Erfordernis aufmerksamer Kontrolle, und ihr Verschwinden als Anzeichen zunehmender Automatisierung.

Auch im Sport sind solche Leistungen essentiell. Der geübte Weitspringer muss sich nicht mehr auf seine letzten Anlaufschritte konzentrieren, um den Absprungbalken zu treffen. Deren visuell kontrollierte Korrektur erfolgt automatisch. Und ein Fechter muss seine Parade, ein Karatekämpfer seine bevorzugte Konterattacke sofort ausführen können, wenn die Situation „stimmt", ohne darüber nachdenken oder den Bewegungsablauf gar noch kontrollieren zu müssen. Alle diese Aktionen mussten aber zunächst einmal gelernt werden und ihre Ausführung war im Anfangsstadium jeweils durchaus mühsam.

Wie aber kommen solche Leistungen zustande, wenn ihnen keine genetisch fixierten neuronalen Schaltkreise zugrunde liegen, wie wir sie aus der Reflexmotorik kennen? Solche erworbenen Automatisierungsphänomene können tatsächlich durch sehr verschiedenartige Mechanismen hervorgerufen werden. Einige haben antizipativen Charakter. Andere beruhen auf der Möglichkeit zur parallelen Verarbeitung von Information im Nervensystem. Wieder andere sind gekennzeichnet durch die Delegation und Verlagerung von Kontrollfunktionen. Alle diese Vorgänge entlasten die kognitiven Kontrollinstanzen unseres ZNS in unterschiedlichem Ausmaß und in je spezifischer (und damit zugleich aufgabentypischer) Hinsicht. Im Folgenden werden einige dieser Mechanismen exemplarisch vorgestellt.

Expropriozeption und Bereitschaftsinnervation im Dienste automatischer Bewegungskontrolle

Leistungen wie das genaue Treffen des Absprungbalkens im Weitsprung beruhen wahrscheinlich auf der kontinuierlichen Verarbeitung visueller „time-to-contact" Information (Lee, Lishman & Thomson, 1982). Die „Zeit bis zum Zusammenstoß" ist in jedem Augenblick direkt proportional zum Kehrwert der größenrelativen Ausdehnungsrate des Abbildes (der Größe τ), welches das zu treffende Objekt auf der Retina (der Netzhaut des Auges) als optisches Fließmuster erzeugt. Dieses Fließmuster wird zugleich durch die eigene Bewegung (i. e. durch deren Richtung und Geschwindigkeit) mitbestimmt. Diese „expropriozeptive" Information bündelt also exterozeptive (umgebungsbezogene) und propriozeptive (das eigene System betreffende) Informationen und setzt sie zueinander in Beziehung. Sie ist unserem Wahrnehmungssystem gleichsam fest eingebaut und damit jederzeit unmittelbar verfügbar. Der kognitive Verarbeitungsaufwand ist entsprechend gering. Weitspringer können nun (nach einiger Erfahrung) anhand dieser Information die Dauer antizipieren, die die letzten drei bis vier Anlaufschritte noch in Anspruch nehmen dürfen. Wird diese Abschätzung nach jedem Schritt neu vorgenommen, kann die mittlere Zykluszeit für die jeweils noch verbleibenden Schritte (und damit deren Länge) im vorhinein festgelegt werden (Warren, Young & Lee, 1986). Kim und Turvey (1998) haben kürzlich dieses Prinzip prospektiver Kontrolle erweitert und unter Verwendung von τ als rekursiver Funktion formalisiert. Damit lässt sich auch die überraschend hohe intraindividuelle Variabilität des finalen Anlaufabschnitts bei Weitspringern erklären: Dieser wird nicht als Stereotyp ausgebildet, sondern mit Hilfe des o. a. Mechanismus jedes Mal neu gestaltet. Im Unterschied zu den antizipativen Leistungen bei offenen Fertigkeiten (vgl. Abschnitt 2) werden hier die Variabilität der Bewegungsproduktion und nicht die Variabilität externer Ereignisse berücksichtigt und „aufgefangen".

Ein anderer Aspekt automatisierter Bewegungskontrolle betrifft die Koppelung einer definierten motorischen Reaktion an ein definiertes externes Signal. Im Unterschied zu den bei den offenen Fertigkeiten dargestellten Konstellationen variiert hier nicht die Bewegungsvariante, sondern einzig der Zeitpunkt für das Auslösen der Bewegung. Bei angekündigtem Auslösereiz wird von einem Sprinter z. B. eine Latenz für die Beinextensoren von nur 60 ms berichtet (Jung, 1976). Dies ist möglich aufgrund einer erlernten Bereitschaftsinnervation (ebd., S. 32, S. 72), die alle kortikalen, subkortikalen und spinalen Ebenen der beteiligten stütz- und zielmotorischen Systeme umfasst. So ist einerseits das bei der Bewegungssteuerung adäquate räumlich-zeitliche Erregungsmuster (das motorische „Programm") im motorischen Kortex schon bereitgehalten und muss nicht erst generiert werden. Andererseits sind die nachgeordneten Ebenen bereits so weit vorerregt und fein aufeinander abgestimmt, dass nur wenige exzitatorische Nervenimpulse ausreichen, um die die Arbeitsmuskulatur versorgenden Motoneurone im Rückenmark zu einer koordinierten Entladung zu bringen.

Automatisierung durch Direkte Parameterspezifikation

Auf den ersten Blick scheinen bei Aufgaben vom Typ „getriggerter Reaktionen" für die Reizwahrnehmung und die „Freigabe" der betreffenden Aktion Aufmerksamkeit und ein bewusster Entscheidungsakt unerlässlich zu sein. Tatsächlich lässt sich aber zeigen, dass auch diese Leistungen unter bestimmten Voraussetzungen und bis zu einem gewissen Grade automatisch ablaufen können. So konnten Neumann (1996) und seine Mitarbeiter die sensorische Kontrolle von Verhaltensparametern belegen, ohne dass kognitive Prozesse vermittelnd dazwischen treten. Sie haben hierfür den Begriff der „Direkten Parameterspezifikation" geprägt. Ausgangspunkt für diese Vorstellung war die Beobachtung, dass sich im Experiment die (unbewusste) motorische Antwort auf einen Reiz und dessen bewusste Wahrnehmung dissoziieren lassen. Dies ist z. B. bei der Beurteilung der zeitlichen Reihenfolge zweier Reize unterschiedlicher Modalität (visuell bzw. akustisch) der Fall (Neumann & Müsseler, 1990). Ähnliches zeigt sich auch bei der Reaktion auf einen (visuellen) Zielreiz, dem ein Hinweisreiz vorausgeschickt wird. Wird der Hinweisreiz darbietungstechnisch so „maskiert", dass er nicht mehr bewusst wahrgenommen werden kann, verkürzt sich dennoch stets die Reaktionszeit, sofern der Zielreiz anschließend am selben Ort wie der Hinweisreiz erscheint. Auf die

Wahrnehmung des Zielreizes und auf das Urteil über den Zeitpunkt seines Erscheinens in Relation zu anderen Reizen hat der maskierte Hinweisreiz dagegen keinen Einfluss (Neumann, Esselmann & Klotz, 1993).

Bevor also kognitive Prozesse (zeitliche Integration von Information aus unterschiedlich schnellen Kanälen; Berücksichtigung von Kontextinformation; etc.) überhaupt wirksam werden, kann ein eigenständiges Verarbeitungssystem eine motorische Reaktion gleichsam automatisch steuern. Einer bewussten Repräsentation bedarf es hierzu nicht. Dazu muss allerdings das Bewegungsprogramm in allen seinen Aspekten bereits etwa eine Sekunde vor der Darbietung des Zielreizes vollständig definiert sein. Alle Bewegungsparameter müssen schon spezifiziert sein, bevor der die Aktion auslösende Reiz eintrifft (Neumann & Klotz, 1994). Möglich wird dies, weil die Informationsverarbeitung im ZNS nicht ausschließlich seriell erfolgt, sondern zugleich in vielen parallelen Strängen vonstatten geht (Pinel, 2001). Die visuelle Reizverarbeitung etwa erfolgt in zwei getrennten Systemen. Das eine (dorsale) System projiziert über den posterioren parietalen Kortex direkt in die motorischen Zentren und vermittelt die (unbewusste) Kontrolle zielorientierter Handlungen. Das andere (ventrale) System dient dagegen der Mustererkennung und der Identifikation von Objekten und führt zu bewussten Repräsentationen (Milner & Goodale, 1995). Neumann (1996) zufolge kann sensorische Information tatsächlich auf allen zentralnervösen Steuerungsebenen in die Kontrolle der Motorik eingehen, ohne in jedem Fall den Weg über die sensorischen Integrationszentren in der Hirnrinde nehmen zu müssen (vgl. auch Hommel, 1998).

Das Konzept der Direkten Parameterspezifikation hat inzwischen nicht nur bei eingelenkigen Finger- und Fußbewegungen, sondern auch bei Seitsprung-Reaktionen und bei Vorhand- und Rückhandbewegungen mit einem Tennisschläger seine Bestätigung gefunden (Kibele, 2001). Auch in dieser sportwissenschaftlichen Untersuchung zeigten sich bei hinreichender Übung im Vergleich zu neutralen oder richtungs-inkongruenten Reizbedingungen immer dann verkürzte Reaktionszeiten, wenn ein maskierter Hinweisreiz auf der Seite dargeboten wurde, zu der hin die Reaktion erfolgen sollte (richtungskongruente Reizbedingung). Allerdings verminderten sich bzw. verschwanden diese Effekte bei ungewohnten Reiz-Antwort-Kopplungen und bei steigender Anzahl von Antwortalternativen. Das heißt aber: Über den Weg der Direkten Parameterspezifikation *kann* die Reizinformation eine motorische Reaktion automatisch steuern, bevor kognitive Prozesse wirksam werden. Sie *muss* es aber nicht und in hochvariablen Ausführungskontexten ist es wenig wahrscheinlich, dass sie es tut. Das gilt zumal dann, wenn das Leistungskriterium nicht in einer möglichst *raschen* Reaktion, sondern in einer möglichst *präzisen* Bewegungsausführung besteht.

Dies verdeutlicht eine Untersuchung von Blischke (1998). Dort sollten Probanden in einem Hock-Streck-Sprung auf ein bestimmtes Tonsignal hin jeweils eine von zwei verschiedenen, zuvor erlernten submaximalen Sprunghöhen möglichst genau realisieren. Signal und Zielparameter waren einander eindeutig zugeordnet. Das Tonsignal konnte entweder rund 400 ms *vor* der selbst einzuleitenden Sprungbewegung eintreffen (und damit etwa eine Sekunde vor Beginn der Abdruckbewegung) oder aber erst *in deren Verlauf* (ungefähr mit Beginn der Abdruckbewegung). Es gab also einen „frühen" und einen „späten" Zeitpunkt für die Spezifikation des Zielparameters. Damit waren beim frühen Spezifikationszeitpunkt die Bedingungen für das Wirksamwerden der Direkten Parameterspezifikation prinzipiell gegeben, beim späten dagegen nicht. Sowohl die beiden Zielparameter, als auch die Spezifikationszeitpunkte wechselten nun pseudozufällig von Sprung zu Sprung. Unter diesen Bedingungen übte ein Teil der Probanden die Sprungaufgabe 1600 mal mit Ergebnisrückmeldung. Im Gegensatz zu einer Kontrollgruppe (keine Übung) verbesserten sie dadurch zwar deutlich ihre Testleistungen vom Vor- zum Nachtest (Tests ohne Ergebnisrückmeldung). Aber ihre Bewegungen wurden nicht „automatisch" in dem Sinne, dass sie ohne aufmerksame Kontrolle hätten vonstatten gehen können. Musste nämlich zeitgleich eine Kopfrechenaufgabe ausgeführt werden (Doppelaufgabenbedingung), so waren die Sprünge auch bei frühem Spezifikationszeitpunkt nach wie vor ungenauer, als bei isolierter Ausführung (Einfachaufgabenbedingung). Tatsächlich waren diese Doppeltätigkeitskosten bei Übungsende, bezogen auf die Leistung unter der Einfachaufgabenbedingung, sogar proportional größer als vorher. Es scheint also, als hätten die Probanden in Anbetracht des hochvariablen Ausführungskontextes bis zum Schluss und unabhängig vom Spezifikationszeitpunkt, eine kognitive Kontrollstrategie verfolgt.

Automatisierung durch strukturelle Verlagerung

Die Automatisierung zielgerichteter Willkürbewegungen gelingt aber nicht nur bei getriggerten Reaktionen sondern auch bei selbsteingeleiteten Bewegungen. Voraussetzungen sind auch hier ein möglichst stereotypes Ausführungsmuster und hohe Übungsraten. Dies konnte Blischke (2001) am Beispiel der bereits erwähnten Sprungaufgabe demonstrieren. Im Verlauf von 3200 Übungssprüngen mit Resultatrückmeldung konnten die Untersuchungsteilnehmer ihre Genauigkeit bei der Ansteuerung der geforderten submaximalen Soll-Sprunghöhe beträchtlich steigern. Sie konnten darüber hinaus nach Übungsende (nunmehr ohne Ergebnisrückmeldung) diese Aufgabe auch weitgehend unbeeinträchtigt durch verschiedene Zweitaufgaben und damit automatisch, d. h. ohne den Einsatz aufmerksamer Kontrolle ausführen. Dies war ihnen zu Beginn des Übungsprozesses noch nicht möglich gewesen.

Ein solch vollständiger Rückgang der Doppeltätigkeitskosten war bei dieser Aufgabe durch isoliertes Üben mit niedrigeren Wiederholungsraten bislang nur in ganz wenigen Einzelfällen zu beobachten. Allerdings lässt sich der zur Automatisierung erforderliche Übungsaufwand durch Doppeltätigkeitsüben ganz erheblich reduzieren. Wie Blischke und Reiter (2002) zeigen konnten, hatte die gleichzeitige Bewältigung einer (nicht antizipierbaren) manuellen Wahlreaktion bei der genannten Sprungaufgabe keine Leistungseinbußen mehr zur Folge, nachdem letztere zuvor 240 mal zugleich mit einer antizipierbaren Einfachreaktion geübt worden war.

Diese Befunde lassen sich insgesamt gut mit der Vorstellung erklären, beim motorischen Lernen seien prinzipiell zwei voneinander unabhängige Systeme involviert, nämlich ein attentionales und ein nicht-attentionales. Das nicht-attentionale System bewerkstelligt Lernen unter ablenkenden Bedingungen. Das attentionale System ist dagegen nur unter weniger ablenkenden Bedingungen wirksam. Es kann, im Gegensatz zum nicht-attentionalen, auch zu explizitem, also bewusst verfügbarem Wissen führen. Für eine solche Unterscheidung gibt es neurophysiologische Hinweise. In mehreren Studien zum impliziten Lernen konnten anhand von bildgebenden Verfahren jeweils spezifische neuronale Strukturen in Großhirnrinde, limbischem System und Basalganglien anatomisch deutlich voneinander unterschieden werden, die sich funktionell einerseits dem attentionalen, andererseits dem nicht-attentionalen System zuordnen lassen (Grafton, Hazeltine & Ivry, 1995; Hazeltine, Grafton & Ivry, 1997; Keele, Davidson & Hayes, 1998). Bemerkenswerterweise scheinen diesen Befunden zufolge beide Systeme nicht gleichzeitig aktiv sein zu können oder jedenfalls nur mit von Versuch zu Versuch deutlich unterschiedlicher Dominanz.

Das hieße aber, eine Fertigkeit wird von Fall zu Fall entweder nur vom attentionalen oder nur vom nicht-attentionalen System kontrolliert. Sie wäre dann automatisiert, wenn das nicht-attentionale System oft genug die Kontrolle hat übernehmen können, um die erfolgreiche Zielerreichung schließlich alleine zu gewährleisten. Dieser Erklärungsansatz wäre einerseits gut vereinbar mit dem Erfordernis sehr hoher Wiederholungszahlen bei isoliertem Üben und mit dem Umstand, dass Automatisierungseffekte dann auszubleiben scheinen, wenn die betreffenden Probanden ihre Ausführungen fortwährend und aktiv aufmerksam moderieren (vgl. Blischke, 2001). Das nicht-attentionale System kommt dann gegenüber dem dominanten attentionalen System eben nur gelegentlich oder gar nicht zum Zuge. Andererseits könnte dieser Ansatz auch Befunde wie die o. a. erklären, wonach Üben bei Doppeltätigkeit, also unter ablenkenden Bedingungen, die zur Automatisierung erforderliche Wiederholungszahl beträchtlich verringern kann. In diesem Fall übernimmt nämlich das attentionale System einfach weniger oft die Kontrolle.

Mit zunehmender Übung sollte sich daher generell die motorische Kontrolle vom attentionalen zum nicht-attentionalen System verlagern. Auch hierfür gibt es neurophysiologische Belege. So lässt der Einsatz bildgebender Verfahren bei Ausführung einer gerade neu gelernten Abfolge von Fingerbewegungen unter anderem im präfrontalen und im posterioren parietalen Kortex starke Aktivität erkennen (Jenkins, Brooks, Bixon, Frackowiak & Passingham, 1994). Diese Regionen spielen bei der bewussten Kontrolle motorischer Abläufe und bei der Integration sensorischer Reize eine besondere Rolle. Während des Ablaufs hochgeübter Fingerbewegungs-Sequenzen hingegen sind diese Hirngebiete gar nicht mehr bzw. deutlich weniger aktiv. Außerdem ist während der Ausführung neu gelernter Bewegungsfolgen der kontralaterale prämotorische Kortex besonders aktiv, der insbesondere bei sensorischer Bewegungskontrolle von Bedeutung ist. Bei Ausführung von hochgeübten Sequenzen ist dagegen eher das supplementärmotorische Feld beidseitig aktiv, eine Struktur, die bei der Kontrolle von selbst erzeugten Bewegungen eine Rolle spielt, die ohne nennenswertes sensorisches Feedback ablaufen können (vgl. auch Pinel, 2001). Veränderungen zeigen sich auch im Kleinhirn. Seine Aktivität ist während der Ausführung hochgeübter Bewegungen deutlich geringer als bei deren Aneignung (Thatch, 1997; Timmann, Kolb & Jüptner, 1998). Das Kleinhirn spielt eine wesentliche Rolle beim Neulernen und bei der Feinabstimmung motorischer Reaktionen. Dagegen waren der Studie von Jenkins et al. (1994) zufolge primäre sensorische und motorische Felder der Großhirnrinde immer in gleicher Weise beteiligt, was darauf hinweist, dass die motorischen Elemente in beiden Lernstadien vergleichbar waren. Die hier frühen bzw. späten Lernphasen zugeordneten neuronalen Strukturen decken sich weitgehend mit denjenigen, die in den oben berichteten Studien zum impliziten Lernen dem attentionalen bzw. dem nicht-attentionalen Kontrollsystem zugeschrieben worden sind.

Speziell für ballistische Fertigkeiten, wie die oben beschriebene Sprungbewegung, ziehen van Soest und van Ingen Schenau (1998) zudem eine Verlagerung der zentralnervösen Kontrolle von den entwicklungsgeschichtlich jüngeren, neokortikalen Strukturen hin zu älteren Strukturen in Betracht. Diese lokalisieren sie im Hirnstamm, im Mittelhirn (hier insbesondere im sogenannten Roten Kern oder „nucleus ruber") und im Kleinhirn. Dieser Vorstellung zufolge „instruieren" die höheren Ebenen in frühen Lernstadien gleichsam ein System neuronaler Schaltkreise auf den unteren Hierarchieebenen des sensomotorischen Systems. Diese niederen Kontrollebenen sind dann schließlich in der Lage, autonom für die spinalen Motoneuronenpools, welche die Effektormuskulatur innervieren, die erforderliche Eingangsinformation bereitzustellen. Diese ergibt sich dabei als Funktion der augenblicklichen Eigenschaften des Muskel-Skelett-Systems, der aktuellen sensorischen Eingänge und der gewünschten Bewegungsintensität, entsprechend der von den übergeordneten Zentren spezifizierten Sprunghöhe. Die Autoren stützen sich u. a. auf (tier-)physiologische Befunde, wonach die kortikospinale Kontrolle von Geschwindigkeits-, Richtungs- und Kraftparametern von Bewegungen zunehmend durch eine rubrospinale Kontrolle ersetzt wird (Kennedy, 1990). Nach einmal erfolgter Automatisierung sind beide Systeme redundant.

4 Zusammenfassung

Automatisierungsphänomene bei geschlossenen Fertigkeiten können unterschiedliche Ursachen haben, nämlich (a) die *Ausnutzung antizipativer Mechanismen* zur Handlungsvorbereitung, (b) *parallele Informationsverarbeitung* im ZNS und (c) *strukturelle Verlagerungen* der zentralnervösen Bewegungskontrolle. Hierdurch werden erstens kognitive Instanzen des ZNS für andere Aufgaben freigesetzt und störende Einflüsse zusätzlicher aufmerksamkeitsbeanspruchender Ereignisse reduziert. Zweitens kommt es zu Geschwindigkeitssteigerungen, weil verschiedene hierarchisch untergeordnete Schaltkreise gleichzeitig aktiv sein können, ohne sich gegenseitig zu hemmen. Drittens verändern sich zentralnervöse Basisprozesse.

Antizipative Leistungen bei offenen Fertigkeiten mit variablen Anforderungen setzen Automatisierung einzelner motorischer Komponenten voraus. Ihr Vorteil beim Bewältigen der Aufgaben beruht jedoch stärker auf dem *frühen Erkennen* von Handlungsbedingungen, der Fokussierung auf *handlungsrelevante* Informationen und dem Aufbau von *Wahrnehmungs-Aktions-Kopplungen*. In der Bewegungswissenschaft wird bisher vor allem auf das Erkennen von Wahrnehmungs-Cues, meist im Rahmen von „interceptive tasks", abgehoben. Dabei werden potentielle Wahrnehmungsmerkmale, die ebenfalls antizipativ genutzt werden könnten, systematisch ausgeblendet. Auf der einen Seite könnten Informationen aus der Eigenbewegung von Objekten im Sinne des „time-to-contact" (vgl. Abschnitt 3.2.1) oder ähnlicher Quellen genutzt werden. Auf der anderen Seite lassen es gerade die gut untersuchten Beispiele in den Rückschlagspielen plausibel erscheinen, dass die Auftretenswahrscheinlichkeit (Basisrate) von externen Ereignissen für deren Vorhersage genutzt wird.

Automatisation und Antizipation wurden bisher kaum in ihrem wechselseitigen Zusammenhang untersucht. Wenn Antizipation bei offenen Fertigkeiten im Vordergrund steht, so stellen Automatisierungsprozesse hierfür eine Voraussetzung dar. Umgekehrt verhält es sich bei geschlossenen Fertigkeiten, wo Antizipationsprozesse eine Voraussetzung für erfolgreich automatisierte Bewegungen darstellen. Forschungsmethodisch können beide Prozesse entweder im Rahmen von Expertise-Untersuchungen oder nach Lernprozessen mit sehr hohen Übungsraten untersucht werden. Es sollte deutlich geworden sein, dass weder Antizipation noch Automatisierung auf einheitlichen Prozessen, sondern auf jeweils unterschiedlichen Mechanismen basieren (können).

Literatur

Abernethy, B. (1987). Anticipation in sport: A review. *Physical Education Review, 10*, 5-16.

Abernethy, B. & Neal, R.J. (1999). Visual characteristics of clay target shooters. *Journal of Science and Medicine in Sport, 2*, 1-19.

Abernethy, B. & Russell, D.G. (1987). Expert-novice differences in an applied selective attention task. *Journal of Sport Psychology, 9*, 326-345.

Abernethy, B., Wann, J. & Parks, S. (1998). Training Perceptual-Motor Skills for Sport. In B. Elliott (Ed.), *Training in Sport. Applying Sport Science* (pp. 1-68). Chichester: Wiley.

Abernethy, B. & Wood, J.M. (2001). Do generalized visual training programmes for sport really work? An experimental investigation. *Journal of Sport Sciences, 19*, 203-222.

Abernethy, B., Wood, J.M. & Parks, S.L. (1999). Can the anticipatory skills of experts be learned by novices? *Research Quarterly for Exercise and Sport, 70*, 313-318.

Bhanot, J.L. & Sidhu, L.S. (1979). Reaction time of Indian hockey players with reference to three levels of participation. *Journal of Sports Medicine, 19*, 199-204.

Blischke, K. (1998). Automaticity and Flexibility in Motor Performance. In P. Blaser (Ed.), *Sport Kinetics '97: Theories of Human Performance and their Reflections in Practice, Vol. 1: Lectures* (pp. 297-301). Hamburg: Czwalina.

Blischke, K. (2001). Automatisierung einer großmotorischen Kalibrierungsaufgabe durch Prozeduralisierung. *Psychologie und Sport, 8*, 19-38.

Blischke, K. & Reiter, C. (2002). Bewegungsautomatisierung durch Doppeltätigkeits-Üben. *Spectrum der Sportwissenschaften, 14*, 8-29.

Cranach, M. von & Ochsenbein, G. (1985). Selbstüberwachungssysteme und ihre Funktion in der menschlichen Informationsverarbeitung. *Schweizerische Zeitschrift für Psychologie, 44*, 221-235.

Fitts, P.M. & Posner, M.I. (1967). *Human Performance*. Belmont, CA: Brooks.

Forssberg, H., Grillner, S. & Rossignol, S. (1975). Phase dependent reflex reversal during walking in chronic spinal cats. *Brain Research, 85*, 103-107.

Gentile, A.M. (1972). A working model of skill acquisition with application to teaching. *Quest, 17*, 3-23.

Gentile, A.M. (2000). Skill Acquisition: Action, Movement, and Neuromotor Processes. In J. Carr & R. Shepherd (Eds.), *Movement Science: Foundations for Physical Therapy in Rehabilitation* (pp. 111-187). Gaithersburg, MD: Aspen Publ.

Grafton, S.T., Hazeltine, E. & Ivry, R. (1995). Functional mapping of sequence learning in normal humans. *Journal of Cognitive Neuroscience, 13*, 497-510.

Hazeltine, E., Grafton, S.T. & Ivry, R. (1997). Attention and stimulus characteristics determine the locus of motor-sequence encoding. *Brain, 120*, 123-140.

Hofsten, C. von (1983). Catching skills in infancy. *Journal of Experimental Psychology: Human Perception and Performance, 9*, 75-85.

Hommel, B. (1998). Automatic stimulus-response translation in dual-task performance. *Journal of Experimental Psychology: Human Perception and Performance, 24*, 1368-1384.

Jenkins, I.H., Brooks, D.J., Bixon, P.D., Frackowiak, R.S.J. & Passingham, R.E. (1994). Motor sequence learning. A study with positron emission tomography. *Journal of Neuroscience, 14*, 3775-3790.

Jung, R. (1976). Einführung in die Bewegungsphysiologie. In J. Haase, H.-D. Henatsch, R. Jung, P. Strata & U. Thoden (Hrsg.), *Sensomotorik* (S. 1-97). München: Urban & Schwarzenberg.

Kandel, E.R., Schwartz, J.H. & Jessel, T.M. (Eds.). (2000). *Principles of Neural Science*. New York: McGraw-Hill.

Keele, S.W., Davidson, M. & Hayes, A. (1998). Sequential Representation and the Neural Basis of Motor Skills. In J.P. Piek (Ed.), *Motor Behavior and Human Skill* (pp. 3-28). Champaign, IL: Human Kinetics.

Kennedy, P.R. (1990). Corticospinal, rubrospinal and rubro-olivary projections: a unifying hypothesis. *Trends in Neurosciences, 13*, 474-479.

Kibele, A. (2001). *Unbewusste Informationsverarbeitung – ein Thema für die Sportwissenschaft?!* Frankfurt: Lang.

Kim, N.-G. & Turvey, M.T. (1998). Optical Flow Fields and Bernstein's "Modeling of the Future". In M.L. Latash (Ed.), *Progress in Motor Control, Vol. 1* (pp. 221-265). Champaign, IL: Human Kinetics.

Kleinöder, H., Neumaier, A. & Mester, J. (1994). Antizipation und Reaktion bei Handlungen unter Zeitdruck in den Sportspielen. In J.R. Nitsch & R. Seiler (Hrsg.), *Bewegungs-regulation und motorisches Lernen* (Bericht über den 8. Europäischen Kongress für Sport-psychologie, Bd. 2, S. 171-178). St. Augustin: Academia.

Lee, D.N., Lishman, J.R. & Thomson, J.A. (1982). Regulation of gait in long jumping. *Journal of Experimental Psychology: Human Perception and Performance, 8*, 484-459.

Marsden, C.D., Merton, P.A. & Morton, H.B. (1981). Human postural responses. *Brain, 104*, 513-534.

Milner, A.D. & Goodale, M.A. (1995). *The Visual Brain in Action*. Oxford: Oxford University Press.

Neuman, O. (1996). Kognition und Sensumotorik. In R. Daugs, K. Blischke, F. Marschall & H. Müller (Hrsg.), *Kognition und Motorik* (S. 53-68). Hamburg: Czwalina.

Neumann, O., Esselmann, U. & Klotz, W. (1993). Differential effects of visual-spatial attention on response latency and temporal order judgement. *Psychological Research, 56*, 26-34.

Neumann, O. & Klotz, W. (1994). Motor Responses to Nonreportable, Masked Stimuli: Where Is the Limit of Direct Parameter Specification? In C. Umilta & M. Moscovitch (Eds.), *Attention and Performance XV: Conscious and Nonconscious Information Processing* (pp. 123-150). Cambridge: MIT Press.

Neumann, O. & Müsseler, J. (1990). „Judgement“ vs. „Response“: A General Problem and Some Experimental Illustrations. In H.-G. Geissler, M. Müller & W. Prinz (Eds.), *Psychophysical Explorations of Mental Structures* (pp. 445-455). Göttingen: Hogrefe.

Newell, K.M. (1985). Coordination, Control, and Skill. In D. Goodman, R.B. Wilberg & I.M. Franks (Eds.), *Differing Perspectives in Motor Learning, Memory, and Control* (pp. 295-317). Amsterdam: North-Holland.

Pinel, J.P.J. (2001). *Biopsychologie*. Heidelberg: Spektrum Akademischer Verlag.

Soest, A.J. van & Ingen Schenau, G.J. van (1998). How are Explosive Movements Controlled? In M.L. Latash (Ed.), *Progress in Motor Control, Vol. 1* (pp. 361-387). Champaign, IL: Human Kinetics.

Timmann, D., Kolb, F.P. & Jüptner, M. (1998). Zur Bedeutung des menschlichen Kleinhirns für motorische Lernvorgänge. *Aktuelle Neurologie, 25*, 41-49.

Thach, W.T. (1997). On the Specific Role of the Cerebellum in Motor Learning and Cognition: Clues From PET Activation and Lesion Studies in Man. In P.J. Cordo, C.C. Bell & S. Harnad (Eds.), *Motor Learning and Synaptic Plasticity in the Cerebellum* (pp. 73-93). Cambridge: Cambridge University Press.

Warren, W.H., Young, D.S. & Lee, D.N. (1986). Visual control of step length during running over irregular terrain. *Journal of Experimental Psychology: Human Perception and Performance, 12*, 371-383.

C.2 Sinnesleistungen im Sport

Gernot Jendrusch & Michael Brach

Gliederung

1 Einführung

2 Sportbezogene Leistungen des visuellen Systems
2.1 Zentrales versus peripheres Sehen
2.2 Räumliches Sehen (Stereosehen)
2.3 Bewegungssehen
2.4 Visuelles System und Training

3 Dynamische Regulation des Gleichgewichts
3.1 Besonderheiten im Sport und Begriffsbildung
3.2 Forschungsstand

4 Fazit und Perspektiven

Kurzreferat

Bewegungshandlungen und Bewegungslernen werden maßgeblich durch Wahrnehmungs- und Sinnesleistungen beeinflusst. Dabei unterscheiden sich sportbezogene Sinnesleistungen quantitativ und teilweise qualitativ von Grundfunktionen. Die funktionale Einheit von Sensorik und Motorik verhindert eine strenge Beschränkung auf sensorische Prozesse bei der Quantifizierung von Sinnesleistungen. Hier werden häufig semiobjektive Messmethoden eingesetzt, bei denen subjektive Empfindungen zur Leistungsbeurteilung herangezogen werden (z. B. bei Hör- oder Sehtests). Am Beispiel des visuellen und des Gleichgewichtssystems wird aufgezeigt, dass sportspezifische Anforderungen und Besonderheiten häufig auch die Entwicklung spezifischer Konzepte und Methoden erfordern. Sportwissenschaftliche Methoden und Erkenntnisse können aber auch in anderen Fächern genutzt werden. Beim visuellen System ist die fähigkeitsorientierte Untersuchung der Sehschärfe, des Bewegungs- und Tiefensehens oder des peripheren Sehens aus leistungsdiagnostischer Sicht möglich. Empirische Befunde zur sportbezogenen Gleichgewichtsregulation sprechen dagegen für eine Orientierung an der Bewegungsaufgabe bei der Konzeptbildung. Auf dieser Basis werden Untersuchungen aus verschiedenen Sportarten skizziert. Abschließend werden praktische, theoretische und methodologische Perspektiven aufgezeigt.

Schlagworte

Gleichgewichtsaufgabe, Gleichgewichtsregulation, Sinnesphysiologie, statische und dynamische Sehschärfe, visuelles System, Wahrnehmung

1 Einführung

Ohne Wahrnehmung gäbe es weder situationsadäquate Orientierungs- und Entscheidungsgrundlagen noch Wissen über den Verlauf und das Ergebnis von Bewegungshandlungen. Der Wahrnehmungsprozess umfasst vereinfacht die Abfolge

Reiz, Empfindung, Organisation sowie ggf. Identifikation. Da selbst Sinneszellen efferente Impulse erhalten (so wird z. B. bei den vestibulären Haarzellen die Sensorempfindlichkeit durch efferente Innervation zentral beeinflusst; de Marées, 2002, S. 153), kann der Wahrnehmungsprozess in allen Phasen als aktive Leistung des Zentralnervensystems (ZNS) betrachtet werden. Wahrnehmung kann daher sowohl aus sinnesphysiologischer als auch aus wahrnehmungspsychologischer Perspektive betrachtet werden.

Den sensorischen Systemen werden im Sport Leistungen abverlangt, die nicht nur über das Maß der normalen Grundfunktion hinausgehen, sondern teilweise auch anders strukturiert sind. Von der Vielzahl der unter sinnesphysiologischem Aspekt relevanten Einflussfaktoren auf die Bewegungskoordination, das Bewegungslernen, die sportliche Leistung aber auch deren Bewertung sollen nachfolgend zwei Bereiche ausführlicher betrachtet werden, denen ein besonderer Stellenwert zukommt: das *visuelle System* und das *Gleichgewichtssystem.* Dabei werden spezifische Begriffe und Methoden skizziert, mit denen individuelle Unterschiede, aufgabenspezifische Leistungsprofile sowie der Einfluss von körperlicher Belastung/Beanspruchung und Training untersucht werden können. Ferner wird deutlich, dass Methoden und Erkenntnisse einen über die Sportwissenschaft hinausgehenden „Mehrwert“ besitzen.

Zum Nachschlagen sinnesphysiologischer Grundlagen wird auf Lehrbücher (z. B. Scherer, 1996; Schmidt, Thews & Lang, 2000; de Marées, 2002) verwiesen.

2 Sportbezogene Leistungen des visuellen Systems

Die visuelle Wahrnehmung dient im Sport zur Orientierung, zur Antizipation und Erfassung von Fremdbewegung(en), zur Kontrolle der Eigenbewegung sowie zur Bewegungsbeurteilung (Neumaier, 1988). Visuelle Teilleistungen wie Sehschärfe, peripheres Sehen, Bewegungs- oder Tiefensehen sind isoliert messbar. Darauf aufbauend können multifaktorielle visuelle Anforderungs- und Leistungsprofile für einzelne Sportarten erstellt werden. Da semiobjektive Methoden überwiegen, lassen sich Verzerrungen durch den Einfluss subjektiver Wahrnehmung prinzipiell nicht vollständig vermeiden. Im Folgenden werden Anforderungen an die visuelle Wahrnehmung im Sport, die Leistungsfähigkeit einzelner Teilsysteme sowie mögliche Grenzen der visuellen Wahrnehmung exemplarisch aufgezeigt.

2.1 Zentrales versus peripheres Sehen

Zentrales und peripheres Sehen haben für die erfolgreiche Aufgabenbewältigung im Sport eine große Bedeutung. In den Sportspielen müssen über das „unscharfe" *periphere Sehen* Mitspieler- bzw. Gegenspielerbewegungen „kontrolliert" werden, um z. B. einen Tempogegenstoß im Handball erfolgreich abschließen zu können. Detailinformationen, z. B. über die Griffhaltung des Tennisgegners, liefert das *zentrale foveale Sehen*, das durch eine hohe Auflösungsleistung gekennzeichnet ist (Grüsser & Grüsser-Cornehls, 2000; de Marées, 2002).

Bei der Bewegungsbeurteilung, z. B. durch Kampf- oder Schiedsrichter, liegen häufig sog. *synchron-optische Sehanforderungen* vor (Gralla, Lessing, Jendrusch, Heck & Tidow, 1997). Das heißt, dass simultan an verschiedenen Orten im peripheren Gesichtsfeld dargebotene Einzelobjekte und Einzelereignisse auch gleichzeitig präzise erfasst werden sollten. Dies gilt z. B. für die Beurteilung der Regelkonformität eines Tennisaufschlages durch den Fußfehlerrichter: Fuß-Boden-Kontakt im Spielfeld erst nach Ballkontakt auf der Schlagfläche. Die visuelle Leistungsfähigkeit stößt bei diesen (meist regelbedingten) synchron-optischen Sehanforderungen häufig an ihre Grenzen: So ist z. B. bei der Abseitsentscheidung im Fußball schon aufgrund der Beobachtungsperspektive des Schiedsrichterassistenten an der Seitenlinie und der daraus resultierenden „verzerrten" retinalen Projektion der zu beurteilenden (Regel-)Kriterien mit systematischen Beurteilungsfehlern zu rechnen (Oudejans u. a., 2000). Untersuchungen zur Beurteilung der Regelkonformität in ähnlichen Beurteilungssituationen, z. B. beim Handball-Sprungwurf oder beim Fußfehler im Tennis zeigen, dass Schieds- bzw. Linienrichter aufgrund der Unmöglichkeit, beide Ereignisse gleichzeitig foveal und damit scharf zu erfassen, nur in ca. 50-60 % der Fälle richtig entscheiden (Jendrusch, Schmidt, Wilke & de Marées, 1993; Gralla u. a., 1997; Sanabria u. a., 1998).

Unterschiede zwischen zentralem und peripherem Sehen können am Beispiel der räumlichen und zeitlichen Auflösung aufgezeigt werden: Das *räumliche Auflösungsvermögen (Sehschärfe)* kennzeichnet die Fähigkeit, zwei räumlich sehr nah benachbart präsentierte Reize noch als Einzelreize erkennen zu können. Die Sehschärfe an der Stelle des schärfsten Sehens auf der Netzhaut, der Fovea centralis, wird als *Visus* bezeichnet. Außerhalb der Fovea verringert sich die Sehschärfe im Bereich der Gesichtsfeldperipherie rapide (abnehmende Sensorendichte u. a.).

Das *zeitliche Auflösungsvermögen* des visuellen Systems ist durch die Fähigkeit gekennzeichnet, kurz hintereinander auf der Retina eintreffende Reize auch als zeitlich unabhängig wahrzunehmen. Es kann z. B. durch Messung der *Flimmerver-*

schmelzungsfrequenz erfasst werden. Als Flimmerverschmelzungsfrequenz wird die Frequenzschwelle bezeichnet, ab der intermittierend dargebotene Lichtreize nicht mehr als unterbrochen wahrgenommen werden, sondern der Eindruck eines kontinuierlich leuchtenden Lichtes entsteht (Olivier, Wiemeyer, Daugs, Zipf & Büsch, 1989, S. 32; Wiemeyer, 1990). Aufgrund der relativ geringen zeitlichen Auflösungsleistung des visuellen Systems können schnelle oder nur kurz dargebotene Ereignisse, wie z. B. der Ballkontakt auf der Schlagfläche oder im Bereich der Linie im Tennis (beide Vorgänge vollziehen sich in weniger als 0,01 s), nur „interpolierend" wahrgenommen werden. Das heißt, die Ballbewegung wird zwar nur punktuell „abgetastet", aber kontinuierlich wahrgenommen. Die Netzhautperipherie wird gegenüber der Fovea bei der Informationsverarbeitung bevorzugt behandelt. Taucht z. B. in der Gesichtsfeldperipherie plötzlich ein Objekt oder eine Bewegung auf, wird die zentrale Wahrnehmung zugunsten der Informationen aus der Peripherie unterdrückt und die Aufmerksamkeit wird auf das neue Detail gelenkt. Dabei erfolgt reflektorisch eine Neuorientierung von Kopf und Augen (mit Hilfe der Augenbewegungen) auf das zu analysierende Objekt. Danach kann die bessere räumliche Auflösungsfähigkeit des zentralen Sehens zur Analyse der Situation genutzt werden. Der Wahrnehmende orientiert sich also nicht durch sukzessive Aufnahme fovealer Informationen. Er bedient sich ständig der in der Gesichtsfeldperipherie aufgenommenen Informationen, um sich im Raum zu orientieren und selektiv (durch Aufmerksamkeitslenkung) und/oder reflektorisch neue Fixationsorte auszusuchen.

Erhebungen in verschiedenen Sportarten zeigen, dass ca. 30 % aller Sporttreibenden ihren Sport *fehlsichtig*, d. h. ohne eigentlich erforderliche Sehhilfe oder mit unzureichender Korrektion, ausüben. Dies gilt auch für den Leistungssportbereich. So müssen ca. 20 % der im Rahmen von visuellen Leistungsdiagnostiken untersuchten Spitzensportler als fehlsichtig eingestuft und in Folge mit einer adäquaten Korrektion ausgestattet werden. Ähnliche Fehlsichtigkeitsquoten wurden im Olympic Vision Centre während der Olympischen Winterspiele in Lillehammer 1994 bei Sportlern der verschiedenen Wintersportarten festgestellt. Circa 5 % der Untersuchten wiesen binokulare (beidäugige) Visusminderungen auf, bei ca. 12,5 % der Sportler wurden monokulare Sehschärfeherabsetzungen diagnostiziert, bei ca. 5 % der Athleten war kein Stereosehen (vgl. 2.2) feststellbar (ref. in Loran & MacEwen, 1995).

Erhebliche *Visusminderungen* führen selbst beim Vorliegen automatisierter Bewegungsabläufe zu koordinativen und damit technomotorischen Verschlechterungen

(Schnell, 1982; de Marées, 1991). Als Kontraindikation für alle Sportarten (im Hochleistungsbereich) gilt ein beidäugiger Visus < 0,4 (Pfeifer & Fleischer, 1978).

Auf der anderen Seite zeigen zahlreiche Studien, dass künstliche beidäugige Reduktionen der Sehschärfe unabhängig vom Leistungsniveau die Präzision der *Auge-Hand-*(Schläger-)*Koordination* z. B. im Basketball, Tennis oder Tischtennis (Abb. 1) nur unwesentlich beeinflussen (Applegate & Applegate, 1992; Jendrusch, 1995; Möllenberg, Jendrusch & Heck, 2001). Das heißt, die Ballflugkurve kann – zumindest in isolierten Spielsituationen bzw. bei Zuspiel des Balles mit einer Ballmaschine – trotz deutlicher Sehschärfeminderung noch so gut „gelesen" werden, dass die Auge-Hand-Koordination funktioniert (Abb. 1).

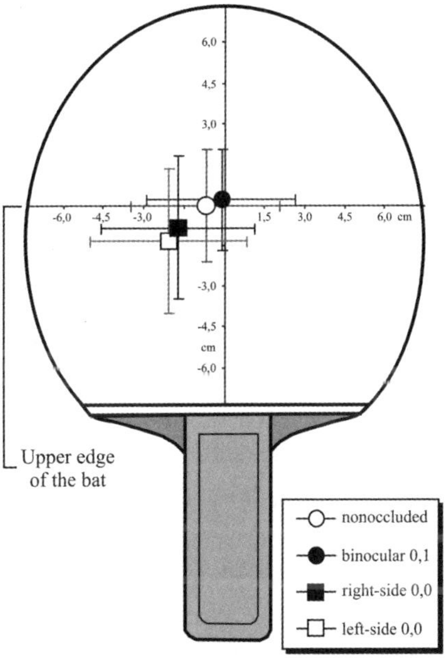

Abb. 1: Treffpunkte auf der Schlagfläche beim Rückhand-Slice im Tischtennis mit artifiziellen beid- und einäugigen Visusreduktionen (Möllenberg u. a., 2001).

Da die Sehschärfe aber als Grundvoraussetzung auch andere visuelle Teilleistungen (z. B. das Tiefensehvermögen und die Dämmerungssehschärfe) beeinflusst und in spiel-/sporttypischen Situationen meist höhere Anforderungen an die Detailwahrnehmung gestellt werden (so kann z. B. das Erkennen der Ballnaht auf dem Tennisball und deren Verschiebung Rückschlüsse auf die Drallrichtung erlauben), sind individuell dennoch möglichst hohe Sehschärfewerte zu fordern. Bei synoptischer Betrachtung vorliegender Untersuchungen zur Sehschärfe Sporttreibender werden im Trend höhere Visuswerte bei Sportlern im Vergleich zu „Nicht-Sportlern" beschrieben (Mester, 1988a; Neumaier, 1988; Jendrusch, 1996).

Ferner ist eine Tendenz zum größeren *Gesichtsfeld* des Athleten, besonders in Spielsportarten, im Vergleich zum Untrainierten erkennbar (Stine, Arterburn & Stern, 1982). Unstrittig ist, dass periphere *Gesichtsfeldausfälle* Leistungseinbußen hervorrufen, die zudem stärker sind, als bei vergleichbaren zentralen Ausfällen. In der Lernphase eingetretene Gesichtsfeldausfälle wirken sich leistungsmindernder aus als solche nach Abschluss der Lernphase (de Marées, 1991; Schnell, 1996).

2.2 Räumliches Sehen (Stereosehen)

Die Qualität des räumlichen Sehens ist in vielen Sportarten leistungsbeeinflussend. Das gilt u. a. für das richtige Abschätzen von Entfernungen (Distanz zur Slalomstange oder zum Weitsprungbalken, „time-to-contact"-Information, vgl. Lee, 1980).

Das *räumliche Sehen* basiert auf einer Reihe von binokularen und monokularen Leistungen des visuellen Systems. Bis zu Entfernungen von ca. 6-10 Metern ist die Beidäugigkeit für das räumliche Sehen von besonderer Bedeutung *(Stereosehen)*. Aus geometrisch-optischen Gründen entsteht bei der Betrachtung dreidimensionaler Objekte im Raum eine horizontale Differenz zwischen den Abbildungen des Objektes auf den Retinae des linken und rechten Auges *(Querdisparation)*. Neben den Disparitätsanteilen werden zusätzlich Informationen z. B. aus Vergenzbewegungen und Akkommodationsvorgängen für das Tiefensehen mitverrechnet.

Mit zunehmender Entfernung kommt, aufgrund der Verringerung der Querdisparation, den sog. monokularen Tiefenkriterien, z. B. Bewegungsparallaxe, perspektivische Verkürzungen, Linienüberschneidungen, Verteilung von Licht und Schatten, scheinbare Gegenstandsgröße etc. situationsbedingt zunehmende Bedeutung zu. Die Fähigkeit zum Tiefensehen basiert also auf der Güte der optischen, sensorischen und motorischen Kooperation der Augen sowie der Funktionsfähigkeit der nachgeschalteten Verarbeitungsebenen *(Mehrkanalität der Tiefenwahrnehmung)*.

Die Wichtigkeit des Tiefensehvermögens kann aufgezeigt werden, wenn man künstlich (z. B. durch Abdecken eines Auges) die Beidäugigkeit aufhebt oder aber die Sehschärfe eines Auges mit Hilfe von Okklusionsfolien stark reduziert und damit das räumliche Sehvermögen v. a. im Nahbereich beeinträchtigt. Untersuchungen im Tennis und Tischtennis zeigen, dass selbst Spitzenspieler aufgrund der verschlechterten Tiefen-/Entfernungseinschätzung den Ball nur schlecht auf der

Schlagfläche treffen und ihn unpräziser im gegnerischen Feld platzieren. Bei künstlich herbeigeführter (funktioneller) Einäugigkeit und damit ausgeschaltetem stereoskopischen Sehen sind entsprechend stärkere Leistungseinbußen zu verzeichnen (Abb. 1; Jendrusch, 1995; Möllenberg u. a., 2001). Ferner konnten Zusammenhänge zwischen der Zielschlagpräzision im Tennis und der Qualität des Stereosehens sowie der Sehschärfe nachgewiesen werden (Mester, 1988a, S. 152 ff.; Mester, 2000, S. 232 f.).

2.3 Bewegungssehen

Bewegungssehen ist im weitesten Sinne zu verstehen als Synonym für „visuelle Wahrnehmung von Bewegung". Es kann unbewusst und ohne besonderes Ziel geschehen. *Bewegungsbeobachtung* ist Bewegungssehen mit einer bestimmten Absicht. Wenn das Beobachtungsergebnis eine Bewertung/Beurteilung zum Ziel hat, z. B. für die Bewegungskorrektur oder die Feststellung einer Wettkampfleistung, handelt es sich um eine visuell gestützte *Bewegungsbeurteilung* (Neumaier, 1988).

Aus der *Wahrnehmungsperspektive* v. a. der *Aktivensicht* ist zu unterscheiden, ob sich die Wahrnehmung auf die eigene Bewegung oder auf fremde Bewegungen (z. B. Mitspieler, Gegner, Ball) richtet. Nicht selten erfolgt die Wahrnehmung von Fremdbewegung in Verbindung mit einer häufig lokomotorischen Eigenbewegung. Diese Kombination findet sich auch bei der Bewegungsbeobachtung durch einen *Außenbetrachter*, z. B. dann, wenn der Schiedsrichter über das Spielfeld läuft, um das Spielgeschehen richtig verfolgen zu können.

Die beim Bewegungssehen zu erbringende *Beurteilungsleistung* ist abhängig von der *Beobachtungskompetenz*, d. h. der visuellen und blickmotorischen Leistungsfähigkeit des Beobachters und der Verfügbarkeit von situationsadäquaten Sehstrategien. Leistungsbeeinflussend ist auch die *Beurteilungskompetenz*, d. h. der Beurteiler muss über eine entsprechende Sollwertpräzision, eigene Bewegungserfahrung und die Fähigkeit zum Analogieschluss verfügen (Tidow, 1996).

Bei der *afferenten Bewegungswahrnehmung* wird über die retinale Bildverschiebung eines bewegten Objektes über die Sensoren der Netzhaut Bewegung registriert. Sollen Details des bewegten Objektes identifiziert werden, muss durch koordinierte Augen- und Kopfbewegungen die Fovea mit dem bewegten Objekt mitgeführt werden *(efferente Bewegungswahrnehmung)*. Die *Blickmotorik* ermöglicht somit, bewegte Objekte im Gesichtsfeld foveal zu erfassen und bei geringeren Objektgeschwindigkeiten bis ca. 50-100°/s kontinuierlich mit den Augen zu verfolgen *(gleitende Augenfolgebewegungen)*. Die bei höheren Objektgeschwindigkeiten resultierende retinale Bildwanderung ist Grundlage für den Einsatz von *Sakkaden*, d. h. ruckartigen Blicksprüngen. Über den bis zu 600-700°/s schnellen Blicksprung erfolgt wiederum eine möglichst präzise Annäherung an das sich bewegende Sehobjekt. Während der sakkadischen Augenbewegung selbst ist die Informationsaufnahme beeinträchtigt *(sakkadische Suppression)*. Informationen zur Detailwahrnehmung gehen erst wieder ein, wenn ein neuer Fixationspunkt anvisiert wird oder das sich bewegende Objekt mit Hilfe einer Augenfolgebewegung kontinuierlich „eingefangen" und foveanah abgebildet werden kann. Daher ist es wenig Erfolg versprechend, z. B. bei der Beurteilung eines Bewegungsablaufes durch den Trainer, möglichst viele Sakkaden einzusetzen, um alle relevanten Beobachtungsmerkmale abzutasten. Zur Minimierung der Sakkaden können antizipatorisch festzulegende Blickstrategien hilfreich sein (Tidow, 1996, S. 261).

Ein Parameter für die Leistungsfähigkeit des Bewegungssehens ist die *dynamische Sehschärfe*; sie repräsentiert das räumliche Auflösungsvermögen des Auges für bewegte Objekte (Ludvigh & Miller, 1953). Für den Sport wichtiger ist die Fähigkeit, Sehobjekte bei hohen Winkelgeschwindigkeiten korrekt zu „orten" *(Sakkadische Ortungsgeschwindigkeit)*. Dabei steht die blickmotorische Leistungsfähigkeit im Vordergrund (Tidow, 1996).

Eigene Untersuchungen an Spitzensportlern zeigen, dass Rückschlagspieler (Tennis- und Tischtennisspieler) eine deutlich höhere Sakkadische Ortungsgeschwindigkeit als Sportler aus den Mannschafts-Sportspielen (Basketball, Handball etc.), den Individualsportarten (Schwimmen und Rhythmische Sportgymnastik/Turnen) oder „Nicht-Sportler" erzielen (Abb. 2). Die blickmotorische Leistung ist bei männlichen Sport- und Rückschlagspielern höher als bei weiblichen, während bei „Nicht-Sportlern" kaum Unterschiede festzustellen sind. Diese Geschlechtsspezifik ist ggf. beanspruchungsinduziert, da die Ball- und Aktionsgeschwindigkeiten in den genannten Sportarten im Herrenbereich deutlich höher sind als bei den Damen. Längsschnittstudien zeigen ferner eine entwicklungs- und anforderungsinduzierte Verbesserung der blickmotorischen Leistung von der Vorpubertät bis zur Adoleszenz (Ishigaki & Miyao, 1994; Jendrusch, Wenzel & Heck, 1999). Als Konsequenz v. a. für Sportarten mit hohen visuell-dynamischen Anforderungen gilt es, vorhandene Adaptationsreserven im Bereich der Blickmotorik durch gezieltes (sportartspezifisches) Training zu erschließen (Voigt & Westphal, 1995; Bornemann, Strakerjahn & Jendrusch, 1998; Neumaier & Jendrusch, 1999).

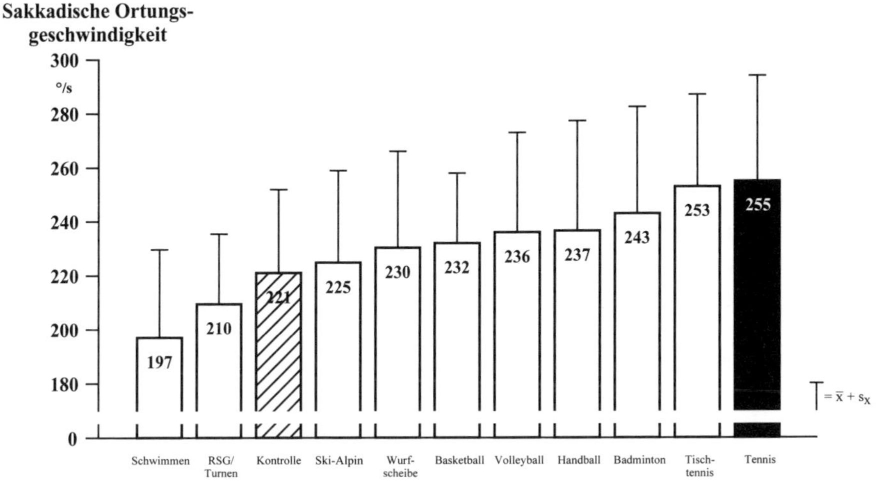

Abb. 2: Sakkadische Ortungsgeschwindigkeit im Sport

2.4 Visuelles System und Training

Eine Trainierbarkeit des *räumlichen Sehvermögens* wird von zahlreichen Autoren beschrieben (u. a. Mester, 2000, S. 232). Im Bereich des *Gesichtsfeldes* wird die Möglichkeit einer trainingsbedingten (funktionellen) Ausdehnung und einer verbesserten funktionellen Ausschöpfung bzw. Nutzung beschrieben (Gralla u. a., 1998; Gralla u. a., 1999; Schlack, Jendrusch & Heck, 1999).

Die durch zahlreiche Studien belegte Trainierbarkeit der *blickmotorischen Leistungsfähigkeit* und der *dynamischen Sehschärfe* (Ludvigh & Miller, 1954; Long & Rourke, 1989; Long & Riggs, 1991; Tidow, 1996) wird ursächlich weniger auf muskuläre, als vielmehr auf zentral-koordinative Effekte, d. h. auf verbesserte oder schneller abrufbare Motorikprogramme aus den Zentren für die horizontale Blickmotorik in der pontinen Formatio reticularis, zurückgeführt.

3 Dynamische Regulation des Gleichgewichts

Die Kino- und Stereozilien im häutigen Labyrinth gehören zu den empfindlichsten Sensoren des menschlichen Körpers. Schon Abbiegungen unter 10^{-3} Grad verändern die afferenten Impulsfrequenzen, so dass Beschleunigungen von wenigen mm/s^2 wahrgenommen werden (Graybiel & Patterson Jr., 1955; de Marées, 2002). Subkortikale Verarbeitung mit der Integration visueller und propriozeptiver Information sowie engste Verbindungen zwischen gleichgewichtsrelevanten Afferenzen und jeder Ebene des motorischen Systems ermöglichen eine i. d. R. nicht bewusstseinspflichtige Regelung mit einer präzisen und schnellen antizipativen und/oder reaktiven Anpassung an wechselnde Situationen. Komplexität und Geschwindigkeit des Regelungsprozesses sowie fehlende direkte Zugänge zwingen bei der wissenschaftlichen Untersuchung des Gleichgewichts zu erheblichen Vereinfachungen. Diese werfen bei der Untersuchung des dynamischen Gleichgewichts im Sport zahlreiche Fragen bezüglich der Generalität und Spezifität der Gleichgewichtsregulation auf, die auch außerhalb des Sports von Bedeutung sind. Im Folgenden werden konsequentere begriffliche Festlegungen vorgeschlagen (3.1), mit denen vorhandene Befunde besser eingeordnet werden können (3.2).

3.1 Besonderheiten im Sport und Begriffsbildung

Das Gleichgewicht eines Körpers wird üblicherweise als Zustand betrachtet, bei dem sich der Körperschwerpunkt über seiner Unterstützungsfläche befindet, oder als das Ziel von Haltungskontrolle gegenüber durch Gravitation verursachten Abweichungen (Horak, 1989). Daran orientieren sich auch klinische Tests und Messungen, bei denen die Balance im Stand spontan, unter erschwerten sensorischen Bedingungen oder bei externen Störungen erhalten bzw. wiedererlangt werden soll. Die Testergebnisse erlauben Aussagen über grundlegende Prozesse und Strategien, die prinzipiell auch bei der dynamischen Regulation des Gleichgewichts Verwendung finden.

Leistungen beim Erhalt und Wiederherstellen spezifischen, dynamischen Gleichgewichts werden häufig mit isolierten motorischen Tests abgeschätzt. Bei diesem induktiven Vorgehen wird Gleichgewichtsfähigkeit als übergreifende koordinative Fähigkeit vorausgesetzt, was jedoch von sportwissenschaftlicher und psychologischer Seite her bezweifelt wird (vgl. Neumaier, 1999, S. 33 f., 56 f.). An einigen empirischen Beispielen lässt sich ergänzend zeigen, dass die nicht immer klar benannte Vorstellung einer allgemeinen, auf Minimierung von Schwankungen über einer Unterstützungsfläche gerichteten Gleichgewichtsfähigkeit nur begrenzten Erklärungswert besitzt:

- *Schwankungen werden gesucht oder in Kauf genommen* (vgl. auch Abb. 3). Die Vorstellung „aus Kippeln folgt Umkippen" trifft beim Windsurfen physikalisch nicht zu, so dass Anfänger ihre herkömmliche Regulationsstrategie „Ausgleichen von Schwankungen" aufgeben müssen (Herweg, 1996). Van Emmerik und van Wegen (2000) betrachten Schwankungen des CoP (center of pressure) im Stand positiv als Variabilität, durch die Stabilitätsgrenzen ausgelotet werden. Betrachtet man den Feldverteidiger im Volleyball beim gegnerischen Angriff, so erzeugt dieser durch hochfrequente Trippelbewegungen auf der Stelle sogar bewusst Schwankungen, um seine Aktionsbereitschaft zu erhöhen. Ein Sprintstart aus dem aufrechten Stand zeigt im Gedankenexperiment (de Marées & Brach, 1997, S. 106) und in der biomechanischen Untersuchung (Kraan, van Veen, Snijders & Storm, 2001), wie wichtig die Verlagerung des Körperschwerpunktes vor die Unterstützungsfläche ist.

- *Gleichgewichtsrelevantes Geschehen an den Kontaktstellen zur Umwelt wird mit dem Begriff der Unterstützungsfläche nur unzureichend beschrieben:* So sind neben der statischen Unterstützung auch dynamisches Bremsen, Abdrücken, Schwingen und Rotieren zu berücksichtigen. Anders als sonst werden z. B. Sprünge auf dem Trampolin durch die Verbreiterung der Unterstützungsfläche instabil. Besondere Bedingungen bestehen z. B. beim Tauchen, Schwimmen (Blaser & Böttcher, 1985) oder in stützlosen Phasen, die z. B. beim Sprint ca. 50 % ausmachen.
- *Die Analogie zwischen Bio- und Starrkörpermechanik wird überschätzt.* Häufig wird die Nähe des CoP zum Rand der Unterstützungsfläche als Indikator für statische Stabilität herangezogen. Der CoP durchwandert jedoch im ruhigen beidbeinigen Stand ca. 30 % der Unterstützungsfläche („preference zone", vgl. Popović u. a., 2000). In 99 % der Zeit konzentriert sich der CoP sogar nur auf einen kleinen Bereich der „preference zone" („high preference zone"). Wird dieser Bereich verlassen – also weit bevor sich der CoP dem Rand der Unterstützungsfläche nähert („undesireable zone") – bringen deutlich sichtbare posturale Reaktionen wie das Anheben der Fersen oder Zehen den CoP zurück in die Vorzugszone.
- *Schon geringfügige Unterschiede in der Bewegungsaufgabe führen zu qualitativen Änderungen der Gleichgewichtsregulation.* So berichtet Scherer (1996, S. 541 f.), dass sich die postrotatorische Nystagmusamplitude von Jetpiloten, die sich auf ihren Vestibularapparat verlassen müssen, mit steigendem Ausbildungsgrad erhöht. Bei Hubschrauberpiloten wurde dies nicht beobachtet. Sie verfügen aufgrund geringerer Flughöhen über eine bessere visuelle Kontrolle.
  Labortraining an einem Rudermessplatz ohne die rudertypische „Balancierhilfe" mit den Innenhebeln der Skulls führte nicht zu den erwarteten gleichgewichtsbezogenen Effekten auf dem Wasser, vermutlich aufgrund der verringerten Spezifität der Bewegungsaufgabe (Mester, 1988a, S. 88 f.). Ebenso konnten mit einem fähigkeitsorientierten Gleichgewichtstraining (Übungen auf

einem Balancierkissen) in einer randomisierten prospektiven Studie keine Verletzungen der unteren Extremität bei Fußballerinnen vermieden werden (Söderman, Werner, Pietilä, Engström & Alfredson, 2000).

Die aus dem quasistatischen Gleichgewichtsansatz gewonnenen Erkenntnisse gehören zweifellos zu den Grundlagen motorischen Gleichgewichts. Ein Transfer zwischen vergleichbaren Gleichgewichtsanforderungen kann nicht völlig ausgeschlossen werden. Beides eignet sich jedoch offenbar nicht als Ausgangspunkt für ein Konzept dynamischer Gleichgewichtsregulation. Reale Bewegungs- und Gleichgewichtsaufgaben sind so vielfältig, so spezifisch und so verschieden von quasistatischen Laborsituationen, dass Bezeichnungen wie „Gleichgewicht" oder „Gleichgewichtsfähigkeit" vor allem den Charakter von Sammelbegriffen haben. Dies gilt nicht nur für den Sport, sondern z. B. auch bei besonderen Anforderungen im Straßenverkehr (Fußgänger, Zweiradfahrer), im Beruf (Bauhandwerk, Schiff- und Luftfahrt) oder bei sensomotorischen Schädigungen, durch die alltägliche Mobilität zu einer besonderen Anforderung wird. Daher wird im Folgenden ein Ansatz vorgeschlagen, mit dessen Hilfe sowohl die vorhandenen Erkenntnisse eingeordnet als auch die o. g. Besonderheiten des dynamischen Gleichgewichts berücksichtigt werden können.

Olivier (1997) hat eine mechanisch orientierte Definition des Gleichgewichts unter Verzicht auf den Fähigkeitsbegriff vorgelegt, bei der resultierende Momente und Kräfte im Gleichgewicht eine obere Schranke nicht überschreiten. Darauf aufbauend und ergänzend sollen in einer Neufassung die Begriffe *Gleichgewichtsregulation*, *Gleichgewichtsaufgabe* und *Gleichgewicht* wie folgt unterschieden werden:

- Die Gleichgewichtsregulation wird als Komponente der Bewegungsregulation aufgefasst, und zwar nicht additiv, sondern im (metaphorischen) Sinne einer orthogonalen Projektion. Umgangssprachlich wäre Gleichgewichtsregulation quasi der Schatten, den die Bewegungsregulation wirft, wenn man sie aus einer bestimmten Perspektive anstrahlt. So können Begriffe und Erkenntnisse aus der Bewegungsregulation (Heuer & Konczak in diesem Band; Neumaier, 1999) für die Gleichgewichtsregulation übernommen werden, z. B. Steuerung, Regelung, Rückmeldung, Programme. Insbesondere kann Gleichgewichtsregulation wie die Bewegungsregulation als Optimierungsprozess aufgefasst werden.
- Aus (1) folgt, dass eine Gleichgewichtsaufgabe eine Projektion der jeweiligen Bewegungsaufgabe ist. Erstere wird damit zur Zielfunktion des Optimierungsprozesses Gleichgewichtsregulation: Der Schütze minimiert seine Bewegungsgeschwindigkeit, der Sumo-Ringer maximiert das Verhältnis zwischen

Stand- und Kippmoment (statische Standsicherheit). Zielfunktionen werden durch Nebenbedingungen (Unterstützungsfläche, Zeitdruck, Kraftanforderungen u. a.) beschränkt. Ferner folgt aus (1), dass das Gleichgewicht als Projektion der Bewegung das Produkt der Gleichgewichtsregulation darstellt, ebenso wie die Bewegung als das Produkt der Bewegungsregulation gilt. Insbesondere muss sensomotorisches Gleichgewicht weder mit dem mechanischen Gleichgewicht übereinstimmen noch muss es als Zustand gelten, der vorliegt oder nicht vorliegt.

- Offen blieb bisher noch die Richtung der Projektion der Bewegungsregulation. Es bietet sich eine Projektion auf die Bewegung des Systemschwerpunktes Sportler/Sportgerät relativ zur Umwelt an. So werden die bisherigen Untersuchungen zum Gleichgewicht berücksichtigt (Systemschwerpunkt über der Unterstützungsfläche usw.). Weitere, vor allem dynamische Aufgaben können einbezogen werden, z. B. die Erzeugung eines Mindestdrehmomentes beim Abdruck vor der Hürde, ohne dass der Hürdenläufer hinter der Hürde ins Straucheln gerät (Gleichgewichtsverlust). Kraftkomponenten ohne Wirkung auf den Systemschwerpunkt, z. B. innere Kräfte beim Wurf, sind nicht Gegenstand der Gleichgewichtsregulation.

In Anlehnung an Olivier (1997, S. 190) kann damit zusammengefasst werden: *Gleichgewichtsregulation ist die Komponente der Bewegungsregulation, die auf die Optimierung der resultierenden Kräfte und Momente im Systemschwerpunkt Sportler/Sportgerät gerichtet ist, in Abhängigkeit von der gestellten Aufgabe sowie individueller und äußerer Voraussetzungen.*

3.2 Forschungsstand

Es lassen sich zwei methodische Orientierungen unterscheiden: *Eingangsorientierte* Ansätze befassen sich mit den sensorischen Beanspruchungen (z. B. bei oder nach Rotationen; s. u.) oder Umweltbedingungen (z. B. im Wassersport) von/bei Bewegungstätigkeiten. Um den Beitrag bestimmter Teilsysteme qualitativ abzuschätzen, kann der Leistungsabfall bei Deprivation oder Störung dieser Teilsysteme bestimmt werden. Dabei kommen auch klinische Methoden zum Einsatz, z. B. die Nystagmografie. Eine Möglichkeit zur Quantifizierung des vestibulären Inputs besteht beim zukünftigen Einsatz eines von Baselli u. a. (2001) entwickelten Helms, der mit Beschleunigungssensoren bestückt ist. Nach dem funktionellen Vorbild des Vestibularorgans werden Linear- und Rotationsbeschleunigungen gemessen. Aus den Ergebnissen können sportartspezifische Anforderungsprofile erstellt werden. *Ausgangsorientierte* Ansätze quantifizieren spezifische gleichgewichtsbezogene Regelleistungen. Dazu werden biomechanische Messungen an den Schnittstellen zwischen Sportler bzw. Sportgerät und der Umwelt durchgeführt (Basner, Brach, Henke & Scharfenberg, 1997) oder die Bewegungen des Systems Sportler/Sportgerät werden mehrdimensional bestimmt, z. B. bei translatorischen Bewegungen (s. u.).

Gleichgewicht nach Rotationen

Die Gleichgewichtsaufgabe nach hohen Drehbeschleunigungen besteht häufig in der Unterdrückung von Signalen des Vestibularorgans. Das Gleichgewicht wird kompensatorisch über andere Sinnesmodalitäten reguliert, z. B. visuell durch Blickfixation und kinästhetisch durch den Kontakt zum Boden. Perrin, Perrot, Deviterne, Ragaru und Kingma (2000) analysierten Schwindelphänomene, die beim Diskuswurf (2 Drehungen in ca. 1,5 s), nicht jedoch beim Hammerwurf (3,5 Drehungen in ca. 2,5 s) auftraten. Dies galt sowohl für Spezialisten als auch für Athleten, die beide Disziplinen ausführten. Als Ursache wird die beim Hammerwerfen im Gegensatz zum Diskus (Körperverwringung) mögliche kontinuierliche visuelle Fixation des Sportgerätes diskutiert. Zusätzlich fehlt beim Diskuswurf während des Umsprungs der Bodenkontakt, den Hammerwerfer kontinuierlich sensorisch nutzen können.

Während bei tänzerischen und gymnastischen Drehungen der Nystagmus durch eine optimale Blickstrategie noch auf einen Ausschlag pro Umdrehung reduziert werden kann, lassen hochfrequente Pirouetten auf dem Eis (bis 4,8 Hz) nur noch den Versuch einer anschließenden, möglichst schnellen Wiedererlangung der visuellen Orientierung zu (Collins, 1966). Vestibuläre Habituation wurde im Vergleich zu Untrainierten sowie z. T. nach einem Habituationstraining bei Trainierten nachgewiesen (Eiskunstlauf: Collins, 1966; Wasserspringen: Krüger, Gundlach & Dahl, 1983). Leistungssteigernde Auswirkungen eines „Sensoriktrainings“ wurden von Neumann (1991) bei Sportgymnastinnen festgestellt.

Gleichgewicht bei Translationen

Bei Fortbewegungen spielen Richtungsabweichungen und Umweltbedingungen eine besondere Rolle für die Optimierung des Systemschwerpunktes und damit für das Gleichgewicht (vgl. Tab. 1). Das Beispiel in Abbildung 3 veranschaulicht das Regulationsverhalten beim Rudern. Zielfunktionen und Nebenbedingungen können umso präziser formuliert werden, je mehr über die jeweilige Bewegung bekannt ist.

Es bestehen nicht nur – möglicherweise selektionsbedingte – Expertiseunterschiede, sondern die Gleichgewichtsregulation erweist sich auch als trainierbar (vgl. Tab. 1). Bei Ruderanfängern führte ein „Sensoriktraining" darüber hinaus zu besseren motorischen Lernergebnissen. Gleichgewichtsbezogene Trainingseffekte lassen daher auch bei Experten auf ein Potential zur sportartspezifischen Leistungssteigerung schließen. Konkrete Nachweise stehen hier allerdings noch aus.

Tab. 1: Gleichgewichtsregulation bei translatorischen Bewegungen im Sport

Bewegungsaufgabe	Gleichgewichtsaufgabe	Gleichgewichtsregulation
Radsport; Rudersport Vortrieb mit maximalem energetischen Wirkungsgrad	ZF: Abweichungen von der Vortriebsrichtung sind zu minimieren NB: Ausgleichsbewegungen sind abhängig vom System Sportler/Sportgerät (der Fahrradrahmen kann z. B. nur durch Lenkbewegungen aufgerichtet werden); Korrekturen z. B. während des Ruderdurchzugs mindern die Geschwindigkeit	• Die Abweichung ist bei Könnern geringer (höherfrequente Regulation; vgl. Abb. 3)[1,3] • Entwicklungsvorsprung bei der Gleichgewichtsregulation bei Kindern in ländlicher Umgebung[5,6] • Trainingseffekte bei Ruderanfängern, Ruderexperten[2-4] sowie bei untrainierten Radfahrern[1]
Ski alpin Geschwindigkeits-maximierende Körperposition	ZF: Abweichungen des CoP von der Sollposition sind zu minimieren NB: Sollposition ist geländeabhängig und wechselt daher ständig	• Fallstudien auf der Piste zeigen verborgene Defizite auf[8] • Durch Training ist die Reproduktion eines konstanten Soll-CoP für Anfänger im Labor schnell erlernbar[7]
Felsklettern Raumgewinn bei Erhalt der Sicherheit	ZF: Übergänge zwischen quadru- und tripedalen Phasen NB: Das Lot des CoM liegt außerhalb der Unterstützungsfläche; Horizontalkräfte verhindern den Absturz	• Horizontalkräfte werden auf die drei bzw. vier Haltepositionen gleichverteilt[9]

Legende: ZF = Zielfunktion, NB = Nebenbedingung(en), CoM = Center of Mass
CoP = Center of Pressure

Quellen: [1]Henke, Wehmeyer & de Marées, 1987; [2]Mester, Grabow & de Marées, 1982; [3]Bartmus & de Marées, 1988; [4]Jendrusch u. a., 1997; [5]Basner & de Marées, 1993; [6]Borgert & Henke, 1997; [7]Mester, 1988a; [8]Mester, 2000; [9]Quaine & Martin, 1999

4 Fazit und Perspektiven

Ausgehend von den dargestellten exemplarischen Aspekten ergeben sich Perspektiven für die drei Bereiche Praxis, Theorie und Methodologie:

Aus einer Reihe von Ergebnissen empirischer Sinnesphysiologie können auf direktem Wege praktische Folgerungen gezogen werden, z. B. Anpassung der Regelwerke an die sinnesphysiologisch-limitierten Möglichkeiten und Grenzen (Position von Schieds- und Linienrichtern, Einsatz technischer Hilfsmittel), Entwicklung von funktionellen Sportbrillen auf der Basis sinnesphysiologischer und wahrnehmungspsychologischer Erkenntnisse, Entwicklung von Blickstrategien für die Bewegungsbeobachtung und Bewegungsbeurteilung, Integration von systematischer Wahrnehmungsschulung und „Sensoriktraining“ in die Trainingspraxis sowie Nutzung der Adaptations- und Habituationsreserven in gleichgewichtssensiblen Sportarten. Die Effektivität einzelner Maßnahmen muss durch technologisch orientierte Untersuchungen (Evaluation und Vergleichsexperiment) sichergestellt werden.

Die Gleichgewichtsregulation im Sport steht beispielhaft für den Fall, dass praktischer Nutzen von der Eignung theoretischer Begriffsbildung abhängt. Die Unterscheidung der drei Begriffe Gleichgewichtsregulation, Gleichgewichtsaufgabe und Gleichgewicht, in Anlehnung an die Terminologie der Bewegungsregulation, bietet den Vorteil, dass allgemeine und spezifische Aspekte des Sammelbegriffs Gleichgewicht ihren Platz erhalten: Gleichgewichtsregulation umfasst die generellen Ressourcen (Prozesse und Mittel), mit denen Gleichgewicht hergestellt, erhalten oder wiedererlangt werden kann. Diese werden je nach Gleichgewichtsaufgabe in verschiedenem Maße eingesetzt (z. B. die visuelle Information bei Rotationen im Tanz), ignoriert (dgl. beim Diskuswurf) oder unterdrückt (dgl. im Eiskunstlauf).

Insbesondere erfolgt zunächst keine Festlegung in der Frage nach Fertigkeiten und Fähigkeiten. Im vorgeschlagenen Begriffsrahmen können daher Vergleichbarkeit und Lerntransfer anhand konkret formulierter Gleichgewichtsaufgaben untersucht werden, so wie es Olivier (1997; vgl. auch Mechling, in diesem Band) vorgeschlagen hat. Kandidaten für eine solche Studie könnten Bewegungen wie Radfahren oder Rudern sein, für die Systemschwankungen einerseits geschwindigkeitsmindernd, andererseits aber bei der Kraftübertragung unvermeidlich sind. Diese Systemschwankungen können durch Training reduziert werden. Allerdings scheint ein Mindestmaß an Bewegung zur Lageorientierung erforderlich zu sein (vgl. Abb. 3). Damit stellt sich die Frage, ob es dem *optic flow* (vgl. Effenberg, in diesem Band)

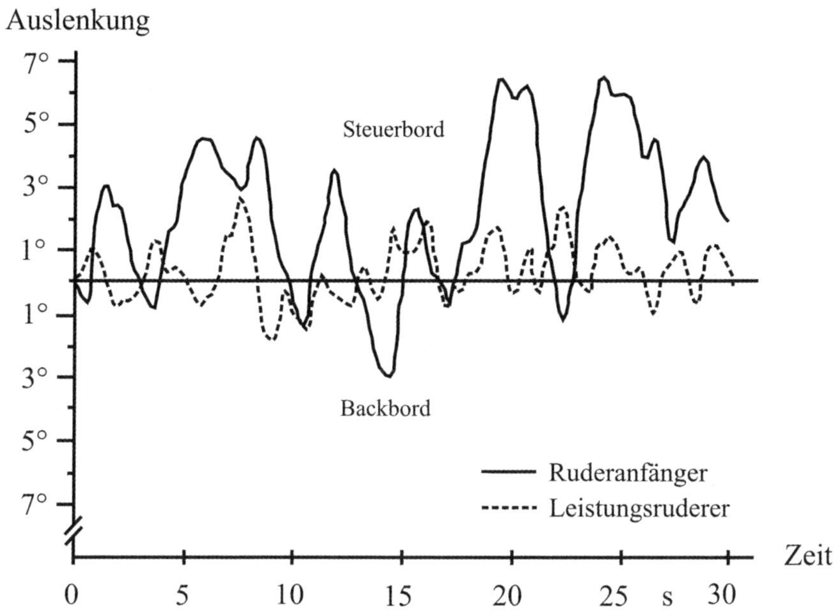

Abb. 3: Rollbewegungen in der Testsituation „Auslage" auf einem ruderspezifischen Testgerät (mod. nach Bartmus & de Marées, 1988, S. 285).
Geringere Auslenkungen beim Leistungsruderer ermöglichen eine wirkungsvollere Kraftübertragung. Da die vestibulären Sensoren auf Beschleunigungen reagieren (Richtungsänderungen im Kurvenverlauf) und für kleinste Reizstärken eine maximale Empfindlichkeit aufweisen, erscheinen die höherfrequenten Rollbewegungen des Leistungsruderers um die Horizontale als geeignet, den Regelungsprozess in Gang zu halten und so die Amplituden der Rollbewegung zu minimieren.

vergleichbare Mechanismen auch im kinästhetischen oder vestibulären System gibt.

Aus methodologischer Perspektive fällt auf, dass ohne Interdisziplinarität viele Fragestellungen der empirischen Sinnesphysiologie kaum lösbar sind. So sollten z. B. Aspekte der Farbwahrnehmung/Farbwirkung im Sport aus der Perspektive der Physik (Veränderungen von Farbton/Farbkontrast durch farbige Filter z. B. in Sportbrillen), der Sinnesphysiologie (z. B. farbabhängige Gesichtsfeldausdehnung), der Wahrnehmungspsychologie (farbpsychologische Wirkung, z. B. der Trikotfarbe) aber auch der Trainingswissenschaft (z. B. Farbmarkierungen zur Ausbildung von situationsadäquaten Blickstrategien) betrachtet werden. Analoges ergibt sich bei Fragestellungen aus Bereichen wie Sicherheit im Sport–Geräteentwicklung–Medizin, Gleichgewicht–Biomechanik, sensorische Trainierbarkeit–Trainingswissenschaft. Der hier exemplarisch geschilderte Bereich, bei dem Fragen an einen Gegenstand unter Verwendung spezifischer Methoden und ausgewählter Parameter einen praktischen Nutzen erbringen, scheint somit darüber hinaus der Entwicklung der Sportwissenschaft zugute zu kommen.

Hohe, z. T. grenzwertige Anforderungen an die Sinnessysteme und die Wahrnehmungsleistung machen den Sport zu einem innovativen Arbeits- und Experimentierfeld mit forschungsmethodologischen Vorteilen gegenüber reinen Laborstudien (z. B. Quasiausfall von Teilsystemen bei Rotationen, Sporthallenbeleuchtung als unabhängige Variable). Zudem sind Athleten an Beobachter und an leistungsorientiertes Agieren im Rahmen von engen Regeln gewöhnt. Die in der Sportwissenschaft entwickelten Methoden und gewonnenen Erkenntnisse eröffnen auch anderen Feldern (z. B. Bewegungswissenschaft, Arbeitsphysiologie/Arbeitsmedizin) neue Zugänge und Möglichkeiten. Ein Grund mehr, Sinnesleistungen im Sport erhöhte wissenschaftliche Aufmerksamkeit entgegen zu bringen, wie es bereits mehrfach gefordert wurde (Mester, 1988b; Neumaier, 1988; Jendrusch, 1995; Bartmus, 1996; Tidow, 1996).

Literatur

Applegate, R.A. & Applegate, R.A. (1992). Set shot shooting performance and visual acuity in basketball. *Optometry and Vision Science, 69*, 765-768.

Baselli, G., Legnani, G., Franco, P., Brognoli, F., Marras, A., Quaranta, F. & Zappa, B. (2001). Assessment of inertial and gravitational inputs to the vestibular system. *Journal of Biomechanics, 34*, 821-826.

Bartmus, U. (1996). Vorwort. In U. Bartmus, H. Heck, J. Mester, H. Schumann & G. Tidow (Hrsg.), *Aspekte der Sinnes- und Neurophysiologie im Sport – In memoriam Horst de Marées* (S. III). Köln: Sport und Buch Strauß.

Bartmus, U. & de Marées, H. (1988). Zur Gleichgewichtsproblematik im Rudern. In J.M. Steinacker (Hrsg.), *Rudern – sportmedizinische und sportwissenschaftliche Aspekte* (S. 280-289). Berlin u. a.: Springer.

Basner, B. & Marées, H. de (1993). *Fahrrad- und Straßenverkehrstüchtigkeit von Grundschülern.* Münster: Gemeindeunfallversicherungsverband Westfalen-Lippe.

Basner, B., Brach, M., Henke, T. & Scharfenberg, A. (1997). Biomechanische Aspekte zum Techniktraining. In J.R. Nitsch, A. Neumaier, H. de Marées & J. Mester (Hrsg.), *Techniktraining. Beiträge zu einem interdisziplinären Ansatz* (S. 75-87). Schorndorf: Karl Hofmann.

Blaser, P. & Böttcher, H. (1985). Diagnostik der Gleichgewichtsfähigkeit unter den Bedingungen des Schwimmunterrichts. *Theorie und Praxis der Körperkultur, 10,* 745-748.

Borgert, O. & Henke, T. (1997). *Motorische Radfahrkompetenz von Kindern und Jugendlichen. Abschlußbericht zum Forschungsprojekt „Zum Erwerb von Radfahrkompetenz und ihrer*

Ausprägung bei 11-14jährigen Schülern". Münster: Gemeindeunfallversicherungsverband Westfalen-Lippe.

Bornemann, R., Strakerjahn, U. & Jendrusch, G. (1998). Allgemeine und tennisspezifische Übungsformen zur Wahrnehmungsschulung. *Tennis–VDT-Report, o.Jg.* (3), 16-21.

Collins, W.E. (1966). Problems in spatial orientation: vestibular studies of figure skaters. *Transactions – Journal of the American Academy of Ophthalmology and Otolaryngology, 70*, 575-578.

Emmerik, R.E.A. van & Wegen, E.E.H. van (2000). On variability and stability in human movement. *Journal of Applied Biomechanics, 16,* 394-406.

Gralla, V., Jendrusch, G., Pfennig, H., Heck, H., Schlichting, K. & Tidow, G. (1999). Zur Trainierbarkeit des peripheren Sehens am Beispiel der synchronoptischen Wahrnehmung. In J. Krug & C. Hartmann (Hrsg.), *Praxisorientierte Bewegungslehre als angewandte Sportmotorik* (S. 219-224). Sankt Augustin: Academia.

Gralla, V., Lessing, T., Jendrusch, G., Heck, H. & Tidow, G. (1997). Synchron-optisches Differenzierungsvermögen am Beispiel der Fußfehlerproblematik beim Tennisaufschlag. In H.-H. Dickhuth & W. Küsswetter (Hrsg.), *35. Deutscher Sportärztekongress, Abstracts* (S. 207). Wehr: Novartis.

Gralla, V., Pfennig, H., Jendrusch, G., Tidow, G. & Heck, H. (1998). Zur Trainierbarkeit des synchronoptischen Identifizierungsvermögens. *Deutsche Zeitschrift für Sportmedizin, 49* (Sonderheft 1/98), 166-169.

Graybiel, A. & Patterson Jr., J.L. (1955). Thresholds of the otolith organs as indicated by the oculographic illusion. *Journal of Applied Physiology, 7*, 666-670.

Grüsser, O.-J. & Grüsser Cornehls, U. (2000). Gesichtssinn und Okulomotorik. In R.F. Schmidt, G. Thews & F. Lang (Hrsg.), *Physiologie des Menschen* (S. 278-315). Berlin: Springer.

Henke, T., Wehmeyer, K. & de Marées, H. (1987). Quantitative Untersuchung der Gleichgewichtsstabilisierung im Radsport. *Deutsche Zeitschrift für Sportmedizin, 38* (Sonderheft), 34-40.

Herweg, H. (1996). Der Aufbau von Gleichgewichts-Regulationskompetenz in Abhängigkeit von Antizipation und Situationsauffassung am Beispiel blinder Menschen. In R. Daugs (Hrsg.), *Kognition und Motorik: 3. Symposium der dvs-Sektion Sportmotorik 19.12.-21.12.1995* (S. 223-227). Hamburg: Czwalina.

Horak, F.B. (1989). Clinical measurement of postural control in adults. *Physical Therapy, 67*, 1881-1885.

Ishigaki, H. & Miyao, M. (1994). Implications for dynamic visual acuity with changes in age and sex. *Perceptual and Motor Skills, 78,* 363-369.

Jendrusch, G. (1995). *Visuelle Leistungsfähigkeit von Tennisspieler(inne)n.* Köln: Sport und Buch Strauß.

Jendrusch, G. (1996). Aspekte der visuellen Leistungsfähigkeit in den Großen Spielen und Rückschlagspielen. In U. Bartmus, H. Heck, J. Mester, H. Schumann & G. Tidow (Hrsg.),

Aspekte der Sinnes- und Neurophysiologie im Sport – In memoriam Horst de Marées (S. 287-303). Köln: Sport und Buch Strauß.

Jendrusch, G., Gralla, V., Bartmus, U., Henke, T., Masuhr, D., Schmiedinghoff, U., Seibt, R., Wagner, J., Zappalá, M. & Marées, H. de (1997). Aspekte des Techniktrainings im Rennrudern. In J.R. Nitsch, A. Neumaier, H. de Marées & J. Mester (Hrsg.), *Techniktraining. Beiträge zu einem interdisziplinären Ansatz* (S. 312-368). Schorndorf: Karl Hofmann.

Jendrusch, G., Schmidt, O., Wilke, G. & Marées, H. de (1993). Zur visuellen Leistungsfähigkeit von Handball-Schiedsrichtern. In H.-F. Voigt (Red.), *An der RUB – Sportpraxis nachgedacht. Band 1: Bewegungen lesen und antworten* (S. 73-87). Ahrensburg: Czwalina.

Jendrusch, G., Wenzel, V. & Heck, H. (1999). Geschlechts- und altersspezifische Unterschiede in der blickmotorischen Leistungsfähigkeit. In J. Krug & C. Hartmann (Hrsg.), *Praxisorientierte Bewegungslehre als angewandte Sportmotorik* (S. 100-105). Sankt Augustin: Academia.

Kraan, G.A., van Veen, J., Snijders, C.P. & Storm, J. (2001). Starting from standing: Why step backwards? *Journal of Biomechanics, 34*, 211-215.

Krüger, S., Gundlach, H.-J. & Dahl, D. (1983). Untersuchungen zur Frage der vestibulären Habituation – eine Studie an Wasserspringern. *Medizin und Sport, 23,* 309-313.

Lee, D.N. (1980). Visuo-motor coordination in space-time. In G.E. Stelmach & J. Requin (Eds.), *Tutorials in Motor Behavior* (pp. 281-295). Amsterdam: North-Holland.

Long, G.M. & Riggs, C.A. (1991). Training effects on dynamic visual acuity with free-head viewing. *Perception, 20,* 363-371.

Long, G.M. & Rourke, D.A. (1989). Training effects on the resolution of moving targets – Dynamic visual acuity. *Human Factors, 31* (4), 443-451.

Loran, D.F.C. & MacEwen, C.J. (1995). *Sports Vision* (Appendix 3: Olympic Vision Centre, Lillehammer, 1994: findings of the Bausch & Lomb survey). Oxford: Butterworth-Heinemann.

Ludvigh, E.J. & Miller, J.W. (1953). *A Study of Dynamic Visual Acuity (Joint Project NM 001.075.01.01).* Pensacola: Kresge Eye Institute and United States School of Aviation Medicine.

Ludvigh, E.J. & Miller, J.W. (1954). *Some Effects of Training on Dynamic Visual Acuity. (Project NM 001.075.01.06).* Pensacola: Kresge Eye Institute and United States School of Aviation Medicine.

Marées, H. de (1991). Aspekte des visuellen und vestibulären Systems in ausgewählten Sportarten. In M. Weiß & H. Rieder (Hrsg.), *Sportmedizinische Forschung – Festschrift für H. Weicker* (S. 144-162). Berlin: Springer.

Marées, H. de (2002). *Sportphysiologie* (9., vollst. überarb. und erw. Aufl.) Köln: Sport und Buch Strauß.

Marées, H. de & Brach, M. (1997). Neurophysiologische Aspekte zum Bewegungslernen und zur Bewegungskontrolle. In J.R. Nitsch, A. Neumaier, H. de Marées & J. Mester (Hrsg.),

Techniktraining. Beiträge zu einem interdisziplinären Ansatz (S. 88-108). Schorndorf: Karl Hofmann.

Mester, J. (1988a). *Diagnostik von Wahrnehmung und Koordination im Sport.* Schorndorf: Karl Hofmann.

Mester, J. (1988b). Sinnesphysiologische Aspekte der Motorikforschung. In R. Daugs (Hrsg.), *Neuere Aspekte der Motorikforschung. Aktuelle Motorikforschung in der Sportwissenschaft. 6. Symposium der dvs-Sektion Bewegung und Training vom 15. bis 17. Januar 1987 in Saarbrücken* (dvs-Protokolle, 31) (S. 136-145). Clausthal-Zellerfeld: Deutsche Vereinigung für Sportwissenschaft.

Mester, J. (2000). Movement Control and Balance in Earthbound Movements. In B.M. Nigg, B.R. MacIntosh & J. Mester (Eds.), *Biomechanics and Biology of movement* (pp. 223-239). Champaign: Human Kinetics.

Mester, J., Grabow, V. & de Marées, H. (1982). Physiologic and anthropometric aspects of vestibular regulation in rowing. *International Journal of Sports Medicine, 3,* 174-176.

Möllenberg, O., Jendrusch, G. & Heck, H. (2001). Table Tennis Specific Eye-Hand (Bat) Coordination and Visual Depth Perception. In J. Mester, G. King, H. Strüder, E. Tsolakidis & A. Osterburg (Eds.), *Perspectives and Profiles. 6th Annual Congress of the European College of Sport Science, 15th Congress of the German Society of Sport Science, Cologne 24-28 July 2001. Book of Abstracts* (p. 1249). Cologne: Sport und Buch Strauß.

Neumaier, A. (1988). *Bewegungsbeobachtung und Bewegungsbeurteilung im Sport.* Sankt Augustin: Academia.

Neumaier, A (1999). *Koordinatives Anforderungsprofil und Koordinationstraining. Grundlagen – Analyse – Methodik.* Köln: Sport und Buch Strauß.

Neumaier, A. & Jendrusch, G. (1999). Aktuelle Positionen zum Bewegungssehen im Sport. In J. Krug & C. Hartmann (Hrsg.), *Praxisorientierte Bewegungslehre als angewandte Sportmotorik* (S. 128-141). Sankt Augustin: Academia.

Neumann, E. (1991). *Untersuchung der Leistungsfähigkeit von Sportgymnastinnen im Bereich des Gleichgewichts.* Unveröff. Dissertation, Ruhr-Universität Bochum, Bochum.

Olivier, N. (1997). Soll das motorische Gleichgewicht fähigkeits- oder fertigkeitsspezifisch trainiert werden? In P. Hirtz & F. Nüske (Hrsg.), *Bewegungskoordination und sportliche Leistung integrativ betrachtet. 2. Bernstein-Konferenz und 2. gemeinsames Symposium der dvs-Sektionen Biomechanik, Sportmotorik und Trainingswissenschaft vom 25.-27.9.1996 in Zinnowitz* (S. 187-191). Hamburg: Czwalina.

Olivier, N., Wiemeyer, J., Daugs, R., Zipf, K.E. & Büsch, D. (1989). Zur Messung der Flimmerverschmelzungsfrequenz im Sport. *Leistungssport, 19,* 32-38.

Oudejans, R.R.D., Verheijen, R., Bakker, F.C., Gerrits, J.C., Steinbrückner, M. & Beek, P.J. (2000). Errors in judging 'offside' in football. *Nature, 33,* 404.

Perrin, P, Perrot, C., Deviterne, D., Ragaru, B. & Kingma H. (2000). Dizziness in discus throwers is related to motion sickness generated while spinning. *Acta Otolaryngologica, 120,* 390-395.

Pfeifer, M. & Fleischer, E. (1978). Die Beurteilung der Sportfähigkeit bei Visusherabsetzung. *Medizin und Sport, 18,* 334-337.

Popović, M.R., Pappas, I.P.I., Nakazawa, K., Keller, T., Morari, M. & Dietz, V. (2000). Stability criterion for controlling standing in able-bodied subjects. *Journal of Biomechanics, 33,* 1359-1368.

Quaine, F. & Martin, L. (1999). A biomechanical study of equilibrium in sport rock climbing. *Gait and Posture, 10,* 233-239.

Sanabria, J., Cenjor, C., Márquez, F., Gutierrez, R., Martinez, D. & Prados-García, J.L. (1998). Oculomotor movements and football's law 11. *Lancet, 351,* 268.

Scherer, H. (1996). *Das Gleichgewicht* (2., überarb. und aktualisierte Aufl.). Berlin: Springer.

Schlack, A., Jendrusch, G. & Heck, H. (1999). Zur Trainierbarkeit der Auge-Hand-Koordination am AcuVision 1000-Gerät. In J. Krug & C. Hartmann (Hrsg.), *Praxisorientierte Bewegungslehre als angewandte Sportmotorik* (S. 260-265). Sankt Augustin: Academia.

Schmidt, R.F., Thews, G. & Lang, F. (Hrsg.) (2000). Physiologie des Menschen. (28., korr. u. aktualisierte Aufl.). Berlin u. a.: Springer.

Schnell, D. (1982). Die Bedeutung des Sehens bei sportlicher Betätigung in verschiedenen Lebensaltern. *Deutsche Zeitschrift für Sportmedizin 33* (3), 77-87 und (4), 118-127.

Schnell, D. (1996). Sehorgan und Sport. In U. Bartmus, H. Heck, J. Mester, H. Schumann & G. Tidow (Hrsg.), *Aspekte der Sinnes- und Neurophysiologie im Sport – In memoriam Horst de Marées* (S. 175-240). Köln: Sport und Buch Strauß.

Söderman, K., Werner, S., Pietilä, T., Engström, B. & Alfredson, H. (2000). Balance board training: Prevention of traumatic injuries of the lower extremities in female soccer players? A prospective randomized intervention study. *Knee Surgery, Sports Traumatology, Arthroscopy, 8*, 356-363.

Stine, C.D., Arterburn, M.R. & Stern, N.S. (1982). Vision and sports: A review of the literature. *Journal of the American Optometry Association, 53,* 627-633.

Tidow, G. (1996). Zur Optimierung des Bewegungssehens im Sport. In U. Bartmus, H. Heck, J. Mester, H. Schumann & G. Tidow (Hrsg.), *Aspekte der Sinnes- und Neurophysiologie im Sport – In memoriam Horst de Marées* (S. 241-286). Köln: Sport und Buch Strauß.

Voigt, H.-F. & Westphal, G. (1995). Wahrnehmungsschulung im Volleyball. In F. Dannenmann (Red.), *Neue Aspekte des Volleyballspiels* (S. 154-168). Hamburg: Czwalina.

Wiemeyer, J. (1990). *Zentralnervöse Aktivierung und sportliche Leistung.* Köln: Sport und Buch Strauß.

C.3 Unbewusste Wahrnehmungsfunktionen bei der Bewegungsregulation

Alfred O. Effenberg

Gliederung

1 Einführung: Wahrnehmung und Bewegungsregulation

2 Zeitlich-strukturelle Information und Bewegungsregulation
- 2.1 Zeitlich-strukturelle Information bei Eigenbewegung *(optic flow)*
- 2.2 Zeitlich-strukturelle Information bei bewegten Objekten *(tau)*
- 2.3 Neurophysiologische Evidenz
- 2.4 Zeitlich-strukturelle Information bei Fremdbewegung *(relativistisches Sehen)*
- 2.5 Neurophysiologische Evidenz
- 2.6 Resümee

3 Multisensorische Integrationen bei der Bewegungswahrnehmung
- 3.1 Erweiterung der Wahrnehmungsgrundlage durch multimodale Reizkonvergenz
- 3.2 Effekte multimodaler Integration bei der Bewegungsbeobachtung
- 3.3 Effekte multimodaler Integration beim Bewegungsnachvollzug

4 Resümee und Ausblick

Kurzreferat

Welchen Anteil besitzt das Bewusstsein bei der Bewegungsregulation? Neurophysiologische Messungen belegen die fehlende Aktualität bewusster Körperwahrnehmung, das Bewusstsein läuft der Bewegungsgegenwart hinterher – und dies in beträchtlichem Ausmaß: Die zeitliche Verzögerung der Bewusstwerdung somatosensorischer Wahrnehmungen wird mit bis zu 500 msec angegeben (Libet, 1991) und die bewusste Handlungsgegenwart wird mit einer zeitlichen Vordatierung willentlicher Bewegung und einer zeitlichen Rückdatierung sensorischer Konsequenzen kognitiv konstruiert (Haggard et al., 2002). Damit gewinnt die Frage an Virulenz, wie die erforderliche Information zur motorischen Kontrolle wie auch zum Bewegungslernen in weiten Teilen ohne Bewusstseinseinflüsse im Wahrnehmungssystem erzeugt wird. Dieser Aspekt wird in drei Bereichen behandelt: Neben den ökologischen Wahrnehmungsfunktionen Gibsons, die zu bestimmten Teilen neurophysiologisch bestätigt werden konnten, werden Johanssons relativistische visuelle Funktionen bei der Bewegungsbeobachtung berücksichtigt. Schließlich werden Wahrnehmungsfunktionen beleuchtet, die Information über die Integration mehrerer Sinne erzeugen und die die Bewegungsregulation in sehr grundlegender Weise beeinflussen.

Schlagworte

Bewegungsregulation, motorische Kontrolle, motorisches Lernen, multisensorische Integration, optic flow, relativistisches Sehen, unbewusste Wahrnehmungsfunktionen, Wahrnehmung, zeitlich-strukturelle Information

1 Einführung: Wahrnehmung und Bewegungsregulation

Prozesse der Bewegungsregulation wie des motorischen Lernens sind auf bestimmte Wahrnehmungsfunktionen angewiesen. Bei der Regulation von Bewegung liegt der Schwerpunkt auf der Wahrnehmung der eigenen Person und der die Umgebung konstituierenden Oberflächen und Objekte. Beim Bewegungslernen ist zusätzlich die Beobachtung der Bewegungsformen anderer Personen von zentraler Bedeutung. Doch welches sind zentrale Wahrnehmungsbezüge, wie funktionieren die entsprechenden Wahrnehmungsmechanismen, die regulations- und lernrelevante Informationsanteile erzeugen? Die Frage nach der informationellen Basis ist auf den verschiedenen Ebenen von Wahrnehmungs- und Steuerungsfunktionen von großer Relevanz; sie wird hier mit primärem Bezug auf die Bewegungsregulation behandelt: Verhaltenspsychologische wie neurophysiologische Untersuchungen verweisen auf die Existenz spezifischer neuronaler Analysemechanismen, die die Wahrnehmung komplexer räumlicher Umgebungskonstellationen wie auch menschlicher Bewegungsmuster quasi im Bewusstseinshintergrund ermöglichen. Die von den Mechanismen primär *bottom-up* erzeugten Informationen beeinflussen die Bewegungsregulation – direkt und unbewusst. Verschiedene Untersuchungen belegen sehr enge Kopplungen von Wahrnehmungs- und Bewegungssystem: Unmittelbar auf die visuelle Wahrnehmung eines anfliegenden schrumpfenden Balles hin erfolgten unbewusste Feinjustierungen der Fanghand (Savelsbergh & Whiting, 1994) und Finger-Klopfen wurde bereits an sehr geringe akustische Rhythmusschwankungen angepasst (*subliminal entrainment*, Thaut et al., 1998).

Bei der Bestimmung des Informationsumfanges, der für die Bewegungsregulation erforderlich ist, erreicht die traditionelle Wahrnehmungsforschung ihre Grenzen: Diese wurde von der Erforschung der physikalischen Beschaffenheit distaler Reize und der zeitnahen Entstehung emergenter Bewusstseinsinhalte dominiert (Prinz & Bridgeman, 1994). Mit der klassischen dreistufigen Gliederung des Wahrnehmungsprozesses[1] lässt sich zwar die Entwicklung einer *wirklichkeitsnahen* kognitiven Repräsentation der Welt modellieren (Goldstein, 1997). Auch bilden Prozesse der Bedeutungszuweisung, der Reflexion und der Erkenntnisgewinnung unabdingbare Voraussetzungen für intendiertes zielgerichtetes Bewegungshandeln. Auf der untergeordneten Ebene der Bewegungsregulation jedoch müssen Informationen über die sich ständig verändernde Subjekt-Umgebungsrelation in großem Umfang

[1] Empfindung - höhere Organisation - Bedeutungszuweisung (Zimbardo & Gerrig, 1999).

und in sehr kurzer Zeit erzeugt werden. Bedingungen, die vom Bewusstsein gar nicht zu erfüllen sind: Es scheint für derartige Anforderungen nicht die entsprechende Kapazität zu besitzen und es erscheint als zu langsam[2].

An dieser Stelle muss das traditionelle Verständnis von Wahrnehmung erweitert werden: Neben der Beschreibung von Art, Umfang, Funktion und Reizbezug von Bewusstseinsinhalten stellt sich nun die Frage, welche Arten von Information überhaupt im Wahrnehmungssystem erzeugt werden können. Derartige Fragestellungen wurden erst von der Kognitiven Psychologie bearbeitet, die mit den Namen Gibsons und Neissers (1967) verbunden ist. Gibson (1966; 1979) bezieht sich in seiner *Ökologischen Wahrnehmungspsychologie* auf Invarianten in der Anordnung den Betrachter umgebender Oberflächen, deren *direkte Wahrnehmung durch Zeitmusteranalysen der Aktivierungen des gesamten retinalen Abbildungsfeldes* realisiert werde. Eigenbewegung verändert die Strukturierung des umgebenden Lichts, und *die in dieser Veränderung enthaltene Information ermögliche die direkte Spezifikation der Subjekt-Umgebungsrelation*: Aus retinalen Fließmustern (*optic flow*) könne z. B. Information zu Bewegungsrichtung und Bewegungsgeschwindigkeit über die Detektion und Analyse von Textur- und Verschiebungsgradienten erzeugt werden.

Die ökologische Sichtweise ist dadurch charakterisiert, dass Licht nicht mehr als der eigentliche Stimulus, sondern als Träger von Information verstanden wird (Nakayama, 1994). Auch die traditionelle Unterscheidung der Sinne in Extero- und Interozeptoren gilt so nicht weiter: Galt bisher der Gesichtssinn als exterozeptiver Sinn, der Information über äußere Objekte erzeugt, so werden nun die visuellen Wahrnehmungsanteile betont, die bei selbstbewegungsinduzierter Veränderung der umgebenden optischen Anordnung – bzw. der Strukturierung des umgebenden Lichts – den Bewegungszustand des Systems spezifizieren. Bestimmte Anteile des optic flow stehen z. B. in einem regelhaften Verhältnis zu kinästhetischen Wahrnehmungsanteilen bzw. Wahrnehmungsanteilen anderer Sinne: Das Anwachsen eines Objektes im Blickfeld kann die Annäherung an das Objekt spezifizieren – ebenso wie Aspekte der eigenen Laufbewegung.

Die ökopsychologische Perspektive wird durch neurobiologische, neurophysiologische und kognitions- wie verhaltenspsychologische Arbeiten unterstützt, die zu

---

[2] Libet (1991) und Haggard et al. (2002) interpretieren dies allerdings nicht als Einschränkung sondern als funktional-sinnvolle Eigenschaft des Körperbewusstseins.

einem erweiterten Verständnis der Funktionspotenzen[3] der Sinnessysteme und des gesamten Wahrnehmungssystems geführt haben. Zwei Bereiche sind von besonderem Interesse: Zum einen fanden sich tatsächlich neurophysiologische Indizien für die bewegungsinduzierten Wahrnehmungsfunktionen Gibsons (Beer et al., 2002; Morrone et al., 2000). Und auch die benachbarte Theorie *relativistischen Sehens* von Johansson (1973; 1977), mit der sich bestimmte visuelle Wahrnehmungsleistungen von menschlichen Bewegungsmustern erklären lassen, wurde neurophysiologisch zusätzlich unterstützt (Grossman et al., 2000; Grezes et al., 2001).

Doch werden regulationsrelevante Informationsanteile nicht nur durch die Analyse bewegungsinduzierter Muster erzeugt, die primär auf *unimodalen horizontalen Integrationen* über längere Zeiträume beruhen. Ebenso wird regulationsrelevante Information über *vertikale*[4] *Integrationstendenzen* im Wahrnehmungssystem erzeugt: Gemeint ist die *multisensorische Integration*, das Zusammenwirken der einzelnen Sinne. Intermodale integrative Funktionen sind ein grundlegender Bestandteil des gesamten Wahrnehmungssystems – und sie beeinflussen die Bewegungsregulation umfassend (Überblick in Effenberg, 2003). So besitzen neuronale Raumrepräsentationen grundsätzlich einen multimodalen Charakter; visuelle, auditive, vestibuläre und körpersegmentbezogene neuronale Karten werden gegeneinander abgeglichen und integriert (Andersen et al., 1997; Graziano et al., 1994). Neben dem Gesichtssinn besitzt das Gehör für den Bewegungsbereich eine besondere Bedeutung (Mechling & Effenberg, 1998). Wie hier gezeigt wird, kann mit einer gezielten Einbindung der multisensorischen Wahrnehmungsfunktionen die Bewegungsregulation direkt beeinflusst werden: Mit mehrmodal-konvergenter Information lässt sich die Genauigkeit der Wahrnehmung, der Beurteilung und des Nachvollzugs von komplexen Sportbewegungen unmittelbar deutlich erhöhen.

2 Zeitlich-strukturelle Information und Bewegungsregulation

2.1 Zeitlich-strukturelle Information bei Eigenbewegung *(optic flow)*

Dass die Bewegungsregulation umfassend auf relationsspezifizierende Information von zeitmusteranalytischen Wahrnehmungsfunktionen angewiesen ist, wurde wiederholt experimentell belegt: Warren und Hannon (1988) zeigten, dass die *Rich-*

---

[3] Zum Beispiel Analyse-/Synthesefunktionen von Rezeptoren, subkortikalen Knoten, neuronalen Netzen.

[4] Vertikal: Integration gleichzeitiger Anteile; horizontal: Integration im zeitlichen Verlauf.

tungsbestimmung der Eigenbewegung anteilig über zeitlich-strukturelle[5] Wahrnehmungsanteile *(optic flow)* erfolgt. Dass dies auch bei gleichzeitigen Augenbewegungen gilt, unterstreicht die ökologische Validität der Ergebnisse. Crowell et al. (1998) wiesen nach, dass optic flow auch bei einer Bewegung des Kopfes für die Raumorientierung genutzt wird: Vestibuläre und propriozeptive (Nackenbereich) Nervenimpulse werden mit Efferenzkopien der motorischen Kommandos der Kopfbewegung in der Wahrnehmung integriert und ermöglichen die Kompensation der auf die Kopfbewegungen zurückgehenden Verschiebungen im optic flow.

Bardy et al. (1999) bestätigen einen Einfluss optischer Fließmuster auf die *Haltungskontrolle* beim Gehen auf dem Laufband: Alle erzeugten optic flow-Strukturen beeinflussten die Körperhaltung. Und schließlich zeigten Warren et al. (2001) beim natürlichen Gehen im Raum, dass die Gangrichtung sowohl über egozentrische Raumbezüge wie auch über das bewegungsinduzierte optische Fließen bestimmt wird: Die Autoren konzipierten ein virtuelles Szenarium, in dem zwischen der egozentrischen Zielrichtung und dem optischen Fließmuster eine Raumrichtungsdivergenz von 10° erzeugt wurde. In verschiedenen Szenarien variierten die Gangpfade tatsächlich gegenüber den in einer strukturfreien Umgebung realisierten Pfaden:

> We found that people walked in the visual direction of a lone target, but increasingly relied on optic flow as it was added to the display. The visual control law for steering toward a goal is a linear combination of these two variables weighted by the magnitude of flow, thereby allowing humans to have robust locomotor control under varying environmental conditions (Warren et al., (2001, S. 213).

Eine hinreichende Voraussetzung für die Detektion und die Richtungsidentifikation von Bewegung auf Basis von optic flow ist also bereits die optische Strukturierung der Umgebung; eine spezifische Anordnung der umgebenden Oberflächen oder weitere bewegte optische Objekte sind dazu nicht erforderlich.

Die Ergebnisse von Warren et al. (2001) belegen implizit, dass über eine bestimmte Handlungsabsicht eine bestimmte Form handlungsbegleitender zeitlich-struktu-

---

[5] Die Begriffe „zeitlich-strukturelle Wahrnehmungsanteile", „zeitlich-strukturelle Information" und „zeitmusteranalytische Wahrnehmungsfunktionen" beziehen sich auf die Bereiche der Wahrnehmung, mit denen Information aus den bewegungsbedingten Veränderungen der Strukturierungen der umgebenden Energieformen (Licht, Schall, Gravitation etc.) gewonnen wird.

reller Wahrnehmungsanteile (optic flow) antizipiert wird: Wahrgenommenes optisches Fließen kann nur dann zur Abweichung von der unter strukturfreien Umgebungsbedingungen realisierten Raumorientierung führen, wenn mit der Handlungsabsicht, direkt auf das Ziel zuzugehen, eine bestimmte – bei Zielfixierung seitensymmetrische – Struktur des optischen Fließens antizipiert wird! Damit wird eine unbewusste Komponente der Bewegungsregulation in Abhängigkeit von intendierten Handlungszielen erkennbar: Die zielbezogene Antizipation einer bestimmten Strukturierung des optic flow.

Die Beispiele belegen die Bedeutung zeitlich-struktureller Information im Zusammenspiel von handlungs- und bewegungsregulatorischen Prozessen. Diese Informationsanteile spezifizieren Bewegung zielbezogen – bei relativer Unabhängigkeit zur jeweiligen Umgebungskonstellation. Damit sind die Mechanismen antizipativer Verhaltenssteuerung (Hoffmann, 1993; 2001) auch auf die regulatorische Ebene zu übertragen, auf der *kontinuierlich* Kontrollfunktionen weitgehend ohne Bewusstseinsfunktionen realisiert werden müssen.

2.2 Zeitlich-strukturelle Information bei bewegten Objekten (*tau*)

Für den Umgang mit einem sich nähernden Objekt in strukturierter Umgebung ist zunächst die Objektdetektion erforderlich, die auch über eine Analyse des optic flow zu realisieren ist: Die Objektstrukturen weisen von stationären Hintergrundstrukturen abweichende Verschiebungsgradienten auf. Doch gelingt sogar eine weitergehende Spezifikation der Betrachter-Objektrelation, welche die Motorik in subtiler Weise unterstützt. Dazu hat Lee (1976) ein grundlegendes Konzept der Spezifikation der *Zeitdauer bis zum Zusammentreffen* vorgelegt (TTC, time-to-contact). Verschiedene Studien belegen eine Abhängigkeit von Fangbewegungen von der Konturausdehnung anfliegender Bälle (Savelsbergh & Whiting, 1994) im Zusammenspiel mit weiteren Wahrnehmungsbezügen und innerhalb bestimmter Grenzen der Objektgröße (Bennett et al., 2000; Gray & Regan, 1998).

Über die *Inverse der relativen Ausdehnungsgeschwindigkeit (tau)* lässt sich nicht nur die Kontaktzeit spezifizieren, die zeitmusteranalytische Wahrnehmungsfunktion unterstützt auch in anderen sportlichen Handlungssituationen die Bewegungsregulation[6], so bei der Dosierung der Schrittweite beim Weitsprung (Lee et al., 1982) oder dem gezielten Treffen eines Tischtennisballs (Bootsma, 1988). Schließ-

[6] Natürlich stellt *tau* für eine Bestimmung der Kollisionszeit weder den einzig möglichen noch den alleinig bewegungs-, handlungs- wie verhaltenswirksamen Wahrnehmungsbezug dar; der jeweilige informationelle Anteil variiert aufgabenabhängig (vgl. Tresilian, 1999).

lich lässt sich die Bewegungsrichtung eines Objektes bestimmen (Fitch & Turvey, 1977): Wird vom Objekt Hintergrundstruktur in alle Richtungen gleichermaßen (ipsiradial) überdeckt, so nähert es sich zentral. Laterale Unterschiede indizieren Objektbewegung in Richtung der vermehrten Hintergrundüberdeckung. Und wird auf der einen Objektseite genau in gleichem Maße Hintergrundstruktur freigegeben, wie auf der anderen verdeckt wird, so bewegt sich das Objekt parallel zum Betrachter.

2.3 Neurophysiologische Evidenz

Die beschriebenen zeitmusteranalytischen Wahrnehmungsfunktionen konnten heuristisch hergeleitet und mathematisch begründet werden und – sie wurden in weiten Teilen auch neurophysiologisch belegt: Zunächst ließen sich MST-Neurone[7], die für bestimmte optische Fließmuster sensibel sind, bei Affen nachweisen (Tanaka & Saito, 1989). Graziano et al. (1994) konnten zeigen, dass MSTd-Neurone[8] für ein Kontinuum expansiver, rotatorischer und translatorischer Fließmuster sensibel sind. Mit der beobachteten Präferierung expansiver optic flow-Strukturen wird erneut der ökologische Bezug dieser Wahrnehmungsfunktion offensichtlich: Die Fließmuster spezifizieren sich nähernde Objekte und die eigene Vorwärtsbewegung in der Umgebung. Für die Sportpraxis bedeutsam sind zudem weitere, von Duffy und Wurtz (1997) beschriebene Eigenschaften dieser Neurone: Eine Modulation ihrer Aktivität in Abhängigkeit von der Geschwindigkeit des optic flow – insbesondere jedoch von den Geschwindigkeitsgradienten.

Die Pfeile in Abb. 1 symbolisieren die Geschwindigkeit der zentral-peripheren Objektverschiebung im Sehfeld. Je nach der Anordnung der Objekte sind positive (1), negative (2) oder überlappende (3) Geschwindigkeitsgradienten im optic flow enthalten. *Positiv* steht für eine Zunahme der Geschwindigkeitsvektoren vom Zentrum zur Peripherie, *negativ* für eine Abnahme. Entscheidend dafür sind Entfernung und Raumposition der Objekte sowie die Eigengeschwindigkeit des Betrachters. Duffy und Wurtz (1997) resümieren drei grundlegende Aspekte:

(1) MSTd-Neurone präferieren realitätsnahe – gradientenhaltige – Stimuli.

(2) MSTd-Neurone spezifizieren die eigene Bewegungsgeschwindigkeit, indem sie auf konsistente Veränderungen aller Gradienten reagieren.

---

[7] MST: Medial superior temporal cortex.

[8] MSTd: Der dorsale Bereich des *medial superior temporal cortex*.

(3) MSTd-Neurone reagieren unterschiedlich auf positive und negative Gradienten und spezifizieren so die Beschaffenheit der dreidimensionalen Umgebung.

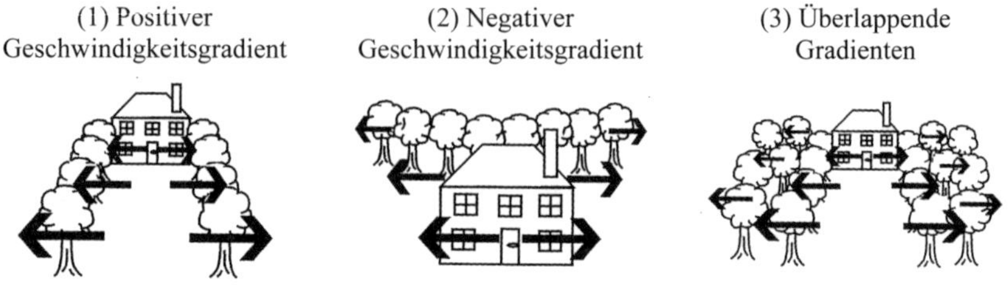

Abb. 1: Optic flow-Szenarien mit Geschwindigkeitsgradienten, wie sie bei orthogonaler Bewegung auf das Zentrum hin (Haustür) wahrgenommen werden (i. A. a. Duffy & Wurtz, 1997).

Über ein fein abgestuftes Zusammenspiel erzeugen MST/MSTd-Neurone offenbar verhaltensrelevante Information zur jeweiligen Subjekt-Umgebungsrelation. Dabei reagieren MSTd-Neurone nicht ausschließlich auf optic flow-Input – sondern anteilig auch auf vestibuläre Reize (Duffy, 1998). Differenzierte Reaktionsabstufungen wurden bei richtungsdivergenten visuell-vestibulären Stimuli dokumentiert; einzelne Neurone reagierten außerdem auf vestibuläre Reizung allein, was auf vielfältige Funktionen des Areals bei der Wahrnehmung von Eigenbewegung hinweist.

Diese über Einzelzellableitungen bei Affen gewonnenen Indizien werden durch neurophysiologische Messungen am menschlichen Gehirn grundsätzlich bestätigt: Morrone et al. (2000) konnten mit der V5/MT-Area einen Hirnbereich lokalisieren, der funktional weitgehend der MST/MSTd-Area bei Rhesus-Affen entspricht und differenziert auf strahlen- und kreisförmigen optic flow hin aktiviert. Beer et al. (2002) beobachteten hingegen Aktivitätserhöhungen in weiteren kortikalen und subkortikalen Arealen und sprechen von einem Netzwerk verschiedener Areale, das die Analyse komplexer optischer Fließmusterstrukturen realisiert.

Die subtile Empfindlichkeit bestimmter Neurone für verschiedene Formen und Modulationen des optic flow ist ein Indiz dafür, dass mit ausgedehnten Zeitmusteranalysen visueller Afferenzen auf kortikaler Ebene in großem Umfang bewegungsrelevante Information realisiert wird. Zudem sind zeitmusteranalytische Wahrnehmungsfunktionen nicht auf das visuelle System begrenzt: Zumindest vestibuläre Afferenzen aszendieren in die MST-Area und beeinflussen das Aktivierungsverhalten der Neurone, die somit Information verschiedener Sinne integrieren.

2.4 Zeitlich-strukturelle Information bei Fremdbewegung *(relativistisches Sehen)*

Sind nun umgebungs- und objektbezogene Spezifikationen die ausschließlichen Bezugsbereiche zeitmusteranalytischer Wahrnehmungsfunktionen? Es gibt zumindest einen weiteren Bezugsbereich, der für die Sportpraxis von großer Relevanz ist: Gemeint ist die Wahrnehmung menschlicher Bewegungen, wie sie für die Bewegungsnachahmung und das Bewegungslernen grundlegend ist. Dazu liegen eine Reihe von Arbeiten vor, die einen gemeinsamen Bezug zur *relativistischen Theorie des Sehens* aufweisen. Diese auf Johansson (1973; 1987) zurückgehende Theorie basiert auf der Analyse der retinalen Abbildungsverhältnisse nach den Prinzipien der projektiven Geometrie. Damit lassen sich die Verhältnisse in der Abbildung beschreiben, die bei perspektivischer Transformation invariant bleiben. Zur experimentellen Validierung der Theorie wurde die *point-light-technique*[9] entwickelt. Verschiedene Untersuchungen mit dieser Methode belegen die Existenz wahrnehmungs- und beurteilungsseitig wirksamer, visueller Analysefunktionen:

- Personen in Ruhe wurden nicht als solche erkannt, jedoch innerhalb weniger Zehntel Sekunden nach Bewegungsbeginn (z. B. beim Gehen oder Radfahren) – ein Indiz für die Bewusstseinsunabhängigkeit dieser Funktionen.
- Abstufungen der Wurfweite eines Sandsackes wurden alleine über die Wurfbewegung und Abstufungen des Gewichts von Kisten ausschließlich über die Hebebewegung zutreffend beurteilt (Runeson & Frykholm, 1983).
- Überzufällig häufig wurde das Geschlecht des *point-light-walkers* über das Gangmuster erkannt (Kozlowski & Cutting, 1977), auch das Bewegungsmuster von Freunden gegenüber Unbekannten (Cutting & Kozlowski, 1977).

Die beiden letzten Ergebnisse verdeutlichen, dass neben der Identifikation großmotorischer Bewegungen die subtile Differenzierung dynamischer wie stilistischer (!) Abstufungen über die relativistische Strukturwahrnehmung gelingt. Thornton et al. (1998) erklären solche Wahrnehmungsleistungen mit einer hierarchischen Struktur kognitiver Prozesse: *Low-level*-Prozesse bezögen sich auf räumlich (Blickfeld) wie zeitlich (Beobachtungsdauer) kleinere Einheiten (z. B. Leuchtpunkte). Über *High-level*-Prozesse würden Strukturen des gesamten Blickfeldes über längere Zeiträume – über die low-level-Integrationszeiträume von ~ 50 msec hinausgehend – analysiert. *Relativistisches Sehen* sei als *hierarchisch strukturierter Prozess der*

[9] Bewegungen werden nur durch Leuchtspuren von Lämpchen abgebildet, die an den Hauptgelenken befestigt sind und ausschließlich die Trajektorien abbilden (vgl. Johansson, 1987).

Mustererkennung charakterisiert, in dem *Zeitmusteranalysen des optic flow sogar über die gesamte Ausdehnung der visuellen Felder unbewusst* realisiert würden.

2.5 Neurophysiologische Evidenz

Die Existenz entsprechender Gehirnfunktionen belegen auch neurophysiologische Untersuchungen: Bonda et al. (1996) dokumentieren spezifische Aktivierungen bei der Wahrnehmung von *point-light*-Sequenzen einer tanzähnlichen Ganzkörperbewegung. Auch Grossman et al. (2000) beobachten spezifische kortikale Aktivierungen bei der Beobachtung von Lauf-, Sprung-, Wurf- und Karatebewegungen. Grezes et al. (2001) gelangten zu analogen Befunden und bestätigen eine Beobachtung von Berenthal und Pinto (1994): Die Aktivitätserhöhung ist von der adäquaten Raumausrichtung der *point-light*-Person abhängig: Wird diese invertiert, bleibt die spezifische neuronale Aktivität aus und die Sequenzen werden nicht erkannt.

2.6 Resümee

Die visuelle Wahrnehmung biologischer Bewegungen basiert auf hochintegrierenden kognitiven Mechanismen, die elementare Wahrnehmungsereignisse aus großen Bereichen des Blickfeldes und über längere Zeiträume zu komplexen Mustern integrieren und diese analysieren. Die entsprechenden kortikalen Funktionsbereiche arbeiten dabei weitgehend unabhängig vom Bewusstsein. *Der Mensch verfügt offenbar über visuelle Analyse- und Synthesefunktionen, mit denen er aus optic flow-Strukturen und aus relationalen kinematischen Körperbewegungsstrukturen Information erzeugen kann, die zum einen eine präzise Bestimmung (Spezifikation) der Subjekt-Umgebungsrelationen und zum anderen die Identifikation und subtile Unterscheidung menschlicher Bewegungsmuster ermöglicht.* Mit der Entdeckung der informationellen Basis der Situationsspezifikation durch Gibson kann die Einpassung der Bewegung in die Umgebung weitergehend ohne Einbindung von Bewusstseinsressourcen erklärt werden.

Entsprechende Gestaltungsmaßnahmen in sportlichen Lern-/Übungssituationen sind in folgender Form denkbar: In einem Ski-Abfahrtssimulator könnten situativ reaktive Verhaltensmodulationen unter gesteigerten Zeitdruck-Bedingungen trainiert werden, indem auch die strukturierte Umgebung dreidimensional dargestellt wird und in dem plötzlich auftretende Situationsvariationen (Hindernisse, vereiste Passagen etc.) animiert werden können. Die Position des Übenden in der Fahrstrecke lässt sich ständig über die Erfassung der Reaktionskräfte an den (Ski-) Bindungen berechnen, auch ob dieser in der Lage ist, die simulierte Abfahrt zu absolvieren und wieviel Zeit dafür benötigt wird. In einem solchen virtuellen Szenarium könnten die in allen simulierten Streckenabschnitten auftretenden optic flow-Strukturen wahrgenommen und in die Bewegungsregulation eingebunden werden, um z. B. situationsadäquate Bewegungsvariationen zu trainieren. Adäquate vestibuläre und kinästhetische Informationen lassen sich allerdings in einem solchen Simulator lediglich mit einem erheblichen technischen Aufwand initiieren.

Doch wie steht es um die Praxisrelevanz der Erkenntnisse zur relativistischen visuellen Bewegungswahrnehmung? Sind aus dieser Forschungsrichtung Einträge in Sportpraxis und Sportdidaktik zu erwarten, die über die Empfehlung, beim Bewegungslernen den Demonstrierenden stets im Auge zu behalten, hinausgehen? Sie sind es und sie sind es sogar in erheblichem Umfang – zumindest, wenn weitere Funktionalitäten des Wahrnehmungssystems ergänzend berücksichtigt werden, die maßgeblich die Qualität der Wahrnehmung beeinflussen: Aspekte des Zusammenwirkens der verschiedenen Sinne, multisensorische Integrationen. Diese sind Gegenstand des folgenden Abschnitts.

3 Multisensorische Integrationen bei der Bewegungswahrnehmung

Die Erzeugung wahrnehmungsseitiger Information wurde bisher hauptsächlich innerhalb einzelner Sinnesbereiche bearbeitet. Das gilt nicht nur für sinnesphysiologische, psychophysische und biopsychologische Arbeiten, sondern auch für die Gestaltpsychologie und sogar für die Ökologische Wahrnehmungspsychologie selbst: Obwohl hier gerade eine systemische Funktionsvorstellung von Wahrnehmung entwickelt wurde (*perceptual systems*, Gibson, 1966), geschah dies erneut in den Grenzen einzelner Sinnesmodalitäten. Untersuchungen aus verschiedenen Wissenschaftsbereichen wie der Sprachforschung und der Verhaltenspsychologie zeigen jedoch, dass zusätzlich Information über multisensorische Wahrnehmungsintegrationen erzeugt wird. Zunächst werden verschiedene Arbeiten zur Funktionsweise dieser multisensorischen Integrationsmechanismen vorgestellt, bevor gezeigt wird, dass mehrmodale Reizkonvergenzen auch in realitätsnahen Beobachtungs-/ Nachvollzugssituationen im Sport zu deutlichen Effekten führen.

Empirische Indizien zu multisensorischen Integrationseffekten sind zunächst in der Sprachwahrnehmungsforschung zu finden: Bei der verbalen Kommunikation scheint zwar die Verantwortung für das Sprachverständnis beim Gehör zu liegen, doch belegen Untersuchungen das Mitwirken der visuellen Modalität (McGurk & MacDonald, 1976; Massaro, 1998): Ist das Gesicht des Sprechenden zu sehen, wird ein besseres Sprachverständnis erreicht, ohne dass dem Wahrnehmenden dies bewusst wird. Perzepte, die von einer Sinnesmodalität erzeugt zu sein scheinen, erwiesen sich häufig als intermodale „Legierungen“: Populäre Beispiele sind der McGurk- und der Bauchredner-Effekt. Über multisensorische Integrationen werden nicht nur Subtilität und Präzision unimodaler Perzepte übertroffen, sie stellen essentielle Bestandteile kognitiver Raumrepräsentationen dar. Raumrepräsentationen bilden anteilig die Grundlage für Handlungsentscheidungen und Zielantizipationen, und sie beeinflussen direkt die Bewegungsregulation (Driver & Spence, 1998; Andersen et al., 1997). Intermodale Wahrnehmungs-Handlungsbezüge werden bereits von Babys realisiert (Meltzoff & Kuhl, 1994; Lewkowicz, 1994).

Tatsächlich beeinflussen intermodale Integrationen die gesamte Wahrnehmung grundlegend: Dies gilt bereits für die Detektion und Identifikation schwach überschwelliger Ereignisse, die signifikant häufiger als bimodale Reizkonstellation entdeckt werden (Stein & Meredith, 1993). Multisensorische Konvergenzzentren waren bei Katzen und Affen im Mittel- und Großhirn zu lokalisieren (Stein, 1998; Stein & Wallace, 1996). Auch Menschen gelingt die Identifikation bimodal präsenter Ereignisse genauer (Vroomen & de Gelder, 2000), Konvergenzzentren sind hier z. B. in der rechten frontal-temporalen Area (Giard & Peronnet, 1999) lokalisiert. Calvert et al. (1998; 2000) erkennen, dass ein Bereich im oberen Temporallappen spezifisch auf audiovisuell konvergente Sprache reagiert und dass diese zusätzliche Gehirnaktivität mit einem besseren Sprachverständnis korreliert.

Die verhaltens- und neurophysiologischen Indizien belegen die Existenz multisensorischer Konvergenzzentren, d. h. die einzelnen Sinne werden an verschiedenen Orten im menschlichen Gehirn tatsächlich zu einem unitären Wahrnehmungssystem integriert. Dabei besitzt der obere Temporallappen – neben weiteren subkortikalen/kortikalen Bereichen[10] – eine hervorgehobene Bedeutung: Aktivitätserhöhungen wurden bei mehrmodaler Sprachwahrnehmung, bei vestibulär-visueller Stimuluskonvergenz und bei Beobachtung von Sportbewegungen dokumentiert.

Das Wahrnehmungssystem ist darauf ausgerichtet, über die verschiedenen Modalitäten Information über die Subjekt-Umgebungsrelation zu erzeugen. Die einzelnen Sinne sind für unterschiedliche Energieformen sensibel: Während der Gesichtssinn aus den Strukturierungen des umgebenden Lichtes Information erzeugt, arbeitet das Gehör mit den Strukturierungen des umgebenden Schalls und das Gleich-

[10] Subkortikale Bereiche: Z. B. die oberen Vierhügel; kortikale: prämotorischer Kortex.

gewichtsorgan ist für die Strukturierung des Gravitationsfeldes sensibel etc. Die zentrale Herausforderung der Wahrnehmung besteht nun in der möglichst vollständigen und präzisen Erfassung der Objekte- bzw. Ereignisattribute, die diese Energieformen in unterschiedlicher Weise strukturieren. Denn über die Gesamtheit der über diese Strukturierungen in den Sinnessystemen erzeugten Aktivierungen ist die aktuelle Subjekt-Umgebungsrelation spezifiziert. Die Spezifikation wiederum bildet die Grundlage umgebungsbezogener Funktionen der Handlungsinitiierung und Bewegungsregulation. Über die integrative Analyse der modalitätsspezifischen Aktivierungen kann offenbar umfassender und präziser Information zu den Objekt- und Ereignisattributen im System erzeugt werden.

3.1 Erweiterung der Wahrnehmungsgrundlage durch multimodale Reizkonvergenz

Wie können die angesprochenen Untersuchungsmethoden zu multisensorischen Wahrnehmungsintegrationen in die sportwissenschaftliche Motorikforschung praxisnah adaptiert werden? Welche Bedeutung besitzen die vorliegenden Erkenntnisse für eine gezielte Ansteuerung motorischer Kontroll- und Lernprozesse? Wo existieren in Lern-/Übungssituationen im Sport zeitlich, räumlich und strukturell übereinstimmende multimodale Reizkonstellationen, wo also steht konvergente audio-visuelle Information ohnehin bereits zur Verfügung? Calvert et al. (1998; 2000) benennen vier Konvergenzkriterien (ähnliche Raumrichtung, vergleichbare Dauer und Intensität, äquivalente Struktur), die stimulusseitig für die Funktion audiovisueller Integrationsmechanismen erfüllt sein müssen. Zwar erfüllen die Bewegungsgeräusche von Sportbewegungen diese bereits, doch sie erklingen lediglich in kurzen Abschnitten der Bewegung. Mit der Bewegungs-Sonification existiert nun jedoch ein Instrument zur kontinuierlichen *Bewegungsvertonung* (Effenberg, 1996): *Bewegungsdefinierte Klangsequenzen* sind mithilfe einer Hardware/ Softwarekonstellation mehrstimmig und über die volle Bewegungsdauer zu erzeugen. Dazu werden elektronische Klänge direkt über kinematische und dynamische Bewegungsparameter moduliert, womit die Konvergenzkriterien für die aufeinander bezogenen Bewegungs- und Klangmerkmale für die Elementardimensionen *Zeit* und *Intensität* zu erfüllen sind. Die Abbildung illustriert die strukturelle Äquivalenz von Kraft- und Klangamplitude.

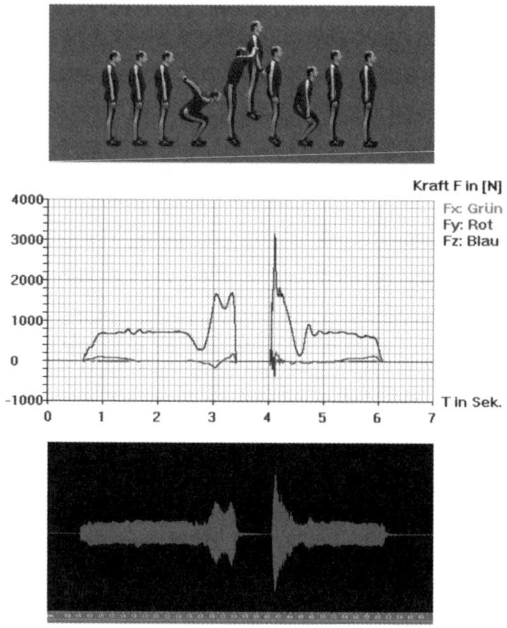

Abb. 2: Einzelbilder eines Hockstrecksprunges (oben), die Bodenreaktionskräfte eines ca. 48 cm hohen Sprunges (mittig) und der Amplitudenpegel der kraftdefinierten Klangsequenz (unten).

3.2 Effekte multimodaler Integration bei der Bewegungsbeobachtung

Die Wirkung der audiovisuellen Stimuluskonvergenz wurde experimentell in zwei Schritten untersucht: Nach einem Vergleich der *Beurteilungsgenauigkeit* unter visuellem, auditivem und audiovisuellem Treatment wurde die *Nachvollzugsgenauigkeit* unter verschiedenen Bedingungen verglichen. Die Videosequenzen von Sprüngen unterschiedlicher Höhe waren so gestaltet, dass eine Höheneinschätzung nur über die Beobachtung der Gesamtbewegung zu realisieren war (Effenberg et al., 2001). Innerhalb dieser Wahrnehmungsbezüge stellt die relationale kinematische Musteranalyse ein zentrales Kriterium dar, womit die geforderte audiovisuelle Stimuluskonvergenz abgesichert wird. Tatsächlich wurden unter der bimodalen Bedingung genauere Höheneinschätzungen realisiert[11]. *Mit der Untersuchung konnte die Wirksamkeit zusätzlicher audiovisuell-konvergenter Bewegungsinformation zur Erhöhung der Wahrnehmungs- und Beurteilungsgenau-*

[11] Die hier skizzierten Untersuchungen sind umfassend bei Effenberg (2003) nachzulesen.

igkeit für komplexe Sportbewegungen in realitätsnahen Wahrnehmungssituationen belegt werden.

3.3 Effekte multimodaler Integration beim Bewegungsnachvollzug

In einer weiteren Untersuchung wurde der Einfluss audiovisueller Information auf den Bewegungsnachvollzug ermittelt[12]. Zuvor beobachtete Sprunghöhen von 50 % - 90 % der Maximalhöhe waren präzise nachzuspringen. Die Abbildung illustiert die Laborsituation bei beiden Untersuchungen.

(A) Die Untersuchung zur Beurteilungsgenauigkeit

(B) Die Untersuchung zur Nachvollzugsgenauigkeit

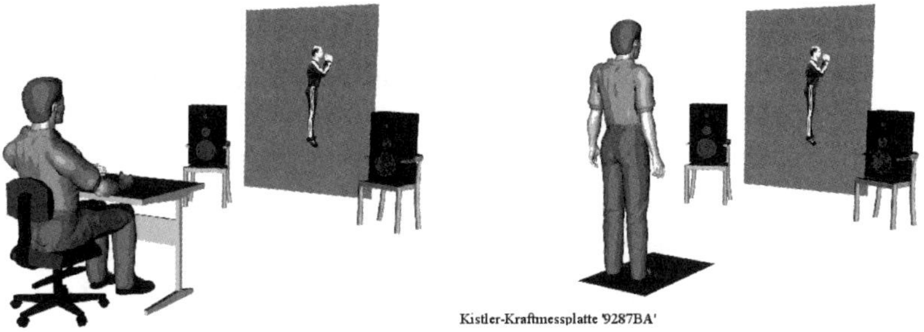

Abb. 3: Im Beurteilungsteil saß der Proband vor der 1,90 m x 1,42 m großen Projektion **(A)**; im Nachvollzugsteil wurde je eine Sprunghöhe direkt nachgesprungen **(B)**.

Auch diese Untersuchung belegt die unterstützende Wirkung konvergenter auditiver Bewegungsinformation: Beim Bewegungsnachvollzug ging der absolute Fehler unter der audiovisuellen Bedingung deutlich zurück (um ca. 19 %) und die Fehlervarianz war reduziert. *Die Ergebnisse belegen die Wirksamkeit bimodal-konvergenter Bewegungsinformation auf die Nachvollzugsgenauigkeit komplexer Sportbewegungen in realitätsnahen Situationen.*

Die Ergebnisse dieser Untersuchungen belegen, dass konvergente audiovisuelle Stimuluskonstellationen auch in komplexen Handlungssituationen zu einer verbesserten Wahrnehmungs-, Beobachtungs- und Nachvollzugsgenauigkeit führen können. Die zusätzliche Bewegungsvertonung (Bewegungs-Sonification) ist ein variabel einsetzbares Instrument, die komplexen (unbewussten) Interaktionsmechanismen des menschlichen Wahrnehmungssystems gezielt anzusprechen und

[12] Beurteilungs- und Ausführungsfunktionen nutzen Information unterschiedlich: Es existieren zwei anatomisch getrennte visuelle Verarbeitungswege (*what/where*, Milner & Goodale, 1995).

umfassender für die Vermittlung von bewegungsbezogener Information zu nutzen. Auditive Wahrnehmungskonvergenzen lassen sich so nicht nur zu visuellen, sondern auch zu kinästhetischen, vestibulären oder taktilen Wahrnehmungen anderer Modalitäten realisieren. Das sportliche Bewegungslernen wie auch die motorische Rehabilitation stellen hier vielfältige Anwendungsfelder dar.

4 Resümee und Ausblick

Regulationsrelevante Information wird in großem Umfang ohne Bewusstseinseinflüsse im Wahrnehmungssystem aktuell erzeugt. Während die Auswahl des Handlungsziels bewusst erfolgen kann, wird die Bewegungsregulation in weiten Teilen über direkte schnelle Kopplungen von Wahrnehmungs- und Steuerungsfunktionen realisiert. Dabei arbeiten kortikale Wahrnehmungsmechanismen weitgehend im Bewusstseinshintergrund, die über lange Zeiträume und über den gesamten Rezeptionsraum Muster integrieren und nach bestimmten Merkmalsstrukturen analysieren. Diese komplexen Wahrnehmungsfunktionen werden gegenwärtig in der Motorikforschung verstärkt gegenüber *motorischen Repräsentationen* für eine Erklärung der Bewegungsregulation präferiert. Verschiedene dieser Funktionen wurden hier beschrieben, viele konnten neurophysiologisch belegt werden. Nun entscheidet neurophysiologische Evidenz zwar bei Weitem nicht über die Tragfähigkeit hypothetischer Konstrukte und ganzer Theorien allein, selbst dann nicht, wenn die neurophysiologischen Daten mit den entsprechenden Verhaltensdaten hoch korrelieren. Doch sollten neurophysiologische Belege bei der Motorik- und Lerntheorieentwicklung – die i. d. R. einen hermeneutischen Charakter aufweist – unbedingt berücksichtigt werden, um die Plausibilität der theoretischen Arbeit abzusichern und eine höhere Kontinuität sportwissenschaftlicher Theorieentwicklung zu erreichen.

Neben Stoffregen und Bardy (2001) beurteilen Mechsner et al. (2001) den steuerungsseitigen Einfluss von Wahrnehmungsfunktionen am weitreichendsten, wobei sogar die Notwendigkeit *motorischer Repräsentationen* und *interner Modelle* umfassend in Frage gestellt wird. Wie hier zudem gezeigt werden konnte, sind neben modalitätsspezifischen horizontalen Integrationen jedoch auch vertikale Mechanismen der multisensorischen Integration für die Qualität der Situationsspezifikation verantwortlich. Dass dies nicht nur für die Beurteilung einfacher Ereignisattribute gilt, sondern dass audiovisuelle Informationskonvergenzen auch Wahrnehmung, Beurteilung und Nachvollzug komplexer Sportbewegungen in realitätsnahen Situationen unterstützen, auch dies konnte empirisch belegt werden.

Doch inwieweit ist über intermodale Integrationen die Qualität der Relationsspezifizierung überhaupt zu steigern? Stoffregen und Bardy (2001) skizzieren ein gesamtes untrennbares Wahrnehmungssystem, in das grundsätzlich alle Sinne integriert werden. Damit könne sogar eine eindeutige Spezifikation der Subjekt-Umgebungsrelation begründet werden (Stoffregen & Bardy, 2001, S. 196):

> We will attempt to redefine perception [...] Similarly, for perception we propose that there exist macroscopic variables, consisting of relations between different forms of ambient energy, that these provide information about the animal-environment interaction, and that information exists only in these macroscopic variables, that is, that it does not exist in the structure of individual forms of energy.

Die von zeitmusteranalytischen Wahrnehmungsmechanismen erzeugte Information reduziert die Lücke zwischen bewussten Handlungsintentionen und den entsprechenden Bewegungen: Zeitlich-strukturelle Information entsteht zwischen zumindest zwei Bezugspunkten und sie entsteht nur dann, wenn diese sich relativ zueinander verändern. Dann allerdings spezifizieren diese Wahrnehmungsanteile die entsprechende Bewegung und es erscheint – auf höchster Integrationsstufe – möglich, dass sie dies sogar eindeutig tun. Mit der zielbezogenen Antizipation zeitlich-struktureller Information kann zumindest die kontinuierliche motorische Kontrolle bei der Bewegungsregulation erklärt werden – ohne dass es weiterer vermittelnder kognitiver Mechanismen bedarf.

In einem nächsten Schritt wäre dann allerdings zu klären, wie sich diese informationserzeugenden Mechanismen beim Bewegungslernen entwickeln, nach welchen Kriterien Invarianten detektiert werden und was die Integration von Invarianten in solch höherer Ordnung unterstützt. Dabei könnte sich die Plastizität wahrnehmungsseitiger Mechanismen bei der Invariantendetektion und Invariantenaufwärtsintegration als ein zentraler Faktor des Lernens erweisen. *Invariantendetektion und Invariantenaufwärtsintegration sind zum einen Prozesse innerhalb einer Sinnesmodalität; sie vollziehen sich zudem jedoch offenbar gerade auch intermodal-integrativ.* Wie dabei allerdings die verschiedenen Wahrnehmungsanteile zusammenspielen, nach welchen Kriterien bestimmte sinnesspezifische Aktivierungen von intermodalen Integrationsmechanismen ausgewählt, gewichtet und integriert werden, das ist mit dem gegenwärtigen Erkenntnisstand der experimentellen Motorikforschung noch nicht zu beurteilen.

Literatur

Andersen, R.A., Snyder, L.H., Bradley, D.C. & Xing, J. (1997). Multimodal representation of space in the posterior parietal cortex and its use in planning movements. *Annual Review of Neuroscience, 20*, 303-330.

Bardy, B.G., Warren, W.H. & Kay, B.A. (1999). The role of central and peripheral vision in postural control during walking, *Perception and Psychophysics*, *61*, 1356-1368.

Beer, J., Blakemore, C., Previc, F.H. & Liotti, M. (2002). Areas of the human brain activated by ambient visual motion, indicating three kinds of self-movement [Elektronische Version]. *Experimental Brain Research, 143,* 78-88.

Bennett, S.J., Van der Kamp, J., Savelsbergh, G.J.P. & Davids, K. (2000). Discriminating the role of binocular information in the timing of a one-hand catch – The effects of telestereoscopic viewing and ball size. *Experimental Brain Resaerch, 135,* 341-347.

Berenthal, B.I. & Pinto, J. (1994). Global processing of biological motions. *Psychological Science, 5*, 221-225.

Bonda, E., Petrides, M., Ostry, D. & Evans, A. (1996). Specific involvement of human parietal systems and the amygdala in the perception of biological motion. *Journal of Neuroscience, 16*, 3737-3744.

Bootsma, R.J. (1988). *The timing of rapid interceptive actions*. Ph.D. thesis. Amsterdam: Free University.

Calvert, G.A., Brammer, M.J. & Iversen, S.D. (1998). Crossmodal identification. *Trends in Cognitive Sciences*, *2*, 247-253.

Calvert, G.A., Campbell, R. & Brammer, M.J. (2000). Evidence from functional magnetic resonance imaging of crossmodal binding in the human heteromodal cortex. *Current Biology*, *10*, 649-657.

Crowell, J.A., Banks, M.S., Shenoy, K.V. & Andersen, R.A. (1998). Visual self-motion perception during head turns. *Nature Neuroscience*, *1*, 732-737.

Cutting, J.E. & Kozlowski, L.T. (1977). Recognizing friends by their walk: Gait perception without familiarity cues. *Bulletin of the Psychonomic Society, 9*, 353-356.

Driver, J. & Spence, C. (1998). Attention and the crossmodal construction of space. *Trends in Cognitive Sciences, 2*, 254-262.

Duffy, C.J. (1998). MST neurons respond to optic flow and translational movement. *Journal of Neurophysiology*, *80*, 1816-1827.

Duffy, C.J. & Wurtz, R.H. (1997). Medial superior temporal area neurons respond to speed patterns in optic flow. *The Journal of Neuroscience*, *17*, 2839-2851.

Effenberg, A.O. (1996). *Sonification – Ein akustisches Informationskonzept zur menschlichen Bewegung*. Schorndorf: Hofmann.

Effenberg, A.O. (2003). *Synergien der Sinne für die Regulation der Bewegung. Effekte multisensorischer Konvergenzen bei der Wahrnehmung, Beurteilung und Ausführung von Sportbewegungen.* Habilitationsschrift an der Universität Bonn. (i. Dr.)

Effenberg, A.O., Mechling, H. & Spahr, M. (2001). Videobasierte Nachahmungsexperimente und externe Validität. *ITES, 1,* 1-14. Zugriff am 17. Juli 2002 unter http://ites.orbis-communications.de/Dokumente/Voll_Effenberg_d_1.pdf

Fitch, H.L. & Turvey, M.T. (1977). On the Control of Activity: Some Remarks from an Ecological Point of View. In D. Landers & R. Christina (Eds.), *Psychology of motor behavior and sport* (pp. 2-35). Champaign, Ill.: Human Kinetics.

Giard, M.H. & Peronnet, F. (1999). Auditory-visual integration during multimodal object recognition in humans: A behavioral and electrophysiological study. *Journal of Cognitive Neuroscience, 11*, 473-490.

Gibson , J.J. (1966). *The senses considered as perceptual systems*. Boston: Houghton Mifflin.

Gibson, J.J. (1979). *The ecological approach to visual perception*. Boston: Houghton Mifflin.

Goldstein, B.E. (1997). *Wahrnehmungspsychologie*. Heidelberg: Spektrum.

Gray, R. & Regan, D. (1998). Accuracy of estimating time-to-collision using binocular and monocular information. *Vision Research, 38,* 499-512.

Graziano, M.S.A., Andersen, R.A. & Snowden, R.J. (1994). Tuning of MST neurons to spiral motions. *The Journal of Neuroscience*, *14*, 54-67.

Grezes, J., Fonlupt, P., Berenthal, B., Delon-Martin, C., Segebarth, C. & Decety, J. (2001). Does perception of biological motion rely on specific brain regions? *NeuroImage, 13*, 775-785.

Grossman, E., Donnelly, M., Price, R., Pickens, D., Morgan, V., Neighbor, G. & Blake, R. (2000). Brain areas involved in perception of biological motion. *Journal of Cognitive Neuroscience*, *12*, 711-720.

Haggard, P., Clark, S. & Kalogeras, J. (2002). Voluntary action and conscious awareness. *Nature Neuroscience*, *5*, 382-385.

Hoffmann, J. (1993). *Vorhersage und Erkenntnis*. Göttingen: Hogrefe.

Hoffmann, J. (2001). Das ideomotorische Prinzip, ABC, Closed Loops und Schemata. In J.R. Nitsch & H. Allmer (Hrsg.), *Denken – Sprechen – Bewegen* (S. 69-75). Köln: bps.

Johansson, G. (1973). Visual perception of biological motion and a model for its analysis. *Perception and Psychophysics, 14*, 201-211.

Johansson, G. (1977). Studies on visual perception of locomotion. *Perception, 6,* 365-376.

Johansson, G. (1987). Visuelle Bewegungswahrnehmung. In M. Ritter, *Wahrnehmung und visuelles System* (2. Aufl.) (S. 168-177). Heidelberg. Spektrum.

Kozlowski, L.T & Cutting, J.E. (1977). Recognizing the sex of a walker from a dynamic point-light display. *Perception and Psychophysics*, *21,* 575-580.

Lee, D.N. (1976). A theory of visual control of braking based on information about time to collision. *Perception, 5,* 437-459.

Lee, D.N., Lishman, J.R. & Thompson, J.A. (1982). Regulation of gait in long jumping. *Journal of Experimental Psychology: Human Perception and Performance, 8,* 448-459.

Lewkowicz, D.J. (1994). Development of Intersensory Perception in Human Infants. In D.J. Lewkowicz & R. Lickliter (Eds.), *The development of intersensory perception* (pp. 165-203). Hillsdale, NJ: Erlbaum.

Libet, B. (1991). Conscious vs neural time. *Nature, 352*, 27.

Massaro, D.W. (1998). Perceiving talking faces: From speech perception to a behavioral principle. Cambridge, MA: MIT Press.

McGurk, H. & MacDonald, J. (1976). Hearing lips and seeing voices. *Nature, 264,* 746-748.

Mechling, H. & Effenberg, A.O. (1998). Perspektiven der Audiomotorik. In R. Riecken (Hrsg.), *Praxisorientierte Bewegungslehre als angewandte Sportmotorik. Festschrift* (S. 51-76). Sankt Augustin: Academia.

Mechsner, F., Kerzel, D., Knoblich, G. & Prinz, W. (2001). Perceptual basis of bimanual coordination. *Nature, 414,* 69-73.

Meltzoff, A.N. & Kuhl, P.K. (1994). Faces and Speech: Intermodal Processing of Biologically Relevant Signals in Infants and Adults. In D.J. Lewkowicz & R. Lickliter (Eds.*), The development of intersensory perception* (pp. 335-370). Hillsdale, NJ: Erlbaum.

Milner, A.D. & Goodale, M.A. (1995). *The visual brain in action.* Oxford: Oxford University Press.

Morrone, M.C., Tosseti, M., Montanaro, D., Fiorentini, A., Cioni, G. & Burr, D.C. (2000). A cortical area that responds specifically to optic flow, revealed by fMRI. *Nature Neuroscience, 3* (12), 1322-1328.

Nakayama, K. (1994). James J. Gibson – An appreciation, *Psychological Review, 101*, 329-335.

Neisser, U. (1967). *Cognitive Psychology*. New York: Appleton-Century Crofts.

Prinz, W. & Bridgeman, B. (1994). Einleitung. In W. Prinz & B. Bridgeman (Hrsg.), *Enzyklopädie der Psychologie. Bd. 1, Wahrnehmung* (S. 1-12). Göttingen: Hogrefe.

Runeson, S. & Frykholm, G. (1983). Kinematic specifications of dynamics as an informational basis for person-and-action perception: expectation, gender recognition, and deceptive intention. *Journal of Experimental Psychology: General, 112*, 585-615.

Savelsbergh, G.J.P. & Whiting, H.T.A. (1994). Fangen: Informationsverarbeitung, Lernen und Entwicklung. In H. Heuer, & S.W. Keele (Hrsg.*), Enzyklopädie der Psychologie. Psychomotorik* (S. 575-621). Göttingen: Hogrefe.

Stein, B.E. (1998). Neural mechamisms for synthesizing sensory information and producing adaptive behaviors. *Experimental Brain Research, 123*, 124-135.

Stein, B.E. & Meredith, M.A. (1993). The merging of the senses. Cambridge, MA: MIT Press.

Stein, B.E. & Wallace, M.T. (1996). Comparisons of cross-modality integration in midbrain and cortex. *Progress in Brain Research, 112,* 298-299.

Stoffregen, T.A. & Bardy, B.G. (2001). On specification and the senses. *Behavioral and Brain Sciences*, *24,* 195-213.

Tanaka, K. & Saito, H. (1989). Analysis of motion of the visual field by direction, expansion, contraction, and rotation cells clustered in the dorsal part of the medial superior temporal area of the macaque monkey. *Journal of Neurophysiology, 62,* 626-641.

Thaut, M.H., Tian, B. & Azimi-Sadjadi, M. (1998). Rhythmic finger-tapping to cosine-wave modulated metronome sequences: Evidence of subliminal entrainment. *Human Movement Science*, *17,* 839-863.

Thornton, I.M., Pinto, J. & Shiffrar, M. (1998). The Visual Perception of Human Locomotion. In J. Decety (Ed.), *Perception and action. Recent advances in cognitive neuropsychology* (pp. 535-552). Hove, East Sussex: Psychology Press.

Tresilian, J.R. (1999). Visually timed action: Time-out for tau? *Trends in Cognitive Sciences*, *3*, 301-310.

Vroomen, J. & De Gelder, B. (2000). Sound enhances visual perception: Cross-modal effects of auditory organization on vision. *Journal of Experimental Psychology: Human Perception and Performance*, *26*, 1583-1590.

Warren, W.H. & Hannon, D.J. (1988). Direction of self-motion is perceived from optical flow. *Nature*, *336,* 162-163.

Warren, W.H., Kay, B.A., Zosh, W.D., Duchon, A.P. & Sahuc, S. (2001). Optic flow is used to control human walking. *Nature Neuroscience, 4*, 213-216.

Zimbardo, P.G. & Gerrig, R.J. (1999). *Psychologie* (7. Aufl.). Berlin: Springer.

C.4 Vorstellung und mentales Training

Jörn Munzert & Mathias Reiser

Gliederung

1 Gegenstandsbestimmung
1.1 Bewegungsvorstellungen
1.2 Mentales Training

2 Neurophysiologische Aspekte der Bewegungsvorstellung

3 Effekte des mentalen Trainings

4 Wie wird die Wirkung von mentalem Training erklärt?
4.1 Kognitive Hypothese
4.2 Programmierungs-Hypothese

5 Ausblick und Forschungsperspektive

Kurzreferat

Vorstellungen sind wahrnehmungsartige Erscheinungen einer Person, ohne dass ein entsprechender sensorischer Input vorliegt. Im Rahmen des mentalen Trainings werden Vorstellungen von Bewegungen in systematischer Weise zum Zwecke des Erwerbs und der Optimierung spezifischer (sportmotorischer) Fertigkeiten genutzt. Kinästhetische Vorstellungen beinhalten dabei „Bewegungsgefühle", visuelle Bewegungsvorstellungen eine filmartige Sequenz der Bewegung. In Abhängigkeit von der Bewegungsaufgabe ergeben sich Unterschiede in der Gewichtung der Sinnesmodalitäten und den spezifischen Inhalten der Vorstellungen. Bei der Erklärung der Wirkung mentalen Trainings wird auf zwei Hypothesen zurückgegriffen. Die kognitive Hypothese geht davon aus, dass räumlich-bildhafte und symbolische Anteile der Bewegungsrepräsentation durch mentales Training verbessert werden. Der Programmierungs-Hypothese nach bewirken die mit den Bewegungsvorstellungen verbundenen motorischen Programmierungsprozesse ähnlich wie beim aktiven Üben entsprechende Leistungsverbesserungen.

Schlagworte

Aktives Üben, Beobachtung, kinästhetisch, kognitive Hypothese, observatives Training, Programmierungs-Hypothese, Sinnesmodalitäten, visuell

1 Gegenstandsbestimmung

Im Folgenden wird zunächst definiert, was man unter Vorstellungen im Allgemeinen und unter Bewegungsvorstellungen im Speziellen versteht. Es folgt eine Einordnung des mentalen Trainings in diesen Bereich.

1.1 Bewegungsvorstellungen

Vorstellungen lassen sich allgemein definieren als wahrnehmungsartige Erscheinungen einer Person, die sich vom Wahrnehmungsprozess vor allem dadurch unterscheiden, dass der sensorische Input entfällt (Annett, 1995, S. 1395). In der hier vorgelegten Definition ist der Vorstellungs-Begriff an subjektive, durch Introspektion erfahrbare Phänomene gebunden. Die Person wird sich bestimmter Vorstellungsinhalte (nicht der Vorstellensprozesse) bewusst. Man könnte diskutieren, ob es auch unbewusste Vorstellungen gibt. Für unsere Zwecke ist diese Diskussion jedoch müßig, da wir es im Kontext sportbezogener Vorstellungen in der Regel mit intentional regulierten Vorstellensprozessen zu tun haben. Auch bei der Abgrenzung verschiedener Formen des mentalen Trainings (s. u.) greifen wir auf bewusste Vorstellungsinhalte zurück.

Ein wichtiger Aspekt des Vorstellens ist, dass man sich Inhalte in unterschiedlichen Modalitäten vergegenwärtigen kann. Im Prinzip kann man Vorstellungen in jeder Sinnesmodalität bilden, in der man Sinneserfahrungen besitzt. Was die Nutzung verschiedener Sinnesmodalitäten für Bewegungsvorstellung angeht, finden Munzert, Dültgen und Möllmann (2000) starke individuelle Unterschiede. Diese Unterschiede lassen sich aber zumindest teilweise durch Übung ausgleichen.

Bewegungsvorstellungen zeichnen sich durch ihren spezifischen Inhalt aus. Dabei stehen zwei Wahrnehmungsmodalitäten im Vordergrund: kinästhetische und visuelle Vorstellungen. Kinästhetische Vorstellungen beinhalten „Bewegungsgefühle“, die denen beim tatsächlichen Ausführen entsprechen; die visuellen Bewegungsvorstellungen beinhalten eine filmartige Sequenz der Bewegung. Beide Vorstellungsinhalte können auch zusammen auftreten. Annett (1995, S. 1413) stellt die Hypothese auf, dass visuelle Vorstellungen vor allem bei offenen Fertigkeiten dominieren, während kinästhetische Vorstellungen bei geschlossenen Fertigkeiten eine größere Bedeutung besitzen.

Eine Bewegungsvorstellung ist immer auf eine bewegte Person, einen Aktor, bezogen. Das kann die eigene Person, dies kann aber auch eine andere Person z. B. im Sinne eines Modells sein. Ohne den Aktor als „Träger“ der Bewegung kann man sich diese nicht vorstellen. Darüber hinaus beinhalten vor allem die visuellen Bewegungsvorstellungen zumeist noch weitere Umweltmerkmale. Beim Skifahren muss man sich zumindest eine Art Hangneigung vorstellen, bei einem Tennisschlag wird in der Regel auch der Ball und die Schlägerbewegung vorgestellt werden.

1.2 Mentales Training

In der Sportwissenschaft werden Bewegungsvorstellungen vor allem im Kontext des mentalen Trainings thematisiert. Ulich (1967) definiert mentales Training als planmäßig wiederholte, bewusste Vorstellung von Bewegungsabläufen. Diese „klassische" Definition lässt sich weiter differenzieren. Wir wollen im Weiteren den Bereich des mentalen Trainings auf solche systematisch wiederholten, bewussten Bewegungsvorstellungen einengen, die dem Lernen, Optimieren und Stabilisieren von Bewegungsabläufen dienen. Damit werden solche Vorstellungsprozesse explizit nicht als mentales Training gefasst, die z. B. im Rahmen der Handlungsantizipation zur unmittelbaren Startvorbereitung dienen (vgl. Munzert & Hackfort, 1999).

So eng der hier zugrunde gelegte Begriff des mentalen Trainings erscheinen mag, er lässt dennoch ganz unterschiedliche Varianten der Bewegungsvorstellung zu. Im Folgenden werden wir diese vor allem für die praktische Anwendung relevanten Unterschiede systematisieren und erläutern (Abb. 1). Auf die unterschiedliche Gewichtung der visuellen und der kinästhetischen Modalität wurde bereits eingegangen. Die neurophysiologisch orientierte Forschung geht häufig davon aus, dass Prozesse des „motor imagery" nur kinästhetische Bewegungsvorstellungen beinhalten (Decety, 1996). Betrachtet man visuelle Bewegungsvorstellungen beim mentalen Training, unterscheidet man in der Regel eine sog. Innen- von der Außensicht (Hardy & Callow, 1999). Die Außensicht entspricht einer Art Beobachterperspektive, während die (visuelle) Innensicht am ehesten der Perspektive entspricht, wie sie uns z. B. beim Skiabfahrtslauf mit einer Helmkamera geliefert wird. Nur bei der Außenperspektive kann die vorgestellte Person entweder der Aktor selber oder eine fremde Person (Modell) sein.

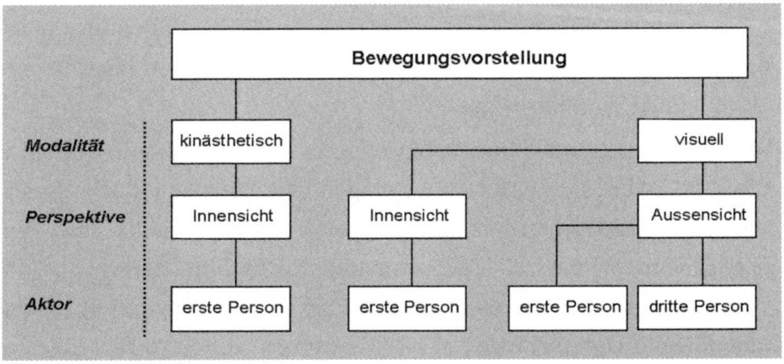

Abb. 1: Modalitäten, Perspektiven und Aktoren bei Bewegungsvorstellungen im Rahmen des mentalen Trainings.

2 Neurophysiologische Aspekte der Bewegungsvorstellung

Das Grundkonzept der „Simulation theory" zur Bewegungsvorstellung geht davon aus, dass vorgestellte Bewegungen auf den gleichen Prozessen basieren wie reale Bewegungen, nur dass sie nicht ausgeführt wurden (Jeannerod, 2001, S. 103). Die Auffassung wird durch Befunde auf der Verhaltensebene unterstützt, die eine große zeitliche Ähnlichkeit vorgestellter und aktiv ausgeführter Bewegungen (Decety, Jeannerod & Prablanc, 1989) oder gleiche Einschränkungen (z. B. im Sinne des Fitts'schen Gesetzes) für vorgestellte und aktiv ausgeführte Bewegungen nachweisen (vgl. z. B. Decety & Jeannerod, 1996).

Im Zentrum der Argumentation und daraus abgeleiteter Untersuchungen mit bildgebenden Verfahren steht die Frage, inwieweit bei der Vorstellung und der Ausführung einer Bewegung dieselben neuralen Areale aktiviert werden. Eine relativ große Überlappung ergibt sich beim prämotorischen und beim supplementärmotorischen Areal (vgl. hierzu Abb. 2 im Beitrag von Konczak, in diesem Band). Hier ergibt sich auch eine vergleichbare Höhe der Aktivierung (Jeannerod, 2001; Lotze, Montoya, Erb, Hülsmann, Flor, Birbaumer & Grodd, 1999). Dagegen zeigt sich bei den Vorstellungen im primären motorischen und im primären sensorischen Kortex eine signifikante Aktivierung, die jedoch deutlich niedriger ausfällt als bei der Ausführung. Ein Unterschied ist hier auch, dass bei der Vorstellung der Lateralisierungseffekt der dominanten Hand nicht mehr zu beobachten ist (Lotze et al., 1999). Die Basalganglien werden zwar auch bei Vorstellungen aktiviert, im Vergleich zum Ausführen sind jedoch unterschiedliche Schwerpunkte zu erkennen (Gerardin, Sirigu, Lehericy, Poline, Gaymard, Marsault, Agid & Le Bihan, 2000). Auch für das Kleinhirn gilt, dass es bei der Vorstellung deutlich weniger aktiviert wird als beim tatsächlichen Ausführen, und dass sich z. T. die aktivierten Bereiche innerhalb des Kleinhirns unterscheiden. Lotze et al. (1999) führen dies u. a. darauf zurück, dass die für die Hemmung der Bewegung notwendigen Impulse im dorsolateralen Bereich des Kleinhirns generiert werden.

Auch wenn es keine völlige Übereinstimmung in der zentralnervösen Aktivierung bei vorgestellten und ausgeführten Bewegungen gibt, zeigt sich doch, dass wesentliche Areale des motorischen Systems bei der Vorstellung aktiv sind. Teilweise konnte gezeigt werden, dass sich die somatotope Repräsentation (vgl. Abb. 4 im Beitrag von Konczak) von Bewegungen auch bei mental simulierten Bewegungen findet. Generell sind Unterschiede auf zwei Ursachen zurück zu führen: Zum einen auf fehlende Reafferenzen, zum anderen auf die Notwendigkeit der Inhibition bei der tatsächlichen Bewegungsausführung.

Die vorab skizzierten Befunde stehen aber auch in engem Zusammenhang mit der Beobachtung von Bewegungen. Beobachtung und Vorstellung haben einen gemeinsamen „Inhalt", den der Bewegung. Von daher ist es plausibel, dass bei der Bewegungsbeobachtung wiederum solche Zentren aktiviert werden, die auch bei der Vorstellung der Bewegung beteiligt sind (vgl. Jeannerod, 2001, für einen Überblick). Beim Imitationslernen scheinen die Bewegungen schon während der Beobachtung intern simuliert zu werden.

3 Effekte des mentalen Trainings

Betrachtet man die realen Effekte des mentalen Trainings, so wird man mit einer heterogenen Befundlage konfrontiert. Überwiegend lassen sich positive Lern- und Leistungseffekte durch mentales Training nachweisen. Sie fallen jedoch meist geringer aus, als allgemein angenommen wird.

Welche Trends lassen sich nun in der Vielzahl empirischer Untersuchungen zum mentalen Training erkennen? Die Metaanalysen von Driskell, Copper und Moran (1994) wie auch die von Feltz und Landers (1983) stellen als zentrale Ergebnisse heraus, dass mentales Training (a) moderat positiv auf die Bewegungsleistung und das Bewegungslernen wirkt und (b) eher effektiv bei kognitiv denn bei motorisch akzentuierten Aufgaben ist. Letzterer Befund ist intuitiv eingängig, allerdings mit dem Problem behaftet, dass es keine befriedigende Definition zur Unterscheidung von kognitiven und motorischen Aufgaben gibt. Zum Beispiel werden bei Feltz und Landers (1983) vor allem Aufgaben wie Kartensortieren, Labyrinthdurchfahren als kognitiv charakterisiert, die für den Bereich der Sportmotorik irrelevant sind. Bei Driskell et al. (1994) werden zur Unterscheidung motorischer und kognitiver Bewegungsaufgaben Einzelkriterien (wie Art der notwendigen Entscheidungen oder Spezifik des Wahrnehmungsinhaltes) herangezogen und entsprechend dieser die unterschiedlichen Aufgaben von unabhängigen Ratern beurteilt. Ohne dass dies explizit deutlich gemacht wird, entspricht die daraus resultierende Unterscheidung von motorisch und kognitiv akzentuierten Aufgaben der von geschlossenen und offenen Fertigkeiten.

Je bedeutsamer die kognitiven Anteile der Aufgabe sind, um so stärker wirkt mentales Training. Umgekehrt ist die Wirkung des mentalen Trainings um so geringer, je mehr Kraft, Ausdauer oder Koordination eine Aufgabe beansprucht. Zumindest für den Bereich der Koordination erscheint der Befund kontraintuitiv, da gerade hier häufig „mentale Leistungsreserven“ erwartet werden[1].

Vergleicht man rein mentales Training mit aktiver Übung, so sind die Effekte beim praktischen Ausführen höher als bei der mentalen Simulation. Wenn man die längerfristigen Effekte des mentalen Trainings betrachtet, so verblassen sie schneller, von einem niedrigeren Ausgangsniveau kommend, als solche Lerneffekte, die auf aktives Üben zurückgehen (vgl. Driskell et al., 1994).

Ein für die Anwendung relevanter Aspekt betrifft die Frage, ob mentales Training bei Anfängern und Könnern gleichermaßen wirksam ist. In älteren Beiträgen finden sich hierzu entgegengesetzte Auffassungen. So formulierte etwa Schmidt (1982; zit. nach Driskell et al., 1994), dass mentales Training vor allem in frühen Lernstadien wirken sollte, die durch kognitive und verbale Prozesse gekennzeichnet sind. Volpert (1983, S. 102) hat demgegenüber betont, dass mentales Training nur wirksam ist, wenn der Lerner mit der Aufgabe bereits vertraut ist. Driskell et al. (1994) fanden in ihrer Metaanalyse, dass mentales Training bei Anfängern und Könnern wirksam ist. Die tendenziell stärkeren Effekte bei Anfängern ließen sich jedoch statistisch nicht absichern. Bei genauerer Analyse zeigt sich ein Unterschied: Anfänger profitieren bei kognitiv akzentuierten Aufgaben stärker von mentalem Training als bei motorisch akzentuierten Aufgaben; bei Könnern zeigt sich dieser Unterschied nicht, sie profitieren bei beiden Aufgabentypen gleichermaßen.

Offensichtlich sind mit dem Einsatz des mentalen Trainings unterschiedliche Zielstellungen verbunden. Beim Anfänger wird es u. a. dazu dienen, überhaupt ein erstes „ausführbares“ Bewegungskonzept aufzubauen. Für solche Lernsituationen bietet sich die Kombination von observativem und mentalem Training an (vgl. Müller, 1995). Bei Könnern geht es um das Stabilisieren und Verfeinern von Fertigkeiten. Hierbei kann auf vorangegangenen Bewegungserfahrungen aufgebaut werden. Besonders effektiv erweist sich in diesem Stadium eine systematische Kombination von aktiver und mentaler Bewegungsausführung.

4 Wie wird die Wirkung von mentalem Training erklärt?

Interessiert aus praxisorientierter Sicht in erster Linie, wie mentale Übungseinheiten gestaltet sein müssen, damit möglichst große Effekte erzielt werden, so ist

---

[1] Vgl. dazu die Darstellung der Befunde von Ryan und Simons (1983) in Abschnitt 4.1

aus theoretischer Sicht zu klären, *wie* das bloße Vorstellen von Bewegungsabläufen die spätere (dann tatsächliche) Ausführung verbessern kann.

4.1 Kognitive Hypothese

Weitgehend akzeptiert ist die Auffassung, dass sich das mentale Üben auf die kognitiven Anteile von Bewegungsaufgaben bezieht. Grundlegend ist dabei die Annahme, dass Bewegungen nicht ausschließlich als Abfolge efferenter Kommandos gespeichert sind – etwa in Form motorischer Programme – sondern in räumlich-bildhaften und symbolischen Formaten repräsentiert sind. Die Annahme, dass Bewegungen in unterschiedlichen Formaten repräsentiert sind, leitet sich daraus ab, dass wir Bewegungsfertigkeiten auf unterschiedliche Art und Weise lernen können: durch „physische Übung" (wiederholte Ausführungen), aber eben auch durch sprachliche Instruktionen bzw. dadurch, dass wir versuchen, die Bewegungsvorgabe eines Modells (z. B. die „Vorlage" des Skilehrers beim Fahren in der Buckelpiste) nachzuahmen.

Die kognitive Hypothese erklärt die Wirkung mentalen Trainings dadurch, dass die räumlich-bildhafte und die symbolische Bewegungsrepräsentation geübt und verbessert wird. Wiederholte visuelle Bewegungsvorstellungen führen allerdings nur dann zu einer Verbesserung der Ausführungsleistung, wenn die räumlich-bildhafte Repräsentation unmittelbar in die entsprechenden motorischen Kommandos überführt werden können. Dies setzt voraus, dass die Relation zwischen den beiden Repräsentationsarten durch Vorerfahrungen gelernt wurde[2]. Für serielle Bewegungsaufgaben, bei denen – wie etwa für das Lernen einer Bodenkür im Turnen typisch – die flüssige Aneinanderreihung von bereits beherrschten Einzelelementen gefordert ist, ist diese Erklärung eingängig.

Eine Untersuchung von Ryan und Simons (1983) liefert hierzu einen Beleg. Ihre Versuchspersonen hatten die Aufgabe, einen Stift mittels zweier Hebel auf einem vorgegebenem Weg möglichst schnell durch ein Labyrinth zu führen. Mit dem einen Hebel konnte der Stift in vertikaler, mit dem zweiten Hebel in horizontaler

[2] So betrachtet ist die Bekanntheit/Nicht-Bekanntheit der Relation zwischen motorischer und bildhaft-räumlicher Repräsentation ein Kriterium zur Unterscheidung kognitiver bzw. motorischer Anforderungen beim Lernen einer Bewegungsaufgabe. Motorische Aufgaben wären dann dadurch charakterisiert, dass diese spezifischen Relationen gelernt werden müssen. Demgegenüber wären kognitive Aufgaben dadurch gekennzeichnet, dass mehrere Teilbewegungen koordiniert werden müssen, für die die jeweiligen motorischen Transformationen aber bereits realisiert werden können.

Richtung bewegt werden. Zwei Aufgaben, die sich durch den Anteil kognitiver bzw. motorischer Anforderungen unterscheiden sollten, wurden untersucht. In Aufgabe A (eher kognitiv) war ein Weg zu lernen, der nur aus horizontalen und vertikalen Abschnitten bestand und durch eine Abfolge voneinander unabhängiger Hebelbewegungen zu bewältigen war. Aufgabe B (eher motorisch) hatte auch diagonale Wegabschnitte, die zur Bewältigung koordinierte Hebelbewegungen erforderten. Es wurden zwei Übungsbedingungen („physische Übung" und „Vorstellen der Bewegung") sowie eine Kontrollbedingung (keine Übung) getestet. Hypothesenkonform zeigte sich, dass das mentale Üben im Vergleich zur Kontrollbedingung nur bei der „kognitiven" Aufgabe Vorteile hatte.

4.2 Programmierungs-Hypothese

Hinweise darauf, dass Bewegungsvorstellungen auch motorische Prozesse „aufrufen" bzw. „auslösen" sind bereits seit den 30er Jahren bekannt (u. a. Jacobson, 1931). Es kann gezeigt werden, dass lebhafte (kinästhetische) Bewegungsvorstellungen in der betreffenden Muskulatur eine erhöhte Aktivität hervorrufen. Die im Elektromyogramm zu beobachtende Aktivität ist allerdings deutlich geringer als diejenige, die bei tatsächlicher Ausführung der gleichen Bewegung zu beobachten ist. Gleichwohl lassen sich im EMG sogar aufgabenspezifische Charakteristika nachweisen (Wehner, Vogt & Stadler, 1984). Allerdings verweist Heuer (1985) zu recht darauf, dass diese peripheren Effekte nicht als ursächlich für Leistungsverbesserungen gelten können, sondern bloße Begleiterscheinungen darstellen[3].

Eine theoretisch plausible, *motorische* Erklärung wird mit der Programmierungs-Hypothese gegeben (Heuer, 1985). Hierbei wird davon ausgegangen, dass mit jeder Vorstellung einer Bewegung ihre motorische Programmierung verbunden ist, d. h. die Bewegung bis auf die Ebene der Parametrisierung vorbereitet wird. Bewegungsvorstellungen führen nach der Programmierungs-Hypothese auf zwei Wegen zu Leistungssteigerungen: Sie können zum einen im Sinne eines „Einschleifens" (wie auch beim physischen Üben) den zentralen Prozess der Programmierung verbessern und zum zweiten die Bereitstellung interner Fehlerinformation ermög-

---

[3] Die im Rahmen ideomotorischer Erklärungen formulierte Argumentation, dass durch die (wenn auch nur geringe) Aktivierung kinästhetische Rückmeldungen induziert werden, die für eine Anpassung der motorischen Programmierung genutzt werden können, ist wenig plausibel, da diese Rückmeldungen sich von denen bei tatsächlicher Ausführung etwa im Hinblick auf zu registrierende Längen- oder Spannungsveränderungen der Muskulatur deutlich unterscheiden sollten.

lichen. Letzteres setzt voraus, dass auf Grundlage der Programmierung das Bewegungsergebnis intern vorhergesagt wird. Diese spezifische Antizipationsleistung kann mit dem Konzept der Efferenzkopie plausibel erklärt werden. Kann also bei einem „mental" ausgeführten Wurf hinreichend genau vorgestellt werden, wohin das Wurfobjekt getroffen hätte, dann kann diese intern bereitgestellte Information über die Zielabweichung zur Korrektur der nachfolgenden Programmierung genutzt werden. Diese Annahme wird durch Ergebnisse gestützt, die zeigen, dass mentales Training einer Dartwurfaufgabe zu vergleichbaren Leistungszugewinnen führt wie das aktive Üben unter Ausschluss von externem Feedback (Mendoza & Wichman, 1978).[4]

5 Ausblick und Forschungsperspektive

Obwohl Heuers (1985) systematisierendes Konzept zur Wirksamkeit des mentalen Trainings Eingang in die Literatur gefunden hat, ist es unseres Wissens nie grundlegend überprüft worden. Es scheint jedoch wünschenswert, es zum Anlass zu nehmen, sich verstärkt mit *einzelnen Prozessen und Teilfunktionen der Bewegungsvorstellung im Rahmen des motorischen Lernens* zu beschäftigen. Dies könnte sowohl für die Entwicklung von Lernkonzepten als auch für zukünftige Anwendungen des mentalen Trainings fruchtbar sein.

Für die praktische Gestaltung des mentalen Trainings ist die Frage der *aufgabenspezifischen* Wirkung der Mechanismen und Prozesse von zentraler Bedeutung. Ein Beispiel dafür sind die Untersuchungen von Hardy und Callow (1999) über die visuellen Perspektiven beim Vorstellen. Sie zeigen, dass sich die klassische Kontroverse zwischen Innen- und Außensicht „auflösen" lässt, wenn man – in diesem Fall – die Wirksamkeit der Bewegungsvorstellungen bei offenen und geschlossenen Fertigkeiten untersucht.

Generell erscheint jedoch eine Verallgemeinerung der experimentellen Befunde schwierig, da mit den Untersuchungsdesigns eine Reihe von Problemen verbunden sind, die einen Vergleich über verschiedene Studien hinweg nur mit Einschränkungen zulassen:

---

[4] Demgegenüber stehen allerdings Ergebnisse einer Replikationsstudie (Reiser & Künzell, 2001), die die Interpretation nahe legen, dass die Leistungsfortschritte der mental übenden Gruppe zu großen Teilen durch bewegungsunspezifische Faktoren bewirkt wurde.

- Häufig wird ein unscharfer Begriff des mentalen Trainings verwendet, der dazu führt, dass äußerst unterschiedliche Trainingsprogramme mit z. T. nicht vergleichbaren Zielsetzungen miteinander verglichen werden.
- Es besteht Uneinigkeit darüber, wie die Trainings- bzw. Experimentalgruppe zu konzipieren ist. In Grundlagenuntersuchungen werden Bedingungen rein mentaler Übung, in anwendungsorientierten Untersuchungen Kombinationen aus aktiver und mentaler Übung präferiert.
- Ein ähnliches Problem besteht bei der Wahl der Kontrollgruppen: Teils werden Gruppen ohne jegliche Übung, teils Gruppen, die nur aktiv üben, als Kontrollgruppen herangezogen.
- Ein generelles Problem der Effektivitätsüberprüfung mentaler Trainingsprogramme besteht darin, dass die Programme selber nur indirekt überprüft werden. Genau genommen wird eine *Instruktion* zum mentalen Training vorgegeben und überprüft, *ob diese Instruktion bestimmte Lerneffekte erzeugt.*
- Gerade wenn – wie in diesem Beitrag geschehen – eine sehr enge Definition des mentalen Trainings präferiert wird, sind in diesem Sinne unspezifische Effekte des mentalen Trainings zu berücksichtigten und durch entsprechende Versuchsanordnungen zu kontrollieren. So hat bereits Paivio (1985) auf kognitive *und* motivationale Effekte des mentalen Trainings hingewiesen. Methodisch müsste man – was in den wenigsten Fällen geschieht – zeigen, dass primär die mental geübten Fertigkeiten verbessert werden, ein entsprechender Lernfortschritt bei anderen Fertigkeiten aber *nicht* auftritt. Denn fertigkeitsbezogene Effekte des mentalen Trainings sollten spezifisch wirken und nicht ohne weiteres transferierbar sein.

Forschungsmethodisch lassen sich zwei divergente Strömungen beobachten. Durch die neuen Möglichkeiten, die sich mit den bildgebenden Verfahren ergeben, hat der *neurophysiologische Problemzugang* einen ungeahnten Aufschwung genommen[5]. Gleichzeitig rücken damit die den Vorstellungen zugrunde liegenden neuronalen Mechanismen in den Mittelpunkt der Betrachtung. Gerade im Hinblick auf motorische Wirkmechanismen mentaler Übung sind hier neue Erkenntnisse zu erwarten,

[5] Neben MEP (motor evoked potential), TMS (transcranial magnetic stimulation) und PET (positron emission tomography) wird derzeit vor allem fMRI (functional magnetic resonance imaging) zur Darstellung der neuronalen Aktivität eingesetzt.

kann doch immer vollständiger und detaillierter beschrieben werden, welche Gehirnareale in welchem Umfang beteiligt sind.

Ein zweiter Trend besteht darin, sich über den *phänomenalen Zugang* einzelnen, bewusst repräsentierten Merkmalen der Bewegungsvorstellung zuzuwenden, wie dies in der Imagery-Forschung (Hall, 2001) der Fall ist und von Munzert, Dültgen und Möllmann (2000) exemplarisch im Badminton durchgeführt wurde. Damit lässt sich vor allem auch der aufgabenspezifische Zugang zu mentalen Prozessen einlösen. Über diesen neueren Entwicklungen und Trends sollte man aber nicht den klassischen *verhaltenswissenschaftlichen Zugang* vernachlässigen. Schließlich besteht einer der faszinierenden Effekte des mentalen Trainings im Leistungszuwachs, den man durch systematischen Einsatz von Vorstellungen erzielen kann. Eine besondere Herausforderung für die Forschung könnte darin bestehen, gleichzeitig im Lernverlauf durch mentales Training hervorgerufene Veränderungen der motorischen Leistung, neuronaler Prozesse und subjektiver Repräsentationen zu untersuchen.

Literatur

Annett, J. (1995). Motor imagery: Perception or action? *Neuropsychologia, 33,* 1395-1417.

Decety, J. (1996). The neurophysiological basis of motor imagery. *Behavioural Brain Research, 77,* 45-52.

Decety, J. & Jeannerod, M. (1996). Mentally simulated movements in virtual reality: Does Fitts's law hold in motor imagery? *Behavioural Brain Research, 72,* 127-134.

Decety, J., Jeannerod, M. & Prablanc, C. (1989). The timing of mentally represented actions. *Behavioural Brain Research, 34,* 35-42.

Driskell, J.E., Copper, C. & Moran, A. (1994). Does mental practice enhance performance? *Journal of Applied Psychology, 79,* 481-492.

Feltz, D.L. & Landers, D.M. (1983). The effects of mental practice on motor skill learning and performance: A meta-analysis. *Journal of Sport Psychology, 5,* 25-57.

Gerardin, E., Sirigu, A., Lehericy, S., Poline, J.-B., Gaymard, B., Marsault, C., Agid, Y. & Le Bihan, D. (2000). Partially overlapping neural networks for real and imagined hand movements. *Cerebral Cortex, 10,* 1093-1104.

Hall, C.R. (2001). Imagery in Sport and Exercise. In R.N. Singer, H.A. Hausenblas & C.M. Janelle (Eds.), *Handbook of Sport Psychology* (2nd ed., pp. 529-549). New York: Wiley.

Hardy, L. & Callow, N. (1999). Efficacy of external and internal visual imagery perspectives for the enhancement of performance on tasks in which form is important. *Journal of Sport and Exercise Psychology, 21,* 95-112.

Heuer, H. (1985). Wie wirkt mentale Übung? *Psychologische Rundschau, 36,* 191-200.

Jacobson, E. (1931). Electrical measurement of neuromuscular states during mental activities. *American Journal of Physiology, 96,* 115-121.

Jeannerod, M. (2001). Neural simulation of action: A unifying mechanism for motor cognition. *NeuroImage, 14,* S103-S109.

Lotze, M., Montoya, P., Erb, M., Hülsmann, E., Flor, H., Klose, U., Birbaumer, N. & Grodd, W. (1999). Activation of cortical and cerebellar motor areas during executed and imagined hand movements: An fMRI study. *Journal of Cognitive Neuroscience, 11,* 491-501.

Mendoza, D. & Wichman, H. (1978). "Inner" darts: Effects of mental practice on performance of dart throwing. *Perceptual and Motor Skills, 47*, 1195-1199.

Müller, H. (1995). *Kognition und motorisches Lernen*. Bonn: Holos Verlag.

Munzert, J., Dültgen, K. & Möllmann, H. (2000). Individuelle Merkmale von Bewegungsvorstellungen. Eine explorative Untersuchung im Badminton. *Psychologie und Sport, 7*, 15-25.

Munzert, J. & Hackfort, D. (1999). Individual preconditions for mental training. *International Journal of Sport Psychology, 30*, 41-62.

Paivio, A. (1985). Cognitive and motivational functions of imagery in human performance. *Canadian Journal of Applied Sport Sciences, 10* (4), 22S-28S.

Reiser, M. & Künzell, S. (2001). Effekte mentaler Übung bei kurzandauernden, ballistischen Bewegungen – eine experimentelle Untersuchung im Rahmen der Programmierungs-Hypothese. *Motor Control and Learning*. Zugriff am 9. August 2002 unter http://ites.orbis-communications.de/Dokumente/Voll_Reiser_d_1.pdf

Ryan, E.D. & Simons, J. (1983). What is learned in mental practice of motor skills? A test of the cognitive-motor hypothesis. *Journal of Sport Psychology, 4*, 41-51.

Schmidt, R.A. (1982). *Motor control and learning. A behavioral emphasis*. Champaign, IL: Human Kinetics.

Ulich, E. (1967). Über verschiedene Methoden des Lernens sensumotorischer Fertigkeiten. *Arbeitswissenschaft, 6,* 48-50.

Volpert, W. (1983). *Sensumotorisches Lernen* (4. Aufl.). Frankfurt a. Main: Fachbuchhandlung für Psychologie.

Wehner, T.; Vogt, S. & Stadler, M. (1984). Task specific EMG characteristics during mental training. *Psychological Research, 46,* 389-401.

C.5 Motorisches Gedächtnis, Behalten und Vergessen

Markus Raab & Richard A. Magill

Gliederung

1 Motorisches Gedächtnis
1.1 Gedächtnismodelle
1.2 Motorisches Arbeitsgedächtnis
1.2 Motorisches Langzeitgedächtnis

2 Behalten
2.1 Behaltensleistungen und Bewegungscharakteristik
2.2 Behaltensleistungen und Behaltensstrategien
2.3 Behaltensleistungen und Ähnlichkeit zwischen Aneignungskontext und Wiedergabekontext

3 Vergessen
3.1 Methodische Zugänge zu Gedächtnisinhalten
3.2 Exemplarische Befunde zu Gedächtnisinhalten

4 Konsequenzen für die Anwendung

5 Forschungsperspektiven

Kurzreferat

Das Kapitel „Motorisches Gedächtnis, Behalten und Vergessen" stellt Gedächtnismodelle und ihre kurzzeitigen und langfristigen Behaltensleistungen dar. Insbesondere wird der Zusammenhang zwischen motorischen Behaltensleistungen, Bewegungskomponenten, Behaltensstrategien und Behaltenskontexten beschrieben. Methodische Zugänge sowie exemplarische Befunde zum Phänomen des Vergessens folgen. Praktische Konsequenzen und Forschungsempfehlungen schließen das Kapitel ab.

Schlagworte

Behalten: Behaltensleistungen, Behaltensstrategien, Kontexteffekte

Gedächtnis: Arbeitsgedächtnis, Gedächtnismodell, Gedächtnisprozesse, Langzeitgedächtnis, deklarativ, prozedural

Vergessen: Interferenz, Retentionsintervall, proaktiv, retroaktiv

1 Motorisches Gedächtnis

Wer kennt nicht die Situation, dass er jemandem auf einer Feier vorgestellt wird und sich kurz danach an den Namen nicht mehr erinnern kann. Zu oft passiert es beispielsweise einem der Autoren, dass er den Namen eines gemeinsamen Kollegen nicht mehr richtig erinnert, doch sobald sein Gegenüber ein paar Namen aufzählt, kann er den richtigen identifizieren.

Das Gedächtnis spielt eine zentrale Rolle in der menschlichen Verhaltenskontrolle. Das Namenerinnerungsbeispiel verdeutlicht, dass das Gedächtnis Informationen speichern soll. Behalten und Vergessen beschreiben das Phänomen, dass sie kurzfristig oder sehr lange gespeichert werden oder nicht mehr verfügbar sind. Im Folgenden werden die kurzfristigen und langfristigen Behaltensprozesse beschrieben.

Behalten und Vergessen werden als Gegensatzpaare aufgefasst. Behalten ist demnach alles das, was wir erinnern, während Vergessen alles das ist, was wir nicht mehr erinnern. Das *motorische Gedächtnis* zeichnet sich, über diese sehr allgemeinen Prozesse hinaus, durch einige – im Folgenden zu vertiefende – Besonderheiten aus.

1.1 Gedächtnismodelle

Es ist weitgehend akzeptiert, dass Teile des Gedächtnisses sich mit Informationen befassen, die erst seit kurzem im Gedächtnis sind, während andere Teile sich mit dem Abruf von Informationen befassen, die schon sehr lange im Gedächtnis vorhanden sind. Diese Idee veranlasste William James, von einem primären und einem sekundären Gedächtnis zu sprechen. Drei Ansätze lassen sich in der aktuellen Forschung unterscheiden (vgl. Krause, 2000, für einen Überblick): Strukturelle Modelle, die das Behalten als Funktion von Speichereigenschaften ansehen, funktionale Ansätze, die Behaltensleistungen über die Verarbeitungstiefe erklären, und strukturell-funktionale Ansätze, die multimodale Gedächtnisprozesse innerhalb und zwischen Gedächtnisstrukturen beschreiben. Zu den aktuell einflussreichen strukturell-funktionalen Ansätzen gehören beispielsweise das Gedächtnismodell von Baddeley (1995) sowie das multimodale Gedächtnismodell von Engelkamp (1998). Das Modell von Baddeley beschreibt funktionelle Einheiten sowie Untereinheiten und dient im Folgenden der Unterscheidung eines (motorischen) Arbeitsgedächtnisses und eines (motorischen) Langzeitgedächtnisses.

1.2 Motorisches Arbeitsgedächtnis

Eine zentrale Funktion des Arbeitsgedächtnisses ist, Informationen für kurze Zeit zur Bearbeitung von Aufgaben bereitzustellen (vgl. Adams, 1987; Kuhn, 1984). Beispielsweise muss der Baseball-Pitcher für die Wahl eines spezifischen Wurfes Informationen über die aktuelle Situation und die vorherigen Situationen integrieren. Die Forschung zum motorischen Arbeitsgedächtnis befasst sich mit Fragen, wie lange und wie viele Informationen im Speicher behalten werden können.

Wie lange bleiben motorische Informationen im Arbeitsgedächtnis?

Adams und Dijkstra (1966) erweiterten Befunde der verbalen Arbeitsgedächtnisforschung auf motorische Aufgaben. In einer Arm-Positionsaufgabe mussten Versuchspersonen blind einen Handhalter von links nach rechts auf einer Schiene bis zu einem Anschlagpunkt bewegen. In einem Wiedergabetest wurde nach einem Behaltensintervall (Retentionsintervall) der Anschlagpunkt entfernt und sie mussten die Bewegungslänge reproduzieren. Das Ergebnis dieser Studie zeigte, dass bei einem systematisch verlängerten Retentionsintervall zwischen zwanzig und dreißig Sekunden die Fehlerkurve erheblich anstieg. Dieses Ergebnis entspricht der Gedächtnisspanne verbaler Informationen im Arbeitsgedächtnis und wurde in weiteren Experimenten bestätigt sowie für bestimmte Aufgaben spezifiziert.

Wie viele motorische Aufgaben können im Arbeitsgedächtnis gehalten werden?

Um diese Frage zu beantworten, ließen Wilberg und Salmela (1973) Versuchspersonen mit einem Joystick zwei, vier, sechs oder acht Bewegungen in einer Sequenz durchführen. Nach der Bewegungspräsentation sollten sie sofort die Bewegungssequenz wiederholen. Die Ergebnisse zeigten, dass die Achter-Bewegungssequenz am oberen Limit der Behaltenskapazität lag. Typische Bewegungssequenzen, beispielsweise im Ballett, können kontextspezifisch miteinander verbunden werden. Dieser Chunking-Prozess erlaubt ausgebildeten Ballett-Tänzerinnen deutlich mehr als acht Einzelbewegungen wiederzugeben (vgl. Starkes, Deakin, Lindley & Crisp, 1987).

1.3 Motorisches Langzeitgedächtnis

Das Langzeitgedächtnis wird üblicherweise in ein prozedurales Gedächtnis und ein deklaratives Gedächtnis unterteilt. Das deklarative Gedächtnis weiß, welche Bewegung auszuführen ist, während das prozedurale Gedächtnis weiß, wie diese Bewegung zu realisieren ist (Magill, 2001). Die Beziehung zwischen deklarativem und prozeduralem Gedächtnis für die Steuerung von Bewegungen ist umstritten. Es kann zum jetzigen Zeitpunkt davon ausgegangen werden, dass Gedächtnisinstanzen über das Lernen von Bewegungen ineinander überführt (vgl. den Beitrag von Blischke & Munzert in diesem Band), aber auch parallel erworben werden können (vgl. Willingham & Goedert-Eschmann, 1999). Die aktuelle Forschung tendiert dazu, die Interaktion der involvierten Prozesse zu beschreiben (vgl. Raab, 2002). McPherson und Thomas (1989) beispielsweise ließen Tennisspieler aufschreiben, was sie auf dem Tennisplatz tun wollten, und verglichen das mit dem tatsächlichen Verhalten. Als Ergebnis hielten McPherson und Thomas fest, dass das deklarative und das prozedurale Wissen diagnostiziert werden konnte. Die Spieler hatten keine Probleme zu beschreiben, was sie machen wollten, jedoch konnten sie das auf dem Tennisplatz nur teilweise ausführen.

2 Behalten

Was bedeutet das Wort „behalten“? Es wird oft synonym dem Gedächtnis oder dem Prozess des „Erinnerns“ gleichgesetzt. Tulving beschreibt das Gedächtnis als die Kapazität, die Organismen erlaubt, aus ihren Erfahrungen zu profitieren (1985, S. 385). Das Erinnern wird zunehmend durch aktive (Re-)Konstruktionsprozesse beschrieben (vgl. Bartlett, 1995), die gespeicherte und aktuell zur Verfügung stehende Informationen zusammensetzen. Für die Bewegungswissenschaft werden im Folgenden die zentral erforschten Bereiche aufgezeigt. Das sind Behaltenseffekte in Abhängigkeit von der Bewegungscharakteristik, von Behaltens- und Abrufstrategien sowie die Ähnlichkeit beziehungsweise Unähnlichkeit von Aneignungs- und Wiedergabekontext.

2.1 Behaltensleistungen und Bewegungscharakteristik

Verschiedene Bewegungscharakteristika beeinflussen die Behaltensleistung. Kontinuierliche Aufgaben (zum Beispiel Fahrrad fahren) werden besser behalten als diskrete Aufgaben (zum Beispiel Salto vorwärts). Aber auch raum-zeitliche Aspekte der Bewegung, die Bedeutungshaltigkeit der Bewegung für die Versuchsperson sowie die Position innerhalb einer Bewegungsfolge sind wichtige Einflussgrößen (vgl. Magill, 2001, für einen Überblick). Beispielsweise ist die Position innerhalb einer Bewegungsfolge von Bedeutung, wenn die Sequenz über die bereits beschriebene Arbeitsgedächtnisspanne hinausgeht. Der Positionseffekt beschreibt geringere Fehler bei dem ersten und letzten Bewegungsteil (Primacy- und Recency-Effekte) und größere Fehler beziehungsweise geringere Behaltensleistungen in den mittleren Bewegungsteilen.

2.2 Behaltensleistungen und Behaltensstrategien

Fünf Behaltensstrategien beziehungsweise Behaltensphänomene, die das Behalten der Bewegung beeinflussen, wurden bislang empirisch überprüft.

(1) Die Bedeutung der Bewegung für den Lerner ist relevant. Neben Bewegungsvorstellungen (vgl. den Beitrag von Munzert & Reiser in diesem Band) sind verbale Hinweise eine erfolgreiche Behaltensstrategie. Beispielsweise sind bedeutungshaltige konkrete Tanzsequenzen besser zu behalten als abstrakte (vgl. Laugier & Cadopi, 1996).

(2) Selbstbestimmte Kriteriumsbewegungen sind besser erinnerbar als Bewegungen, die durch experimentelle Vorgaben selektiert werden. Das Phänomen wird dadurch erklärt, dass die Auswahl von Bewegungen mehr Aufmerksamkeit und Vorbereitung erfordert als Bewegungen, die bereits bekannt sind.

(3) Die Anzahl der Wiederholungen ist ein wichtiges Kriterium für die Genauigkeit der Reproduktion (vgl. Adams & Dijkstra, 1966). Kurzfristig höhere Lernleistungen werden erzielt, wenn immer dieselbe Aufgabe wiederholt wird, während langfristig bessere Behaltensleistungen erzielt werden, wenn variabel verschiedene Aufgaben angeeignet werden (vgl. den Beitrag von Wiemeyer in diesem Band).

(4) Die Intention und Motivation, eine Bewegung zu behalten, spielt eine kritische Rolle. Instruiert man Lerner vor dem Erlernen der Bewegung, dass sie nach der Aneignung getestet werden, so behalten Gruppen, denen das vor Beginn der Aneignung mitgeteilt wurde, die Bewegung besser als Gruppen, denen das nicht mitgeteilt wurde (vgl. für einen Überblick Crocker & Dickinson, 1984).

(5) Es ist hilfreich, Lernern selbst zu überlassen, wie sie die Aufgabe organisieren. Im Experiment 1 von Magill und Lee (1987) wurden beispielsweise die zwölf zu erzielenden Positionen bei einer Arm-Positionsaufgabe nach jedem Durchgang vertauscht, so dass die Versuchspersonen eigene Organisationsstrategien entwickelten, um sich an die Positionen erinnern zu können. Diejenigen Versuchspersonen, die einen höheren Organisationsgrad aufwiesen (das heißt mehr Informationen gruppierten), erzielten auch die besseren Behaltensleistungen.

2.3 Behaltensleistungen und Ähnlichkeit zwischen Aneignungskontext und Wiedergabekontext

Ein wichtiger Einflussfaktor ist der Kontext während der Aneignung im Vergleich zum Kontext während der Testung. Die Enkodierungsspezifität beschreibt die Tatsache, dass geschlossene Fertigkeiten besser erinnert werden, wenn sie in demselben Kontext getestet werden, in dem sie angeeignet wurden (Engelkamp, 1998). Beispielsweise zeigen Lee und Hirota (1980), dass in einer Arm-Positionsaufgabe die Bewegungsweite am besten behalten werden kann, wenn die Bewegung Erinnerungshinweise enthält, die auch in der Aneignung dominant waren. Wird beispielsweise der Arm in der Aneignung passiv bewegt, sind die Leistungen im Retentionstest am besten, wenn er auch passive Bewegungen fordert. Das gilt auch für aktive Aneignungsbewegungen und aktive Retentionsbewegungen, jedoch nicht für die Kreuzung von aktiven und passiven Aneignungs- und Retentionsbewegungen.

3 Vergessen

Vergessen kann sowohl bedeuten, dass etwas nicht mehr im Gedächtnis ist, als auch, dass wir uns nicht mehr daran erinnern können. Vergessen hat auch eine nützliche Seite, um die Funktion des Gedächtnisses aufrechtzuerhalten (vgl. Lee & Magill, 1985; Shea & Wright, 1991). Die Unterscheidung, was mit Vergessen gemeint ist, spiegelt sich auch in den methodischen Zugangsweisen in der motorischen Gedächtnisforschung.

3.1 Methodische Zugänge zu Gedächtnisinhalten

In der Gedächtnisforschung wird zwischen expliziten und impliziten Tests unterschieden. Unter den expliziten Tests sind verschiedene Wiedergabe- (recall test) und Wiedererkennungstests (recognition test) systematisiert (vgl. den Beitrag von Kibele in diesem Band), während implizite Tests Verbesserungen in Reaktions- oder Klassifizierungsleistungen beinhalten. Raab (2002) konnte beispielsweise zeigen, dass Versuchspersonen ihre Reaktionsleistungen im Basketball über den Lernverlauf in strukturierten Videoszenen verbesserten, jedoch im Wiedergabetest in ihren Verhaltensregeln sowie im verbalen und im visuellen Wiedererkennungstest relativ geringes Wissen besaßen.

Zwei Paradigmen werden zur Abschätzung des Vergessens benutzt:

(1) Die Variation der Retentionsintervalllänge

Die Bedeutung des Retentionsintervalls wurde bereits in der Studie von Adams und Dijkstra (1966) veranschaulicht, indem der Abstand zwischen Aneignung und Retention durch die Verlängerung des Retentionsintervalls systematischen Einfluss auf die Behaltensleistung aufwies. Als Erklärung dient eine Gedächtnisspur-Analogie. Die Gedächtnisspur wird demnach durch die vergehende Zeit schwächer beziehungsweise durch im Retentionsintervall neu eintreffende Informationen überschrieben. Anstelle der Überschreibung oder des Verlustes von Informationen wird ebenfalls davon ausgegangen, dass Informationen – vor allem auf einer großen Zeitskala – nicht gefunden werden können (vgl. Magill, 2001, für eine Diskussion).

(2) Das Interferenzparadigma

Im Interferenzparadigma wird Vergessen durch zusätzliche Bewegungen geprüft. Versuchspersonen, die vor einer Kriteriumsbewegung weitere Bewegungen durchführen, können die Kriteriumsbewegung in einem Behaltenstest schlechter reproduzieren. Dieser proaktive Interferenzeffekt ist umso stärker, je mehr Bewegungen vorher ausgeführt wurden und je länger das Retentionsintervall andauert.

3.2 Exemplarische Befunde zu Gedächtnisinhalten

Proaktive Interferenz zeigt ein Experiment von Stelmach (1969). Dort hatten Versuchspersonen Kurvenbewegungen durchzuführen und nach einem Retentionsintervall diese Bewegungen zu reproduzieren. Wenn vor der Kriteriumsbewegung null, zwei oder vier Bewegungen ausgeführt wurden und sich die Länge des Retentionsintervalls steigerte, zeigten die Versuchspersonen mit zunehmender Anzahl von Bewegungen größere Fehlerabweichungen in der Kriteriumsbewegung. Als Erklärung wird die Konfusion verschiedener Bewegungen im Arbeitsspeicher, besonders bei sehr ähnlichen Bewegungen, herangezogen (vgl. Engelkamp, 1998; Shadmehr & Holcomb, 1999). In der Langzeitgedächtnisforschung im Sport wurden zum Beispiel durch Umlerneffekte im Schlittschuhlaufen oder im Skispringen solche Interferenzannahmen bestätigt.

Retroaktive Interferenz ist nachzuweisen, wenn Versuchspersonen im Retentionsintervall Bewegungen durchführen und diese die Behaltensleistung der Kriteriumsaufgabe in Abhängigkeit von der Anzahl und der Ähnlichkeit der Bewegungen reduzieren. Beispielsweise störten in einem Experiment von Roy und Davenport (1972) vier Bewegungen im Retentionsintervall, während keine oder zwei Bewegungen die Behaltensleistung der Kriteriumsbewegung nicht beeinträchtigte. Diese Effekte sind auch für Retentionsintervalle bis zu einem Jahr nachgewiesen worden. Warum können wir nach langer Zeit sofort wieder Fahrrad fahren, während uns eine Laufkippe am Reck nach gleich langer Zeit oft große Schwierigkeiten bereitet? Das liegt möglicherweise an höheren kognitiven (verbalen) Anteilen bei diskreten Aufgaben im Vergleich zu kontinuierlichen Aufgaben.

4 Konsequenzen für die Anwendung

Aus den bisherigen Ausführungen wird deutlich, dass spezifische Effekte motorischer Behaltens- und Vergessensleistungen Konsequenzen für die praktische Gestaltung von Lernsituationen besitzen. Zusammengefasst werden Kurz- und Langzeitgedächtnisstrukturen und -prozesse unterschieden, die sich auch an den übertragbaren Strategien der allgemeinen Gedächtnisforschung orientieren (vgl. van der Meer, 1996). Je nach Aufgabe und Lernniveau können bis zu acht Bewegungen zwanzig bis dreißig Sekunden im Arbeitsgedächtnis behalten werden. Das Langzeitgedächtnis beinhaltet ein prozedurales und ein deklaratives Gedächtnis. Das Behalten von Bewegungen wird von den Bewegungscharakteristika, den Behaltenstrategien und den Kontextbedingungen von Aneignung und Behalten (Vergessen) beeinflusst. Die reduzierte Leistung in einem Behaltenstest wird durch die vergangene Zeit und durch zusätzliche Aktivitäten beeinflusst. Dies betrifft sowohl kurzzeitige als auch langfristige Gedächtniseffekte. Proaktive und retroaktive Interferenzen zeigen die Anfälligkeit motorischer Repräsentationen. Davon sind kontinuierliche Bewegungen weniger betroffen als diskrete Bewegungen. Die Darbietung relevanter Retrieval-Informationen beim Testen von Behaltensleistungen führt zur Reduzierung von Vergessenseffekten.

Tabelle 1 fasst die Konsequenzen der beschriebenen motorischen Gedächtniseffekte zusammen.

Tab. 1: Gedächtniseffekte und ihre Konsequenzen für die Anwendung.

Effekt	Anwendungsempfehlung
Kontextspezifität des Gedächtnisses	Nutze ähnliche Trainings- und Wettkampfbedingungen.
Positionseffekt	Wiederhole bei langen Bewegungssequenzen die mittleren Teile öfter als den ersten und letzten Bewegungsteil.
Selbstinitiierungseffekt	Schaffe Situationen, in denen die Lerner selbst Bewegungen und Bewegungsziele definieren.
Proaktiver Interferenzeffekt	Reduziere Bewegungen vor der lernrelevanten Kriteriumsaufgabe.
Retroaktiver Interferenzeffekt	Reduziere Bewegungen zwischen der Bewegungsdemonstration und der Durchführung der lernrelevanten Kriteriumsaufgabe.
Vergessensanfälligkeit von diskreten Aufgaben	Benutze Übertraining, um das Vergessen diskreter Aufgaben zu reduzieren.

5 Forschungsperspektiven

Die Forschungsperspektiven zielen auf zwei Aspekte der motorischen Gedächtnisforschung zum Behalten und Vergessen.

Der erste Aspekt bezieht sich auf die Kombination von Gedächtnisforschung mit motorischen Kontrolltheorien. Existierende Verbindungen beispielsweise zwischen der Schematheorie von Schmidt (1975) und den Gedächtnisinhalten (vgl. Magill, 2001) sind eine empirische und theoretische Herausforderung; Verbindungen zwischen Gedächtnistheorien und motorischen Kontrolltheorien sind in der aktuellen Diskussion über Kontrolltheorien allerdings vernachlässigt worden (vgl. Wulf, McNevin, Shea & Wright, 1999). Für die Theoriebildung sind besonders die Struktur der motorischen Repräsentation und die Verbindung mit anderen Repräsentationsformen hervorzuheben. Verwey (1999) unterscheidet beispielsweise Reiz-Reaktions-Assoziationen, Reiz-Reaktions-Selektionsregeln und motorische Chunks, die im Rahmen des langfristigen Lernprozesses erworben und behalten werden. Neben der Art der motorischen Repräsentation ist die Kombination mit anderen Modalitäten (zum Beispiel „Tu-Effekte") für Gedächtnismodelle auch über die Bewegungswissenschaft hinaus von zentraler Bedeutung (vgl. Engelkamp, 1998).

Der zweite Aspekt weist auf die Verbindung von Behaltenseffekten und Lernsituationen hin. Insgesamt haben wir festgestellt, dass mit wenigen Ausnahmen ein Schnitt zwischen Lern- und Gedächtnisforschung existiert, der theoretische Weiterentwicklungen behindert. Eine prospektive integrative Kraft hat das Konzept Vergessen. Im Vergessen muss beispielsweise erklärt werden, warum wir aus Lernphasen nur ganz bestimmte Handlungen erinnern. Die Quellen, die das erklären, gehen zumeist auf die Enkodierungsspezifität und die Abrufbedingungen ein. Die Ähnlichkeit zwischen diesen Faktoren gilt als eine zentrale Erklärungsgröße für die Beschreibung von Erinnerungs- vs. Vergessensprozessen. In die Bewegungswissenschaft sind Reminiszenzeffekte (in späteren Abrufsituationen erinnert man mehr als in Abrufbedingungen kurz nach der Lernphase), Inkubationseffekte durch emotionale Einflussgrößen und vieles mehr nur unzureichend übertragen worden. Die Empirie zum Beispiel fokussiert bislang vor allem den Kontext-Interferenzeffekt (vgl. den Beitrag von Wiemeyer in diesem Band) und lässt andere Bereiche außer Acht. Weitere Vergessensquellen innerhalb der Aneignung (zum Beispiel Anzahl der Wiederholungen und Zeit des Enkodierens), innerhalb der Abrufbedingungen (zum Beispiel Zeitdruck und modalitätsspezifische Effekte) sowie zwischen Enkodierung und Abruf (zum Beispiel Zeit und Interferenz zwischen Lernen und Behalten und zustandsabhängige Behaltensleistungen) sind theoretisch bislang weder in ein gemeinsames theoretisches Gesamtbild eingebunden worden, noch existieren Taxonomien, die das Forschungsfeld für theoretische und praktische Fragen systematisch geordnet haben. Das Forschungsfeld selbst sollte unseres Erachtens nicht zu eng gefasst werden. Beispielsweise sind positive motorische Gedächtniseffekte in der Entwicklungspsychologie bislang kaum aus bewegungswissenschaftlicher Perspektive erklärt worden (vgl. Fagen & Rovee-Collier, 1983).

Eine hier propagierte Akzentuierung der vernachlässigten motorischen Gedächtnisforschung verspricht über die Bewegungswissenschaft hinaus ein Verständnis, wie Menschen Informationen behalten und vergessen.

Literatur

Adams, J.A. (1987). Historical review and appraisal of research on the learning, retention, and transfer of human motor skills. *Psychological Bulletin, 101,* 41-74.

Adams, J.A. & Dijkstra, S.J. (1966). Short-term memory for motor responses. *Journal of Experimental Psychology, 71*, 314-318.

Baddeley, A.D. (1995). Working Memory. In M.S. Gazzaniga (Ed.), *The Cognitive Neuroscience* (pp. 755-764). Cambridge, MA: MIT Press.

Bartlett, F.C. (1995). *Remembering: A Study in Experimental and Social Psychology.* Cambridge, UK: Cambridge University Press (Orginalarbeit erschienen 1932).

Crocker, P.R.E. & Dickinson, J. (1984). Incidental psychomotor learning: The effects of number of movements, practice, and rehearsal. *Journal of Motor Behavior, 16,* 61-75.

Engelkamp, J. (1998). *Memory for Actions.* Hove: Psychology Press.

Fagen, J.W. & Rovee-Collier, C. (1983). Memory retrieval: A time-locked process in infancy. *Science, 222,* 1349-1351.

Krause, W. (2000). *Denken und Gedächtnis aus naturwissenschaftlicher Sicht.* Göttingen: Hogrefe.

Kuhn, W. (1984). *Motorisches Gedächtnis. Behalten und Vergessen im motorischen Kurzzeitgedächtnis.* Schorndorf: Hofmann.

Laugier, C. & Cadopi, M. (1996). Representational guidance of dance performance in adult novices: Effects of concrete vs. abstract movement. *International Journal of Sport Psychology, 27,* 91-108.

Lee, T.D. & Hirota, T.T. (1980). Encoding specificity principle in motor short-term memory for movement extent. *Journal of Motor Behavior, 12,* 63-67.

Lee, T.D. & Magill, R.A. (1985). Can Forgetting Facilitate Skill Acquisition? In D. Goodman, R.B. Wilberg & I.M. Franks (Eds.), *Differing Perspectives in Motor Learning, Memory and Control* (pp. 3-22). North Holland: Elsevier Science Publishers.

Magill, R.A. (2001). *Motor Learning. Concepts and Applications* (6th ed.). New York: McGraw-Hill.

Magill, R.A. & Lee, T.D. (1987). Verbal labels effects on response accuracy and organization for learning limb positioning movements. *Journal of Human Movement Studies, 13,* 285-308.

McPherson, S.L. & Thomas, J.R. (1989). Relation of knowledge and performance in boys' tennis: Age and expertise. *Journal of Experimental Child Psychology, 48*, 190-211.

Raab, M. (2002). T-ECHO: Decision making under time pressure. *Psychology of Sport and Exercise, 3,* 151-171.

Roy, E.A. & Davenport, W.G. (1972). Factors in motor short-term memory: The interference effect of interpolated activity. *Journal of Experimental Psychology, 96,* 134-137.

Shadmehr, R. & Holcomb, H.H. (1999). Inhibitory control of competing motor memories. *Experimental Brain Research, 126,* 235-251.

Schmidt, R.A. (1975). A schema theory of discrete motor skill learning. *Psychological Review, 82,* 225-260.

Shea, J.B. & Wright, D.L. (1991). When forgetting benefits motor retention. *Research Quarterly for Exercise and Sport, 62,* 293-301.

Starkes, J.L., Deakin, J.M., Lindley, S. & Crisp, F. (1987). Motor versus verbal recall of ballet sequences by young expert dancers. *Journal of Sport Psychology, 9,* 222-230.

Stelmach, G.E. (1969). Prior positioning responses as a factor in short-term retention of a simple motor response. *Journal of Experimental Psychology, 81,* 523-526.

Tulving, E. (1985). How many systems of memory are there? *American Psychologist, 40,* 385-395.

van der Meer, E. (1996). Gesetzmäßigkeiten und Steuerungsmöglichkeiten des Wissenserwerbs. In F.E. Weinert (Hrsg.), *Enzyklopädie der Psychologie. Bd. 2. Psychologie des Lernens und der Instruktion* (S. 209-278). Göttingen: Hogrefe.

Verwey, W.B. (1999). Evidence for a multistage model of practice in a sequential movement task. *Journal of Experimental Psychology: Human Perception and Performance, 25,* 1693-1708.

Wilberg, R.B. & Salmela, J. (1973). Information load and response consistency in sequential short-term memory. *Perceptual and Motor Skills, 37,* 23-29.

Willingham, D.B. & Goedert-Eschmann, K. (1999). The relation between implicit and explicit learning evidence for parallel development. *Psychological Science, 10,* 531-534.

Wulf, G., McNevin, N., Shea, C.H. & Wright, D.L. (1999). Learning phenomena: Future challenges for the dynamical systems approach to understand the learning of complex motor skills. *International Journal of Sport Psychology, 30,* 531-557.

C.6 Implizites Lernen

Armin Kibele

Gliederung

1 Begriff und Gegenstandsbereich

2 Forschungsstand/Schwerpunkte
2.1 Untersuchungsparadigmen
2.2 Gemeinsame Merkmale
2.3 Aufmerksamkeit und implizites Lernen
2.4 Erklärungsansätze

3 Forschungsmethodologie

4 Forschungsperspektiven

Kurzreferat

Der vorliegende Beitrag gibt einen kurz gefassten Überblick zu den wichtigsten Entwicklungen im Forschungsfeld des impliziten Lernens. Ausgehend von einer Darstellung des Gegenstandsbereiches werden der aktuelle Forschungsstand, die Forschungsmethodologie sowie inhaltliche Bezüge zum Bewegungslernen vorgestellt. Zu letzterem Punkt wird die Argumentation vertreten, dass die Bewegungsausführung beim motorischen Fertigkeitserwerb keine bewusste Kontrolle voraussetzt und dass die zugrunde liegenden Prozesse im wesentlichen keine bewussten Kognitionen umfassen. Vielmehr sind beim Bewegungslernen in der Beziehung von motorischem Verhalten und subjektivem Erleben Phänomene charakteristisch, die auch dem Bereich des impliziten Lernens zugeschrieben werden. Bewegungslernen weist damit einige markante Gemeinsamkeiten mit Phänomenen des impliziten Lernens auf und könnte daher auch als eine Variante des impliziten Lernens angesehen werden.

Schlagworte

Aufmerksamkeit, Bewegungslernen, Bewusstheit, implizites Lernen

1 Begriff und Gegenstandsbereich

Das Adjektiv *implizit* (zu lat. implicitum 2. Part. von implicare) bedeutet etwas umfassen oder mit enthalten, was nicht ausdrücklich gesagt ist. In Hinblick auf kognitive Prozesse wurde dieser Begriff für Lernvorgänge erstmals bei Reber (1967) und später in Zusammenhang mit dem Abruf von Gedächtnisinhalten bei Graf und Schacter (1985) verwendet. Implizites Lernen steht daher in enger thematischer Nähe zur impliziten Gedächtnisforschung. Neben vielen Gemeinsamkeiten sind auch einige Unterschiede zwischen diesen beiden Forschungsbereichen auszumachen. So scheint für das implizite Lernen Einvernehmen vorzuliegen derart, dass das beim Abruf erforderliche Wissen auch in der Aneignungsphase nicht bewusst repräsentiert gewesen sein sollte (vgl. Frensch, 1998). Demgegenüber sind Gedächtnisinhalte, die implizit genutzt werden, nicht prinzipiell dem bewussten Zugriff vorenthalten (vgl. Kihlstrom, 1987). Es ist lediglich der Abruf, der implizit erfolgt und zwar in dem Sinn, dass die Nutzung dieses Wissens im aktuellen situativen Kontext und für die darin verankerte Handlung keine bewusste Repräsentation voraussetzt. Über den Verarbeitungsmodus beim Erwerb des Wissens ist dabei nichts ausgesagt. Es ist daher nicht ausgeschlossen, dass der implizite Abruf von Gedächtnisinhalten die Nutzung von mental codierten Informationen betrifft, die früher sehr wohl bewusst gewesen waren und vergessen wurden. Sie können aber auch zum Zeitpunkt des Wissenserwerbs bereits vorbewusst oder nicht-bewusst gewesen sein. Es ist daher problematisch, wenn aufgrund des Abrufmodus pauschal von einem expliziten bzw. impliziten Wissen geredet wird und dabei unklar bleibt, ob dieses Wissen prinzipiell dem bewussten Abruf entzogen ist oder nicht. Der explizite Abruf von Gedächtnisinhalten wird dabei verstanden als:

> ... performance that is initiated and guided by a conscious plan or by an intention to recollect specific prior episodes, whereas implicit memory concerns test performance influences due to specific prior episodes that occur in the absence of a conscious intention to recollect them. (Graf, 1994, S. 682)

Die Unterschiede zwischen der impliziten Lernforschung und der impliziten Gedächtnisforschung betreffen überdies auch die Form und die Präsentation der verwendeten Testitems. Während in der impliziten Lernforschung vornehmlich Regeln und Muster als Testitems im Vordergrund stehen, werden in der impliziten Gedächtnisforschung zumeist Worte oder Wortassoziationen thematisiert (vgl. Buchner & Wippich, 1998). Im Gegensatz zu Untersuchungen bei der Erforschung von unbewussten Wahrnehmungen (im Sinne einer Reizverarbeitung ohne eine bewusste Repräsentation der Reize), in denen zumeist eine unterschwellige Reizpräsentation eingesetzt wird, sind die Regelhaftigkeiten und Muster beim impliziten Lernen im Kontext verborgen und prinzipiell sehr wohl erkennbar. Die Vpn verhalten sich dabei nach der Lernphase so, als ob sie sich an den zugrunde liegenden Regeln und Mustern orientieren würden, obschon ergänzende Untersuchungen zeigen, dass eine (umfassende) Regelkenntnis scheinbar nicht vorliegt. Letztlich bezieht sich die implizite Lernforschung auf Effekte, die durch eine extensive Auseinandersetzung mit den Testitems zustande kommen, während für die implizite Gedächtnisforschung Effekte auf eine einmalige Präsentation eines Items ermittelt werden.

Gegenüber diesen vornehmlich auf operationaler Basis angesiedelten Unterschieden lassen sich als Gemeinsamkeiten von implizitem Lernen und implizitem Gedächtnis eine Unabhängigkeit von explizitem Wissen und eine größere Vergessensresistenz gegenüber explizitem Wissen konstatieren (z. B. Berry & Dienes, 1991; Buchner & Wippich, 1998). So konnten z. B. Reber, Walkenfeld und Hernstadt (1991) zeigen, dass individuelle Unterschiede im expliziten Wissenserwerb mit der Leistung in einem Intelligenztest korrespondieren, während dies für implizite Lerneffekte nicht der Fall war. Überdies belegen Längsschnittuntersuchungen, dass implizites Wissen auch nach Wochen oder Jahren genutzt werden kann, wenn zeitgleich erworbenes explizites Wissen bereits wieder verschwunden ist (z. B. Allen & Reber, 1980). Implizites Lernen wird aufgrund derartiger Befunde von manchen Autoren (z. B. Schacter, 1987) ganz dem Bereich des impliziten Gedächtnisses zugerechnet. Letztlich liegt über eine genaue theoretische Abgrenzung dieser beiden Forschungsbereiche in der kognitionspsychologischen Literatur jedoch kein einheitliches Verständnis vor (vgl. Buchner & Wippich, 1998).

Implizites Lernen wird von manchen Autoren fälschlicherweise mit unbewusstem Lernen gleichgesetzt (z. B. Weinert, 1991; Wulf, 1993). Dabei wird der Eindruck erweckt, dass die Vpn überhaupt keine bewusste Kenntnis über die der Lernaufgabe zugrundliegende Regelhaftigkeit erwerben. Tatsächlich bleibt in vielen Arbeiten zum impliziten Lernen offen, ob und wieviel explizites Wissen bzw wieviel implizites Wissen in die Lösung einer Lernaufgabe eingeht (z. B. Kibele, 2001a, S. 80 ff.; Stadler & Roediger, 1998). So findet sich z. B. bei Berry und Dienes (1991) eine Umschreibung für implizites Lernen, derzufolge Vpn neue Informationen erwerben, ohne dies zu beabsichtigen und zwar so, dass sie das zugrunde liegende Wissen offenbar nur schwer auszudrücken vermögen. In einer kritischen Quellenanalyse stellt Hoffmann (1993) denn auch fest, dass der Großteil der zum impliziten Lernen berichteten Befunde keineswegs einem originär unbewussten Lernen zugrunde liegt. Ergänzend dazu schlägt Markowitsch (1993) in einem Kommentar zu Hoffmanns Arbeit vor, den Begriff des *impliziten Lernens* grundsätzlich dem schillernden *unbewussten Lernen* vorzuziehen. Unbewusstes Lernen wäre demnach nur als Pol eines Kontinuums anzusehen, in dem Phänomene angesiedelt sind, die dem impliziten Lernen zugeschrieben werden. In unmittelbarer Nähe zu diesem Pol wären dann die Phänomene verortet, für die in geringem Umfang der Abruf von explizitem Teilwissen in die Aufgabenlösung eingeht. In dieser Hinsicht bleibt auch ungeklärt, ob und wie durch implizites

Lernen tatsächlich unbewusstes Wissen erzeugt wird bzw. in welchem Ausmaß dabei unabhängige Gedächtnis- und Verarbeitungssysteme beansprucht werden (vgl. Cleeremanns, Destrebecqz & Boyer, 1998). Die Ungewissheit darüber, ob und wieviel explizites Teilwissen für die Lösung einer impliziten Lernaufgabe erforderlich ist, geht letztlich auch aus den verschiedenen Definitionen hervor, die bislang zum impliziten Lernen vorgelegt wurden (vgl. Frensch, 1998).

2 Forschungsstand/Schwerpunkte

Bezugspunkt der meisten Arbeiten zum impliziten Lernen sind die frühen Untersuchungen von Reber, der 1967 zum ersten Mal über das *implizite Erlernen von künstlichen Grammatiken* berichtet und in der Folge in regelmäßigen Abständen zu dieser Thematik veröffentlicht hat (z. B. Reber, 1967; 1993). Neben dem *Erlernen von künstlichen Grammatiken* gehören auch das *Erlernen von Ereignissequenzen*, das *Problemlösen in komplexen Systemen*, das *Erlernen von Merkmalskovariationen* sowie in jüngerer Zeit Untersuchungen zum *Erlernen von motorischen Fertigkeiten* zu den wichtigsten Untersuchungsparadigmen des impliziten Lernens (vgl. Kibele, 2001a, S. 70 ff.; Perrig, 1996; Stadler & Frensch, 1998).

2.1 Untersuchungsparadigmen

In den von Reber durchgeführten Lernexperimenten wurden die Vpn zunächst mit scheinbar beliebig zusammengesetzten Buchstabenfolgen konfrontiert, die nach bestimmten und den Vpn nicht bekannten Abfolgeregeln konstruiert waren, verbunden mit der Aufforderung, diese zu memorieren, sich Assoziationen zu ihnen einzuprägen oder nur aufmerksam zu betrachten. Entsprechend der zugrunde liegenden Grammatik konnten die verwendeten Zeichen ausgehend von vorgegebenen Start- und Endbuchstaben (z. B. T und P bzw. S und V in Abb. 1, links) nur auf bestimmte Buchstaben folgen und auf wiederum andere eben nicht. Die Länge dieser Buchstabensequenzen war dabei nicht festgelegt. Den Vpn war an dieser Stelle noch nicht klar, dass es sich hier um eine Lernaufgabe handelte. Nach der Anpassungsphase wurden die Vpn aufgefordert, neue regelkonforme sowie neue regelverletzende Buchstabenfolgen, die in zufälliger Reihenfolge dargeboten wurden, korrekt zu kategorisieren. Die Ergebnisse Rebers und anderer Autoren mit ähnlich gearteten Aufgabenstellungen (vgl. Übersicht bei Perrig, 1996) geben ein relativ einheitliches Bild wieder, nach dem die Vpn in der Lage sind, überzufällig häufig richtig regelkonforme von regelverletzenden Buchstabenfolgen zu unterscheiden. Die relative Häufigkeit der richtigen Zuordnungen liegt dabei zwischen

60 und 80 Prozent. Dennoch waren die Vpn nicht in der Lage, die vollständige Struktur der zugrunde liegenden Grammatik auch nur annähernd richtig verbal zu beschreiben.

In einer typischen Aufgabe zum *Erlernen von Ereignissequenzen* werden die Vpn aufgefordert, auf den Darstellungsort von sequentiell präsentierten Zeichen zu reagieren, deren Abfolgevorschrift den Vpn nicht bekannt ist. Diese Abfolgevorschrift kann einmal einzelne Reize (z. B. Nissen & Bullemer, 1987) oder ganze Reizkombinationen betreffen (z. B. Lewicki, Czyzewska & Hoffman, 1987). Implizit wird bei diesem Aufgabentypus dann gelernt, wenn im Fall einer regelgesteuerten Ereignissequenz gegenüber einer zufälligen Ereignissequenz ein schnelleres Antwortverhalten (Drücken einer Ereignistaste) hinsichtlich des Darstellungsortes erfolgt, ohne dass sich die Vpn der zugrunde liegenden Sequenzregel bewusst werden. Man spricht daher von einem sogenannten *Lernen von Ereignissequenzen* bzw. einem *Reihensequenzlernen.* So analysierten Nissen und Bullemer (1987) die Lernleistungen von gesunden Personen und von amnestischen Patienten. Beide Personengruppen mussten durch Tastendruck schnellstmöglich auf den Darstellungsort eines kleinen Sternes reagieren, der am unteren Rand eines Bildschirms an vier verschiedenen Stellen auftauchen konnte (Abb. 1, rechts). Die Darstellungsorte folgten dabei einer vorgegebenen 10er-Sequenz, die im Laufe des Experiments mehrfach wiederholt wurde. Das Ergebnis war, dass sich über die Untersuchungsserien hinweg eine kontinuierliche Abnahme der Reaktionszeiten zeigte, ohne dass den Vpn die vorliegende Systematik innerhalb der Darstellungssequenz (vollständig) bewusst wurde.

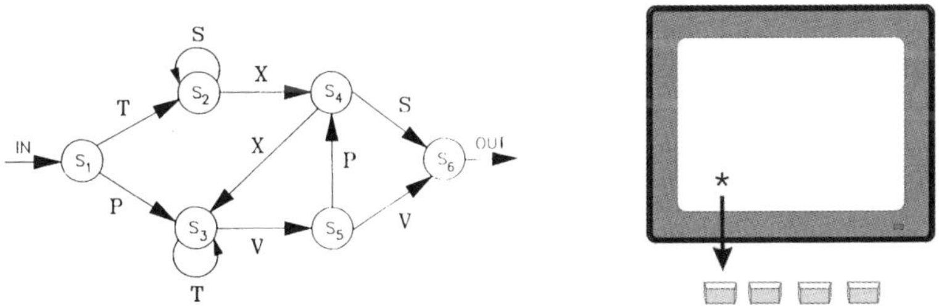

Abb. 1: links: Schematische Darstellung einer finiten Grammatik nach Reber et al. (1991, S. 890); rechts: Versuchsanordnung zum Reihensequenzlernen nach Nissen & Bullemer (1987)

Die Effekte wurden eindrucksvoll untermauert, als mitten im Lernprozess regelwidrige Darstellungsorte eingestreut wurden, die zu einer abrupten Zunahme der Reaktionszeiten führten. Als danach die regelhafte Präsentation fortgesetzt wurde, stellte sich das zuvor erreichte Niveau der Reaktionszeiten wieder ein bzw. wurden die Reaktionszeiten weiter verringert. Obschon manche Vpn erkannten, dass sich irgendwelche Abfolgen in den Reizdarstellungen wiederholten, waren sie nicht in der Lage, die zugrunde liegende Regel zu beschreiben. Insbesondere die Befunde an amnestischen Patienten legen nahe, dass eine Verhaltensanpassung auch ohne bewusstes Erinnern möglich ist.

Beim *Problemlösen in komplexen Systemen* handelt es sich um computergestützte Lernaufgaben, bei denen die Vpn durch eine Zahleneingabe auf der Tastatur (z. B. die Anzahl der Arbeiter in einer Zuckerfabrik) einen bestimmten Ausgabewert ansteuern und dabei ein fiktives Problem (die Produktion der Zuckerfabrik auf einem konstanten Wert zu halten) lösen sollen, ohne über die funktionale Beziehung zwischen Eingabe und Ausgabe Bescheid zu wissen (z. B. Berry & Broadbent, 1984: Ausgabewert = (2 x Eingabewert) – vorausgegangener Ausgabewert ± Zufallswert 1). Die Ergebnisse der Untersuchungen von Berry und Broadbent belegen, dass die Mehrzahl der Vpn zwar lernten, den Ausgabewert in einem eng umschriebenen Bereich zu halten, aber keine konkreten Angaben über die zugrunde liegende funktionale Beziehung zwischen Eingabe- und Ausgabewert machen konnten.

Ein weiteres innerhalb der impliziten Lernforschung häufig untersuchtes Paradigma betrifft den *Aufbau von sogenannten Bedeutungskonzepten aufgrund von Merkmalskovariationen.* Hierzu hat sich insbesondere die Arbeitsgruppe um Lewicki verdient gemacht (z. B. Hill, Lewicki, Czyzewska & Schuller, 1990; Lewicki, 1986). Im Zentrum ihrer Forschungsbemühungen standen dabei Effekte zur sozialen Eindrucksbildung aufgrund von unbewussten Merkmalskovariationen. Die prinzipielle Vorgehensweise ist zumeist dieselbe. Es wird zunächst in einer Lernphase das Auftreten zweier (dichotomer) Merkmale kovariiert, von denen das erste in einer komplex gestalteten Reizumgebung völlig unauffällig und daher nach menschlichem Ermessen nicht identifizierbar ist (z. B. die relative Auftretenshäufigkeit des ASCII-Zeichens Nr. 178 in Lewicki, Hill & Sazaki, 1989 (Experiment 1), dargestellt in Abb. 2).

Das Auftreten der beiden Ausprägungen für das erste Merkmal wird mit dem zweiten Merkmal kovariiert, das in Form zweier alternativer Zusatzinformationen A und B (z. B. intelligent vs. nicht intelligent für Experiment 1 in Lewicki et al., 1989) den Vpn mitgeteilt wird. In der anschließenden Testphase werden wiederum Reizsituationen erzeugt, in denen – bei einer zufälligen Anordnung – zur Hälfte das vermeintlich nichtbeachtete erste Merkmal auftaucht und in der anderen Hälfte eben nicht. Dabei wird überprüft, ob die Vpn bei erzwungener Auswahl (*forced-*

choice) die Informationen A und B überzufällig häufig richtig den entsprechenden Reizumgebungen zuordnen können. Da den Vpn die Regelhaftigkeit vorenthalten bleibt, besteht die Instruktion in der Testphase darin, intuitiv zuzuordnen oder zu raten. Die Ergebnisse belegen, dass die in der Lernphase vermeintlich unbewusst aufgebauten Kovariationsbeziehungen zu überzufällig häufig richtigen Klassifikationen in der Testphase führen, ohne dass sich die Vpn der zugrunde liegenden Regel bewusst waren oder in Interviews auch nur annähernd die wahren Zusammenhänge angeben konnten.

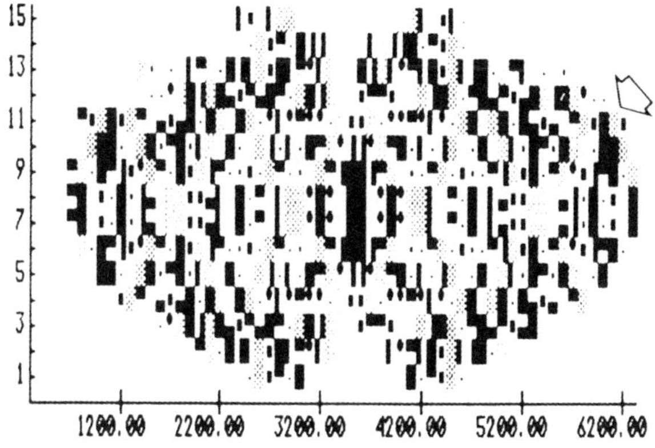

Abb. 2: Künstlich erzeugter Brain Scan aus Lewicki et al. (1989, Experiment 1), in dem das ASCII-Zeichen Nr. 178 (siehe Pfeil) entweder mit einem Anteil von 13 Prozent oder mit einem Anteil von 17 Prozent auftreten konnte

In jüngerer Zeit werden im Zusammenhang mit impliziten Lernprozessen auch motorische Aufgaben thematisiert (z. B. Kibele, 2001a, S. 217 ff.; Magill, 1994; Masters, 1992; Wulf & Schmidt, 1997). Als erstes Untersuchungsverfahren wurde dabei das Tracking-Paradigma von Pew (1974) eingesetzt, bei dem die Vpn nach zahlreichen Übungsdurchgängen, ohne sich darüber im Klaren zu sein, deutlich bessere Tracking-Leistungen für die Kurvenabschnitte zeigen, die zuvor ohne ihr Wissen in vorgegebenen Perioden wiederholt wurden (z. B. Magill, 1994; Wulf & Schmidt, 1997). Da den Vpn der Zweck des Trackings vorenthalten blieb, kann man hier von einem typisch inzidentellen Lernen (ohne Absicht) reden. Ein anderes Untersuchungsverfahren aus dem Bereich des impliziten Bewegungslernens ist bei Masters (1992) beschrieben. Hier sollten die Vpn den Putt eines Golfballes auf einer leicht ansteigenden Oberfläche und aus einer Entfernung von 150 cm erlernen. Während eine explizit lernende Gruppe Bewegungsanweisungen aus einem Golflehrbuch erhielt, musste eine implizit lernende Gruppe nach Versuch und

Irrtum vorgehen, wobei ein explizites Hypothesenprüfen durch die Bearbeitung einer Zweitaufgabe unterbunden werden sollte. Tatsächlich zeigte sich nach der Lernphase, dass die implizit lernende Gruppe gegenüber einer Kontrollgruppe, die gleichfalls nach Versuch und Irrtum vorging – aber ohne eine Zweitaufgabe –, deutlich weniger explizit verfügbare Regeln zur Bewegungstechnik bzw. zum Krafteinsatz nennen konnte. Die wesentliche Erkenntnis aus dieser Untersuchung liegt jedoch darin, dass die implizit lernende Gruppe nach der Anpassungsphase zwar einen geringeren Lernerfolg als die explizite Gruppe aufwies, unter induziertem Stress diesen Lernerfolg aber beibehielt bzw. noch steigern konnte, während der Lernerfolg bei der explizit lernenden Gruppe deutlich zurückging. Über einen ähnlichen Effekt wird bei Kibele (2001a, S. 217) berichtet. Dort mussten die Vpn in einer Pilotstudie eine bestimmte Ausführungsvariante eines Vertikalsprungs mit Ausholen erlernen, wobei ihnen lediglich ein Punktescore zur Ausführungsgüte rückgemeldet wurde. Der Punktescore wurde durch eine den Vpn nicht bekannte Berechnungsformel festgelegt, in die zwei Bewegungsmerkmale (Abweichung von 70 Prozent der maximalen Sprunghöhe sowie vom Quotienten von Brems- zu Beschleunigungsstoß von 0.33) eingingen. Die Ergebnisse belegen, dass die Vpn, die über die Berechnung des Punktescores informiert waren, nach der Aneignungsphase höhere Punktescores erreichten als Vpn, denen diese Information vorenthalten blieb. Die für den Behaltenstest stabileren Resultate zeigten jedoch die Vpn, die die Bewegung implizit und ohne Kenntnis der zugrunde liegenden Berechnungsformel sowie der darin verankerten Merkmalsausprägungen erlernt hatten.

2.2 Gemeinsame Merkmale

Fasst man alle bisher dargestellten impliziten Lernphänomene zusammen, so lassen sich einige gemeinsame charakteristische Merkmale feststellen. Zunächst liegt bei nahezu allen impliziten Lernparadigmen eine verborgene Regelhaftigkeit zugrunde, die die Vpn vermeintlich nicht entdecken können. Dabei verändert sich das Verhalten der Vpn nach dem Lernprozess so, dass sie sich scheinbar an diese Regelhaftigkeit angepasst haben. Dies bedeutet jedoch keinesfalls, dass sich die zugrunde liegende Regel in einer bewussten Repräsentation im Gedächtnis der Vpn niedergeschlagen hätte. Tatsächlich steht infrage, ob Individuen überhaupt Regeln befolgen, wenn sie handeln (vgl. Neuweg, 1999). „Präskriptives Wissen beschreibt Stadien der Ankunft, nicht jene Stadien der Hinreise, die im Lernprozeß durchlaufen werden müssen“ (Neuweg, 1999, S. 121). Das forschungsmethodologische Problem besteht darin, Verhaltensmerkmale dafür auszuweisen, ob die

Vpn überhaupt keine Regelhaftigkeit erkennen oder ob sie zwar etwas zu erkennen meinen, dies aber nicht angemessen beschreiben können. Letzteres liegt insbesondere dann nahe, wenn die Vpn die Untersuchungssituation als Herausforderung erleben, Hypothesen aufstellen und nach Lösungen suchen. Sofern eine derartige *Intentionalität* bei der Suche nach einer Lösung vorliegt, kann prinzipiell nicht ausgeschlossen werden, dass zumindest (kleine) Anteile (chunks) der zugrundeliegenden Regel entdeckt werden (vgl. Stadler & Roediger, 1998). Es sollte daher an dieser Stelle auch nicht von einem unbewussten Lernen sondern viel mehr von einem impliziten Lernen gesprochen werden (vgl. Markowitsch, 1993). Bemerkenswerterweise liegen für die methodische Überprüfung zur Verhaltensrelevanz von expliziten Wissensbeständen in der impliziten Lernforschung weitaus weniger restriktive Bedingungen vor, als dies für die Erforschung von Phänomenen zur Wahrnehmung ohne Bewusstheit (z. B. Kibele, 2001b; Merikle & Reingold, 1992; Reingold & Merikle, 1988) bzw. zur impliziten Gedächtnisforschung der Fall ist (z. B. Roediger & McDermott, 1993; Schacter, 1987).

Neben den eben angesprochenen psychologischen Merkmalen *(Nicht-) Bewusstheit* und *Intentionalität* spielt überdies insbesondere die *Aufmerksamkeit* eine ganz zentrale Rolle für das implizite Lernen (für einen Überblick vgl. Hsiao & Reber, 1998).

2.3 Aufmerksamkeit und implizites Lernen

Je nach Lernumgebung kann sich die Aufmerksamkeit sowohl den aufgabenrelevanten Merkmalen zuwenden als auch den völlig irrelevanten, so dass der Instruktion eine wichtige Hinweisfunktion zukommt. Befunde von Graf, Squire und Mandler (1984) sowohl bei gesunden als auch bei amnestischen Vpn belegen, dass ein Hinweis auf eine verborgene Regelhaftigkeit verbunden mit der Aufforderung, diese zu entdecken, wesentlich schlechtere implizite Lernerfolge hervorruft, als wenn die Vpn inzidentell lernen und bei der Lösung der Zuordnungsaufgabe eher intuitiv und spontan vorgehen. Ein instruiertes Suchen nach verborgenen Regelhaftigkeiten bzw. Hinweise, dass solche überhaupt vorliegen, führt überdies zu schlechteren impliziten Lernleistungen, wenn die regelrelevanten Merkmale unauffällig sind (z. B. Green & Flowers, 1991; Willingham, Nissen & Bullemer, 1989), denn: „looking for rules will not work if you cannot find them" (Reber, 1989, S. 223). Die potentielle Gefahr liegt hier darin, dass sich die Aufmerksamkeit aufgrund eines Überflusses an (ggf. auch missverständlichen) Vorinformationen auf zu viele und möglicherweise irrelevante Merkmale richtet, mit denen sich die Vpn auseinandersetzen und die den Lernerfolg letztlich schmälern könnten.

Demgegenüber steht die durch zahlreiche Befunde gestützte Annahme, dass sich die Aufmerksamkeit, ohne eine derartige Instruktion, über sehr viele Übungsdurchgänge hinweg scheinbar ohne bewusste Steuerung den invarianten Merkmalen in der Lernumgebung zuwendet, die der vorgegebenen Regelhaftigkeit folgen. So scheinen die größten Effekte dann hervorgerufen zu werden, wenn die Aufmerksamkeit keinen konkreten Merkmalen in der Lernumgebung zugewandt wird. Bereits bei James (1890, S. 529) ist mit Bezug auf das Fangen eines Gegenstandes eine diesbezügliche Anmerkung zu finden: „Keep your eye at the place aimed at, and your hand will fetch [the target]; think of your hand, and you will likely miss your aim". Neuere Befunde zeigen dabei, dass der Lerneffekt sehr leicht von außen gestört werden kann, wenn die Aufmerksamkeit z. B. spezifisch auf körperinterne Feedback-Quellen ausgerichtet wird (Wulf, Höß & Prinz, 1998) oder wenn die Vpn aufgefordert werden, bestimmte zeitliche Merkmale im Bewegungsablauf zu beachten (Wulf & Weigelt, 1997) oder eine verborgene Systematik im Reizkontext zu suchen (Green & Flowers, 1991). Aus diesen Befunden geht hervor, dass dem Aufmerksamkeitsfokus eine für den Lernerfolg ganz entscheidende Hinweisfunktion zukommt (zusammenfassend bei Wulf & Prinz, 2000), wobei offenbar eine (effektbezogene) Ausrichtung auf Ereignisse außerhalb des Körpers, die durch die Bewegung verursacht werden, gegenüber einer (ausführungsbezogenen) Ausrichtung auf Ereignisse innerhalb des Körpers unterschieden werden muss.

2.4 Erklärungsansätze

Fasst man die berichteten Befunde sowie die dort vorgelegten Erklärungsansätze zusammen, so scheinen implizite Lernphänomene mit einer Art von Kovariationslernen in Verbindung zu stehen (vgl. Lewicki et al., 1987; Perrig, 1996; Reber, 1989). Diesbezüglich sprechen Cleeremans et al. (1998) in ihrem Resümee zum Stand der impliziten Lernforschung auch von einem einfachen Assoziationslernen bzw. von einem komplexen Priming-Effekt. Die neurobiologische Grundlage dieses Kovariationslernens könnte auf das von Tulving und Schacter (1990) postulierte *perzeptuelle Repräsentationssystem* oder *perzeptuelle Gedächtnis* zurückgeführt werden, für das bereits separate neuronale Strukturen identifiziert worden sind (vgl. Schacter, 1992). Ihm wird „die Eigenschaft einer strukturellen Repräsentation von Objekten und Geschehnissen zugeschrieben, welche die Identifikation aufgrund von perzeptuellen Merkmalen gewährleistet und im Falle einer Wiederholung eines Stimulus den impliziten Lerneffekt erbringt" (Perrig, 1996, S. 227).

Diesem Repräsentationssystem schreibt Perrig (1996) überdies eine genetisch festgelegte *reaktive Assoziationsfunktion* zu, die wiederkehrende perzeptuelle Merkmale aus der Lernumgebung mit unwillkürlichen Körperreaktionen verbindet. Mit wachsender Übungswiederholung wird dabei ein subjektives Gefühl von Vertrautheit oder eines Wissens erzeugt, so dass später in einer Testsituation eine Antwortneigung bzw. unter *forced-choice*-Bedingungen eine Erhöhung der Zuordnungswahrscheinlichkeit hervor gerufen wird. Das zugrunde liegende implizite Lernprinzip wird von Perrig (1996) daher als *nicht-bewusste Verhaltens-Erlebens-Kovariation* bezeichnet. Dem perzeptuellen Gedächtnis, das dem Zugriff des Bewusstseins entzogen ist, wird von Perrig die Basis des impliziten Lernens zugeschrieben. Implizit wird dabei gelernt, „indem durch Wiederholungen eine übergreifende Nutzung von Regularität und damit von Information über die Gesamtheit von Stimuli und/oder Präsentationen aufgebaut wird“ (Perrig, 1996, S. 209) und „wir Menschen komplexe Invarianzen und Regelhaftigkeiten unserer Umwelt erlernen oder nutzen, ohne daß wir uns dessen Gewahr werden oder Einsicht in die Begründung von Lernfortschritten haben“ (Perrig, 1996, S. 203).

Tatsächlich liegen mittlerweile verschiedene neuropsychologische Untersuchungen mit computergestützten bildgebenden Verfahren vor, die glaubhaft belegen, dass z. B. beim Reihensequenzlernen Hirnstrukturen aktiv sind, von denen angenommen wird, dass sie nicht mit dem phänomenalen Erlebnis von Bewusstheit in Verbindung stehen (z. B. Clegg, DiGirolamo & Keele, 1998).

Das von Tulving und Schacter (1990) postulierte perzeptuelle Repräsentationssystem ist auch für sportliche Fragestellungen von hohem Erklärungswert, wenn dort Sportler in komplexen Reizumgebungen und unter hohem Zeitdruck erfolgreich reagieren müssen. So wäre denkbar, dass die wiederholte visuelle Wahrnehmung einer Fremdbewegung eine perzeptuelle Repräsentation erzeugt, die, wenn sie später aktiviert wird, über gemeinsame neuronale Strukturen eine motorische Reaktion auslöst, ohne dass ein bewusstes Identifizieren von spezifischen Bewegungsmerkmalen notwendig wäre. Durch die vorausgegangenen Auseinandersetzungen mit dem Handlungskontext würde die erforderliche Reaktion gleichsam geprimt, so dass in diesem Zusammenhang von einem *Bewegungspriming* gesprochen werden könnte (vgl. Kibele, 2001d). Diese Überlegung begründet sich auf der sogenannten *common-coding-Hypothese* (z. B. Prinz, 1992; 1997). Danach wird durch eine ineinander verstrickte neuronale Kodierung von Wahrnehmungs- und Bewegungsrepräsentationen eine Verbindung zwischen der *Erlebensebene* (Wahrnehmung) und der *Verhaltensebene* (Bewegung) hergestellt.

Diese Kodierung wurde von Prinz durch empirische Befunde (vgl. Prinz, 1997) belegt, die zeigen, dass die Ausbildung motorischer Prozesse von spezifischen Wahrnehmungen abhängt. Umgekehrt geht aus den Untersuchungen von Held und Mitarbeitern (zusammenfassend bei Held, 1987) hervor, dass eine Anpassung der visuellen Wahrnehmung ganz wesentlich von der Ausführung von Eigenbewegungen abhängt.

Wahrnehmung und Bewegung scheinen aufgrund solcher Befunde nicht auf unabhängigen neuronalen Prozessen zu beruhen, sondern wären Bestandteile eines auf einen antizipierten Handlungseffekt (als distale Referenz) ausgerichteten übergeorneten Prozessgeschehens.

> When we plan to stroke a nail with the hammer in our hand, our planning does not refer to muscle contractions (nor to the corresponding excitation pattern in our brain), but rather to the intended, to-be-effectuated action as an event in the environment. (Prinz, 1992, S. 7)

Die Verbindung zwischen Wahrnehmung und Bewegung wird bei Prinz (1998) durch die Einführung von sogenannten *Handlungscodes* beschrieben. Sie kennzeichnen die Kopplung von wahrgenommenen Handlungseffekten (über so genannte *Zielcodes*) und motorischen Prozessen (über sogenannte *Bewegungscodes*), die bei regelmäßiger Ausführung eine Kovariationsverbindung eingehen und in der gleichfalls die aktuellen Handlungsdispositionen – also die Pläne, Absichten und vor allem die Ziele – als Rahmenbedingungen verankert sind. Durch die bereits vorliegenden Forschungsarbeiten zur Kodierung von Wahrnehmung und Bewegung in (zum Teil) gemeinsamen (neuronalen) Strukturen konkretisiert sich mittlerweile ein tragfähiger Ansatz zur Beschreibung von motorischen Reaktionen auf Reize oder Reizkonfigurationen die nicht bewusst repräsentiert sein müssen.

Eine gemeinsame Kodierung von wahrgenommenen Handlungseffekten und motorischen Prozessen könnte überdies auch eine bedeutsame Erklärungsgrundlage für das (implizite) Erlernen *neuer* Bewegungsfertigkeiten darstellen (vgl. Kibele, 2001c). Im Gegensatz zum Erlernen einer Reiz-Reaktions-Verbindung (i. S. eines Bewegungsprimings) wäre hier für die Erzeugung eines Handlungscodes nicht nur der Aufbau einer perzeptuellen Repräsentation der Reizumgebung sowie die zugehörige Kopplung mit einem bereits vorliegenden Bewegungscode, sondern überdies insbesondere der Aufbau eines Bewegungscodes selbst erforderlich. Durch die *common-coding*-Theorie wird dabei lediglich zum Ausdruck gebracht, *wie* eine Bewegung ohne bewusste Steuerung nur durch die Antizipation eines Handlungseffektes hervorgerufen wird. Wenn denn durch die Antizipation von Handlungseffekten Bewegungen hervorgerufen werden können, so wäre für das Erlernen *neuer* Bewegungsfertigkeiten zu klären, welche Handlungseffekte hierbei antizipiert werden sollen. Wenn in diesem Zusammenhang von einem impliziten Bewegungslernen gesprochen wird (vgl. Kibele, 2001c), so sollte klar sein, dass z. B. ein schwieriges Übungsteil aus dem Gerätturnen kaum durch *extensives Üben* alleine erlernt werden kann. Völlig neuartige Bewegungen würden zunächst durch die Ansteuerung von Minimalzielen angenähert, die vorab als realisierbar bewertet werden und von deren Ansteuerung eine Annäherung an das Gesamtziel erwartet wird. Die Erfahrung zeigt, dass bei neu zu erlernenden Bewegungen, die erstmals ausgeführt werden, meist auf bereits beherrschte Bewegungselemente zurückgegriffen wird, für deren Auslösung bereits Handlungscodes vorliegen, die bei der Antizipation neuer Zwischenziele angepasst werden könnten. Das Individuum ist dabei darauf angewiesen, zunächst nach Versuch und Irrtum vorzugehen und damit die Systemeigenschaften des Zentralnervensystems (ZNS) und des Bewegungsapparates erst durch deren *Wirkungen* zu *erfahren* (vor allem Kleinkinder scheinen Bewegungen vornehmlich über das Erleben der dazu korrespondierenden Effekte zu erlernen). Die Bedeutung von explizit verfügbaren Wissensbeständen um die Bewegungsausführung läge darin, geeignete Zwischenziele zu entwickeln, von deren Realisierung sich der Lernende eine Annäherung an das vorgegebene Gesamtziel versprechen kann. Diese Zwischenziele würden ausgehend von bereits vorliegenden Handlungscodes in sequentieller Weise weiterentwickelt, bis sich der gewünschte Effekt infolge einer perzeptuell-motorischen Anpassung einstellt. Diese Strategie wird durch das *Modell der antizipativen Verhaltenskontrolle* (z. B. Hoffmann, 1994) sehr treffend abgebildet. Die Funktion von Rückmeldungen über das Bewegungsergebnis bestünde dabei darin, den Aufbau der zugrunde liegenden Repräsentationen und der neuronalen Kopplungen zu stabilisieren bzw. die Aufmerksamkeit auf andere Merkmale in der Lernumgebung zu richten und andere Effekte bzw. Zwischenziele zu antizipieren. Durch diesen Aufmerksamkeitsfokus würden die wiederkehrenden und vermeintlich bedeutsamen Reize oder Reizkonfigurationen aus der Lernumgebung einer substantiellen Verarbeitung zugeführt, wobei durch die Kovariationsbeziehung zwischen Wahrnehmung, motorischen Prozessen und Ergebnisrückmeldung neuronale Kopplungen zwischen den (wiederkehrend) beteiligten Nervenzellen entstehen, die schließlich in dem Aufbau eines ganzen Zellverbandes münden (vgl. *Theorie der neuronalen Zellverbände* bei Wickens, Hyland & Anson, 1994).

3 Forschungsmethodologie

Das Kernproblem der impliziten Lernforschung betrifft die Frage, ob und zu welchen Teilen das im Lernprozess erworbene Wissen beim Abruf bewusst repräsentiert ist bzw. in der Lernepisode bewusst repräsentiert war (vgl. Frensch, 1998). Die hierzu vorliegenden Untersuchungsverfahren reichen von der bloßen Feststellung, dass dieses Wissen schwer zu beschreiben sein muss (z. B. Berry & Dienes, 1991; Magill, 1998) bis zu strengen methodischen Verfahren, die sich bei der Erforschung von unbewussten Wahrnehmungen (i. S. v. Reizverarbeitungsprozessen ohne Bewusstheit) etabliert haben (z. B. Merikle & Reingold, 1992). Grundlage der meisten Untersuchungsverfahren ist dabei das Kriterium, Reize diskriminieren zu können. Hier haben sich ganz unterschiedliche Untersuchungstechniken entwickelt, die zumeist am sogenannten Dissoziationsparadigma orientiert sind (vgl. Kibele, 2001a, S. 27 ff.). Dabei werden zwei Messgrößen A und B vorausgesetzt, von denen A jegliche verhaltensrelevante Reizinformation erfassen soll, während B nur den Anteil betrifft, der den Vpn potentiell auch bewusst werden kann. Gemäß der zugrunde liegenden Logik ist immer dann von einer unbewussten Wahrnehmung auszugehen, wenn Reize zwar verhaltensrelevant sind und A beeinflussen, während sie aber dem bewussten Erleben in B vorenthalten bleiben. Für die Erfassung der Messgröße B werden diesbezüglich subjektive Maße – zumeist verbale Berichte darüber, dass die zugrundeliegende Regelhaftigkeit nicht erkannt wurde (z. B. Reber, 1993) – und objektive Maße unterschieden. Objektive Maße beschreiben die interindividuell vergleichbare Fähigkeit der Vpn, Reize zu diskriminieren bzw. bei erzwungener Auswahl oder bei *presence-absence*-Entscheidungen richtige Zuordnungen herzustellen. In diesem Zusammenhang haben sich insbesondere Vergleiche zwischen direkten und indirekten Tests unter vergleichbaren Bedingungen und bei erzwungener Auswahl (z. B. Reingold & Merikle, 1988) sowie so genannte Prozess-Dissoziationsverfahren (z. B. Jacoby, 1991) bewährt.

In direkten Tests wird das bewusst erinnerbare Wissen von Vpn derart erfasst, dass sie bei einer erzwungenen Auswahl konkret angeben müssen, ob bzw. welches von mehreren Items zuvor bereits präsentiert wurde. Indirekte Tests zeichnen sich demgegenüber dadurch aus, dass die Vpn Aufgaben erledigen müssen und dafür Informationen benötigen, mit denen sie zuvor in einer (inzidentiellen) Lern- oder Anpassungsphase zwar konfrontiert wurden, deren Bedeutung für die Lösung der Aufgabe aber nicht erkennbar war. So konnten Jiménez, Méndez und Cleeremans (1996) auf der Grundlage dieses Verfahrens für das Reihensequenzlernen zeigen, dass bestimmte Wissensanteile nur in einem indirekten Test und nicht in einem dazu vergleichbaren direkten Test nachgewiesen werden können – ein Hinweis darauf, dass beim Reihensequenzlernen tatsächlich implizites Wissen in die Aufgabenlösung eingeht.

Mit der Prozess-Dissoziationstechnik wurde von Jacoby (z. B. 1991) ein Verfahren vorgestellt, in dem unter sogenannten Inklusions- und Exklusionsbedingungen separate Abschätzungen für die Wirksamkeit von kontrollierten und automatischen Prozessen erhoben werden. So wird z. B. in einem Wortergänzungstest mit umfangreichen Wortlisten die relative Häufigkeit der korrekt ausgeführten Vervollständigungen für zuvor präsentierte und für neue Worte erhoben, wenn die Vpn spontan das erste passende Wort einsetzen sollen, das ihnen in den Sinn kommt (Inklusion) und wenn die Vpn die zuvor gelesenen Worte ausschließen müssen (Exklusion). Dem Grundprinzip der Prozess-Dissoziation nach sollen die alternativen Instruktionen bewirken, dass sich die korrekten Wortergänzungen unter Inklusions- und Exklusionsbedingungen aufgrund von verschiedenen Verarbeitungsprozessen (kontrolliert vs. automatisch) unterscheiden. Tatsächlich konnten Buchner, Steffens und Rothkegel (1998) mit dieser Untersuchungstechnik nachweisen, dass die Absicht, etwas zu lernen im Wesentlichen die kontrollierten Verarbeitungsprozesse tangiert und weniger die automatischen.

4 Forschungsperspektiven

Obschon in der impliziten Lernforschung eine kaum mehr überschaubare Anzahl an Untersuchungen vorliegt (für einen Überblick sei auf das Handbuch von Stadler & Frensch (1998) verwiesen), konzentrieren sich die Themenschwerpunkte scheinbar auf die immer gleichen Probleme. So ist nach wie vor ungeklärt, durch welche Untersuchungstechniken sicherzustellen wäre, dass die Vpn über keine (bewusst repräsentierten) Kenntnisse der verborgenen Regelhaftigkeiten verfügen. Offen ist weiterhin, ob beim impliziten Lernen im Gehirn eigene Verarbeitungsstrukturen beansprucht werden. Es ist schließlich zu klären, ob implizite Lernprozesse auf bestimmte Regelhaftigkeiten beschränkt sind oder prinzipiell für jegliches Reizmaterial erfolgen können. Für sportbezogene Fragestellungen ist hierzu von besonderem Interesse, ob und welche motorischen Fertigkeiten durch implizite Lernprozesse erworben werden (vgl. Kibele, 2001c).

Literatur

Allen, R. & Reber, A.S. (1980). Very long term memory for tacit knowledge. *Cognition, 8*, 175-285.

Berry, D.C. & Broadbent, D.E. (1984). On the relationship between task performance and associated verbalizable knowledge. *Quarterly Journal of Experimental Psychology, 36A*, 209-231.

Berry, D.C. & Dienes, Z. (1991). The relationship between implicit memory and implicit learning. *British Journal of Psychology, 82*, 359-373.

Buchner, A., Steffens, M.C. & Rothkegel, R. (1998). On the role of fragmentary knowledge in a sequence learning task. *Quarterly Journal of Experimental Psychology, 51*, 251-281.

Buchner, A. & Wippich, W. (1998). Differences and Commonalities Between Implicit Learning and Implicit Memory. In M.A. Stadler & P.A. Frensch (Eds.), *Handbook of Implicit Learning* (pp. 3-46). Thousand Oaks: Sage.

Cleeremans, A., Destrebecqz, A. & Boyer, M. (1998). Implicit learning: News from the front. *Trends in Cognitive Sciences, 2*, 406-416.

Clegg, B.J., DiGirolamo, J., & Keele, S.W. (1998). A review of sequence learning. *Trends in Cognitive Sciences, 2*, 275-281.

Frensch, P.A. (1998). One Concept, Multiple Meanings: On how to define the concept of implicit learning. In M.A. Stadler & P.A. Frensch (Eds.), *Handbook of implicit learning* (pp. 47-104). Thousand Oaks: Sage.

Graf, P. (1994). Explicit and implicit memory: A decade of research. In C. Umilta & M. Moscovitch (Eds.), *Attention and performance 15: Conscious and nonconscious information processing* (pp. 681-695). Cambridge: MIT Press.

Graf, P., Squire, L.R., Mandler, G. (1984). The information amnestic patients don't forget. *Journal of Experimental Psychology: Learning, Memory, and Cognition, 10*, 164-178.

Graf, P. & Schacter, D.L. (1985). Implicit and explicit memory for new associations in normal and amnestic subjects. *Journal of Experimental Psychology: Learning, Memory, and Cognition, 11*, 501-518.

Green, T.D. & Flowers, J.H. (1991). Implicit versus explicit learning processes in a probabilistic, continuous fine-motor catching task. *Journal of Motor Behavior, 23*, 293-300.

Held, R. (1987). Plastizität sensorisch-motorischer Systeme. *Spektrum der Wissenschaft: Wahrnehmung und visuelles System* (S. 200-208). Heidelberg: Verlagsgesellschaft Heidelberg.

Hill, T., Lewicki, P., Czyzewska, M.& Schuller, G. (1990). The role of learned inferential encoding rules in the perception of faces: Effects of nonconscious self-perpetuation of a bias. *Journal of Experimental Social Psychology, 26*, 350-371.

Hoffmann, J. (1993). Unbewußtes Lernen – eine besondere Lernform? *Psychologische Rundschau, 44*, 75-89.

Hoffmann, J. (1994). Der implizite Erwerb von Handlungswissen. *Psychologie und Sport, 8*, 56-66.

Hsiao, A.T. & Reber, A.S. (1998). The Role of Attention in Implicit Learning. In M.A. Stadler & P.A. Frensch (Eds.), *Handbook of Implicit Learning* (pp. 471-494). Thousand Oaks: Sage.

Jacoby, L.L. (1991). A process dissociation framework: Separating automatic from intentional uses of memory. *Journal of Memory and Language, 30*, 513-541.

James, W. (1890). *The Principles of Psychology*. New York: Holt.

Jiménez, L., Méndez, C. & Cleeremans, A. (1996). Comparing direct and indirect measures of seqence learning. *Journal of Experimental Psychology: Learning, Memory, and Cognition, 22*, 948-969.

Kibele, A. (2001a). *Unbewusste Informationsverarbeitung – ein Thema für die Sportwissenschaft?!* Frankfurt: Lang Verlag.

Kibele, A. (2001b). Wie lässt sich die Verarbeitung nicht-bewusst wahrgenommener Reize methodisch belegen? *ITES E-Journal: Motor Control and Learning* (http://www.uni-saarland.de/fak5/swi-eu/deu/portal.htm).

Kibele, A. (2001c). Implizites Bewegungslernen. *Spectrum der Sportwissenschaften, 13*, 7-26.

Kibele, A. (2002). Bewegungspriming. *Leistungssport, 5*, 56-62.

Kihlstrom, J.F. (1987). The cognitive unconscious. *Science, 237*, 1445-1452.

Lewicki, P. (1986). *Nonconscious Social Information Processing*. New York: Academic Press.

Lewicki, P., Czyzewska, M. & Hoffman, H. (1987). Unconscious acquisition of complex procedural knowledge. *Journal of Experimental Psychology: Learning, Memory, and Cognition, 13*, 523-530.

Lewicki, P., Hill, T. & Sazaki, I. (1989). Self-perpetuating development of encoding biases. *Journal of Experimental Psychology: General, 118*, 323-337.

Magill, R.A. (1994). Is Conscious Awareness of Environmental Information Necessary for Skill Learning? In J.R. Nitsch & R. Seiler (Hrsg.), *Bewegung und Sport. Psychologische Grundlagen und Wirkungen. Vol. 2: Bewegungsregulation und motorisches Lernen* (S. 94-103). St. Augustin: Academia.

Magill, R.A. (1998). Knowledge is more than we can talk about: Implicit learning in motor skill acquisition. *Research Quarterly in Exercise and Sport, 69*, 104-110.

Markowitsch, H.J. (1993). Lernen: Bewußt – unbewußt – implizit – prozedural – semantisch – episodisch – priming. Ein Kommentar zu Hoffmanns Bericht über „Unbewußtes Lernen". *Psychologische Rundschau, 44*, 106-108.

Masters, R.S.W. (1992). Knowledge, nerves, and know-how: The role of explicit versus implicit knowledge in the breakdown of a complex skill under pressure. *British Journal of Psychology, 83*, 343-358.

Merikle, P.M. & Reingold, E.M. (1992). Measuring Unconscious Perceptual Processes. In R.F. Bornstein & T.S. Pittman (Eds.), *Perception Without Awareness: Cognitive, Clinical & Social Perspectives* (pp. 55-88). New York: Guilford Press.

Neuweg, G.H. (1999). *Könnerschaft und Implizites Wissen. Zur lehr-lerntheoretischen Bedeutung der Erkenntnis- und Wissenstheorie Michael Polanyis*. Berlin: Waxmann.

Nissen, M.J. & Bullemer, P. (1987). Attentional requirements of learning: Evidence from performance measures. *Cognitive Psychology, 19*, 1-32.

Perrig, W.J. (1996). Implizites Lernen. In J. Hoffmann & W. Kintsch (Hrsg.), *Lernen. Enzyklopädie der Psychologie C/II/7* (S. 203-234). Göttingen: Hogrefe.

Pew, R.W. (1974). Levels of analysis in motor control. *Brain Research, 71*, 393-400.

Prinz, W. (1992). Why don't we perceive our brain states? *European Journal of Cognitive Psychology, 4*, 1-20.

Prinz, W. (1997). Perception and action planning. *European Journal of Cognitive Psychology, 9*, 129-154.

Prinz, W. (1998). Die Reaktion als Willenshandlung. *Psychologische Rundschau, 49*, 10-20.

Reber, A.S. (1967). Implicit learning of an artificial grammar. *Journal of Verbal Learning and Behavior, 6*, 855-863.

Reber, A.S. (1989). Implicit learning and tacit knowledge. *Journal of Experimental Psychology: General, 118*, 219-235.

Reber, A.S. (1993). *Implicit Learning and Tacit Knowledge: An Essay on the Cognitive Unconscious*. New York: Oxford University Press.

Reber, A.S., Walkenfeld, F.F. & Hernstadt, R. (1991). Implicit and explicit learning: Individual differences and IQ. *Journal of Experimental Psychology: Learning, Memory and Cognition, 17*, 888-896.

Reingold, E.M. & Merikle, P.M. (1988). Using direct and indirect measures to study perception without awareness. *Perception and Psychophysics, 44*, 563-575.

Roediger, H.L. & McDermott, K.B. (1993). Implicit Memory in Normal Human Subjects. In F. Boller & J. Grafman (Eds.), *Handbook of Neuropsychology* (Vol. 8, pp. 63-131). Amsterdam: Elsevier.

Schacter, D.L. (1987). Implicit memory: History and current status. *Journal of Experimental Psychology: Learning, Memory, and Cognition, 13*, 501-518.

Schacter, D.L. (1992). Understanding implicit memory. *American Psychologist, 47*, 559-569.

Stadler, M.A. & Frensch P.A. (1998). *Handbook of Implicit Learning*. Thousand Oaks: Sage.

Stadler, M.A. & Roediger III, H.L. (1998). The Question of Awareness in Research on Implicit Learning. In M.A. Stadler & P.A. Frensch (Eds.), *Handbook of Implicit Learning* (pp. 105-132). Thousand Oaks: Sage.

Tulving, E. & Schacter, D.L. (1990). Priming and human memory systems. *Science, 247*, 301-306.

Weinert, S. (1991). *Spracherwerb und implizites Lernen*. Bern: Huber Verlag.

Wickens, J., Hyland, B. & Anson, G. (1994). Cortical cell assemblies: A possible mechanism for motor programs. *Journal of Motor Behavior, 26*, 66-82.

Willingham, D.B., Nissen, M.J.& Bullemer, P. (1989). On the development of procedural knowledge. *Journal of Experimental Psychology: Learning, Memory, and Cognition, 15*, 1047-1060.

Wulf, G. (1993). Implizites Lernen von Regelhaftigkeiten. *Sportpsychologie, 7* (4), 11-18.

Wulf, G., Höß, M. & Prinz, W. (1998). Instructions for motor learning: Differential effects of internal versus external focus of attention. *Journal of Motor Behavior, 30*, 169-179.

Wulf, G. & Prinz, W. (2000). Bewegungslernen und Instruktionen. Zur Effektivität ausführungs- vs. effektbezogener Aufmerksamkeitsfokussierungen. *Sportwissenschaft, 30*, 289-297.

Wulf, G. & Schmidt, R.A. (1997). Variability of practice and implicit motor learning. *Journal of Experimental Psychology: Learning, Memory, and Cognition, 23*, 987-1006.

Wulf, G. & Weigelt, C. (1997). Instructions about physical principles in learning a complex motor skill: To tell or not to tell... *Research Quarterly for Exercise and Sport, 68*, 362-367.

D Grundlagen des Lehrens und Lernens von Bewegungen

Inhalt

D.1 Instruktion
Frank Hänsel

D.2 Feedback
Franz Marschall & Reinhard Daugs

D.3 Subjektives Empfinden und objektives Messen in Lern- und Optimierungsprozessen
Volker Lippens

D.4 Kognition und Emotion
Thomas Schack

D.5 Belastung und Beanspruchung beim Bewegungslernen
Norbert Olivier & Marc-Oliver Dillinger

D.6 Von koordinativen Fähigkeiten zum Strategie-Adaptations-Ansatz
Heinz Mechling

D.7 Differenzielle Aspekte des motorischen Lernens
Rainer Wollny

D.8 Technische und technologische Hilfsmittel beim motorischen Lernen
Falk Hildebrand & Martin T. Spahr

D.1 Instruktion

Frank Hänsel

Gliederung

1 Gegenstandsbereich
1.1 Einleitung
1.2 Der Begriff der Instruktion

2 Forschungsschwerpunkte
2.1 Andere ergänzende Informationen und Instruktionen
2.2 Physikalisches Prinzip und Instruktionen
2.3 Aufmerksamkeitsfokus und Instruktionen
2.4 Initiale Orientierung und Instruktionen
2.5 Metaphorische Instruktionen

3 Forschungsperspektiven

Kurzreferat

Instruktionen werden als eine wesentliche Einflussgröße des motorischen Lernens und damit als unverzichtbarer Bestandteil der Unterrichts- und Trainingspraxis betrachtet. Die allgemeine und die sportbezogenen Auffassungen von Instruktionen werden vorgestellt. Die Begriffsverwendungen sind uneinheitlich und unsystematisch. Im Weiteren werden einige Forschungsschwerpunkte benannt, in denen Instruktionen der Wissensvermittlung, Vororientierung und Aufmerksamkeitslenkung dienen oder in ihrer sprachlichen Gestaltung betrachtet werden (Metaphern). Ausgehend von der theoretisch und empirisch wenig befriedigenden Befundlage werden unter Berücksichtigung instruktionstheoretischer Überlegungen weiterführende Forschungsperspektiven benannt.

Schlagworte

Aufmerksamkeitsfokus, behavioristisch orientierte Trainingsforschung, informationsverarbeitender Ansatz, initiale Orientierung, Instruktionstheorie, Instruktionspsychologie, Mediatorenforschung, metaphorische Instruktion, physikalisches Prinzip, präskriptives Feedback, Prozess-Produkt-Forschung

1 Gegenstandsbereich

1.1 Einleitung

In der Auseinandersetzung mit motorischem Lernen bzw. Lernen im Allgemeinen kommt man fast zwangsläufig zu der Frage, wie dieser Vorgang effektiver, effizienter, einfacher usw. gestaltet werden kann. Aus der Perspektive der Motorikforschung werden in der Regel das Arrangement der Übungsbedingungen und der Einsatz ergänzender Informationen betrachtet. Unter ergänzenden Informationen werden Aspekte der Lernsituation wie Rückmeldung, Modellvorgabe oder Instruktion verstanden. Während zur Übungsorganisation (vgl. Wiemeyer, in diesem Band), zur Rückmeldung (vgl. Marschall & Daugs, in diesem Band) und der Modellvorgabe dezidierte Begriffsbestimmungen und einige empirische Befunde existieren, ist das für die Instruktion nicht der Fall. Verschiedene Autoren (z. B. Haase & Hänsel, 1996; Magill, 1993a; Schmidt & Lee, 1999) betonen, dass Instruktionen – obwohl ökologisch valide für das sportmotorische Lernen – in der Forschung weitestgehend ignoriert worden sind.

In diesem Kapitel wird deshalb zunächst untersucht, was unter Instruktion im Allgemeinen und im Zusammenhang mit dem motorischen Lernen verstanden wird (Abschnitt 1.2). Daraus leiten sich Forschungsschwerpunkte ab, deren Ergebnisse vorgestellt und zusammenfassend bewertet werden (Abschnitt 2). Im letzten Teil (Abschnitt 3) werden unter Berücksichtigung instruktionstheoretischer Überlegungen weiterführende Perspektiven zur Erforschung des Zusammenhangs von Instruktionen und motorischem Lernen benannt.

1.2 Der Begriff der Instruktion

Im wissenschaftlichen Sprachgebrauch wurde der Begriff „Instruktion" anfangs eher in Wortkombinationen verwendet. Prototypische Beispiele sind Wortzusammenstellungen wie programmierte Instruktion, Instruktionstechnologie und präskriptive Instruktion. In den vergangenen zehn Jahren hat sich die Instruktionspsychologie als Teilgebiet der Pädagogischen Psychologie etabliert. Dort hat der Begriff „Instruktion" seit den 60er Jahren des 20. Jahrhunderts stetig an Bedeutung gewonnen (Pintrich, Cross, Kozma & McKeachie, 1986; Weinert, 1996). Trotz einiger Unterschiedlichkeiten, die auf die theoretischen Ausrichtungen zurückzuführen sind (vgl. Hänsel, 2002), ist innerhalb der Instruktionspsychologie ein gemeinsamer Kern in der Begriffsbedeutung zu konstatieren: „Instruktion läßt sich als Inbegriff jener Handlungen und Maßnahmen umschreiben, die darauf gerichtet sind, die Bedingungen, Prozesse und Ergebnisse des Lernens kollektiv, differenziell oder individuell zu optimieren" (Weinert, 1996, S. 37 f.). Instruktionen werden demnach nicht nach Inhalt oder Form beschrieben, sondern von ihrer Funktion her aufgefasst, nämlich der Optimierung von Lernprozessen. Damit wird die Nähe zu dem Begriff der Lehre bzw. ihrer didaktischen Umsetzung deutlich. Allerdings ist die Begriffsverwendung geprägt durch ihre Referenz auf außerschulische Lehr-Lernsysteme, durch die lern- und kognitionspsychologische Fundierung, durch die empirische Herangehensweise sowie durch die technologische

Begründung, die auf dem engen Bezug zu „objektivierten" Lehrverfahren und Lehrmitteln beruht (vgl. Seel, 1999).

Diese Auffassung von Instruktion als einer „Didaktik mit instrumentell-technologischem Bezug" findet sich auch in der Sportwissenschaft (Hänsel, 2002). Zu nennen sind hier die *Prozess-Produkt-Forschung* (z. B. Gusthart & Kelly, 1993), die die Verhaltensweisen von Lehrern erfolgreicher Schüler untersucht, die *Mediatorenforschung*, die nach den Wissensstrukturen von Lehrexperten fragt (vgl. Lippens, in diesem Band), und der *instruktionspsychologische Ansatz* von Sherman, Crassini, Maschette und Sands (1997). In zwei weiteren Forschungsgebieten, für die nicht das Lehren, sondern das motorische Lernen den Ausgangspunkt bildet, wird ein enger gefasster Begriffshorizont deutlich.

In der *behavioristisch orientierten Trainingsforschung* (Behavioral Coaching) bezeichnen Instruktionen verbale Verstärker oder Prompting. Im Rahmen des operanten Konditionierens dienen beide Verfahren dazu, Verstärkerpläne zu realisieren. Verbale Verstärkungen wie „richtig" oder „gut" erhöhen als sekundäre (d. h. gelernte) Verhaltenskonsequenzen die Auftretenswahrscheinlichkeit korrekter Bewegungen (Buzes & Ayllon, 1981; Heward, 1978; McKenzie & Liskevych, 1983; McKenzie & Rushall, 1974; Rushall & Pettinger, 1969). Beim Prompting wird durch Einwirkungen verschiedener Art eine bestimmte Bewegung herbeigeführt, die dann verstärkt werden kann. Dies geschieht in der Regel durch verbale Anweisungen oder Hinweise (cues) zur Bewegungsausführung, vornehmlich vor Bewegungsbeginn (Brengelmann, 1987; Donahue, Gillis & King, 1980; Martin & Hrycaiko, 1983a; 1983b; Rushall & Siedentop, 1972; Ungerer, 1971).

Der *informationsverarbeitende Ansatz* innerhalb der sportmotorischen Forschung setzt an diesem Verständnis von Instruktion an. Instruktionen bezeichnen verbal vermittelte Informationen, die vor der eigentlichen Bewegungsausführung gegeben werden und insbesondere beim Neulernen sinnvoll sind (vgl. Hänsel, 2002). Diese an den formalen Kriterien Modalität (verbal), Zeitpunkt (vor der Bewegungsausführung) und Zielsetzung (Neulernen) orientierte Definition wird allerdings nicht durchgängig vertreten. Vielmehr lassen sich für jede der genannten Kriterien auch andere Auffassungen finden. Überhaupt ist festzustellen, dass der Begriff der Instruktion nur in wenigen Veröffentlichungen verwendet wird. Stattdessen wird z. T. von präskriptivem Feedback (z. B. Woermann, 1994) oder „Übergangsinformationen" (transition information bei Newell, Morris & Scully, 1985; Newell, 1991) gesprochen. Darunter werden Informationen verstanden, die für die nächste Bewegungsausführung vorschreiben, was in welcher Weise zu verändern ist.

Zu den formalen und gestalterischen Aspekten von Instruktionen (Häufigkeit, Zeitpunkt, Genauigkeit, Informationsmenge etc.) existieren kaum Untersuchungen. Allerdings ist zu vermuten, dass die Forschungsergebnisse, die für den Bereich der Rückmeldung diskutiert werden, einige Anhaltspunkte liefern können (Marschall & Daugs, in diesem Band). Eine Ausnahme bilden die sogenannten metaphorischen Instruktionen, bei denen die sprachliche Gestaltung von Informationen im Vordergrund steht.

Die unter dem Begriff der Instruktion behandelten Inhalte und Funktionen geben ebenfalls ein heterogenes Bild ab. Die folgenden Nennungen sind allerdings wiederholt zu finden:

- Anweisung, wie die nächste Bewegung zu verändern ist (präskriptives Feedback, transition information, Korrekturinformation),
- Vermittlung eines (physikalischen) Prinzips, das einer Bewegung zugrunde liegt,
- Fokussierung der Aufmerksamkeit (auf lernrelevante Aspekte, auf mögliche Fehler, auf einen internen bzw. externen Fokus, auf Kontraste etc.),
- initiale Orientierung der Bewegungsausführung (Sets zum Krafteinsatz, Betonung der Genauigkeit bzw. Geschwindigkeit einer Bewegungsausführung etc.).

Instruktionen dienen demnach der Wissensvermittlung, der Vororientierung und Aufmerksamkeitslenkung. Vier Forschungsschwerpunkte sowie die Ergebnisse zu den metaphorischen Instruktionen werden im Weiteren vorgestellt.

2 Forschungsschwerpunkte

2.1 Andere ergänzende Informationen und Instruktionen

Kernodle und Carlton (1992) untersuchten die Wirkung verschiedener Informationen bei einer Schlagwurfbewegung. Es wurden vier Gruppen gebildet: Eine Gruppe erhielt die Wurfweite als Ergebnisrückmeldung (Knowledge of Results), eine Gruppe eine Videoaufzeichnung der eigenen Bewegung als Rückmeldung (Knowledge of Performance), zwei Gruppen ebenfalls die Bewegungsrückmeldung sowie zusätzliche Instruktionen, entweder als aufmerksamkeitslenkende Hinweise oder als Vorschrift, was bei der nächsten Bewegungsausführung zu tun sei (präskriptives Feedback). Ein aufmerksamkeitslenkender Hinweis war z. B. "Focus on the initial position of the body", die entsprechende Bewegungsvorschrift entweder "Align your body so the right shoulder faces the target area" oder "Place the feet close together and parallel to each other and at a 90° angle to the target area". Es zeigte sich, dass die beiden Instruktionsgruppen bessere Werte in der Wurfleistung und in den Formmerkmalen erreichten. Insbesondere die Gruppe, die die Bewegungsvorschriften erhielt, erreichte bessere Leistungen als die beiden Gruppen, die ausschließlich Rückmeldungen bekamen.

Magill und Schoenfelder-Zohdi (1996; Magill, 1993b) verwendeten im Rahmen videogestützten Modelllernens Instruktionen (präskriptives Feedback) bei einer Übung mit Seil, die aus der rhythmischen Gymnastik stammte. Es wurden vier Gruppen untersucht: Eine Gruppe bekam lediglich ein Modell dargeboten, eine Gruppe erhielt gemäß einer Fehleranalyse und einer Prioritätenliste eine Instruktion (z. B. „Hold both knots in one hand“, „Circle rope 2 times“, „Circle rope forward“, „Move arm away from your body“), eine Gruppe eine Kombination aus beidem und eine vierte Gruppe keinerlei Lernhilfe. Die Gruppen ohne visuelles Modell erhielten eine beschreibende verbale Instruktion. Zwar erzielten die ersten drei Gruppen eine bessere Leistung als die Kontrollgruppe, zwischen den Experimentalgruppen ergab sich aber kein Unterschied. Der kombinierte Einsatz von Modelldarbietung und Instruktion erbrachte keinen Vorteil gegenüber einem isolierten Einsatz der beiden Verfahren.

Grundsätzlich scheint bei komplexen Bewegungsaufgaben der Lerngewinn durch Informationen, was in der nächsten Bewegung in welcher Weise zu verändern ist, schlüssig. Eine Rückmeldung zum Bewegungsergebnis bzw. zur Bewegungsausführung oder eine Modellvorgabe vermitteln u. U. noch keine Kenntnis darüber, welcher Fehler begangen wurde und wie dieser zu korrigieren wäre. Die widersprüchlichen empirischen Befunde sind auf die Schwierigkeit zurückzuführen, adäquate Fehlererkennungs- und Korrekturschemata zur Formulierung von Instruktionen zu entwickeln. Außerdem sind die verwendeten Formulierungen teilweise trivial. Beispielsweise wurden bei Magill und Schoenfelder-Zohdi (1996) lediglich die Umkehrungen denkbarer Bewegungsrückmeldungen formuliert (s. o.). Diesen Instruktionen kommt insofern höchstens eine aufmerksamkeitslenkende Funktion (Fehlererkennung) zu, für die bei der verwendeten Lernaufgabe ein Zusatznutzen zu bezweifeln ist.

2.2 Physikalisches Prinzip und Instruktionen

Die Vermittlung eines physikalischen Prinzips, das der Lösung einer Bewegungsaufgabe zugrunde liegt, ist seit dem klassischen Experiment von Judd (1908) mehrfach untersucht worden. In diesem Experiment wurden zwei Schülergruppen vor die Aufgabe gestellt, eine Scheibe unter Wasser mit einem Speer zu treffen. Der einen Gruppe wurden die Gesetze der Lichtbrechung erläutert, aus denen hervorgeht, dass die tatsächliche Lage eines Objektes unter Wasser nicht mit der wahrgenommenen Lage übereinstimmt. Die andere Gruppe erhielt keine derartigen Informationen. Die instruierte Gruppe zeigte einen deutlichen Leistungsvorteil.

In einer Untersuchung von Schaller (1993) wurde der Übergang zwischen einer eisigen Piste und Tiefschnee beim Skifahren simuliert. Die Vermittlung des Trägheitsgesetzes, die auf eine situationsadäquate Verlagerung des Körperschwerpunkts hindeuten sollte, war gegenüber einer Kontrollbedingung ohne eine derartige Instruktion von Vorteil.

Wulf und Weigelt (1996; 1997) untersuchten eine slalom-ähnliche Bewegung auf einem Skisimulator. Die Probanden wurden in einer sogenannten „timing to forcing"-Instruktion darüber informiert, wie der optimale Krafteinsatz zur Erreichung einer maximalen Bewegungsamplitude und Bewegungsfrequenz beschaffen sein müsste. Es zeigten sich überwiegend negative Instruktionseffekte.

Bei Wiemeyer (1996a; 1996b) sollten die Probanden eine Rolle rückwärts in den Handstand erlernen. Dabei erwies sich die Vermittlung konkreter aufgabenbezogener Bewegungsaktionen gegenüber der Instruktion biomechanischen Wissens von Vorteil.

Insgesamt ist die Befundlage als uneinheitlich zu bezeichnen. Schmidt und Lee (1999) führen das darauf zurück, dass das Wissen um ein grundlegendes mechanisches Prinzip einer Bewegung nicht bei jeder Bewegungsaufgabe in eine entsprechende Lösung umgesetzt werden kann. Wulf und Weigelt (1997) argumentieren, dass durch die Lenkung der Aufmerksamkeit auf einen spezifischen Aspekt der Bewegung u. U. eine adäquate sensorische Informationsaufnahme verhindert wird, wie sie etwa ein entdeckendes Lernen eher provozieren würde.

2.3 Aufmerksamkeitsfokus und Instruktionen

Eine wesentliche Aufgabe von Instruktionen wird in der Beeinflussung der Aufmerksamkeit des Lernenden gesehen. Dabei steht die Selektivitätsfunktion der Aufmerksamkeit im Vordergrund, d. h. Instruktionen sollen die Aufmerksamkeit auf die lernrelevanten Aspekte einer Aufgabe lenken (vgl. Landin, 1994). Natürlich existieren in Abhängigkeit von der Aufgabe eine Vielzahl möglicher Aufmerksamkeitsinhalte. Eine andere Strukturierung thematisiert den Fokus der Aufmerksamkeit. Ein Lernender kann instruiert werden, seine Aufmerksamkeit auf die Bewegung selbst bzw. deren Ausführung oder auf die durch die Bewegung verursachten Effekte zu fokussieren. Die erstgenannte Variante wird als ausführungsorientierter, bewegungsorientierter, interner Aufmerksamkeitsfokus bezeichnet, die zweite als effektorientierter, externer Aufmerksamkeitsfokus. In der Sportwissenschaft und der -praxis wird überwiegend die Auffassung vertreten, dass ausführungsorientierte oder auch an der Körperwahrnehmung ausgerichtete Instruktionen lernförderlicher seien (z. B. Krempel, 1987; Trebels, 1993).

In zwei von Wulf, Höß und Prinz (1998) vorgestellten Experimenten wurde der Fokus der Aufmerksamkeit beim Erlernen einer slalom-ähnlichen Bewegung auf einem Skisimulator sowie bei einer Gleichgewichtsaufgabe auf einem Stabilometer instruiert. Auf dem Skisimulator sollten Bewegungen mit möglichst großer Amplitude produziert werden (wobei die Frequenz als weitere abhängige Variable mit einbezogen wurde). Für den internen Fokus wurden die Probanden gebeten, bei der oszillierenden Bewegung Kraft auf den jeweils äußeren Fuß auszuüben. Für den externen Fokus wurden die Probanden instruiert, die Kraft auf die äußeren Räder, auf denen sich die Plattform bewegte, zu richten. Auf dem Stabilometer bestand die Aufgabe darin, 90 Sekunden lang eine möglichst horizontale Lage beizubehalten. Unter der internen Bedingung sollten die Probanden ihre Füße, unter der externen Bedingung zwei Marker auf dem Stabilometer, direkt vor ihren Füßen, in der Horizontalen halten. Der externe Fokus erwies sich insgesamt als überlegen. Die Autoren sehen das – mit Bezug auf Prinz (1992) – als Beleg dafür, dass die Steuerung von Handlungen nicht auf die Handlungen selbst abzielt, sondern über die mit den Handlungen intendierten Effekte erfolgt.

In einer Reihe von weiteren Untersuchungen zum Annäherungsschlag im Golf (pitch shot), dem Rückhandschlag und dem Vorhandschlag im Tennis und dem Aufschlag im Volleyball können Wulf und Prinz (2000; 2001) dieses Ergebnis replizieren. Zusammengefasst berichten sie die folgenden Befunde:

- Die Instruktion eines externen Aufmerksamkeitsfokus ist für das Neulernen einer (komplexen) motorischen Aufgabe effektiver als ein interner Fokus.
- Die Instruktion eines externen Fokus hat sich dabei auf den Effekt der Bewegung zu beziehen, nicht auf einen beliebigen Stimulus in der Umgebung.
- Die Instruktion eines externen Fokus ist bis zu einem gewissen Grad effektiver, wenn ein „entfernterer" Bewegungseffekt angesprochen wird (räumliche Distanz zwischen Körper und Effekt).

Der zweite Aspekt weist darauf hin, dass der positive Effekt externer Aufmerksamkeitsfokussierung nicht allein der Blockierung „bewusster" Bewegungsausführung und des damit einhergehenden Zusammenbruchs automatisierter Bewegungen zuzuschreiben ist (die sogenannte Bliss-Boder-Hypothese). Mit dem dritten Befund wird die Frage berührt, wie „distal" eine externer Effekt sein muss, um optimale Lerneffekte zu erzielen.

Allerdings konnte in einer Untersuchung mit Kindern zum Handgelenks- und Armeinsatz beim Positionswurf im Basketball kein Unterschied zwischen dem internen und externen Aufmerksamkeitsfokus festgestellt werden (Hänsel, 2001a). Auch Raab, Schorer und Sessler (2001) finden bei einer kleinmotorischen Trackingaufgabe keinen Unterschied. Für das Erlernen des Schmetterschlags im Volleyball berichten die Autoren sogar einen kurzfristigen Vorteil des internen Aufmerksamkeitsfokus.

2.4 Initiale Orientierung und Instruktionen

Eine weitere Funktion von Instruktionen wird in der anfänglichen Orientierung des Lernenden gesehen. Damit ist nicht die Vorgabe eines Modells (des Sollwerts) gemeint, sondern die Anweisung, welche Art der Bewegungsausführung gewählt werden soll. Das gilt insbesondere für komplexe motorische Leistungen, die auf verschiedene Arten realisiert werden können, beispielsweise entweder schnell oder genau, entweder konstant oder variabel, entweder rhythmisch oder unrhythmisch oder in irgendeiner Kombination dieser Merkmale. Die individuellen Strategien bei der Auswahl, Ausrichtung und Überwachung des eigenen Lernverlaufs im Hinblick auf die Ausführungsmerkmale einer durch motorische Komponenten wesentlich geprägten Leistung wird von Hänsel (2001b) als exekutive Kontrolle bezeichnet.

Aus der Vielzahl möglicher Aspekte einer initialen Orientierung bzw. der exekutiven Kontrolle wurde bisher lediglich die Gegenüberstellung von Genauigkeit und Geschwindigkeit untersucht. In der Praxis des sportmotorischen Lernens wird in der Regel davon ausgegangen, dass für den Erwerb einer koordinativ anspruchsvollen Aufgabe zuerst die Genauigkeit der Bewegungsausführung und dann erst die Geschwindigkeit zu betonen sei. Diese Annahme wird als „Poppelreuter's law of practice" (Solley, 1952) bezeichnet.

Fulton (1945) fand bei Nachfahrbewegungen auf einem Stabilometer und bei Zielwurfbewegungen Vorteile für eine anfängliche Betonung der Schnelligkeit. Nach Solley (1952) erwies sich dagegen beim Erlernen eines Fechtstoßes mit Ausfallschritt die gleichwertige Betonung beider Ausführungsaspekte, also der Genauigkeit und der Geschwindigkeit, als günstiger. Zum gleichen Ergebnis kam

Woods (1967) für das Erlernen eines Grundschlags im Tennis. In einer Untersuchung von Hänsel (2001b) zum Erlernen einer Sprungkombination mit rotatorischen und translatorischen Elementen zeigte sich für die Aneignung ein Vorteil der gleichwertigen Betonung von Genauigkeit und Geschwindigkeit. Für die variable Verfügbarkeit (d. h. bei einer Transferaufgabe) war die Betonung der Schnelligkeit erfolgreicher.

2.5 Metaphorische Instruktionen

Obwohl metaphorischen Instruktionen im sportpraktischen Kontext ein hoher Stellenwert eingeräumt wird und sie intuitiv als sehr wirksam eingeschätzt werden (z. B. Fischer, 1990; Mickler, 1993; 1997), existieren nur wenige empirische Untersuchungen. Ganz allgemein kann man Metaphern als eine verbale Äußerung auffassen, bei der eine bildhafte Übertragung von einem Bedeutungszusammenhang zu einem anderen nahegelegt wird. Dabei soll beim Lernenden eine bildhafte Vorstellung der Bewegung evoziert werden, die dann als Vorlage für eine andersartige Bewegungsausführung dienen kann.

Gröben (1996; 2000) untersuchte Kinder bei einer Abschwung-Weitsprungbewegung an Turnringen mit dem Ziel, die Bewegungsweite zu maximieren. In vier Gruppen wurden nach der Erklärung und Demonstration der Aufgabe die folgenden Bedingungen realisiert: eine Gruppe ohne Instruktionen, eine Gruppe ohne Instruktionen, aber mit einer Zielfeldmarkierung, eine Gruppe mit abstrakt-analytischen Informationen (Erklärung des Pendelgesetzes, Beschreibung und Korrektur in Verbindung mit einer akustischen Synchroninformation) und eine Gruppe mit metaphorisch-episodischen Instruktionen. Während unter der abstrakt-analytischen Instruktionsbedingung konkrete Ausführungsvorschriften für die Bewegung und eine akustische Synchroninformation zur optimalen Absprungposition gegeben wurden, sollte durch die metaphorisch-episodische Instruktion der Aufgabenzusammenhang veranschaulicht werden (z. B. „Stellt euch vor, dass in dem Fluss ein Krokodil lebt, das immer dann nach euch schnappt, wenn ihr herunterschwingt. Wenn ihr ihm entgehen und weit genug springen wollt, müsst ihr beim Herabschwingen die Füße und den Po möglichst weit oben halten. Wenn ihr es richtig macht, überholt eure Hüfte eure Schultern bevor ihr loslassen solltet.“). Die Sprungweite war für die instruierten Gruppen sowohl im Lernverlauf als auch im Transfertest signifikant besser, im Behaltenstest wies die metaphorisch-episodisch instruierte Gruppe den größten Wert auf.

In einer Explorationsstudie von Maurus (1996) sollten Probanden das Fahren mit einem Pedalo nach einer Modelldemonstration und einer Gewöhnungsphase erlernen. Ingesamt wurden zehn Bedingungen realisiert, in denen verschiedene metaphorische und propositionale (aussageartige) Instruktionen untersucht wurden. Die Autorin unterscheidet dabei Kontroll- und Aktionsmetaphern. Wird das Bewegungsresultat als Vorstellungsinhalt betont, spricht die Autorin von einer Kontrollmetapher (oder Zielmetapher nach Gröben & Maurus, 1999). In der Aktionsmetapher wird die Bewegung selbst bildhaft verbalisiert. Die metaphorischen Instruktionen – sowohl die Kontroll- als auch die Aktionsmetapher – wiesen eine höhere Effektivität auf.

Schlundt und Loosch (1996) berichten von einer Untersuchung, bei der im Labor das skitypische Problem des abrupten Wechsels des Untergrunds (normal, Tiefschnee, Eis) und der entsprechenden Beschleunigung oder Geschwindigkeitsreduzierung simuliert wurde und die eine situationsadäquate Verlagerung des Körperschwerpunkts verlangt (vgl. Schaller, 1993; 1994). Kindern wurde entweder das physikalische Prinzip abstrakt vermittelt oder es wurde metaphorisch an der Bewegungserfahrung angeknüpft. Die metaphorisch instruierte Gruppe zeigte im ersten Durchgang einer ersten Lernaufgabe ein tendenziell besseres Sturzverhalten sowie bei einer zweiten Lernaufgabe ein besseres Lageverhalten. In der Transferaufgabe schnitt diese Gruppe dagegen im Lageverhalten schlechter ab.

In einer Untersuchung von Hänsel (2001a) sollten Kinder den Handgelenks- und Armeinsatz beim Positionswurf im Basketball erlernen. Es wurden vier Gruppen mit unterschiedlichen Instruktionen gebildet, in denen metaphorische Formulierungen mit der Variation des Aufmerksamkeitsfokus kombiniert wurden. Zwei Gruppen erhielten metaphorische Instruktion, eine davon mit internem Aufmerksamkeitsfokus, eine mit externem Fokus, zwei andere Gruppen erhielten eine propositionale Instruktion, jeweils wieder mit einer der beiden Varianten des Aufmerksamkeitsfokus. Zwar zeigte sich für den direkten Bewegungseffekt (Ballrotation, Flugkurve etc.) ein Vorteil der metaphorischen Instruktionen, für die Bewegungsausführung und die Trefferzahl aber ein Vorteil sowohl für die propositional-interne als auch für die metaphorisch-externe Instruktion.

Zusammenfassend überwiegen die positiven Befunde für die metaphorischen Instruktionen. Allerdings sind die empirischen Befunde nicht sehr zahlreich, z. T. mit einer nur mäßigen internen Validität ausgestattet und durch die Einführung zusätzlicher Bedingungsvariationen zu beeinflussen. Munzert (1997) verweist zu Recht darauf, dass eine empirische und theoretische Klärung der Wirkweise von

Bewegungsmetaphern noch zu leisten sei. Auch die theoretische und begriffliche Einordnung von Metaphern ist weder im Rahmen des motorischen Lernens (Volger, 1999) noch in der (Psycho)Linguistik abgeschlossen (Blasko, 1999; Glucksberg & McGlone, 1999).

3 Forschungsperspektiven

Insofern sind sowohl ein umfassendes Rahmenkonzept als auch die Spezifizierung des Begriffs „Instruktion“ als Desiderate anzusehen. Vorrangige Forschungsaufgaben sind deshalb (Hänsel, 2002):

- Explikation der Forschungsperspektiven und der Definitionen,
- theoretische Fundierung der empirischen Bemühungen und
- Erweiterung methodologischer Perspektiven.

ad 1: Instruktionen können erstens als Teil einer kommunikativen Situation konzeptualisiert werden (vgl. Lippens, in diesem Band), zweitens als Planungsinstrument, bei dem die Abfolge der Instruktionen und die Randbedingungen im Vordergrund stehen (z. B. Sherman et al., 1997) oder drittens als Informationsprozess. Aus der letztgenannten Perspektive wäre es weiterführend, explizit zwischen den verschiedenen Formen ergänzender Informationen zu unterscheiden und damit die Exklusivität der Definitionen zu sichern. Eine Heuristik könnte in der kognitiv orientierten Betrachtung von Instruktionen als Teil eines Problemlöseprozesses liegen. Danach beziehen sich Instruktionen auf die Pragmatik ergänzender Information, d. h. im Sinne der Informationstheorie auf das Verhältnis von Zeichen und ihren Benutzern und der damit bewirkten Verhaltensänderung. Instruktionen bezeichnen dann Informationen, die primär zur Gewinnung und Auswahl von Lösungsoperatoren beitragen, z. B. der Entwicklung von Mittel-Ziel-Heuristiken dienen (Anderson, 1996; Hänsel, 2001c; 2002). Diese operative Funktion unterscheidet sich von der alleinigen Beschreibung eines Istwerts, eines Sollwerts oder einer Ist-Soll-Diskrepanz. In ihr werden Informationen zur Reduzierung der Diskrepanz bzw. zur Problemlösung mitgeteilt.

ad 2: Die Vielzahl der Randbedingungen, unter denen Instruktionen untersucht worden sind, machen eine Systematisierung empirischer Befunde schwierig. Die Diversifikation instruktionsbezogener Effektivitätsforschung führt zu der Forderung, eine übergreifende Instruktionstheorie zu entwickeln. Als ein Entwicklungsschritt wird von Hänsel (2002) ein Theorienschema formuliert, das in Abbildung 1 dargestellt ist. Das Theorienschema besteht im Kern aus fünf Komponenten und bildet den prozesshaften und adaptiven Charakter des Instruktionsgeschehens ab. Aufgrund der Spezifität der Lernleistungen bzw. der Instruktionsverfahren werden fünf Koordinaten, die der Bestimmung von Dimensionen von Randbedingungen dienen sollen, und drei Analyseebenen vorgeschlagen. Die Randbedingungen und Analyseebenen determinieren die Gültigkeit und Reichweite eines Instruktionsansatzes, wenn er für einen Gegenstandsbereich konkretisiert wird. Außerdem können in dem durch die Randbedingungen und die Analyseebenen mehrfach dimensionierten Raum Regionen identifiziert werden, für die jeweils kohärente Beschreibungen und gemeinsame Prinzipien bzw. Beziehungen gelten und die eine Integration der Einzelbefunde ermöglichen.

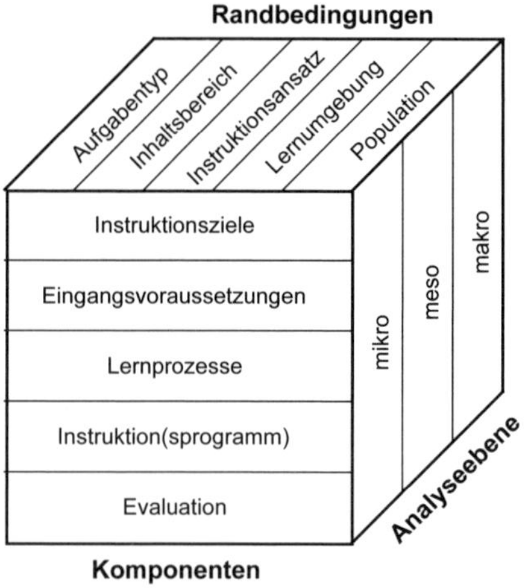

Abb. 1: Komponenten, Randbedingungen und Analyseebenen als Bestimmungsstücke einer allgemeinen Instruktionstheorie

ad 3: Um detaillierte Erkenntnisse zur Wirksamkeit von Instruktionen zu erhalten, ist eine Integration quantitativer und qualitativer Verfahren notwendig. Verschiedenen Untersuchungen zeigen (z. B. Hänsel, 2001b; Seelig, 2000), dass die durch die Instruktionen intendierten Effekte teilweise nicht oder mit einer interindividuellen Variabilität erreicht werden. Deshalb sind neben den direkt zu beobachtenden Veränderungen die Kognitionen und Handlungsstrategien der Lernenden (vgl. Mandl & Friedrich, 1992) durch entsprechende qualitative Verfahren zu erfassen (z. B. Interview, Anregung handlungsbegleitender Verbalisierungen, Struktur-Lege-Technik, Repertory Grid Technik).

Eine weitere methodologische Forderung betrifft die Wahl der Lernaufgaben. Sie sollten nicht nur praktisch bedeutsam im Sinne von sportnah sein, sondern auch die

Entwicklung einer pädagogisch relevanten Lerntheorie durch die Untersuchung kritischer Lernprobleme ermöglichen (vgl. Bereiter, 1990). Kritische Lernprobleme können u. a. über die Bestimmung anspruchsvoller oder schwieriger Aufgabenstellungen identifiziert werden. Dabei stellt der Schwierigkeitsgrad kein theoretisches Konzept dar; er kann als empirisches Phänomen beobachtet werden. Bei dieser Vorgehensweise steht nicht die Frage im Mittelpunkt, wie eine beliebige Bewegung, sondern wie eine *schwierige* Bewegung erlernt werden kann. Diese Lernprobleme bilden dann den Ausgangspunkt für die Testung und Modellierung von Instruktionen. Außerdem kann in einem rekursiven Prozess über die Variation der Instruktion auf die zugrunde liegenden Lernmechanismen geschlossen werden.

Literatur

Anderson, J.R. (1996). *Kognitive Psychologie.* Heidelberg: Spektrum Akademischer Verlag.

Bereiter, C. (1990). Aspects of an educational learning theory. *Review of Educational Research, 60*, 603-624.

Blasko, D.G. (1999). Only the tip of the iceberg: Who understands what about metaphor? *Journal of Pragmatics, 31*, 1675-1683.

Brengelmann, J.C. (1987). Verhaltensmodifikation im Sport. In G. Bäumler & J.C. Brengelmann (Hrsg.), *Verhalten und Verhaltensmodifikation im Sport* (S. 9-24). München: Gerhard Röttger.

Buzes, H.P. & Ayllon, T. (1981). Differential reinforcement in coaching tennis skills. *Behavior Modification, 5*, 372-385.

Donahue, J.A., Gillis, J.H. & King, K. (1980). Behavior modification in sport and physical education: A review. *Journal of Applied Behavior Analysis, 2*, 311-328.

Fischer, N. (1990). Mehr Fleisch auf die Rückhand. *Tennis Sport, 1*, 11-14.

Fulton, R.R. (1945). Speed and accuracy in learning movements. *Archives of Psychology, 300*, 1-53.

Glucksberg, S. & McGlone, M.S. (1999). When love is not a journey: What metaphors mean. *Journal of Pragmatics, 31*, 1541-1558.

Gröben, B. (1996). Zur Wirkung unterschiedlicher Instruktionen auf das Erlernen komplexer Willkürbewegungen. In R. Daugs, K. Blischke, F. Marschall & H. Müller (Hrsg.), *Kognition und Motorik* (S. 209-215). Hamburg: Czwalina.

Gröben, B. (2000). *Einheitenbildung im Bewegungshandeln: Zur phänomenalen Struktur sportbezogenen Bewegungslernens.* Schorndorf: Hofmann.

Gröben, B. & Maurus, P. (1999). Bewegungsanweisungen – Hilfe oder Hindernis beim Erlernen sportlicher Bewegungen? In B. Heinz & R. Laging (Hrsg.), *Bewegungslernen in Erziehung und Bildung* (S. 107-119). Hamburg: Czwalina.

Gusthart, J.L. & Kelly, I.W. (1993). Teachers' instructional variables in volleyball and students' improvement in motor skill. *Perceptual and Motor Skills*, *76*, 1015-1024.

Haase, H. & Hänsel, F. (1996). Psychologische Aspekte des Techniktrainings. *Leistungssport*, *26*, 47-51.

Hänsel, F. (2001a). Instruktion des Aufmerksamkeitsfokus beim motorischen Lernen. In R. Seiler, D. Birrer, J. Schmid & S. Valkanover (Hrsg.), *Sportpsychologie: Anforderungen, Anwendungen, Auswirkungen* (S. 45-47). Köln: bps.

Hänsel, F. (2001b). Instruktion der exekutiven Kontrolle bei einer großmotorischen Zeit-Minimierungsaufgabe. *Motor Control and Learning*. Zugriff am 27. September 2001 unter http://ites.orbis-communications.de/Doks/Voll_Haensel_d_1.pdf

Hänsel, F. (2001c). Instruktionales Wissen von Trainern. In R. Prohl (Hrsg.), *Bildung und Bewegung* (S. 265-272). Hamburg: Czwalina.

Hänsel, F. (2002). *Instruktionspsychologie motorischen Lernens* (Reihe Sportpsychologie, Bd. 6). Frankfurt a. M.: Lang.

Heward, W. (1978). Operant conditioning of a .300 hitter? The effects of reinforcement on the offensive efficiency of a barnstorming baseball team. *Behavior Modification*, *2*, 25-39.

Judd, C.H. (1908). The relation of special training to general intelligence. *Educational Review*, *36*, 28-42.

Kernodle, M.W. & Carlton, L.G. (1992). Information feedback and the learning of multiple-degree of freedom activities. *Journal of Motor Behavior, 24,* 187-195.

Krempel, R.W. (1987). *Bewegungswahrnehmung und Techniktraining*. Frankfurt a. M.: H. Deutsch.

Landin, D. (1994). The role of verbal cues in skill learning. *Quest*, *46*, 299-313.

Magill, R.A. (1993a). Augmented Feedback in Skill Acquisition. In R.N. Singer, M. Murphey & L.K. Temant (Eds.), *Handbook of Research on Sport Psychology* (pp. 193-212). New York: Macmillan Publishing.

Magill, R.A. (1993b). Modeling and verbal feedback influences on skill learning. *International Journal of Sport Psychology*, *24*, 358-369.

Magill, R.A. & Schoenfelder-Zohdi, B. (1996). A visual model and knowledge of performance as sources of information for learning a rhythmic gymnastics skill. *International Journal of Sport Psychology, 27,* 7-22.

Mandl, H. & Friedrich, H.F. (Hrsg.). (1992). *Lern- und Denkstrategien. Analyse und Intervention*. Göttingen: Hogrefe.

Martin, G.L. & Hrycaiko, D. (Eds.). (1983a). *Behavior Modification and Coaching: Principles, Procedures, and Research*. Springfield, Ill.: Charles C. Thomas Publisher.

Martin, G.L. & Hrycaiko, D. (1983b). Effective behavioral coaching: What´s it all about? *Journal of Sport Psychology*, *5*, 8-20.

Maurus, P. (1996). *Vergleichende Untersuchungen zu metaphorischen Instruktionen beim Bewegungslernen*. Sankt Augustin: Academia.

McKenzie, T.L., & Liskevych, T.N. (1983). Using the Multi-Element Baseline Design To Examine Motivation in Volleyball Training. In G. Martin & D. Hrycaiko (Eds.), *Behavior Modification and Coaching: Principles, Procedures, and Research* (pp. 203-212). Springfield, Ill.: Charles C. Thomas.

McKenzie, T.L. & Rushall, B.S. (1974). Effects of self-recording on attendance and performance in a competitive swimming training environment. *Journal of Applied Behavior Analysis*, *7*, 199-206.

Mickler, W. (1993). Fliegen wie ein Segelflugzeug. Der Einsatz von Metaphern. In V. Lippens (Hrsg.), *Forschungsproblem: Subjektive Theorien. Zur Innensicht in Lern- und Optimierungsprozessen* (S. 110-114). Köln: Strauß.

Mickler, W. (1997). Die Nutzung von Metaphern zur Erfassung interner Repräsentationen im Skisprung. In J.R. Nitsch, A. Neumaier, H. de Marées & J. Mester (Hrsg.), *Techniktraining: Beiträge zu einem interdisziplinären Ansatz* (S. 501-521). Schorndorf: Hofmann.

Munzert, J. (1997). *Sprache und Bewegungsorganisation: Untersuchungen zur Selbstinstruktion beim Bewegungslernen*. Schorndorf: Hofmann.

Newell, K.M. (1991). Motor skill acquisition. *Annual Review of Psychology*, *42*, 213-237.

Newell, K.M., Morris, L.R. & Scully, D.M. (1985). Augmented Information and the Acquisition of Skill in Physical Activity. In R.L. Terjung (Ed.), *Exercise and sport science reviews* (Vol. 13, pp. 213-261). New York: Macmillan.

Pintrich, P.R., Cross, D.R., Kozma, R.B. & McKeachie, W.J. (1986). Instructional Psychology. *Annual Review of Psychology*, *37*, 611-651.

Prinz, W. (1992). Why don't we perceive our brain states? *European Journal of Cognitive Psychology*, *4*, 1-20.

Raab, M., Schorer, J. & Sessler, M. (2001). Kognitive Penetrierbarkeit des sensomotorischen Systems: Die Abhängigkeit bewegungs- und effektorientierter Instruktionen von der Bewegungsaufgabe. In R. Seiler, D. Birrer, J. Schmid & S. Valkanover (Hrsg.), *Sportpsychologie: Anforderungen, Anwendungen, Auswirkungen* (S. 51-53). Köln: bps.

Rushall, B.S. & Pettinger, J. (1969). An evaluation of the effects of various reinforcers used as motivators in swimming. *Research Quarterly*, *40*, 540-545.

Rushall, B.S. & Siedentop, D. (1972). *The Development and Control of Behavior in Sport and Physical Education*. Philadelphia: Lea & Febiger.

Schaller, H.J. (1993). Motorisches Lernen unter dem Einfluß der Kenntnis mechanischer Prinzipien. *Sportwissenschaft*, *23*, 187-196.

Schaller, H.J. (1994). Problemlösendes Lernen bei jugendlichen Skiläufern. *Sportwissenschaft*, *24*, 342-357.

Schlundt, W. & Loosch, E. (1996). Zur Wirkung metaphorischer und physikalischer Instruktionen auf das Lernen bei Skianfängern. In R. Daugs, K. Blischke, F. Marschall & H. Müller (Hrsg.), *Kognition und Motorik* (S. 251-255). Hamburg: Czwalina.

Schmidt, R.A. & Lee, T.D. (1999). *Motor Control and Learning: A Behavioral Emphasis*. Champaign, Ill: Human Kinetics.

Seel, N. (1999). Instruktionsdesign: Modelle und Anwendungen. *Unterrichtswissenschaft*, *27*, 2-11.

Seelig, H. (2000). *Subjektive Theorien über Laborsituationen: Methodologie und Struktur subjektiver Konstruktionen von Sportstudierenden.* Zugriff am 3. Dezember 2001 unter http://www.freidok.uni-freiburg.de/volltexte/278

Sherman, C., Crassini, B., Maschette, W. & Sands, R. (1997). Instructional sport psychology: A re-conceptualisation of sports coaching as sport instruction. *International Journal of Sport Psychology*, *28*, 103-125.

Solley, W.H. (1952). The effects of verbal instruction of speed and accuracy upon the learning of a motor skill. *Research Quartely*, *23*, 231-240.

Trebels, A.H. (1993). Bewegen und Wahrnehmen. *Sportpädagogik*, *17*, 19-27.

Ungerer, D. (1971). *Zur Theorie des sensomotorischen Lernens*. Schorndorf: Hofmann.

Volger, B. (1999). Über den Umgang mit Metaphern beim Lehren und Lernen von Bewegungen. In B. Heinz & R. Laging (Hrsg.), *Bewegungslernen in Erziehung und Bildung* (S. 121-129). Hamburg: Czwalina.

Weinert, F.E. (1996). Lerntheorien und Instruktionsmodelle. In F.E. Weinert (Hrsg.), *Enzyklopädie der Psychologie, Serie Pädagogische Psychologie, Bd. 2: Psychologie des Lernens und der Instruktion* (S. 1-48). Göttingen: Hogrefe.

Wiemeyer, J. (1996a). *Motorische, kognitive und emotionale Aspekte von Bewegung und Bewegungslernen*. Unveröffentlichte Habilitationsschrift, Münster.

Wiemeyer, J. (1996b). Bewegungslernen in Abhängigkeit von der Instruktion. In P. Hirz & F. Nüske (Hrsg.), *Bewegungskoordination und sportliche Leistung integrativ betrachtet* (S. 236-240). Hamburg: Czwalina.

Woermann, S. (1994). Zum Einsatz präskriptiven Feedbacks in Lernexperimenten. In P. Blaser, K. Witte & C. Stucke (Hrsg.), *Steuer- und Regelvorgänge der menschlichen Motorik* (S. 138-143). Sankt Augustin: Academia.

Woods, J.B. (1967). The effect of varied instructional emphasis upon the development of a motor skill. *Research Quarterly*, *38*, 132-142.

Wulf, G., Höß, M. & Prinz, W. (1998). Instructions for motor learning: Differential effects of internal vs. external focus of attention. *Journal of Motor Behavior*, *30*, 169-179.

Wulf, G. & Prinz, W. (2000). Bewegungslernen und Instruktionen: Zur Effektivität ausführungs- vs. effektbezogener Aufmerksamkeitsfokussierungen. *Sportwissenschaft*, *30*, 289-297.

Wulf, G. & Prinz, W. (2001). Directing attention to movement effects enhances learning: A review. *Psychonomic Bulletin & Review*, *8*, 648-660.

Wulf, G. & Weigelt, C. (1996). Instruktion oder Intuition beim Bewegungslernen? In R. Nitsch & H. Allmer (Hrsg.), *Handeln im Sport – zwischen Rationalität und Intuition* (S. 77-84). Köln: bps.

Wulf, G. & Weigelt, C. (1997). Instructions about physical principles in learning: to tell or not to tell .... *Research Quarterly for Exercise and Sport*, *68*, 362-367.

D.2 Feedback

Franz Marschall & Reinhard Daugs

Gliederung

1 Gegenstandsbereich

2 Forschungsstand
2.1 Sollwert- und Istwertinformation
2.2 Informationsinhalt
2.3 Häufigkeit und Verteilung
2.4 Zeitliche Platzierung

3 Forschungsmethodologie

4 Forschungsperspektiven

Kurzreferat

Erfolgreiches (motorisches) Lernen erfordert außer der Instruktion und der physischen Übung Feedback über den Bewegungsverlauf und das Bewegungsergebnis. Wegen dieser herausragenden Bedeutung ist die Rückmeldung sicherlich eines der am besten untersuchten Themen der Motorikforschung. Vorliegende Befunde zu den zentralen Variablen bieten die Grundlage zu Empfehlungen, wie Feedbackprozeduren optimal gestaltet werden können. Dabei ist allerdings zu berücksichtigen, dass die Wirkung von Feedback sehr stark von der zu bewältigenden Aufgabe und den Rahmenbedingungen der Lernsituation beeinflusst wird. Die Beachtung von Behaltens- und Transfereffekten sowie prozessbezogene Detailanalysen prägen aus forschungsmethodischer Sicht empirische Untersuchungen im Bemühen, die Wirkungsmechanismen von Feedback weiter aufzudecken.

Schlagworte

Behalten, Bewegungswahrnehmung, Fehlerkorrektur, Knowledge of Results, Knowledge of Performance, Schnell- und Sofortinformation, Transfer, Trial-to-Trial Analyse

1 Gegenstandsbereich

Die Rückmeldung von Handlungs- und Lernresultaten wird, von den unterschiedlichsten Ansätzen aus, neben der Übung selbst als die bedeutendste Einflussgröße motorischen Lernens betrachtet.

Feedback als „ergänzende Rückinformation“ (augmented feedback) ist dabei grundsätzlich abzugrenzen von sensorischem Feedback, also der Rückinformation, die während und nach einer Bewegungsausführung über Extero- und Interozeptoren zur Verfügung steht (Freiwurf Basketball: Wo und wie hat der Ball getroffen? – Informationen über visuelle und akustische Sensoren; Wie hat der Ball die Hand verlassen? – Informationen über taktile und Tiefensensoren; Rudern:

Schwankungen um die Bootslängsachse – Informationen über Sensoren des Vestibularorgans). Magill bezeichnet diese Informationen als „task intrinsic feedback“ (Magill, 2001, S. 86). Das sensorische Feedback unterliegt allerdings einigen Beschränkungen hinsichtlich der Wahrnehmung einer Bewegung. Ursache ist die Kapazitätsgrenze der beteiligten Rezeptoren oder einfach die Tatsache, dass etwas nicht oder nur ungenau wahrgenommen werden kann. Das senkrechte, möglichst schnelle und spritzerlose Einsetzen der Ruderblätter in der sogenannten Auslage ist, da es sich hinter dem Rücken des Ruderers abspielt, i. d. R. der direkten Wahrnehmung entzogen. Ein Videobild zum Zeitpunkt des Einsatzes der Ruderblätter (objektive Information) oder eine verbale Information des Trainers (subjektive Information) über die Blattstellung ergänzen die vorhandene sensorische Information. In der Literatur wurde dafür der Begriff „augmented feedback“ geprägt (vgl. Magill, 2001, S. 86; Swinnen, 1996). Der Lerneffekt zeigt sich dann darin, dass die zunächst ungenaue kinästhetische Wahrnehmung zunehmend ausdifferenziert werden kann, indem eine Verbindung dieser Informationen mit einer kognitiv repräsentierten Bewegungsvorstellung geschaffen wird (vgl. Heuer, 1985, S. 194). Ergänzende Information wird in diesem Fall genutzt, um die unbewussten Sinneseindrücke bewusst zu machen, um „dunkle(n) Gefühle(n) zu hellen Gefühlen, d. h. zu bewussten Gefühlen“ zu erheben (Walther, 1969).

Es werden grundsätzlich zwei Typen ergänzender Rückinformation unterschieden (Magill, 2001, S. 86):

- Ergebnisbezogene Rückinformation – Knowledge of Results (KR)
- Verlaufsbezogene Rückinformation – Knowledge of Performance (KP).

Beide erfüllen beim motorischen Lernen die Funktion der Fehlerminimierung oder aber der Bewertung von Eigeninformation. Daneben wird der Rückmeldung eine große Bedeutung hinsichtlich der Motivation zugeschrieben (Magill, 1993, S. 194); in älteren Arbeiten wird auch auf ihre Bedeutung als Verstärkung hingewiesen (Magill, 1989, S. 325; Daugs, 1988, S. 124 f.; kritisch dazu Schmidt, 1982, S. 529).

2 Forschungsstand

Die Untersuchung der verschiedenen Einflussvariablen von KR hat die Forschungsarbeiten zum motorischen Lernen der vergangenen 20 Jahre geprägt. Zwei Forschungsrichtungen lassen sich hierzu differenzieren, die lange Zeit relativ unverbunden nebeneinander standen (Daugs, 1991, S. 70): Die anglo-amerikanische KR Forschung, die labororientiert die Effekte unterschiedlicher KR-Variablen beim motorischen Lernen (Informationsinhalt, Häufigkeit, zeitliche Platzierung; im Überblick Magill, 2001) untersucht (hat), sowie die in der ehemaligen Sowjetunion auf der Grundlage des Modells der objektiv-ergänzenden Schnell- und Sofortinformation durchgeführten Arbeiten zur Vervollkommnung sportlicher Techniken (im Überblick Daugs, 2000; Farfel, 1977).

2.1 Sollwert- und Istwertinformation

Verschiedene Befunde belegen, dass bei hinreichender Information zur Zielbewegung (sog. Sollwertinformation) ausführungsleitende Repräsentationen gebildet werden, die schon in den ersten Ausführungsversuchen deutliche Effekte zeigen (Daugs, Blischke, Olivier & Marschall, 1989; Müller, 1995, S. 56). Im weiteren Verlauf des Lernprozesses übernehmen diese durch wiederholte Sollwertinformation gefestigten Repräsentationen offensichtlich eine Referenzwertfunktion. Damit kann dann bewegungsinduziertes Feedback verarbeitet und zur Leistungsverbesserung genutzt werden (vgl. Müller, 1995, S. 57). Ergänzende ausführungsabhängige Rückinformation (Istwertinformation) ist in diesen Fällen verzichtbar, teilweise sogar überflüssig. Es kann jedoch davon ausgegangen werden, dass mit zunehmender Expertise Leistungsverbesserungen dann nur noch mit Hilfe der ergänzenden Istwertinformation möglich sind. Unter spezifischen Bedingungen kann ergänzende Istwertinformation die Ausbildung eines internen Referenzwertes für die korrekte Bewegung allerdings auch stören. Dies zeigt sich insbesondere bei Aufgaben, bei denen hinreichend verwertbares sensorisches bewegungsinduziertes Feedback zur Verfügung steht, z. B. bei Koinzidenz- und Tracking-Aufgaben (vgl. Magill, 1993, S. 196 f.; Magill, 2001, S. 89). Sportbezogen „übersetzt" sind damit trefferorientierte Aufgaben wie der Korbwurf beim Basketball oder eine Schlagvariante beim Tennis bzw. Aufgaben zur Regulation des Gleichgewichts wie die Geradeausfahrt beim Radfahren oder das Rudern im Skiff gemeint.

Alleinige ergänzende Rückmeldung in Form von KP beeinträchtigt dann das motorische Lernen, wenn die mit der Rückmeldung gegebene Information nicht interpretiert und übersetzt werden kann. In Arbeiten zum Modelllernen konnte am Beispiel des Erlernens einer gymnastischen Formbewegung gezeigt werden, dass in diesem Fall eine Kombination von Sollwertinformation und der Information über die tatsächliche Bewegungsausführung zu den besten Lernergebnissen führt und einer alleinigen Präsentation von KP in Form einer Videosequenz überlegen ist (Daugs, Blischke, Olivier & Marschall, 1989, S. 211 ff.).

2.2 Informationsinhalt

Der Informationsinhalt ergänzender Rückinformation kann unter verschiedenen Gesichtspunkten klassifiziert werden. Eine praxisrelevante Differenzierung ist die nach qualitativem und quantitativem Feedback. Qualitatives Feedback („richtig", „falsch", etc.) hat zu Beginn des Lernprozesses die gleiche Wirkung wie quantitatives KR unterschiedlicher Präzision („zu hoch", „10 cm zu hoch", etc.) (vgl. Magill & Wood, 1986; Reeve & Magill, 1981). Erst wenn sehr kleine Abweichungen von einem vorgegebenen Sollwert korrigiert werden müssen, gewinnt quantitatives Feedback an Bedeutung. Der lernwirksame Grad der Präzision ist einerseits bestimmt durch die Präzision der Bewegungsregistrierung, andererseits natürlich vom Vermögen des/der Lernenden, diese Information auch umzusetzen. Die zeitliche Ansteuerung eines Bewegungsmerkmals kann mit einer entsprechenden Messvorrichtung auf $^{1}/_{1000}$ Sekunde genau erfasst werden. Es ist jedoch belegt, dass das motorische System in diesem Genauigkeitsbereich nicht steuerbar ist (Hore, Watts, Martin & Miller, 1995).

Ein weiterer Differenzierungsaspekt ist die Frage, inwieweit sich die rückgemeldete Information auf Fehler oder Abweichungen der Bewegungsausführung bzw. des Bewegungsresultats beziehen oder aber explizit auf die korrekte Bewegung hinweisen soll (sollwertbezogene Information). Insbesondere ältere Studien aus der anglo-amerikanischen KR-Forschung postulierten eine höhere Lernwirksamkeit für fehlerbezogenes Feedback (Magill, 2001, S. 93). Es lässt sich allerdings anhand neuerer Befunde zeigen, dass vor allem beim Neulernen von Bewegungen die Bereitstellung von sollwertbezogenen ergänzenden Rückinformationen den i. d. R. fehlerbezogenen Informationen zur gerade realisierten Bewegung überlegen ist (Daugs et al., 1989; Müller, 1995). Dies gilt in besonderem Maß für videogestützte Rückmeldungen. Diskrepanzinformation und Korrekturinformation sind spezifische Kombinationsformen von soll- und istwertbezogenen Rückmeldungen. In Lernsituationen, in denen die zu verarbeitende Informationsmenge besonders groß ist, wie z. B. beim Erlernen einer neuen sportlichen Technik, ist der/die Lernende kaum in der Lage, aus alleine sollwertbezogener oder alleine istwertbezogener Rückinformation Diskrepanzen zwischen eigenem Bewegungsvollzug und Zielvorgabe zu extrahieren oder gar Korrekturen abzuleiten. Die empirische Befundlage zu dieser Frage ist eher dürftig. Es konnte in vereinzelten Untersuchungen gezeigt werden, dass sowohl die Diskrepanzinformation (Daugs et al., 1989) als auch die Korrekturinformation (Kernodel & Carlton, 1992) zu besseren Lernergebnissen führen als die alleinige Präsentation der soll- oder istwertbezogenen Information.

2.3 Häufigkeit und Verteilung

In Zusammenhang mit der bereits angesprochenen Differenzierung von Übungs- und Behaltenseffekten ist die Frage der Häufigkeit und Verteilung von ergänzender Rückinformation die in der KR-Forschung am häufigsten thematisierte. Es lässt sich hier allerdings auch besonders anschaulich zeigen, dass generelle Aussagen zur Wirkung dieser Variablen nicht möglich sind. Vielmehr können eine Reihe von Moderatorvariablen angeführt werden, die eine jeweils spezifische Wirkung hinsichtlich der Ausführungs- und Lernleistungen hervorrufen. Zunächst ist festzuhalten, dass Häufigkeit und Verteilung zwei konfundierte Variablen sind, es sei denn, es wird zu jedem realisierten Ausführungsversuch KR bereitgestellt. Es hat sich deshalb der Begriff der Frequenz durchgesetzt, der das quantitative Verhältnis von Versuchen mit ergänzendem Feedback und der Gesamtzahl der Ausführungsversuche beschreibt und als %-Wert angegeben wird (Winstein & Schmidt, 1990). Dieses Verhältnis kann in Form einer festen Verteilung (fixed ratio), einer zufälligen Verteilung oder einer systematischen Reduktion (fading; d. h. häufiges ergänzendes Feedback zum Beginn einer Aneignungsphase und Reduzierung des ergänzenden Feedback mit zunehmender Versuchsanzahl in der Aneignungsphase) angewendet werden (Marschall, 1992, S. 41).

Neben solchen Verteilungen, die tatsächlich auch eine Reduktion der KR-Häufigkeit beinhalten, werden durch die Variation zusätzlicher Variablen besondere Häufigkeits- und Verteilungsformen induziert. Beim sogenannten *bandwidth*-KR wird die ergänzende Information dann bereitgestellt, wenn die Realisierungsleistung außerhalb eines festgelegten Toleranzbereichs liegt (Goodwin & Meeuwsen, 1995). Durch Variation dieses Bereichs ergeben sich folglich unterschiedliche Häufigkeiten und Verteilungen von ergänzendem Feedback. Dabei handelt es sich allerdings nur oberflächlich um eine Informationsreduktion, da nicht gegebenes ergänzendes Feedback die Information beinhaltet, dass das Verhalten innerhalb eines Toleranzbereiches liegt und somit die Funktion der Verstärkung erfüllt. Eine weitere Sonderform ist das *summary*-KR oder -KP . Hier wird die ergänzende Information erst nach einer bestimmten Anzahl von Ausführungsversuchen bereitgestellt. Feedback-freie Übungsabschnitte ergeben sich dann durch die unterschiedliche Anzahl der jeweils aufsummierten Versuche (vgl. z. B. Guadagnoli, Dornier & Tandy, 1996). Letztlich wird allerdings ebenso wie bei der bandwidth-Bedingung tatsächlich zu jedem Ausführungsversuch Information bereitgestellt (vgl. Sidaway, Moore & Schoenfelder-Zohdi, 1991). Gemeinsam ist allen genannten Varianten der Wechsel von Übungsabschnitten mit und ohne unmittelbar ergänzendem Feedback.

Dieser Wechsel ist aus Sicht verschiedener theoretischer Annahmen, wie z. B. der „guidance"-Hypothese (Schmidt, 1991), die Ursache dafür, dass eine reduzierte KR-Frequenz bessere Lernleistungen hervorbringen sollte als dies bei Übungsphasen der Fall ist, in denen jeder Ausführungsversuch durch eine Rückmeldung belegt wird. Empirisch können solche Effekte allerdings nur unter ganz spezifischen Bedingungen gefunden werden (Wiemeyer, Marschall & Bund, i. V.) und sind deshalb keinesfalls verallgemeinerbar.

Beim Erlernen sportnaher Aufgaben hat die reduzierte Häufigkeit ergänzender Rückinformation keine, zumindest keine deutlich lernfördernde Wirkung und scheint insofern vernachlässigbar. Sie schlägt allerdings auch nicht negativ zu Buche, was als „Entlastungsargument" betrachtet werden kann: Es ist nicht erforderlich, zu jedem Ausführungsversuch während einer Übungsphase Rückmeldung zu geben. In welchem Umfang sollte danach die Rückmeldehäufigkeit reduziert werden? Unabhängig von den bereits genannten anderen Einflussfaktoren finden sich immer dann gesteigerte Lernleistungen, wenn die KR-Frequenz ca. 30 % beträgt. Auch bei Selbstwahl-Prozeduren, also in Lernsituationen, in denen die Lernenden selbst entscheiden, zu welcher Ausführung eine Rückmeldung gegeben werden soll, liegen KR-Frequenzen zwischen 7 % und maximal 30 %. Diese Prozeduren erweisen sich als besonders lernwirksam im Vergleich mit fest vorgegebenen Frequenzen (vgl. Janelle, Barba, Frehlich, Tennant & Cauraugh, 1997; Janelle, Kim & Singer, 1995).

Bei welchen Lernaufgaben und unter welchen (Aufgaben-)Bedingungen sind die beschriebenen unterschiedlichen Varianten der Frequenzreduktion besonders geeignet? Diese für die Lern- und Unterrichtspraxis wichtige Frage kann man nur relativ vage beantworten. Besonders Optimierungsaufgaben, bei denen es um die möglichst genaue Reproduktion eines vorgegebenen Bewegungsparameters (Kraftwert, Gelenkwinkel, etc.) geht, können mit reduzierten KR-Häufigkeiten gut gelernt werden. Eine günstige Form der Frequenzreduktion – neben der angesprochenen Selbstwahl – könnte die „bandwidth"-Variante sein, da sie durch den Wechsel von Fremdsteuerung (im Falle zu großer Fehler) und Selbststeuerung (bei kleineren Abweichungen erfolgt keine ergänzende Rückmeldung) möglicherweise die kognitiven Prozesse positiv beeinflusst, die für den Aufbau einer internen „reference of correctness" erforderlich sind.

2.4 Zeitliche Platzierung

Ergänzende Rückmeldung ist grundsätzlich entweder gleichzeitig (simultan) oder aber nach Beendigung des Bewegungsablaufs (terminal) möglich.

Eine simultane Rückmeldung zum Bewegungsverlauf kann realisiert werden, wenn dieser mit Hilfe eines Mess- oder Aufzeichnungsverfahrens so registriert wird, dass die Information on-line zur Verfügung steht. Solche Möglichkeiten bestehen bei der Erfassung physiologischer (z. B. Herzfrequenz, EMG) oder biomechanischer Parameter (z. B. Kraft-Zeit-Verlauf), aber auch bei der Aufzeichnung des raumzeitlichen Verlaufs mittels Video (Büsch & Janssen, 1997; Jungclaussen, 1997). Die verfügbaren empirischen Befunde zur Lernwirksamkeit ergeben allerdings kein einheitliches Bild (vgl. zusammenfassend Magill, 2001, S. 105). Es ist zu vermuten, dass die Lerneffekte auch hierbei wieder in hohem Maße aufgabenabhängig sind und davon beeinflusst werden, inwieweit Beziehungen zwischen den rückgemeldeten Parametern und verfügbaren motorischen Kommandos bereits bekannt sind, die Lernenden also wissen, wie die bereitgestellte Rückinformation zu interpretieren und umzusetzen ist.

Bei terminaler Rückmeldung ergeben sich per Definition drei Zeitintervalle: Das Intervall zwischen Bewegungsende und der Präsentation von KR (Prä-KR-Intervall oder KR delay), den folgenden Zeitraum bis zur Ausführung der nächsten Bewegung (Post-KR-Intervall) und das damit konfundierte Gesamtintervall zwischen zwei Bewegungsausführungen (Fehres, 1992, S. 61 f.; Rockmann-Rüger, 1991, S. 117). Das Prä-KR-Intervall sollte den Lernenden ermöglichen, das bewegungsinduzierte Feedback zu verarbeiten und so terminiert sein, dass dieser Bewegungseindruck bis zum Eintreffen der ergänzenden Rückmeldung nicht wieder verblasst oder vergessen ist. Die besten Lernleistungen werden bei Intervalldauern von 5 bis 10 sec erzielt (zusammenfassend Rockmann-Rüger, 1991; Salmoni, Schmidt & Walter, 1984). Die von Fehres (1992) vorgelegte Untersuchung zum videogestützten Feedback konnte ergänzend zeigen, dass durchaus auch längere Intervalle in Abhängigkeit von der Informationsdichte und ablaufenden Rehearsal-Prozessen lernfördernd sein können. Dem Post-KR-Intervall wird im Vergleich zum Prä-KR-Intervall eine weitaus geringere Bedeutung zugeschrieben. Seine Dauer sollte ausreichend sein, um die ergänzende Information zum eigenen Bewegungseindruck in Beziehung zu setzen und daraus die Initiierung der folgenden Bewegungsausführung zu generieren. Hierfür ist eine Mindestdauer von 5 sec erforderlich, kürzere Intervalllängen wirken sich negativ auf die Lernleistung aus (Swinnen, Schmidt, Nicholson & Shapiro, 1985).

Die Dauer von Prä- und Post-Intervall sollte nicht nur unter formal zeitlichen Aspekten betrachtet werden. Lernen ist abhängig von kognitiven Prozessen, weshalb für die erzielten Lernleistungen entscheidend ist, was die Lernenden in der Zeit vor und nach der Rückmeldung denken und tun. Eine Vielzahl von Untersuchungen hat sich dieser Frage der Aktivitäten im Prä- und Post-KR-Intervall gewidmet. Die Befunde sind teilweise sehr widersprüchlich und erstrecken sich vom Nachweis lernfördernder Wirkungen bis zur Störung von Lernprozessen (zusammenfassend Magill, 2001, S. 106 und S. 108). An dieser Stelle sei auf zwei, besonders unter Anwendungsgesichtspunkten wesentliche Aspekte hingewiesen. Bezüglich der Aktivitäten im Prä-KR-Intervall wurde lange Zeit davon ausgegangen, dass die Selbsteinschätzung eine besonders lernfördernde Wirkung hat (Hogan & Yanowitz, 1978). In einer neueren Arbeit konnte Panzer (2000) zeigen, dass die Selbsteinschätzung nicht zwingend das Lernen unterstützt, unter besonderen Bedingungen Lernen davon sogar negativ beeinflusst wird. Hinsichtlich der Aktivitäten im Post-KR-Intervall zeigt sich die Bedeutung kognitiver Prozesse insbesondere darin, dass gravierende Beeinträchtigungen der Lernresultate dann auftreten, wenn die interferierende Aufgabe eine kognitive Beanspruchung darstellt (Benedetti & McCullagh, 1987; Swinnen, 1990).

3 Forschungsmethodologie

Die Methode zur Untersuchung der Lernwirksamkeit von ergänzender Rückinformation ist in labororientierten Experimenten wie in Feldstudien annähernd gleich. Die Aufgabenbedingungen sind so gestaltet, dass zu ihrer Bewältigung grundsätzlich ergänzende Information erforderlich ist. Variiert werden in unterschiedlichster Weise die beschriebenen Variablen Informationsinhalt, Häufigkeit und Verteilung sowie die zeitliche Platzierung (vgl. 2.2 - 2.4). Abhängige Variablen sind verschiedene Fehlermaße (Schmidt, 1982; Wulf, 1994) oder einfache Leistungsmaße (Müller, 1995). Erfasst wurden diese zumindest im klassischen Untersuchungsdesign unmittelbar im Anschluss an eine Übungsphase (Bilodeau & Bilodeau, 1958; Bilodeau, Bilodeau & Schumsky, 1959). Ein erster Meilenstein zur Revision dieser Designs war die Überblicksarbeit von Salmoni et al. (1984). Das daraus hervorgegangene „erweiterte Lernparadigma“ (Daugs, 1991) hat durch die Fokussierung auf die Aspekte des Transfers und des Behaltens die neueren Forschungsarbeiten nachhaltig beeinflusst und zur Neuformulierung einiger „Prinzipien des KR“ geführt (Wulf, 1994). Im deutschsprachigen Raum wurde darüber hinaus der Versuch unternommen, die insbesondere in der US-amerikanischen KR-Forschung bestehende Begrenzung auf artifizielle Laboraufgaben zu überwinden und vermehrt die Wirkung von KR beim Erlernen sportnaher Aufgaben zu untersuchen. Dazu liegen eine Reihe von Befunden vor (Fehres, 1992; Hillebrecht, 1993; Marschall, 1992; Rockmann-Rüger, 1985). Die in der neuesten Überblicksarbeit von Magill (2001, S. 109) erhobene Forderung nach solchen Untersuchungen ist wohl nur auf die bisher mangelhafte Kommunikation zwischen beiden Sprachräumen zurück zu führen.

Die differenzielle Wirkung von KR-Variablen ist, wie bereits ausführlich beschrieben, in zahlreichen Einzeluntersuchungen dokumentiert. Die teilweise sehr widersprüchlichen Befunde weisen u. a. darauf hin, dass offensichtlich einige forschungsmethodische Probleme bestehen, die bis heute nicht gelöst sind. Sie betreffen zum einen Fragen der Untersuchungsmethode zum anderen auch damit verbundene forschungsstrategische Fragen.

Swinnen (1996) führt in seiner Überblicksarbeit zwei grundlegende untersuchungsmethodische Aspekte auf, die seiner Einschätzung nach zu einer Überbewertung der Bedeutung von ergänzendem Feedback beim Lernen beitragen. In fast allen Experimenten sind die beiden Informationsfunktionen von KR konfundiert: Steht den Lernenden außer zu Beginn der Übungsphase keine weitere Sollwertinformation zur Verfügung (reference of correctness), so muss mit Hilfe der Rückmeldung nicht nur das Bewegungsergebnis bewertet, sondern zusätzlich indirekt das (neue) Bewegungsziel definiert werden. Damit erhält die KR-Information eine Bedeutung, die ihren tatsächlichen Einfluss auf das Lernen überschätzt (Swinnen, 1996, S. 41). In KR-Experimenten wird des Weiteren häufig intrinsisches Feedback unterdrückt und damit ebenfalls der ergänzenden Rückinformation eine Rolle zugeschrieben, die in „natürlichen" Lernumgebungen nicht gegeben ist (Swinnen, 1996, S. 42).

Eine Reihe weiterer untersuchungsmethodischer Probleme erschwert ganz erheblich die Interpretation der unterschiedlichen Befunde. Die unabhängigen Variablen KR bzw. KP sind insbesondere hinsichtlich des Informationsinhalts nicht einheitlich operationalisiert. Es ist jedoch belegt, dass in Abhängigkeit der verschiedenen Inhalte (siehe 2.2) ganz unterschiedliche Effekte auftreten. Die verwendeten abhängigen Variablen (Fehlermaße, Leistungsmaße) stehen nur selten in inhaltlichem Bezug zur Charakteristik der jeweiligen Aufgabe. Problematisch erscheint z. B. die Erhebung eines Konsistenzmaßes (variabler Fehler, VE) bei Aufgaben, die explizit auf die Reproduktionsgenauigkeit abstellen. Zudem werden üblicherweise alle Fehlermaße berechnet, ohne auf die dadurch entstehenden inhaltlichen und insbesondere statistischen Fragen (Bortz, Lienert & Boehnke, 1990, S. 48) einzugehen.

Neben den genannten untersuchungsmethodischen Problemen existieren solche, die die grundlegende Forschungsstrategie betreffen. Betrachtet und analysiert man auch neueste Untersuchungsberichte, so fällt auf, dass im Wesentlichen nur die KR-Variablen selbst ausdifferenziert werden, der theoretische Ansatz allerdings seit mehr als 15 Jahren gleichgeblieben ist. Mit wenigen Variationen wird etwa in Untersuchungen zur KR-Frequenz zirkulär auf Salmoni et al. (1984) bzw. ungeprüfte Annahmen der „guidance"-Hypothese und des Kontext-Interferenz-Konzeptes (Magill & Hall, 1990) verwiesen. Obwohl bereits seit Newell (1991) die Forderung besteht, neben der Frage nach dem „wie" insbesondere die nach dem „weshalb" der KR-Wirkung zu stellen, ist dies bislang nicht eingelöst (Magill, 2001, S. 109 f.). Dessen Einschätzung deutet an, dass die KR-Forschung im letzten Jahrzehnt möglicherweise einem Empirismus erlegen ist, der sowohl für die Untersuchung der Wirkung von ergänzender Rückmeldung als auch zur Formulierung von plausiblen Handlungsempfehlungen für die Lehr- und Unterrichtspraxis wenig hilfreich war.

4 Forschungsperspektiven

Die Analyse der bei der Verarbeitung ergänzender Rückinformation ablaufenden kognitiven Prozesse könnte durch Untersuchungen in zwei Richtungen geleistet werden. Eine von Wiemeyer et al. (i. V.) durchgeführte Metaanalyse macht deutlich, dass es offensichtlich grundsätzliche Unterschiede der Wirksamkeit von ergänzender Rückinformation bei artifiziellen Laboraufgaben einerseits und sportbezogenen Aufgaben andererseits gibt. Bestätigt werden damit Aussagen aus narrativen Überblicksarbeiten zur Bedeutung ergänzender Rückinformation von Magill (2001) und Swinnen (1996). Vorrangige Forschungsaufgabe im Sinne der Strategie multipler Aufgaben (Heuer, 1988) sollte deshalb die differenzierte Überprüfung der bei Laboraufgaben gefundenen KR-Effekte beim Erlernen komplexer, sportnaher Aufgaben sein (Magill, 2001, S. 109). Bereits Blischke et al. (1996) konnten zeigen, dass die Übertragung von aus der KR-Forschung abgeleiteten Prozedurempfehlungen auf komplexe Modelllernprozesse im Sport nicht möglich ist. Es wäre allerdings wenig erfolgversprechend, in der im Abschnitt 3 angesprochenen Art „stets gleiche Ergebnismuster oder stets gleiche Beziehungen zwischen bestimmten Variablen" (Heuer, 1988, S. 65) zu suchen. Vielmehr sollte die Frage nach der Generalisierbarkeit von KR-Effekten möglichst verbunden werden mit einem prozessorientierten Zugang zu kognitiven Verarbeitungsstrategien ergänzender Rückinformation, wie dies schon von Swinnen (1996) gefordert wurde.

Realisiert ist diese Strategie bisher nur in wenigen Untersuchungen, die mit Hilfe einer „trial-to-trial" Analyse den Aspekt des Korrekturverhaltens nach ergänzender Rückinformation betrachten (Blackwell & Newell, 1996; Liu, Mayer-Kress & Newell, 1999; Panzer, 2000). Müller, Brückner, Panzer und Blischke (2001) haben diese Ansätze aufgegriffen, in einem formalen Modell weiterentwickelt und auch erste empirische Daten vorgelegt. In den genannten Arbeiten deutet sich an, dass bisher favorisierte Annahmen zur Wirkung ergänzender Rückinformation (Schmidt, 1991) möglicherweise in ähnlicher Weise revidiert werden müssen, wie dies nach der richtungsweisenden Überblicksarbeit von Salmoni et al. (1984) der Fall war.

Literatur

Benedetti, C. & McCullagh, P.M. (1987). Post-Knowledge of results delay: Effects of interpolated activity on learning and performance. *Research Quarterly for Exercise and Sport, 58*, 375-381.

Bilodeau, E.A. & Bilodeau, I.M. (1958). Variable frequency of knowledge of results and the learning of a simple skill. *Journal of Experimental Psychology, 55*, 379-383.

Bilodeau, E.A., Bilodeau, I.M. & Schumsky, D.A. (1959). Some effects of introducing and withdrawing knowledge of results early and late in practice. *Journal of Experimental Psychology, 58*, 142-144.

Blackwell, J.R. & Newell, K.M. (1996). The informational role of knowledge of results in motor learning. *Acta Psychologica, 92*, 119-129.

Blischke, K., Müller, H., Reiser, M., Panzer, S., Igel, C. & Daugs, R. (1996). Untersuchungen zum Modelllernen im Sport. In R. Daugs, K. Blischke, F. Marschall & H. Müller (Hrsg.), *Kognition und Motorik* (S. 241-249). Hamburg: Czwalina.

Bortz, J., Lienert, G.A. & Boehnke, K. (1990). *Verteilungsfreie Methoden der Biostatistik*. Berlin: Springer.

Büsch, D. & Janssen, J.-P. (1997). Motorisches Modelllernen mit einem Headmounted Display. In J. Perl (Hrsg.), *Sport und Informatik V: Bericht über den 5. Workshop Sport und Informatik vom 17. - 19. Juni 1996 in Berlin* (S. 161-170). Köln: Sport und Buch Strauß.

Daugs, R. (1988). Zur Optimierung des Techniktrainings durch Feedback-Technologien. In H. Mechling, J. Schiffer & K. Carl (Hrsg.), *Theorie und Praxis des Techniktrainings* (S. 124-140). Köln: Sport und Buch Strauß.

Daugs, R. (1991). Motorisches Lernen, Schnellinformation und Knowledge of Results. *Acta Universitatis Palackianae Olomucensis Gymnica, 22*, 69-81.

Daugs, R. (2000). *Evaluation sportmotorischen Meßplatztrainings im Sport*. Köln: Sport und Buch Strauß.

Daugs, R., Blischke, K., Olivier, N. & Marschall, F. (1989). *Beiträge zum visuomotorischen Lernen im Sport*. Schorndorf: Hofmann.

Farfel, V.S. (1977). *Bewegungssteuerung im Sport*. Berlin: Sportverlag.

Fehres, K. (1992). *Videogestütztes Techniktraining im Sport*. Köln: Sport und Buch Strauß.

Goodwin, J.E. & Meeuwsen, H.J. (1995). Using bandwidth knowledge of results to alter relative frequencies during motor skill acquisition. *Research Quarterly for Exercise and Sport, 66*, 99-104.

Guadagnoli, M.A., Dornier, L.A. & Tandy, R.D. (1996). Optimal length for summary knowledge of results: The influence of task-related experience and complexity. *Research Quarterly for Exercise and Sport, 67*, 239-248.

Heuer, H. (1985). Wie wirkt mentale Übung. *Psychologische Rundschau, 36*, 191-200.

Heuer, H. (1988). Motorikforschung zwischen Elfenbeinturm und Sportplatz. In R. Daugs (Hrsg.), *Neuere Aspekte der Motorikforschung* (S. 52-69). Clausthal-Zellerfeld.

Hillebrecht, M. (1993). *Zum Einfluß der Informationsfrequenz auf das Erlernen von sportlichen Bewegungen.* Dissertation, Georg-August-Universität Göttingen, Göttingen.

Hogan, J. & Yanowitz, B. (1978). The role of verbal estimates of movement error in ballistic skill acquisition. *Journal of Motor Behavior, 10*, 133-138.

Hore, J., Watts, S., Martin, J. & Miller, B. (1995). Timing of finger opening and ball release in fast and accurate overarm throws. *Experimental Brain Research, 103*, 277-286.

Janelle, C.M., Barba, D.A., Frehlich, S.G., Tennant, L.K. & Cauraugh, J.H. (1997). Maximizing performance feedback effectiveness through videotape replay and a self-controlled learning environment. *Research Quarterly for Exercise and Sport, 68*, 269-279.

Janelle, C.M., Kim, J. & Singer, R.N. (1995). Subject-controlled performance feedback and learning of a closed motor skill. *Perceptual and Motor Skills, 81*, 627-634.

Jungclaussen, J.P. (1997). Der Motion Reporter. In J. Perl (Hrsg.), *Sport und Informatik V: Bericht über den 5. Workshop Sport und Informatik vom 17. - 19. Juni 1996 in Berlin* (S. 206-211). Köln: Sport und Buch Strauß.

Kernodel, M.W. & Carlton, L.G. (1992). Information feedback and the learning of multiple-degree-of-freedom activities. *Journal of Motor Behavior, 24*, 187-196.

Liu, Y.T., Mayer-Kress, G. & Newell, K.M. (1999). A piecewise linear, stochastic map model for the sequential trial strategy of discrete timing tasks. *Acta Psychologica, 103*, 207-228.

Magill, R.A. (1989). *Motor Learning. Concepts and Applications*. Dubuque/Iowa: Brown Publishers.

Magill, R.A. (1993). Augmented Feedback in Skill Acquisition. In R.N. Singer, M. Murphey & L.K. Tennant (Eds.), *Handbook of Research on Sport Psychology* (S. 193-212). New York: Macmillan.

Magill, R.A. (2001). Augmented Feedback in Skill Acquisition. In R.N. Singer, H.A. Hausenblas & C.M. Janelle (Eds.), *Handbook of Sport Psychology* (2nd ed., S. 86-114). New York: Wiley.

Magill, R.A. & Hall, K.G. (1990). A review of the contextual interference effect in motor skill acquisition. *Human Movement Science, 9*, 241-289.

Magill, R.A. & Wood, C.A. (1986). Knowledge of results as a learning variable in motor skill acquisition. *Research Quarterly for Exercise and Sport, 57*, 170-173.

Marschall, F. (1992). *Informationsfrequenz und motorisches Lernen.* Frankfurt a. M.: Peter Lang.

Müller, H. (1995). *Kognition und Motorisches Lernen. Zur anteilmäßigen Bedeutung kognitiv-konzeptbildender und motorisch-adaptiver Teilprozesse in frühen und in spät(er)en Abschnitten sportmotorischen Modelllernens.* Bonn: Holos Verlag.

Müller, H., Brückner, S., Panzer, S. & Blischke, K. (2001). Correcting Errors in the Presence of Noise in the Motor System: A Formal Model and First Data. In J. Mester, G. King, H. Strüder, E. Tsolakidis & A. Osterburg (Eds.), *Perspectives and Profiles: Book of Abstracts of the 6th Annual Congress of the European College of Sport Science, 15th Congress of the German Society of Sport Science* (S. 129). Köln: Sport und Buch Strauß.

Newell, K.M. (1991). Augmented Information and the Acquisition of Skill. In R. Daugs, H. Mechling, K. Blischke & N. Olivier (Hrsg.), *Sportmotorisches Lernen und Techniktraining* (S. 96-116). Schorndorf: Hofmann.

Panzer, S. (2000). *Motorisches Lernen und Selbsteinschätzung: Zur Bedeutung von Selbsteinschätzung für die Fehlererkennung und Fehlerkorrektur bei motorischen Lern- und Kontrollprozessen - eine makro- und mikroanalytische Betrachtung.* Lengerich: Pabst.

Reeve, T.G. & Magill, R.A. (1981). Role of components of knowledge of results information in error correction. *Research Quarterly for Exercise and Sport, 52*, 80-85.

Rockmann-Rüger, U. (1985). *Zum Einfluß der Zeitstruktur der Feedback-Vermehrung auf sensomotorische Optimierungsprozesse im Sport.* Dissertation, Freie Universität Berlin, Berlin.

Rockmann-Rüger, U. (1991). *Zur Gestaltung von Übungsprozessen beim Erlernen von Bewegungstechniken.* Frankfurt/M.: Harri Deutsch.

Salmoni, A.W., Schmidt, R.A. & Walter, C.B. (1984). Knowledge of results and perceptual motor learning. *Psychological Bulletin, 95*, 355-386.

Schmidt, R.A. (1982). *Motor Control and Learning.* Champaign, Ill.: Human Kinetics.

Schmidt, R.A. (1991). Frequent Augmented Feedback Can Degrade Learning: Evidence and Interpretations. In G.E. Stelmach & J. Requin (Eds.), *Tutorials in Motor Neuroscience* (S. 59-75). Dordrecht: Kluwer.

Sidaway, B., Moore, B. & Schoenfelder-Zohdi, B. (1991). Summary and frequency of KR presentation effects on retention of a motor skill. *Research Quarterly for Exercise and Sport, 62*, 27-32.

Swinnen, S.P. (1990). Interpolated activities during the knowledge of results delay and post knowledge of results interval: Effects on performance and learning. *Journal of Experimental Psychology: Learning, Memory, and Cognition, 16*, 692-705.

Swinnen, S.P. (1996). Information Feedback for Motor Skill Learning: A Review. In H. Zelaznik (Ed.), *Advances in Motor Learning and Control*. Champaign/Ill.: Human Kinetics.

Swinnen, S.P., Schmidt, R.A., Nicholson, D.G. & Shapiro, D.G. (1985). Information feedback for skill acquisition: Instantaneous knowledge of results degrades learning. *Journal of Experimental Psychology: Learning, Memory and Cognition, 16*, 706-716.

Walther, G. (1969). Neue Geräte zur Verwirklichung der Schnellinformation im Leistungssport. *Theorie und Praxis der Körperkultur, XVIII*, 1110-1120.

Wiemeyer, J., Marschall, F. & Bund, A. (i. V.). *Does frequent augmented feedback really degrade learning? A meta-analysis.*

Winstein, C.J. & Schmidt, R.A. (1990). Reduced frequency of knowledge of results enhances motor skill learning. *Journal of Experimental Psychology: Learning, Memory and Cognition, 16*, 677-691.

Wulf, G. (1994). *Zur Optimierung Motorischer Lernprozesse*. Schorndorf: Hofmann.

D.3 Subjektives Empfinden und objektives Messen in Lern- und Optimierungsprozessen

Volker Lippens

Gliederung

1 Einleitung
2 Forschungsstand zur Integration von Innen- und Außensichten
3 Forschungsschwerpunkt
4 Theoretische Technikmodelle vs. praktische Handlungsmodelle
5 Interventionen im Techniktraining
6 Ausblick: Einsichten in Lern- und Optimierungsprozesse

Kurzreferat

Nach ersten Versuchen der Ganzheits- und Gestaltpsychologie hat Kaminski (1972) subjektives Empfinden und objektives Messen aufeinander bezogen thematisiert und unter einem handlungstheoretischen Forschungsinteresse vorgeschlagen, Bewegungen „von innen und außen" zu analysieren. Der Ansatz wurde vor allem von Leist (1979) und Körndle (1983) forschungsmethodisch systematisiert. In der Folge entstand eine Reihe von unterschiedlich orientierten Untersuchungsvorhaben. Um möglichst umfassende Einsichten in Lern- und Optimierungsprozesse gewinnen zu können, wurden subjektive Empfindungs- und objektive Messdaten integrativ betrachtet.

In einer vergleichenden Übersicht wird der mögliche Erkenntnisgewinn bei der Aufklärung von Widersprüchen zwischen theoretischen Technikmodellen und praktischen Handlungsmodellen einerseits und von Interventionseffekten im Vermittlungsprozess andererseits diskutiert.

Schlagworte

Bewegungshandlungsanalyse, Eigensicht, Fremdsicht, Handlungsmodell, Interventionseffekte, Subjektive Theorie, Synchronisations-Strategien, Technikmodell

1 Einleitung

Was geht „im Kopf" eines Sportlers vor, wenn er sich bewegt? Was empfindet er, wenn das Bewegen gelingt oder wenn es nicht „klappen" will? Wie dieses Empfinden als intermodaler oder gar transmodaler[1] Komplex der Sinneseindrücke als sub-

[1] Beim Bewegen selbst wird vermutlich nur ein einheitliches, komplexes Gesamtgefühl wahrgenommen; erst in der nachträglichen Reflexion kann auf einzelne Anteile der unterschiedlichen Sinneseindrücke zurückgeschlossen werden.

jektive Wirkung vom Sportler wahrgenommen wird und wie es sich von den objektiven Auswirkungen der Bewegung auf die Umwelt unterscheidet, darüber haben eine Reihe von Autoren gearbeitet (u. a. Klemm, 1938; Kohl, 1956; Kaminski, 1972; Kalbermatten, 1983; Körndle, 1983). Gemeinsames Ziel dieser Ansätze war es, zwischen den Sichtweisen der Innen- oder Eigensichten des Sportlers und der Außen- oder Fremdsicht eines Beobachters zu vermitteln und so Einsichten in Lern- und Optimierungsprozesse zu ermöglichen. Vor ihrem, wenn auch nicht immer explizierten, Menschenbild (vgl. a. Lippens, 1992, S. 5-7; 1997, S. 24) sehen sie den Sportler prinzipiell als *autonome, mündige Person*, die sich durch „die Kernannahmen der Reflexibilität, potentieller Rationalität, Sprach-, Kommunikations- und Handlungsfähigkeit [allerdings ohne] das Postulat ihrer ubiquitären empirischen Geltung“ (Groeben u. a., 1988b, S. 210) auszeichnet. Die „Illusion von Autonomie“ (Meyer-Drawe, 1990) verweist auf die abzugrenzenden Anteile von Selbst- und Fremdbestimmung auch in den Vermittlungsbemühungen, die sich „diesseits von Ohnmacht und Allmacht des Ich“ in konkreter Auseinandersetzung mit den Bedingungen des situativen Umfeldes entfalten sollten. Die aktuelle Bedeutung des Bewegens spiegelt sich in den Inhalten und Strukturen der Eigensichten beim Sportler wieder. Der (Re-)Konstruktionsprozess kann so als *Reflexionsphase des Bewegens* gesehen werden, in dem die eigenen Erfahrungen „auf den Begriff“ gebracht werden (müssen). Auch wenn nicht alle Einzelheiten der Eigensichten beim Bewegen bewusst sein können und müssen, so sollte der Sportler angesichts einer angestrebten Reflexivität in der Lage sein, relevante Bestandteile mit Hilfe geeigneter Verfahren nachträglich möglichst weitgehend zu erschließen.

2 Forschungsstand zur Integration von Innen- und Außensichten

Das Begriffspaar *Innen-* und *Außensicht* ist von Kaminski (1972) unter einem handlungs(regulations)theoretischen Forschungsinteresse operationalisiert und in die Sportwissenschaft eingeführt worden. Es soll hier durch die Dichotomie von *Eigen-* und *Fremdsicht* abgelöst werden. Weder gibt es *die* noch eine *ausschließliche* Innensicht (vgl. a. Bischof, 1966), noch eine vom Beobachter *ungestörte* Außensicht (vgl. a. Atmanspacher & Dalenoort, 1994). In der Eigensicht des Sportlers vermischen sich immer Anteile von beiden Perspektiven und jede Fremdsicht eines Beobachters beruht wesentlich auf dessen eigener Innensicht.

In der sportmethodischen Fachliteratur überwiegen (fast immer noch) Strukturanalysen der Bewegung aus einer (bio-)mechanisch orientierten Fremdsicht, wenn es darum geht, Lernwege zu konstruieren. Gleichwohl existieren eine Reihe von Versuchen, aus ganzheits- bzw. gestaltpsychologischen Überlegungen oder handlungs- bzw. schematheoretischen Modellierungen Bewegungsprozesse zu thematisieren. Mit *Befragungen* (Oeser, 1936; Steger, 1938; Kohl, 1956), *Selbstbefragung* (Wiemann, 1977), *Interviews* (Kaminski, 1972; Kalbermatten, 1983; Amesberger, 1990) und *feature-rating* (Leist, 1979; Körndle, 1983) oder *Bilderzuordnungsverfahren* (Narciss, 1993) und *Struktur-Lege-Techniken* (Lippens, 1985; 1988) sollen Eigensichten der Sportler erfasst werden, um mögliche Vermittlungsprobleme transparenter machen oder Interventionseffekte aufklären zu können. Mattig hat schon früh festgestellt, dass „die innere Aufmerksamkeit" von erstklassigen Hürdensprintern „nicht immer mit den äußerlich sichtbaren Bewegungsgestalten" (1965, S. 164) zusammentrifft und in methodischen Überlegungen darauf hingewiesen, dass „Traineranweisungen oft sehr unkonventionell klingen können, manchmal banal oder gar falsch (gemessen an der Sollbewegung) und doch das richtige Ergebnis hervorbringen" (1972, S. 327).

Leist (1979) und Körndle (1983) konnten am Beispiel des Pedalo-Fahrens zeigen, wie sich spezifische Segmentierungen im Lernprozess anhand der Eigen- und Fremdsicht nachweisen und darauf abgestimmte Interventionen begründen lassen (vgl. a. Körndle & Narciss, 1993, S. 162-166). In der Folge hat sich das Einbeziehen einer Innensicht als „normative Forderung" vor allem in sportpädagogischen Überlegungen zum Bewegungslernen durchgesetzt. Ob dies allerdings tatsächlich zu verbesserten Lern- und Optimierungsprozessen führen kann, bedarf noch einer empirischen Prüfung im konkreten sportpraktischen Anwendungsfall (vgl. Hänyes et al., 1994).

Heute erleichtern rechnergestützte Auswerteverfahren die Analyse der Eigensichts-Daten erheblich. So konnten die in der Untersuchung von Kaminski um 1972 erhobenen Daten erst 1984 in der Dissertation von Fuhrer ausgewertet und eingeordnet werden. Dies lag insbesondere an der notwendigen Transkription und Inhaltsanalyse der durchgeführten Interviews. Die Erhebung und Auswertung von Eigensichts-Daten (Tab. 1) lässt sich jetzt z. B. im Rahmen eines *workshops* innerhalb von 1 bis 2 Stunden durchführen (Gröben et al., 2001).

Gröben (2000) zeigt in einem anthropologischen Bewegungsmodell (vgl. auch Prohl, 1991), wie Bewegungslernen nicht nur aus der Fremdsicht eines Beobachters zu Verhaltensänderungen führt, sondern sich auch aus der Eigensicht des Lernenden u. a. in einer Umgestaltung der *intentionalen Vorentwürfe* und *intermodalen Kopplung* äußert. Daten der Fremdsicht werden allerdings nur zur

Validierung der Eigensichten herangezogen. In weiteren Studien untersucht Gröben, wie die Art der Intervention *phänomenale Strukturen* verändert und damit den Lernprozess beeinflusst (Gröben, 2001).

Tab. 1: Aktuelle Tendenzen im Methoden-Inventar zur Erfassung der Eigensicht

Autor	Bezugstheorie bzw. Modell	Verfahren
Gröben	Anthropologisches Bewegungsmodell	Fragebogen
Lippens	Forschungsprogramm Subjektive Theorie	Kartenlegetechnik
Narciss	Heuristisches Modell der Bewegungsregulation	Bildzuordnungsaufgaben
Schack	Kognitive Architektur	Strukturdimensionale Analyse
Seelig	Theorie der persönlichen Konstrukte	*repertory-grid*-Technik
Seiler	Handlungstheoretischer Ansatz	*frame*-Konzept

Narciss (1993) wählt unter einer handlungspsychologischen Perspektive eine *Bildzuordnungsaufgabe*, um beim *Schwimmen* Wissensbestände über die Arm- und Beinbewegungen abfragen zu können. Dabei gewinnt insbesondere die zeitliche Kopplung im Zusammenhang mit dem intrazyklischen Geschwindigkeitsverlauf eine besondere Bedeutung. Das Verfahren wird inzwischen am komplexen Messplatz im Strömungskanal eingesetzt und als Einzelfallstudie innerhalb eines Technikkorrekturprogramms erprobt (Blaser et al., 2000).

Lippens (1992; 1993; 1997) hat sich nach einer anfänglich handlungstheoretischen Konzeptionierung dem Forschungsprogramm der *Subjektiven Theorien* zugewandt und untersucht Lern- und Optimierungsprozesse, indem er eine komplexe Bewegungshandlungsanalyse durchführt. Dazu werden Eigensichten in Form von Subjektiven Theorien über das Bewegen und Fremdsichten über die Auswirkungen des Bewegens in Messdaten erfasst. In Einzelfallanalysen lässt sich zeigen, dass Subjektive Theorien analog zu objektiven Theorien am Beispiel der Ruderbewegung die Funktion von „Erklärung, Prognose, Technologie" (Groeben, 1988a, S. 19) erfüllen können (Lippens, 2001). Das zur (Re-)Konstruktion der Eigensichten benutzte Verfahren der Kartenlegetechnik hat Lippens inzwischen auf andere Sportarten, u. a. Inline-Skaten und Skilaufen (Lippens, 1998; Kintscher & Lippens, 2001), übertragen.

Schack (1999) untersucht, wie sich *mentale Strukturen* beim Bewegungslernen modifizieren bzw. ausdifferenzieren (vgl. a. Schack et al., 2001). Auf der Grundlage sportartspezifischer Konzepte zur Lösung der Bewegungsprobleme erfolgt eine strukturdimensionale Analyse der Wissensbestände in vier Schritten (Abstandsskalierung, Strukturanalyse, Dimensionsanalyse, Invarianzanalyse). So lassen sich sowohl Unterschiede in der mentalen Repräsentation zwischen Experten und Novizen als auch Veränderungen in Lern- und Optimierungsprozessen feststellen. Mit diesem methodischen Ansatz können spezifische Interventionen im Trainingsprozess begründet und bezüglich ihrer Wirkung auf die Verbesserung der Bewegungsausführung überprüft werden (Schack & Heinen, 2000). Die Analyse der Fremdsicht ist nur auf morphologische Daten des Bewegungsverhaltens beschränkt.

Seelig überträgt vor dem Hintergrund der Theorie der persönlichen Konstrukte (Kelly, 1955) das *repertory-grid*-Verfahren auf Bewegungsproduktionen und kann nun Eigensichten der Sportler durch spezifische, begrifflich strukturierte Komponenten des Sich-Bewegens statistisch auswerten und reflektieren (vgl. a. Seelig, 1998). Das Verfahren zeichnet sich durch eine ökonomische Erhebungsphase aus, wenn es z. B. in Kombination mit der Kartenlegetechnik eingesetzt werden kann (vgl. a. Klapheck et al., 2001). Der Aufwand ist zwar im Vergleich zum Interview deutlich geringer, aber immer noch so relativ zeitintensiv, dass die Methode bisher nur in Einzelfallstudien bei *Ruderern* eingesetzt wurde (Seelig, 2001; vgl. a. Seelig & Lippens, 2001). Eine Kombination mit biomechanischen Daten der Fremdsicht steht bisher aus.

Seiler (1995) hat unter einer handlungstheoretischen Konzeptionierung Bewegungshandlungen als Problemlöseprozesse am Beispiel eines *Inversions-Fahrrades* untersucht. Mit Hilfe einer *frame*-Technik kann er die kognitive Steuerung der einzelnen Lernprozesse abbilden, aber auch Hinweise auf die nichtkognitiven Anteile der Bewegungsorganisation in der bewertenden Antizipationsphase und der gefühlsmäßigen Kontrolle des Handelns auffinden. Die Leistungsentwicklung aus der Fremdsicht wurde anhand von Videos in einer ersten Untersuchung dokumentiert und bezüglich der jeweiligen Lernstrategien verglichen. In der Folgeuntersuchung beschränkte sich das Feststellen der Leistungsentwicklung aufgrund der zeitintensiven Auswertung der Fremdsicht auf ein Schätzen der zurückgelegten Strecken.

Der von Seiler gewählte Ansatz lässt sich grundsätzlich auch auf andere Sportarten, z. B. Rudern oder Skispringen, übertragen und mit der Fremdsicht anhand von biomechanischen Messdaten evaluieren (vgl. Seiler, 1993; 1997; Geist & Mickler, 1993). Aber auch diese Untersuchungen blieben wegen der notwendigen kapazitären Aufwendungen auf Einzelfallanalysen beschränkt. Ein erster Versuch, die *frame*-Technik quasi *on-line* (Seiler, 1997, S. 482 ff.) einzusetzen und schon während des Interviews die Intentionshierarchie des Sportlers erstellen zu können, wurde danach nicht weiter verfolgt, obwohl die Erprobung recht aussichtsreich erschien. Dies betraf sowohl die mögliche Interpretation biomechanischer Auffälligkeiten anhand der Intentionshierarchie als auch die fehlende Repräsentation biomechanischer Parameter in den Wissensbeständen.

3 Forschungsschwerpunkt

Auf dem Weg zu einer *pädagogischen Bewegungslehre* sollten komplexe sportliche Lehr/Lern-Prozesse möglichst umfassend im Feld untersucht werden, um Aussagen über die Wirksamkeit von Lerngelegenheiten und Lernhilfen machen zu können. Schon Rieder (1983) versteht „Lern- und Trainingsvorgänge als jeweilige Experimente mit einem Ergebnis, dessen Streuung durch Erfahrung erheblich vermindert werden kann" (S. 21). Als methodisches Mittel zur Anwendung in den Experimenten fordert er eine *„komplexe Bewegungsanalyse"* (S. 26), in der „optimale Lösungen von Bewegungsanforderungen" (S. 25) gefunden werden sollen[2]. Wir versuchen, das Bewegen in einer komplexen *Bewegungshandlungsanalyse* möglichst vollständig zu erfassen, indem Eigen- und Fremdsichten aufeinander bezogen werden (Lippens, 1997, S. 20). In diesem Zusammenhang wären systematische Erkundungen am „komplexen Messplatz" denkbar, um zu untersuchen, wie sich „Sollempfindungen" im Gegensatz zu fehlerhaften Ausführungen auf das Gesamtempfinden eines optimalen Bewegungsablaufes auswirken können (vgl. a. Frester, 1992; Frester & Fricke 1994, S. 36). Ob sich allerdings „Sollempfindungen" im Sinne eines „Technikleitbildes" normieren lassen, bleibt zu bezweifeln. Subjektives Empfinden bildet die spezifischen Bewegungsorganisationen immer „als individuelle Lösung eines objektiv gleichen Problems" (Hensel, 1988, S. 22) ab. Dabei unterscheidet sich die *Eigensicht* des Sportlers deutlich von der *Fremdsicht* des Vermittlers (vgl. a. Mattig, 1965; 1968), die in der Regel in Lern- und Optimierungsprozessen vorherrscht.

> Durch die Einbeziehung der Innensicht lassen sich in einem ersten Schritt Widersprüche zwischen theoretischen Optimalmodellen und individuellen kognitiven Handlungsmodellen aufdecken. In einem zweiten, mehr anwendungsorientierten Schritt könnten darüber hinaus auch die Interventionseffekte bei motorischen Lehr-/Lern- und Trainingsprozessen in einer *Bewegungshandlungsanalyse* ... einbezogen werden. (Hohmann, 1999, S. 43)

---

[2] So hat u. a. Nolte (1982, 1985) die Merkmale einer biomechanisch begründeten Rudertechnik systematisch erforscht. Da sich aber die formulierten Anforderungen an eine aktuelle Rudertechnik zum Teil widersprechen, müssen Trainer und Ruderer in Anpassung an die individuellen Gegebenheiten einen „sinnvollen Kompromiß" finden (1982, IV).

Für die *Explikation* von Wissensbeständen hat Hacker (1994) vorgeschlagen, sich von „Abzapf- zu Aufbau-Konzepten“ zu wenden und mit geeigneten methodischen Verfahren und geschickten Versuchsanordnungen die Inhalte und Strukturen statt zu reproduzieren zu (re-)konstruieren (vgl. Lippens, 1993b, S. 54). Die Abbilder der Eigensichten verweisen auf den individuellen Handlungsraum, den sich die Sportler beim Bewegen erschließen müssen. Die Inhalte und Strukturen können dabei auf diejenigen *Wissensbestände* bezogen werden, die Voraussetzungen für die aktuelle Bewegungsorganisation bieten.

Vor einem handlungstheoretischen Hintergrund (vgl. von Cranach et al., 1980) zeichnet sich der Sportler nicht nur als Produzent von Daten aus, die aus einer Fremdsicht interpretiert werden, sondern vor allem als *Experte* für sein Bewegen, der daher aktiv an der Erfassung und Erklärung der Eigensicht mitwirken muss (Abb. 1). Grundsätzlich können Bewegungshandlungen als „Interpretationskonstrukte“ (Lenk, 1978; 1993) in ihrer möglichst vollständigen Komplexität nur unter Einbeziehung der wechselseitig abhängigen *Perspektiven* von allen Beteiligten (Sportler/Vermittler/Wissenschaftler; Untersuchter/Untersuchender) aufgeklärt werden.

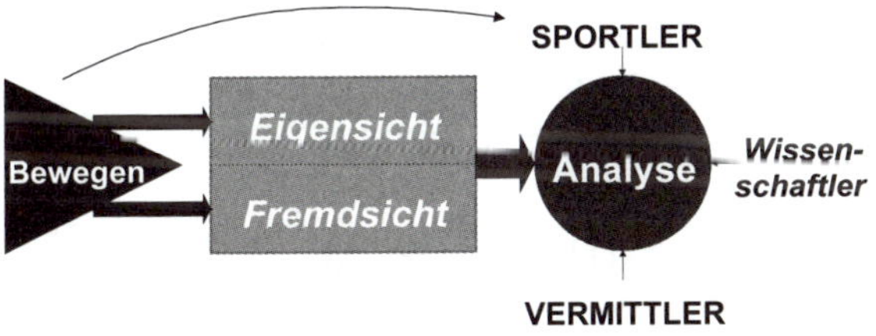

Abb. 1: Beteiligung des Sportlers in der Bewegungshandlungsanalyse

Im Rahmen dieses Beitrags soll an einem eigenen Forschungsbeispiel gezeigt werden, wie sich Eigen- und Fremdsichten in einer komplexen Bewegungshandlungsanalyse aufeinander beziehen lassen. Anschließend werden verschiedene Ansätze unterschiedlicher Forschungsgruppen vorgestellt, in denen die Wahl von Interventionen unter Berücksichtigung der Eigensichten erfolgt.

4 Theoretische Technikmodelle vs. praktische Handlungsmodelle

Mannschaftsleistungen lassen sich als Systemverhalten (vgl. a. Troitzsch, 1996) unter komplexen und dynamischen Umfeldbedingungen verstehen, mit dem man die Bewegungsorganisation im Unterschied zur methodischen Fachliteratur angemessener erklären kann. So lässt sich z. B. das Rudern im ungesteuerten Riemenzweier als *dynamisches Gesamtsystem* (Mannschaft) modellieren, in dem *komplexe kooperative Subsysteme* (Sportler) ihre individuelle Bewegungsproduktion einerseits einzeln koordinieren, andererseits aber auch gemeinsam synchronisieren müssen (Lippens, 1996).

Eine herkömmliche Aufgabenbeschreibung für die Ruderbewegung im ungesteuerten Zweier würde dem Modell einer *direkten Interaktion* innerhalb der Mannschaft entsprechen (Abb. 2 links): Auf der Schlagposition soll die Bewegung so konstant vorgegeben werden, dass der Partner auf dem Bugplatz die Bewegungsausführung möglichst identisch reproduzieren kann. Steuerbewegungen durch den Ruderer auf der Schlagposition können dann etwaige seitliche Abweichungen des Bootes korrigieren und den Geradeaus-Lauf des Bootes sichern.

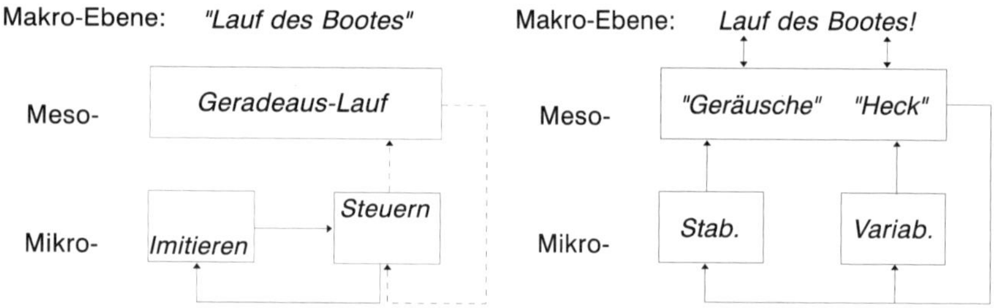

Abb. 2: Modell direkter (links) und indirekter (rechts) Interaktion für die Synchronisationsstrategien einer Mannschaft im ungesteuerten Riemenzweier (mod. n. Troitzsch, 1966)

Die (Re-)Konstruktion der Subjektiven Theorien in einer international erfolgreichen Mannschaft für die unterschiedlichen Positionen im Boot ergibt Hinweise auf jeweils verschiedene Kontrollparameter (akustisch vs. visuell), die die kooperativen Koordinationsleistungen der einzelnen Mitglieder spezifizieren. Dies würde dem Modell einer *indirekten Interaktion* innerhalb der Mannschaft entsprechen (Abb. 2 rechts): Der Ruderer auf der Bugposition produziert eine möglichst stabile Bewegungsausführung, die er anhand der im bugwärtigen Luftkasten entstehenden Geräusche kontrolliert. Sein Partner auf der Schlagposition stellt sich variabel darauf ein, indem er sich an der seitlichen Heckbewegung orientiert und mögliches Gieren des Bootes schon während des Durchzuges kompensiert. Dadurch werden bremsende Steuerbewegungen weitgehend vermieden.

Die Plausibilität dieser Modellierung kann mit entsprechenden Analysen der individuellen *dynamischen Koordinationsleistung* geprüft werden. Die Daten stammen aus einer Re-Analyse von leistungsdiagnostischen Untersuchungen[3]. Insgesamt ist keine in der methodischen Fachliteratur geforderte, positionsspezifische Ausprägung der Dynamogramme (vgl. a. Hänyes, 1984, S. 85) zu finden. Die Berechnung der *Form-* bzw. *Flächendifferenzen* (z. B.: des G-Wertes; Hill, 1995; 2002) anhand der Kraft-Zeit-Verläufe lässt Aussagen über die *dynamische Koordinationsleistung* zu (Abb. 3).

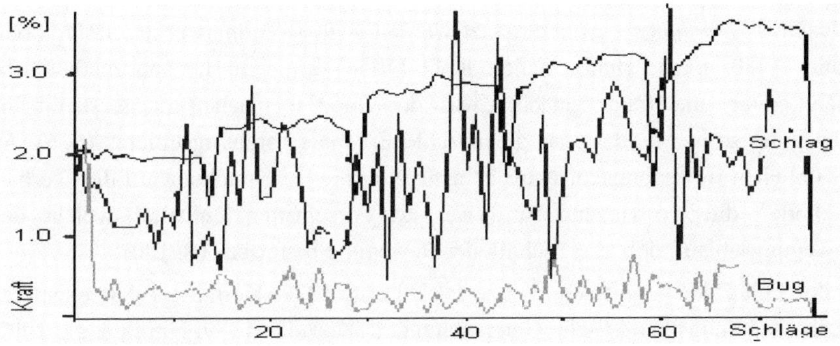

Abb. 3: Gleichmäßigkeit (G-Wert [%]) in den Verläufen der Zugkräfte am Riemen auf den bei den Positionen im Boot (Erläuterungen im Text) (mitte: Schlagposition, unten: Bugposition; oben: Schlagfrequenzen)

Ein Kurvenverlauf ist dann gleichmäßig, wenn er nur ein Maximum hat. Abweichungen von diesem Optimum aufgrund von Zwischenmaxima werden in Prozentanteilen der Gesamtfläche eines Schlages gerechnet (G-Wert).

In einer Serie ($N_{\text{Schläge}} \cong 80$) von unterschiedlichen Schlagfrequenzen kann jetzt die Gleichmäßigkeit des Durchzuges analysiert werden. Auf der Bugposition fällt so der Verlauf der Zugkraft relativ gleichmäßig aus. Dagegen variiert die Gestaltung des Durchzugs auf der Schlagposition deutlich.

Die Sportler haben in der Auswerte-Instanz der Bewegungshandlungsanalyse kompetent mitgewirkt. Nur so konnten wir die spezifischen *Synchronisations-Strategien* finden. Dies ist im o. a. Sinne von Hohmann (1999) ein Beispiel für den Widerspruch zwischen theoretischen Optimalmodellen und praktischen Handlungsmodellen, der sich mit Hilfe der Eigensichten durch die Sportler aufklären ließ.

---

[3] Dipl.-Ing. W. Meyer, Hamburg, hat die Daten aufbereitet und H. Hill, Heidelberg, die Auswertung gerechnet. Die Rohdaten wurden uns freundlicherweise vom Institut für Forschung und Entwicklung von Sportgeräten (FES), Berlin, zur Verfügung gestellt.

5 Interventionen im Techniktraining

Im Techniktraining wird davon ausgegangen, dass geeignete Interventionen anlässlich eines Plateaus bei der Technikentwicklung zum gewünschten Technikfortschritt führen. In der Regel beziehen sich diese Eingriffe lediglich auf Inhalte der Fremdsicht. Da aber die *objektive Technikstruktur* allein zur angemessenen Darstellung der bewegungsregulativen Prozesse nicht ausreicht, muss sie um die *subjektive Handlungsstruktur* ergänzt werden (vgl. a. Thomas et al., 1977; Pöhlmann, 1980; Leist, 1983). Schon Kohl (1956) kritisiert die sportmethodische Fachliteratur und fragt danach, „was der Sportler machen muss, damit die Bewegung so werde, dass das gewünschte Ergebnis daraus resultiere“ (S. 6). An der üblichen Bewegungskorrektur bemängelt er die Beschränkung auf die „verbale Methode", die „vorwiegend Hinweise und Vorschriften [enthalte], welche den Bewegungsablauf, d. h. die Technik der Bewegung betreffen“ (S. 100).

In der Folge der kognitiven Wende (vgl. Leist, 1979; Körndle, 1983) existieren etliche handlungstheoretische Untersuchungen (Körndle, 1989; Nitsch et al., 1997; Blaser et al., 2000; vgl. a. Lippens, 1993), die sich bemühen, die Ursachen für fehlerhafte Bewegungsausführungen zu verstehen, indem die dazugehörige Eigensicht des Sportlers (re-)konstruiert wird. Durch eine geeignete Modifikation der Inhalte und/oder Strukturen soll dann der gewünschte *Technikfortschritt* ermöglicht werden. Derartige Interventionen können lediglich die Organisationsbedingungen des Bewegens verbessern. In den (Re-)Konstruktionen der Eigensichten sehen wir ein großes Potential gerade bei quasi-automatisiertem oder routiniertem Bewegungshandeln von Hochleistungssportlern.

Am Beispiel des Schwimmens beziehen Wolf und Zschorlich (1993) „objektive Daten und subjektive Empfindungen“ aufeinander und zeigen, wie anhand der Eigensichten eine *Lerngruppensprache* herausgebildet werden kann. So lässt sich zwischen der Fremdsicht des Trainers und der Eigensicht des Sportlers vermitteln und der Optimierungsprozess verbessern. Eine ähnliche Intention haben Schack und Heinen (2000), indem sie Konzepte einer Turnbewegung feststellen und die Struktur der Eigensicht bei einer fehlerhaften Bewegungsausführung (re-)konstruieren. Der Vergleich mit der biomechanischen Technikstruktur sowie der Eigensicht eines Könners ergibt Hinweise auf fehlerinduzierende Teilstrukturen, die im mentalen Training modifiziert bzw. ausdifferenziert und mit einer erneuten strukturdimensionalen Analyse geprüft werden können.

Wie sich objektive Messdaten und subjektives Empfinden in Optimierungsprozessen aufeinander beziehen lassen, haben Heemsoth (1993) und Hensel (1988) angedeutet, wenn sie beim Hürdensprint einerseits komplexe Zielgrößen wie Bodenkontaktzeiten und andererseits innere Einstellungen des Sportlers aufeinander beziehen und dann nach individuellen Lösungen des Bewegungsproblems, z. B. der Hürdenüberquerung, suchen. Leider sind diese Ansätze aber nicht systematisch fortgeführt und wissenschaftlich ausgewertet worden. So ließe sich der *gefühlsmäßige Gesamteindruck* im Rahmen einer hierarchischen Schema-Integration (Zimmer & Körndle, 1988; Körndle, 1989) als übergeordnetes Schema modellieren. Die von Heemsoth beschriebene Schwierigkeit der Sportler, präzisere Aussagen zu den relevanten Bewegungsmerkmalen zu finden, wäre mit der Abwärtshemmung innerhalb der Schema-Hierarchie zu erklären, die notwendig ist, um eine ökonomische Organisation des Wissens zu gewährleisten. Durch eine (Re-)Konstruktion der Eigensicht mit geeigneten Anregungsfaktoren wie z. B. einer Kartenlegetechnik kann diese Abwärtshemmung aufgehoben werden. So ließe sich eine u. U. notwendige Modifikation niedrigerer Schemata erreichen, die eine veränderte Bewegungsorganisation ermöglichen könnte (vgl. Lippens, 1993a).

6 Ausblick: Einsichten in Lern- und Optimierungsprozesse

Werden im Verfahren einer komplexen Bewegungshandlungsanalyse Eigensicht der Sportler und Fremdsicht des Vermittlers wechselseitig aufeinander bezogen, dann lassen sich *Störungen* in Lern- und Optimierungsprozessen aufklären. Deren Ursachen können einerseits in Differenzen zwischen theoretischen Optimalmodellen und praktischen Handlungsmodellen, andererseits in nicht individuell abgestimmten Interventionen liegen. Unter verschiedenen Konzeptionierungen und mit unterschiedlichen methodischen Verfahren wird die Eigensicht der Sportler erschließbar, um subjektives Empfinden und objektives Messen sinnvoll in der Auswerteinstanz zu integrieren.

Stehen Eigensichten der Sportler in der Bewegungshandlungsanalyse zur Verfügung, muss der Vermittler einen *Perspektivenwechsel* vornehmen (Abb. 4). Nur so werden neue Einsichten in die Lern- und Optimierungsprozesse möglich. Durch die akzeptierende Teilnahme am theoretisierenden „Nach-Denken“ und „Nach-Fühlen“ des Sportlers (Nagel & Wulkop, 1992) lernt der Vermittler, die aktuellen, objektiven Messdaten individuell adäquat zu erklären und die subjektiven Erlebensdaten gleichermaßen zu verstehen. Nur so ist die Fremdsicht des Vermittlers mit der Eigensicht des Sportlers im Dialog abzustimmen (vgl. Groeben & Scheele, 2000).

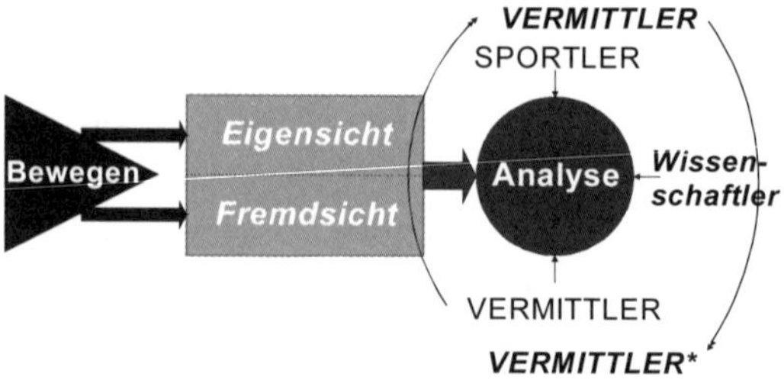

Abb. 4: Perspektivenwechsel des Vermittlers in der Bewegungshandlungsanalyse

Allerdings bleibt fraglich, ob sich die Bewegungshandlungsanalyse in ihrer Komplexität aufgrund des notwendigen Durchführungsaufwandes in der Sportpraxis durchsetzen wird oder in Form einer trainingsbegleitenden Maßnahme auf den Hochleistungssport begrenzt bleibt. So ist nicht nur ein erheblicher Aufwand bei der Datenerhebung notwendig, sondern der Vermittler muss sich auch als Experte für die Eigen- und Fremdsicht der jeweiligen Sportart in der Datenauswertung ausweisen. Beides wird in der Regel nicht ohne die Hilfe geeigneter Wissenschaftler zu gewährleisten sein. Für die von Rieder (1983) eher programmatisch erhobene Forderung nach einer komplexen Bewegungsanalyse im sportpraktischen Experiment liegen nun aber einerseits grundsätzliche *theoretische Modellierungen* sowie andererseits spezielle *methodologische Überlegungen* und sportartbezogene *forschungspraktische Umsetzungen* aus den angeführten Arbeiten vor, um subjektives Empfinden und objektives Messen in einer komplexen Bewegungshandlungsanalyse sinnvoll aufeinander zu beziehen.

Literatur

Amesberger, G. (1990). *Bewegungshandeln und -lernen am Beispiel des Alpinen Skilaufs.* Frankfurt am Main: Harri Deutsch.

Atmanspacher, H. & Dalenoort, G.J. (Hrsg.). (1994). *Inside versus Outside: Endo- and Exo-concepts of Observation and Knowledge in Physics, Philosophy, and Cognitive Science.* Berlin: Springer.

Bischof, N. (1966). Erkenntnistheoretische Grundlagen der Wahrnehmungstheorie. In W. Metzger (Hrsg.), *Handbuch der Psychologie* (Bd. 1, 1. Halbband, S. 21-79). Göttingen: Hogrefe.

Blaser, P., Stucke, C., Körndle, H. & Narciss, S. (2000). *Auswirkungen eines Leistungstrainings im Brustschwimmen auf den Zusammenhang von Bewegungsrepräsentation und Bewegungsausführung.* Köln: Strauß.

Cranach, M. von, Kalbermatten, U., Indermühle, K. & Gugler, B. (1980). *Zielgerichtetes Handeln.* Bern: Huber.

Frester, R. (1992). „Jetzt noch einmal mit Gefühl“ Optimierung sportlicher Prozesse der Bewegungsregulation durch ideomotorisches Training. *Sportpsychologie, 6* (4), 15-19.

Frester, R. & Fricke, B. (1994). Techniktraining mit Wasserspringern am komplexen Meßplatz. *Psychologie und Sport, 1*, 26-37.

Fuhrer, U. (1984). *Mehrfachhandeln in dynamischen Umfeldern.* Bern: Huber

Geist, J. & Mickler, W. (1993). Biomechanische und psychologische Aspekte des Skisprungs in Hinblick auf eine Verbesserung des Techniktrainings. In R. Daugs & K. Blischke (Hrsg.), *Aufmerksamkeit und Automatisierung in der Sportmotorik* (S. 274-283). St. Augustin: Academia.

Groeben, N. (1988a). Explikation des Konstrukts „Subjektive Theorien“. In N. Groeben, D. Wahl, J. Schlee & B. Scheele (Hrsg.), *Forschungsprogramm Subjektive Theorien. Eine Einführung in die Theorie des reflexiven Subjektes* (S. 17-24). Tübingen: Francke.

Groeben, N. (1988b). Fragen, Einwände, Antworten. In N. Groeben, D. Wahl, J. Schlee & B. Scheele (Hrsg.), *Forschungsprogramm Subjektive Theorien. Eine Einführung in die Theorie des reflexiven Subjektes* (S. 206-253). Tübingen: Francke.

Groeben, N. & Scheele, B. (2000). Dialog-Konsens-Methodik im Forschungsprogramm Subjektive Theorien. *Forum Qualitative Sozialforschung/Forum: Qualitative Social Research, 1.* Zugriff am 17.08.2000 unter http://qualitative-research.net/fqs/fqs-d/2-00inhalt-d.htm

Groeben, N., Wahl, D., Schlee, J. & Scheele, B. (Hrsg.). (1988). *Forschungsprogramm Subjektive Theorien. Eine Einführung in die Theorie des reflexiven Subjektes.* Tübingen: Francke.

Gröben, B. (2000). *Einheitenbildung im Bewegungshandeln – zur phänomenalen Struktur des sportbezogenen Bewegungslernens.* Schorndorf: Hofmann.

Gröben, B. (2001). Bewusstsein und Bewegungslernen aus anthropologischer Sicht. In J.R. Nitsch & H. Allmer (Hrsg.), *Denken Sprechen Bewegen* (S. 118-124). Köln: bps.

Gröben, B., Kromer, M., Lippens, V., Schack, T.H. & Seelig, H. (2001). Innensicht und motorisches Lernen. *Workshop* zur (Re-)Konstruktion der *Innensichten.* In H. Altenberger, S. Hecht, V. Oesterheldt, M. Scholz & M. Weitl (Hrsg.), *Im Sport lernen, mit Sport leben* (S. 257-285). Augsburg: Ziel GmbH.

Hacker, W. (1994). *Diagnose von Expertenwissen. Von Abzapf (broaching)- zu Aufbau ([re-] construction)-Konzepten.* Forschungsbericht der Technischen Universität Dresden, Institut für Allgemeine Psychologie und Methodenlehre, Band 15.

Hänyes, B. (1984). Die biomechanische Leistungsdiagnose. *Rudersport, 102,* 84-86.

Hänyes, B., Lippens, V. & Funke-Wieneke, J. (1994). Lehrbemühungen und Lernerfolg – experimentelle Überprüfung von Lehrstrategien. In M. Schierz, A. Hummel & E. Balz (Hrsg.), *Sportpädagogik. Orientierungen – Leitideen – Konzepte* (S. 267-280). Sankt Augustin: Academia.

Heemsoth, C. (1993). Zur Innensicht im Hürdensprint. In V. Lippens (Hrsg.), *Forschungsproblem: Subjektive Theorien. Zur Innensicht in Lern- und Optimierungsprozessen* (2. Aufl., S. 103-109). Köln: Strauß.

Hensel, F. (1988). Bewegungen empfinden und nach Lösungen suchen. Interview. *Sportpsychologie, 2* (2), 20-22.

Hill, H. (1995). *Inter- und intraindividuelle Veränderungen von Koordinationsmustern im Rudern.* Regensburg: Roderer.

Hill, H. (2002). Dynamics of coordination within elite rowing crews: Evidence from force pattern analysis. *Journal of Sports Sciences, 20,* 101-117.

Hohmann, A. (1999). Anwendungs- und Grundlagenorientierung in der Trainings- und Bewegungsforschung. In J. Wiemeyer (Hrsg.), *Forschungsmethodologische Aspekte von Bewegung, Motorik und Training im Sport* (S. 37-54). Hamburg: Czwalina.

Kalbermatten, U. (1983). Zur Erhebung bewußter Kognitionen im Selbstkonfrontationsinterview. In H. Rieder, K. Bös, H. Mechling & K. Reischle (Hrsg.), *Motorik- und Bewegungsforschung* (S. 174-178). Schorndorf: Hofmann.

Kaminski, G. (1972). Bewegung – von außen und innen gesehen. *Sportwissenschaft, 2*, 51-63.

Kelly, G.A. (1991). *The Psychology of Personal Constructs.* New York, London: Routlegde. (Original veröffentlicht 1955).

Kintscher, H. & Lippens, V. (2001). Insights into the Instruction Process. The Recording of Subjective Theories While Learning to Ski. In E. Müller, H. Schwameder, C. Raschner, S. Lindinger & E. Kornexl (Eds.), *Science and Ski II* (S. 706-717). Hamburg: Dr. Kovàc.

Klapheck, A., Lippens, V. & Seelig, H. (2001). Ein-Sichten ins Rudern. Workshop zur (Re-) Konstruktion der Innensichten von Ruderlernern und Rennruderern. In W. Fritsch (Hrsg.), *Rudern – entwickeln, kooperieren, vermitteln* (S. 193-210). Wiesbaden: Limpert.

Klemm, O. (1938). Zwölf Leitsätze zu einer Psychologie der Leibesübungen. *Neue Psychologische Studien, 9*, 383-398.

Körndle, H. (1983). *Zur kognitiven Steuerung des Bewegungslernens*. Dissertation, Universität Oldenburg.

Körndle, H. (1989). Psychologische Aspekte des Techniktrainings. *Sportpsychologie 3* (3), 20-24.

Körndle, H. & Narciss, S. (1993). Motorisches Lernen. In H. Eberspächer, *Sportpsychologie. Grundlagen, Methoden, Analysen* (S. 149-170). Reinbek: Rowohlt.

Kohl, K. (1956). *Zum Problem der Sensumotorik.* Frankfurt: Kramer.

Leist, K.-H. (1979). Zur Wirksamkeit kognitiver Bewegungsrepräsentation im Prozeß der Aneignung neuen Könnens. In G. Bäumler, E. Hahn & J.R. Nitsch (Hrsg.), *Aktuelle Probleme der Sportpsychologie* (S. 131-142). Schorndorf: Hofmann.

Leist, K.-H. (1983). Strukturen des manifesten Bewegungsverhaltens zu verschiedenen Zeitpunkten eines Lernprozesses und ihre Beziehungen zu internen Repräsentationen, untersucht am Beispiel *Pedalo*. In H. Rieder, K. Bös, H. Mechling & K. Reischle (Hrsg.), *Motorik- und Bewegungsforschung* (S. 170-174). Schorndorf: Hofmann.

Lenk, H. (1978). Handlung als Interpretationskonstrukt. In: H. Lenk (Hrsg.). Handlungstheorien - interdisziplinär, Bd. II/1 (S. 279-350). München: Fink.

Lenk, H. (1993). *Interpretationskonstrukte. Zur Kritik der interpretatorischen Vernunft.* Frankfurt: Suhrkamp.

Lippens, V. (1985). Zur Begründung von Lehr-/Lernstrategien durch Analyse von Aussagedaten. In: E. Hahn (Hrsg). Beiträge zur Kognition und Motorik (S. 82-89). Köln: bps.

Lippens, V. (1988). Entwicklung und Erprobung eines Verfahrens zur Erfassung der „Bewegungsvorstellung“ von Ruderern. In R. Daugs (Hrsg.), *Neuere Aspekte der Motorikforschung* (S. 302-320). DVS-Protokolle Nr. 31, Clausthal-Zellerfeld.

Lippens, V. (1992). *Die Innensicht beim motorischen Lernen. Untersuchungen zur Veränderung der Subjektiven Theorien bei Lern- und Optimierungsprozessen am Beispiel des Ruderns.* Köln: Strauß.

Lippens, V. (Hrsg.). (1993). *Forschungsproblem: Subjektive Theorien. Zur Innensicht in Lern- und Optimierungsprozessen* (2. Aufl.). Köln: Strauß.

Lippens, V. (1993a). Wenn alles läuft! Zur Modifikation der Subjektiven Theorien von Rennruderer in Training und Wettkampf. In V. Lippens (Hrsg.), *Forschungsproblem: Subjektive Theorien. Zur Innensicht in Lern- und Optimierungsprozessen* (2. Aufl., S. 17-27). Köln: Strauß.

Lippens, V. (1993b). Der Lehrer als Störgröße? In V. Lippens (Hrsg.), *Forschungsproblem: Subjektive Theorien. Zur Innensicht in Lern- und Optimierungsprozessen* (2. Aufl., S. 52-74). Köln: Strauß.

Lippens, V. (1996). „Die Stabilität durch geschickte Variabilität sichern!“ Zur zeitlichen und dynamischen Bewegungssynchronisation der Mannschaftsarbeit in (ungesteuerten) Riemen-Booten des Rudersports. In R. Daugs, K. Blischke, F. Marschall & H. Müller (Hrsg.), *Kognition und Motorik* (S. 109-114). Hamburg: Czwalina.

Lippens, V. (1997). *Auf dem Weg zu einer pädagogischen Bewegungslehre.* Köln: Strauß.

Lippens, V. (1998). „Wider die Schwerkraft!“ Zum Konzept des Bewegungsgefühls beim Inline-Skaten. In V. Nagel (Hrsg.), *Inline-Skating. Neue Bewegungskultur sportwissenschaftlich analysiert. Bericht vom 1. Sportwissenschaftlichen Hochschulsymposium in Hamburg 1997* (S. 63-76). Hamburg: Czwalina.

Lippens, V. (2001). Einsichten in sportmotorische Lern- und Optimierungsprozesse durch die (Re-)Konstruktion Subjektiver Theorien. In J.R. Nitsch & H. Allmer (Hrsg.), *Denken Sprechen Bewegen* (S. 93-99). Köln: bps.

Mattig, U. (1965). Methodik zur „inneren Einstellung“ am Beispiel des Hürdenlaufs. *Leibeserziehung, 5,* 164-167.

Mattig, U. (1968). Die Anschauung in den Leibesübungen. *Leibeserziehung, 11,* 357-362.

Mattig, U. (1972). Probleme des Techniktrainings im Spitzensport. *Leistungssport, 2,* 325-330.

Meyer-Drawe, K. (1990). *Illusionen von Autonomie. Diesseits von Ohnmacht und Allmacht des Ich.* München: Fink.

Nagel, V. & Wulkop, M. (1992). *Techniktraining im Hockey.* Ahrensburg: Czwalina.

Narciss, S. (1993). Mentales Training zur Modifikation der internen Repräsentation bewegungsstruktureller Merkmale. In V. Lippens (Hrsg.), *Forschungsproblem: Subjektive*

Theorien. Zur Innensicht in Lern- und Optimierungsprozessen (2. Aufl., S. 81-98). Köln: Strauß.

Nitsch, J.R., Neumaier, A., de Marées, H. & Mester, J. (Hrsg.). (1997). *Techniktraining.* Schorndorf: Hofmann.

Nolte, V. (1982). Die Rudertechnik [Beilage: Trainer-Journal 78]. *Rudersport, 100* (34), I-XII.

Nolte, V. (1985). *Die Effektivität des Ruderschlages*. Berlin: Bartels & Wernitz.

Oeser, M. (1936). Über den Speerwurf. *Neue Psychologische Studien, 9* (3), 209-239.

Pöhlmann, R. (1980). Zum Stand einiger lernpsychologischer Probleme im Sport. *Theorie und Praxis der Körperkultur, 29*, 659-665.

Prohl, R. (1991). *Sportwissenschaft und Sportpädagogik*. Schorndorf: Hofmann.

Rieder, H. (1983). Didaktische Aspekte der Ansteuerung sportmotorischer Techniken. *Leistungssport, 13* (5), 21-26.

Schack, T. (1999). Differences in Cognitive Representation and Anxiety Between Experts and Beginners in Extreme Surfing. In V. Hosek, P. Tilinger & B. Lubos (Eds.), *Psychology of Sport and Exercise. Proceedings of the 10th European Congress of Sport Psychology-FEPSAC* (S. 143-145). Prague.

Schack, T. & Heinen, T. (2000). Mental Training Based on Mental Representation. In U. Carlsson, U. Johnson & F. Wetterstrand (Eds.). *Sport Psychology Conference in the New Millennium - A Dynamic Research-Practise Perspective* (S. 333-337). Halmstadt: Halmstadt University.

Schack, T., Heinen, T. & Randecker, R. (2001). Zur mentalen Repräsentation von Rotationsbewegungen im Ski alpin/Freestyle. In J.R. Nitsch & H. Allmer (Hrsg.), *Denken Sprechen Bewegen* (S. 148-153). Köln: bps.

Seelig, H. (1998). Der Einsatz der Korrespondenzanalyse bei der Auswertung von Grids. *PPK-Magazin, 34/35*, 22-28.

Seelig, H. (2001). Die Erfassung der Subjektiven Theorien mittels der Repertory Grid Methode. In J.R. Nitsch & H. Allmer (Hrsg.), *Denken Sprechen Bewegen* (S. 99-105). Köln: bps.

Seelig, H. & Lippens, V. (2001). Karten-Lege-Technik, Repertory-Grid und epistemologisches Subjektmodell [elektronische Version]. In J. Munzert, S. Künzell, M. Reiser & N. Schott (Hrsg.), *Bewegen, Bewusstsein, Lernen. Beiträge der dvs-Sektion Sportmotorik vom 25. – 27.1.2001 in Gießen.* Zugriff unter http://ites.orbis-communications.de/Doks/-Voll_Seelig_d_1.pdf

Seiler, R. (1993). Ein Rahmen für Bewegungen – Das Frame-Konzept zur Rekonstruktion von Bewegungswissen. In V. Lippens (Hrsg.), *Forschungsproblem: Subjektive Theorien. Zur Innensicht in Lern- und Optimierungsprozessen* (2. Aufl., S. 10-16). Köln: Strauß.

Seiler, R. (1995). *Kognitive Organisation von Bewegungshandlungen*. St. Augustin: Academia.

Seiler, R. (1997). Untersuchungen zur internen Repräsentation von Ruderern. In J. R. Nitsch, A. Neumaier, H. de Marées & J. Mester (Hrsg.), *Techniktraining* (S. 459-486). Schorndorf: Hofmann.

Steger, G. (1938). Über den Diskuswurf. *Neue Psychologische Studien, 9*, 351-382.

Thomas, A., Simons, D. & Brackhane, R. (1977). *Handlungspsychologische Analyse sportlicher Übungsprozesse.* Schorndorf: Hofmann.

Troitzsch, K.G. (1996). Individuelle Einstellungen und kollektives Verhalten. In G. Küppers (Hrsg.), *Chaos und Ordnung* (S. 200-228). Stuttgart: Reclam.

Wiemann, K. (1977). Strukturanalyse und Aktionsanalyse sportmotorischer Fertigkeiten. *Sportwissenschaft, 7*, 230-246.

Wolf, H. & Zschorlich, V. (1993). Objektive Daten und subjektive Empfindungen im Schwimmsport. In V. Lippens (Hrsg.), *Forschungsproblem: Subjektive Theorien. Zur Innensicht in Lern- und Optimierungsprozessen* (2. Aufl., S. 99-102). Köln: Strauß.

Zimmer, A.C. & Körndle, H. (1988). A model for hierarchically ordered schemata in the control of skilled motor action. *Gestalt Theory, 10*, 85-102.

D.4 Kognition und Emotion

Thomas Schack

Gliederung

1 Einleitung

2 Zur kognitiven Organisation der Bewegung
2.1 Kognitive Steuerung und Bewegungslernen
2.2 Aufnahme und Repräsentation motorischer Informationen
2.3 Aufbau und Veränderung von Wissensrepräsentationen im Lernprozess
2.4 Repräsentationsstrukturen bei Bewegungsexperten
2.5 Methodische Zugänge zur Ermittlung kognitiver Repräsentationen

3 Zur emotionalen Organisation der Bewegung
3.1 Emotionale Repräsentationen im Bewegungslernen
3.2 Emotionale Repräsentationen und Bewegungsleistung
3.3 Emotionale Steuerung und Bewegungslernen

4 Zum Zusammenspiel von Kognitionen und Emotionen

5 Forschungsperspektiven

Kurzreferat

Für die Bewegungsregulation und das Bewegungslernen sind kognitive und emotionale Strukturen und Prozesse von großer Bedeutung. Sie können einmal getrennt betrachtet und thematisiert werden. Darüber hinaus ist es zweckmäßig, die Frage nach der Wechselwirkung kognitiver und emotionaler Strukturkomponenten in der Bewegungsregulation zu stellen.

Zunächst wird die Aufnahme und Repräsentation motorischer Informationen und der Aufbau von Wissensrepräsentationen im Lernprozess thematisiert. Anschließend werden Unterschiede in den Repräsentationsstrukturen von Experten und Novizen sowie entsprechende methodische Zugänge zur Untersuchung von Repräsentationen behandelt. An diese Schwerpunktsetzung im kognitiven Bereich schließen Ausführungen zur emotionalen Organisation der Bewegung an. Hier wird auf emotionale Repräsentationen im Bewegungslernen und auf Zusammenhänge zwischen emotionalen Zuständen und Bewegungsleistung eingegangen. Weiterhin wird die Funktion der emotionalen Steuerung im Bewegungslernen thematisiert.

Nach der getrennten Einführung in die Bereiche Kognition und Emotion wird das Zusammenspiel beider Strukturkomponenten behandelt. Der Beitrag schließt mit einer Behandlung von Forschungsperspektiven zur weiteren Untersuchung von Kognitionen und Emotionen im Bewegungshandeln ab.

Schlagworte

Angst, Bewegungsregulation, Bewegungssteuerung, Emotion, Expertise, Kognition, Leistung, Problemlösen, Repräsentation, Wissen

1 Einleitung

Für das Lernen und Optimieren von Bewegungen sind kognitive und emotionale Prozesse von zentraler Bedeutung. Wenn eine neue Bewegung erlernt werden soll, muss zunächst die Bewegungsaufgabe *kognitiv* erfasst werden, es muss ein Ziel gebildet und die Demonstration des Trainers behalten werden. Eine solche Aufgabenkonstellation ist gleichzeitig *emotional* attribuiert. Sie kann in Abhängigkeit von den eigenen Kompetenzen und Interessen beispielsweise Freude, Angst oder Stress auslösen. Mit dem Beginn eines Lernprozesses werden kognitive Repräsentationen der Bewegung aufgebaut, ständig korrigiert und zur Abschätzung der Zielerreichung herangezogen. Dabei wird der Erfolg der Bewegungsausführung permanent bewertet und ist von daher „emotional eingefärbt".

Eine wesentliche Funktion der Strukturkomponenten *Kognition und Emotion* in der Bewegungsorganisation besteht darin, Informationen über den Grad der Zielannäherung und die Wahrscheinlichkeit der Zielerreichung zu liefern. Damit erfüllen sie die Funktion von *informationellen* Größen. Weiterhin werden durch die *kognitive Repräsentation* verschiedener Bewegungsvarianten und damit durch *Bewegungswissen* spezifische Möglichkeiten für eine adaptive und situationsadäquate Organisation der Bewegung zur Verfügung gestellt. *Emotionale Zustände* können dagegen als Repräsentation von Lage- und Zielerreichungszuständen aufgefasst werden, durch die adaptive Bewegungsalternativen in eine erhöhte Bereitschaft versetzt werden.

Kognitive und emotionale Prozesse und Strukturen erfüllen also jeweils spezifische Funktionen in der Bewegungsorganisation, sind dabei aber wechselseitig verschaltet. Sowohl zur Definition von Emotion und Kognition, als auch zu deren Zusammenspiel existieren verschiedenartige Theorien und Modelle. Für James (1890) waren Emotionen beispielsweise nichts anderes als Empfindungskomplexe, die sich aus körperlichen Veränderungen und deren kognitiver Bewertung ergeben. Traurigkeit würde demnach als Folge des Weinens interpretiert und nicht umgekehrt, wie man alltagspsychologisch annehmen würde. In einer Reihe kognitiv-physiologischer Emotionstheorien (Schachter & Singer, 1962; Valins, 1974) wurden Emotionen dagegen als Wechselwirkungen aus Erregungsempfindungen *und* kognitiven Situationseinschätzungen thematisiert. Weitere Theorien nehmen an, dass Wechselwirkungen zwischen Emotionen, Handlungstendenzen und kognitiven Einschätzungen beachtenswert sind (Frijda, 1986) oder dass Emotionen und Kognitionen stärker neurophysiologisch hergeleitet werden müssten (z. B. Oatley & Johnson-Laird, 1987). Die Beurteilung der Funktion und der Struktur kognitiver und emotionaler Regulationsvorgänge hängt also stark vom theoretischen Rahmen ab, der zugrunde gelegt wird. Dabei ist allerdings wesentlich, dass beide Strukturkomponenten (Kognition und Emotion) keine abstrakten Größen sind, sondern eine funktionale Bedeutung im Bewegungslernen inne haben. Aus dieser Perspektive erscheinen insbesondere solche Ansätze tragfähig, bei denen Kognition und Emotion als *Regulationssysteme im Bewegungshandeln* thematisiert werden, die sich *funktionsbezogen* und *phylogenetisch nachvollziehbar* etabliert haben (Klix, 1998; Lander, 1987; Nitsch, 2000; Schack & Lander, 1999). Den weiteren Ausführungen liegt eine solche Perspektive zugrunde. Zunächst werden verschiedene Aspekte der kognitiven Organisation (Abschnitt 2) erörtert, danach Aspekte der emotionalen Organisation von Bewegungen (Abschnitt 3) dargestellt. Anschließend wird das Zusammenspiel von Kognition und Emotion thematisiert (Abschnitt 4) und es werden Forschungsperspektiven aufgezeigt (Abschnitt 5).

2 Zur kognitiven Organisation der Bewegung

Unter den Begriff Kognition fallen alle Prozesse und Strukturen, die der Aufnahme, Bewertung und Speicherung von Information dienen und so dem Individuum Kenntnis über sich, die Umwelt und seine Bewegungs- und Verhaltenspotenz vermitteln. Lernen aus einer kognitiven Perspektive betrifft dementsprechend vor allem die Korrektur von Gedächtnisinhalten zum Zwecke einer optimierten Bewegungsausführung (vgl. Klix, 1992). Die wesentlichen kognitiven Strukturen lassen sich in zwei Bereiche unterteilen. Neben den *Repräsentationssystemen* zählen dazu insbesondere die *Exekutionssysteme* (Prinz, 1983). Die Exekutionssysteme umfassen alle Programm-, Regel- und Steuersätze, die zur Ausführung von Operationen innerhalb der willkürlichen Bewegungsregulation erforderlich sind. Sie gewährleisten zielbezogene Operationen u. a. in solchen Funktionsbereichen wie Antizipation und Bewegungssteuerung. Repräsentationssysteme dienen dagegen der Speicherung bewegungsrelevanter Informationen. Sie bilden und organisieren letztendlich das Bewegungsgedächtnis und damit das Bewegungswissen.

2.1 Kognitive Steuerung und Bewegungslernen

Zu beiden Bereichen (Repräsentations- und Exekutionssystemen) liegen umfangreiche sport-, bewegungs- und kognitionswissenschaftliche Arbeiten vor. Hier soll zunächst auf ausgewählte Studien zur Bewegungssteuerung verwiesen werden. In einigen Studien wurde der Frage nachgegangen, inwieweit Anweisungen (Gröben, 1995) resp. Instruktionen (Wulf & Prinz, 2000; Wulf & Weigelt, 1997) das Bewegungslernen verbessern. Dabei wurde deutlich, dass die Qualität des Bewegungslernens stark von der Art der Instruktion (z. B. bewegungs- vs. effektorientiert) abhängt. Demnach wäre anzunehmen, dass durch Instruktionen kognitive Subsysteme des Bewegungshandelns, insbesondere Systeme der Informationsaufnahme und Informationsverarbeitung, beeinflusst werden.

Man könnte sich aber ebenso fragen, inwieweit Sprache, etwa in Form von *Selbstinstruktionen*, selbst zu einem funktionalen Bestandteil des Bewegungslernens wird. Dieser Frage ist Munzert (1997) in einer Reihe von Studien nachgegangen. Dabei konnte gezeigt werden, dass der Sprache eine *initialisierende* und *strukturierende* Funktion im Bewegungslernen zukommt.

2.2 Aufnahme und Repräsentation motorischer Informationen

Für Bewegungslernen ist neben der kognitiven *Steuerung* von Bewegungen, insbesondere die *Repräsentation* von Informationen wichtig, die die Bewegungsausführung betreffen. Hier geht es um die Frage, wie Bewegungen behalten werden (vgl. Raab & Magill, in diesem Band) und wie sich der Gedächtnisinhalt verändert. Dieser Frage soll zunächst anhand relativ einfacher und laborexperimentell untersuchbarer Bewegungen nachgegangen werden.

Die historisch älteren Untersuchungen zu diesem Themenbereich liegen im Bereich der Langzeitspeicherung. Hier wurden beispielsweise Behaltensleistungen von Bewegungen beim Schreibmaschineschreiben (Hill, 1957) oder Balljonglieren (Swift, 1906) untersucht. Ebenso wie bei diesen Bewegungen wurden bei zyklischen Bewegungen (vgl. z. B. Meyers, 1967) nur geringe Behaltensverluste festgestellt, während bei einer Reihe azyklischer Bewegungen (Adams & Hufford, 1962) nach längeren Zeitintervallen (mehreren Wochen) die Bewegung fast vollständig vergessen wurde.

Die Funktion des motorischen Kurzzeitgedächtnisses liegt in der kurzfristigen Speicherung von Informationen (etwa 15-30 s), die durch den kinästhetisch-taktilen und den vestibulären Analysator aufgenommen werden (Kuhn, 1984, S. 114). Wesentliche Untersuchungen zur Speicherung solcher Informationen wurden beispielweise in den sechziger Jahren mit dem Positionierungsparadigma vorgenommen (vgl. Raab & Magill, in diesem Band).

Weitere Befunde, die auf eine Verbindung verbaler und motorischer Informationen im motorischen Kurzzeitgedächtnis hinweisen, finden sich in Untersuchungen zu Verbal-Label-Effekten (Ho & Shea, 1978; Shea, 1977; vgl. Munzert, 1997, für eine Übersicht). Shea (1977) ließ die Vpn bei einer Positionierungsaufgabe verschiedene Endstellungen reproduzieren, die weitgehend dem Ziffernblatt einer Uhr entsprachen. Dabei sollten die Winkel der Armbewegung nach fünf resp. sechzig Sekunden reproduziert werden. Es wurden drei Gruppen gebildet: Gruppe A sollte adäquate verbale Label (Uhrzeiten) verwenden, Gruppe B bekam irrelevante verbale Hinweise und Gruppe C bekam keinerlei Informationen. Die höchste Genauigkeit der Bewegungsreproduktion zeigt sich nach beiden Behaltensintervallen (fünf bzw. sechzig Sekunden) bei Gruppe A, die geringste Genauigkeit bei Gruppe C. Mit diesen und weiteren Befunden im Verbal-Label-Paradigma (vgl. Munzert, 1997, S. 68) liegen Hinweise auf konzeptuelle Verknüpfungen von Bewegungen und verbalen Labeln vor. Diese Resultate sind insbesondere für die Untersuchung komplexerer Bewegungen interessant. Hier wurden mehrfach konzeptuelle (begriffliche) Strukturen im Bewegungsgedächtnis vermutet und untersucht (vgl. z. B. Lippens, 1992; Schack, 1999; Seiler, 1995).

2.3 Aufbau und Veränderung von Wissensrepräsentationen im Lernprozess

Im Zusammenhang mit komplexeren Bewegungen, die meist in Felduntersuchungen erfasst werden, geht man davon aus, dass kognitive Einheiten der Wissensrepräsentation (etwa Begriffe) von Bedeutung sind. Eine der ersten Untersuchungen, die im Bereich Bewegungswissen bei komplexen Bewegungen liegt, wurde von Körndle (1983) vorgelegt. Er untersuchte den Aufbau interner Bewegungsrepräsentationen bei einer zyklischen Bewegungsaufgabe, dem Pedalofahren. Er erfasste physikalische Parameter der Bewegung (Geschwindigkeit, vertikale und horizontale Kraftstöße) und weiterhin Elemente der kognitiven Repräsentation mittels Feature-Rating und Interview. Körndle legte seinen Untersuchungen Begriffe als kognitive Einheiten des Bewegungswissens zugrunde. Anhand von Leistungsdaten bildete er Extremgruppen und konnte *schnelle* und *langsame Lerner* voneinander unterscheiden. Durch diese Vorgehensweise gelang es ihm, Zusammenhänge zwischen dem Lernprozess und der Veränderung von Bewegungsrepräsentationen aufzuzeigen. Er konnte zeigen, dass begrifflich organisierte Wisseneinheiten im Lernprozess aufgebaut und hierarchisch integriert werden (vgl. Zimmer & Körndle, 1988). Während nun schnellere Lerner in Interviews *präzise und differenzierte Aussagen* zum Lernprozess machen konnten, war das bei langsamen Lernern nicht der Fall. Hier wurden eher *ungenaue und globale Aussagen* festgestellt. Das steht offensichtlich mit dem Grad der *hierarchischen Integration von Wissenseinheiten* in Verbindung. Schnelle Lerner würden demnach Wissen stärker hierarchisch aufbauen, langsame Lerner würden Wissen eher auf einer Ebene speichern und weniger integrieren.

Lippens (1992) knüpft modelltheoretisch an das Konstrukt subjektiver Theorien (Groeben & Scheele, 1982) und hinsichtlich der empirischen Fragestellung u. a. an die Untersuchungen von Körndle (1983) an. Er versucht allerdings, die künstliche Lernsituation des Pedalofahrens zu überwinden und legt eine Untersuchung bei Ruderern an. Dazu entwickelt er eine spezifische Kartenlegetechnik als Untersuchungsverfahren. Er erfasste weiterhin u. a. physikalische Daten (z. B. Stemmbrettkräfte), um schließlich schnelle und langsame Lerner hinsichtlich verschiedener Parameter vergleichen zu können. Im Vergleich solcher Lerner stellte er u. a. fest, dass schnelle Lerner eher *Oberbegriffe* finden und im Lernprozess einsetzen als langsame Lerner. Es wird weiterhin ein Strukturaufbau im Lernprozess deutlich (vgl. weiterhin Lippens, 2001).

Seiler (1995, 1997) geht in Anlehnung an Minsky (1975) davon aus, dass sich *Wissen in Form von Frames* darstellen lässt. Dabei sollen diese Frames einerseits dynamische Eigenschaften haben und sich weiterhin hierarchisch strukturieren lassen. Ein Frame beinhaltet *Intention, Mittel, Auslöser, Bedingungen, Ergebnisse und Effekte der Bewegung*. Der methodische Zugriff zu solcherart Wissen erfolgt durch schriftliche Selbstberichte oder durch mündliche Befragung und Eintragung der Aussagen in sog. Frame-Formulare. Zusätzlich wurden in der Untersuchung von Seiler (1995) Videoaufnahmen und in Untersuchungen im Rudern (Seiler, 1997) biomechanische Daten herangezogen. Als Bewegungsaufgabe wählte Seiler (1995) das Fahren auf einem Inversionsrad (vgl. auch Seiler, 2000). Bei diesem Fahrrad sind die beiden gelagerten Drehpunkte für das zyklisches Treten der Pedale und die Lenkbewegung invertiert. Durch die damit verbundene Umkehrung der *erwarteten Effekte* entstehen Anforderungen, die mit einem Neulernen des Fahrradfahrens vergleichbar sind. Für die Bewältigung dieser Anforderungen war der Aufbau von Wissensstrukturen in besonderer Weise interessant. Bei diesen Untersuchungen wurde deutlich, dass sich die *Ziele*, die die Vpn einsetzten, ebenso wie die *Mittel zur Zielerreichung* im Laufe des Lernens änderten. Dabei waren die *kognitiven Mittel* (Aufmerksamkeitslenkung, Bewegungsmuster u. a.) auf unterschiedlichen Ebenen angesiedelt. Es wurde also der *Aufbau und die Veränderung hierarchischer Ziel-Mittel-Strukturen* im Lernprozess nachweisbar. In der Untersuchung von Seiler (1997) zeigten sich teilweise Zusammenhänge „zwischen biomechanischen Messparametern und mit Hilfe des Frameverfahrens gewonnenen Rekonstruktionen interner Repräsentationen von Bewegungshandlungen“ (Seiler, 1997, S. 485). Da es sich hier um Pilotuntersuchungen handelte, waren keine generellen Aussagen möglich. Ähnlich gelagerte Befunde wurden allerdings von Schack (2002) ermittelt.

Weiterhin aufschlussreiche Untersuchungen zu Wissensrepräsentationen mittels Fragebogen- bzw. Interviewmethoden wurden u. a. von Mickler (1997) im Skisprung, von Quinten (1997) im Radsport, von Narciss (1993) sowie Blaser, Stucke, Körndle und Narciss (2000) im Brustschwimmen und von Wiemeyer (1993) im alpinen Skilauf durchgeführt. Aktuelle theoretische Zugänge und methodische Entwicklungen sind vergleichend bei Lippens (2001) und bei Gröben, Kromer, Lippens, Schack und Seelig (2001) dargestellt.

2.4 Repräsentationsstrukturen bei Bewegungsexperten

Aufschlussreiche Aussagen zu kognitiven Strukturen im Bewegungslernen, werden durch Experten-Novizen-Vergleiche möglich. In verschiedenen Bereichen der Expertiseforschung zu Physik, Mathematik und anderen Problemlösebereichen (vgl. Chi, 1979; Chi & Koeske, 1983; Garner, 1987) hatte sich gezeigt, dass sich kognitive Repräsentationsstrukturen von Experten und Novizen qualitativ unterscheiden. Die angloamerikanische Forschung zu Expertise im Sport lehnt sich hinsichtlich der verwendeten Modelle und Methoden sehr stark an diesen Bereich an (vgl. etwa Starkes, Deakin, Lindley & Crisp, 1987; Huber, 1997). So wurden mittels spezifischer Sortiertechniken und Interviewmethoden expertiseabhängige Unterschiede in der Klassifikation und Repräsentation von kontextspezifischen Problemzuständen u. a. bei Turmspringern, Judoka, Triathleten und Gewichthebern nachweisbar (Huber, 1997; Russell, 1990). Beim Turmspringen wurde deutlich, dass die Knoten der ermittelten Repräsentationsstrukturen bei Experten, ebenso wie im Problemlösebereich (Chi & Glaser, 1980), über eine größere Anzahl an Merkmalen verfügen, als die Knoten von Novizen. Die Verbindungen zwischen den Knoten sind bei Experten zahlreicher, was sich ebenso mit Befunden aus der Problemlöseforschung deckt (vgl. Huber, 1997). Während sich mittels Sortiermethoden zeigt, dass Experten dabei Probleme nach zugrunde liegenden funktionalen Prinzipien klassifizieren, operieren Novizen stärker mit Oberflächenmerkmalen (Allard & Burnett, 1985; Russell & Salmela, 1992). Es wurden weiterhin Unterschiede in der Struktur und Organisation von Bewegungswissen u. a. im Tennis (McPherson & Thomas, 1989) und Basketball (French & Thomas, 1987) deutlich. Diese Befunde wurden mittels Fragebogenmethoden und Interviews gewonnen. Es wird in anderen Untersuchungen deutlich, dass sich Experten und Novizen nicht nur hinsichtlich verschiedener Funktionen wie Wahrnehmung unterscheiden, sondern dass diese Funktionsbereiche gleichzeitig in unterschiedliche kognitive Strukturen eingebettet sind (vgl. Munzert, 1995, für eine Übersicht).

2.5 Methodische Zugänge zur Ermittlung kognitiver Repräsentationen

Grundsätzlich unterscheiden sich, wie bereits deutlich wurde, die methodischen Zugänge zur Ermittlung kognitiver Repräsentationen deutlich. Hier werden einerseits in der Motorikforschung *laborexperimentelle* Untersuchungen angelegt. Die untersuchten Bewegungseinheiten sind eher molekular und von daher gut beobachtbar. Für die Untersuchung der Repräsentation komplexer Bewegungseinheiten werden dagegen eher *weniger standardisierte Methoden*, insbesondere Interviews, Fragebogen und Strukturlegetechniken, jedoch kaum Experimente herangezogen.

Es wurde mehrfach auf die Probleme aufmerksam gemacht, die der Gebrauch von Befragungsmethoden zur Untersuchung von Bewegungsrepräsentationen mit sich bringt. Diese Probleme liegen zunächst grundsätzlich darin, dass die Objektivität, Reliabilität und Validität der Methoden schwer zu sichern ist (vgl. Thomas & Thomas, 1994; Wiemeyer, 1994). Weiterhin ist der Einsatz dieser Methoden nur dann geeignet, wenn man einen *phänomenologischen Zugang* zur Thematisierung von Repräsentationen bevorzugt. Wer einen *funktionsanalytischen Zugang* bevorzugt, kann kaum davon ausgehen, dass Repräsentationsstrukturen durch die Versuchsperson (Vp) explizierbar werden. Aus diesem Grund könnten dann eine Reihe herkömmlicher Methoden (etwa Interviews) die empirische Forschung in einem funktionsanalytischen Ansatz ergänzen, aber nicht ersetzen. Ein eindeutiger Bedarf liegt also in der Entwicklung experimenteller Zugänge zur Untersuchung kognitiver Repräsentationen von Bewegungshandlungen. Dabei erscheint eine Verbindung von laborexperimenteller Forschung mit „real world intact sports" (Thomas & Thomas, 1999, S. 221) in besonderem Maße reizvoll. Entsprechende Möglichkeiten wurden aufgezeigt (Schack, 1999; 2000; 2002), sind aber noch nicht ausreichend erschlossen.

3 Zur emotionalen Organisation der Bewegung

Emotionen sind funktional mit der Bewegungsorganisation und mit dem Bewegungslernen verknüpft. Sie repräsentieren Zielerreichungszustände und die momentane Situationsbewertung des Individuums. Darüber hinaus kommt Emotionen, psychodynamisch betrachtet, eine Art Verstärkerfunktion zu. Adaptive Bewegungsprogramme werden in Bereitschaft versetzt und das Gesamtsystem in

Richtung effektbezogener Bewegungskonsequenzen aktiviert. Sie begleiten von daher das Bewegungslernen permanent und liefern kognitiv verwertbare Informationen über die Effizienz der Bewegungsregulation (Nitsch, 2000). Hiermit werden bereits Schnittstellen zwischen Kognition und Emotion angedeutet.

3.1 Emotionale Repräsentationen im Bewegungslernen

Für eine willkürliche Bewegungsregulation ist es nicht allein wesentlich, dass bewegungsrelevante Informationen gespeichert und Bewegungsmöglichkeiten repräsentiert werden. Weiterhin wichtig ist, dass Informationen hinsichtlich ihrer intentionalen Relevanz beurteilt werden. Diese Bewertungsprozesse sind emotional attribuiert. Dabei werden emotionale Prozesse aber selbst zu Informationen über die Effizienz der Bewegung. Die Hypothese ist also, dass Emotionen nicht allein einen gefühlsmäßigen Ausdruck bilden, sondern insbesondere einen bewegungs- bzw. handlungsbezogenen Status repräsentieren. Dabei können verschiedenartige Emotionen, wie beispielweise Freude, Glück, Angst oder Stress auftreten und jeweils spezifische Informationen liefern. Die Zusammenhänge zwischen Bewegung und Emotionen wurden wahrscheinlich bisher am stärksten anhand von Angst untersucht. Deshalb wird die weitere Darstellung des Zusammenhangs von Emotionen und Bewegungslernen anhand der Emotion „Angst" vorgenommen.

In den 70er und 80er Jahren des vergangenen Jahrhunderts erlebte das Phänomen Angst geradezu einen Boom an Zuwendung in der bewegungswissenschaftlichen und sportpsychologischen Forschung. Die Thematisierung von Bewegungsangst und die Suche nach wirksamen Angstreduktionstechniken gerieten zu Brennpunkten empirischer Untersuchungen. Dabei stand zunächst im angloamerikanischen wie im deutschen Sprachraum die Thematik Angst, Leistung und Lernen im Mittelpunkt des wissenschaftlichen Interesses. Auf der Basis spezifischer theoretischer Annahmen (vgl. etwa Spielberger, 1972; Hackfort, 1987) differenzierte sich die Forschung zu Sport- und Bewegungsangst in den 70er, 80er und 90er Jahren zunehmend aus. In den Anwendungsfeldern Leistungssport, Schulsport, Risikosport und Rehabilitation konzentrierte sich das Forschungsinteresse nicht mehr nur auf den Zusammenhang von Angst und Leistung, sondern auch auf den bewegungshemmenden Effekt von Angst, den Verlauf des Vorstartzustandes, auf Bedingungen der Angstentstehung und auf die Entwicklung von Diagnose- und Interventionsverfahren (vgl. Allmer & Bielefeld, 1982; Hackfort & Schwenkmezger, 1993; Hackfort & Spielberger, 1989; Kleine, 1990; Landers, 1980; Weinberg, 1990 u. a.).

In einer beinahe klassischen Arbeit haben Martens und Landers (1969) den Zusammenhang von Angst und motorischen Lernprozessen untersucht. Sie konnten bei einer komplexen motorischen Aufgabe zeigen, dass ängstliche Personen beim Bewegungslernen größere Probleme (operationalisiert über die Anzahl der Fehler) haben als nicht-ängstliche Versuchspersonen. Weiterhin wurde in ihrer Untersuchung deutlich, dass der Leistungsunterschied zwischen beiden Extremgruppen mit dem Lernfortschritt in weiteren Übungswiederholungen abnimmt. Etwa nach der Hälfte der Sitzungen (fünf von zehn) hatten sich die Bewegungsleistungen beider Gruppen angenähert. Diese und weitere Studien legten nahe, die Zusammenhänge zwischen Angst und Leistung genauer zu untersuchen.

3.2 Emotionale Repräsentationen und Bewegungsleistung

Die stärkere Berücksichtigung von Emotionen im Bewegungslernen führte spätestens ab Anfang der 70er Jahre zu der Annahme kurvilinearer Zusammenhänge zwischen Angst und Leistung. Dabei erfreute sich insbesondere die Annahme eines umgekehrt U-förmigen Zusammenhanges zwischen Erregung und Leistung einer zunehmenden Popularität. Diese Beziehung, die von Yerkes und Dodson (1908) erstmalig in Tierversuchen aufgezeigt werden konnte, besagt, dass ein Erregungsanstieg bis zu einem optimalen Ausprägungsgrad mit einem Anstieg der Leistung einhergeht, während eine weitere Erhöhung der Erregung zu einem Leistungsabfall führt. Es finden sich viele Studien, die diese kurvilineare Beziehung zwischen Angst und Leistung zunächst zu unterstützen scheinen (vgl. etwa Klavora, 1978). Solche Studien wurden auch in den 80er und 90er Jahren fortgeführt und ausgebaut. Eine genauere Betrachtung des methodischen Vorgehens legt allerdings Zweifel an der Validität der empirischen Forschung und der daraus abgeleiteten Aussagen nahe (vgl. hierzu insbesondere Neiss, 1988; Kleine & Schwarzer, 1991).

Inhaltliche Probleme beim Umgang mit der umgekehrten U-Funktion ergeben sich teilweise daraus, dass der Zusammenhang unikausal als Wirkung der Erregung auf Leistungseffekte interpretiert wird. Es wird aber kein Zusammenhang und schon gar keine Wirkung erklärt, sondern nur ein Zusammenhang als nicht-monotone Funktion beschrieben (vgl. Nitsch, 1981). Man könnte aus der umgekehrten U-Funktion auch ableiten, dass die Athleten mit den besten Leistungen auch optimal erregt (oder motiviert) sind, während die schlechteren Athleten entweder in einem apathischen oder übererregten Zustand verharren. Solche und weitere Aussagen, die sich aus der umgekehrten U-Funktion ableiten lassen, sind damit möglicherweise wahr und dennoch trivial. Die Popularität dieser Annahme ergibt sich damit wohl in erster Linie daraus, dass sie praktisch gut für Lehr- und Trainingszwecke nutzbar ist.

Einen differenzierten Einblick in die Zusammenhänge zwischen Angst und Bewegungsleistung liefert eine Metaanalyse von Kleine und Schwarzer (1991). In diese Analyse gingen 50 Studien ein, die zwischen 1970 und 1988 erschienen sind und insgesamt N = 3589 Personen erfassten. Hier zeigte sich, dass Angst-Leistungs-Beziehungen beispielsweise durch Personenmerkmale moderiert sind. So ist etwa der Zusammenhang zwischen Angst und Leistung bei niedrigem Leistungsniveau deutlich enger (r = -0,28) als bei Experten (Spitzensportlern). Hier wurde vermutet, dass sich Anfänger mehr auf ihre Angstgefühle konzentrieren, als Experten und sich diese Konzentration dysfunktional auf die Leistung auswirkt (Fenz, 1975). Wenn die Angst-Leistungs-Beziehung in Abhängigkeit von Sportartmerkmalen analysiert wird, fällt auf, dass der Zusammenhang bei Kontaktsportarten deutlich enger (negativ) ist, als bei kontaktfreien Sportarten. Ebenso fällt der Zusammenhang bei Mannschaftssportarten deutlich enger (negativ) aus als bei Individualsportarten. Dabei ergeben sich bei beinahe allen Analysen engere negative Zusammenhänge für die (stärker kognitiv bestimmte) Besorgtheitskomponente der Angst. Bei der eher physiologischen Aufgeregtheit finden sich nur geringe Zusammenhänge. Das spricht auch an dieser Stelle für Interaktionen zwischen kognitiven und emotionalen Prozessen.

3.3 Emotionale Steuerung und Bewegungslernen

Mit der metaanalytischen Untersuchung von Kleine und Schwarzer wurde für einen breiten Bereich deutlich, welche Interaktionen zwischen Angst und Leistung vorliegen und insbesondere wie diese moderiert werden. Als weiterhin wesentlich für das Entstehen von Gefühlen im Bewegungslernen wurden innersprachliche Strategien der Bewegungskontrolle angesehen. Solche innersprachlichen Strategien unterstützen die Abschirmung und Realisierung einer Intention und damit auch die emotionale Steuerung. Ein Beispiel für eine solche Strategie wäre etwa eine zielgerichtete und lernaktive Bewältigung von Misserfolgen.

In einer Reihe empirischer Untersuchungen konnte gezeigt werden, dass das Fehlen solcher innersprachlicher Strategien zu einer Beeinträchtigung der Bewegungskontrolle und des Bewegungslernens führt (z. B. Schack, 1997; Ziemainz & Schack, 1999). Es könnte aus dieser Sicht auch angenommen werden, dass die Bewegungen von Sportlern nicht nur beeinträchtigt sind, weil diese momentan

Angst haben, sondern präziser, dass sie Angst haben, weil ihre Bewegungskontrolle funktional beeinträchtigt ist. Sie bewerten und erleben das Nichtverfolgen-Können selbstgesteckter Ziele als spezifisches Defizit. Bewegungsangst kann so nicht nur als Ursache, sondern ebenso konsequent als Folge einer Bewegungsunterbrechung angesehen werden. Für einen Sportler kann sich hier im Lernprozess ein *Teufelskreis* zwischen vergangenen Misserfolgen im Sport, der momentanen Bedeutsamkeit einer Situation, den physiologischen Reaktionen, die in der Situation auftreten sowie den Gedanken über diese Reaktion und entsprechend stereotypen Formen der inneren Sprache ergeben. Angst entsteht und verstärkt sich, weil unter diesen Bedingungen keine Konzentration auf die Bewegung, sondern eine alleinige Konzentration auf die dysfunktionalen Begleiterscheinungen von Angstzuständen erfolgt (vgl. die o. g. Metaanalyse).

4 Zum Zusammenspiel von Kognitionen und Emotionen

Interessant ist an dieser Stelle das Zusammenspiel von kognitiven und emotionalen Komponenten der Bewegung. Das kann hier allein ausschnitthaft verdeutlicht werden. Generell ist die Auslösung emotionaler Zustände an Bewertungsprozesse gebunden, wobei die entsprechende Informationsbewertung auf der Basis von kognitiven Bewertungskriterien erfolgt (Schack & Lander, 1999). Phylogenetisch prädisponierte (subkortikale) Bewertungsmechanismen können einem „primären Bewertungsmodul" zugeordnet werden. Erfahrungsabhängige (ontogenetisch erworbene) Bewertungsmechanismen sind dagegen in einem (kortikal angelagerten) „sekundären Bewertungsmodul" verortet. Erstere Mechanismen sind an Teile des limbischen Systems gebunden und können somit quasi gleichzeitig mit dem Eintreffen von Informationen (z. B. „Feuer!"), die einer primären (subkortikalen) Bewertung unterliegen, artbezogen zweckmäßige emotionale Reaktionen hervorrufen. Handelt es sich um Informationen, deren Bewertung an einen individuellen Gedächtnisbestand gebunden ist und nur erfahrungsabhängig erfolgen kann (z. B. „Heiße Herdplatte!"), dann erfolgt die Auslösung emotionaler Reaktionen nach der kognitiven Verarbeitung (vgl. Lander, 1987). Einen spezifischen Aspekt der kortikalen Bewertungsmechanismen bilden die im Rahmen der Bewegungskontrolle angesiedelten Bewertungsprozesse, die mit dem Realisierungsgrad willkürlicher Bewegungsregulation korrespondieren. Sie beziehen sich auf die aktuell gesetzte oder antizipierte Bewegung. Ihr spezifischer Status der Bewertung wurden in einem „tertiären" Bewertungsmodul (BM) verortet (Schack, 1997).

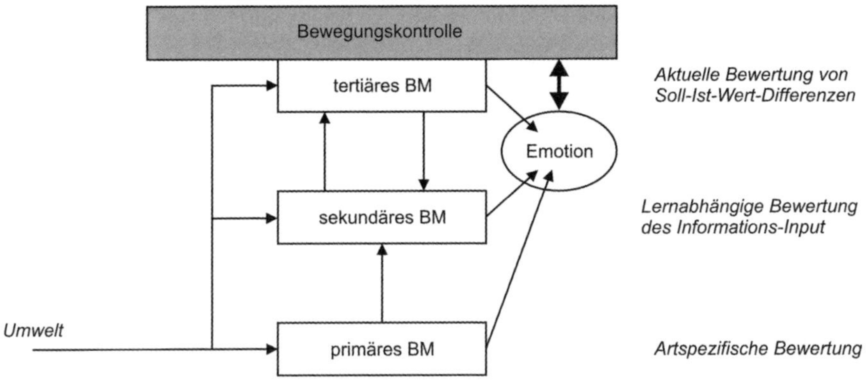

Abb. 1: Funktionale Beziehungen zwischen Bewertungsmodulen und Prozessen der Emotionsauslösung während der Bewegungsregulation. Es wird die phylogenetische, ontogenetische und aktualgenetische Dimension emotionaler Prozesse deutlich.

Die im tertiären BM erfolgten Bewertungsprozesse bezüglich der Bewegungseffizienz werden nach Abschluss oder Abbruch der Bewegung als „Individualerfahrung“ im sekundären BM gespeichert und werden dort zur Basis für eine spezifische Reizklassifikation. Das wiederholte Bewerten von Bewegungskontrolldefiziten mit daran gebundenen emotionalen Prozessen (Angst) prägt die Bewertungsmechanismen im sekundären BM derart, dass eine überdauernde Bereitschaft entsteht, bei bestimmten Klassen von Bewegungsproblemen Angst zu entwickeln; es entsteht eine sport- bzw. bewegungsbezogene Ängstlichkeit. Die fortlaufend kognitive Bewertung von Informationen über die Effizienz angezielter Bewegungen und deren Wirkungen (hier verstanden als Rückmeldemechanismus) ist also emotional attribuiert.

5 Forschungsperspektiven

Für die künftige Forschung erscheint es zweckmäßig, die funktionale Interaktion emotionaler und kognitiver Strukturkomponenten bei der Bewegungsorganisation und beim Bewegungslernen in den Mittelpunkt der Betrachtung zu stellen. Interessante Zugänge für eine diesbezügliche Forschungsperspektive finden sich u. a. in handlungstheoretischen Ansätzen innerhalb der Problemlöseforschung. Dort werden kognitive und emotionale Strukturkomponenten der Handlungsorganisation in ihrer Wechselwirkung modelliert und empirisch untersucht (Schaub, 2001; Starker & Dörner, 1997). Wenn man davon ausgeht, dass während des Bewegungslernens Bewegungsprobleme auf unterschiedlichen Komplexitätsstufen zu lösen sind, könnten sich hier interessante Möglichkeiten für neue Formen der Modellierung o. g. Interaktionen ergeben.

Literatur

Adams, J.A. & Hufford, L.E. (1962). Contributions of a part-task trainer to the learning and relearning of a time-shared flight maneuver. *Human Factors, 4,* 159-170.

Allard, F. & Burnett, N. (1985). Skill in sport. *Canadian Journal of Psychology*, *39*, 294-312.

Allmer, H. & Bielefeld, J. (1982). *Sportlehrerverhalten*. Schorndorf: Hofmann.

Blaser, P., Stucke, C., Körndle, H. & Narciss, S. (Hrsg.). (2000). *Auswirkungen eines Leistungstrainings im Brustschwimmen auf den Zusammenhang von Bewegungsrepräsentation und Bewegungsausführung.* Köln: Sport und Buch Strauß.

Chi, M.T.H. (1979). Knowledge Development and Memory Performance. In M.P. Friedman, J.P. Das & N. O´Connor (Eds.), *Intelligence and Learning* (pp. 221-229). New York: Plenum Press.

Chi, M.T.H. & Glaser, R. (1980). The Measurement of Expertise: Analysis of the Development of Knowledge and Skill as a Basic for Assessing Achievement. In E.L. Baker & E.S. Quellmalz (Eds.), *Educational Testing and Evaluation* (pp. 37-47). Beverly Hills, CA: Sage.

Chi, M.T.H. & Koeske, R.D. (1983). Network representation of a child´s dinosaur knowledge. *Developmental Psychology*, *19*, 29-39.

Fenz, W.D. (1975). Coping Mechanisms and Performance under Stress. In D.M. Landers (Ed.), *Psychology of Sport and Motor Behaviour* (pp. 67-98). Pennstate University: College of Health, Physical Education and Recreation.

French, K.E. & Thomas, J.R. (1987). The relation of knowledge development to children´s basketball performance. *Journal of Sport Psychology, 9,* 15-32.

Frijda, N.H. (1986). *The Emotions*. Cambridge: Cambridge University Press.

Garner, R. (1987). Strategies for reading and studying expository text. *Educational Psychologist*, *22*, 299-312.

Gröben, B. (1995). Wie sag' ich's meinem Kinde – zur Gestaltung der Bewegungsanweisung im Sportunterricht. *Leipziger Sportwissenschaftliche Beiträge, 36,* 59-64.

Gröben, B., Kromer, M., Lippens, V., Schack, T. & Seelig, H. (2001). Innensicht und motorisches Lernen: Workshop zur (Re-)Konstruktion der Innensichten. In H. Altenberger, S. Hecht, V. Oesterhelt, M. Scholz & M. Weitl (Hrsg.), *Im Sport lernen mit Sport leben* (S. 257-258). Augsburg: ZIEL.

Groeben, N. & Scheele, B. (1982). Einige Sprachregelungsvorschläge für die Erforschung Subjektiver Theorien. In H.D. Dann (Hrsg.), *Analyse und Modifikation Subjektiver Theorien von Lehrern* (S. 13-39). Konstanz: Universität, Zentrum I Bildungsforschung.

Hackfort, D. (1987). *Theorie und Analyse sportbezogener Ängstlichkeit: Ein situationsanalytischer Ansatz.* Schorndorf: Hofmann.

Hackfort, D. & Schwenkmezger, P. (1993). Anxiety. In R. Singer, M. Murphey & L.K. Tennant (Eds.), *Handbook of Research on Sport Psychology* (pp. 328-364). New York: McMillan.

Hackfort, D. & Spielberger, C.D. (Eds.). (1989). *Anxiety in Sports. An International Perspective.* New York: Hemisphere.

Hill, L.B. (1957). A second quarter century of delayed recall or relearning at eighty. *Journal of Educational Psychology, 48*, 65-68.

Ho, L. & Shea, J.B. (1978). Levels of processing and the coding of position cues in motor short-term memory. *Journal of Motor Behavior, 10,* 113-121.

Huber, J. (1997). Differences in problem representation and procedural knowledge between elite and nonelite springboard divers. *The Sport Psychologist, 11*, 142-159.

James, W. (1890). *The Principles of Psychology.* New York: Holt.

Klavora, P. (1978). An Attempt to Derive Inverted-U Curves Based on the Relationship Between Anxiety and Athletic Performance. In D.M. Landers & R.W. Christina (Eds.), *Psychology of Motor Behavior and Sport* (pp. 369-377). Champaign, IL: Human Kinetics.

Kleine, D. (Ed.). (1990). Anxiety in Sports and Exercise (Special Issue). *Anxiety Research, 2 (*4).

Kleine, D. & Schwarzer, R. (1991). Angst und sportliche Leistung: eine Meta-Analyse. *Sportwissenschaft, 21*, 9-28.

Klix, F. (1992). *Die Natur des Verstandes*. Göttingen: Hogrefe.

Klix, F. (1998). Evolutionsbiologische Spuren in kognitiven Strukturbildungen und Leistungen des Menschen. In F. Klix & H. Spada (Hrsg.), *Kognition* (Enzyklopädie der Psychologie, Themenbereich C: Theorie und Forschung, Serie 2: Kognition, Bd. 6: Wissen, S. 43-57). Göttingen: Hogrefe.

Körndle, H. (1983). *Zur kognitiven Steuerung des Bewegungslernens*. Unveröffentlichte Dissertation, Universität Oldenburg.

Kuhn, W. (1984). *Motorisches Gedächtnis.* Schorndorf: Hofmann.

Lander, H.-J. (1987). Über das Verhältnis von Kognition, Emotion, Motivation aus allgemeinpsychologischer Sicht. In Akademie für Ärztliche Fortbildung, Fachkommission Klinische Psychologie (Hrsg.), *Postgraduales Studium Klinische Psychologie*. Berlin: Robeson.

Landers, D.M. (1980). The arousal-performance relationships revisited. *Research Quarterly for Exercise and Sport, 51,* 77-90.

Lippens, V. (1992). *Die Innensicht beim motorischen Lernen.* Köln: Sport & Buch Strauss.

Lippens, V. (2001). Subjektive Theorien und Kartenlegen. In H. Altenberger, S. Hecht, V. Oesterhelt, M. Scholz & M. Weitl (Hrsg.), *Im Sport lernen mit Sport leben* (S. 265-270). Augsburg: ZIEL.

Martens, R. & Landers, D.M. (1969). Effect of anxiety, competition, and failure on performance of a complex motor task. *Journal of Motor Behavior, 1,* 1-10.

McPherson, S.L. & Thomas, J.R. (1989). Relation of knowledge and performance in boys' tennis: Age and expertise. *Journal of Experimental Child Psychology, 48*, 190-211.

Meyers, J.L. (1967). Retention of balance coordination learning as influenced by extended lay-offs. *Research Quarterly, 38*, 72-78.

Mickler, W. (1997). Die Nutzung von Metaphern zur Erfassung interner Repräsentationen im Skisprung. In J.R. Nitsch, A. Neumaier, H. de Marées & J. Mester (Hrsg.), *Techniktraining* (S. 501-521). Schorndorf: Hofmann.

Minsky, M. (1975). A Theoretical Framework for Representing Knowledge. In P.H. Winston (Ed.), *The Psychology of Computer Vision* (pp. 211-277). New York: Mc Graw-Hill.

Munzert, J. (1995). Expertise im Sport. Ein kritischer Übersichtsbeitrag. *Psychologie und Sport, 2*, 122-130.

Munzert, J. (1997). *Sprache und Bewegungsorganisation: Untersuchungen zur Selbstinstruktion beim Bewegungslernen.* Schorndorf: Hofmann.

Narciss, S. (1993). *Empirische Untersuchungen zur kognitiven Repräsentation bewegungs-struktureller Merkmale. Ein wissenspsychologischer Ansatz zur theoretischen Fundierung des Mentalen Trainings.* Unveröffentlichte Dissertation, Universität Heidelberg.

Neiss, R. (1988). Reconceptualizing arousal: Psychobiological states in motor performance. *Psychological Bulletin, 103,* 345-366.

Nitsch, J.R. (1981). Stresstheoretische Modellvorstellungen. In J.R. Nitsch (Hrsg.), *Stress. Theorien, Untersuchungen, Maßnahmen* (S. 52-141). Bern: Huber.

Nitsch, J.R. (2000). Handlungstheoretische Grundlagen der Sportpsychologie. In H. Gabler, J.R. Nitsch & R. Singer (Hrsg.), *Einführung in die Sportpsychologie: Teil 1 Grundthemen* (3. Aufl., S. 43-164). Schorndorf: Hofmann.

Oatley, K. & Johnson-Laird, P.N. (1987). Towards a cognitive theory of emotions. *Cognition and Emotion, 1,* 29-50.

Prinz, W. (1983). *Wahrnehmung und Tätigkeitssteuerung.* Berlin: Springer.

Quinten, S. (1997). Psychologische Analysen zur internen Bewegungsrepräsentation. In J.R. Nitsch, A. Neumaier, H. de Marées & J. Mester (Hrsg), *Techniktraining* (S. 437-458). Schorndorf: Hofmann.

Russell, S.J. (1990). Athletes' knowledge in task perception, definition and classification. *International Journal of Psychology, 21,* 85-101.

Russell, S.J. & Salmela, J.H. (1992). Quantifying expert athlete knowledge. *Journal of Applied Sport Psychology, 4*, 10-26.

Schachter, S. & Singer, J.E. (1962). Cognitive, social, and physiological determinants of emotional state. *Psychological Review, 69,* 379-399.

Schack, T. (1997). *Ängstliche Schüler im Sport – Interventionsverfahren zur Entwicklung der Handlungskontrolle*. Schorndorf: Hofmann.

Schack, T. (1999). Relation of Cognitive Representation and Performance in Extreme-Surfing. In I. Wachsmuth & B. Jung (Hrsg.), *KogWis99 Proceedings der 4. Fachtagung für Kognitionswissenschaft* (S. 207-212). Sankt Augustin: Infix.

Schack, T. (2000). Handeln zwischen Angst und Kontrolle. In D. Hackfort, J. Munzert & R. Seiler (Hrsg.), *Handeln im Sport als handlungspsychologisches Modell* (S. 153-184). Heidelberg: Asanger.

Schack, T. (2002). *Kognitive Architektur von Bewegungshandlungen.* Unveröffentlichte Habililitation, DSHS, Köln.

Schack, T. & Lander, H.J. (1999). Informationsverarbeitungskonzept und Mentale Kontrolle. In D. Alfermann (Hrsg.), *Motivation und Volition im Sport – vom Planen zum Handeln* (S. 84-90). Köln: bps.

Schaub, H. (2001). *Persönlichkeit und Problemlösen: Persönlichkeitsfaktoren als Parameter eines informationsverarbeitenden Systems*. Weinheim: Beltz.

Seiler, R. (1995). *Kognitive Organisation von Bewegungshandlungen* (Schriften der Deutschen Sporthochschule Köln, Bd. 30). Sankt Augustin: Academia.

Seiler, R. (1997). Untersuchungen zu internen Bewegungsrepräsentationen von Ruderern. In J.R. Nitsch, A. Neumaier, H. de Marées & J. Mester (Hrsg), *Techniktraining* (S. 459-486). Schorndorf: Hofmann.

Seiler, R. (2000). The intentional link between environment and action in the acquisition of skill. *International Journal of Sport Psychology, 31*, 496-514.

Shea, J.B. (1977). Effects of labeling on motor short-term memory. *Journal of Experimental Psychology: Human Learning and Memory, 3*, 92-99.

Spielberger, C.D. (1972). Anxiety as an Emotional State. In C.D. Spielberger (Ed.), *Anxiety: Current Trends in Theory and Research* (Vol. 1, pp. 23-49). New York: Academic Press.

Starker, U. & Dörner, D. (1997). Kognitive, emotionale und motivationale Determinanten des Handelns und die Prognose ihrer Wirksamkeit. In R.H. Kluwe (Hrsg.), *Strukturen und Prozesse intelligenter Systeme* (S. 233 – 253). Wiesbaden: Deutscher Universitätsverlag.

Starkes, J.L., Deakin, J.M., Lindley, S. & Crisp, F. (1987). Motor versus verbal recall of ballet sequences by young expert dancers. *Journal of Sport Psychology, 9*, 222-230.

Swift, E.J. (1906). Memory of skillful movements. *Psychological Bulletin, 3*, 185-187.

Thomas, K.T. & Thomas, J.R. (1994). Developing expertise in sport: The relation of knowledge and performance. *International Journal of Sport Psychology, 25*, 295-312.

Thomas, K.T. & Thomas, J.R. (1999). What squirrels in the trees predicts about expert athletes. *International Journal of Sport Psychology, 30,* 221-234.

Valins, S. (1974). Persistent Effects of Information about Internal Reactions: Ineffectiveness of Debriefing. In H. London & R.E. Nisbett (Eds.), *Thought and Feeling. Cognitive Alteration of Feeling States* (pp. 116-124). Chicago, IL: Aldine.

Weinberg, R.S. (1990). Anxiety and motor performance: Where to from here? *Anxiety Research, 2,* 227-242.

Wiemeyer, J. (1993). Zur Erfassung kognitiver Bewegungsrepräsentationen beim alpinen Skilauf. In R. Daugs & K. Blischke (Hrsg.), *Aufmerksamkeit und Automatisierung in der Sportmotorik* (S. 299-305). St. Augustin: Academia.

Wiemeyer, J. (1994). *Interne Bewegungsrepräsentation.* Köln: bps.

Wulf, G. & Prinz, W. (2000). Bewegungslernen und Instruktionen: Zur Effektivität ausführungs- vs. effektbezogener Aufmerksamkeitsfokussierungen. *Sportwissenschaft, 30,* 289-297.

Wulf, G. & Weigelt, M. (1997). Instructions in learning a complex motor skill: To tell or not to tell… *Research Quarterly for Exercise and Sport*, *68*, 362-367.

Yerkes, R.M. & Dodson, J.D. (1908). The relationship of strength of stimulus to rapidity of habit formation. *Journal of Comparative Neurology and Psychology, 18,* 459-482.

Zimmer, A.C. & Körndle, H. (1988). A model for hierarchically ordered schemata in the control of skilled motor action. *Gestalt Theory*, *10*, 85-102.

Ziemainz, H. & Schack, T. (1999). Handlungskontrolle im Triathlon. In D. Alfermann (Hrsg.), *Motivation und Volition im Sport – vom Planen zum Handeln* (S. 259-264). Köln: bps.

D.5 Belastung und Beanspruchung beim Bewegungslernen

Norbert Olivier & Marc-Oliver Dillinger

Gliederung

1 Problemstellung

2 Abriss traditioneller Forschungsarbeiten

3 Forschungsmethodik
3.1 Forschungsmethodische Probleme traditioneller Untersuchungen
3.2 Ein neuer Weg: Das Belastungs-Beanspruchungs-Konzept
3.3 Drei-Faktoren-Modell

4 Abriss neuerer Untersuchungen
4.1 Konditionelle Belastungen und resultierende Beanspruchungen
4.2 Konditionelle Belastungen und ihre Effekte auf Aneignungs- und Lernleistung

5 Forschungsperspektiven

Kurzreferat

Techniktraining findet häufig unter konditionellen Belastungsbedingungen statt. Die hierzu vorliegenden älteren Befunde aus der Motorikforschung weisen zumindest teilweise forschungsmethodische Probleme auf. Das in der Folge neu entwickelte Drei-Faktoren-Modell zum Einfluss konditioneller Belastungen auf das Bewegungsergebnis und die darauf aufbauenden experimentellen Untersuchungen versuchen, diese Probleme zu vermeiden. Die Ergebnisse zeigen, dass konditionelle Belastungen den Erfolg von Techniktraining kaum beeinträchtigen. Eine hinreichende theoretische Einordnung der vorliegenden experimentellen Befunde und praktischen Phänomene steht noch aus.

Schlagworte

Aktivierungsniveau, Beanspruchung, Belastung, Ermüdung, motorisches Lernen, Schnellkraftniveau, specifity hypothesis, Techniktraining

1 Problemstellung

Die Trainingsart, die im Sport mit der Zielstellung durchgeführt wird, motorische Lernprozesse zu initiieren, ist das Techniktraining. Gerade das sportmotorische Lernen im Techniktraining kann jedoch nicht losgelöst vom komplexen Trainingsprozess mit seinen immanenten Belastungen und den daraus resultierenden Beanspruchungen gesehen werden. Eine geeignete Theorie des Techniktrainings sollte somit sportmotorische Lernprozesse unter den komplexen Bedingungen des sportlichen Trainings abbilden.

Da sich der Erfolg eines Techniktrainings, die intendierte, überdauernde Modifikation des motorischen Verhaltens, üblicherweise im sportlichen Wettkampf zeigen soll, erscheint es vor dem Hintergrund der *specifity-hypothesis* (vgl. Henry, 1958; Magill, 1998) geboten, Techniktraining unter den gleichen intra- und extrapersonalen Bedingungen durchzuführen, wie sie auch im sportlichen Wettkampf vorliegen. Exemplarisch heißt dies für den 400-m-Läufer, der die letzte Hürde unter den Effekten einer hohen konditionellen Belastung überqueren muss, die Hürdentechnik gerade unter entsprechenden Beanspruchungszuständen zu trainieren. Für den Hochspringer, der seine Technik im Wettkampf ohne nennenswerte Belastungswirkungen aktualisiert, wäre demnach ein Techniktraining ohne konditionelle Belastungen durchzuführen. Im letzten Fall kann es in der Praxis dennoch vorkommen, dass das Techniktraining unter konditionellen Belastungseffekten absolviert wird. Dies könnte z. B. der Fall sein, wenn das Techniktraining einem Maximalkrafttraining für die Streckschlinge der Beine folgt – sei es in derselben oder einer vorangegangenen Trainingseinheit.

Dieser Beitrag wendet sich zunächst vorliegenden Befunden aus der amerikanischen verhaltensorientierten Motorikforschung zu, die den Einfluss von *Ermüdung*, die durch konditionelle Belastungen induziert wurde, auf das Aneignen und Erlernen einer motorischen Aufgabe untersuchten. In einem weiteren Schritt wird aufgezeigt, mit welchen forschungsmethodischen Problemen diese Untersuchungen behaftet sind. Es wird daher weitergehend ein Modell vorgestellt, das auf einem arbeitswissenschaftlichen Ansatz basiert und die Effekte konditioneller Belastungen auf das Bewegungsergebnis differenzierter beschreibt. Anschließend sollen empirische Befunde zu diesem Modell vorgestellt werden, bevor zuletzt Forschungsperspektiven aufgezeigt werden.

2 Abriss traditioneller Forschungsarbeiten

Eine Vielzahl experimenteller Arbeiten zur Wirkung konditioneller Belastungen auf die Aneignungsleistung und die Lernleistung bei einer motorischen Lernaufgabe stammt aus der amerikanischen verhaltensorientierten Bewegungsforschung. Das Hauptanliegen dieser Untersuchungen besteht darin, *Ermüdung* (engl. *fatigue*) als Einflussgröße motorischer Ausführungs- und Lernprozesse zu identifizieren. Zur Induzierung von Ermüdung wurden in den angeführten Untersuchungen konditionelle Belastungen herangezogen. Hierbei lag die implizite Annahme zugrunde, dass konditionelle Belastungen generell zu Ermüdung führen. Das Vorgehen in diesen Untersuchungen war meist derart, dass eine Kontrollgruppe die Aneignungsphase unbelastet absolvierte, während eine oder mehrere Experimentalgruppen die Aneignungsphase nach Induzierung einer speziellen konditionellen Belastung durchführten. Die Lernleistung wurde dann zu einem späteren Behaltenstest für alle Gruppen in unbelastetem Zustand erhoben. Eine Analyse vorliegender Untersuchungen (vgl. ausführlich Olivier, 1991; Olivier, 1996a) führt zu einer uneinheitlichen Befundlage. Die Mehrzahl der Befunde lässt sich jedoch ergebnisbezogen in drei Klassen subsumieren.

- Die Ausführungsleistung ist (zumindest temporär) negativ beeinflusst, die überdauernde Lernleistung bleibt unbeeinflusst.
- Sowohl Aneignungs- als auch Lernleistung sind reduziert.
- Weder Aneignungs- noch Lernleistung werden beeinflusst.

Vereinzelt finden sich positive Effekte auf die Lernleistung infolge konditioneller Belastungen während der Aneignungsphase (vgl. z. B. Benson, 1968; Cochran, 1975). Die Befunde, die eine Reduktion der Lernleistung aufzeigen, weisen jedoch neben allgemeinen forschungsmethodischen Problemen traditioneller Untersuchungen (vgl. Abschnitt 3.1) spezifische untersuchungsmethodische Mängel auf (u. a. bei Godwin & Schmidt, 1971: Fehlende Bestimmung des Ausgangsniveaus; bei Thomas, Cotten, Spieth & Abraham, 1975: Unterschiedliche Zeitdauer zwischen den Aneignungsversuchen von Kontroll- und Experimentalgruppe; bei Carron, 1972: Lerntest für Experimentalgruppe faktisch unter einer zusätzlichen Transferbedingung). Vor diesem Hintergrund spricht die empirische Datenlage nicht für eine Beeinträchtigung der Lernleistung aufgrund vorhergehender konditioneller Belastungen.

Für die Fragestellung, ob das Absolvieren der Aneignungsphase von Vorteil ist, wenn zu einem späteren Zeitpunkt die geforderte motorische Aufgabe gerade im Anschluss an eine entsprechende konditionelle Belastung zu reproduzieren ist, liegen kaum Untersuchungen vor. Die Befunde von Williams, Daniell-Smith und Gunson (1976) sowie Barnett, Ross, Schmidt und Todd (1974) weisen jedoch darauf hin, dass dies nicht der Fall zu sein scheint.

3 Forschungsmethodik

3.1 Forschungsmethodische Probleme traditioneller Untersuchungen

Das gravierendste methodische Problem in den zitierten Untersuchungen ist die unzureichende Operationalisierung des Konstrukts *Ermüdung* (vgl. Olivier, 1996a; Olivier, Augste, Keim & Klippel, 2002). Ermüdung wird sowohl in der Arbeitswissenschaft als auch in den entsprechenden sportwissenschaftlichen Disziplinen in weitgehender Übereinstimmung als eine belastungsbedingte reversible Verminderung der Leistungs- oder Funktionsfähigkeit verstanden. Zusammenfassend können zwei Problembereiche angeführt werden, die das Ermüdungskonzept zur Bearbeitung der Frage konditioneller Belastungseffekte auf die motorische Aneignungs- und Lernleistung unbrauchbar machen (vgl. auch Olivier, 1996a; Olivier, Augste, Keim & Klippel, 2001).

Zunächst ist der Bereich der *intra-Untersuchungsprobleme* anzuführen. Dazu zählen folgende Aspekte:

- Einige Definitionen verstehen *Ermüdung* als eine Verminderung der *Leistung* (vgl. z. B. Edwards, 1981) andere als eine Verminderung der Leistungs*fähigkeit* (vgl. z. B. Bigland-Ritchie & Woods, 1984). Dies ist jedoch ein Unterschied (vgl. Olivier, 1996a, S. 39 f.).
- Weitergehend bleibt die Frage offen, welche Belastungen die reversible Verminderung welcher Leistungen resp. Leistungsfähigkeiten bedingen. Eine generelle Ermüdung als Reaktion auf eine spezifische Belastung kann jedoch nicht angenommen werden. Darüber hinaus greift Ermüdung mit einem einseitigen Verständnis ausschließlich leistungsnegativer Folgen konditioneller Belastungen zu kurz (siehe z. B. den Aspekt der Erwärmung).
- Zwar wird Aktivierung als wesentliche beeinflussende Variable angesehen und belastungsbedingte zentralnervöse Aktivierungsprozesse werden in den meisten vorliegenden Untersuchungen auch als statischer Zustand der *Aktivierung* berücksichtigt. Zumeist werden diese jedoch nur über die durch die konditionelle Belastung provozierte Ermüdung operationalisiert. Die Aktivierung wird aber weder als zentralnervöse Beanspruchungsgröße gemessen, noch eigenständig experimentell manipuliert.
- Individuelle Voraussetzungen (z. B. die Ausdauer- oder Kraftfähigkeit) werden durch das Ermüdungskonzept nicht berücksichtigt. Gleiche Belastungen bewirken jedoch vor dem Hintergrund unterschiedlicher individueller Voraussetzungen ganz verschiedene Effekte (sog. Beanspruchungen).

Als *inter-Untersuchungsprobleme* sind für die zitierten Arbeiten folgende Aspekte anzuführen (vgl. dazu auch Chamberlin & Lee, 1993, S. 223):

- Die Induzierung des experimentellen Treatments weist hinsichtlich Beanspruchungsintensität und Beanspruchungsdauer große Unterschiede auf.

- Es liegen erhebliche Differenzen bzgl. des Zeitpunkts der Induzierung der konditionellen Belastung während der Aneignungsphase vor. In einigen Untersuchungen werden vorher Testversuche erlaubt, in anderen wird die konditionelle Belastung vor dem ersten Versuch induziert.
- Auch bezogen auf die Aufrechterhaltung der Belastungswirkungen über die Aneignungsphase zeigen sich deutliche Variationen. Diese reichen von stetiger Wiederholung der Belastungsaufgabe nach jedem Aneignungsversuch bis hin zu einer lediglich einmaligen Belastung vor oder während der Aneignungsphase.
- Einerseits besitzen bestimmte motorische Aufgaben eine direkte konditionelle Komponente, wobei die durch die konditionellen Belastungen beanspruchten Muskelgruppen mit denen übereinstimmen, die auch für die Ausführung der motorischen Aufgabe relevant sind. Andererseits werden jedoch auch motorische Aufgaben herangezogen, bei denen dies nicht der Fall ist, d. h. entweder die konditionelle Komponente vernachlässigbar gering ist oder Muskelgruppen durch die konditionelle Belastung beansprucht werden, die zur Bewältigung der motorischen Aufgabe nicht herangezogen werden.

Letztendlich zeigen diese zahlreichen Kritikpunkte, dass das Ermüdungskonzept zur Bearbeitung der Frage nach den Effekten konditioneller Belastungen auf die Aneignungsleistung während des Techniktrainings und auf die intendierte Lernleistung kein geeignetes Konstrukt darstellt. Aufgrund der angeführten intra- und inter-Untersuchungsprobleme ist die Vergleichbarkeit der Untersuchungen stark eingeschränkt, wenn nicht gar unmöglich.

3.2 Ein neuer Weg: Das Belastungs-Beanspruchungs-Konzept

Aufgrund dieser Probleme wird das genuin arbeitswissenschaftliche Belastungs-Beanspruchungs-Konzept (BBK) zur Bearbeitung der gegebenen Fragestellung als theoretisches Rahmenkonzept herangezogen. In einer vereinfachten Form (vgl. Rohmert, 1984) führen danach bestimmte Belastungen über intervenierende Variablen – persönliche Eigenschaften, Fähigkeiten und Fertigkeiten – zu unterschiedlichen Beanspruchungen. (Arbeits-)Belastungen werden nach DIN-Norm verstanden als „die Gesamtheit der erfassbaren Einflüsse im Arbeitssystem, die auf den Menschen einwirken", mit dem Begriff der (Arbeits-)Beanspruchung wird „die individuelle Auswirkung der Arbeitsbelastung im Menschen in Abhängigkeit von seinen Eigenschaften und Fähigkeiten bezeichnet" (nach DIN 33400/ISO 6385). Dieses Konzept hat mittlerweile eine Reihe von Ausdifferenzierungen erfahren. Im phänomenorientierten BBK (vgl. Abb. 1) wird die Belastungsseite hinsichtlich der Komponenten, der Arten, der Höhe und der zeitlichen Abfolge differenziert. Dieses Belastungsgefüge, das Rohmert „Komposition der Teilbelastungen“ nennt (1984, S. 196), führt auf der rechten Seite des Modells zu Teilbeanspruchungen unterschiedlicher Komponenten bzw. organismischer Teilsysteme des Menschen, die mit entsprechenden Messmethoden ermittelt werden können.

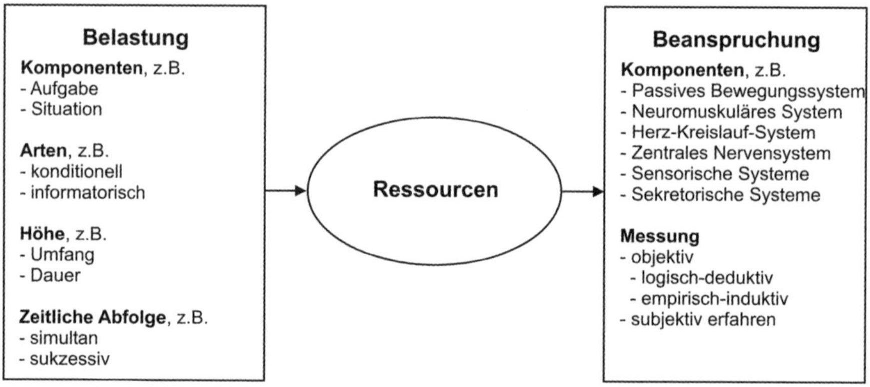

Abb. 1: Modifiziertes phänomenorientiertes Belastungs-Beanspruchungs-Konzept

Zu welchen Teilbeanspruchungen die Teilbelastungen führen, hängt von Eigenschaften, Fertigkeiten und Fähigkeiten des Individuums ab. Diesen Komplex intrapersonaler Faktoren kann man unter einem ressourcentheoretischen Verständnis und in Anlehnung an die Terminologie von Schönpflug (1986) als innere Ressourcen bezeichnen (vgl. Abb. 1). Diese können wiederum in strukturelle (z. B. motorisches Gedächtnis) und konsumptive (z. B. Glykogenspeicher) unterteilt werden. Nur vermittelt über die inneren Ressourcen führen auch die äußeren Ressourcen (z. B. ein Sportgerät) zu den entsprechenden Teilbeanspruchungen. Der Vorteil dieses Konzepts zur Bearbeitung von Fragen zur Wirkung konditioneller Belastungen auf die motorische Ausführungs- und Lernleistung liegt klar auf der Hand: Zum einen können sowohl die induzierten Belastungen als auch die daraus resultierenden Beanspruchungen differenzierter erfasst werden, zum anderen wird ein ausschließlich leistungsnegatives Verständnis konditioneller Belastungsfolgen vermieden.

3.3 Drei-Faktoren-Modell

Ein neuerer theoretischer Ansatz, der die Zielstellung verfolgt, den Einfluss konditioneller Belastungen auf das Bewegungsergebnis zu beschreiben, steht mit dem

Drei-Faktoren-Modell (vgl. Olivier, 1996a) zur Verfügung. Dieses Modell dient als grundlegender Ausgangspunkt für weitere Überlegungen, da in den aufgeführten Befunden der Motorikforschung negative Lernleistungen ausschließlich dann nachzuweisen waren, wenn bereits während der Aneignungsphase das Bewegungsergebnis aufgrund konditioneller Belastungen nicht erreicht werden konnte, d. h. die Aneignungsleistung reduziert war. Um darauf aufbauend experimentell prüfbare Hypothesen bzgl. der Effekte konditioneller Belastungen auf die motorische Lernleistung zu formulieren, muss das Drei-Faktoren-Modell in eine geeignete motorische Kontroll- und Lerntheorie integriert werden. Eine solche umfassende Theorie des Techniktrainings müsste aufgrund vorausgegangener (z. B. konditionelle Belastungen im Konditionstraining) bzw. simultaner Belastungen (z. B. konditionelle Belastungen durch das Ausführen der motorischen Aufgabe selbst) und daraus resultierender Beanspruchungen nicht nur deren Wirkung auf die motorische Ausführungsleistung während der Übungsphase im Techniktraining (Aneignungsleistung) sondern auch deren Wirkung auf die motorische Ausführungsleistung in einem späteren Behaltenstest (Lernleistung) prognostizieren (vgl. auch Abschnitt 5).

Das Drei-Faktoren-Modell hat zwischenzeitlich einige Veränderungen erfahren. Eine modifizierte Fassung zeigt Abb. 2. Nach diesem Modell (die im Text folgenden Ziffern beziehen sich auf die Nummerierung in dieser Abbildung) führen konditionelle Belastungen zu zentralnervösen Beanspruchungen (1) und zu neuromuskulären Beanspruchungen (2). Beispiele für zentralnervöse Beanspruchungsgrößen sind das allgemeine zentralnervöse Aktivierungsniveau (AZAN) oder auch die Gehirndurchblutung. Beispiele für neuromuskuläre Beanspruchungsgrößen sind der ATP- und der KP-Gehalt des Muskels sowie das muskelgruppenspezifische Schnellkraftniveau. Zu erwähnen ist an dieser Stelle, dass diese beiden Beanspruchungskomponenten im Modell lediglich eine analytische Trennung erfahren (zur Definition von neuromuskulärem und zentralnervösem System über deren extensionalen Aspekt vgl. Dillinger, 2001).

Diese beiden Beanspruchungskomponenten – neuromuskuläre und zentralnervöse – wirken sich unter bestimmten Bedingungen auf das Bewegungsergebnis aus. Besagte Auswirkung hängt von einem dritten Faktor ab, den Charakteristika der motorischen Aufgabe. Diese werden als diejenigen Merkmale oder Eigenschaften motorischer Aufgaben verstanden, die je nach ihrem Vorhandensein oder Nichtvorhandensein (qualitativer Aspekt) bzw. bei Vorhandensein je nach ihrer Ausprägung (quantitativer Aspekt) zu Anforderungen an zentralnervöse (3) und neuromuskuläre Teilsysteme (4) führen.

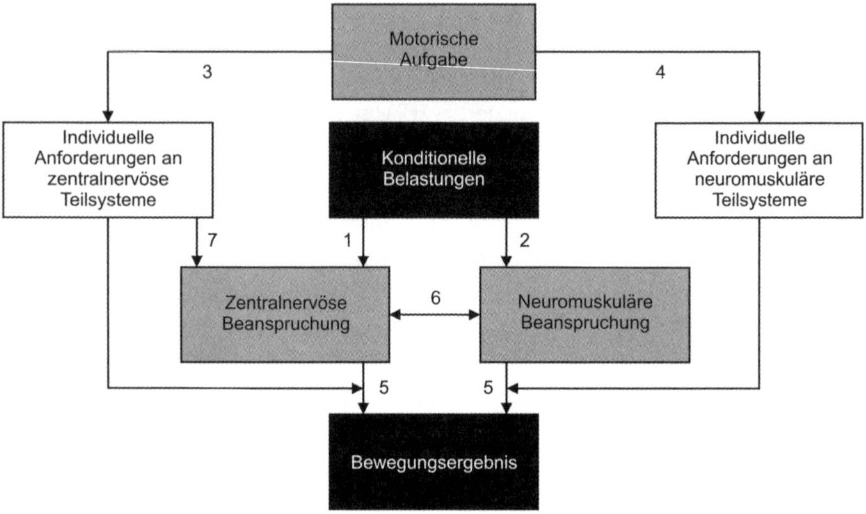

Abb. 2: Drei-Faktoren-Modell zum Einfluss konditioneller Belastungen auf das Bewegungsergebnis (modifiziert nach Olivier, 1996a).

Werden diese Anforderungen aufgrund konditioneller Belastungseffekte anders als in der unbelasteten Situation erfüllt, resultieren daraus entsprechende Effekte auf das Bewegungsergebnis (5). Anzumerken ist jedoch an dieser Stelle, dass zunächst auf der Ebene des Bewegungsablaufs Kompensationsmöglichkeiten bestehen. Bei einer Zielwurfaufgabe (z. B. Freiwurf im Basketball) kann bei gleichem Abwurfpunkt im Raum über verschiedene Geschwindigkeitsvektoren im Abwurfpunkt das gleiche Bewegungsergebnis erzielt werden. Unterschiedliche Bewegungsabläufe können also zum gleichen Bewegungsergebnis führen. Ist jedoch, wie beispielsweise bei einer tänzerischen Formbewegung, der Bewegungsablauf identisch mit dem Bewegungsergebnis, führt logischerweise jegliche Veränderung des Bewegungsablaufs zu einer Veränderung des Bewegungsergebnisses. Im zweiten Fall besteht jedoch die Möglichkeit der Kompensation auf der Ebene der motorischen Kontrolle (vgl. dazu z. B. Gandevia, 1998), d. h. ein gleicher Bewegungsablauf kann über unterschiedliche Innervationscharakteristiken (veränderte Rekrutierung bzw. Frequenzierung der motorischen Einheiten der synergetischen Muskeln) erreicht werden (dies trifft selbstverständlich auch für das Beispiel des Freiwurfes zu).

Auf zwei weitere Sachverhalte des Modells muss noch eingegangen werden. Einerseits betrifft dies die wechselseitigen Effekte von neuromuskulären und zentralnervösen Beanspruchungen (6). Da absteigende Fasern aus dem mesencephalen retikulären Aktivierungssystem Haltungsreflexe und Muskeltonus regeln (vgl. Nauta & Feirtag, 1990), ist die theoretische Annahme nicht unplausibel, dass bestimmte zentralnervöse Beanspruchungen auch neuromuskuläre Beanspruchungen nach sich ziehen können. Andererseits zeigt sich empirisch, dass infolge neuromuskulärer Beanspruchungen spezifische Änderungen in EEG-Parametern, also zentralnervöse Beanspruchungen, resultieren (vgl. Johnston, Rearick & Slobounov, 2001). Zuletzt muss auch der Einfluss durch die Anforderungen der sportmotorischen Lernaufgabe an zentralnervöse Teilsysteme Berücksichtigung finden (7), wodurch selbstregulatorisch zentralnervöse Beanspruchungen im Sinne einer Feedforward-Regelung induziert werden können. So untersuchten Brach, Schumann und Heck (1997) die Anforderungen motorischer Aufgaben an das ZNS, konkret die Feedforward-Regelung des Aktivierungsniveaus im Hinblick auf eine Belastung. Sie sprechen in diesem Zusammenhang von *Zweckursachen* (causa finalis im aristotelischen Sprachgebrauch) für die gefundenen Aktivierungsphänomene, im Gegensatz zu *Wirkungsursachen* (causa efficiens), verstanden als die Aktivierungsphänomene, die als Belastungsfolge zu beobachten sind.

4 Abriss neuerer Untersuchungen

Die bisher vorliegenden Untersuchungen zum Drei-Faktoren-Modell beziehen sich auf zwei grundlegende Fragestellungen:

- Zu welchen Beanspruchungen bestimmter zentralnervöser und neuromuskulärer Teilsysteme führen konditionelle Belastungen unterschiedlicher Dauer und Intensität? Diese Frage wurde laborexperimentell bearbeitet.
- Wie beeinflussen verschiedene Kombinationen von konditionellen Belastungen und motorischen Aufgaben die Bewegungsausführung bzw. das Bewegungsergebnis? Diese Fragestellung wurde sowohl unter laborexperimentellen als auch unter feldexperimentellen Bedingungen bearbeitet.

4.1 Konditionelle Belastungen und resultierende Beanspruchungen

In experimentellen Untersuchungen zu diesem Themenbereich wurden sowohl handkurbel- als auch fahrradergometrisch induzierte konditionelle Belastungen unterschiedlicher Dauer und Intensität in ihrer Wirkung auf das *allgemeine zentralnervöse Aktivierungsniveau* (eine zentralnervöse Beanspruchungsgröße) und das muskelgruppenspezifische Schnellkraftniveau (eine neuromuskuläre Beanspruchungsgröße) überprüft. Die zentrale Thematisierung gerade dieser Beanspruchungsgrößen erfolgte aufgrund einer systematischen Analyse vorliegender Befunde aus der Motorikforschung (vgl. Abschnitt 2; Olivier, 1996a), die aufzeigte, dass diese beiden Größen zusammen mit der motorischen Aufgabe als die bedeutendsten Einflussgrößen anzusehen sind.

Hinsichtlich des allgemeinen zentralnervösen Aktivierungsniveaus kann zusammenfassend aus diesen Untersuchungen der Schluss gezogen werden, dass lediglich maximale konditionelle Belastungen (bis zum erschöpfungsbedingten Abbruch) im überprüften Zeitraum (10 bis 30 Minuten) zu einer Erhöhung führen. Eine Reduktion des allgemeinen zentralnervösen Aktivierungsniveaus infolge konditioneller Belastungen kann aufgrund vorliegender Daten (vgl. Wiemeyer & Büsch, 1992) nicht erwartet werden. Für das muskelgruppenspezifische Schnellkraftniveau kann eine Reduktion nach maximalen konditionellen Belastungen nachgewiesen werden, wobei die Höhe der Reduktion und die Erholungsdauer mit zunehmender Intensität und verringerter Dauer der konditionellen Belastung steigen. Für eine submaximale konditionelle Belastung von 30 Minuten Dauer war gar eine Erhöhung des muskelgruppenspezifischen Schnellkraftniveaus festzustellen. Hingegen wird das Schnellkraftniveau anderer als durch die konditionelle Belastung beanspruchten Muskelgruppen nicht beeinflusst (vgl. Olivier, 1995; Olivier, 1996b).

4.2 Konditionelle Belastungen und ihre Effekte auf Aneignungs- und Lernleistung

Untersuchungen zu diesem Themenbereich manipulierten auf Seiten der unabhängigen Variablen konditionelle Belastungen und motorische Aufgaben. Die konditionellen Belastungen wurden dabei derart variiert, dass einerseits unterschiedliche zentralnervöse Beanspruchungen resultierten, andererseits unterschiedliche neuromuskuläre Beanspruchungen. Die resultierenden Beanspruchungen wurden mit motorischen Aufgaben kombiniert, die unterschiedliche Anforderungen an zentralnervöse und neuromuskuläre Teilsysteme stellten. Auf Seiten der abhängigen Variablen werden das Bewegungsergebnis in der Aneignungsphase (Aneignungsleistung) und in einer Transfersituation, d. h. nach einer 10-minütigen Erholungspause bei veränderter Aufgabenstellung (Lernleistung) erhoben.

In umfangreichen laborexperimentellen Untersuchungen von Olivier (1996a) wurde der Einfluss spezifischer konditioneller Belastungen auf das Bewegungsergebnis beim Realisieren einer vorgegebenen submaximalen Flughöhe des KSP beim bipedalen Vertikalsprung untersucht. Es waren in der Aneignungsphase entweder 40 % oder 90 % der maximalen KSP-Flughöhe, zur Erhebung der Lernleistung jedoch 65 % anzusteuern. Koordinations- und lerntheoretischer Rahmen dieser Untersuchungen sind die GMP- und die Schema-Theorie (Schmidt, 1975; 1988). In diesem Sinne handelte es sich um eine Parameter-Optimierungsaufgabe. Die Gültigkeit dieser Prämisse wurde durch die Erhebung geeigneter Merkmale des Bewegungsablaufs überprüft. Zu bestimmten Messzeitpunkten wurden jeweils Sprungserien mit vier Sprüngen durchgeführt. Als abhängige Variablen wurden der absolute und der konstante Fehler herangezogen (vgl. dazu z. B. Schmidt, 1988). Die Versuchspersonen wurden vor jeder Sprungserie in der Aneignungsphase maximalen ergometrischen Belastungen unterzogen, die zu spezifischen zentralnervösen bzw. neuromuskulären Effekten führten.

Zunächst wurden handkurbelergometrische Belastungen induziert, die zu einem Anstieg des allgemeinen zentralnervösen Aktivierungsniveaus (AZAN) führen, jedoch das Schnellkraftniveau der hier aufgabenrelevanten Beinextensoren nicht beeinflussen. Es war infolge dieser Belastung weder eine Veränderung der Aneignungs- noch der Lernleistung zu konstatieren.

Eine zweite Untersuchung induzierte fahrradergometrische Belastungen, die zu ähnlichen Anstiegen des AZAN führten wie die handkurbelergometrische, gleichzeitig aber das Schnellkraftniveau der Beinextensoren reduzierten. Die Anforderungen der anschließenden motorischen Aufgabe an das muskelgruppenspezifische Schnellkraftniveau, 40 % der maximalen KSP-Flughöhe anzusteuern, können auch nach dieser Belastung erfüllt werden. Im Ergebnis zeigte sich weder eine Beeinflussung der Aneignungs- noch der Lernleistung.

Anders verhielt es sich in der dritten Untersuchung. Wie in der zweiten wurden wieder die gleichen fahrradergometrischen Belastungen induziert, jetzt wurde jedoch verlangt, 90 % der maximalen KSP-Flughöhe anzusteuern. In diesem Fall können die Anforderungen der motorischen Aufgabe an das muskelgruppenspezifische Schnellkraftniveau nach der Belastung nicht erfüllt werden. Über die Sprungserien in der Aneignungsphase war erwartungsgemäß eine verminderte Aneignungsleistung festzustellen. Jedoch ist die Lernleistung auch in diesem Falle trotz temporärer Leistungsminderung während der Aneignungsphase gegenüber einer unbelastet übenden Kontrollgruppe nicht vermindert. Gleichzeitig zeigt sich kein Unterschied zu dieser Kontrollgruppe, wenn zu einem späteren Zeitpunkt (Belastungstransfer) die motorische Aufgabe unter denselben Beanspruchungszuständen wie während der Aneignungsphase zu absolvieren ist (nun erstmalig auch für die Kontrollgruppe).

In einer feldexperimentellen Untersuchung von Olivier und Dillinger (1997a; 1997b) wurde überprüft, wie sich eine bestimmte konditionelle Belastung auf die Aneignungsleistung und die Lernleistung beim Erlernen der leichtathletischen Tiefstarttechnik auswirkt. Die Aufgabe bestand darin, eine Strecke von 5 m möglichst schnell zu durchlaufen. Die Anforderungen der motorischen Aufgabe an das Schnellkraftniveau unterliegen hierbei einem Maximaltrend, d. h. unter sonst gleichen Bedingungen zeigt sich jegliche Veränderung des Schnellkraftniveaus in einer Veränderung der Ausführungsleistung. Zu bestimmten Zeitpunkten wurden jeweils Serien zu je zwei Starts ausgeführt. Abhängige Variable war die 5-m-Zeit. Die Experimentalgruppe absolvierte ihre Startserien jeweils nach einer erschöpfenden Sprungbelastung, die zu einer Reduktion des Schnellkraftniveaus der Beinextensoren (aufgabenrelevante Muskelgruppe) führt. Als Ergebnis konnte festgestellt werden, dass die belastete Gruppe über die Aneignungsphase eine schlechtere Ausführungsleistung erbringt, sich jedoch die Lernleistung (Behaltenstest nach einer Woche) nicht von der der Kontrollgruppe unterscheidet. Einen Belastungstransfer-Test gab es in dieser Untersuchung nicht.

Bis zu dieser Stelle kann festgehalten werden, dass

- die belastungsbedingte Variation des AZAN als zentralnervöse Beanspruchungsgröße nicht zu Veränderungen der Aneignungs- oder Lernleistung gegenüber unbelastet Trainierenden führt.
- konditionelle Belastungen während der Aneignungsphase nur dann zu schlechteren Aneignungsleistungen als unter unbelasteten Bedingungen führen, wenn die konditionellen Belastungen die gleichen Muskelgruppen beanspruchen wie die motorische Aufgabe und zusätzlich die Anforderungen der Aufgabe an neuromuskuläre Teilsysteme nicht erfüllt werden.
- konditionelle Belastungen während der Aneignungsphase die Lernleistung trotz verringerter Aneignungsleistung gegenüber unbelastet Trainierenden nicht negativ beeinflussen.
- das Absolvieren einer Aneignungsphase unter konditionellen Belastungseffekten keine Vorteile im Sinne der *specifity-hypothesis* (vgl. Abschnitt 1) erbringt, wenn zu einem späteren Zeitpunkt die Aufgabe genau unter diesen Bedingungen zu reproduzieren ist.

Alle diese Aussagen werden durch eine aktuelle Untersuchung von Dillinger (2001) bestätigt, der die Auswirkungen verschiedener konditioneller Belastungen auf das Aneignen und Lernen einer virtuellen Zielwurfaufgabe untersuchte.

5 Forschungsperspektiven

Um weitere Kombinationen von konditioneller Belastung und zu absolvierender motorischer Aufgabe vor dem Hintergrund des Drei-Faktoren-Modells zu untersuchen, ist folgendes Vorgehen angezeigt:

- Zunächst einmal gilt es für die spezifische zu untersuchende motorische Aufgabe festzustellen, an welche zentralnervösen und neuromuskulären Teilsysteme sie Anforderungen stellt (qualitativer Aspekt), und wie hoch diese Anforderungen sind (quantitativer Aspekt).
- In einem weiteren Schritt gilt es herauszufinden, zu welchen Beanspruchungen relevanter zentralnervöser und neuromuskulärer Teilsysteme konditionelle Belastungen einer bestimmten Beanspruchungsdauer sowie Beanspruchungsintensität führen und wie sich der Erholungsverlauf der beanspruchten Teilsysteme über die Zeit gestaltet.

Wenn über diese Punkte etwas ausgesagt werden kann, ist es möglich, für jegliche Kombination aus konditioneller Belastung und zu absolvierender motorischer Aufgabe Hypothesen abzuleiten, welche Effekte für das Bewegungsergebnis resultieren sollten. Dabei müssen Kompensationsmöglichkeiten auf der Ebene des Bewegungsablaufs und der motorischen Kontrolle berücksichtigt werden.

Im Hinblick auf eine Theorie des Techniktrainings müsste – wie in Abschnitt 3.3 bereits erwähnt wurde – das Drei-Faktoren-Modell in eine geeignete motorische Kontroll- und Lerntheorie eingebunden werden. Für die GMP- und Schema-Theorie wurde dies theoretisch und experimentell geleistet, die Befunde weisen jedoch einige interpretative Probleme auf (vgl. Olivier, 1996a). Der wesentliche Befund, dass die Lernleistung trotz partiell reduzierter Aneignungsleistung nicht beeinträchtigt ist, sollte sodann innerhalb der herangezogenen motorischen Kontroll- und Lerntheorien überprüft werden. Sollte diese Hypothese weitere Stützung erfahren, wäre der induktive Schluss, dass die Lernleistung durch konditionelle Belastungen in der Aneignungsphase nicht beeinflusst wird, wenn auch nicht formallogisch, so doch aufgrund der breiteren Datenbasis zunehmend gerechtfertigt (vgl. z. B. Westermann, 2000). Vorliegende Befunde sollten gleichzeitig eine physiologische Fundierung erfahren, d. h. es sollte nach den ablaufenden physiologischen lernrelevanten Prozessen gesucht werden, die eine unveränderte Lernleistung auch trotz reduzierter Aneignungsleistung erklären.

Für den Aspekt des Belastungstransfers liegen sehr wenige Untersuchungen vor, die jedoch durchgängig keine Vorteile einer unter Belastungseffekten durchgeführten Aneignungsphase für die Lernleistung unter gerade solchen Belastungsbedingungen zeigen. Die Datenlage zu diesem Themenfeld muss jedoch als äußerst defizitär eingestuft werden, so dass zu einer vorläufigen Aussage darüber, ob und wenn ja, welche Effekte konditionelle Belastungen während der Aneignungsphase auf die unter Belastungsbedingungen ermittelte Lernleistung haben, weitere empirische Befunde benötigt werden. Auch dieses Problemfeld muss natürlich durch eine Theorie des Techniktrainings abgebildet werden.

Literatur

Barnett, M.L., Ross, D., Schmidt, R.A. & Todd, B. (1974). Motor skills learning and the specificity of training principle. *Research Quarterly, 44,* 440-447.

Benson, D.W. (1968). Influence of imposed fatigue on learning a jumping task and a juggling task. *Research Quarterly, 39,* 251-257.

Bigland-Ritchie, B. & Woods, J. J. (1984). Changes in muscle contractile properties and neural control during human muscular fatigue. *Muscle & Nerve, 7,* 691-699.

Brach, M., Schumann, H. & Heck, H. (1997). Aktive Regulation zentralnervaler Aktivierung bei Radsportlern vor Belastungen und vor Pausen. *Zeitschrift für Elektroenzephalographie, Elektromyographie und verwandte Gebiete, 28,* 172.

Carron, A.V. (1972). Motor performance and learning under physical fatigue. *Medicine and Science in Sports, 4,* 101-106.

Chamberlin, C. & Lee, T. (1993). Arranging Practice Conditions and Designing Instruction. In R.N. Singer, M. Murphey & L.K. Tennant (Eds.), *Handbook of Research on Sport Psychology* (S. 213-241). New York: Macmillan.

Cochran, B.J. (1975). Effect of physical fatigue on learning to perform a novel motor task. *Research Quarterly, 46,* 243-249.

Dillinger, M.-O. (2001). *Konditionelle Belastungen und Ergebniskonstanz. Zur Wirkung spezifischer Beanspruchungen auf Ausführungs- und Lernleistung bei trefferorientierten Wurfbewegungen.* Unveröffentlichte Dissertation, Philosophische Fakultät, Universität des Saarlandes. Saarbrücken.

Edwards, R.H.T. (1981). Human Muscle Function and Fatigue. In R. Porter & J. Whelan (Eds.), *Human Muscle Fatigue: Physiological Mechanisms* (pp. 1-18). London: Pitman medical.

Gandevia, S.C. (1998). Neural control in human muscle fatigue: Changes in muscle afferents, moto neurones and moto cortical drive. *Acta Physiologica Scandinavica, 162*, 275-283.

Godwin, M.A. & Schmidt, R.A. (1971). Muscular fatigue and learning a discrete motor skill. *Research Quarterly, 42*, 343-354.

Henry, F.M. (1958). Specificity vs. generality in learning skills. *Proceedings of the National College Physical Education Association, 61*, 126-128.

Johnston, J., Rearick, M. & Slobounov, S. (2001). Movement-related cortical potentials associated with progressive muscle fatigue in a grasping task. *Clinical Neurophysiology, 112,* 68-77.

Magill, R.A. (1998). Knowledge is more than we can talk about: Implicit learning in motor skill acquisition. *Research Quarterly for Exercise and Sport, 69,* 104-110.

Nauta, W.H.J. & Feirtag, M. (1990). *Neuroanatomie*. Heidelberg: Spektrum

Olivier, N. (1991). Techniktraining und konditionelle Belastungen – Teil I. *Sportpsychologie, 5* (2), 21-26.

Olivier, N. (1995). Reduktion und Erholung des Schnellkraftniveaus nach konditionellen Belastungen. *Sportwissenschaft, 25,* 394-404.

Olivier, N. (1996a). *Techniktraining unter konditioneller Belastung: zum Einfluß konditioneller Belastungen auf das sportmotorische Lernen und Techniktraining.* Schorndorf: Hofmann.

Olivier, N. (1996b). Konditionelle Belastungen beeinflussen das Schnellkraftniveau lokal!. In S. Starischka, K. Carl & J. Krug (Hrsg.), *Schwerpunktthema Nachwuchstraining* (S. 153-158). Erlensee: SFT.

Olivier, N., Augste, C., Keim, M & Klippel, S. (2001). Techniktraining unter dem Einfluss hoher konditioneller Belastungen. In H.-A Thorhauer, K. Carl & U. Türck-Noack (Hrsg.), *Muskelermüdung – Forschungsansätze in der Trainingswisssenschaft* (S. 29-58). Köln: Strauß.

Olivier, N. & Dillinger, M.-O. (1997a). Schadet Techniktraining unter Ermüdung? (I). *Lehre der Leichtathletik, 36* (15), 27-28.

Olivier, N. & Dillinger, M.-O. (1997b). Schadet Techniktraining unter Ermüdung? (II). *Lehre der Leichtathletik, 36* (16), 29-30.

Rohmert, W. (1984). Das Belastungs-Beanspruchungs-Konzept. *Zeitschrift für Arbeitswissenschaft, 38,* 193-200.

Schmidt, R.A. (1975). A schema theory of discrete motor skill learning. *Psychological Review, 82,* 225-260.

Schmidt, R.A. (1988). *Motor Control and Learning: A Behavioral Emphasis*. Champaign, Ill.: Human Kinetics.

Schönpflug, W. (1986). Effort Regulation and Individual Differences in Effort Expenditure. In G.R.J. Hockey, A.W.K. Gaillard & M.G.H. Coles (Eds.), *Energetics and Human Information Processing. Series D: Behavioural and Social Sciences* (pp. 271-283). Dordrecht: Martinus Nijhof.

Thomas, J.R., Cotten, D.J., Spieth, W.R. & Abraham, N.L. (1975). Effects of fatigue on stabilometer performance and learning of males and females. *Medicine and Science in Sports, 7,* 203-206.

Westermann, R. (2000). *Wissenschaftstheorie und Experimentalmethodik.* Göttingen: Hogrefe.

Wiemeyer, J. & Büsch, D. (1992). Zum aktuellen Forschungs- und Diskussionsstand der FVF-Messung in der Sportwissenschaft. *Leistungssport, 22* (4), 37-42.

Williams, L.R.T., Daniell-Smith, J.H. & Gunson, L.K. (1976). Specificity of training for motor skill under physical fatigue. *Medicine and Science in Sports, 8,* 162-167.

D.6 Von koordinativen Fähigkeiten zum Strategie-Adaptations-Ansatz

Heinz Mechling

Gliederung

1 Problembeschreibung

2 Zu individuellen Differenzen

3 Sportwissenschaftliche Fähigkeitskonzepte
3.1 Lern- und leistungsbeeinflussende Fähigkeiten im Sport
3.2 Induktiv gewonnene koordinative Fähigkeiten
3.3 Induktiv empirisch-analytisch gewonnene koordinative Fähigkeiten
3.4 Deduktiv gewonnene koordinative Fähigkeiten

4 Kritische Fakten zu Generalisierbarkeit und Stabilität koordinativer Fähigkeiten

5 Perspektiven der Fähigkeitsforschung
5.1 Mehrperspektivenmodelle
5.2 Prozessuale Ansätze

6 Übergangsangebote oder neue Theorien?

Kurzreferat

Das Konzept der koordinativen Fähigkeiten scheint einen Fixpunkt für die sportpraktische Orientierung zum Lehren und Lernen darzustellen. Die wissenschaftliche Fundierung der herkömmlichen koordinativen Fähigkeiten erweist sich aber zunehmend als defizitär. Eine notwendige theoretische und empirische Neubearbeitung dieser Thematik steht aus.

Sportwissenschaftliche Fähigkeitskonzepte werden wissenschaftssystematisch der differenziellen Vorgehensweise zugeordnet. Die sportwissenschaftlich und psychomotorisch belegten koordinativen Fähigkeiten werden dargestellt. Sie werden hinsichtlich ihrer Konsistenz und Stabilität und damit ihrer Generalisierbarkeit geprüft. Wissenschaftliche Strategien zur Präzisierung und Konkretisierung des sportwissenschaftlichen Konzeptes der koordinativen Fähigkeiten werden ebenso dargestellt wie sportwissenschaftlich-sportpraktische Lösungsvorschläge auf der Grundlage von „Modulen“ und des „koordinativen Anforderungsprofils“.

Schlagworte

differenzielle Motorikforschung, Generalität, individuelle Differenzen, koordinative Fähigkeiten, koordinatives Anforderungsprofil, Spezifität

1 Problembeschreibung

In vielen Lehr-Lern-Situationen der Sportpraxis ist zu beobachten, dass manchen Personen die erstmalige Realisation einer sportlichen Fertigkeit auf Anhieb gelingt, obwohl sie darin keine Vorerfahrung hatten. Die Güte der Bewegungsausführung kann in Einzelfällen sogar höher sein als bei anderen Personen mit längerer Lernerfahrung. Auch die Fortschritte im weiteren Lernverlauf können schneller erfolgen als bei Personen, die bereits länger geübt haben. Dies weist auf interindividuelle Unterschiede hin. Worin diese bestehen und ob die Unterschiede verursachenden Merkmale für Lehr-Lern-Überlegungen und Leistungsprognosen herangezogen werden können, ist für viele Entscheidungen in Praxissituationen von Bedeutung.

Viele von den allgemeinen Faktoren, in denen Menschen sich unterscheiden, tragen auch zu den individuellen Unterschieden in Bewegungsleistungen und beim Bewegungslernen bei. Die Forschungsrichtung innerhalb der Sportwissenschaft, die sich mit deren Analyse und Identifikation beschäftigt, wird als *differenzielle Bewegungs- und Motorikforschung* (vgl. Roth, 1999) bezeichnet. In der Sportwissenschaft ist dieser Ansatz mit der Suche und Identifikation von motorischen, sportmotorischen und insbesondere koordinativen Fähigkeiten (vgl. Bös & Mechling, 1983; 2002; Hirtz, 1964; 1979; 1985; Mechling, 1999a; Roth, 1982; 1999) verbunden. Dieses sportwissenschaftliche Bemühen koordinative Fähigkeiten zu identifizieren kann keineswegs als abgeschlossen betrachtet werden.

Seit langem bestehende Konzepte zu den koordinativen Fähigkeiten (vgl. Blume, 1978; Hirtz, 1977; 1985) scheinen durch ihre Verwendung in der Sportpraxis bestätigt zu sein, auch wenn der theoretische Bezugsrahmen und dessen empirische Fundierung Defizite aufweisen. Was für sportpraktische Entscheidungen von Sportlehrern und Trainern vertretbar erscheinen mag, kann aus wissenschaftlicher Sicht nicht befriedigen. Die scheinbare Sicherheit, mit der bisweilen von Theorieentwürfen Gebrauch gemacht wird,

> „gleicht manchmal eher einem Missbrauch. ... Am auffälligsten ist dieser ‚Missbrauch' bei der Anwendung des Fähigkeitskonzeptes, dessen theoretische Bearbeitung zur Zeit unterbrochen, vielleicht sogar endgültig abgebrochen ist, dessen praktische Anwendung aber in sehr vielen Sportarten erfolgreich weitergeführt wird." (Göhner, 1999, S. 207; vgl. auch Magill, 1998, S. 276; Schmidt, 1991, S. 147).

Der Aufforderung „die in der Bewegungs- und Trainingswissenschaft immer noch gebräuchliche Orientierung auf das klassische Fähigkeitskonzept bzgl. seiner Erklärungsreichweite kritisch zu überdenken, zumindest aber Modifikationen des Fähigkeitsansatzes in Erwägung zu ziehen" (Daugs, Mechling, Blischke & Olivier, 1991, S. 26), wurde bisher kaum nachgekommen. So bestehen nach wie vor erhebliche Defizite in der differenziellen Motorikforschung, die „noch relativ weit von ihrem Ziel der Bereitstellung generell akzeptierter, theoretisch wie empirisch abgesicherter motorischer Merkmalsysteme entfernt ist" (Roth, 1999a, S. 285).

Die zunehmende wissenschaftliche Unzufriedenheit mit dem herkömmlichen Konzept der koordinativen Fähigkeiten drückt sich nicht nur im Beitrag von Neumaier und Mechling (1994) aus. Selbst Protagonisten des Ansatzes wie Hirtz stellen fest, dass „Untersuchungen zum Verhältnis von Fähigkeitsentwicklung, Expertiseerwerb und sportlicher Leistung noch ausstehen" (1995, S. 207) und zweifeln zunehmend an der Aussagekraft der Einzelfähigkeiten und der Existenz ihres fertigkeitsunspezifischen Charakters (vgl. 1998, S. 14 f.). Roth erkennt die Defizite und stellt fest, dass „die induktiv abstrahierten Fähigkeitsdimensionen mit dem Wissen über biologisch-realistische Mechanismen (ersatzweise mit psychologischen Theoriemetaphern) konfrontiert werden müssen und umgekehrt, die aus Theorien deduzierten Konstrukte der sorgfältigen empirischen Überprüfung bedürfen" (vgl. 1999a, S. 242). Das zugehörige Forschungsprogramm steht allerdings noch aus.

Mit diesem Beitrag wird der sportwissenschaftliche Ansatz zu koordinativen Fähigkeiten in den allgemeinen differenziellen Ansatz eingeordnet (Abschnitt 2), sportwissenschaftliche Konzepte (Abschnitt 3) und die Frage nach dem generellen oder spezifischen Charakter der koordinativen Fähigkeiten anhand empirischer Befunde diskutiert (Abschnitt 4), neue Perspektiven exemplarisch dargestellt (Abschnitt 5) und Übergangsangebote aus der Sportwissenschaft (Abschnitt 6) präsentiert.

2 Zu individuellen Differenzen

Die Fragen nach den Merkmalen, mit denen das Verhalten, die Lern- oder Leistungsfähigkeit von Individuen oder auch Gruppen *beschrieben*, *erklärt* und *prognostiziert* werden können, stellen sich nicht zuerst in sportwissenschaftlichen Zusammenhängen. Sie haben ihren Ursprung im differenziellen Ansatz und der Persönlichkeitsforschung der Psychologie (vgl. Amelang & Bartussek, 2001). Dieser Ansatz geht eng einher mit der Notwendigkeit, gesellschaftlich begründete Entscheidungen zu treffen. Dies ist allgemein in Schule, Beruf, Studium, Management und spezifisch in Schulsport, Leistungssport oder auch Sporttherapie notwendig. Die diagnostische Situation besteht darin, dass einzelne Merkmale beschrieben werden, ihre Ausprägung erfasst und ihr Einfluss auf die Gesamtleistung abgeschätzt wird. Anhand von Normvergleichen wird die Merkmalsausprägung auf das Individuum bezogen und bewertet. Aufgrund dieser Diagnose wird dann aktuelles Verhalten beschrieben bzw. zukünftiges prognostiziert. Diese diagnostischen Strategien dienen der *Klassifikation/Selektion* (z. B. Talent) von Individuen oder der *Modifikation* (z. B. Lernen, Training) von Verhalten, Zuständen oder Bedingungen (vgl. Pawlik, 1982a).

Die differenziellen Merkmale lassen sich zunächst in *stabile, nicht beeinflussbare, leicht erfassbare (traits)* und *situativ veränderliche, beeinflussbare aber schwerer zu erfassende (state/trait)*-Faktoren unterscheiden. Zu den ersteren zählen: Geschlecht, Ethnie, Alter, soziokultureller Hintergrund, Vorerfahrungen, überdauernde körperliche und geistige Einschränkungen oder Behinderungen und stabile Persönlichkeitseigenschaften. Diese Faktoren wirken auch als Voraussetzungen auf die veränderlichen, beeinflussbaren Faktoren, z. B. auf den Zusammenhang von Geschlecht und Kraft (Muskelmasse), Ethnie und Schnelligkeit (Muskelfaserzusammensetzung). In die zweite Gruppe sind aus sportwissenschaftlicher Sicht die *motorischen Fähigkeiten*: konditionelle Fähigkeiten (Kraft, Schnelligkeit, Ausdauer, Beweglichkeit) und koordinative Fähigkeiten, aber auch sensorisch perzeptive Fähigkeiten (visuell, auditiv...), kognitive Fähigkeiten (Wahrnehmung, Gedächtnis), *Fitness*, psychische Fähigkeiten (Motivation, Emotion, Einstellungen) einzuordnen.

Der Identifikation, Validierung und kontinuierlichen Präzisierung solcher Merkmale oder Merkmalsbereiche mit Hilfe faktoren- und dimensionsanalytischer wie auch experimenteller Methoden kommt ebenso hohe wissenschaftliche Bedeutung zu wie der Frage nach deren Generalisierbarkeit und Transferabilität. Das Ziel der Fähigkeitsforschung ist daher eine empirisch begründete Klassifikation und Taxonomiebildung (vgl. Fleishman & Quaintance, 1984, S. 43 ff.).

3 Sportwissenschaftliche Fähigkeitskonzepte

Für die Suche nach der „kleinsten Zahl unabhängiger Faktoren bzw. Fähigkeiten" und die damit verbundene Entscheidung über deren Generalisierbarkeit oder Spezifität bzw. Stabilität oder Instabilität steht exemplarisch die Intelligenzforschung (vgl. Amelang & Bartussek, 2001). So entwickelte Spearman (1904) eine „2-Faktoren-Theorie" der Intelligenz, mit einem „g-Faktor" (general intelligence) und einem „s-Faktor" (specific intelligence) für die jeweils zu lösende Aufgabe. Die Korrelation zwischen den Leistungen in einzelnen Aufgaben führte er auf die gemeinsame Komponente, den „g-Faktor" zurück. Wissenschaftsmethodisch war somit die Diskussion über die Strukturierung eines Merkmalsbereiches sowie über generalisierbare oder spezifische leistungserklärende Faktoren bzw. Fähigkeiten eröffnet.

In Zusammenhang mit sportwissenschaftlichen Fragestellungen wurde als g-Faktor eine „*general motor ability*" postuliert (vgl. Brace, 1927; McCloy, 1934). Auch in der deutschen Sportwissenschaft schien mit der *Gewandtheit* (vgl. Meinel, 1960;

Hirtz, 1964) die alle anderen Teilfähigkeiten einigende „g-Fähigkeit“ gefunden, bis sie von den koordinativen Fähigkeiten abgelöst wurde.

Mit Hilfe der Faktorenanalyse und anderen dimensionsanalytischen Methoden (vgl. Rasch, 1960) lassen sich differenziell klar umgrenzte Merkmale und Merkmalsbereiche beschreiben. Durch ihren Vereinfachungscharakter haben diese eine hohe Attraktivität und Plausibilität. Dimensionsanalytisch gewonnene Fähigkeiten sollen dazu beitragen, Handlungsergebnisse und Leistungen, die auf mehr oder weniger voneinander abhängigen, vieldeutigen, multipotenten Anlagen, vielfältigen kognitiven, perzeptiven, anatomisch-physiologischen, motorischen Voraussetzungen und den diese verbindenden prozessualen Abläufen beruhen, auf eine relativ geringe Anzahl überschaubarer, praktikabler Einheiten zu reduzieren. Von solchen *sportmotorischen Fähigkeiten* wird dann angenommen, dass sie sich durch ihren Einsatz in unterschiedlichen Situationen verfestigen, sich verallgemeinern lassen und somit auf unterschiedliche Inhalte und Situationen übertragen werden können. Auf diesem Wege sollen sie die Ausführung und den Erwerb vielfältiger sportmotorischer Fertigkeiten erleichtern. Von solchen Fähigkeiten wird angenommen, dass sie in der Lage sind, motorisches Lernen und Techniktraining positiv zu beeinflussen. In Verbindung mit weiteren Persönlichkeitseigenschaften drücken sie sich im Grad der Aneignungsgeschwindigkeit, der Ausführungsqualität, der Transferabilität, aber auch der Produktivität und Originalität bei bekannten und insbesondere bei neuartigen Anforderungen aus. Die Fähigkeiten selbst sind durch Übung oder Erfahrung nicht in gleicher Weise zu modifizieren wie die Fertigkeiten (vgl. Clauß, 1976, S. 167; vgl. Schmidt, 1991, S. 311).

Aus sportwissenschaftlicher Sicht werden unter sportmotorischen Fähigkeiten

> ... Leistungsvoraussetzungen verstanden, die eine Vielzahl von Fertigkeiten beeinflussen und Teil der Fertigkeitsstruktur sind. Sie dienen der Erfüllung mehrerer Handlungsziele. Mit dem Fähigkeitskonzept wird aufgrund neuerer Ansätze die Auffassung vertreten, dass Fähigkeiten auch auf der Prozessebene (funktional, physiologisch, neurophysiologisch) Entsprechungen und identifizierbare Anteile besitzen. (vgl. Mechling, 1999b, S. 34)

Im Unterschied zu persönlichkeitspsychologischen Ansätzen besteht für sportmotorische Fähigkeiten die Notwendigkeit, diese nicht nur als „Qualitäten der Persönlichkeit“ (Hirtz, 1997, S. 122) zu betrachten, sondern verstärkt deren biologisch/ motorische Anteile zu berücksichtigen. So lässt sich die Auffassung, dass sportmotorische Fähigkeiten „ebenso wenig beobachtbar sind wie kognitive Merkmale oder Charaktereigenschaften“ (Roth, 1999a, S. 230) kaum weiter aufrechterhalten.

Bereits 1957 hat Rubinstein die biologischen Zusammenhänge betont und Fähigkeiten physiologisch als „Systeme von Nervenverbindungen" betrachtet (1977, S. 312). Allport hat 1961 gefordert, traits nicht nur als Konstrukte, sondern als empirisch materielle Realitäten von anatomischen, neuralen und psychischen Strukturen aufzufassen und deren Zusammenhang in der Gemeinsamkeit der beteiligten Prozesse zu sehen (vgl. 1970, S. 328). Pöhlmann drückte diese Ansicht bei seiner Charakterisierung von sportmotorischen Fähigkeiten als „Funktionspotenzen" (1977, 1986) aus. Diese Positionen sind als wichtige Voraussetzungen für die sportmotorische Fähigkeitsdiskussion zu betrachten. Motorische Fähigkeiten können demnach bis zu ihrer empirisch analytischen Präzisierung allenfalls als *vorläufige Verständigungseinheiten* für praxisorientierte Zwecke angesehen werden.

3.1 Lern- und leistungsbeeinflussende Fähigkeiten im Sport

Bei der Beschreibung von sportlichen Leistungen mit Hilfe von Fähigkeiten besteht in der Sportwissenschaft weitgehend Übereinkunft (vgl. Gundlach, 1968; Hirtz, 1997; Kunath & Pöhlmann, 1983; Pöhlmann, 1986), diese in konditionelle, koordinative und psychische Fähigkeiten einzuteilen (Abb. 1).

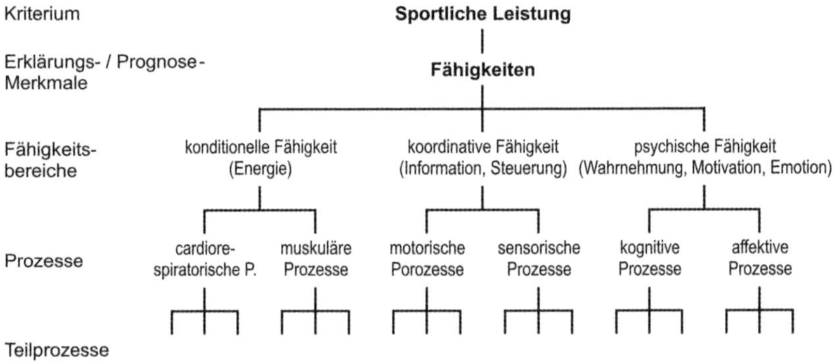

Abb. 1: Struktur von Fähigkeiten (Mechling, 1987, S. 84)

Die untere Gliederungsebene soll den Zusammenhang zu der Prozessebene z. B. zu Energiebereitstellungs-, Innervations-, Wahrnehmungs- und Kognitionsprozessen verdeutlichen. Sie eröffnet gleichzeitig die Möglichkeit, die vielfältig beschriebenen Fähigkeitsbereiche wie Ausdauer, Kraft, Schnelligkeit, Koordination zuzuordnen und weitere spezifische Unterteilungen z. B. der Schnellkraft *mit motorisch-muskulären* und der Koordination mit *sensorisch-kognitiven* Anteilen begründet zu differenzieren. Für die Diskussion darüber, ob es sich bei den koordinativen Fähigkeiten um generelle oder spezifische leistungsbeeinflussende Faktoren handelt, ist zunächst entscheidend, welche koordinativen Fähigkeitskonstrukte empirisch identifiziert werden können. In Anlehnung an Roth (1998) kann dies auf *induktivem* und *deduktivem* Wege geschehen.

3.2 Induktiv gewonnene koordinative Fähigkeiten

Zu ihrer Identifikation wurde mit Hilfe eines Expertenratings der Frage nachgegangen, welche Fähigkeiten grundlegende Voraussetzungen bei sportlichen Fertigkeiten sein können und ob sich diese Fähigkeiten fertigkeits- oder sportartbezogen gewichten und trainieren lassen. Die vielfach beschriebenen (vgl. Blume, 1978; Hirtz, 1964; Hirtz et al., 1985), in Tab. 1, Spalte 1 aufgelisteten Merkmale repräsentieren die induktiv gewonnenen koordinativen Fähigkeiten.

Tab. 1: Induktiv und induktiv empirisch-analytisch gewonnene koordinative Fähigkeiten

Induktiv gewonnene koordinative Fähigkeiten	**Induktiv empirisch-analytisch gewonnene koordinative Fähigkeiten**	
Orientierungsfähigkeit	Multilimb-coordination	Reaktionsfähigkeit
Kopplungsfähigkeit	Control-precision	Bewegungskoordination unter Zeitdruck
Differenzierungsfähigkeit	Response-orientation	Differenzierungsfähigkeit
Gleichgewichtsfähigkeit	Reaction-time	Umstellungsfähigkeit
Rhythmusfähigkeit	Rate-control	Bewegungskoordination bei Präzisionsanforderungen
Reaktionsfähigkeit	Manual-dexterity	Räumlich-zeitlich visuelle Orientierungsfähigkeit
Umstellungsfähigkeit	Finger-dexterity	
	Arm-hand-steadyness	
	Wrist-finger-speed	
	Aiming	
(Blume, 1978; Hirtz, 1964; Hirtz et al., 1985)	(Fleishman, 1975, S. 1138)	(Hirtz, 1977, S. 504)

3.3 Induktiv empirisch-analytisch gewonnene koordinative Fähigkeiten

Die induktive empirisch-analytische Identifikation motorischer Fähigkeiten ist in der differenziellen Psychologie in erster Linie mit Fleishman (Fleishman & Hempel, 1954; Fleishman, 1975, S. 1138) verbunden. Anhand der Erhebung von motorischen Testwerten an mehreren tausend Versuchspersonen kommt er zu den (Tab. 1, Spalte 2) induktiv empirisch-analytisch (faktorenanalytisch) gewonnenen koordinativen Fähigkeiten (perceptual motor abilities).

Ebenfalls faktorenanalytisch begründete koordinative Fähigkeiten werden von Hirtz (1977, S. 504) identifiziert (Tab. 1, Spalte 3).

Die induktiv gewonnenen koordinativen Fähigkeiten werden offensichtlich durch die induktiv empirisch-analytisch (faktorenanalytisch) gefundenen koordinativen Fähigkeiten als *Interpretationskonstrukte* in weiten Teilen bestätigt. Trotz dieser Bestätigung ist die Stabilität dieser Faktoren noch keineswegs gesichert. Ansprüche auf deren Generalisierbarkeit erscheinen eher voreilig.

3.4 Deduktiv gewonnene koordinative Fähigkeiten

Theoriegeleitet deduktive Bestätigungen liegen in der Sportwissenschaft nur vereinzelt vor. Roth (1982) hat zwei unterschiedliche Regulationsmodi als eindimensional nachgewiesen: die *Fähigkeit zur Koordination unter Zeitdruck* und die *Fähigkeit zur Koordination unter Präzisionsanforderung*.

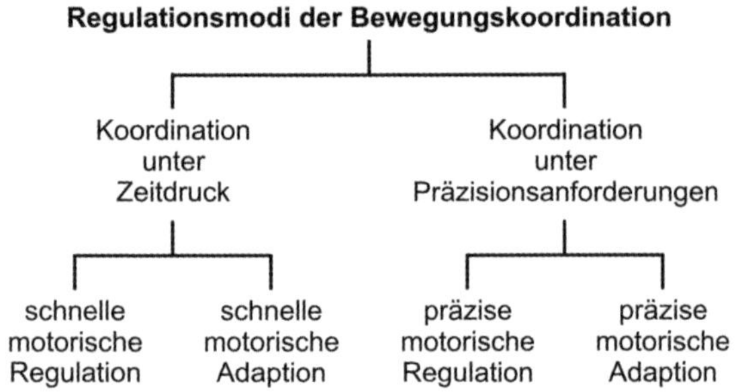

Abb. 2: Die Regulationsmodi der Bewegungskoordination (nach Roth, 1982).

Die weitere Differenzierung in schnelle bzw. präzise Regulation oder Adaptation beschreibt aufgabenbezogene Zusammenhänge. Die „Koordination unter Präzisionsanforderungen" wurde von Bös und Mechling (1983, S. 219 ff.) ebenso als eindimensional nachgewiesen wie weitere dimensionsanalytisch betrachtete konditionelle Fähigkeiten. In einer neueren Untersuchung von Hossner (1995), die von der Kernannahme ausgeht, dass das motorische System modular organisiert ist und eine Fähigkeit als Motorikmodul gilt, wenn sie technikübergreifenden und technikunspezifischen, demnach generalisierenden Charakter besitzt, identifiziert er folgende Fähigkeiten als Module: (a) Fähigkeit zur prozentualen Festlegung von Bewegungszeiten – *Zeitdosierung*, (b) Fähigkeit zur Regulation der Fortbewegungsgeschwindigkeit – *Geschwindigkeitsregulation*, (c) Fähigkeit zur *Zielgenauigkeit*. Die als übergeordnete Anforderung aufzufassende *Fähigkeit zur zeitlichen Strukturierung der Bewegung* konnte nicht als Modul und damit nicht als allgemeine Fähigkeit nachgewiesen werden und wird von ihm als spezifische Fähigkeit betrachtet. Diese drei Fähigkeiten sind als neuerliche Bestätigung der von Roth (1982) identifizierten dichotomen Koordinationsstrategien *Zeit* und *Präzision* zu betrachten.

4 Kritische Fakten zu Generalisierbarkeit und Stabilität koordinativer Fähigkeiten

In koordinativen Fähigkeitskonzepten wird implizit angenommen, dass bei einer fiktiven Konstanthaltung anderer möglicher Einflussvariablen die motorisch koordinativen Fähigkeiten für die individuellen Unterschiede verantwortlich sind. Dies beinhaltet, dass alle Menschen die grundlegenden koordinativen Fähigkeiten besitzen. Sie unterscheiden sich dann allerdings in der jeweiligen Ausprägung, z. B. den visuell-wahrnehmungsbedingten Fähigkeitsanforderungen für das Sportspiel oder der kinästhetischen Differenzierungsfähigkeit für das Schießen. So können koordinative Fähigkeiten sportartspezifischen Fertigkeiten und Aufgaben zugewiesen werden, in denen sie für ein hohes Leistungsniveau als notwendig erachtet werden. Die Wirkung dieser koordinativen Fähigkeiten wird dann auch nur bei vergleichbaren Fertigkeitsanforderungen eintreten können. So werden koordinative Fähigkeiten und deren individuelle Ausprägung auch als begrenzende Faktoren für das Erreichen einer hohen sportlichen Leistungsfähigkeit betrachtet. In Diagnose- und Auswahlsituationen wird dies mit sportmotorischen Tests (vgl. Bös, 2001) überprüft. Sportmotorisch koordinative Fähigkeitstests erreichen im 10-Jahres Vergleich allerdings nur eine mittlere Stabilität von r = .54 (vgl. Bös & Mechling, 2002). Der Prognosewert von fähigkeitsorientierten Ansätzen erreicht in den seltensten Fällen eine Varianzaufklärung an komplexen Fertigkeiten oder zukünftigen Leistungen, die über 50 % liegt (vgl. Bös, 1987, S. 147; Roth, 1998, S. 276). Werden die Einflüsse spezieller Fertigkeiten aus den Daten heraus partialisiert, führt dies zu einer weiteren Reduktion der Varianzaufklärung (vgl. Weinert, Schneider & Beckmann, 1991, S. 35).

Wird angenommen, dass mit einigen empirisch querschnittlichen Bestätigungen eine vorübergehende Konsistenz solcher Fähigkeiten als gesichert betrachtet werden kann, bleibt die Frage nach der Stabilität dieser Fähigkeiten in der Zeit. Nur dann wäre belegt, dass es sich um generalisierbare Einflussfaktoren handelt, und die Definition berechtigt, dass koordinative Fähigkeiten „weitgehend verfestigte und generalisierte Verlaufsqualitäten“ (Zimmermann, 1998, S. 207) von motorischen Steuerungs- und Regelungsprozessen darstellen. Um ein solches Generalisierungspostulat aufrecht zu erhalten, müssten sich zwischen je zwei beliebigen motorischen Aufgaben mit ähnlicher Anforderungsstruktur hohe Korrelationen ergeben. D. h. diejenigen, die in der einen Aufgabe gut abschneiden, müssten auch in der anderen Aufgabe gut abschneiden. Zweifel an einer solchen „general motor ability"-Hypothese und der Generalisierbarkeit einzelner Fähigkeiten waren bereits in den 1950er Jahren aufgetreten und setzen sich bis heute fort.

Die klassischen Spezifitätshinweise gehen u. a. auf Untersuchungen von Henry (1961; 1968), Bachman (1961), Drowatzky und Zuccato (1967) sowie Singer (1966) zurück. Sie fanden keine Belege für eine „Superfähigkeit" und kaum Belege für die generelle Stabilität von Einzelfähigkeiten über verschiedene Aufgaben hinweg. Selbst das Gleichgewicht als posturale Gleichgewichtsregulation ist „keinesfalls als quasi konstant und *fertigkeitsunspezifisch* anzusehen" (Olivier, 1997, S. 73; s. a. Jendrusch & Brach, i. d. Bd. C.2).

Unter der Annahme von „verfestigten und generalisierten Verlaufsqualitäten" wäre zu fordern, dass einzelne Fähigkeiten oder die Fähigkeitsstruktur im Hinblick auf Übungsprozesse und Zeitverlauf stabil bleiben. Bei der Korrelation der Leistungswerte von Versuchspersonen aus je zwei Durchgängen (Inter-Trial-Korrelationen) zeigt sich in der Korrelationsdreiecksmatrix die *„Super-Diagonal-Struktur"* (Greene, 1943; Guttman, 1954). Während die Koeffizienten für ein Trial von Übungsdurchgang zu Übungsdurchgang abnehmen, nehmen sie zwischen unterschiedlichen Trials und in den der Diagonale benachbarten Feldern zu (Abb. 3).

Übungsdurchgänge

	1	2	3	4	5	6	7	8
1		.75	.73	.66	.64	.57	.63	.59
2			.85	.85	.84	.79	.77	.79
3				.85	.83	.79	.81	.79
4					.90	.88	.86	.85
5						.90	.87	.86
6							.85	.86
7								.90
8								

Diagonaleneffekt

Super-Diagonalen-effekt

Abb. 3: Empirische Korrelationen zwischen acht Übungsdurchgängen im Complex Coordination-Test (nach Fleishman & Hempel, 1954, S. 243).

Dies lässt die Schlussfolgerung zu, dass die Prognose der Endleistung (Fertigkeit) aus der jeweils letzten Leistung (erreichtes Fertigkeitsniveau) besser gelingt und die Endleistung der Ausgangsleistung immer unähnlicher wird. Pawlik (1982b, S. 142) hat in vielfältigen Re-Analysen diese Super-Diagonal-Form sowie die Übungseffekte der faktoriellen Vereinfachung (Aufbauprozess) und der qualitativen Umstrukturierung (Austauschprozess) bestätigt. Fleishman und Hempel (1954) haben für die Analyse von Lernverläufen in psychomotorischen Koordinationsaufgaben Faktorenanalysen herangezogen, in denen die Trials aufeinanderfolgender Übungen die Variablen bilden. Mit fortlaufender Übung konnten sie eine Änderung in Richtung faktorieller Spezialisierung und Vereinfachung nachweisen (vgl. Abb. 4).

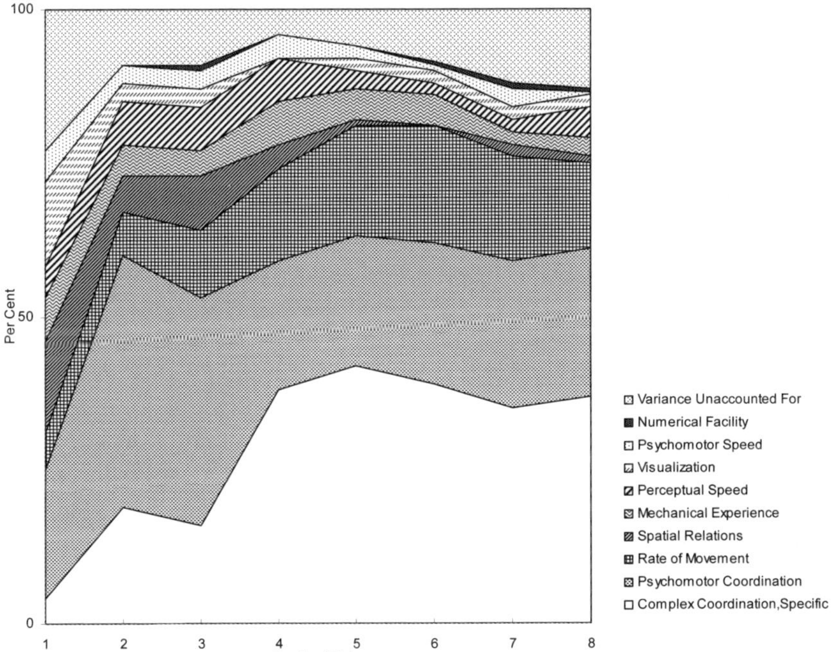

Abb. 4: Veränderung des Varianzanteils verschiedener Faktoren aufgrund von Übungsprozessen (in Anlehnung an Fleishman & Hempel, 1954).

Aufgabencharakteristische Faktoren erklären anfangs ca. 10 %, in der achten Wiederholung ca. 40 % der Varianz an der Koordinationsleistung. Diese Zunahme hat nach Fleishman (1975, S. 1135) nichts gemeinsam mit den allgemeinen Fähigkeiten. Der Varianzanteil der motorischen Fähigkeiten nimmt ebenfalls zu. Der

Beitrag der nichtmotorischen Fähigkeiten (Kognitionen, Kenntnisse, räumliche Beziehungen) nimmt im Übungsverlauf systematisch ab (vgl. Müller, 1995). Die Veränderung der Wahrnehmungsgeschwindigkeit und deren Anstieg im späteren Übungsverlauf wird ebenfalls als aufgabenspezifisch interpretiert.

Eine nicht nur übungsabhängige Veränderung der Struktur koordinativer Fähigkeiten, sondern auch altersbedingte Veränderungen hat Hirtz (1979) belegt (vgl. Abb. 5).

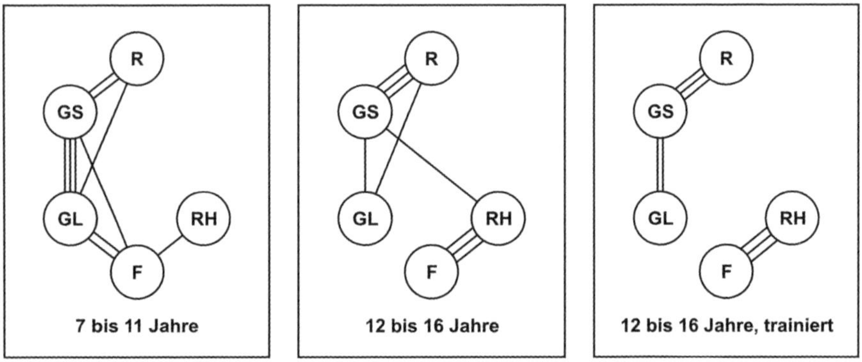

R = Reaktionsfähigkeit
GS = Geschicklichkeit
GL = Gleichgewichtsfähigkeit
F = Bewegungsfluß
RH = Rhythmusfähigkeit

Abb. 5: Grad des Zusammenhangs koordinativer Fähigkeiten im Alternsverlauf (in Anlehnung an Hirtz, 1979).

Die strukturelle Veränderung zwischen den fünf betrachteten Fähigkeiten lässt nicht nur auf eine übungsabhängige, sondern darüber hinaus entwicklungsabhängige Veränderung der Fähigkeiten und auf eine Veränderung der Relation der Fähigkeiten untereinander und ihres veränderten spezifischen Beitrages zu einer Kriteriumsleistung schließen.

Diese Ergebnisse stellen die Zustands- und Leistungsprognose von zu erwartenden Endleistungen im Sport auf der Grundlage von fähigkeitsorientierten Leistungstests erheblich in Frage. Eventuell wurde bei den bisherigen sportwissenschaftlichen Fähigkeitskonzepten zu wenig berücksichtigt, dass es sich bei den beschriebenen Fähigkeiten um Konstrukte handelt, die differenziell in iterativen Schritten bestätigt und präzisiert werden müssen. *Die Einführung und die Verwendung des Konzeptes koordinativer Fähigkeiten war offensichtlich hilfreich, solange geringe Kenntnisse über zu Grunde liegende Wahrnehmungs- und motorische Steuerungs-*

prozesse vorlagen. Ein modifizierter Fähigkeitsansatz erscheint aber auch noch immer sinnvoll, solange nicht angenommen werden kann, dass mit Hilfe einfacher prozessualer Parameter vergleichbare Prognosen für terminale Zustände und insbesondere Maßnahmen für die komplexe Trainings- und Übungssteuerung abgeleitet werden können. Bei dem Stabilitätspostulat bisheriger in der Sportwissenschaft betrachteter koordinativer Fähigkeitsansätze wurde der Grundgedanke und das Ziel von Übung und Training aber auch von Entwicklungsprozessen vernachlässigt: die Adaptabilität und damit Veränderungsnotwendigkeit der postulierten Fähigkeiten. Auch wenn die referierten Ergebnisse eher gegen die Annahme von generalisierbaren Fähigkeiten sprechen, schließt dies nicht die Erwartung aus, dass stabile Strukturen auf neuen, bisher nicht analysierten Ebenen z. B. prozessualen Ebenen identifiziert und auch für Anwendungsfragen nutzbar gemacht werden können.

5 Perspektiven der Fähigkeitsforschung

Vermittelnde Ansätze nicht nur zwischen der experimentellen und differenziellen Vorgehensweise, sondern auch zwischen den deduktiv prozess- und den induktiv fähigkeitsorientierten Ansätzen wurden in der Psychologie von Underwood (1975) und für die psychologisch orientierte Motorikforschung von Powell, Katzko und Royce (1978) vorgeschlagen. Sie formulierten für ihre „Multifactor-Systems-Theory" das Ziel „interacting components are identified via factor analysis, and the principles of integrated functioning are derived from general systems and information-processing-theory" (1978, S. 192). Die Forschung zu individuellen Differenzen und Fähigkeiten hat sich in den vergangenen 25 Jahren sowohl mit diesen theoretischen Ausgangspunkten als auch mit neuen Untersuchungsstrategien und empirischen Belegen konsequent in diese Richtung weiterentwickelt.

5.1 Mehrperspektivenmodelle

Die aktuellen Fragen richten sich weniger darauf, ob eine Umstrukturierung im Lern-Übungsverlauf stattfindet, sondern eher, welcher Art diese tatsächlich ist. Für den Versuch, die Kritik am generalisierenden Fähigkeitsansatz konstruktiv aufzunehmen und eine neue Theorie zum Zusammenhang von Fertigkeitserwerb, Leistungsergebnis und Fähigkeiten zu entwickeln, steht insbesondere Ackerman (1987; 1988; 1992) mit einer Reihe von Reanalysen und Experimenten zum Fähigkeitsansatz. Er identifiziert Fähigkeiten als „a pool of undifferentiated ressources available to an individual" (1987, S. 5). Ackerman berücksichtigt bei seinen Analysen die gerade für sportmotorische Betrachtungen unverzichtbaren: *(1) Aufga-*

bentypen, *(2) Lernphasen* beim Fertigkeitserwerb und Ergebnisse seiner *(3) Reanalysen* der Daten von Fleishman. Diese Bestandteile führt er in einem „Zylindrex-Modell" (1988) zusammen, das die *Niveau-Geschwindigkeits-Dimension* und die *Zuordnung von Lernphasen* für die Erklärung hauptsächlich beanspruchter Fähigkeiten vereint.

- Bei den Aufgabentypen orientiert sich Ackerman an Schneider & Shiffrin (1977), die zwischen *kontrollierter* und *automatischer* Informationsverarbeitung bei der Aufgabenbewältigung unterschieden. Auf Seiten der Aufgaben führt dies zu der Differenzierung zwischen *inkonsistenten* und *konsistenten Aufgaben*. Bei konsistenten Aufgaben sichert die eindeutige Stimulus-Reaktionszuordnung die automatisierte Leistung. Bei inkonsistenten, stärker von Rückmeldungen abhängigen und somit zu kontrollierenden Aufgaben gilt dies nicht. Bei komplexen Aufgaben kann diese Unterscheidung allerdings nur als eine graduelle betrachtet werden, da diese konsistente und inkonsistente Anteile enthalten können. Dieser Unterscheidung vergleichbar ist die in *geschlossene* und *offene Fertigkeiten* (Poulton, 1957). Für geschlossene Aufgaben gilt, dass immer eine Lösung vorhanden ist, die Aufgaben immer ähnlich sind und ausreichende Information zur Lösung zur Verfügung steht. Bei offenen Aufgaben ist dies nicht der Fall. Einen weiteren differenziellen Effekt bezüglich der Aufgaben stellt die Unterscheidung in *infinite* und *finite Aufgaben* dar (vgl. Klauer, 1993). Bei infiniten Aufgaben kann theoretisch immer weiter gelernt werden, weil es immer noch etwas zu lernen gibt. Offene Aufgaben im Sportspiel haben zwar auch geschlossen finite Bestandteile, situationsbezogen könnte allerdings von nahezu infiniten Aufgaben ausgegangen werden.

Diese Fertigkeitsanalyse verdeutlicht, dass hinsichtlich des jeweils erreichten Fertigkeitsniveaus bzw. der Lernphase unterschieden werden muss. Es liegt nahe, eine *situationsspezifisch unterschiedliche Fähigkeitsstrukturierung* oder gar *dynamische Fähigkeitsfluktuation* anzunehmen.

- Die Phasen des Fertigkeitserwerbs werden in Anlehnung an Fitts (1962; 1964) durch die *kognitive*, die *assoziative* und die *autonome* Phase beschrieben (vgl. Anderson, 1987). Die Phasenübergänge werden als kontinuierlich und überlappend aufgefasst. Nach Ackermans Theorie ist der Fertigkeitserwerb bei konsistenten Aufgaben mittlerer Komplexität in der Phase 1 abhängig von allgemeinen Fähigkeiten wie z. B. kognitiven Fähigkeiten und räumlichem Vorstellungsvermögen. In der assoziativen Phase 2 wird die Leistung überwiegend durch die Wahrnehmungsgeschwindigkeit bestimmt, die nach

Ackerman die Geschwindigkeit repräsentiert, mit der für Bewegungsaufgaben die Wahrnehmungs-Motorikkoppelung hergestellt wird. In der autonomen Phase 3 korrespondiert die Leistung vorwiegend mit nicht-kognitiven psychomotorischen Fähigkeiten (vgl. Stumpf, 2000, S. 510 ff.). Die korrelativen Beziehungen zwischen den Leistungen im Trainingsverlauf und der Ausprägung allgemeiner Fähigkeiten sind zu Beginn des Lern- bzw. Trainingsprozesses am höchsten und nehmen danach stetig ab. Die Korrelation mit der Wahrnehmungsgeschwindigkeit ist anfangs gering, steigt dann an und nimmt zur dritten Phase hin wieder ab. Der Einfluss des spezifisch psychomotorischen Zusammenhangs auf die Leistung nimmt ab der Phase 2 in Verbindung mit dem Abfall der Korrelation für die Wahrnehmungsgeschwindigkeit zu (vgl. Abb. 6).

- Diese theoretisch begründeten Zusammenhänge konnte Ackerman in mehreren Reanalysen und Experimenten bestätigen (1988; 1992). Auch wenn Ackermans akzentuierte Zuweisung von Wahrnehmung und Motorik zu verschiedenen Ebenen sowie seine undifferenziert erscheinende Benennung der „psychomotorischen Fähigkeit“ fast einen „g-Faktor“ vermuten lassen könnte, zeigt er mit seinem theoretischen und empirischen Ansatz Wege auf, die in der sportwissenschaftlichen Fähigkeitsforschung bisher nicht beschritten werden.

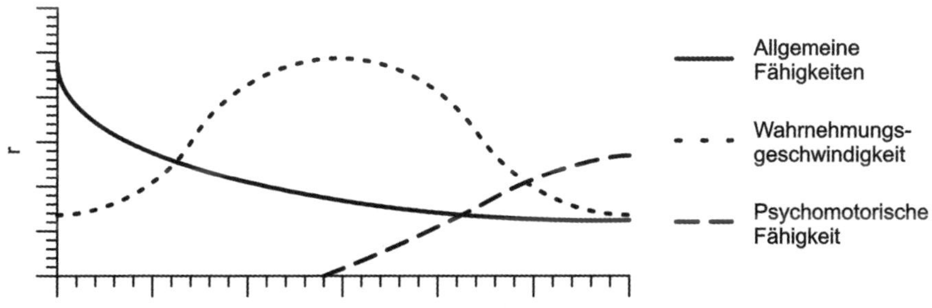

Abb. 6: Hypothetische Korrelation zwischen Fähigkeiten und der Leistung im Verlauf der drei Lernphasen bei einer konsistenten motorischen Aufgabe mittlerer Komplexität (in Anlehnung an Ackerman, 1988, Fig. 4)

Als Konsequenz scheint die Weiterentwicklung des Ansatzes der koordinativen Fähigkeiten von der aufgabenspezifischen sowie lern- und übungsphasenspezifischen Analyse abzuhängen. Bereits eine koordinative Fähigkeit wie die „Orientierungsfähigkeit“ kann und darf nicht als überdauernd stabil angenommen werden. Im Zeitverlauf werden vorher vernachlässigte Signale bedeutsam oder gewinnen neue Bedeutung, manche ändern sich gar von Aufgabe zu Aufgabe. Die „Differenzierungsfähigkeit“ beinhaltet jeweils unterschiedliche Ausprägungen von Wahrnehmungssensibilität, Verarbeitungsgeschwindigkeit, Zeit- und Kraftdosierung. Darüber hinaus müssen die Variablen als Bedingungsfaktoren individueller Differenzen wie: Alter, Geschlecht, Persönlichkeits-, Intelligenz- und Kulturmerkmale insbesondere vor dem Hintergrund der jeweiligen Ausprägung im Entwicklungs- und Expertiseverlauf betrachtet werden (vgl. Weinert, Schneider & Beckmann, 1991). Aus sportwissenschaftlicher Sicht sind hier Fragen zu beantworten, die sich darauf beziehen, ob und in welchen Merkmalen sich z. B. jüngere von älteren Kindern, Kinder und Jugendliche von Erwachsenen, Begabte von weniger Begabten, ältere Menschen im Alternsverlauf und in Abhängigkeit von Krankheiten sowie weiteren Einflüssen unterscheiden.

5.2 Prozessuale Ansätze

Individuelle Unterschiede lassen sich bei der derzeitigen messmethodischen und technologischen Entwicklung auch auf der Ebene der der Koordination zugrunde liegenden Prozesse identifizieren. Auch Untersuchungen zu individuellen Differenzen auf der Prozessebene ziehen eine fähigkeitsorientierte Betrachtung nach wie vor in Betracht. Es ist allerdings erforderlich, Ergebnisse der Fähigkeitsforschung an denen der prozessualen Forschung zu evaluieren und diese zunehmend zu integrieren. Für die Untersuchungen zu kognitiven motorischen Aufgaben, die individuellen Differenzen auch auf der Prozessebene nachspüren, werden exemplarisch Schunn und Reder (2001) herangezogen. Hinsichtlich individueller Differenzen bei der Lösung kognitiver Aufgaben gehen sie von einem *Parameteransatz* auf der einen und einem *Strategieansatz* auf der anderen Seite aus. Der Parameteransatz berücksichtigt Geschwindigkeit und Kapazitätsbelastung bei der Aufgabenlösung, der Strategieansatz die jeweilige Strategiewahl bzw. den Strategiestil. Sie identifizieren Unterschiede im Strategieeinsatz und kommen zu dem Ergebnis, dass bei einem gleichen Satz an Strategien bei zwei Individuen die Auswahl und Konstellation sich von Situation zu Situation unterscheiden. Sie präferieren daher einen *Ansatz multipler Strategien*, mit denen die Annahmen von Ackerman (vgl. 5.1) ergänzt werden können. Für Überlegungen zu neuen *dynamischen Fähigkeitskonzepten* sollte berücksichtigt werden, dass sich die Wahl der Strategie im Übungsverlauf adaptiv verbessert. Dies geschieht darüber hinaus in Abhängigkeit vom Erfolg der Strategie. Hierzu stellen Schunn und Reder fest, dass sich die Fähigkeit, wechselnde Strategien zu entdecken und mit diesen zum Erfolg zu kommen, ändert, was auch sportwissenschaftlich für biologisch-motorische „Strategien“ zu prüfen wäre. Eine hierfür notwendige Voraussetzung ist für sie „die Sensitivität für Erfolgswahrscheinlichkeiten“ (vgl. 2001, S. 60). Als Prädiktoren für Anpassungsvorgänge dieser Art beschreiben sie induktives Denken und Fertigkeitserwerb, die sich darin ausdrücken, dass (a) Veränderungen in der Umwelt erkannt werden, (b) ein Verständnis für den Strategie-Effektzusammenhang entwickelt und daraus (c) eine Hierarchie für die Ziele entwickelt wird. Der Grad der Adaptation hängt dann vom Gedächtnis, vom Faktenwissen und in der Situation von der Aufmerksamkeitsteilung und motorisch von systemdynamischen Vorgängen (vgl. Corbetta & Vereijken, 1999) ab. Die Anpassungsgeschwindigkeit wird durch den Fertigkeitserwerb und die Verarbeitungsgeschwindigkeit bestimmt (vgl. 2001, S. 73). Anhand ihrer Ergebnisse und der Interpretation von Parameter- und Strategieansatz postulieren Schunn und Reder einen *„Strategie-Adaptations-Ansatz“*. Sie gehen davon aus, dass „the strategy-adaptivity approach can provide a detailed account of performance on any particular task“ (vgl. 2001, S. 73) – eine sportwissenschaftlich-sportpraktisch neue Herausforderung.

6 Übergangsangebote oder neue Theorien?

Koordinative Probleme der aufgabenbezogenen strategischen Art sind in sportlichen Situationen vielfach zu finden. So wird bei einem als hart oder weich eingeschätzten Return im Tennis die eigene Schlagstrategie angepasst. In vielen Sportarten muss beim Laufen z. B. ein schlüpfriger Untergrund berücksichtigt werden. Selbst bei geschlossenen Aufgaben wie beim Gerätturnen sind situative „Strategieänderungen“ vorzunehmen. Die Anpassungen bedeuten vom Novizen zum Experten nicht nur wahrnehmungs-motorische Veränderungen, sondern auch Veränderungen in der Strategieanpassung. Ein solcher Ansatz könnte die Suche nach Merkmalen bzw. „Fähigkeiten“ für die Prognose von Leistungen von Individuen über viele Aufgabenbereiche hinweg leiten. Wie die in Abschnitt 3 und 5 dargestellten empirischen Befunde zu koordinativen Fähigkeiten aber auch die experimentellen Fakten nahe legen, stehen die koordinativen Anpassungsvorgänge in engem Zusammenhang mit den elementaren Kategorien „Zeit“ und „Präzision“. Diese sind als „koordinative Fähigkeiten“ auf der Verhaltensebene (vgl. Roth, 1982), neurophysiologisch bereits durch Kornhuber (1971) bestätigt. Sie spiegeln sich auch wider in der Suche nach Gesetzmäßigkeiten beim „Geschwindigkeits-Genauigkeits-Kompromiss“ (speed-accuracy trade-off); eine höhere Ausführungsgeschwindigkeit führt in einigen Fällen zu geringerer (niedrige Krafteinsätze) in anderen (höhere Krafteinsätze > 65 %) zu höherer Genauigkeit (vgl. Schmidt,

1991, S. 268 ff.). Die koordinativen Anforderungen bei Bewegungsaufgaben verweisen eindeutig auf Zeit- und Präzisionsstrategien in Abhängigkeit von Bewegungsschwierigkeit, Bewegungsamplitude und individuellem Fertigkeitsniveau. Die adäquate Anpassung erfolgt dann über die Variation von Krafteinsätzen, Bewegungszeiten und Bewegungsgeschwindigkeiten als „Timing".

Von den sportwissenschaftlichen Ansätzen der letzten Jahre sind insbesondere der „Modulansatz" von Hossner (1995) und der Ansatz des „koordinativen Anforderungsprofils" von Neumaier und Mechling (1994, 1995; vgl. Neumaier, 2001) zu nennen. Sie dienen zwischenzeitlich als theoretisch systematische Orientierung für zuvor fähigkeitsbezogene Übertragungen in die Praxis (vgl. Roth, 1998; 1999a, b; Kröger & Roth, 1999). Der modulare Ansatz wird darüber hinaus von Kortmann und Hossner (1995) sowie Hossner und Kortmann (1997) in volleyballspezifische Technikbausteine umgesetzt. Das Modell des „koordinativen Anforderungsprofils" ist mit Umsetzungsüberlegungen und Trainingsbeispielen für ein größeres Spektrum von offenen und geschlossenen Sportarten/Disziplinen ebenfalls differenziert für die Praxis aufbereitet worden (vgl. Neumaier, Mechling & Strauss, 2002). Beide Ansätze bieten den Vorteil unmittelbar von Fertigkeiten auszugehen. Sie enthalten konkrete Angaben zur Gestaltung der Variationsquellen und zum Variationsspektrum. Ob sich Aufgabenbewältigungen dann über komplexere Merkmale beschreiben lassen, ob diese transferabel und generalisierbar sind, kann sich erst durch die Evaluation des Lern-/Übungs-/Trainingsverlaufs herausstellen. Wie und ob diese dann mit Oberbegriffen wie „Fähigkeiten" oder „Modulen" belegt werden können, bleibt zu prüfen, erscheint aber zunächst nachrangig. Hypothetisch ließe sich so die Verbindung von „Zeit- und Präzisionsdruck" als eine Fähigkeit zu hoher Wahrnehmungs- /Entscheidungsgeschwindigkeit oder gar als hoch spezifische Fähigkeit zur Strategiewahl bzw. Strategieanpassung (vgl. Abschnitt 5) charakterisieren.

Durch einen bewussten Rückgriff auf scheinbar einfache Kategorien in Verbindung mit der menschlichen Bewegungskoordination können Schwachstellen umgangen werden, die theoretische wie auch an „Meisterlehren" orientierte Fähigkeitskonzepte bisher enthalten. Experimentelle und differenzielle Ansätze könnten sich zur Konstruktvalidierung hervorragend ergänzen. Einzelne Bestandteile dieser Modelle können durch jeweils aktuelle biologisch-physiologische, neurophysiologische und psychologische Erkenntnisse zu motorischer Kontrolle ergänzt und präzisiert werden. Auf diesem Wege könnte die Suche nach den *kausalen Ketten der Fähigkeiten* erfolgreich gestaltet werden.

So könnten sich z. B. empirisch bestätigte Indikatoren für einen „Strategiewechsel" als tatsächlich individuell differenzierend darstellen. Sie wären als neue validere Fähigkeitskonstrukte mit höherem Prognosewert zu betrachten. Diese Vorgehensweise sollte die Suche nach und die Identifikation von tatsächlich individuell differenzierenden kognitiven und motorischen Fähigkeiten darstellen. Diese Fähigkeiten könnten für die koordinativen, motorischen Lern- und Trainingsvorgänge präzisiert und von prozessualer Forschung bestätigte komplexere Merkmale sein.

Brocke stützt diese Auffassung, wenn er feststellt, dass traits, hier als koordinative Fähigkeiten, nicht als generell oder gar universell anwendbar betrachtet werden, „sondern nur unter den in den Manifestationsgesetzen des Traits spezifizierten Bedingungen" (2000, S. 22). Damit geht es für die Fähigkeitsanalyse darum, Zusammenhänge von Situation, Fähigkeit und Verhalten zu finden und zu spezifizieren. Konsequenterweise fordert Brocke für die differenzielle Psychologie, die sich bisher vor allem mit den „Personenmerkmalen" auseinander gesetzt hat, den „Personen in Situationen" Ansatz in den Vordergrund zu rücken und ein interaktionistisches Konzept zu verfolgen (2000, S. 24). Eine Forderung, der sich die sportwissenschaftliche Fähigkeitsforschung uneingeschränkt anschließen müsste.

Literatur

Ackerman, P.L. (1987). Individual differences in skill learning: An integration of psychometric and information processing perspectives. *Psychological Bulletin, 102,* 3-27.

Ackerman, P.L. (1988). Determinants of individual differences during skill acquisition: Cognitive abilities and information processing. *Journal of Experimental Psychology: General, 117,* 288-318.

Ackerman. P.L. (1992). Predicating individual differences in complex skill aquisition: Dynamics of ability determinants. *Journal of Applied Psychology, 77,* 598-614.

Allport, G.W. (1970). *Persönlichkeit.* Meisenheim: Hain.

Amelang, M. & Bartussek, D. (2001). *Differentielle Psychologie und Persönlichkeitsforschung* (5. Aufl.). Stuttgart: Kohlhammer.

Anderson, J.R. (1987). Skill acquisition: Compilation of weak-method problem solutions. *Psychological Review, 94,* 192-210.

Bachman, J.C. (1961). Specificity vs. generality in learning and performing two large muscle motor tasks. *Research Quarterly, 32,* 3-11.

Blume, D.D. (1978). Zu einigen wesentlichen theoretischen Grundpositionen für die Untersuchung der koordinativen Fähigkeiten. *Theorie und Praxis der Körperkultur, 27* (1), 29-36.

Bös, K. (1987). *Handbuch motorische Tests.* Göttingen: Hogrefe.

Bös, K. (2001). *Handbuch motorische Tests* (2. Aufl.). Göttingen: Hogrefe.

Bös, K. & Mechling, H. (1983). *Dimensionen sportmotorischer Leistungen.* Schorndorf: Hofmann.

Bös, K. & Mechling, H. (2002). Dimensionen sportmotorischer Leistungen im Längsschnitt. Zur Stabilität und Konsistenz von motorischen Fähigkeiten. In G. & B. Ludwig (Hrsg.), *Koordinative Fähigkeiten – Koordinative Kompetenz (S. 50-58)*. Kassel: Kasseler Hochschulverlag.

Brace, D.K. (1927). *Measuring Motor Ability*. New York: A.S. Barnes.

Brocke, B. (2000). Das bemerkenswerte Comeback der differentiellen Psychologie: Glückwünsche und Warnungen vor einem neuen Desaster. *Zeitschrift für Differentielle und Diagnostische Psychologie, 21*, 5-30.

Clauß, G. (Ltg.). (1976). *Wörterbuch der Psychologie*. Leipzig: Bibliographisches Institut.

Corbetta, D. & Vereijken, B. (1999). Understanding development and learning of motor coordination in sport: The contribution of dynamic systems theory. *International Journal of Sport Psychology, 30*, 507-530.

Daugs, R., Mechling, H. Blischke, K. & Olivier, N. (Hrsg.). (1991). Sportmotorisches Lernen und Techniktraining zwischen Theorie und Praxis. In R. Daugs, H. Mechling, K. Blischke & N. Olivier (Hrsg.), *Sportmotorisches Lernen und Techniktraining* (S. 19-32). Schorndorf: Hofmann.

Drowatzky, J.N. & Zuccato, F.C. (1967). Interrelationships between selected measures of static and dynamic balance. *Research Quarterly, 38*, 509-510.

Fitts, P.M. (1962). Factors in Complex Skill Training. In R. Glaser (Ed.), *Training Research and Education* (pp. 177-197). New York: Wiley.

Fitts, P.M. (1964). Perceptual Motor Skill Learning. In A.W. Melton (Ed.), *Categories of Human Learning* (pp. 243-285). New York: Academic Press.

Fleishman, E.A. (1975). Toward a taxonomy of human performance. *American Psychologist, 30*, 1127-1149.

Fleishman, E.A. & Hempel, W.P. (1954). Changes in factor structure of a complex psychomotor test as a function of practice. *Psychometrica, 19*, 239-252.

Fleishman, E.A. & Quaintance, N.K. (1984). *Taxonomies of Human Performance – The Description of Human Tasks*. London: Academic Press.

Göhner, U. (1999*). Einführung in die Bewegungslehre des Sports. Teil 2: Bewegerlehre des Sports*. Schorndorf: Hofmann.

Greene, E.B. (1943). An analysis of random and systematic changes with practice. *Psychometrica, 8*, 37-52.

Gundlach, H. (1968). Systembeziehungen körperlicher Fähigkeiten und Fertigkeiten. *Theorie und Praxis der Körperkultur, 17*, 198-205.

Guttman, L. (1954). A New Approach to Factor Abakysis: The Radex. In P.F. Lazarsfeld (Ed.), Mathematical Thinking in the Social Sciences (pp. 116-257). Glencoe, Ill.: Free Press.

Henry, F.M. (1961). Reaction-time – movement-time correlations. *Perceptual and Motor Skills, 12*, 63-66.

Henry, F.M. (1968). Specificity vs. Generality in Learning Motor Skill. In R.C. Brown & G.S. Kenyon (Eds.), *Classical Studies on Physical Activity* (pp. 331-340). Englewood Cliffs, NJ: Prentice Hall.

Hirtz, P. (1964). Zur Bewegungseigenschaft Gewandtheit. *Theorie und Praxis der Körperkultur, 13*, 729-735.

Hirtz, P. (1977). Struktur und Entwicklung koordinativer Leistungsvoraussetzungen bei Schulkindern. *Theorie und Praxis der Körperkultur, 26*, 503-510.

Hirtz, P. (1979). *Untersuchungen zur koordinativ-motorischen Vervollkommnung von Kindern und Jugendlichen.* Habilitationsschrift der Universität Greifswald.

Hirtz, P. u. a. (Autorenkollektiv). (1985). *Koordinative Fähigkeiten im Schulsport.* Berlin: Volk und Wissen.

Hirtz, P. (1995). Koordinationstraining gleich Techniktraining? In J. Krug & H.-J. Minow (Hrsg.), *Sportliche Leistung und Training* (S. 205-210). Sankt Augustin: Academia.

Hirtz, P. (1997). Motorische Handlungskompetenz als Funktion motorischer Fähigkeiten. In P. Hirtz, G. Kirchner & R. Pöhlmann (Hrsg.), *Sportmotorik* (2. Aufl., S. 117-147). Kassel: Hochschulverlag.

Hirtz, P. (1998). Koordinative Fähigkeiten – Gewandtheit – Motorische Kompetenz. In J. Rostock & K. Zimmermann (Hrsg.), *Bericht zum Kolloquium „Theorie und Empirie sportmotorischer Fähigkeiten* (S. 12-19). Chemnitz: Fachgebiet Sport der TU.

Hossner, E.-J. (1995). *Module der Motorik.* Schorndorf: Hofmann.

Hossner, E.-J. & Kortmann, O. (1997). Der „TeBauTe-Volleyball“: Zur Validierung eines modularen Trainingskonzepts. In F. Dannemann (Hrsg.), *Volleyball'96. Facetten des Spiels* (S. 119-139). Hamburg: Czwalina.

Klauer, K.J. (1993). Trainingsforschung: Ansätze, Theorien, Ergebnisse. In K.J. Klauer (Hrsg.), *Kognitives Training* (S. 15-59). Göttingen :Hogrefe.

Kornhuber, H.H. (1971). Motor functions of cerebellum and basal ganglia. *Kybernetik, 8*, 157-162.

Kortmann, O. & Hossner, E.-J. (1995). Ein Baukasten mit Volleyballsteinen – Belastung im Volleyball und ein modulares Konzept des Techniktrainings. In F. Dannemann (Hrsg.), *Belastung im Volleyball* (S. 53-72). Bremen: DVV.

Kröger, C. & Roth, K. (1999). *Ballschule – Ein ABC für Spielanfänger.* Schorndorf: Hofmann.

Kunath, P. & Pöhlmann, R. (1983). Handlungs- und persönlichkeitstheoretische Grundlagen zur Erforschung und Abbildung des motorischen Lernprozesses. In H. Rieder, K. Bös, H. Mechling & K. Reischle (Hrsg.), Motorik- und Bewegungsforschung (S. 143-164). Schorndorf: Hofmann.

Magill, R.A. (1998). *Motor Learning* (5th ed.). Boston: McGraw-Hill.

McCloy, C.H. (1934). The measurement of general motor capacity and general motor ability. *Research Quarterly, 5* (Suppl. 5), 45-61.

Mechling, H. (1987). Auswertung von Lehr- und Lernprozesssen im Sport – motorische Fähigkeiten und sportmotorische Fertigkeiten. In ADL (Hrsg.), *Sport – Planen – Durchführen – Auswerten* (S. 77-89). Schorndorf: Hofmann.

Mechling, H. (1992). Koordinative Fähigkeiten. In P. Röthig u. a. (Hrsg.), *Sportwissenschaftliches Lexikon*. Schorndorf: Hofmann.

Mechling, H. (1999a). Co-ordinative Abilities. In D. van den Auweele, F. Bakker, S. Biddle, M. Durand & R. Seiler (Eds.), *Psychology for Physical Educators* (pp. 159-186). Champaign, Ill.: Human Kinetics.

Mechling, H. (1999b). Fähigkeit-Fertigkeit: Generalität versus Spezifität im Techniktraining. In J. Wiemeyer (Hrsg.), *Techniktraining im Sport - 13. Darmstädter Sportforum* (S. 31-46). Schriftenreihe des IfS der TU Darmstadt.

Meinel, K. (1960). *Bewegungslehre*. Berlin: Volk und Wissen.

Müller, H. (1995). *Kognition und motorisches Lernen*. Bonn: Holos.

Neumaier, A. (2001). *Koordinatives Anforderungsprofil und Koordinationstraining* (2. Aufl.). Köln: Strauß.

Neumaier, A. & Mechling, H. (1994). Taugt das Konzept der „koordinativen Fähigkeiten“ als Grundlage für sportartspezifisches Koordinationstraining? In P. Blaser, K. Witte & C. Stucke (Hrsg.), *Steuer- und Regelungsvorgänge der menschlichen Motorik* (S. 207-212). Sankt Augustin: Academia.

Neumaier, A. & Mechling, H. (1995). Allgemeines oder sportartspezifisches Koordinationstraining? *Leistungssport, 25*, 14-18.

Neumaier, A., Mechling, H. & Strauß, R. (2002). *Koordinative Anforderungsprofile ausgewählter Sportarten*. Köln: Strauß.

Olivier, N. (1997). Zur Fertigkeitsspezifität der Gleichgewichtsregulation. In E. Loosch & M. Tamme (Hrsg.), *Motorik – Struktur und Funktion* (S. 72-75). Hamburg: Czwalina.

Pawlik, K. (1982a). Modell- und Praxisdimensionen psychologischer Diagnostik. In K. Pawlik (Hrsg.). *Diagnose der Diagnostik* (2. Aufl., S. 13-43). Stuttgart: Klett.

Pawlik, K. (1982b). Untersuchungen zum Simplex-Modell der Übung. In K. Pawlik (Hrsg.), *Multivariate Persönlichkeitsforschung* (S. 114-143). Bern: Huber.

Pöhlmann, R. (1977). Fünf Thesen zum „Fähigkeitssystem“ der Sportmotorik im handlungspsychologischen Bezug. *Theorie und Praxis der Körperkultur, 26*, 511-515.

Pöhlmann, R. (1986). *Motorisches Lernen*. Berlin: Sportverlag.

Poulton, E.C. (1957). On prediction in skilled movement. *Psychological Bulletin, 54*, 467-478.

Powell, A., Katzko, M. & Royce, R. (1978). A multifactor systems theory of the structure and dynamics of motor functions. *Journal of Motor Behavior, 10*, 191-210.

Rasch, G. (1960). *Probalistic Models for some Intelligence and Attainment Tests*. Kopenhagen: University of Kopenhagen.

Roth, K. (1982). *Strukturanalyse koordinativer Fähigkeiten*. Bad Homburg: Limpert.

Roth, K. (1998). Wie verbessert man die koordinativen Fähigkeiten. In Bielefelder Sportpädagogen (Hrsg.), *Methoden im Sportunterricht* (S. 85-102). Schorndorf: Hofmann.

Roth, K. (1999a). Die fähigkeitsorientierte Betrachtungsweise (differentielle Motorikforschung). In K. Roth & K. Willimczik, *Bewegungswissenschaft* (S. 227-287). Reinbek: Rowohlt.

Roth, K. (1999b). Das ABC des Spielens: Technik- und Taktiktraining im Anfängerbereich. In J. Wiemeyer (Hrsg.), *Techniktraining im Sport* (S. 11-30). Darmstadt: IFS/TUD.

Rubinstein, S.I. (1977). *Sein und Bewusstsein*. Berlin: Akademie-Verlag.

Schmidt, R.A. (1991). *Motor Learning and Performance*. Champaign, Ill.: Human Kinetics.

Schneider, W. & Shiffrin, R.M. (1977). Controlled and automatic human information processing: I. Detection, search and attention. *Psychological Review, 84*, 1-66.

Schunn, C.D. & Reder, L.N. (2001). Another source of individual differences: Strategy, adaptivity to changing rates of success. *Journal of Experimental Psychology: General 130*, 59-76.

Singer, R.N. (1966). Interlimb skill abilitiy in motor skill performance. *Research Quarterly, 37*, 406-410.

Singer, R.N. (1984). *Motorisches Lernen und menschliche Leistung*. Bad Homburg: Limpert.

Spearman, C. (1904). General intelligence objectively determined and measured. *American Journal of Psychology, 15*, 201-293.

Stumpf, H. (2000). Training und Übung. In M. Amelang (Hrsg.), *Enzyklopädie der Psychologie, Differentielle Psychologie und Persönlichkeitsforschung, Bd. 4*, (S. 487-538). Göttingen: Hogrefe.

Underwood, B.J. (1975). Individual differences as a crucible in the theory construction. *Ameri can Psychologist, 30*, 128-134.

Weinert, F.E., Schneider, W. & Beckmann, J. (1991). Fähigkeitsunterschiede, Fertigkeitstraining und Leistungsniveau. In R. Daugs, H. Mechling, K. Blischke & N. Olivier (Hrsg.), *Sportmotorisches Lernen und Techniktraining (S. 33-52)*. Schorndorf: Hofmann.

Zimmermann, A. (1998). Koordinative Fähigkeiten und Beweglichkeit. In K. Meinel & G. Schnabel, *Bewegungslehre – Sportmotorik* (9. Aufl., S. 206-236). Berlin: Sportverlag.

D.7 Differenzielle Aspekte des motorischen Lernens

Rainer Wollny

Gliederung

1 Gegenstand der differenziellen motorischen Lernforschung

2 Aktueller Forschungsstand
2.1 Motorische Lernfähigkeit
2.2 Weitere lernrelevante Prädiktorvariablen

3 Forschungsmethodische Perspektiven

Kurzreferat

Der Beitrag thematisiert in einem ersten Teil die Entstehung und die zentralen Gegenstandsbereiche der motorischen Lernforschung im Sport. In einem zweiten Teil geht es um den aktuellen Wissensstand hinsichtlich der differenziellen Aspekte des motorischen Lernens. Neben der motorischen Lernfähigkeit werden weitere dauerhafte und situative Bedingungen des Lernens besprochen. Skizziert werden hierbei innovative forschungsmethodische Möglichkeiten und Strategien zur Analyse interindividueller Unterschiede sowie intraindividueller Veränderungen des motorischen Lernens.

Schlagworte

Bewegungsbiographie, differenzielle Motorikforschung, Entwicklungspsychologie der Lebensspanne, koordinative Fähigkeiten, lernrelevante Prädiktoren, motorische Lernplastizität, motorische Lern- und Leistungsfähigkeit, Testing-the-Limits

1 Gegenstand der differenziellen motorischen Lernforschung

Zu den alltäglichen Selbstverständlichkeiten unserer Gesellschaft gehört es, Menschen nach besonders auffälligen Merkmalen oder Fähigkeiten qualitativ zu typisieren, während durchschnittliche Ausprägungsgrade vielfach keine besondere Beachtung finden. Menschen können aber auch für jede Merkmalsausprägung mittels quantitativer Messoperationen auf einem Kontinuum zwischen zwei Extrempunkten verteilt werden, so dass keine eindeutig abgrenzbaren Menschentypen erkennbar sind. Selbst wenn zwischen zwei Personen offensichtliche Übereinstimmungen bestehen, gilt dies nur für eng begrenzte Charakteristika, jedoch nicht für spezielle Merkmalskombinationen (Anastasi, 1976; Amelang & Bartussek, 2001).

Im Sport zentriert sich die Evaluation interindividueller Persönlichkeits- und Verhaltensunterschiede vielfach auf zwei Hauptmerkmale: die motorische Leistungsfähigkeit und die hiervon abzugrenzende motorische Lernfähigkeit. Die motorische Leistungsfähigkeit (motor capacity) wird üblicherweise als die Grundvoraussetzung für die Bewältigung sportmotorischer Leistungsanforderungen charakterisiert. Ihre wesentlichen Elemente sind die motorischen und psychischen Fähigkeiten, die Bewegungsfertigkeiten sowie die Leistungsmotivation, deren jeweilige Ausprägung und Wechselbeziehungen spezifische Strukturen der motorischen Leistungsfähigkeit herausbilden. Die motorische Lernfähigkeit (motor learning capacity) – eine Grunddimension des motorischen Lernens – beschreiben Meinel und Schnabel (1998) als relativ verfestigte, zentralnervös-bedingte generalisierte Persönlichkeitseigenschaft zur schnellen, effektiven Aneignung und Optimierung (Stabilisierung, Variation/Anpassung) neuer Bewegungsfertigkeiten. Ihre individuelle Ausdifferenzierung wird durch wechselseitig abhängige situative (exogene) und in Lernenden mehr oder minder fest „verwurzelte", dauerhafte (endogene) Bedingungen bestimmt.

Zur Erklärung interindividueller Persönlichkeits- und Verhaltensunterschiede von Menschen wurden in vorschriftlichen Kulturen bis in die Gegenwart unterschiedliche „Theorien, Aberglauben und Glaubenssätze" über die möglichen Ursachen aufgestellt (Anastasi, 1976, S. 1). Entscheidende Impulse für die Inhalte, Ansätze und Ergebnisse der Forschung der Differenziellen Psychologie zu menschlichen Verhaltensdifferenzen lieferte die Evolutionstheorie von Charles Darwin (1809-1882; 1859) mit ihren wissenschaftlichen Annahmen über die spezifische Funktion interindividueller Unterschiede für die Artentwicklung von Menschen, Tieren und Pflanzen. Ein sehr erfolgreiches Teilgebiet der Differenziellen Psychologie stellt die Beschreibung und Erklärung der Ursachen wie auch der Wirkungen interindividueller Unterschiede und intraindividueller Veränderungen intellektueller Leistungen dar. Klassische Problemstellungen der Intelligenzforschung liegen in der Suche nach der intellektuellen Lernfähigkeit und potenziellen Prädiktoren der menschlichen Intelligenz.

Die nicht weniger bedeutsamen differenziellen Aspekte der menschlichen Motorik werden erst 100 Jahre später systematisch durch Fleischman und seine Mitarbeiter (1954, 1964) analysiert. Im deutschen Sprachraum finden sich ab den siebziger Jahren umfassende Arbeiten einer differenziellen Motorikforschung u. a. von Fetz (1973), Hirtz (1977), Roth (1982) sowie Bös und Mechling (1983). Der zentrale Forschungsblick richtet sich auf die Evaluation geeigneter differenzieller Motorikmerkmale zur Kennzeichnung und Aufklärung individueller (sport)motorischer Leistungsunterschiede. Die hiermit eng verbundene fähigkeitsorientierte Denkweise ist mittlerweile fester Bestandteil der Theorie und Praxis des Sports (vgl. Mechling D.6 in diesem Band). Ein spezielles Teilgebiet, die differenzielle motorische Lernforschung widmet sich der Deskription und Erklärung der hinreichenden und notwendigen Bedingungen inter- sowie intraindividueller Differenzen in motorischen Lernprozessen. Darüber hinaus ist der Vergleich, die Prognose und die Modifikation des motorischen Lernverhaltens von Interesse. In Anlehnung an die Intelligenzforschung wird zwei Hauptfragestellungen nachgegangen: *Gibt es motorische Lernfähigkeit(en)? Welche spezifischen Prädiktoren beeinflussen das motorische Lernen?*

Den aktuellen Wissensstand über die differenziellen Aspekte des (sport-) motorischen Lernens illustriert Abschnitt 2. Skizziert werden zunächst die Kenntnisse über die motorische Lernfähigkeit, einschließlich der kontrovers geführten Diskussion, ob sich bereichsspezifische motorische Lernfähigkeiten abgrenzen lassen (2.1). Der Abschnitt 2.2 befasst sich zum einen ausführlich mit weiteren dauerhaften Bedingungen des motorischen Lernens, zum anderen wird im Überblick der Vorhersagewert der situativen Bedingungen erörtert. Aufgezeigt wird, dass in den empirischen Arbeiten bisher überwiegend die Erklärungskraft einzelner Einflussfaktoren oder wenig komplexer Prädiktorensysteme überprüft wurde. Innovative Forschungsstrategien zur Evaluation der spezifischen Wirkungsweisen und des komplexen Zusammenspiels verschiedener Bedingungsfaktoren eröffnen hier die Leitsätze des Kontextualismus und der intraindividuellen Plastizität einer Entwicklungspsychologie der Lebensspanne. Abschnitt 3 geht abschließend auf zukünftige forschungsmethodische Perspektiven der differenziellen Motorikforschung mit Bezug zum Sport ein.

2 Aktueller Forschungsstand

Verhaltensdifferenzen zwischen Menschen lassen sich – wie einleitend beschrieben – sowohl anhand qualitativer Ausführungsmerkmale als auch quantitativer Ergebnismaßstäbe aufzeigen. Ausgehend von der von Persönlichkeitsforschern mehrheitlich behaupteten Einzigartigkeit jedes Menschen und der hieraus zwangsläufig erwachsenden Frage, inwieweit es sinnvoll erscheint, das Individuum mit motorischen Eigenschaftsbegriffen zu charakterisieren, die viele oder alle Menschen betreffen, greift die motorische Lernforschung des Sports bei der Analyse individueller Verschiedenheiten und intraindividueller Veränderungen des motorischen Verhaltens auf den in der Differenziellen Psychologie bewährten nomothetischen Ansatz zurück. Die aktuellen Forschungsbemühungen richten sich hierbei nicht auf die Prüfung allgemeiner, für *alle Menschen* geltenden Gesetze, sondern auf die Aufdeckung interindividueller Variationen derselben, die ihrerseits selbst wieder allgemein gültigen Gesetzmäßigkeiten unterliegen. Die Einzigartigkeit des Individuums gewährleisten nomothetische Beschreibungssysteme dadurch, dass sie für jede Person einen nur ihr zugehörigen Platz vorsehen (Amelang & Bartussek, 2001). Die derzeitige theoretische und empirische Befundlage über die differenziellen Aspekte des motorischen Lernens kann insgesamt mit einem „inkompletten Mosaik“ verglichen werden, dem noch zahlreiche Steinchen hinzugefügt werden müssen, damit ein in sich verständliches Bild der Hauptursachen und Gesetzmäßigkeiten individueller Motorikunterschiede entsteht.

Wichtiges Bindeglied zwischen den theoretischen Annahmen und den empirischen Kenntnissen der differenziellen motorischen Lernforschung des Sports sind, vergleichbar zu anderen Wissenschaftsdisziplinen, die gegenstandsspezifischen Forschungsmethoden. Für die Evaluation inter- und intraindividueller Motorikunterschiede eignen sich bewährte differenzialpsychologische Untersuchungsstrategien wie Quer- und Längsschnittvergleiche, experimentelle und quasi-experimentelle Versuchspläne, Korrelationen und lineare Strukturgleichungsmodelle (Regressions-, Pfad-, Faktorenanalysen).

2.1 Motorische Lernfähigkeit

Die motorische Lernfähigkeit wird im Sport in Anlehnung an frühe lernpsychologische Begriffsbestimmungen von Brace (1927, *motor ability*), McCloy (1934, *motor educability*), Herzberg (1968) und Fetz (1973) als eine Grundvoraussetzung für die Aneignung und Optimierung neuer Bewegungsfertigkeiten gekennzeichnet. Ihr spezifisches Ausprägungsniveau ist in Abhängigkeit von zahlreichen einflussnehmenden dauerhaften und situativen Bedingungen (s. Abschnitt 2.2) individuell verschieden. In bewegungswissenschaftlichen Publikationen werden Unterschiede in der motorischen Lernfähigkeit von Personen vor allem auf die individuellen Bewegungserfahrungen und den Ausprägungsgrad nicht direkt zugänglicher (hypothetischer) Motorikmerkmale zurückgeführt. Diese besitzen querschnittlich eine gewisse Konsistenz zwischen vergleichbaren Situationen und längsschnittlich eine relative zeitliche Stabilität sowie eine unterschiedliche Breite ihrer aufgabenbezogenen Relevanz. Nach dem Kriterium der Bewegungsgebundenheit lassen sich die Motorikmerkmale nach motorischen Fertigkeiten (*motor skills*, technikgebunden) und motorischen Fähigkeiten (*motor abilities,* technikungebunden) unterscheiden. In der sportwissenschaftlichen Motorikforschung werden im Bereich der motorischen Fähigkeiten üblicherweise energetisch-bedingte konditionelle Fähigkeiten von zentralnervös-bedingten koordinativen Fähigkeiten abgegrenzt (vgl. Roth, 1999a).

Willimczik, Meierarend, Pollmann und Reckeweg (1999) sowie andere Motorikforscher führen zahlreiche Belege dafür an, nach denen die zentralnervös-bedingten koordinativen Fähigkeiten als die motorische Lernfähigkeit angesehen werden können. Roth (1999a) charakterisiert koordinative Fähigkeiten als individuelle Unterschiede im Ausprägungsgrad technikübergreifender zentralnervös-koordinativer Kontroll- und Funktionsprozesse. „Die Summe der gut ausgeprägten Fähigkeiten entscheidet über den Lernerfolg beim Neulernen und Ausformen [Optimieren] von Bewegungen" (Rieder & Lehnertz, 1991, S. 92). Die Annahme einer engen wechselseitigen, variantenreich formulierten Beziehung zwischen motorischen Lernerfolgen und dem koordinativen Fähigkeitsniveau spiegelt sich in Begriffen wie motorische Lern-, Anpassungs-, Optimierungs- und Umstellungsfähigkeit wider. Aus der Sicht der prozessorientierten Forschung – insbesondere der Informationsverarbeitungs-Theorien – wird darüber hinaus von einem bedeutsamen Zusammenhang zwischen der motorischen Lernfähigkeit und dem Ausprägungsgrad der informationell determinierten Fähigkeiten ausgegangen (Ungerer, 1977; Schmidt, 1988; Wollny, 1993).

Zur *Differenzierungshypothese der koordinativen Fähigkeiten*, d. h. zu einem bedeutsamen Problem der Sportpraxis und der Sportwissenschaft, ob es eine übergreifende oder bereichsspezifische (sport)motorische Lernfähigkeit(en) gibt, besteht ein wenig differenziertes theoretisches und empirisch abgesichertes Wissen (Überblick: Roth, 1982; Bös & Mechling, 1983; Rieder, 1987). Vor allem fehlt es an Lernstudien mit koordinativen Fähigkeiten als Prädiktor (Ungerer, 1977; Wollny, 2002) und an verlässlichen Verfahren zur Aufklärung des komplexen Charakters der motorischen Lernfähigkeit (Bös & Mechling, 1983; Hörtdörfer, 1985).

2.2 Weitere lernrelevante Prädiktorvariablen

Moderne Verhaltenswissenschaften betrachten motorische Lernvorgänge als komplexe dynamische Prozesse, die durch eine Vielzahl dauerhafter und situativer Bedingungen des Lernens bestimmt werden. In diesem Abschnitt geht es primär um die einschlägig evaluierten dauerhaften Bedingungen des motorischen Lernens, die Lernende gewissermaßen „in sich tragen": Alter, Genetik, Wachstum, Reifung, Geschlecht, Psyche, Kognition und Bewegungserfahrungen. Auf die Erklärungskraft der *situativen Lernbedingungen* wird am Ende des Abschnitts eingegangen. Generell anzumerken ist einerseits, dass die Eignung einzelner Prädiktoren zu Beginn und zum Ende des motorischen Lernens verschieden sein kann. Anderseits ermöglichen einzelne der angeführten Untersuchungen nur indirekte Hinweise auf lernrelevante Einflussfaktoren, da nicht das motorische Lernen, sondern koordinative Prozesse analysiert werden.

Zur Beantwortung der Frage, *was von einem Menschen in welchem Alter hinsichtlich des motorischen Lernens erwartet werden kann*, dienen der Motorikforschung des Sports bislang vornehmlich altersbezogene Indikatoren, Normwerte oder Entwicklungstabellen. Diese beziehen sich mehrheitlich auf das Säuglings-, Kleinkind- und Vorschulalter. Demgegenüber bestehen für das Schulkindalter (6-11/12 Jahre), die Pubertät (12/13-18 Jahre) und das frühe (ab 21 Jahre) bis späte Erwachsenenalter auffällige Wissenslücken. Grob zusammengefasst werden motorische Lernunterschiede in eng umgrenzten Entwicklungsabschnitten analysiert, akzentuiert anhand von Mittelwertdeskriptionen einzelner motorischer Fähigkeitsausprägungen veranschaulicht und hoch verallgemeinert im Sinne von *age-functional-relationships* erklärt.

Nach der seit Meinel (1960) lange Zeit vertretenen, vorrangig sekundär- und tertiäranalytisch begründeten, empirisch nicht weiter hinterfragten populären Grundposition der eng umrissenen altersbezogenen Entwicklungsphasen gilt das frühe bis späte Schulkindalter und die Jugendzeit als die Lebensphase der *besten, „goldenen“* motorischen Lernfähigkeit. Die Lebensphase der Pubertät geht bedingt durch markante morphologische und physiologische Veränderungen mit einer vorübergehenden Beeinträchtigung des Fertigkeitserwerbs einher. Die im frühen Erwachsenenalter erneut veränderte Fähigkeit zur Informationsaufnahme und Informationsverarbeitung bedingt eine weitere *Hoch-Zeit* des motorischen Lernens. Von einer generellen Verschlechterung und fortschreitenden Involution der motorischen Aneignungs- und Optimierungsfähigkeit wird ab dem mittleren Erwachsenenalter ausgegangen.

Neuere Veröffentlichungen widersprechen massiv der klassischen Auffassung der Altersnormierung und der Annahme von Entwicklungsphasen besonderer Progression oder Stagnation des motorischen Lernens (Baur, 1987; Winter & Roth, 1994; Conzelmann, 1997; Roth & Wollny, 1999a; 1999b; Wollny, 2002). Das Lebensalter wird nicht als eine psychologische Gesetzmäßigkeiten erfassende Variable, sondern als eine physikalische Trägervariable charakterisiert, der lediglich eine Hilfsfunktion bei der Deskription motorischer Veränderungsverläufe zukommt. Zunehmend gewinnen methodologische Überlegungen an Bedeutung, nach denen eine befriedigende „Durchleuchtung“ der komplexen motorischen Lernphänomene mehrperspektivischer Betrachtungen und multikausaler Untersuchungsstrategien bedarf. Innovative theoretische und forschungsmethodische Ansätze zur Prüfung der interindividuellen Variabilität und intraindividuellen Plastizität des motorischen Lernens sowie der Konfundierung und relativen Bedeutung verschiedener lernrelevanter Prädiktoren eröffnen die Leitsätze der intraindividuellen Plastizität und des Kontextualismus einer Entwicklungspsychologie der Lebensspanne (Baur, Bös & Singer, 1994; Roth & Wollny, 1999a; 1999b; Voelcker, Wiertz & Willimczik, 1999; Winter & Hartmann, 1998; Wollny, 1997; 2002).

Dem Leitsatz der intraindividuellen Plastizität entsprechend stellt die Evaluation des möglichen Ausmaßes der Veränderbarkeit des motorischen Lernens innerhalb einer Person und deren Grenzen ein zentrales Aufgabengebiet der differenziellen Motorikforschung des Sports dar. Plastizität bezeichnet das spezifische Potential, das „Individuen aufgrund ihrer genetischen Prädispositionen und in Abhängigkeit vom biologischen Alter befähigt, sich unterschiedlichen Umweltsituationen anzupassen" (Conzelmann, 1999, S. 78). Für die Identifikation, Quantifizierung und Erklärung latenter Kapazitätsreserven des motorischen Lernens legt die Testing-the-Limits-Methode neuartige Forschungsstrategien nahe. Der Testing-the-Limits-Ansatz geht im Prinzip davon aus, dass aus Lernvariationen bedeutsame Informationen über das spezifische Lernpotential einer Person abgeleitet werden können und dass Lernunterschiede umso stärker hervortreten, je näher Individuen an ihre absolute Grenze der Lernfähigkeit heranreichen.

In Anlehnung an die theoretischen Vorstellungen von Baltes (1990) können drei Hauptebenen der motorischen Lernplastizität unterschieden werden. Die *baseline performance* repräsentiert die aktuelle motorische Lernfähigkeit, die eine Person ohne spezielle Interventionen bei einmaliger Testanwendung erzielt. Die *baseline reserve capacity* beschreibt die unter optimalen lernfördernden Bedingungen zu erreichende obere Grenze des aktuellen individuellen motorischen Lernpotentials. In der *developmental reserve capacity* spiegelt sich die durch geeignete Interventionsmaßnahmen zu erzielende maximale motorische Lernfähigkeit und Entwicklungsperspektive eines Menschen wider.

Für die empirische Identifikation latenter Kapazitätsreserven des motorischen Lernens eignen sich (1) die rückmeldungsfreie ein- oder mehrmalige standardisierte Testwiederholung oder der Paralleltest, (2) die Testwiederholung mit systematischer Variation der Standardbedingungen zur Analyse von Lernparametern einschließlich deren Variationen und (3) die Testwiederholung mit zwischengeschalteten zielgerichteten Interventionen. Die beiden ersten Untersuchungsstrategien ermöglichen fundierte Kenntnisse über die individuelle baseline reserve capacity. Die dritte Vorgehensweise dient der Feststellung der developmental reserve capacity. Auf den Sport übertragen, kann zur Analyse der motorischen Lernplastizität in fertigkeitsbezogenen Aneignungs- und Optimierungsstudien mit kurz- bzw. mittelfristig angelegten experimentellen Versuchsplänen gearbeitet werden (Wollny, 1997; 2002).

Die vor dem Hintergrund des Plastizitätsansatzes und des eng verknüpften Forschungsparadigmas des Testing-the-Limits reanalysierten 22 Studien zur Aneignung sporttypischer Bewegungen und zur Optimierung allgemeiner Bewegungsfertigkeiten sowie eigene experimentelle Untersuchungen interindividueller Differenzen in der intraindividuellen Plastizität des sportmotorischen Lernens (Überblick: Wollny, 2002) weisen darauf hin, dass die von der age-functional-relationship-Forschung propagierte starre Altersabhängigkeit des motorischen Lernens nicht weiter aufrecht gehalten werden kann (vgl. Voelcker et al., 1999).

Spätestens mit dem Schulkindalter verlieren kalendarische Bezüge zunehmend an Aussagekraft, da die durch die Genetik und die sozialkulturellen sowie materialen Rahmenbedingungen hervorgerufenen interindividuellen Variabilitäten nur noch grobe Durchschnittsaussagen zulassen. Für die Altersspanne von 9 bis 18 Jahren lässt sich weder eine Phase der kurzzeitig hohen oder geringen intraindividuellen motorischen Lernplastizität noch ein biologisch determiniertes *goldenes* Lernalter belegen. Beispielsweise weisen die Untersuchungen von Joch, Hasenberg und Auerbach (1990), Joch und Hasenberg (1991) sowie Willimczik et al. (1999) nach, dass in der Pubertät – aufgrund des größeren Repertoires an allgemeinen und sporttypischen Bewegungserfahrungen – nicht schlechter, sondern eher besser gelernt wird als im späten Schulkindalter. Neumann (1976) sowie Baumann, Bauernfeind, Gretzer, Kraft und Schleusinger (1990) zeigen für die 50- bis 80jährigen, dass die individuelle motorische Lernfähigkeit mit zunehmendem Alter weitgehend stabil bleibt, während die motorische Leistungsfähigkeit abnimmt. Qualitative Befunde lassen annehmen, dass auch im hohen Erwachsenenalter noch sporttypische Fertigkeiten wie Family-Tennis, Gymnastik, Tanz und Tischtennis erlernt werden.

Unter Berücksichtigung der diskutierten Studien, die Hinweise auf das Plastizitätsausmaß des motorischen Lernens geben, ohne eindeutige Altersabhängigkeiten zu benennen (vgl. Voelcker et al., 1999), ist die Frage, *inwieweit mit einem bestimmten Alter eine Sportdisziplin erlernt werden kann*, nicht richtig gestellt. Vielmehr muss gefragt werden, welche weiteren Prädiktoren für das motorische Lernen von Bedeutung sind.

Nach der „Kontextualismus-Position“ sind differenzielle Erklärungen interindividueller Unterschiede im motorischen Lernen nur über verschiedene komplex interagierende Prädiktorensysteme möglich. In Anlehnung an das Drei-Faktoren-Modell von Baltes (1990) resultieren motorische Lernprozesse im Wesentlichen aus den Wechselwirkungen dreier auf dynamischen, biologischen und ökologischen Grunddeterminanten basierender Einflusssysteme: ontogenetisch nach Alter gestufte, evolutionsgeschichtlich kulturwandelbezogene und nicht-normative Faktoren. Eine übergreifende Evaluation interindividueller Variabilitäten und intraindividueller Veränderungen des motorischen Lernens muss demnach gleichzeitig Prädiktoren aus allen drei Einflussbereichen einbeziehen.

Der speziellen Bedeutung von *Anlagefaktoren* für individuelle Verhaltensunterschiede von Menschen widmet sich die Zwillings- und Eltern-Kind-Ähnlichkeits-Forschung. Durch die Gegenüberstellung von Paaren mit unterschiedlichen Graden der Erbverwandtschaft, die unter gleichen oder verschiedenen Umweltbedingungen aufwachsen, wird die Verteilung von Personenmerkmalen in einer Population in ihre erblichen und umweltbedingten Anteile aufzuschlüsseln versucht (Überblick: Trautner, 1992). Überträgt man die vielfach zitierten Annahmen von Merz und Stelzl (1977) hinsichtlich möglicher Zusammenhänge zwischen Intelligenz, Genetik und Umwelt auf das motorische Lernen, wäre dessen Erblichkeit dann nahezu perfekt, wenn die Variabilität der Umweltbedingungen minimiert würde, also alle Lernenden in gleicher Weise optimal geschult würden. Fox, Hershberger und Bouchard (1996) können diesbezüglich aufzeigen, dass für das motorische Lernen die Bedeutung der Umweltbedingungen mit zunehmender Praxiserfahrung abnimmt und der Einfluss genetischer Faktoren zunimmt. Williams und Gross (1980) belegen für den Neuerwerb großmotorischer Gleichgewichtsaufgaben ebenfalls bedeutsame genetische Einflüsse.

Eng an das kalendarische Alter und die Genetik gekoppelt sind bekanntermaßen *Wachstums-* und *Reifungsprozesse*, die bei allen Menschen in Abhängigkeit von spezifischen Umweltfaktoren zu bestimmten Entwicklungszeitpunkten in weitgehend vergleichbarer Form und identischer, nicht umkehrbarer Abfolge auftreten. Milne und Hrkal (1979) zeigen auf, dass die Ausbildung der Wurftechnik bei Kleinkindern trotz umfangreicher Lerninterventionen generell über Zwischenstadien des motorischen Lernens verläuft, die nicht übergangen werden können (Überblick: Willimczik, 1983; Roth, 1999b).

Geschlechtsspezifika in der motorischen Fertigkeitsentwicklung werden für das Säuglings- und Schulkindalter zwar als wenig relevant angesehen. In der Pubertät und insbesondere in der Adoleszenz kommt es jedoch zu auffälligen geschlechtsspezifischen Unterschieden, die durch Divergenzen im psychosozialen und Freizeitverhalten weiter verstärkt werden können. Eine offensichtliche Geschlechtstypik zeigen Frauen in Form individueller zeitlich befristeter menstruationszyklusabhängiger Veränderungen spezifischer physischer und/oder psychischer Merkmale. Diese können an Tagen in unmittelbarer Nähe der Menstruation zu mehr oder weniger auffälligen Schwankungen im motorischen Lernen führen (Überblick: Roth & Winter, 1994; Reis, 1996).

Motorische Lerndifferenzen werden in auffälliger Weise durch *psychische* und *kognitive Faktoren* im Kontext spezifischer Selbstregulationsmechanismen sowie unterschiedlicher Lebenslagen bestimmt. Zu den im Sport evaluierten Persönlichkeitsbereichen zählen die Intelligenz, die Fähigkeitseinschätzung, die Leistungsmotivation, die Emotionen, das psychosoziale Wohlbefinden und verschiedene Dimensionen der Angst (Willimczik, 1986; Willimczik et al., 1999). Generalisierbare Effekte normal ausgeprägter Intelligenzvariablen auf das motorische Lernen sind nicht zu identifizieren (Überblick: Ackerman, 1987; Roth & Winter, 1994). Für das alpine Skilaufen belegt Willimczik (1986) einerseits hohe theoriekonforme und Alltagserfahrungen entsprechende Zusammenhänge zwischen der motorischen Lernfähigkeit und der Leistungsmotivation sowie der persönlichen Fähigkeitseinschätzung, andererseits negative Korrelationen mit verschiedenen Dimensionen der Angst. Mathey (1971; zit. in Roth & Winter, 1994) weist für das späte Erwachsenenalter sowohl positive Zusammenhänge zwischen dem Koordinationsniveau und dem „lebenszufriedenen“ Verhaltenstyp als auch negative Korrelationen mit dem Konstrukt „Ängstlichkeit“ nach. Prohl und Scheid (1991, zit. in Roth & Winter, 1994) zeigen für dispositionell ausgeglichen-aufmerksame Kleinkinder ein höheres motorisches Lernniveau auf als für zurückhaltend-scheue Kinder. Zu einer markanten Beeinflussung des motorischen Lernens führen Divergenzen der psychosozialen Lebenslagen, des Freizeitverhaltens und des Sportinteresses (Überblick: Brettschneider & Bräutigam, 1990; Winter & Baur, 1994).

Von der Geburt bis ins hohe Alter wird das motorische Lernen maßgeblich durch die individuellen *allgemeinen* und *sporttypischen Bewegungserfahrungen* beeinflusst. Der sogenannten Bewegungsbiografie – als einer integralen Entwicklungslinie der individuellen Gesamtbiografie – wird aufgrund der aktuellen vielschichtigen sozialkulturellen Veränderungen und der Individualisierung der Bewegungsgeschichten ein hoher differenzieller Erklärungswert für interindividuelle motorische Lernunterschiede zugesprochen. Theoretische Erörterungen und empirische Prüfungen weisen darauf hin, dass weitgehend das zählt, was eine Person motorisch gemacht hat und vor allem, was sie nicht gemacht hat (Überblick: Baur, 1989; Wollny, 2002).

Im Rahmen einer aktuell durchgeführten experimentellen Untersuchung (Wollny, 2002) wurden längsschnittlich die Unterschiede in den individuellen Kapazitätsreserven von Tischtennisanfängerinnen bei der Aneignung und Optimierung (Stabilisierung, Variation/Anpassung) des Tischtennis-Rückhand-Schupfschlags in Abhängigkeit von breit variierenden alterskorrelierten Prädiktorvariablen (kalendarisches Alter: 10-59 Jahre, Bewegungsbiografie, koordinatives und informationell determiniertes Fähigkeitsniveau) geprüft. Die empirischen Befunde belegen, dass die aufgezeigten interindividuellen Differenzen in der intraindividuellen Plastizität der motorischen Aneignungs- und Optimierungsfähigkeit der 52 untersuchten Probandinnen entscheidend von der individuellen Bewegungsbiografie geprägt werden. Demgegenüber besteht für das kalendarische Alter und die koordinativen sowie informationell determinierten Fähigkeitskomponenten – entgegen der üblichen sportwissenschaftlichen Lehrmeinung – augenscheinlich kein bzw. nur ein geringer differenzieller Erklärungswert für die signifikanten interindividuellen Unterschiede im motorischen Lernen.

Motorische Lernprozesse unterliegen nicht nur verschiedenen dauerhaften Bedingungen, sondern ebenfalls vielfältigen *situativen Bedingungen*. Evaluiert werden materiale, soziale, sozialökonomische, familiäre Faktoren, elterlicher Erziehungsstil und sporttypische Lern- sowie Trainingsinterventionen. Die Vielzahl der Untersuchungsbefunde zum Effekt einzelner situativer Bedingungsfaktoren auf das motorische Lernen kann jedoch nur schwer aufeinander bezogen werden. Neben einzelnen globalen Kulturvergleichen werden vorrangig wenig komplexe Antezedenz-Konsequenz-Beziehungen zwischen einzelnen oder einigen wenigen Einflusskomponenten (z. B. Stadt-/Landbeziehungen, Wohnungsgröße, Schichtzugehörigkeit) evaluiert. Situative Bedingungen scheinen einzeln betrachtet, zwar nur einen geringen Einfluss auf das motorische Lernen auszuüben; beim Zusammentreffen multidimensionaler sozialkultureller und materialer Konfigurationen ergeben sich jedoch nicht zu unterschätzende kumulierende Wirkungen (Überblick: Willimczik, 1983).

3 Forschungsmethodische Perspektiven

Unter Berücksichtigung des theoretischen und empirischen Kenntnisstandes über die differenziellen Aspekte des motorischen Lernens lassen sich für zukünftige Forschungsaktivitäten im Bereich der differenziellen motorischen Lernforschung des Sports nicht ohne Bedeutung bleibende Trends erkennen. Die lange Jahre favorisierte, bedingt aussagefähige isolierte Evaluation einzelner eng umgrenzter Einflussfaktoren, die das Ineinanderwirken verschiedener wechselseitig abhängiger Prädiktoren unberücksichtigt lässt, wird zunehmend durch ein großzügigeres, mit weniger Einschränkungen bedachtes mehrperspektivisches und multikausales Forschungsverständnis ersetzt. Für die Untersuchung der Wirkungsweisen und des Zusammenspiels vielfältiger Bedingungsfaktoren kann insbesondere kontextualistischen Konzeptionen aufgrund ihrer hohen Innovationskraft und Integrationsfähigkeit in bestehende Theorien des motorischen Lernens ein langfristiges Verweilen in der Landschaft der differenziellen Motorikforschung des Sports vorhergesagt werden.

Das Wissen über die differenziellen Aspekte des motorischen Lernens kann am ehesten dann weiter gefestigt werden, wenn verschiedenen einander ergänzenden Forschungsansätzen vertraut wird. Ein praktikabler methodischer Zugang stellt die Strategie multipler Aufgabenreihen dar (Heuer, 1988). Hiernach sind experimentelle motorische Lernstudien in intern validen, standardisierten Situationen perspektivisch durch die Evaluationen der komplexen Ursache-Wirkungs-Zusammenhänge in extern validen, ökologischen Situationen zu ergänzen. Verlässliche Resultate sind am ehesten dann zu erwarten, wenn die Ergebnisse quasi-experimenteller und experimenteller Prüfungen kurzfristiger Antezedenz-Konsequenz-Beziehungen mit Beobachtungen langfristiger Verhaltensveränderungen und Subjekt-Umwelt-Interaktionen sowie deren Veränderungen in natürlichen Lebenswelten gedanklich verknüpft und interpretativ aufeinander bezogen werden (Roth & Wollny, 1999a; 1999b). Bislang weitgehend unterschätzte Forschungsstrategien stellen beispielsweise interdisziplinäre Zeitwandel-Untersuchungen und kulturvergleichende Studien dar. Diese können zum einen präzise Kenntnisse über die differenziellen Effekte kulturwandelbezogener Einflusssysteme und Universalien liefern. Zum anderen helfen sie, zeit- und kulturspezifische Ursache-Wirkungs-Zusammenhänge motorischer Verhaltensweisen abzugrenzen (Roth, Pauer, Kimura, Ono, Wakayoshi & Momenya, 1999).

Literatur

Ackerman, P.L. (1987). Individual differences in skill learning. *Psychological Bulletin, 102*, 3-27.

Amelang, M. & Bartussek, D. (2001). *Differenzielle Psychologie und Persönlichkeitsforschung* (5. Aufl.). Stuttgart: Kohlhammer.

Anastasi, A. (1976). *Differenzielle Psychologie*. Weinheim: Beltz.

Baltes, P.B. (1990). Entwicklungspsychologie der Lebensspanne. *Psychologische Rundschau, 41*, 1-24.

Baumann, H., Bauernfeind, D., Gretzer, O., Kraft, N. & Schleusinger, U. (1990). Lehren und Lernen im Seniorensport. In H. Baumann (Hrsg.), *Älter werden – fit bleiben* (II) (S. 110-117). Erlangen: Bollmann.

Baur, J. (1987). Über die Bedeutung sensibler Phasen für das Kinder- und Jugendtraining. *Leistungssport, 17* (4), 9-14.

Baur, J. (1989). Körper- und Bewegungskarrieren. Schorndorf: Hofmann.

Baur, J., Bös, K. & Singer, R. (Hrsg.). (1994). *Motorische Entwicklung*. Schorndorf: Hofmann.

Bös, K. & Mechling, H. (1983). *Dimensionen sportmotorischer Leistungen*. Schorndorf: Hofmann.

Brace, D.K. (1927). *Measuring Motor Ability*. New York: Barnes.

Brettschneider, W.-D. & Bräutigam, M. (1990). *Sport in der Alltagswelt von Jugendlichen. Materialien zum Sport in Nordrhein-Westfalen*. Frechen: Ritterbach.

Conzelmann, A. (1997). *Entwicklung konditioneller Fähigkeiten im Erwachsenenalter*. Schorndorf: Hofmann.

Conzelmann, A. (1999). Plastizität motorischer Fähigkeiten im Lebensverlauf. Theoretisch-methodische Überlegungen und empirische Befunde. *Psychologie und Sport, 3*, 76-89.

Darwin, C. (1859). *The Origin of Species by Means of Natural Selection*. London: Murray.

Fetz, F. (1973). Allgemeines sportmotorisches Leistungsprofil. In J. Recla & K. Koch (Hrsg.), *Sportunterricht auf neuen Wegen* (S. 68-76). Schorndorf: Hofmann.

Fleischman, E.A. (1954). Dimensional analysis of the psychomotor abilities. *Journal of Experimental Psychology, 48*, 437-454.

Fleischman, E.A. (1964). *The Structure and Measurement of Physical Fitness*. Engelwood Cliffs, NJ.: Prentice-Hall.

Fox, P.W., Hershberger, S.L. & Bouchard, T.J. (1996). Genetic and environmental contributions to the acquisition of a motor skill. *Nature, 384*, 356-358.

Herzberg, P. (1968). Zum Problem der motorischen Lernfähigkeit und zu den Möglichkeiten des Diagnostizierens mit motorischen Tests. *Theorie und Praxis der Körperkultur, 17*, 799-804.

Heuer, H. (1988). Motorikforschung zwischen Elfenbeinturm und Sportplatz. In R. Daugs (Hrsg.), *Neuere Aspekte der Motorikforschung* (S. 52-69). Clausthal-Zellerfeld: dvs.

Hirtz, P. (1977). Struktur und Entwicklung koordinativer Leistungsvoraussetzungen bei Schulkindern. *Theorie und Praxis der Körperkultur, 26,* 503-510.

Hörtdörfer, B. (1985). *Analyse der Struktur und Bedingungen der motorischen Lernfähigkeit.* Heidelberg: Universität Heidelberg, Institut für Sport und Sportwissenschaft.

Joch, W. & Hasenberg, R. (1991). Lernalter und motorische Lernleistungen. Zur Frage des optimalen Lernalters bei Kindern und Jugendlichen. *sportunterricht, 40,* 216-222.

Joch, W., Hasenberg, R. & Auerbach, A. (1990). Zur Altersabhängigkeit motorischer Lernleistungen. – Gibt es ein „bestes motorisches Lernalter"? *Sport Praxis, 31,* 39-42.

McCloy, C.H. (1934). The measurement of general motor capacity and general motor ability. *Research Quarterly, 5,* 55-62.

Meinel, K. (1960). *Bewegungslehre.* Berlin: Sportverlag.

Meinel, K. & Schnabel, G. (1998). *Bewegungslehre – Sportmotorik* (9. Aufl.). Berlin: Sportverlag.

Merz, F. & Stelzl, I. (1977). *Einführung in die Erbpsychologie.* Stuttgart: Kohlhammer.

Milne, C. & Hrkal, K. (1979). Die Entwicklung der Wurftechnik bei jungen Kindern. In K. Willimczik & M. Grosser (Hrsg.), *Die motorische Entwicklung im Kindes- und Jugendalter* (S. 271-277). Schorndorf: Hofmann.

Neumann, O. (1976). *Art, Maß und Methode von Bewegungen und Sport bei älteren Menschen.* Stuttgart: Kohlhammer.

Reis, E. (1996). *Menstruationszyklusgesteuertes Krafttraining.* Schorndorf: Hofmann.

Rieder, H. (1987). Koordinative Fähigkeiten. Zum Stand der Diskussion und den Lücken in der Forschung. In E. Kornexl (Hrsg.), *Spektrum der Sportwissenschaft* (S. 75-101). Wien: Österreichischer Bundesverlag.

Rieder, H. & Lehnertz, K. (1991). *Bewegungslernen und Techniktraining.* Schorndorf: Hofmann.

Roth, K. (1982). *Strukturanalyse koordinativer Fähigkeiten.* Bad Homburg: Limpert.

Roth, K. (1983). Motorisches Lernen. In K. Willimczik & K. Roth, *Bewegungslehre* (S. 141-239). Reinbek: Rowohlt.

Roth, K. (1999a). Die funktionale Betrachtungsweise. In K. Roth & K. Willimczik, *Bewegungswissenschaft* (S. 127-226). Reinbek: Rowohlt.

Roth, K. (1999b). Die fähigkeitsorientierte Betrachtungsweise. In K. Roth & K. Willimczik, *Bewegungswissenschaft* (S. 227-287). Reinbek: Rowohlt.

Roth, K., Pauer, T., Kimura, M., Ono, K., Wakayoshi, K. & Momenya, T. (1999). *Zur Allgemeinmotorik japanischer und deutscher Jugendlicher.* Heidelberg: Universität Heidelberg, Institut für Sport und Sportwissenschaft.

Roth, K. & Winter, R. (1994). Entwicklung koordinativer Fähigkeiten. In J. Baur, K. Bös & R. Singer (Hrsg.), *Motorische Entwicklung* (S. 191-216). Schorndorf: Hofmann.

Roth, K. & Wollny, R. (1999a). Differenzielle Aspekte in der motorischen Entwicklung. In J. Wiemeyer (Hrsg.), *Forschungsmethodologische Aspekte von Bewegung. Motorik und Training im Sport* (S. 170-177). Hamburg: Czwalina.

Roth, K. & Wollny, R. (1999b). Motorische Entwicklung in der Lebensspanne – Forschungsmethodische Perspektiven. *Psychologie und Sport, 6,* 102-112.

Schmidt, R.A. (1988). *Motor Control and Learning: A Behavioral Emphasis.* Champaign, Ill.: Human Kinetics.

Trautner, H.M. (1992). *Lehrbuch der Entwicklungspsychologie.* Bd. 1. Göttingen: Hogrefe.

Ungerer, D. (1977). *Leistungs- und Belastungsfähigkeit im Kindes- und Jugendalter.* Schorndorf: Hofmann.

Voelcker, C., Wiertz, O. & Willimczik, K. (1999). Motorisches Lernen im Lichte der Entwicklungstheorie der Lebensspanne. *Psychologie und Sport, 6,* 90-101.

Williams, L.R. & Gross, J.B. (1980). Heritability of motor skill. *Acta Geneticae Medecine et Gemellologiae, 29,* 127-136.

Willimczik, K. (1983). Sportmotorische Entwicklung. In K. Willimczik & K. Roth (Hrsg.), *Bewegungslehre* (S. 240-353). Reinbek: Rowohlt.

Willimczik, K. (1986). Lernen sportmotorischer Fertigkeiten ohne motorische Lernfähigkeit? Zur Bedeutung von motorischen Fähigkeiten, Kognitionen und Emotionen für das Lernen im Sport. *sportunterricht, 35,* 377-387.

Willimczik, K., Meierarend, E.-M., Pollmann, D. & Reckeweg, R. (1999). Das „beste motorische Lernalter" – Forschungsergebnisse zu einem pädagogischen Postulat und zu kontroversen empirischen Befunden. *Sportwissenschaft, 29,* 42-61.

Winter, R. & Baur, J. (1994). Motorische Entwicklung im Erwachsenenalter. In J. Baur, K. Bös & R. Singer (Hrsg.), *Motorische Entwicklung* (S. 309-332). Schorndorf: Hofmann.

Winter, R. & Hartmann, Ch. (1998). Die motorische Entwicklung (Ontogenese) des Menschen von der Geburt bis ins hohe Alter (Überblick). In K. Meinel & G. Schnabel (Hrsg.), *Bewegungslehre – Sportmotorik* (9. Aufl.) (S. 237-349). Berlin: Sportverlag.

Winter, R. & Roth, K. (1994). Entwicklung motorischer Fertigkeiten. In J. Baur, K. Bös & R. Singer (Hrsg.), *Motorische Entwicklung* (S. 217-237). Schorndorf: Hofmann.

Wollny, R. (1993). *Stabilität und Variabilität im motorischen Verhalten. Theoretische Grundlagen und elektromyografische Überprüfung der Koordination und des Erlernens komplexer Bewegungsformen im Sport.* Aachen: Meyer & Meyer.

Wollny, R. (1997). Zum Einfluss von Personenmerkmalen auf die Charakteristik motorischer Optimierungsprozesse. In W. Brehm, P. Kuhn, K. Lutter & W. Wabel (Hrsg.), *Leistung im Sport – Fitness im Leben* (S. 80). Hamburg: Czwalina.

Wollny, R. (2002). *Motorische Entwicklung in der Lebensspanne – Warum lernen und optimieren manche Menschen Bewegungen besser als andere?* Schorndorf: Hofmann.

D.8 Technische und technologische Hilfsmittel beim motorischen Lernen

Falk Hildebrand & Martin T. Spahr

Gliederung

1 Einführung in den Gegenstandsbereich

2 Technische Hilfsmittel
2.1 Audiobasierte Hilfsmittel
2.2 Visuelle Hilfsmittel
2.3 Elektromyostimulation (EMS)
2.4 Speichermedien
2.5 Vernetzungstechniken

3 Komplexe Messplätze

4 Forschungsperspektiven

5 Schlussbemerkung

Kurzreferat

Im folgenden Beitrag werden exemplarisch zentrale Aspekte und Entwicklungsmöglichkeiten technischer und technologischer Hilfsmittel beim motorischen Lernen vorgestellt. Dabei wird insbesondere auf audio-visuelle Hilfsmittel, Elektromyostimulation, die Bedeutung von Speichermedien und Vernetzungsstechniken sowie Komplexe Messplätze eingegangen. Abschließend werden Forschungsperspektiven im Bereich visueller Registrierungs- und Präsentationsverfahren aufgezeigt und kritische Bewertungen des Medieneinsatzes im Sport dargestellt.

Schlagworte

Bewegung, Feedback, Lernen, Medien, Video

1 Einführung in den Gegenstandsbereich

Das Erlernen von Bewegungen ist ein dynamischer Prozess, der im frühen Kindesalter beginnt und von einer Vielzahl verschiedener Bedingungen abhängig ist. Gelernt wird im Sportunterricht in der Schule, im Sportverein, als Spitzensportler. Es gibt einfache Bewegungen, die mit wenigen Anforderungen auskommen und hochkomplexe Bewegungen, wie im Leistungssport. Alle Formen des zielgerichteten Lernens sind mehrfachen Korrekturen in Versuchsplanung und Durchführung unterworfen, und sie benötigen unterschiedliche Lernmethoden und technische Hilfsmittel. Die Funktionen dieser technischen Hilfsmittel können in einer undifferenzierten Enrichment-Funktion, unter einem Motivationsaspekt oder generell als objektiver Informationsträger zur Effektivierung von Lernprozessen aufgefasst werden. Die Palette der Anwendungen technischer Hilfsmittel ist sehr weit gespannt, sie reicht, beispielsweise im Bildschirmtraining, von dem Einsatz im Modelllernen über das Strukturlernen bis hin zum hochspezifischen Parameterlernen. Unter dem zeitlichen Aspekt der Rückmeldung können Sofort-, Schnell- und Spätinformationssysteme unterschieden werden. Das Kriterium der durch die Hilfsmittel angesprochenen Sinnesmodalitäten reicht von monomodalen Verfahren (z. B. rein akustischen, visuellen, kinästhetischen) bis zu multimodalen Präsentationsformen. Aufgrund der Komplexität der möglichen Anwendungen sind an den Lernprozessen oft mehrere Personen verschiedener Professionen beteiligt und der apparative und mediale Aufwand wird, auch in Wechselbeziehung zur Freizeitindustrie, immer größer.

2 Technische Hilfsmittel

Der Dominanz von Technologien für die visuelle Wahrnehmung wird hier durch die schwerpunktmäßige Betrachtung dieser Hilfsmittel Rechnung getragen. Die zeitliche und räumliche Erfassung und Präsentation der menschlichen Bewegungen steht seit der Einführung von Videokameras und Rekordern im Sportunterricht oder Training im Vordergrund, während statische Registrierungs- und Darstellungsverfahren immer weniger akzeptiert werden. Die Aufgaben einer Medientechnik im Sport sind unter zwei einander bedingenden Faktoren zu sehen. Die eine Funktion besteht in der Präsentation von Bewegung, die andere ist die Registrierung und Speicherung der Bewegung in Form von Bild-, Ton-, Objekt- oder abstrahierten Bewegungsinformationen. Deshalb sind nicht nur Abbildungsverfahren wie Foto, Film und Video in die Betrachtungen einzubeziehen, sondern auch Verfahren zur Registrierung, Speicherung und Übertragung von Bewegung im weitesten Sinne. Diese wiederum können auf zwei grundlegend verschiedene Arten erfolgen. So registriert die Bild- oder Bildsequenzspeicherung den äußerlich sichtbaren Teil der Bewegung von Objekten mitsamt ihrer im Blickfeld der Aufnahmeinstrumente befindlichen Umgebung. Die andere verarbeitet das Bild. Statt der Bildwiedergabe werden z. B. Ortskoordinaten von bewegten Objekten digitalisiert, gespeichert und nachfolgend verarbeitet. Hierbei kann die Operationalisierung auf der Basis verschiedener Körpermodelle erfolgen und mit subjektiven Angaben gekoppelt und endlich in unterschiedlichen Modalitäten präsentiert werden.

2.1 Audiobasierte Hilfsmittel

Über audio-visuelle Medien im Sport liegt eine kommentierte Dokumentation von ca. 1000 Quellen vor (vgl. Haimerl, 2001). Didaktisch sind die Quellen akzentuiert auf Bewegungs- und Körpererfahren, Wettkampf, Breitensport, Funsport und Rehabilitation. Als Verfahren erforscht sind filmische Mittel (Musik eingeschlossen), Standbild, Zeitlupe, Text- und Grafikeinblendung, Kommentare, Animationen und Trick. Weiter findet man im Recherchesystem SPOWIS des IAT in Leipzig unter dem Stichwort „Musik" 272 Quellen, die Musik oder rhythmisierte Sequenzen mit dem Erlernen von Bewegung in Verbindung bringen. Beispielsweise hat Effenberg (1996) ein Sonification-Konzept spezifisch für die Motorikforschung adaptiert. Hier werden zuerst für eine zu erlernende Körperbewegung bedeutsam erscheinende biomechanische Parameter wie Momente, Kräfte, Gelenkwinkel, Lokalisation mittels Kraftmessplattform, Goniometer oder Videotechnik gemessen. Ausgewählte Parameter, wie Geschwindigkeiten, Beschleunigungen, Kraft-Zeitverläufe, werden danach als „Modulationsvorschriften" akustisch rhythmisiert und dem Probanden angeboten, mit dem Ziel, die Motorik mit diesen Soundsequenzen anzusteuern und damit das motorische Lernen im Feedbackverfahren zu effektiveren.

2.2 Visuelle Hilfsmittel

Gleich nach der verbalen Vermittlung von Wissen oder Handlungsanweisungen sind visuelle Hilfsmittel am weitesten verbreitet. Bewegte Bilder erhalten dabei den Vorzug vor Bildreihen. Beide Arten sind „quasi objektivierte Fremd- und Selbstbeobachtung" (Daugs et al., 1989, S. 7). Auch aus dem Video extrahierte Bildreihen sind in der Trainingspraxis beliebt. Zukünftig wird sich hier die Übermittlung von ganzen Videoclips über das Internet abzeichnen. Damit umgeht man den hohen Aufwand bei der Bildreihenerstellung, dem alternativ nur mit Automatisierung begegnet wird (vgl. Büsch & Thielen, 1997). Bildreihen enthalten Handlungsanweisungen, die aufgeschlüsselt werden können, wenn der Lernende Vorkenntnisse besitzt. Im fortgeschrittenen Lernstadium gewinnt die an Bilder und Bildsequenzen gekoppelte Rückinformation wegen der Wirkung auf das Kurzzeitgedächtnis sogar noch an Bedeutung (vgl. Fehres, 1992). Tatsächlich erinnern sich hochqualifizierte Sportler selbst Stunden nach einem Wettkampf an alle Details ihres Bewegungsvollzugs.

Die Videotechnik spielt eine überragende Rolle in der Anwendung rückgekoppelter visueller Wahrnehmung im Training (vgl. Daugs, Blischke, Marschall & Müller, 1990, S. 12-17; Daugs, Blischke, Marschall & Müller, 1991, S. 50-55).

Dabei steht als Information das unbearbeitete Bild über die aktuelle Bewegungsausführung im Vordergrund. Die Funktionen eines Videoeinsatzes (Abb. 1) sind: Soll-Ist-Wert-Präsentationen vor dem Training (Instruktion, Hilfe für die eigenständige, individuelle Vor- bzw. Nachbereitung des Trainings sowie objektive Rückmeldung über die aktuelle Bewegungsausführung (Feedback)).

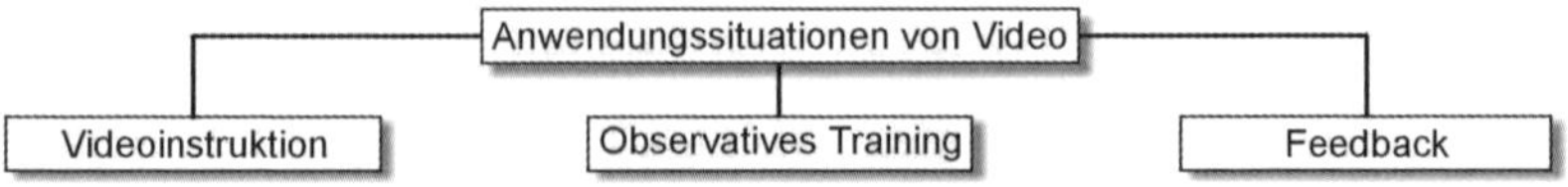

Abb. 1: Diagramm der Funktionen von Videotechnologien im sportmotorischen Videotraining (nach Daugs, Blischke, Marschall & Müller, 1991, S. 51)

Die Entwicklung digitaler Aufzeichnungsverfahren ermöglicht neben einer qualitativen Verbesserung auch andere Technologien, die für den Sport nutzbar sind. Durch Bildmischungsverfahren werden unterschiedliche Bewegungsausführungen in einem Bild zusammengeführt. Auf diese Weise können die Unterschiede in Bewegungsausführungen deutlich sichtbar gemacht werden. Derzeit stellt die Videokamera-Computer-Kombination mit integrierter automatischer Zoom- und Schwenkanpassung den Highendbereich der Entwicklung indirekter, videogestützter Bewegungsbeobachtungsverfahren dar (siehe Abb. 2).

Abb. 2: SimulCam™-Bildreihe von Dartfish als Überblenddarstellung zweier Bewegungsausführungen zum interindividuellen Bewegungsvergleich

Eine weitere digitale Technologie ermöglicht die Darstellung zeitlich überlagerter Bewegungsprozesse, dabei werden diese, ähnlich wie bei chronofotografischen Verfahren (Zyklografie, Stroboskopie und Lichtspurfotografie) in einer Abbildung zusammengefasst. Der Vorteil liegt in der Darstellung der Bewegung als statische Abbildung der gesamten Szene, sogar über den Bildausschnitt einer statischen Kamera hinaus. Die entscheidenden Unterschiede gegenüber den älteren Verfahren liegen in der automatischen Berechnung, also in der schnellen Verfügbarkeit, einer kaum aufwendig gestalteten Umgebung zur Zeit der Aufnahme und in einer integrierten automatischen Zoom- und Schwenkanpassung (siehe Abb. 3).

Abb. 3: Abbildung eines StroMotion™ Bildes von Dartfish

Die Computergrafik und -animation/Virtual Reality (VR) als (audio-)visuelle Medientechnik ist die moderne Variante der älteren Skizzen- oder Trickfilm-Darstellung. Computergrafik und Animationstechnik können auf bisher nicht realisierbare Weise Zusammenhänge von Bewegungen sichtbar machen. Über die oben angeführten Technologien der Prozessdarstellung, die pure Darstellung von Soll und Ist oder lernmethodisch zu vermittelnde Zusammenhänge als Bild bzw. Animation hinaus erweitert die VR-Technik unter Bezugnahme auf kinematische Bewegungsdaten die Darstellungsformen bis hin zur Integration von Körpermodellen in virtuelle Welten (siehe Abb. 4).

(a) (b) (c)

Abb. 4: Abbildungen unterschiedlich abstrakter Visualisierungen (a) Strichmännchen, (b) Volumenmodell, (c) Volumenmodell mit Umgebung (Spahr, 1999, S. 48)[1]

Die Auswahl des innerhalb der virtuellen Szenen zur Darstellung verwendeten Körpermodells beeinflusst die Wahrnehmungsleistung nachweisbar. So sind Strichmännchen-Darstellungen weniger gut geeignet als der Einsatz von Volumenmodell-Darstellungen (vgl. Hodgins, O'Brien & Tumblin, 1998, S. 108). Eine Unterscheidung zwischen ungeübten und geübten Probanden wurde in dieser

[1] Kinematische Daten der dargestellten Stabhochsprungsequenz mit freundlicher Unterstützung des Instituts für Biomechanik der Deutschen Sporthochschule Köln.

Untersuchung nicht vorgenommen. Über weitere Aspekte der Darstellungsformen liegen bisher noch keine Befunde vor, z. B. den Einfluss der Objekt-Hintergrund-Gestaltung auf die Wahrnehmung der Objektbewegung im Raum.

Ein anderer Gesichtspunkt virtueller Darstellungstechniken ist die Möglichkeit der stereoskopischen Präsentation (3D-Wahrnehmung). Dabei werden einem Betrachter zwei adjungierte Bilder mit Hilfsmitteln (Brillen / autostereoskopische Displays / Blicktechniken (siehe Abb. 5)) auf eine Weise vorgeführt, dass ihm, ggf. sogar mehreren Personen gleichzeitig, ein räumlicher Eindruck der visualisierten Szene suggeriert wird.

Abb. 5: Skizze der anzuwendenden Blicktechnik und Abbildung einer virtuellen stereoskopischen Szene (Spahr, 1999, S. 54-55)

Eine Verbesserung der Wahrnehmungsleistung konnte mit Hilfe stereoskopischer Darstellungen gegenüber monoptischer 2D-Darstellungen unter dem Aspekt der Genauigkeit der Wahrnehmung und der Wahrnehmungsgeschwindigkeit virtueller Szenen nachgewiesen werden (vgl. Hubona, Shira & Fout, 1997, S. 619 f.).

VR-Technologien benutzen zur Steuerung innerhalb der virtuellen Szenen Mensch-Maschine-Schnittstellen, welche die Trennung zwischen Benutzer und Darstellung aufheben. Der interaktive Charakter wird in der VR-Technik durch eine permanente Steuerung der Darstellung über Anweisungen an die Maschine erreicht. Untersuchungen weisen auf eine intensivere (schnellere und genauere) Wahrnehmung einfacher interaktiv präsentierter Szenarien gegenüber nicht-interaktiv präsentierten Szenarien hin (vgl. Hubona, Shira & Fout, 1997, S. 619 f.).

Kombinationen aus interaktiv-stereoskopischen Präsentationen steigerten die Wahrnehmungsleistungen noch einmal (vgl. Hubona, Shira & Fout, 1997, S. 621 f.). Untersuchungen, die einen direkten Zusammenhang der Interaktivität, der stereoskopischen Präsentation und deren Kombination in virtuell präsentierten motorischen Lernszenarien prüfen, sind bisher nicht bekannt.

Die Möglichkeit des Wechsels der Lateralität der Darstellung innerhalb einer virtuellen Szene ist eines der Verfahren, das VR-Techniken von traditionellen Lernmedien unterscheidet. So kann den Benutzern die identische Bewegung in der für sie günstigeren Lateralitäts-Ausführung präsentiert werden (siehe Abb. 6).

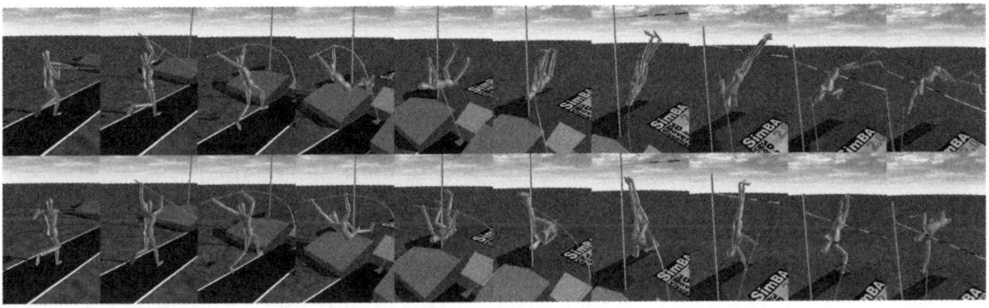

Abb. 6: Bildreihen einer Stabhochsprungsequenz mit gespiegelter Bewegungsausführung unter Beibehaltung der Umgebung (Spahr, 1999, S. 53)

Ein weiteres Verfahren der VR-Technik ermöglicht die Kombination unterschiedlicher Bewegungsausführungen innerhalb einer Präsentation zum intra- oder interindividuellen Bewegungsvergleich. Dieses Verfahren ist im Gegensatz zu Video-Überblendtechniken unabhängig von zeitlichen oder räumlichen Gegebenheiten während der Aufzeichnung und bietet zudem die Möglichkeit räumlicher Betrachtungsformen (siehe Abb. 7).

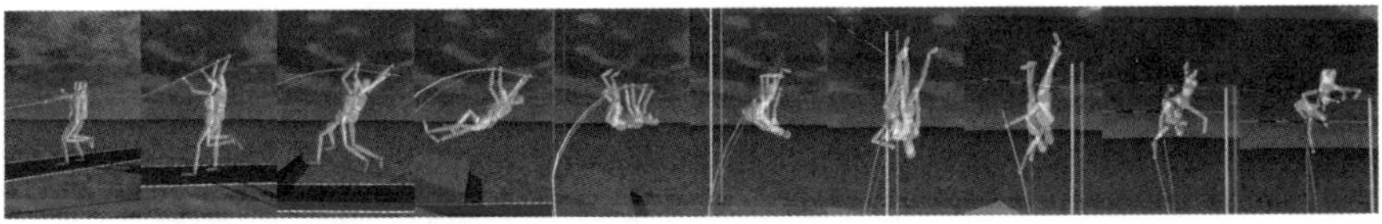

Abb. 7: Differenz-Bildreihe zweier Stabhochsprungsequenzen unter Einsatz einer bewegten virtuellen Kamera (Spahr, 1999, S. 53)

2.3 Elektromyostimulation (EMS)

EMS wird vorrangig im Freizeitbereich und in der Rehabilitation zur Ausformung von Muskelgruppen eingesetzt. Handelsübliche Geräte geben dabei über Elektroden Serien schwacher Stromimpulse auf die zu reizenden Muskeln ab. Die Impulse werden je nach Stimulationsprogramm in der Abfolge, Stärke und Frequenz variiert. Nach Paerisch reagiert der Muskel schon auf elektrische Stimuli mit Frequenzen von 10^6 Hz (Vortrag 1996 an der Univ. Erlangen). Gelegentlich wird EMS auch zur Stimulation großer Muskelgruppen zusätzlich zum Training von Leistungssportlern eingesetzt, etwa um kräftige Absprünge zu erzielen, z. B. bei Hürden- oder Niedersprüngen. Im Gegensatz zum erstgenannten Gebrauch wird hier eine Beeinflussung der neuromuskulären Steuer- und Regelmechanismen gewünscht; Muskelhypertrophie ist ungewollt. Nach Rademacher et al. (1978) kann EMS das Innervationsmuster der Muskeln verändern. Ziel der Beeinflussung ist ein Erlernen von als effektiv postulierten Bewegungsabläufen. Folgerichtig wird EMS dann während der zu trainierenden Körperübung eingesetzt.

Zu Bedenken sind zumindest zwei Schwierigkeiten (Paerisch sieht darüber hinaus Klärungsbedarf bei den Prozessen im Grenzschichtbereich der Muskelfasern, bei der Aufrechterhaltung des Nichtgleichgewichtszustandes als Ausgangszustand der Muskelfasern und bei der Art der Informationsübertragung in den Sarkomeren). Erstens ist die Prozesskette Muskelreiz – Muskelspannung – Bewegung zu komplex, um entsprechende Stimulationsprogramme aufzulegen (man erfasst diese üblicherweise experimentell mittels Elektromyogramm) und zweitens sollten Veränderungen im zeitlichen Ablauf der Muskelkoordination während des Trainings natürlich zur Adaptation des Stimulationsprogrammes selbst führen. Letzten Endes geht es um die Feinabstimmung der Aktivitäten aller motorischen Einheiten, immer in Hinsicht auf eine hochspezialisierte Bewegung.

Veränderungen im Verhalten des Muskels konnten kurze Zeit beibehalten werden. Es wird aber vermutet, dass EMS strukturelle Anpassungen des Muskels, jedoch keine Veränderungen auf der neuronalen Ebene bewirkt (vgl. Künnemeyer & Schmidtbleicher, 1997), was im Widerspruch zu Rademacher stünde. Aber es ist derzeit auch unmöglich, mit EMS die Stellsignale für die Aktionspotentiale in der benötigten Feinheit auszulösen, denn grundsätzlich werden nur die Muskelfasern aktiviert, die mit ihrem nervalen Informationskanal in Verbindung stehen. Selbst mit Nadelelektroden wirkt EMS nicht lokal.

2.4 Speichermedien

CD/DVD nehmen als die neueste Entwicklung im Bereich der dynamischen audiovisuellen Medien eine Sonderstellung innerhalb der Medientechniken ein, denn es handelt sich bei ihnen primär um Speichermedien. Als potenzieller Nachfolger der vorproduzierten Videofilme und als Aufzeichnungsmedium (designierter Nachfolger der Videokassette) wird die Bedeutung der DVD in Zukunft steigen. Besonderer Einfluss kommt dabei der erweiterten Funktionalität der CD/DVD-Technik gegenüber Film und Video zu. Bild-, Ton- und Textinformationen können menügesteuert, in sehr hoher Qualität, ohne Verzögerung (spulen) angesteuert werden. Textinformationen stehen über beide Kanäle, als Einblendung oder Kommentar, zur Verfügung. Diese Medientechnik hat sich im Sport noch nicht wie in anderen

Bereichen (Musik, Computerspiele) als Alternative zum Videofilm durchsetzen können. Ihre Bedeutung liegt in der hohen (CD 650 MB) bis sehr hohen (DVD bis ca. 19 GB) Speicherkapazität und in der Integrationsfähigkeit mit anderen digitalen Medien (auditive und visuelle; Texte und Daten unterschiedlichsten Inhalts können kombiniert werden). Nicht der Mangel an lernmethodischen Konzepten, sondern Berührungsangst ist es, welche die breite Annahme verzögert.

2.5 Vernetzungstechniken

Die Anführung von Vernetzungstechniken an dieser Stelle wird durch ihre immer noch zunehmende Möglichkeit, Datenmaterial aktuell in Lehr-Lern-Situationen einzubeziehen, gerechtfertigt.

Die besondere Potenz des Internets und damit auch seine Auflistung in der Reihe der Medientechniken liegt in seiner informationsverbreitenden, weltumspannenden und für jedermann zugänglichen Vermittlungsfunktion. Informationen, die über das Internet ausgetauscht werden, können Texte, Ton, Bilder, Bildsequenzen und auch Bewegungsdaten enthalten. Beispielsweise kann eine Datenbank für sportliche Techniken, welche mit Hilfe eines Visualisierungsprogramms auf jedem PC verfügbar ist, Technikleitbilder für jedermann gleichermaßen für Unterrichtung wie im Techniktraining zur Verfügung stellen. Daneben ist aber auch ein geschützter Bereich für die Trainer-Athleten-Kommunikation eingerichtet, in dem die Auswertungen aktueller Bewegungsausführungen des Athleten vom Trainer kommentiert und mit älteren Bewegungsausführungen verglichen werden können. Ebenso ist ein interindividueller Vergleich von Bewegungen verschiedener Athleten sowohl qualitativ als auch quantitativ möglich.

Derzeit stellt die Echtzeit-Übertragung von Videosequenzen in voller Auflösung via Internet die Grenze des technisch Machbaren dar. Eine einsekündige unkomprimierte Videosequenz benötigt eine Bandbreite von ca. 33 MB/s, diese ist mit keinem der aktuell verfügbaren Verfahren (56k-Modem, ISDN, DSL, Satellitenverbindung) möglich. Moderne Komprimierungstechniken versprechen für die Zukunft eine Reduktion der benötigten Bandbreite ohne eine in Größe und Frequenz eingeschränkte Bildauflösung, also ohne reduzierte Bildqualität.

Neben den kabelgebundenen Übertragungstechniken beginnen sich Funktechniken (WLAN, engl.: Wireless Local Area Network) zu etablieren. Unter Lernaspekten kommt dieser Technologie eine bedeutende Rolle zu, denn durch sie kann an jedem Ort, auch ohne Kabelverbindung, eine Datenübertragung ermöglicht werden. Ein Szenario soll die Situation verdeutlichen: Innerhalb von Sporthallen ist derzeit kaum eine Vernetzung zum LAN vorhanden. Ein WLAN kann eingesetzt werden, um Video-Daten aus dem lokalen oder dem Internet in der Sporthalle verfügbar zu machen. Mittels WLAN-fähiger Laptops und Datenprojektoren können so aktuell aufgezeichnete Bewegungsausführungen in hoher Qualität mit denen aus einer lokalen oder zukünftig aus einer Internet-Datenbank, in der oben beschriebenen Weise, vor Ort zeitnah verglichen werden. Das gilt gleichermaßen für Messplätze.

3 Komplexe Messplätze

Eine sportliche Bewegung mit höchster Vollkommenheit zu erlernen, erfordert Wissen, aber auch immer mehr technologisch hochwertige Hilfsmittel. Solche sind komplexe Messplätze, in die ein PC eingefügt ist, der erstens die Steuerfunktion der Messglieder und die Messwerterfassung übernimmt und der zweitens ein durch Erfahrung gesammeltes oder modelliertes Wissen über die Lernaufgabe gespeichert hat. Man will das Lernen ganz spezifischer Bewegungsabläufe dadurch erleichtern, dass der Messplatz die Hilfsfunktionen des objektiven Beobachters im Lernprozess übernimmt und sich der Trainer, gestützt auf diese Sofortinformation, nur auf die Übermittlung von Handlungsanweisungen konzentrieren kann. Je nach Lernfortschritt wird vom einfachen Soll-Ist-Vergleich zu komplexen Leitbildern übergegangen. Wenn ein Messplatz nicht für reine Übung durch Wiederholung (Autotraining) oder für Forschungszwecke genutzt wird, kann mit seiner Hilfe der klassische Lernzyklus in der Schleife Analyse/Diagnostik – Training – Kontrolle des Lernfortschritts durchlaufen werden.

Messplätze sind erst durch die Miniaturisierung von Messtechnik, PC-Einsatz und die Verarbeitung und Vernetzung multimedialer Daten entstanden. In einem Messplatz können Kraftmessung, Videobildmessung und EMG/EMS integriert, aber auch Datenbanken, mathematische Modelle, Grafik- und Animationsprogramme implementiert sein (vgl. Hildebrand & Wagner, 1997). In technischer Hinsicht kann die Weiterentwicklung der Messplätze leicht prognostiziert werden: realitätsnahe Simulation von Bewegungen im immersiven virtuellen Umfeld (vgl. Strassner & Göbel, 1997), Trainingssimulatoren, die Modelle mit online-Messwerten steuern, Einbau akustischer Elemente. Als Beispiel sei die Entwicklung des Bob-Fahrsimulators genannt, bei dem ein Proband virtuell eine beliebige im PC gespeicherte Bahn zu durchfahren versucht. Das aus der online-Steuerung resultierende Sichtfeld wird auf einem Bildschirm visualisiert (vgl. Maißer, 1997).

Problematisch kann das Aufwand-Nutzen-Verhältnis für einzelne Messplätze sein. Trotz der vielfältigen Erfahrungen im Umgang und mit ihrer Wirkungsweise ist man in der Frage der „lernwissenschaftlichen und lerntechnologischen Grundlegung" (Daugs, 2000, S. 11) noch nicht weit über die Empirie hinausgekommen. So fordert Daugs mit Recht eine Evaluation der Messplätze.

4 Forschungsperspektiven

Während bei den meisten der beschriebenen Technologien die Perspektiven in einer Portierung auf andere Anwendungsbereiche oder im mobilen Einsatz bestehen, sind im Bereich der visuellen Technologien neue, weiterführende Tendenzen auszumachen. Neben der Weiter- und Neuentwicklung von Medientechnologien besteht aber auch Forschungsbedarf in der Evaluation ihres Nutzens in einem breiten Anwendungsspektrum.

Exemplarisch werden an dieser Stelle Beispiele aus den Bereichen der visuellen Medientechnologien aufgezeigt, die die derzeitigen Entwicklungs- und Forschungstendenzen repräsentieren.

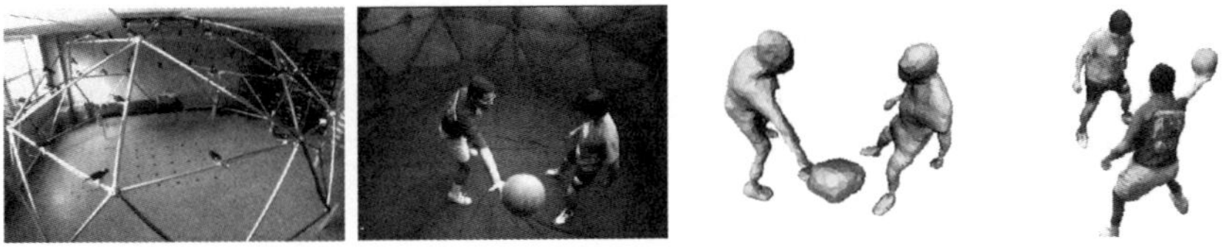

Abb. 8: Abbildungen des Objektraums, der Originalszene, der berechneten Oberflächengestalt und der fertig berechneten, gedrehten, texturierten Volumen-Darstellung der Szene (Rander, 1998, S. 9)

Rander (1998) stellt mit seinem Verfahren einen neuen Ansatz vor. Mittels eines Voxel-Verfahrens (Vermessung der äußeren Gestalt von Objekten aus Bilddaten) werden vollautomatisch Bewegungssequenzen mehrobjektiger Szenen aus Videobildern (51 Kameras!) berechnet und als veränderliche 3D-Objekte (inkl. Textur) gespeichert (siehe Abb. 8). Die Vorteile gegenüber einer Videodatei sind die deutlich verringerte benötigte Bandbreite und die Möglichkeiten der Anwendung dynamischer, räumlicher und interaktiver Präsentationsformen.

Ein integrativer, weiterführender Ansatz lässt sich auf einer Segment-Bewegungsextraktion basierend, zur Erzeugung kinematischer Bewegungsdaten und dem Einsatz virtueller Präsentationstechniken konzipieren. Aus den mittels anthropometrischer Vermessungen (3D-Bodyscanner) gewonnenen Körperdaten und einem a priori Skelettmodell wird ein Körper modelliert, der anschließend durch Visualisierung in kalibrierte Multi-Angle-Videobilder projiziert wird. Nach einer Startbildpositionierung kann ein halbautomatisches/automatisches Tracking die Positions-

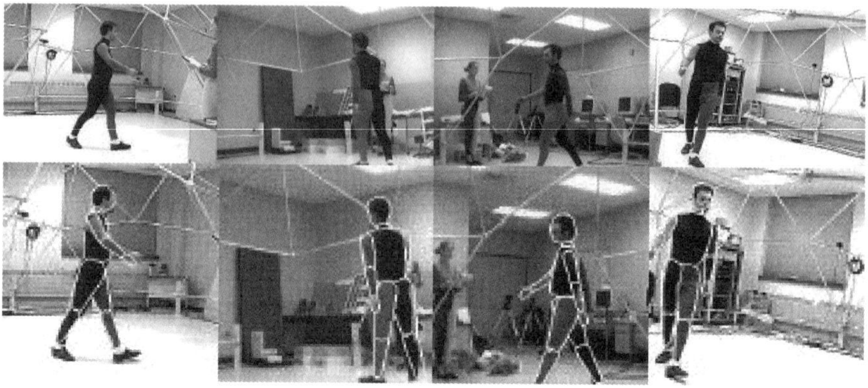

Abb. 9: Multi-Angle-Abbildungen einer Gangsequenz (oben) und deren automatisches Mehrsegment-Tracking (unten) (Gavrila, 1996, S. 39, 46)

veränderungen des Körpermodells über den Sequenzverlauf ermitteln und damit kinematische Daten der Skelett-Bewegung erzeugen. Erste Ansätze zur Segment-Bewegungsextraktion stellt Gavrila (1996) vor (siehe Abb. 9).

Anschließend stehen ein genaueres Körpermodell als bisher und präzisere digitale Bewegungsdaten für die oben beschriebenen virtuellen Präsentationsformen zur Verfügung (siehe Abb. 10).

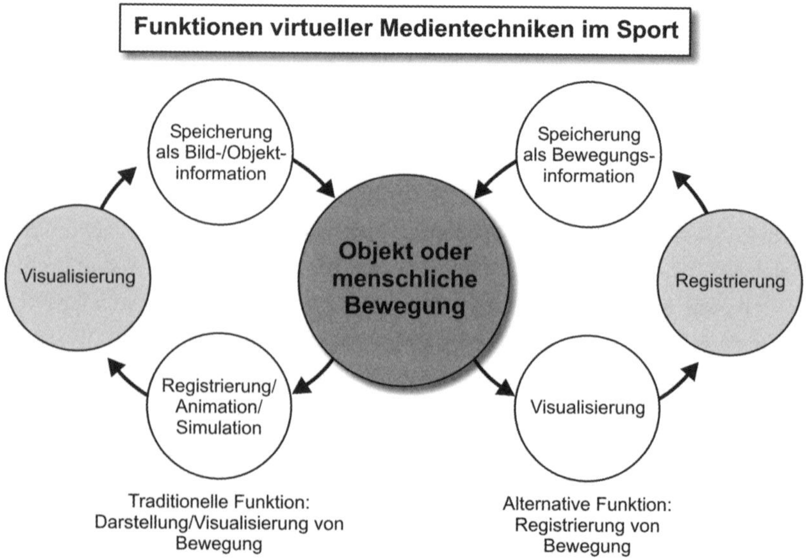

Abb. 10: Zusammenhang des traditionellen und des alternativen Einsatzes virtueller Medientechniken

Bisher haben beide geschilderten Verfahren noch keinen Einzug in die Sportpraxis gefunden, obwohl sie offensichtlich Vorteile gegenüber den vorhandenen Technologien aufweisen (automatisierte Bildauswertung, interaktive, dynamische und stereoskopische Präsentationsformen, Reduktion von Auswertefehlern, Vermeiden systematischer Fehler). Auch hier zeigt sich die Ambivalenz zwischen dem Bedarf und der wirklichen Anwendung/Umsetzung in der Praxis (vgl. Wiemeyer, 2002). Für den Bereich der Bewegungsanalyse im Sport bleibt daher zu attestieren, dass die technische Machbarkeit einer automatisierten Bildauswertung derzeit den Intentionen hinterher läuft (vgl. Hildebrand & Drenk, 1999).

5 Schlussbemerkung

Bei aller Euphorie und Fortschritten in der Medienentwicklung darf nicht vergessen werden, dass durch einen Wechsel der Technologien allein ein Lernvorgang nicht angemessen verbessert wird. Erst durch den planvoll gezielten Einsatz adäquat gewählter Technologien während des Lernens kann eine Optimierung erfolgen. Dazu sind neben einer Akzeptanzerhöhung moderner Technologien (Wiemeyer, 2002) auch breit angelegte Evaluationsstudien, die eine Wirksamkeit in den verschiedenen Anwendungssituationen und unter unterschiedlichen Bedingungen nachweisen, notwendig. Problematisch ist auch, dass das moralische Veralten bisheriger Technologien schneller vonstatten geht als das Wachstum des Investitions- und Betriebsaufwands.

Ein weiterer Aspekt bezieht sich auf den Medieneinsatz als Feedbackinstrument; durch einen primären technisch basierten Rückkopplungsprozess werden interne Rückmeldeprozesse in ihrer Bedeutung innerhalb des Lernprozesses zurückgedrängt und es entsteht eine unerwünschte technische Feedbackabhängigkeit. Neben technischen Instrumenten müssen daher auch immer interne Rückmeldungsinstanzen in den Lernprozess mit eingebunden bleiben.

Literatur

Büsch, H. & Thielen, F.P. (1997). Softwareunterstützte kinematische Messungen sportlicher Bewegungen mit dem Programm MiViP MCI. In J. Perl (Hrsg.), *Sport und Informatik V: Bericht über den 5. Workshop Sport und Informatik vom 17. - 19. Juni 1996 in Berlin. Berichte und Materialien des Bundesinstituts für Sportwissenschaft 1/97* (S. 189-193). Köln: Sport & Buch Strauß.

Daugs, R. (2000). *Evaluation sportmotorischen Messplatztrainings im Spitzensport.* (Bundesinstitut für Sportwissenschaft, Wissenschaftliche Materialien und Berichte, Band 7). Köln: Sport & Buch Strauß.

Daugs, R., Blischke, K., Marschall, F.& Müller, H. (1990) Videotechnologien für den Spitzensport- 1. Teil: Allgemeine Entwicklung und theoretische Grundlagen zum Videotraining. Leistungssport 20 (6), 12-17.

Daugs, R., Blischke, K., Marschall, F.& Müller, H. (1991) Videotechnologien für den Spitzensport- 2. Teil: Praktische Erfahrungen und konzeptuelle Überlegungen zur Videoausstattung und Videoarbeit an Spitzensportzentren. Leistungssport 21 (1), 50-55.

Daugs, R., Blischke, K., Olivier, N. & Marschall, F. (1989). *Beiträge zum visumotorischen Lernen im Sport* (Schriftenreihe des Bundesinstituts für Sportwissenschaft, Band 65). Schorndorf: Hofmann.

Effenberg, A.O. (1996). *Sonification – Ein akustisches Informationskonzept zur menschlichen Bewegung*. Schorndorf: Hofmann.

Fehres, K. (1992). *Videogestütztes Techniktraining im Sport: Theoretische Grundlagen und experimentelle Untersuchungen*. Dissertation, Universität: Berlin. Berichte und Materialien des Bundesinstituts für Sportwissenschaft 2/92. Köln: Sport & Buch Strauß.

Gavrila, D.M. (1996). *Vision-Based 3-D Tracking of Humans in Action*. Unveröff. Diss., University of Maryland.

Haimerl, B. (2001). *Audio-visuelle Medien im Sport. Eine Dokumentation (Teil 2)* (Bundesinstitut für Sportwissenschaft. Wissenschaftliche Berichte und Materialien, Band 10). Köln: Sport & Buch Strauß.

Hildebrand, F. & Drenk, V. (1999). Modellbasierte Simultanauswertung zweier Kameraperspektiven. In A. Baca (Hrsg.), *Informatik im Sport II* (S. 261-267). Wien: öbv&hpt.

Hildebrand, F. & Wagner, K. (1997). Technologische Entwicklungen und ihre Einflüsse auf die Leistungsentwicklung, Trainingssteuerung und Wettkampfleistung. *Zeitschrift für Angewandte Trainingswissenschaft, 1*, 6-25.

Hodgins, J., O'Brien, J. & Tumblin, J. (1998). Perception of human motion with different geometric models. *IEEE Transactions on Visualization and Graphics, 4*, 101-113.

Hubona, G.S., Shirah, G. & Fout, D. (1997). The effects of motion and stereopsis on three-dimensional visualization. *International Journal of Human-Computer Studies, 47*, 609-627.

Künnemeyer, J. & Schmidtbleicher, D. (1997). Die rhythmische neuromuskuläre Stimulation (RNS). *Leistungssport, 2*, 39-50.

Maißer, P. (1997). *Überführung eines Programmes zur Simulation von Fahrten gesteuerter Bobschlitten in die Trainingspraxis. BISp Projekt DE D 5495.*

Rademacher, G., Kuppart, H. & Lathan, H.H. (1978). Die Wirkung verschiedener Anwendungsvarianten der Elektromyostimulation auf die Entwicklung der Maximalkraftfähigkeit beim zusätzlichen Einsatz im Maximalkrafttraining. *Theorie und Praxis Leistungssport, 1*, 104-116.

Rander, P. (1998). *A Multi-Camera Method for 3D Digitization of Dynamic, Real-World Events*. Unveröff. Diss., Robotics Institute, Carnegie Mellon University.

Spahr, M.T. (1999). The use of a three-dimensional real-time movement analysis system in sport. *New Studies in Athletics, 14 (1)*, 43-56.

Strassner, J. & Göbel, M. (1997). Synthetische Menschen in Virtuellen Trainingsumgebungen. In J. Perl (Hrsg.), *Sport und Informatik V: Bericht über den 5. Workshop Sport und Informatik vom 17. - 19. Juni 1996 in Berlin. Berichte und Materialien des Bundesinstituts für Sportwissenschaft 1/97* (S. 126-140). Köln: Sport & Buch Strauß.

Wiemeyer, J. (2002). Multimedia im Sport. In H. Altenberger (Hrsg.), *Medien im Sport* (S. 123-154). Schorndorf: Hofmann.

E Motorisches Lernen in unterschiedlichen Bereichen

Inhalt

E.1 Motorisches Lernen - Lehrmethoden und Übungsgestaltung
Josef Wiemeyer

E.2 Motorisches Lernen im Sportunterricht
Peter Hirtz & Albrecht Hummel

E.3 Techniktraining
August Neumaier & Jürgen Krug

E.4 Motorisches Lernen im Alter
Michael Brach & Nadja Schott

E.5 Motorisches Lernen in Trendsportarten
Klaus Pfeifer

E.6 Bewegung und Bewegungslernen im Tanz
Gabriele Postuwka

E.1 Motorisches Lernen – Lehrmethoden und Übungsgestaltung

Josef Wiemeyer

Gliederung

1 Einleitung

2 Fragen- und Problemkomplexe von Lehrmethoden und Übungsgestaltung
2.1 Lehrmethoden: Lehrformen und Lehrverfahren
2.2 Übungsgestaltung: Einzelübung und Übungsfolge

3 Modelle der Bewegung und des Bewegungslernens – erste allgemeine Antworten
3.1 Bewegung als komplexes Aggregat von (funktionalen) Elementen
3.2 Bewegungslernen als sensomotorischer Assoziationsprozess
3.3 Bewegungslernen als sensomotorischer Informationsverarbeitungsprozess
3.4 Bewegungslernen als (kognitiver) Problemlösungsprozess
3.5 Bewegungslernen als (selbstorganisierter) Such- und Entdeckungsprozess
3.6 Bewegungslernen als Veränderungsprozess von subjektiven Erlebenseinheiten
3.7 Zwischenfazit

4 Befunde zum Bewegungslernen – spezifische Antworten auf spezifische Fragen
4.1 Lehrformen
4.2 Lehrverfahren
4.3 Einzelübung
4.4 Übungsfolge

5 Zusammenfassung und Ausblick

Kurzreferat

In diesem Beitrag werden Probleme der Lehrmethoden und Übungsgestaltung beim Bewegungslernen behandelt. Dabei werden zwei Richtungen verfolgt: Zunächst wird versucht, aus verschiedenen Kategorien von Modellen des Bewegungslernens allgemeine Prinzipien zu Lehrmethoden und Übungsgestaltung abzuleiten (deduktives Vorgehen). In einem zweiten Schritt werden die einschlägigen Befunde zu ausgewählten Fragen diskutiert (induktives Vorgehen).

Insgesamt zeigt sich ein unbefriedigendes und inkonsistentes Bild: Ableitungen aus vorliegenden Modellen sind sehr allgemein, selektiv und spekulativ und können nahezu jede Form des methodischen Vorgehens argumentativ stützen. Die empirische Forschungssituation zeigt große Lücken. In ausgewählten Forschungsfragen, in denen eine ausgeprägte Forschungstätigkeit festzustellen ist, zeigt sich, dass zahlreiche Moderatorvariablen in einem komplexen Feld von Interaktionen zwischen Aufgabe, Person und Umwelt berücksichtigt werden müssen.

Schlagworte

Bewegungshilfen, Bewegungslernen, Bewegungsmodelle, Bewegungsstruktur, funktionales Üben, Instruktion, Kontextinterferenz, Korrektur, Lehrverfahren, Lernmodelle, Übungsstruktur, Übungsvariabilität

1 Einleitung

Motorisches Lernen als Prozess des Erwerbs und der Stabilisierung bzw. Verfeinerung motorischer Fertigkeiten ist ein komplexes Phänomen (vgl. auch Hossner & Künzell, in diesem Band), das von vielen Randbedingungen abhängt (z. B. Person, Aufgabe, Umwelt). So müssen verschiedene Typen von Bewegungslernaufgaben unterschieden werden, z. B. das Erlernen der Bewegungstopologie bzw. Grob-/ Rahmenkoordination, des exakten räumlich-zeitlichen Bewegungsverlaufs bzw. der Bewegungsform eines Modells und der spezifischen Parametrisierungen der Bewegung (Blischke, Marschall, Müller & Daugs, 1999). Weiterhin bestimmen zahlreiche Eigenschaften der Lernenden (z. B. konditionelle und koordinative Voraussetzungen, kognitive, meta-kognitive und perzeptive Fähigkeiten, motivationale, emotionale und volitionale Voraussetzungen etc.) und ihre Wechselwirkungen (Wiemeyer, 1997a), wie motorische Lernprozesse verlaufen. Aber auch die Eigenschaften der sozialen und materialen Umwelt bestimmen Verlauf und Ergebnis motorischer Lernprozesse maßgeblich mit. Hierzu zählen Sportgeräte (z. B. Schläger, Turngeräte), Gelände (z. B. Skipiste), Situation (z. B. Witterung, Tageszeit), Partner, Gegner und Lehrperson. Damit ergeben sich unüberschaubar viele mögliche Kombinationen von Bedingungen, so dass es unmöglich erscheint, für die jeweils vorliegende Kombination die optimalen Bedingungen exakt anzugeben. Dennoch ist es in der Sportpraxis erforderlich, die komplexen Interaktionen zwischen den spezifischen Randbedingungen – zumindest näherungsweise – zu berücksichtigen, wenn die Eingriffe in dieses Prozessgefüge gezielt erfolgen sollen. Für die Bewegungswissenschaft bzw. Bewegungslehre bedeutet dies die Notwendigkeit, zur Vermeidung perspektivischer Verkürzungen, z. B. auf die biomechanische Außensicht von Bewegungen, möglichst alle Perspektiven zu integrieren. Allerdings wird die prinzipielle Realisierbarkeit einer integrativen Bewegungswissenschaft bzw. Bewegungslehre kontrovers diskutiert (für einen neueren Versuch vgl. Moegling, 2001).

Lernen im oben genannten Sinne kann nur derjenige, der auch übt, d. h. sich wiederholt aktiv – entweder mental oder physisch – mit Bewegungsfertigkeiten auseinandersetzt (vgl. hierzu auch Wiemeyer, 2001b). Experimentelle Befunde zum motorischen Lernen zeigen dabei immer wieder, dass das physische Üben unverzichtbar ist.

Lehren kann im Sinne des Gestaltens von Lern- und Übungsprozessen bzw. dem „Bemühen, einem Lernenden Fähigkeiten, Fertigkeiten, Wissen, Erkenntnisse und

Einstellungen zu vermitteln" (Kayser, 1992, S. 270) – neben Lernen – als einer der „beiden Grundpfeiler des pädagogischen Verhältnisses" (Kayser, 1992, S. 270) interpretiert werden. „Lehrmethoden [sind] Verfahrensweisen des Lehrens sportlicher Bewegungen" (Größing, 1992, S. 271) und meinen die *Planmäßigkeit und Systematik* des Vorgehens bei den oben angesprochenen Vermittlungsbemühungen. Im Rahmen dieses Beitrags werden Lehrmethoden als allgemeine Grundsätze bzw. Orientierungspunkte für das Lehren betrachtet und auf das motorische Lernen bezogen.

Im Zentrum dieses Kapitels steht das Problem, wie das Üben bzw. die auszuführenden Übungen gestaltet werden sollen, welche Lehrmethoden eingesetzt werden können und welche Randbedingungen zu beachten sind. Damit stellen sich Fragen wie: Welche Übungen sollen ausgewählt werden? Wie lange bzw. wie oft sollen diese Übungen ausgeführt werden? Wie sollte das Verhältnis von Üben und Pause sein? Wie sollten die Pausen gestaltet werden? Sollten Übungen bzw. Übungsteile isoliert werden? Wenn mehrere Übungen zum Einsatz kommen, sollte strukturiert oder unstrukturiert geübt werden? Welchen Einfluss sollte der Lehrer haben – z. B. über Instruktionen, Korrekturen und Einsatz von Hilfsmitteln?

Die Reihe der Fragen ließe sich leicht erweitern. Werden diese Fragen auf der Basis sportwissenschaftlicher Erkenntnisse diskutiert und beantwortet, bedeutet dies für das weitere Vorgehen zwei mögliche Richtungen:

- Im Sinne eines deduktiven Vorgehens können aus Modellen oder Theorien des motorischen Lernens allgemeine oder spezifische Richtlinien für Lehrmethoden und Übungsgestaltung abgeleitet werden.
- Im Sinne eines induktiven Vorgehens können empirische Befunde generalisiert werden.

Beide Strategien sollen im vorliegenden Beitrag verfolgt werden: Zunächst werden die verschiedenen Modelle des motorischen Lernens daraufhin befragt, welche Richtlinien für Lehrmethoden und Übungsgestaltung sich aus ihnen ableiten lassen, um im zweiten Teil empirische Befunde zu Teilaspekten des motorischen Lernens zu diskutieren. Bevor diese beiden Strategien jedoch eingesetzt werden, sollen zunächst die Probleme, welche für Lehrmethoden und Übungsgestaltung relevant sind, systematisiert werden, um zu verdeutlichen, für welche Fragenkomplexe jeweils eine Lösung angeboten wird.

Der aufmerksame Leser wird hier vielleicht einwenden, dass es noch eine dritte Strategie gibt: die Generalisierung praktischer Erfahrungen. In der Tat existieren

Lehrbücher, die allgemeine Prinzipien und Handlungsempfehlungen im Hinblick auf Lehrmethoden und Übungsgestaltung enthalten, die – zumindest zum Teil – aus der Sportpraxis generalisiert wurden (z. B. Fetz, 1979; Meinel & Schnabel, 1998; Pöhlmann, 1986, Kap. 6). Der Wert dieser Handlungsempfehlungen für die Sportpraxis soll hier nicht geschmälert werden; im Sinne einer Wissenschaftlichkeit kann ihnen aber höchstens der Status von vermeintlich in der Praxis bewährten bzw. plausiblen Heuristiken oder „praxeologischen Methodensystemen" (Scherer, 2001, S. 71) zukommen, deren wissenschaftliche Prüfung noch aussteht (vgl. hierzu Wiemeyer, 1997b).

2 Fragen- und Problemkomplexe von Lehrmethoden und Übungsgestaltung

2.1 Lehrmethoden: Lehrformen und Lehrverfahren

In Anlehnung an Größing (2001, Kap. 5) unterscheiden wir im Hinblick auf Lehrmethoden zwischen *Lehrformen* bzw. Lehrmaßnahmen als relativ isolierte methodische Einflussnahmen und *Lehrverfahren* als unter übergreifenden Gesichtspunkten zusammengefasste Lehrmaßnahmen.

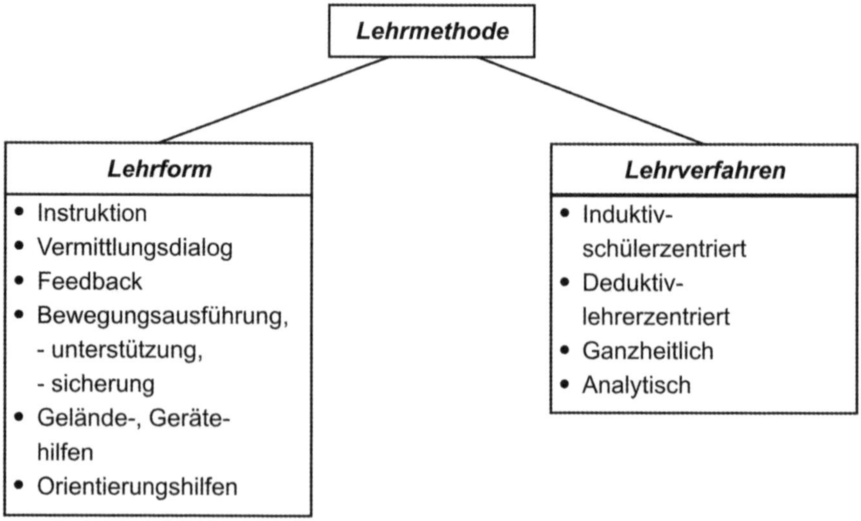

Abb. 1: Differenzierung von Lehrmethoden in Lehrformen und Lehrverfahren

Im Hinblick auf die Lehrformen können die folgenden Kategorien unterschieden werden (siehe Abb. 1):

- *Instruktionen* sind Informationen des Lehrenden mit Anleitungs- bzw. Unterweisungsfunktion im Hinblick auf die Lernaufgabe. Wichtige Unterscheidungsmerkmale von Instruktionen sind die aktivierte Sinnesmodalität (z. B. visuelles und/oder auditorisches System), die Inhalte (z. B. Aktionen, Effekte, Episoden, Metaphern, Beispiele), die formale Gestaltung (z. B. Abstraktionsgrad und Anordnungsstruktur bei visuellen Instruktionen oder Lautstärke und Sprechtempo bei verbalen Instruktionen) und das verfolgte Ziel (z. B. Beschreibung, Erklärung, Vorgabe von Aufgabe, Lösungsweg oder lösungsrelevanten Prinzipien). Instruktionen sind damit eine der wichtigsten Lehrformen im motorischen Lernprozess (vgl. Hänsel, in diesem Band).
- Lehrende können aber auch in einen *Vermittlungsdialog* mit den Lernenden eintreten, um z. B. in einem gemeinsamen Gespräch Übungsmodalitäten auszuhandeln. Hier besteht die Möglichkeit, dass die Lernenden ihre Interessen besser in die Gestaltung des Übungsprozesses einbringen können. Neben der Auseinandersetzung mit Angeboten des Lehrenden können die Lernenden eigene Vorschläge zur Diskussion stellen.
- Neben Instruktionen sind *extrinsische Rückmeldungen (Feedback)* bzw. *Bewegungskorrekturen* als ergänzende Information von außen über die ausgeführte Bewegung eine weitere wichtige Lehrform im motorischen Lernprozess. Man unterscheidet zwischen verschiedenen Inhalten (z. B. verlaufs- versus resultatsbezogene Rückmeldungen). Auch diese Lehrform ist Gegenstand zahlreicher bewegungswissenschaftlicher Untersuchungen (vgl. Marschall & Daugs, in diesem Band).
- Weitere Lehrformen beziehen sich weniger auf die informationelle Beeinflussung des motorischen Lernprozesses, als auf die (bio)mechanische Einflussnahme. So können Lehrende einerseits aktiv in die Bewegungsausführung der Lernenden eingreifen, z. B. durch *Bewegungsführung, Bewegungsunterstützung* (Hilfestellung) oder *Bewegungssicherung* (Sicherheitsstellung). Andererseits kann der Lernprozess passiv durch *Gelände- oder Gerätehilfen* unterstützt werden.
- Eine weitere Unterstützungsmaßnahme des motorischen Lernprozesses ist der Einsatz von visuellen oder akustischen *Orientierungshilfen*, z. B. Markie-

rungen auf dem Boden beim Anlauf zum Hochsprung oder bewegungsbegleitende Lautierungen im Hürdenlauf.

Während – wie bereits erwähnt – zu den Lehrformen *Instruktion* und *(extrinsisches) Feedback* zahlreiche experimentelle bewegungswissenschaftliche Untersuchungen vorliegen, sind die anderen Lehrformen kaum bewegungswissenschaftlich untersucht.

Die verschiedenen Lehrformen können – unter übergeordneten Gesichtspunkten – zu *Lehrmethoden* zusammengefasst werden. Im Einzelnen werden die folgenden Lehrmethoden unterschieden (siehe Abb. 1):

- *Induktive Lehrverfahren* gehen von der Bewegungslernaufgabe aus und versuchen primär, das selbstständige und selbstentdeckende Suchen der Lernenden nach Lösungen für Bewegungsaufgaben zu aktivieren. Größing (2001, S. 197) schlägt die folgende Schrittfolge vor: Bewegungsaufgabe, Suchen/Erproben, Herausstellen der besten Lösung, Bewegungskorrektur, Üben und variables Anwenden. Dieses Verfahren kann als schülerzentriert bezeichnet werden (bottom-up).
- *Deduktive Lehrverfahren* weisen wesentlich stärker lenkende Eingriffe des Lehrenden auf. Der Lehrende instruiert, korrigiert und legt die Lernhilfen fest. Nach Größing (2001) umfasst das Verfahren die Schritte: Vormachen/Vorzeigen, Beschreiben/Erklären, Bewegungsanweisung, Bewegungshilfe, Bewegungskorrektur, Üben und variables Anwenden. Dieses Lehrverfahren ist lehrerzentriert (top-down).
- *Ganzheitliche Lehrverfahren* versuchen, den Lerngegenstand so authentisch wie möglich zu halten. Da das Ganze mehr oder etwas anderes ist als die Summe der Teile, d. h. Bewegungen nur im komplexen Zusammenwirken der Teilkomponenten ihren spezifischen Charakter erhalten, wird zumindest der Kern der Bewegungslernaufgabe immer beibehalten.
- *Analytisch-synthetische Lehrverfahren* untergliedern den Lerngegenstand in spezifische Teileinheiten, die zunächst isoliert geübt werden und im Verlaufe des Lernprozesses Schritt für Schritt wieder zu einem Ganzen zusammengesetzt werden. Es existieren mehrere Ansätze, nach welchen Kriterien die Aufgliederung in Teileinheiten erfolgen kann.

Auf der Grundlage der oben dargestellten Differenzierung ergeben sich die folgenden Fragen, auf die Modelle und empirische Befunde der Bewegungswissenschaft eine Antwort geben sollten:

- Welche Modalitäten, Inhalte, Gestaltungsmerkmale und Zielsetzungen von Instruktionen können den motorischen Lernprozess unter welchen Randbedingungen wie beeinflussen?
- Welche Art des Vermittlungsdialogs kann den motorischen Lernprozess unter welchen Randbedingungen wie beeinflussen?
- Welche Inhalte, Zeitstrukturen, Häufigkeiten, Verteilungen und Zielsetzungen von Feedback können den motorischen Lernprozess unter welchen Randbedingungen wie beeinflussen?
- Welche Formen der aktiven und passiven Bewegungsunterstützung können den motorischen Lernprozess unter welchen Randbedingungen wie beeinflussen?
- Unter welchen Randbedingungen sind induktiv-schülerzentrierte, unter welchen deduktiv-lehrerzentrierte Lehrverfahren einzusetzen?
- Unter welchen Randbedingungen sind ganzheitliche, unter welchen analytisch-synthetische Lehrverfahren einzusetzen?
- Wenn analytische Verfahren eingesetzt werden, nach welchen Kriterien soll die Aufgliederung in Teileinheiten vorgenommen werden und wie sollen die Teileinheiten geübt und wieder zusammengesetzt werden?

Diese Fragen verdeutlichen bereits, dass es stets von der jeweiligen komplexen Bedingungskonstellation abhängt, welche Lehrmethode den motorischen Lernprozess auf welche Weise beeinflusst.

2.2 Übungsgestaltung: Einzelübung und Übungsfolge

Hinsichtlich der Übungsgestaltung, die natürlich in enger Wechselwirkung mit den Lehrmethoden steht, muss unterschieden werden zwischen der Gestaltung der *Einzelübung* und der Gestaltung der *Übungsfolge* (siehe Abb. 2).

Bei der Gestaltung der *Einzelübung* sind die folgenden Aspekte relevant:

- Welches *Ziel* verfolgt die Einzelübung: Erzielen eines vorgegebenen Resultats, Reproduktion eines vorgegebenen Verlaufs oder lediglich Suchen und Erproben von verschiedenen Lösungen? Außerdem kann man unterscheiden zwischen Üben, Anwenden und Übertragen (kritisch zur Unterscheidung von Üben und Anwenden vgl. Loibl, 2000).

- Unter welchen *Bedingungen* wird die Einzelübung ausgeführt? Hierzu zählen z. B. lernunterstützende Lehrformen, Zustand des Lernenden, soziale und materiale Bedingungen. So kann eine einzelne Übung unter vereinfachten, authentischen und erschwerten Bedingungen ausgeführt werden.

Einzelübungen können unter folgenden Aspekten zu *Übungsfolgen* zusammengesetzt werden:

- Die Übungsfolge kann nach spezifischen Prinzipien systematisch strukturiert oder unstrukturiert, d. h. als loses Übungsangebot, aus dem relativ frei gewählt werden kann, zusammengestellt sein.
- Die Übungsfolge kann konstant oder variabel sein, d. h. entweder werden immer die gleichen Übungen unter den gleichen Bedingungen und mit gleichen Zielsetzungen ausgeführt oder Ziele und Übungsbedingungen werden variiert.
- Variable Übungsfolgen können geordnet variabel oder ungeordnet variabel strukturiert sein, d. h. nach einem bestimmten Kriterium (z. B. Schwierigkeit) eine spezifische Reihung aufweisen oder nicht.
- Eine Übungsfolge kann verteilt oder massiert absolviert werden. Von massiertem Üben spricht man, wenn die Übungsfolge ohne bzw. mit sehr kurzen Pausen absolviert wird. Verteiltes Üben beinhaltet mehr oder weniger ausgeprägte Pausen zwischen den einzelnen Übungen.

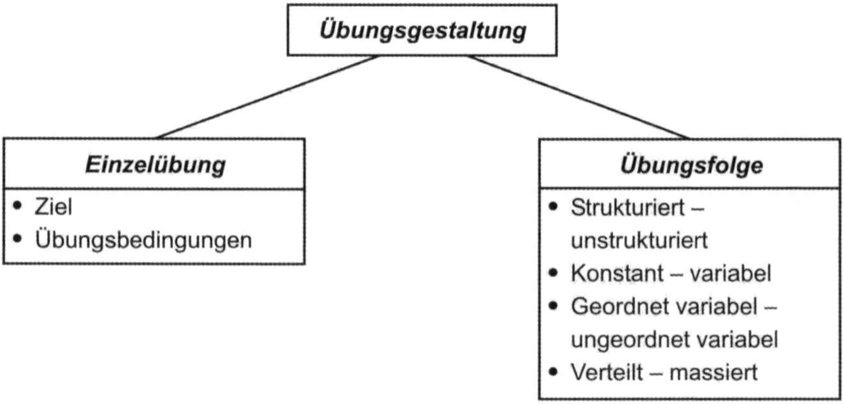

Abb. 2: Differenzierung von Übungsgestaltung in Einzelübung und Übungsfolge

3 Modelle der Bewegung und des Bewegungslernens – erste allgemeine Antworten

Modelle der Bewegung und des Bewegungslernens geben auf die Fragen nach Lehrstrategien und Übungsgestaltung erste allgemeine Antworten im Sinne „generelle(r) oder generalisierbare(r) Ratschläge“ (Bielefelder Sportpädagogen, 1998, S. 25) bzw. Orientierungen. Die zahlreichen verschiedenen Ansätze lassen sich – relativ grob vereinfachend – in folgende Kategorien unterteilen:

- Bewegung als komplexes Aggregat von (funktionalen) Elementen
- Bewegungslernen als sensomotorischer Assoziationsprozess
- Bewegungslernen als sensomotorischer Informationsverarbeitungsprozess
- Bewegungslernen als (kognitiver) Problemlösungsprozess
- Bewegungslernen als (selbstorganisierter) Such- und Entdeckungsprozess
- Bewegungslernen als Veränderungsprozess von subjektiven Erlebenseinheiten.

Im folgenden Text sollen diese verschiedenen Kategorien auf ihren Beitrag zu Fragen der Lehrmethoden und Übungsgestaltung befragt werden.

3.1 Bewegung als komplexes Aggregat von (funktionalen) Elementen

Bewegung ist letztlich das Mittel zur Lösung von Bewegungsaufgaben, das von außen beobachtet werden kann. Deshalb erscheint es konsequent, die Struktur von Bewegungen als Elemente und ihre Relationen aufzuklären und insbesondere die methodische Gestaltung von Übungsfolgen an der ermittelten Bewegungsstruktur zu orientieren. Es liegt nahe, auf der Grundlage dieser Konzepte ein analytisches Vorgehen und strukturierte Übungsfolgen zu favorisieren.

Ein sinnvolles Analysekriterium ist die Funktion der Elemente für die Aufgabenlösung. Das sicherlich bekannteste Strukturkonzept stammt von Meinel und Schnabel (1998): Azyklische Bewegungen bestehen in der Regel aus Vorbereitungs-, Haupt- und Endphase, während zyklische Bewegungen aus Haupt- und Zwischenphase bestehen. Während bei diesem Konzept die methodischen Implikationen sehr allgemein bleiben, lassen sich aus anderen Strukturkonzepten präzisere Prinzipien für Übungsfolgen ableiten:

- Die Sensomotorik sensu Ungerer (1971) differenziert nach dem Kriterium *(bidirektionale kommunikative) Strukturentscheidung* sensomotorische Sequenzen (z. B. Kickbewegung des Schwungbeins) und plädiert für eine kleinschrittige Übungsabfolge, wobei allmählich die einzelnen sensomotorischen

Sequenzen Simultan- und Sukzessivkoppelungen erfahren. Resultat ist z. B. eine Abfolge *von vorne nach hinten*, d. h. die verschiedenen Sequenzen oder Teiloperationen werden sukzessiv aneinandergefügt, bis die gesamte Fertigkeit erlernt ist, oder eine Abfolge der *graduellen Annäherung* in Anlehnung an das operante Konditionieren. Ein weiteres Organisationsprinzip lautet *von der Struktur zur Adaptation*, d. h. zunächst soll die Teiloperation realisiert werden, bevor sie spezifisch parametrisiert wird (vgl. auch Daugs, 1979).

- Das funktionale Bewegungsstrukturkonzept nach Göhner (1987; 2001) propagiert eine Übungsfolge *vom Kern nach außen*, d. h. ausgehend von den Hauptfunktionsphasen als den wichtigsten bzw. funktional unabhängigen Elementen wird über Hinzunahme der verschiedenen Hilfsfunktionsphasen die Gesamtfertigkeit entwickelt.
- Ein *Vorgehen von allen Seiten* propagiert das konstitutive Bewegungsstrukturkonzept (vgl. Kassat, 1995; 1998). Als einziges Kriterium gilt: Üben muss sich auf eine oder mehrere Aktion-Effekt-Relationen beziehen, wobei immer wieder zwischen isoliertem Üben einzelner Relationen und integriertem Üben des Gesamtrelationsgefüges gewechselt werden kann und muss.

3.2 Bewegungslernen als sensomotorischer Assoziationsprozess

Behavioristische Lernmodelle verstehen Bewegungslernen als Bildung neuer Verknüpfungen von (situativen) Reizen und (motorischen) Reaktionen. Dabei können entweder neue (konditionierte) Reize mit vorhandenen Reaktionen gekoppelt werden (klassisches Konditionieren) oder neue Reiz-Reaktionsverbindungen gelernt werden (operantes Konditionieren). Wichtige Lernmechanismen sind u. a. ständige Wiederholungen und der Einsatz von positiven und negativen Verstärkern (vgl. Pöhlmann, 1994, S. 34 f.).

Auch neokonnektionistische Modelle (d. h. künstliche Neuronale Netze) simulieren auf der Grundlage spezifischer Netzwerkarchitekturen und Lernregeln komplexe sensomotorische Assoziationsprozesse (z. B. Künzell, 1996). Eines der wichtigsten Prinzipien ist – wie bei den behavioristischen Lernmodellen – ein zeitaufwendiger Trainingsprozess, in dem das Netzwerkmodell immer wieder mit verschiedenen Aufgabenvarianten bzw. Beispielen konfrontiert wird.

Aus diesen Modellen ergeben sich die folgenden Prinzipien für Lehrmethoden und Übungsgestaltung:

- Instruktionen sollten klar verständliche Bewegungsanweisungen enthalten.
- Feedback der Lehrperson sollte als positive (z. B. Lob, Ermutigung, gute Note) oder negative (z. B. Tadel, Strafe, schlechte Note) Verstärkung der zu erlernenden Bewegungen eingesetzt werden.
- Lernhilfen sollten als *Schritt-für-Schritt-Schwellenmethode* (Pöhlmann, 1994, S. 40 ff.) bzw. nach dem *Prinzip der verminderten Lernhilfe* eingesetzt werden, um das zu lernende Verhalten zu stabilisieren und immer dann zurückgenommen werden, wenn die Bewegung stabil genug ist.
- Als Lehrverfahren sollten das häufige drillmäßige, konstante Wiederholen von Bewegungen unter gleichbleibenden Bedingungen (Stärkung bestehender Assoziationen) oder das Shaping, d. h. die allmähliche Formung der Bewegungen in Richtung der zu erlernenden Zielbewegung eingesetzt werden (Kriterium: Ähnlichkeit).

3.3 Bewegungslernen als sensomotorischer Informationsverarbeitungsprozess

Der Informationsverarbeitungsansatz (Überblick: vgl. Wiemeyer, 1994) nimmt an, dass der Mensch beim Bewegungslernen über seine Sinnessysteme Informationen aufnimmt, diese verarbeitet (z. B. speichert) und über seine Bewegungsorgane abgibt. Der Gesamtprozess der sensomotorischen Informationsverarbeitung wird häufig in Form von (Regel-)Kreismodellen (z. B. Hirtz, 1988; Meinel & Schnabel, 1998; Schmidt, 1975) oder Spiralmodellen (z. B. Pöhlmann, 1986; 1994) dargestellt, wobei auch kybernetische und handlungstheoretische Bezüge hergestellt werden. Im Rahmen dieser Modelle wird internen Bewegungsrepräsentationen eine zentrale Bedeutung für das Bewegungslernen zugeschrieben. Ihre Funktionen beziehen sich auf die Ausführung, Anpassung, Korrektur, Bewertung und Vorstellung von Bewegungen.

Fünf Repräsentationsarten werden als besonders wichtig eingeschätzt: Visuelle, akustische, sprachliche, kinästhetische und motorische Repräsentationen. Einzelne Modelle, z. B. der visuomotorische Informationsumsatz (vgl. Daugs, Blischke, Marschall & Olivier, 1989) oder der akustisch-motorische Informationsumsatz (vgl. Effenberg & Mechling, 1999; Mechling & Effenberg, 1998) betonen die Bedeutung spezifischer sensomotorischer Informationsverarbeitungsprozesse.

Aus Informationsverarbeitungsmodellen können für die Lehrmethoden und Übungsgestaltung die folgenden Prinzipien abgeleitet werden:

- Instruktionen sollten eine möglichst klar und hinreichend detaillierte Bewegungsvorstellung für die spätere Bewegungsrealisierung vermitteln. Visuelle und verbale Informationen sind besonders wichtig, und eine Kombination aus verbalen, visuellen und akustischen Informationen sollte die besten Ergebnisse liefern.
- Extrinsisches Feedback durch Lehrende über den Verlauf und das Ergebnis der Bewegung ist eine wichtige Informationsquelle, um interne Referenzgrößen oder interne Modelle für die Planung, Regulation und Bewertung der eigenen Bewegung herauszubilden.
- Alle Lernhilfen, die eine Stabilisierung interner Bewegungsrepräsentationen, insbesondere der die Bewegungsrealisierung regulierenden Repräsentationen, fördern, sollten eingesetzt werden.
- Bevorzugtes Lehrverfahren ist ein deduktiv-lehrerzentriertes Vorgehen. Ob ganzheitlich oder analytisch-synthetisch vorgegangen wird, ist abhängig von der Dekomponierbarkeit der internen Repräsentationen (vgl. hierzu z. B. Roth, 1990; Wiemeyer, 2001a; Zimmer & Körndle, 1988).
- Die Übungsfolge ist abhängig vom jeweiligen Ziel: Konstantes Üben dient der Stabilisierung, variables Üben der variablen Anwendbarkeit von Fertigkeiten.

3.4 Bewegungslernen als (kognitiver) Problemlösungsprozess

Bewegungslernen kann aber auch als primär kognitiver Problemlösungsprozess aufgefasst werden: Zunächst stellt sich ein Problem, für das auf der kognitiven Ebene eine Lösung gefunden wird, und diese Problemlösung wird nachfolgend motorisch umgesetzt. Beim *Lernen durch Einsicht* stellt sich z. B. durch sukzessive ganzheitliche Umstrukturierung des Problems ein „Aha-Effekt“ ein: „Der Aktionsraum strukturiert sich im Sinne der einmal gefundenen Lösung um“ (Fitzek & Salber, 1996, S. 55). Eine weitere Möglichkeit ist das *Prinzipienlernen*, d. h. die Anwendung oder Übertragung lösungsrelevanter Prinzipien auf das zu lösende Problem.

Entscheidendes Merkmal problemlösender Lernprozesse ist die mehr oder weniger vollständige Lösung des Problems im Kopf, bevor der erste Bewegungsversuch beginnt. Dies kann eigentlich nur gelingen, wenn die lösungsrelevanten Bewegungen bereits zumindest als Rahmenkoordination gelernt und damit für eine *Lösung auf Anhieb* verfügbar sind.

Instruktionen sollten sich bei dieser Art des Bewegungslernens auf eine differenzierte Problembeschreibung und lösungsrelevante Prinzipien beziehen.

Lehrstrategien sollten eher ganzheitlich und schülerzentriert sein, um die Lernenden zu einer aktiven Lösung des Gesamtproblems anzuregen.

3.5 Bewegungslernen als (selbstorganisierter) Such- und Entdeckungsprozess

Vertreter dynamischer Systemtheorien gehen davon aus, dass nicht nur Koordinations- sondern auch Lernprozesse zum großen Teil selbstorganisiert verlaufen. Nicht interne Bewegungsrepräsentationen, sondern die intrinsische Systemdynamik bestimmt Kontrolle und Lernen von Bewegungen. Lernen bedeutet, dass die Lernenden die Gesetzmäßigkeiten, die der spezifischen und unauflösbaren Konstellation von Aufgabe, Person und Umwelt zugrunde liegen, selbst *aktiv erfahren*, d. h. suchen und entdecken müssen. Diese Such- und Entdeckungsprozesse können auf einem Kontinuum zwischen blindem Versuch-und-Irrtum-Lernen und gezielten lokalen oder globalen Strategien angesiedelt sein. Entsprechend der Koordinationshypothese von Bernstein (1988) suchen Anfänger zunächst nach stabilen Lösungen, was sich z. B. in der Blockade von Freiheitsgraden zeigt. Später werden diese Blockaden wieder allmählich aufgehoben, und die Lernenden suchen nach den Freiräumen der Bewegung. Im Laufe des Übungsprozesses zeigt sich, welche Grenzen *hart*, d. h. nicht durch Üben überwindbar, und welche Grenzen *weich*, d. h. durch Üben überwindbar oder ausweitbar, sind (vgl. hierzu Heuer, 1994). Da Lernen in der Regel von Vorerfahrungen ausgeht, müssen diese Vorerfahrungen destabilisiert werden, wenn sie die Bildung neuer Koordinationsmuster behindern.

Instruktionen im Sinne der Vorgabe von Bewegungslösungen werden von den Vertretern der dynamischen Systemtheorie skeptisch beurteilt, insbesondere wenn spezifische Erfahrungen fehlen. Alle Instruktionen, die den Such- und Entdeckungsprozess fördern, werden dagegen positiv eingeschätzt. Dies könnten z. B. Metaphern oder Informationen zu den zu erwartenden Gesetzmäßigkeiten sein. Lernhilfen wie z. B. visuelle Orientierungsmarken werden ebenfalls positiv bewertet, wenn sie die Lernenden in der Nutzung sensorischer Schlüsselinformationen unterstützen (vgl. Buekers, Montagne & Laurent, 1999). Wenn es um die Destabilisierung unerwünschter Koordinationsmuster geht, sollte erschwerende Übungsbedingungen wie z. B. erhöhte Widerstände eingesetzt werden (Corbetta & Vereijken, 1999).

Dynamische Systemtheorien postulieren ein ganzheitliches Vorgehen, z. B. die Koppelung von Anwurf- und Schlagbewegung beim Erlernen des Volleyballaufschlags (vgl. Davids, Bennett, Handford & Jones, 1999).

Üben sollte sich variabel gestalten, z. B. durch Variation von Aufgaben- oder Situationsbedingungen, um erstens Erfahrungen in möglichst großen Bereichen des Wahrnehmungs-Bewegungs-Raums zu machen und zweitens – wenn nötig – alte Koordinationsmuster zu destabilisieren und neue Muster aufzubauen.

3.6 Bewegungslernen als Veränderungsprozess von subjektiven Erlebenseinheiten

Bewegungslernen ist aus anthropologisch-pädagogischer Sicht ein Prozess des Sich-Bewegen-Lernens, der das subjektive Erleben der Lernenden und seine Veränderungen als zentrale Bestimmungsstücke enthält (z. B. Leist, 1993; Lippens, 1997; Prohl, 1995; Tamboer, 1994). Unter explizitem Bezug auf gestalttheoretische und anthropologische Überlegungen wird die Bedeutung objektiver (äußerer) Bewegungsstrukturen im Vergleich zu subjektiven (phänomenalen) Bewegungsstrukturen relativiert.

Instruktionen und Rückmeldungen sollten deshalb immer auf die subjektive Lebenswelt der Lernenden bezogen werden. Metaphern, Märchen und Bilder eignen sich gut als operative Veranschaulichungen, die einen konkreten Bezug zu Wahrnehmung, Denken und Handeln der Lernenden herstellen können (vgl. Gröben, 1995; Leist, 1993). Als Lehrverfahren sollten deshalb hauptsächlich induktiv-schülerzentrierte und ganzheitlich-lebensweltbezogene Methoden eingesetzt werden.

3.7 Zwischenfazit

Das Zwischenfazit fällt auf den ersten Blick durchaus positiv aus: Aus den verschiedenen Kategorien von Ansätzen lassen sich allgemeine Prinzipien für Lehrmethoden und Übungsgestaltung ableiten. Allerdings sind die Ableitungen bei näherer Betrachtung doch sehr abstrakt, selektiv, lückenhaft und auch spekulativ. Da die aufgeführten Ansätze zum Teil unterschiedliche Reichweiten und Ansatzpunkte haben, können sie jeweils nur Antworten auf ein eingeschränktes Spektrum der hier aufgeworfenen Fragen geben, die sich zum Teil mit anderen Ansätzen decken (z. B. variables Üben), zum Teil aber auch widersprechen (z. B. Bedeutung von Instruktionen). So entsteht der Eindruck einer gewissen Beliebigkeit.

4 Befunde zum Bewegungslernen – spezifische Antworten auf spezifische Fragen

Bewegungswissenschaftliche Untersuchungen haben sich mit zahlreichen Fragen des Bewegungslernens beschäftigt. Allerdings sind viele dieser Untersuchungen als *experimentelle Versuchspläne* im Labor durchgeführt worden (MAX-KON-MIN-Prinzip; vgl. Bös, Hänsel & Schott, 2000), so dass eine Generalisierung problematisch erscheint (vgl. zu diesem Problem Wiemeyer, 1997b). Darüber hinaus werden aber auch *Quasi-Experimente* und *Simulationen* als Forschungsmethoden eingesetzt – mit ihren jeweils spezifischen Vor- und Nachteilen.

4.1 Lehrformen

Wie bereits erwähnt, existieren zu den Lehrformen *Instruktion* und *Feedback* zahlreiche bewegungswissenschaftliche Befunde, die an anderer Stelle diskutiert werden (vgl. die Beiträge von Hänsel sowie Marschall & Daugs in diesem Band). Insgesamt zeigt sich, dass diese beiden Lehrformen sehr variabel einsetzbar sind, dass sie ein großes Potential haben und dass bei ihrem zielgerichteten Einsatz zahlreiche Randbedingungen beachtet werden müssen.

Eigene Befunde (Wiemeyer, 1997a) zeigen, dass im Hinblick auf den *Einsatz von Bewegungshilfen* keine allgemeinen Empfehlungen gegeben werden können. Manche Lernenden nutzten die Hilfestellung, um zusätzlich Informationen zu gewinnen, für andere stellte die Hilfestellung eine Behinderung dar, da sie keine authentische Rückmeldung über ihre Leistungsfähigkeit mehr erhielten. Im Hinblick auf physische Hilfen scheinen zwar grundsätzlich positive Effekte erzielt werden zu können, wie ein Experiment von Wulf, Shea und Whitacre (1998) zum Einsatz von Skistöcken am Skisimulator zeigt. Allerdings erscheint es wichtig, physische Hilfen möglichst bald allmählich zurückzunehmen, sofern andere Gesichtspunkte (z. B. Sicherheit) nicht dagegen sprechen.

Zum Einsatz von *Vermittlungsdialog* und *visuellen Orientierungshilfen* sind keine experimentellen Untersuchungen bekannt. Zum Einsatz *akustischer Hilfen* gibt es eine Reihe von Befunden, die z. B. den positiven Einfluss rhythmischen Verbalisierens und verbaler Kurzphrasen auf das motorische Lernen belegen (vgl. Wiemeyer, 2000b).

4.2 Lehrverfahren

Selbstbestimmtes, d. h. induktiv-schülerzentriertes Üben wird zunehmend in motorischen Lernexperimenten mit fremdbestimmtem Üben verglichen. Dabei wird der selbstbestimmten Lerngruppe z. B. freigestellt, wie oft sie Lernhilfen oder Bewegungskorrekturen in Anspruch nehmen kann. Insofern ist die Selbstbestimmung auf eine isolierte Randbedingung des Bewegungslernens eingeschränkt.

Die entsprechenden Befunde zeigen, dass sich selbstbestimmtes Üben positiv auf die Lernleistung auswirken kann (vgl. hierzu ausführlich Bund, 2002):

- Vereijken (1991a; 1991b) findet, dass beim Üben am Skisimulator eine Gruppe, die frei üben konnte, den beiden Versuchsgruppen, die die Bewegungen eines Modells entweder synkinetisch oder echokinetisch nachahmten, im Hinblick auf die mittlere Schwunggeschwindigkeit signifikant überlegen war.
- Wulf und Toole (1999) untersuchten – wie Vereijken – das Erlernen von rhythmischen Bewegungen auf dem Skisimulator. Eine Gruppe hatte die Möglichkeit, selbstbestimmt Stöcke als Stabilisationshilfen einzusetzen, während einer zweiten Gruppe – parallel zur ersten Gruppe – der Stockeinsatz vorgegeben wurde. Es zeigte sich einerseits eine deutliche Abnahme des Stockeinsatzes im Verlauf der beiden Übungstage. Andererseits zeigte die Selbstbestimmungsgruppe am dritten Tag signifikant bessere Leistungen als die fremdbestimmte Gruppe. Angst- und Selbstwirksamkeitswerte der beiden Gruppen unterschieden sich nicht.
- Janelle, Kim und Singer (1995) untersuchten das Erlernen präziser Zielwürfe an drei Gruppen, die unterschiedliche Korrekturhäufigkeiten erhielten (Selbstbestimmung, Parallelgruppe zur Selbstbestimmungsgruppe und 50 % Korrekturhäufigkeit). Auch hier zeigte sich die Selbstbestimmungsgruppe den anderen beiden Gruppen im Hinblick auf die Behaltensleistung überlegen. In einer weiteren Studie zur Selbstwahl der Korrekturhäufigkeit mit insgesamt vier Versuchsgruppen fanden Janelle, Barba, Frehlich, Tennant, und Cauraugh (1997) eine signifikante Überlegenheit der Selbstwahlgruppe hinsichtlich Bewegungsform und Bewegungspräzision im späten Behaltenstest. Interessanterweise fällt der Korrekturbedarf (7 % bzw. 11,2 % der Versuche) relativ gering aus.
- Während sich in den bisher diskutierten Untersuchungen die Vorteile von Selbstbestimmung erst in den Behaltenstests zeigten, finden Titzer, Shea und

Romack (1993) beim Erlernen einer Barrierenumstoßaufgabe Vorteile der Selbstbestimmungsgruppe gegenüber den anderen Lerngruppen (je eine geblockt übende und randomisiert übende Gruppe) in der Aneignungs- und Behaltensphase.

- In Experiment 2 von Wiemeyer (1997a) zum Erlernen der Rolle rückwärts in den Handstand zeigte sich allerdings kein Vorteil der Selbstwahlgruppe gegenüber den anderen vier Gruppen – bei tendenziellen Vorteilen der Gruppe mit Korrekturen nach jedem Versuch. Außerdem zeigte sich im Vergleich aller drei Experimente, dass unter Korrekturbedingungen im Verlauf der Aneignungsphase *positive* Emotionen zunahmen, während unter Korrekturentzug die *negativen* Emotionen zunahmen.
- Befunde von Seiler (1995) zum Erlernen des invertierten Fahrradfahrens belegen, dass flexible Such- und Erprobungsstrategien rigiden Lösungsstrategien durchaus überlegen sein können. Eigene Befunde zum Lernen der Rolle rückwärts in den Handstand (Wiemeyer, 1997a, Exp.1) sowie Befunde von Müller (1995) zum Erlernen der großen Körperwelle zeigen dagegen, dass es Lernsituationen gibt (z. B. formbezogene Bewegungsaufgaben), in denen eine klare Bewegungsvorstellung wichtiger ist als flexibles Erproben.

Selbstbestimmung scheint – zumindest in der Mehrzahl der hier diskutierten Experimente – dazu geführt zu haben, dass die Übenden effizienter und mit stabileren Effekten geübt haben. Die Autoren machen die aktivere Einbindung der Übenden in den Übungsprozess und die überlegtere, gezieltere Wahl der Übungsbedingungen (Hilfen, Korrekturen, Übungsreihenfolge), aber auch motivationale Ursachen für diese Überlegenheit verantwortlich. Allerdings handelt es sich bei den Versuchspersonen durchgängig um Erwachsene. Ob diese Ergebnisse auch auf Kinder und Jugendliche übertragbar sind, ist nicht geklärt.

Dennoch zeigen gegenteilige Befunde, dass es *das* optimale Lehrverfahren nicht gibt, sondern dass die komplexe Wechselwirkung der zahlreichen Randbedingungen des motorischen Lernens zu beachten sind.

In bewegungswissenschaftlichen Experimenten dominieren ganzheitliche Lehrverfahren, d. h. in aller Regel erfolgt keine Aufgliederung von Bewegungsfertigkeiten in Teileinheiten. Ausnahmen sind die Evaluationsstudien zum Programmierten Unterricht, allerdings fehlt hier im Allgemeinen eine Kontrollgruppe, die ganzheitlich übt. Insofern existieren keine experimentellen Vergleiche zwischen ganzheitlichen und analytisch-synthetischen Lehrverfahren.

4.3 Einzelübung

Experimentelle Untersuchungen zum Einfluss unterschiedlicher *Ziele* von Einzelübungen auf den motorischen Lernprozess – bei der gleichen Lernaufgabe – sind relativ selten. Vereijken (1991a) berichtet über ein Experiment mit drei Gruppen, die sich beim Lernen am Skisimulator unterschiedliche Bewegungsziele setzen sollten: Amplitude, Frequenz oder Fluss der Bewegung. Es zeigten sich differenzielle, zielabhängige Lernverläufe – inbesondere in den frühen Übungsphasen.

Der Einsatz von *Lernhilfen* wurde bereits in Abschnitt 4.1 behandelt. Hier zeigte sich, dass zwar durchaus Befunde vorliegen, die die Effektivität von Lernhilfen belegen, dass aber die Gefahr besteht, dass die Lernenden von diesen Hilfen abhängig werden.

Eine weitere interessante Frage bezieht sich auf das Problem, wie lange noch weitergeübt werden soll, wenn das Lernkriterium bereits erreicht wurde (*Überlernen*). Schädle-Schardt (1999) fasst die Befundlage zu diesem Problem zusammen und findet eine optimale Überlernquote von 50 % bis 200 % (Bezugsgröße: Anzahl der Versuche bis zum Erreichen des Lernkriteriums).

4.4 Übungsfolge

Zur Übungsreihenfolge wurden bereits verschiedene Konzepte (*von vorne nach hinten, von der Struktur zur Adaptation, vom Kern nach außen* etc.) vorgestellt, die ein *systematisch geordnetes Vorgehen* empfehlen. Auch das Konzept methodischer Übungs- und Spielreihen favorisiert ein an methodischen Grundsätzen (verminderte Lernhilfe, graduelle Annäherung, Aufgliederung in funktionelle Teileinheiten) orientiertes systematisches Üben, um die Zielfertigkeit Schritt für Schritt zu entwickeln (vgl. Fetz, 1979; Roth, 1998). Experimentelle Belege für die Überlegenheit dieses Vorgehens sind nicht bekannt.

Variables Üben wird von nahezu allen Modellen des motorischen Lernens propagiert. Zur Prüfung der aus dem Schema-Modell von Schmidt (1975) abgeleiteten *Variabilitätshypothese* wurden zahlreiche experimentelle Untersuchungen durchgeführt. Insgesamt ergeben diese Untersuchungen, dass diese Hypothese keine überzeugende empirische Bestätigung findet (vgl. van Rossum, 1990; Wiemeyer, 1992).

Im Hinblick auf die Übungsvariabilität stellt sich weiterhin die Frage, ob variables Üben geordnet oder ungeordnet erfolgen sollte: Muss eine Übungsvariante also mehrmals geübt werden, bevor man zur nächsten Variante übergeht (geblocktes Üben) oder sollten einzelne Varianten in zufälliger Reihenfolge geübt werden (randomisiertes Üben)? Zahlreiche Befunde und Computer-Simulationen zur *Kontextinterferenz* (vgl. Wiemeyer, 1998; Künzell, 1996) zeigen, dass es unter bestimmten Bedingungen durchaus sinnvoll ist, Übungen und Übungsvarianten in zufälliger Reihenfolge anstatt in geblockter Reihenfolge auszuführen. Dies führt zwar zu einer Verzögerung des motorischen Lernprozesses, aber auch zu einem stabileren, Kontext unabhängigen Behalten des Geübten. Neben kognitiven werden auch emotionale Ursachen für die Überlegenheit zufälliger Übungsreihenfolgen angeführt. Allerdings scheint der Erfolg des Übens an ein ausreichendes Fertigkeitsniveau und eine ausreichende Übungshäufigkeit gebunden zu sein. Insbesondere zur Vorbereitung auf schwer vorhersehbare, variable Anwendungssituationen scheint ein Üben mit zufälliger Reihenfolge das sinnvollere Vorgehen zu sein, da die erforderliche Anpassung an variable Bedingungen bereits in die Übungssituation integriert werden kann. Für Anfänger scheint dagegen ein strukturiertes Vorgehen vorteilhafter zu sein.

Auch zur Validierung der verschiedenen Kriterien zur Identifikation der Teileinheiten sind bisher kaum Untersuchungen vorhanden. Diese Konzepte stützen sich in der Regel auf Plausibilitätsüberlegungen.

Zum Problem der Übungsverteilung, d. h. des richtigen Verhältnisses von Üben und Pause zeigt eine Meta-Analyse von Lee und Genovese (1988), dass bei zyklischen Bewegungsaufgaben ein Üben mit Pausen besser ist als ein Üben ohne Pausen. Allerdings schwächt sich der positive Effekt verteilten Übens nach dem Behaltensintervall im Vergleich zur Aneignungsphase ab. Es ist daher nicht auszuschließen, dass es sich hier um einen labilen Effekt handelt. Auch Simulationen an künstlichen Neuronalen Netzwerken belegen die Überlegenheit verteilten Übens (vgl. z. B. Wiemeyer, 2000a).

5 Zusammenfassung und Ausblick

Wenn man die bewegungswissenschaftliche Erkenntnislage zusammenfasst, ergeben sich die folgenden Resultate:

- *Bewegungswissenschaftliche Modelle* geben auf die verschiedenen Fragen zu Lehrmethoden und Übungsgestaltung jeweils spezifische, aber abstrakte Antworten. Es entsteht der Eindruck des „anything goes", d. h. für jede Lehrmethode bzw. Übungsgestaltung existiert ein Modell, das diese Vorgehensweise argumentativ stützen kann. Allerdings sind die Ableitungen sehr spekulativ oder zweifelhaft, da häufig die jeweilige Reichweite des Modells (noch) nicht bekannt ist oder die spezifischen Voraussetzungen der Modelle nicht beachtet werden.

- Zu Einzelaspekten der Lehrmethoden und Übungsgestaltung liegen zahlreiche empirische Untersuchungen vor, z. B. zur Instruktion, zum Feedback, zur Übungsverteilung und zur Kontextinterferenz. Diese Befunde zeigen, dass zahlreiche Moderatoren des motorischen Lernens berücksichtigt werden müssen, um für die jeweils spezifische Bedingungskonstellation die geeignete Lehrmethode bzw. Übungsgestaltung festzulegen.
- Es zeigen sich aber auch zu vielen Aspekten große Forschungslücken: z. B. zur Validierung der meisten strukturierten Übungsverfahren, zu Lernhilfen und zu ganzheitlichem versus analytisch-synthetischem Vorgehen. Viele Konzepte scheinen zwar durchaus plausibel und werden in der Sportpraxis eingesetzt, sind aber nicht ausreichend durch bewegungswissenschaftliche Experimente gestützt.

In diesem Kapitel wurden zwei Wege beschritten: ein deduktiver und ein induktiver. Dabei zeigte sich, dass die Bewegungswissenschaft für Teilprobleme von Lehrmethoden und Übungsgestaltung durchaus Erkenntnisse, d. h. Modelle und empirische Befunde, bereitstellen kann, die als allgemeine Orientierungsgrundlage des praktischen Handelns fungieren können. Allerdings ist die Generalisierbarkeit sowohl der Befunde als auch der Modelle noch nicht hinreichend geprüft.

Bei anderen Problemen kann die Praxis allerdings noch nicht auf ausreichende Erkenntnisse der Bewegungswissenschaft zurückgreifen. Da diese Probleme allerdings unmittelbar gelöst werden müssen, muss sich die Sportpraxis hier auch weiterhin auf ihre Lösungsheuristiken verlassen. Es ist sicherlich lohnenswert, dass die Bewegungswissenschaft noch stärker als bisher dieses Praxiswissen in die Forschung einbezieht (z. B. Hanke & Wörmann, 1993; Roth, 1996).

Literatur

Bernstein, N.A. (1988). *Bewegungsphysiologie* (2. Aufl.). Leipzig: Barth.

Bielefelder Sportpädagogen (1998). *Methoden im Sportunterricht* (3. Aufl.). Schorndorf: Hofmann.

Blischke, K., Marschall, F., Müller, H. & Daugs, R. (1999). Augmented Information in Motor Skill Acquisition. In Y. Vanden Auweele, F. Bakker, S. Biddle, M. Durand & R. Seiler (Eds.), *Psychology for Physical Educators* (pp. 257-287). Champaign, IL: Human Kinetics.

Bös, K., Hänsel, F. & Schott, N. (2000). *Untersuchungsmethoden in der Sportwissenschaft.* Hamburg: Czwalina.

Buekers, M.J., Montagne, G. & Laurent, M. (1999). Is the player in control, or is the control somewhere out of the player? *International Journal of Sport Psychology, 30*, 490-506.

Bund, A. (2002). *Selbstbestimmtes Bewegungslernen. Grundlagen, Bedingungen und Forschungsperspektiven.* Zur Publikation in „Spectrum der Sportwissenschaften" eingereichtes Manuskript.

Corbetta, D. & Vereijken, B. (1999). Understanding development and learning of motor coordination in sport: The contribution of dynamic systems theory. *International Journal of Sport Psychology, 30*, 507-530.

Daugs, R. (1979). *Programmierte Instruktion und Lerntechnologie im Sportunterricht.* München: Juventa.

Daugs, R., Blischke, K., Marschall, F. & Olivier, N. (1989). *Beiträge zum visuomotorischen Lernen im Sport.* Schorndorf: Hofmann.

Davids, K., Bennett, S., Handford, C. & Jones, B. (1999). Acquiring coordination in self-paced, extrinsic timing tasks: A constraints-led perspective. *International Journal of Sport Psychology, 30*, 437-461.

Effenberg, A.O. & Mechling, H. (1999). Zur Funktion audiomotorischer Verhaltenskomponenten. *Sportwissenschaft, 29*, 200-215.

Fetz, F. (1979). *Allgemeine Methodik der Leibesübungen* (8. Aufl.). Bad Homburg: Limpert.

Fitzek, H. & Salber, W. (1996). *Gestaltpsychologie.* Darmstadt: WBG.

Göhner, U. (1987). *Bewegungsanalyse im Sport* (2. Aufl.). Schorndorf: Hofmann.

Göhner, U. (2001). *Bewegungslehre und Biomechanik des Sports.* Tübingen: Eigenverlag.

Gröben, B. (1995). Wie sag' ich's meinem Kinde – Zur Gestaltung der Bewegungsanweisung im Sportunterricht. *Leipziger Sportwissenschaftliche Beiträge, 36* (1), 59-64.

Größing, S. (1992). Lehrmethoden (Methods of Teaching). In P. Röthig (Hrsg.), *Sportwissenschaftliches Lexikon* (S. 271). Schorndorf: Hofmann.

Größing, S. (2001). *Einführung in die Sportdidaktik* (8. Aufl.). Wiebelsheim: Limpert.

Hanke, U. & Wörmann, S. (1993). *Trainerwissen.* Köln: Strauß.

Heuer, H. (1994). Koordination. In H. Heuer & S. Keele (Hrsg.), *Psychomotorik* (Enzyklopädie der Psychologie C II 3) (S. 147-222). Göttingen: Hogrefe.

Hirtz, P. (1988). *Koordinative Fähigkeiten im Schulsport.* Berlin: Volk und Wissen.

Janelle C.M., Barba, D.A., Frehlich, S.G., Tennant, L.K. & Cauraugh, J.H. (1997). Maximizing performance feedback effectiveness through videotape replay and self-controlled learning environment. *Research Quarterly for Exercise and Sport, 68*, 269-279.

Janelle, C.M., Kim, J. & Singer, R.N. (1995). Subject-controlled performance feedback and learning of a closed motor skill. *Perceptual and Motor Skills, 81*, 627-634.

Kassat, G. (1995). *Verborgene Bewegungsstrukturen.* Rödinghausen: fcv.

Kassat, G. (1998). *Ereignis Bewegungslernen.* Rödinghausen: fcv.

Kayser, D. (1992). Lehren. In P. Röthig (Hrsg.), *Sportwissenschaftliches Lexikon* (S. 270). Schorndorf: Hofmann.

Künzell, S. (1996). *Motorik und Konnektionismus*. Köln: bps.

Lee, T.D. & Genovese, E.D. (1988). Distribution of practice in motor skill acquisition: Learning and performance effects reconsidered. *Journal of Motor Behavior, 59*, 277-287.

Leist, K.-H. (1993). *Lernfeld Sport*. Reinbek: Rowohlt.

Lippens, V. (1997). *Auf dem Weg zu einer pädagogischen Bewegungslehre*. Köln: Strauß.

Loibl, J. (2000). Integrieren statt Isolieren. Üben in komplexen Bewegungszusammenhängen. In R. Meier, U. Rampillon, U. Sandfuchs & L. Stäudel (Hrsg.), *Üben und Wiederholen. Sinn schaffen – Können entwickeln* (S. 98-100). Seelze: Friedrich.

Mechling, H. & Effenberg, A.O. (1998). Perspektiven der Audiomotorik. *Leipziger Sportwissenschaftliche Beiträge, 39* (1/2), 51-76.

Meinel, K. & Schnabel, G. (1998). *Bewegungslehre – Sportmotorik* (9. Aufl.). Berlin: Sportverlag.

Moegling, K. (Hrsg.). (2001). *Integrative Bewegungslehre. 3. Teil. Lernen und Lehren von Bewegungen*. Immenhausen: Prolog.

Müller, H. (1995). *Kognition und motorisches Lernen*. Bonn: Holos.

Pöhlmann, R. (1986). *Motorisches Lernen*. Berlin: Sportverlag.

Pöhlmann, R. (1994). *Motorisches Lernen*. Reinbek: Rowohlt.

Prohl, R. (Hrsg.). (1995). *Bewegung verstehen*. Schorndorf: Hofmann.

Rossum, J.H.A. van (1990). Schmidt's schema: The empirical base of the variability of practice hypothesis. *Human Movement Science, 9*, 387-435.

Roth, K. (1990). Ein neues „ABC" für das Techniktraining im Sport. *Sportwissenschaft, 20*, 9-26.

Roth, K. (1996). *Techniktraining im Spitzensport*. Köln: Strauß.

Roth, K. (1998). Lektion 2: Wie lehrt man schwierige geschlossene Fertigkeiten? In Bielefelder Sportpädagogen (Hrsg.), *Methoden im Sportunterricht* (3. Aufl.) (S. 27-46). Schorndorf: Hofmann.

Schädle-Schardt, W. (1999). Überlernen – Ein zu Unrecht vergessenes Forschungsfeld. *Sportwissenschaft, 29*, 1-16.

Scherer, H.-G. (2001). Modelle des Bewegungslernens. In K. Moegling (Hrsg.), *Integrative Bewegungslehre. Teil 3. Lernen und Lehren von Bewegungen* (S. 74-130). Immenhausen: Prolog.

Schmidt, R.A. (1975). A schema theory of discrete motor skill learning. *Psychological Review, 82*, 225-260.

Seiler, R. (1995). *Kognitive Organisation von Bewegungshandlungen*. St. Augustin: Academia.

Tamboer, J.W.I. (1994). *Philosophie der Bewegungswissenschaften*. Butzbach: Afra.

Titzer, R., Shea, J. & Romack, J. (1993). The effect of learner control on the acquisition and retention of a motor task. *Journal of Sport & Exercise Psychology, 15* (Suppl.), 84.

Ungerer, D. (1971). *Zur Theorie des sensomotorischen Lernens*. Schorndorf: Hofmann.

Vereijken, B. (1991a). *The Dynamics of Skill Acquisition*. Amsterdam: FU Press.

Vereijken, B. (1991b). Modeling in the Learning of Complex, Cyclical Movements. In R. Daugs, H. Mechling, K. Blischke & N. Olivier (Hrsg.), *Sportmotorisches Lernen und Techniktraining. Band 2* (S. 83-86). Schorndorf: Hofmann.

Wiemeyer, J. (1992). Motorische Kontrolle und motorisches Lernen im Sport. Grundlagen und Probleme der Theorie Generalisierter Motorischer Programme. 2. Teil: Motorisches Lernen. *Sportpsychologie, 6* (2), 5–12.

Wiemeyer, J. (1994). *Interne Bewegungsrepräsentation*. Köln: bps.

Wiemeyer, J. (1997a). *Bewegungslernen im Sport*. Darmstadt: WBG.

Wiemeyer, J. (1997b). Die mangelnde Übertragbarkeit von Befunden der Motorikforschung – Grundlegende Kritik eines unverwüstlichen Topos‘. In E. Loosch & M. Tamme (Hrsg.), *Motorik – Struktur und Funktion* (S. 131-135). Hamburg: Czwalina.

Wiemeyer, J. (1998). Schlecht üben, um gut zu lernen? Narrativer und meta-analytischer Überblick zum Kontext-Interferenz-Effekt. *Psychologie und Sport, 5*, 82-105.

Wiemeyer, J. (2000a). Artificial Neural Networks – Simulations using a simple delta network. In A. Baca (Ed.), *Computer Science in Sport* (pp. 103-111). Wien: öbv.

Wiemeyer, J. (2000b). Rhythmus als Bindeglied von Bewegung, Musik und Sprache im Sport. In G. Mantel (Hrsg.), *Querverbindungen* (S. 133-144). Mainz: Schott.

Wiemeyer, J. (2001a). Bewusste Bewegungsrepräsentation – Komponenten, Zusammenhänge und Lerndynamik. In J.R. Nitsch & H. Allmer (Hrsg.), *Denken – Sprechen – Bewegen* (S. 131-137). Köln: bps.

Wiemeyer, J. (2001b). Üben beim Bewegungslernen - Steter Tropfen höhlt den Stein! In R. Prohl (Hrsg.), *Bildung und Bewegung* (S. 281-288). Hamburg: Czwalina.

Wulf, G., Shea, C.H. & Whitacre, C.A. (1998). Physical-guidance benefits in learning a complex motor skill. *Journal of Motor Behavior, 30*, 367-380.

Wulf, G. & Toole, T. (1999). Physical assistance devices in complex motor skill learning: Benefits of a self-controlled practice schedule. *Research Quarterly for Exercise and Sport, 70*, 265–272.

Zimmer, A.C. & Körndle, H. (1988). A model for hierarchically ordered schemata in the control of skilled action. *Gestalt Theory, 10* (1), 85–102.

E.2 Motorisches Lernen im Sportunterricht

Peter Hirtz & Albrecht Hummel

Gliederung

1 Gegenstandsbereich – Forschungsstand – Leitgedanken
2 Komplexitätsreduktion und Ganzheitlichkeit
3 Doppelte Gerichtetheit des motorischen Lernens
4 Individuelle motorische Handlungsfähigkeit als Ziel
5 Motorische Handlungsfähigkeit und fähigkeitsorientierter Fertigkeitserwerb
6 Motorisches Lernen und motorische Entwicklung
7 Konsequenzen für die Gestaltung motorischer Lernprozesse im Sportunterricht

Kurzreferat

Ausgehend von einer kurzen Bestimmung des Gegenstandsbereiches „Motorisches Lernen im Schulport“ und seiner ungenügenden wissenschaftlichen Bearbeitung werden zunächst einige grundsätzliche Leitgedanken formuliert. Im Folgenden wird auf eine maßvolle Komplexitätsreduktion verwiesen, um den Sportlehrerinnen und Sportlehrern praktikable Orientierungen für ihr Handeln im Sportunterricht zu geben. Das motorische Lernen im Schulsport zeichnet sich durch eine doppelte Gerichtetheit aus, es ist einerseits auf die Aneignung des breiten Spektrums motorischer Kulturtechniken und andererseits auf die Ausprägung und Vervollkommnung der individuellen motorischen Handlungsfähigkeit orientiert. Diese motorische Handlungsfähigkeit und ihre Komponentenstruktur stehen im Mittelpunkt der folgenden Abschnitte. Es folgen empirisch gestützte Erkenntnisse zur Wirkung eines fähigkeitsorientierten motorischen Lernens sowie zu Zusammenhängen mit motorischen Entwicklungsbesonderheiten. Abschließend werden Konsequenzen für die praktische Gestaltung motorischer Lernprozesse im Sportunterricht abgeleitet und erläutert.

Schlagworte

didaktisch-methodischer Grundzyklus, fähigkeitsorientierter Fertigkeitserwerb, individuelle motorische Handlungsfähigkeit, kompetenzorientiertes Üben, Komplexitätsreduktion, komponentenorientiertes Üben, koordinative Fähigkeiten, motorische Aufgaben, motorische Entwicklung und Lernen, sportmotorische Handlungsfähigkeit

1 Gegenstandsbereich – Forschungsstand – Leitgedanken

Das komplexe Bedingungsgefüge der Organisationsform Sportunterricht an der Institution Schule erfordert eine kritische Reflexion verschiedener bisheriger Theorieangebote zum motorischen Lernen und erzwingt geradezu eine praktikable konstruktive Synthese, um den Sportlehrerinnen und Sportlehrern in den vielfältigen Schulformen ein brauchbares, d. h. in der alltäglichen Schulpraxis anwendbares,

Konzept für die inhaltliche, methodische und organisatorische Gestaltung motorischer Lernprozesse unter realen Unterrichtsbedingungen zur Verfügung zu stellen. Die Planung und Durchführung motorischer Lehr- und Lernprozesse im Schulsport unterliegen den Bedingungen der Institution Schule und deren Organisation. Solche prägenden Bedingungen sind unter anderem der 45-minütige Zeittakt von Unterrichtsstunden, die Einteilung der Klassen nach dem kalendarischen Jahresprinzip, die Interaktion mit jeweils 25 bis 30 Schülern je Klasse, die Vergabe einer relativ großen Anzahl von Themenfeldern und Stoffgebieten durch die Sportlehrpläne sowie die zumeist recht bescheidenen materiell-technischen Voraussetzungen. Die realen Bedingungen des Schulsports und nicht zuletzt die Abstimmung mit weiteren Bildungs- und Erziehungsaufgaben des Sportunterrichts erfordern mit Nachdruck pragmatische Lösungen sowie differenzierende, unterrichtsorganisatorische und methodische Maßnahmen, damit ein Prozess des motorischen Lehrens und Lernens überhaupt zustande kommt.

Die Parzellierung der *Motorikforschung*, insbesondere der empirisch-experimentell ausgerichteten, hat durch ihr Streben nach einem hohen Maß an interner Validität indirekt dazu beigetragen, dass der Graben zwischen sportwissenschaftlichen Theorieangeboten und Praxiserfordernissen in der Schule größer geworden ist und dass unter dieser Perspektive ein Verlust an externer Validität verzeichnet werden muss.

Hinzu kommt, dass die empirischen Studien zur Verifizierung der verschiedenen theoretischen Ansätze und Modelle zu sehr differenzierten und teilweise zu kontroversen Ergebnissen und Aussagen führen (vgl. Wiemeyer, 2002). Für eine Übertragung auf den Schulsport wirkt erschwerend, dass diese Studien meist an Erwachsenen und unter Laborbedingungen durchgeführt wurden. Eine Reihe von beachtenswerten Erkenntnissen der sportmotorischen DDR-Schulsportforschung (vgl. Hinsching & Hummel, 1997 bzw. Untersuchungen von Rostock, 1995; Blaser & Neubert, 1990; Hirtz, 1985; 1995; Ockhardt, 1989 u. a.) wurden und werden wenig zur Kenntnis genommen. Nicht zu unterschätzen aber ist die Schwierigkeit, Untersuchungen zum motorischen Lernen im Sportunterricht angesichts der Vielzahl unterschiedlicher Lerngegenstände und Lernbedingungen durchzuführen und ihre Ergebnisse zu verallgemeinern, d. h. davon einheitliche Lern- und Lehrstrategien für jede Art motorischer Lernprozesse abzuleiten.

Die *Sportpädagogik* wiederum hat sich in den letzten Jahren einerseits zu sehr auf metatheoretische, praxisferne Problemfelder konzentriert (Instrumentalisierungsdebatte, Legitimationsdebatte, Bewegungspädagogik oder Sportpädagogik) und andererseits die Durchführung solider empirischer Untersuchungen zur Gestaltungsqualität und Wirksamkeit von Sportunterricht vernachlässigt.

Nicht zu übersehen ist in diesem Kontext auch eine Distanzierung vom Sportunterricht als einem Lern- und Übungsfach und die damit einhergehende Vernachlässigung der sportpädagogischen Wertschätzung motorischer Lernvorgänge und individueller Könnenserfahrungen.

Ein Grundproblem besteht auch in der Verwendung des Lernbegriffs in der *Didaktik des Sportunterrichts*, die das Lernen traditionell auf Fertigkeitserwerb und hierbei wiederum nur auf bestimmte Aspekte des Fertigkeitserwerbs einschränkte. Dieses Lernverständnis führte einerseits zu einer relativ engen Sicht auf das motorische Lernen (zentriert auf Aspekte der Koordinationsgenese), andererseits wurde damit eine Ausklammerung bedeutsamer Aneignungsvorgänge aus dem Lernverständnis begünstigt. Das betrifft sowohl konditionell-energetische und koordinative als auch soziale und methodisch-organisatorische Handlungsdispositionen. Das Lernen wurde partiell dem Üben und auch den zumeist recht unscharf gekennzeichneten erzieherischen Aneignungsvorgängen gegenübergestellt bzw. nebengeordnet. Die Ausbildung tatsächlicher individueller (motorischer, methodisch-organisatorischer und sozialer) Handlungsfähigkeit im Sport lässt sich über ein solch verkürztes Lernverständnis nicht ausreichend theoretisch begründen, erklären und ableiten.

Die nachfolgenden Ausführungen zum motorischen Lernen im Sportunterricht basieren auf folgenden *Leitgedanken*:

- Die Anbahnung und Entwicklung mehrperspektivisch ausgerichteter, individuell bestmöglicher, sportlicher Handlungsfähigkeit (Handlungsfähigkeit im Sport) über alle Klassenstufen hinweg ist das strategische Leitziel des Sportunterrichts.
- In der „Mitte“ dieser langfristig angelegten Erziehung und Befähigung zum Handeln im Sport befindet sich die sportmotorische Handlungsfähigkeit; Handlungsfähigkeit im Sport lässt sich nicht auf sportmotorische Handlungsfähigkeit reduzieren, aber sportmotorische Handlungsfähigkeit kennzeichnet das Wesen der Handlungsfähigkeit im Sport und markiert die authentische Grundqualität von Sportunterricht, welche den Sportunterricht unverwechselbar mit anderen Unterrichtsfächern und anderen schulischen Organisationsformen macht.

- Die Realisierung dieser Zielsetzung erfordert die Voraussetzungsanalyse, Planung, Durchführung und Auswertung von Sportunterricht, in dem eine systematische Gestaltung sportmotorischer Lern- und Übungsprozesse erfolgt.

2 Komplexitätsreduktion und Ganzheitlichkeit

Maßvolle *Komplexitätsreduktion* ist ein Gebot der praktischen Vernunft, um den Sportlehrerinnen und Sportlehrern praktikable Orientierungen für ihr Handeln im Sportunterricht zu geben. Maßvolle Reduktion heißt hier weder auf ein den Schüler überforderndes ganzheitliches frontales Herangehen noch auf eine überzogene Differenzierung und Spezialisierung zu setzen. Sportmotorische Handlungsfähigkeit in den einzelnen Schulsportarten lässt sich in der Regel nicht auf Anhieb in seiner Ganzheit erwerben. Ein schrittweises, gestuftes und differenzielles Vorgehen ist zumeist unumgänglich.

Maßvolle Komplexitätsreduktion heißt darüber hinaus aber auch, dass alle Faktoren und Komponenten von Anfang an Berücksichtigung finden müssen, die von wesentlicher Bedeutung für das motorische Lernen, d. h. für die Aneignung motorischer Handlungsfähigkeit sind. Damit sollen unzulässige Reduktionen ausgeschlossen werden, wie beispielsweise die Vernachlässigung der konditionell-energetischen Komponenten, die Verkürzung des motorischen Lernens auf eine bloße Koordinationsgenese und eine Zurücknahme auf phänomenologische Formalstufen (Grobform, Feinform, Feinstform). Es gilt jenes Maß an *Ganzheitlichkeit* im motorischen Lernansatz zu wahren, das einerseits eine Berücksichtigung aller wesentlichen die motorische Handlungsfähigkeit konstituierenden Komponenten erlaubt und das andererseits unter den Bedingungen des Schulsports eine inhaltliche und auch methodisch-organisatorische Umsetzung möglich macht.

In den Schulsport ist somit ein motorisches Lernkonzept zu integrieren, das sich im Spannungsfeld von ganzheitlich-funktionaler Herangehensweise auf der einen Seite und differenzieller fähigkeitsorientierter Herangehensweise auf der anderen Seite bewegt.

3 Doppelte Gerichtetheit des motorischen Lernens

Motorisches Lernen zeichnet sich durch die Gerichtetheit auf zwei hauptsächliche Gegenstandskomplexe aus, die sich gegenseitig bedingen, aber auch deutlich unterscheiden lassen. Es sind dies

- ein Gegenstandskomplex, der das breite Spektrum objektiv existierender motorischer Kulturtechniken umfasst, also spezielle Bestandteile der historisch gewachsenen menschlichen Kultur. Dazu zählen u. a. motorische Grundformen, Körperübungen, Spiele, Tänze, sportliche Techniken.
- ein Gegenstandskomplex, der die Gesamtheit der für motorisches Handeln notwendigen subjektiven Eigenschaften des menschlichen motorischen Systems umfasst, die in ihrer wechselseitigen Verbundenheit die individuelle motorische Handlungsfähigkeit konstituieren.

Für das Verständnis der weitergefassten Konzeption des motorischen Lernens ist dieser Ansatz von fundamentaler Bedeutung. Die Weiterentwicklung in der theoretischen Konzipierung motorischen Lernens in der Schule konzentriert sich auf folgende *Gesichtspunkte*:

- Die ausgewogene Berücksichtigung der (subjektiven) menschlichen Motorik und der (objektiven) motorischen Kulturtechniken als Gegenstände motorischen Lernens. Motorisches Lernen ist damit mehr als Technikschulung und Fertigkeitserwerb.
- Die Einbeziehung all jener Eigenschaften in den motorischen Lernprozess, die für erfolgreiches motorisches Handeln wesentlich sind, also auch Einbeziehung der konditionell-energetischen und motivationalen Eigenschaften. Motorisches Lernen ist damit mehr als Koordinationsschulung.
- Die deutliche Unterscheidung von methodischen Maßnahmesystemen, die eigenschaftsdifferenziell komponentenorientiert sind und solchen, die auf ganzheitlich integrative Handlungsvervollkommnung (also könnensorientiert) gerichtet sind.
- Die dominierende Stellung der individuellen motorischen Handlungsfähigkeit als Ziel des motorischen Lernens, da der motorischen Handlungsfähigkeit letztlich alle eigenschaftsdifferenziellen Maßnahmen dienen.

4 Individuelle motorische Handlungsfähigkeit als Ziel

Zur Begründung und Erklärung von Lern- bzw. Aneignungsprozessen im Schulsport – also von Aneignungsprozessen, die eigens zum Zweck systematischer Entwicklung individueller motorischer und sozialer Handlungsfähigkeit konzipiert sind – verwenden wir einen Vier-Komponenten-Ansatz, der den unlösbaren Zusammenhang der Komponenten Kondition, Koordination, Kognition und Motivation/Emotion einschließlich Volition beinhaltet. Damit berücksichtigen wir zum einen die Einheit von Information und Energie im Rahmen ganzheitlicher Aneignungsprozesse, und zum anderen wird konsequent auf die Einbeziehung der anzueignenden Eigenschaften orientiert, die tatsächliche Handlungsfähigkeit konstituieren (Abb. 1).

Eine motorische Handlung ist immer Prozess und Resultat des ganzheitlich handelnden Menschen, Ausdruck der komplexen motorischen Handlungsfähigkeit des Individuums. Bei der Bestimmung und Diskussion von Komponenten ist von den Beziehungen zwischen den gesellschaftlich bedingten und bestimmten objektiven Anforderungen, motorischen Aufgabenstellungen und ihrer Struktur (objektive Anforderungsstruktur) und den subjektiven motorischen Dispositionen und deren Struktur (Dispositions- oder Bewältigungsstruktur) auszugehen.

Derartige Komponenten existieren trotz aller Ganzheitlichkeit objektiv; ihre Bestimmung hat auch Vorteile bzw. methodisch-didaktische Konsequenzen hinsichtlich des motorischen Lernens, wenn sie nicht verabsolutiert und isoliert betrachtet werden und ihre Beziehungen untereinander und zum einheitlichen Ganzen der motorischen Handlungsfähigkeit ausreichend Beachtung finden. Diese individuelle motorische Handlungsfähigkeit gilt es im Sportunterricht durch Lernen produktiv zu entwickeln. *Die motorische Handlungsfähigkeit umfasst dabei alle wesentlichen Voraussetzungen für ein erfolgreiches motorisches Handeln, all jene Strukturen, Funktionen und Prozesse, die motorisches Handeln ermöglichen.*

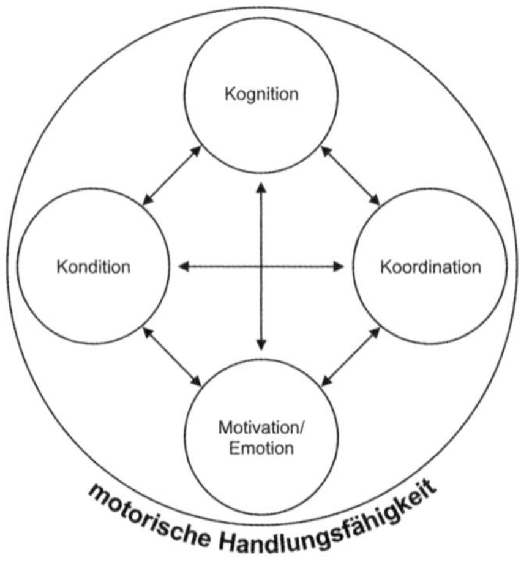

Abb. 1: Vier-Komponenten-Ansatz zur Erklärung der Struktur individueller motorischer Handlungsfähigkeit (Hirtz & Hummel, 1990, S. 9)

Wir verstehen deshalb motorische Handlungsfähigkeit als Einheit koordinativer, konditionell-energetischer, kognitiver und motivational-emotionaler Komponenten der Regulation motorischer Tätigkeit. Sie sichert ein anforderungsgerechtes, situationsadäquates und persönlichkeitsbezogenes (individuelles) Lösen motorischer Aufgabenstellungen.

5 Motorische Handlungsfähigkeit und fähigkeitsorientierter Fertigkeitserwerb

Die im Sinne der Ausprägung einer individuellen motorischen Handlungsfähigkeit bedeutsame Fähigkeitsorientierung des motorischen Lernens hat sich trotz zahlreicher Bedenken für den Sportunterricht in Deutschland weitgehend durchgesetzt (Rostock, 1995). Motorisches Lernen als Aneignung von Fähigkeiten zu vollziehen, bedeutet nach Rostock, in seiner didaktisch-methodischen Umsetzung die Ziele, Inhalte und Methoden offener zu halten und den Unterricht *schulsportangemessener* und *schülerfreundlicher* zu gestalten. Als entscheidender methodischer Ansatz erweist sich das Setzen von Widersprüchen durch Variieren, Kontrastieren, Differenzieren, Diskriminieren, Sensibilisieren. Besondere Bedeutung erlangte eine solche zielgerichtet vielseitige, variationsreiche und auch ungewohnte Übungsgestaltung für die Ausprägung und Vervollkommnung koordinativer Fähigkeiten. Dass ein derartiges betontes koordinatives Üben nicht nur zu Fortschritten in der Ausprägung koordinativer Fähigkeiten führt, sondern auch Einfluss auf motorische Lernerfolge im engeren Sinne nimmt, bestätigen entsprechende empirische Befunde von Hirtz (1985).

Die Greifswalder Forschungsgruppe untersuchte u. a. die Langzeitwirkung eines koordinativ betonten Sportunterrichts im Primarschulbereich (8- bis 10-jährige Jungen und Mädchen, n = 200) auf die motorische Lernfähigkeit von 11- und 12-jährigen Kindern, indem sie die Lernverläufe über 15 bzw. 30 Übungswiederholungen bei ihrer Ersteinführung mittels Bewegungsbeobachtungen und Filmanalysen verfolgte und die Ausführungsqualität durch drei unabhängige Beobachter anhand einer Punkteskala (mit 1 bis 5 Punkten) einschätzte.

Die Abb. 2 zeigt am Beispiel des Knieaufschwungs am Reck, dass die Versuchsschüler nach einer definierten Lernzeit (festgelegte Zahl der Übungswiederholungen) bessere Lernergebnisse als die Vergleichsschüler erreichten, wobei die beachtlichen Steigerungsraten bei den ersten Übungswiederholungen (über 30 %

gegenüber 10 % der Kontrollschüler) und die starken Fortschritte der leistungsschwächeren Versuchsschüler besonders auffielen.

Das fähigkeitsorientierte Lernen verbesserte die allgemeinen Wahrnehmungs- und Bewegungserfahrungen, die Schnelligkeit und Exaktheit der Informationsverarbeitung und ermöglichte damit in Einzelfällen auch ein sogenanntes *Lernen auf Anhieb*. Der Anteil der als beherrscht eingeschätzten Zielübungen lag bei den Versuchsschülern jeweils zwischen 70 und 90 %. Der Anteil nicht beherrschter Übungen war damit bei den Versuchsschülern deutlich geringer als bei entsprechenden Vergleichsstudien (z. B. nur 13 % gegenüber 45 % beim Knieaufschwung am Reck bzw. nur etwa 15 % gegenüber 35 % bei der Rolle rückwärts am Boden). Die Ergebnisse zeigen deutlich die Überlegenheit eines fähigkeitsorientierten motorischen Lernens.

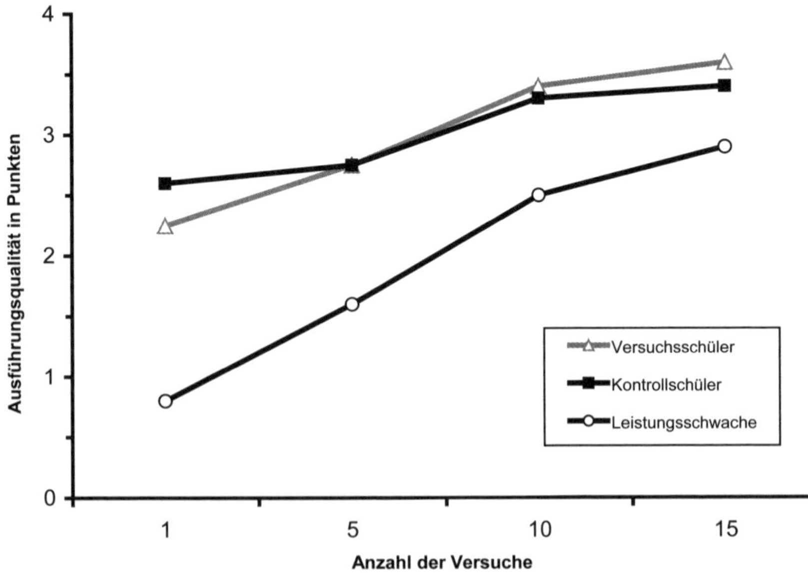

Abb. 2: Lernverlauf Knieaufschwung am Reck von 11-jährigen Versuchs- und Vergleichsschülern sowie leistungsschwachen Versuchsschülern (Untersuchung Greifswald, 1985; n = 200)

6 Motorisches Lernen und motorische Entwicklung

Die Frage, ob im Rahmen des motorischen Lernens im Sportunterricht motorische Entwicklungsbesonderheiten zu berücksichtigen sind oder nicht, bewegt seit Jahrzehnten, aber besonders auch wieder in jüngster Zeit, die Gemüter von Sportlehrer/innen und Wissenschaftler/innen. Besonders interessieren dabei die Fragen, ob es ein „bestes motorisches Lernalter in der Kindheit" (Meinel & Schnabel, 1998) zu nutzen oder auch „ungünstige" Lernphasen in der Schulzeit zu meiden bzw. zu beachten gilt.

Wie die Erfahrung lehrt und jüngste wissenschaftliche Befunde (vgl. Joch & Hansenberg, 1991; Willimczik et al., 1999) auch bestätigen, ist die motorische Lernplastizität des Menschen in jeder Phase der Lebensspanne gut ausgeprägt, auch wenn sie etwa im jüngeren Erwachsenenalter ein gewisses Optimum erreicht. Die Periode unmittelbar vor der Pubeszenz (10. bis 12./13. Lebensjahr) erweist sich durchaus als ein erster Höhepunkt in der motorischen Entwicklung der Heranwachsenden und kann berechtigt als ein besonders günstiges motorisches Lernalter in der Kindheit bezeichnet werden. Längst wird diese Erkenntnis im Schulsport genutzt, indem viele anspruchsvolle sportliche Techniken der Sportarten und komplexe koordinativ-motorische Kompetenzen in diesem Alter angeeignet werden. Keineswegs kann davon jedoch abgeleitet werden, dass in anderen Phasen der Kindheit, Jugend oder der gesamten Lebensspanne nicht mehr motorisch gelernt werden kann.

Unterschiedlich wird die Rolle der Pubeszenz für das motorische Lernen eingeschätzt. Die entsprechenden Aussagen beruhen meist auf Querschnittsuntersuchungen und orientieren sich an Mittelwertskurven, die im koordinativen Bereich wegen der veränderten Körperproportionen meist einen stagnierenden Verlauf aufweisen. Greifswalder Längsschnittstudien (1975 – 1984 und 1988 – 1994) verdeutlichen jedoch, dass sich die Stagnation im individuellen Verlauf doch meist als Regression der koordinativen Leistungsfähigkeit erweist und die Auswirkungen auf das motorische Lernen größer sind als allgemein angenommen.

Der puberal bedingte Wachstumsschub (Körperhöhenzunahme von 7 bis 14 cm jährlich verbunden mit Körpergewichtszunahmen von 8 bis 13 kg) betraf in diesen Längsschnittstudien 86 % der Mädchen im Alter zwischen 10;5[1] und 12;5 Jahren (5. und 6. Klasse – Schwerpunkt im 11. Lebensjahr) und 90 % der Jungen im Alter

[1] Schreibweise als Jahr; Monate

zwischen 12;5 und 14;5 Jahren (7. und 8. Klasse – Schwerpunkt im 13. Lebensjahr). Bei 76 % von diesen Mädchen und 90 % von diesen Jungen geht dieser Wachstumsschub mit einer deutlichen unmittelbaren oder um ein Jahr verzögerten Beeinträchtigung der koordinativen Leistungsfähigkeit einher. Das Ausmaß dieser Beeinträchtigungen ist zum Teil erheblich: über die Hälfte aller Kinder verschlechtern sich zwischen 10 und 20 %, ein weiteres Drittel sogar zwischen 20 und 30 %. Nur bei 15 % der SchülerInnen liegt die Leistungseinbuße unter 10 %.

Als Ergebnis des puberalen Wachstumsschubs konnten bei fast allen Versuchsschülern deutliche Stagnationen und Beeinträchtigungen hinsichtlich des Aneignungsgrades sportmotorischer Fertigkeiten festgestellt werden. Alle regressiven Erscheinungen sind mit einer deutlichen Körperhöhenzunahme und einer gleichzeitigen bzw. um ein Jahr verzögerten Gewichtszunahme verbunden. Bei 42 % der Mädchen kam es in dieser Zeit in allen sechs erfassten sportlichen Techniken zu deutlichen Rückgängen. Diese Rückgänge liegen bei 73 % der Mädchen zwischen 20 und 50 %. Allerdings sind die regressiven Erscheinungen abhängig von der Art der sportlichen Technik. Bei höheren koordinativen Anforderungen (z. B. Sprungrolle am Boden oder Knieaufschwung am Reck) sind sie deutlich größer als bei stärker kraftabhängigen Techniken (z. B. beim Kopfstand oder beim Hüftaufschwung am Reck – nur 38 % der Mädchen mit Verschelchterungen). Hier zeigt sich bereits deutlich der Einfluss zunehmender Kraft während der Pubeszenz. Die Phase der Instabilität dauert durchschnittlich ein bis zwei Jahre. Nach Abschluss der Pubeszenz erreichen 75 % in einigen sportmotorischen Fertigkeiten ihre Ausgangswerte vor der Pubeszenz bzw. verbessern diese bereits. Vergleichbare Aussagen machen Blaser und Neubert (1990) in empirischen Studien zur Aneignung der Weitsprungtechnik im Sportunterricht. Auch sie stellen in der Pubeszenz vorübergehende Beeinträchtigungen in der Koordination von Anlauf- und Absprungbewegungen fest.

7 Konsequenzen für die Gestaltung des motorischen Lernprozesses im Sportunterricht

Welche Konsequenzen ergeben sich für die Gestaltung des motorischen Lernens im Schulsport? Das motorische Lernen im Sportunterricht in der angezeigten weiten Fassung muss sowohl subjekt- als auch objekt-, sowohl komponenten- als auch könnens- bzw. kompetenzorientiert erfolgen und die aufgezeigten Besonderheiten der motorischen Entwicklung beachten.

Ein *subjektorientiertes* Üben ist auf die allgemeine Verbesserung der individuellen motorischen Handlungskompetenz, auf eine hohe Leistungsfähigkeit des Motoriums, auf die Erweiterung der Körper- und Bewegungserfahrungen, auf die Sensibilisierung der Wahrnehmungen und auf eine umfassende Ausprägung konditioneller und koordinativer Fähigkeiten gerichtet.

Ein *objektgerichtetes* Üben ist auf die Aneignung objektiver, historisch entstandener motorischer Kulturformen, auf die Vervollkommnung motorischer Grundformen, die Aneignung sportlicher Techniken der Sportarten, das Erwerben technisch-taktischer Verhaltensweisen, die Aneignung verschiedener Tänze und Spiele gerichtet.

Ein *komponentenorientiertes* Üben ist auf die dominierende Aneignung spezifischer Eigenschaften, auf die Vervollkommnung koordinativer Fähigkeiten und anderer Aspekte der Komponente *Koordination*, auf die konditionelle Vervollkommnung, aber auch auf die Ausprägung bestimmter Motive und Verhaltensweisen oder auf die Vermittlung spezifischer Kenntnisse, also auf die Aneignung der verschiedenen Komponenten der individuellen motorischen Handlungskompetenz durch jeweils spezifische Mittel und Methoden gerichtet.

Ein *könnens- bzw. kompetenzorientiertes* Üben schließlich ist auf die Aneignung der komplex-integrativen Verknüpfungen bestimmter Leistungsdispositionen, ihres inhaltlich konkreten, anforderungsspezifischen und bedingungsadäquaten Zuschnitts sowie auf das Anwenden und Gestalten in zunehmend komplexeren Situationen gerichtet. Könnens- und kompetenzorientiertes Üben erfolgt dabei besonders im Rahmen des objektorientierten Aneignens, komponentenorientiertes Üben dominiert dagegen im subjektorientierten Aneignungsprozess.

Beachtung der motorischen Entwicklungsbesonderheiten bedeutet für das motorische Lernen im Sportunterricht, im jüngeren Schulkindalter den Schwerpunkt auf die Ausprägung und Vervollkommnung besonders der koordinativen Fähigkeiten zu legen, sowie die günstigen Lernvoraussetzungen im späten Schulkindalter für das Aneignen zahlreicher, auch komplizierterer motorischer Fertigkeiten und Kompetenzen intensiv zu nutzen. In der Pubeszenz sollten, unter Verzicht auf koordinativ schwierige Elemente, besonders Aufgaben gestellt werden, die der Gewöhnung der Schüler an ihre veränderten Körperproportionen sowie dem Sammeln vielfältiger neuer bzw. der Stabilisierung bisheriger Bewegungserfahrungen dienen.

Für das motorische Lernen im Sportunterricht leiten sich unterschiedliche *didaktisch-methodische Grundzyklen des motorischen Lernens* im Sportunterricht ab, wie sie in der folgenden Übersicht dargestellt sind.

betont subjektorientiert

Ausgangsposition	Üben/Lernen	Veränderungen	Ergebnis
Koordination	Koordinatives Fähigkeitslernen	regulative Anpassung Funktionserweiterung	Koordination
Kondition	Konditionelles Fähigkeitslernen	morphologische / physiologische Anpassung	Kondition
Kognition	Kognitives Lernen	Wahrnehmungs-erweiterung / Kenntnisse	Kognition
u. a. Komponenten			

Wachstum – Reifung – Entwicklung

Vorbereiten – Erlernen – Festigen – Anwenden

fähigkeitsorientiert *fertigkeitsorientiert* *könnensorientiert*

bzw.

fähigkeitsorientiertes, variables

Aneignen/Erwerben – Anwenden – Gestalten

betont objektorientiert

Abb. 3: Didaktisch-methodischer Grundzyklus des motorischen Lernens im Sportunterricht (Hirtz, 1995, S. 118)

Die *koordinativen Fähigkeiten* sind im subjektorientierten Aneignungs- und Lernprozess selbst Ziel des Übens, durch ihre zielgerichtete Vervollkommnung kommt es zu einer Funktionserweiterung, zu einer funktionellen Höherorganisation der Motorik und zu entsprechenden bewegungsregulatorischen Anpassungen. Gleiches gilt für die Weiterentwicklung der anderen Komponenten. In ihrem Zusammenwirken vervollkommnet sich die individuelle motorische Handlungskompetenz als Ganzes.

Im betont objektorientierten Aneignungs- und Lernprozess stellen ausgeprägte, sportart- und disziplinspezifische koordinative Fähigkeiten die Grundlage und Voraussetzung für das darauf aufbauende Erlernen, Festigen und Anwenden von Fertigkeiten bzw. komplexen sportlichen Techniken dar, wobei ein Entwicklungstrend zu einem insgesamt fähigkeitsorientierten, variablen motorischen Aneignen bzw. Erwerben, Festigen, Anwenden und Gestalten immer deutlicher wird (vgl. Hotz, 1997; Rostock, 1995).

Diese Grundzyklen erfordern jeweils unterschiedliche motorische Aufgabenstellungen. *Motorische Aufgaben* werden als Führungsmittel und Handlungsanforderung eingesetzt und stellen nicht nur Übungen dar, sondern nehmen eine Mittlerstellung zwischen Ziel und Stoff ein. Motorisches Lernen ist dann als Lösen (Üben) einer didaktisch begründeten, systematischen Folge von motorischen Aufgaben zu verstehen. Art und Sinn der motorischen Aufgaben leiten sich von der Zielrichtung des jeweiligen didaktisch-methodischen Grundzyklus ab.

Literatur

Blaser, P. & Neubert, M. (1990). Die Entwicklung des motorischen Könnens der Schüler unter den Bedingungen des Sportunterrichts. *Körpererziehung, 8/9,* 367-370.

Hinsching, J. & Hummel, A. (Hrsg.). (1997). *Schulsport und Schulsportforschung in Ostdeutschland 1945-1990.* Aachen: Meyer & Meyer.

Hirtz, P. (Hrsg.). (1985). *Koordinative Fähigkeiten im Schulsport.* Berlin: Volk und Wissen.

Hirtz, P. (1995). Sind koordinative Fähigkeiten noch aktuell? Koordinative Vervollkommnung als subjekt- und objektgerichtete Aspekte motorischen Lernens im Schulsport. In A. Zeuner, G. Senf & S. Hofmann (Hrsg.), *Sport unterrichten* (S. 113-118). Sankt Augustin: Academia.

Hirtz, P. & Hummel, A. (1990). Lernen im Schulsport als pädagogisch geführter Aneignungsprozess. *Theorie und Praxis der Körperkultur, 39* (Beiheft), 7-23.

Hirtz, P., Hummel, A. & Rostock, J. (1994). Aneignung individueller motorischer Handlungsfähigkeit im Sportunterricht. *Körpererziehung, 12,* 402-409.

Hotz, A. (1997). *Qualitatives Bewegungslernen.* Bern: Verlag Schweizerischer Verband für Sport in der Schule.

Joch, W. & Hasenberg, R. (1991). Lernalter und motorische Lernleistungen. *sportunterricht, 40,* 216-222.

Meinel, K. & Schnabel, G. (1998). *Bewegungslehre – Sportmotorik* (9. Aufl.). Berlin: Sportverlag.

Ockhardt, L. (1989). Untersuchungen zum motorischen Lernen im Sportunterricht jüngerer Schüler. *Theorie und Praxis der Körperkultur, 38* (Beiheft 2), 83-87.

Rostock, J. (1995). Motorisches Lernen im Sportunterricht – ist die traditionelle Fertigkeitsschulung in der Klemme? In A. Zeuner, G. Senf & S. Hofmann (Hrsg.), *Sport unterrichten* (S. 103-108). Sankt Augustin: Academia.

Wiemeyer, J. (2002). Bewegungs- und Koordinationslernen: Lernstrategien aus aktueller Perspektive. *sportunterricht, 51,* 99-105.

Willimczik, K., Meierarend, E.-M., Pollmann, D. & Reckeweg, R. (1999). Das beste motorische Lernalter. *Sportwissenschaft, 29,* 42-61.

E.3 Techniktraining

August Neumaier & Jürgen Krug

Gliederung

1 Problemfeld und Begriffsverständnis

2 Technikleitbild und Zieltechnik

3 Arten und Formen des Techniktrainings
3.1 Arten des Techniktrainings
3.2 Formen des Techniktrainings

4 Forschungsstand zum Techniktraining

Kurzreferat

Das Techniktraining umfasst alle Prozesse innerhalb des Erwerbens und Optimierens der sportlichen Technik mit dem Ziel ihrer erfolgreichen Anwendung in der komplexen Wettkampfsituation. Es reicht von der Bestimmung des angemessenen, auf den Athleten bezogenen Trainingsziels (Zieltechnik) aus dem allgemeinen Technikleitbild einschließlich der Auswahl entsprechender methodischer Vorgehensweisen innerhalb der unterschiedlichen Arten und Formen des Techniktrainings bis hin zur Abstimmung bzw. Verbindung des Trainings der sportlichen Technik mit dem Konditions- und Taktiktraining sowie bis zu seiner Platzierung innerhalb des Mikro- und Makrozyklus.

Schlagworte

Arten des Techniktrainings, Formen des Techniktrainings, Koordinationstraining, Messplatztraining, sportliche Technik, Technikleitbild, Techniksollwert, Techniktraining, Trainingstechnik, Wettkampftechnik, Zieltechnik

1 Problemfeld und Begriffsverständnis

In der Literatur finden sich Ansätze und Strukturierungsvorschläge zum Techniktraining, die verschiedene Sichtweisen bzw. Schwerpunkte erkennen lassen (vgl. Mester, 1995). Die meisten Autoren lehnen sich (traditionell) eng an die Theorien der Bewegungskoordination und/oder die Theorien zum Bewegungslernen (motorisches Lernen) an (z. B. Grosser & Neumaier, 1982; Harre, 1986; Roth, 1990). Demgegenüber stützen sich Martin et al. (1991) sehr stark auf physiologische Begründungen. Die Biomechanik liefert v. a. Beiträge zu Technikleitbildern und Hilfen zur Technikoptimierung im Leistungsbereich. Umfassendere biomechanische Konzeptionen zum Techniktraining existieren nicht.

Besonders auf den Wettkampfsport gerichtet ist eine Definition von Krug (1996, S. 7), der Techniktraining als eine Trainingsart bezeichnet,

> „die systematisch auf die Schaffung von Voraussetzungen, den Erwerb und die Anwendung sportlicher Techniken gerichtet ist. Dabei wird das Ziel verfolgt, die sportliche(n) Technik(en) nach sportartspezifischen Modellvorstellungen zu optimieren, das sporttechnische Können herauszubilden sowie einen stabilen Beherrschungsgrad und eine variable Verfügbarkeit für alle Trainings- und Wettkampfsituationen zu erreichen".

Techniktraining findet allerdings nicht alleine im wettkampfbezogenen Sport Anwendung, sondern ebenfalls in anderen sportlichen Handlungsfeldern, also u. a. auch im Rehabilitations-, Schul- oder Alterssport.

Die an verschiedenen Stellen diskutierte Abgrenzung von Techniktraining und Bewegungslernen (z. B. bei Martin et al., 1991; Willimczik, 1991) wird hier nicht nachvollzogen. Eine Abgrenzung kann u. E. nicht vorgenommen werden, denn „Techniktraining ist immer motorisches Lerntraining", wie Martin et al. (1991, S. 44) selbst betonen. Da es sich in wesentlichen Teilen auf die Verbesserung der Bewegungskoordination richtet, muss es sich auch an den Gesetzmäßigkeiten der Informationsaufnahme, -verarbeitung und -speicherung orientieren (Willimczik 1991, S. 138).

Wir bevorzugen damit eine weite Auffassung des Trainingsbegriffs, weil eine Eingrenzung auf biologische Anpassung sowohl intentional als auch inhaltlich nur einen kleinen Teil des Techniktrainings abdecken würde (siehe Nitsch & Neumaier, 1997; Willimczik, 1991, S. 133) und bestimmen deshalb den Begriff in Erweiterung der vorgenannten Auffassungen wie folgt:

> Techniktraining umfasst alle Prozesse innerhalb der Entwicklung der sportlichen Technik mit dem Ziel ihrer erfolgreichen Ausführung in der komplexen Handlungssituation. Es reicht von der Bestimmung des angemessenen, auf die sporttreibende(n) Person(en) bezogenen Trainingsziels einschließlich der Auswahl entsprechender methodischer Vorgehensweisen bis hin zur Abstimmung bzw. Verbindung des Trainings der sportlichen Technik mit dem Konditions- und Taktiktraining sowie ggfs. bis zur Platzierung des Techniktrainings innerhalb des Mikro- und Makrozyklus. Es schließt Fragen zum motorischen Lernen ebenso ein wie Probleme der physischen und psychischen Belastung des Erwerbens und Anwendens sowie deren wechselseitige Zusammenhänge.

Jedes Techniktraining verfolgt damit in Abhängigkeit von der Spezifität der Sportart bzw. des sportlichen Handlungsfeldes eigene Trainingsziele, die den Einsatz geeigneter Trainingsinhalte und -methoden verlangen. Deren Systematisierung ist aber nur sinnvoll in Verbindung mit der Klärung dessen, *was* von *wem* und *wozu* (mit welcher Zielstellung) im Techniktraining trainiert werden soll.

Der erste Punkt (was) betrifft die konkrete Handlung (Bewegungsaufgabe), die durch die Technikrealisierung zu bewältigen ist. Der zweite Punkt (von wem) bezieht sich auf die individuellen Leistungsvoraussetzungen des Sportlers. Sowohl die Ableitung des Trainingsziels als auch die zu seiner Erreichung angemessenen Inhalte und Methoden werden von beiden Punkten bestimmt. Die Vernachlässigung dieser besonderen Voraussetzungen und Bedingungen in der Sportpraxis steht einem optimalen Techniktraining entgegen. Wegen ihrer grundsätzlichen Bedeutung für das Verständnis des vorgeschlagenen trainingswissenschaftlichen Systematisierungsansatzes zu den „Arten und Formen des Techniktrainings“ werden sie diesen gesondert voran gestellt.

2 Technikleitbild und Zieltechnik

Den Ausgangspunkt für das Training einer sportlichen Technik bildet in der Regel ein übergeordnetes, personunabhängiges *Technikleitbild* (häufigste Synonyme: sporttechnisches Leitbild, Technikmodell, Idealtechnik) als das optimale Lösungsverfahren einer sportlichen Bewegungsaufgabe gemäß dem momentanen Wissensstand (zur Begrifflichkeit vgl. Nitsch & Neumaier, 1997, S. 41 f.). Ein Technikleitbild beschreibt somit die relativ beste, nicht aber die absolut beste Ausführungsform eines sportartspezifischen Bewegungsablaufs.

Die Entwicklung eines Technikleitbildes (siehe Abb. 1) basiert auf der Analyse der tatsächlichen, im Wettkampf vorliegenden sportartspezifischen Anforderungen an das Bewegungsverhalten, das zur optimalen Aufgabenbewältigung führt. Die vorliegenden Technikleitbilder stellen zumeist eine Verbindung von Ableitungen aus praktisch-methodischen Erfahrungen der Trainer und aus der Beobachtung von Spitzenathleten dar, die teils durch induktiv-empirische Befunde aus biomechanischen Messungen, teils durch deduktive Ergebnisse mathematischer Modellierungen ergänzt werden (Stark, 1986, S. 10 f.; Gutewort & Sust, 1989, S. 20 f.).

Die Zieltechnik ist demgegenüber eine an die tatsächlich vorliegenden Person- oder Gruppenmerkmale angepasste Form des Technikleitbildes (s. Abb. 1; vgl. Martin et al., 1991, S. 46; Thorhauer & Kempe, 1993, 160 f.; Neumaier, 1997, S. 184 ff.). Sie bildet mit konkreten Techniksollwerten das Ziel, auf das im Training individuell hingearbeitet wird.

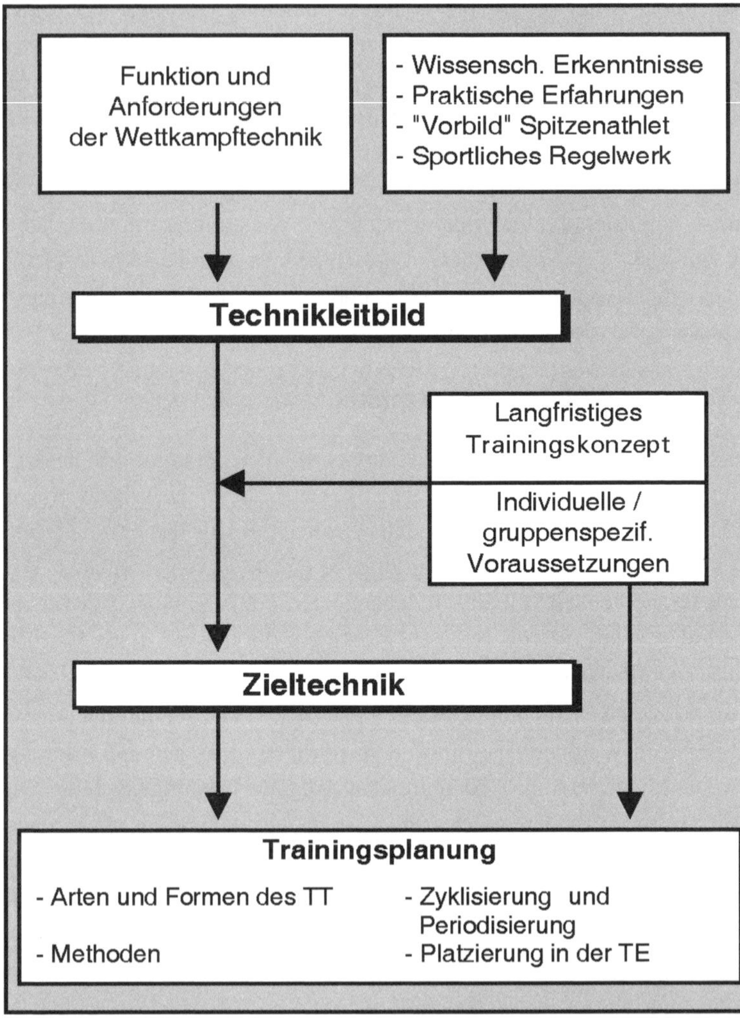

Abb. 1: Ableitung der Zieltechnik aus dem Technikleitbild als Ausgangspunkt für die Planung des Techniktrainings

Die Zieltechnik lässt damit qualitative und quantitative Veränderungen des Technikleitbildes nicht nur zu, sondern kann diese ausdrücklich erforderlich machen. Es gibt somit Zieltechniken für spezifische Altersstufen oder auch außerhalb des Leistungssports, die als normgerecht zu betrachten sind (Thorhauer & Kempe, 1993, S. 161).

Die Ableitung der Zieltechnik beinhaltet jedoch folgende Schwierigkeiten (vgl. Neumaier & Ritzdorf, 1983; Thorhauer & Kempe, 1993; Willimczik, 1977):

- Für die Konkretisierung eines Technikleitbildes als Zieltechnik müssen auch *Einzelheiten aus der allgemeinen Vorgabe* abgeleitet werden, die dort nicht (mehr) enthalten sind. Es ist an dieser Stelle zu betonen, dass man eine bestimmte sportliche Technik und eine mit ihr verbundene Bewegungsausführung weder als Ganzes messen noch als Ganzes beschreiben kann, sondern lediglich einzelne Merkmale des Ablaufs (Ballreich, 1988, S. 14). Das heißt, in Einzelaspekten besteht für den Trainer und den Athleten immer ein mehr oder weniger großer Spielraum für eine (subjektive) Ableitung oder Anpassung der Zieltechnik. Beim Flop-Hochsprung besteht dieser individuelle Interpretationsspielraum beispielsweise hinsichtlich der exakten Festlegung von verschiedenen Merkmalen des Absprungs (z. B. Winkel des Fußaufsatzes zur der Latte, Richtung und Höhe des Schwungbeineinsatzes, Beugewinkel des Knies des Schwungbeins im Verlauf des Absprungs) und der Lattenüberquerung (z. B. räumlicher Verlauf der Armbewegungen, Kopfhaltung, Überstreckung).
- Die Konkretisierung der Zieltechnik verlangt gleichzeitig auch die *Anpassung des Technikleitbildes an die individuellen Voraussetzungen des Sportlers*. Wie Gutewort und Sust (1989, S. 19) betonen, kann es als sicher angesehen werden, dass es die optimale Lösung einer Bewegungsaufgabe nicht gibt, sondern nur individuell optimale Lösungen mit individualspezifischen Komponenten (beim Flop-Hochsprung z. B. der Abstand des Absprungorts zur Latte in Abhängigkeit von der Anlauf- und Abfluggeschwindigkeit). Die Ableitung der individuell besten Zieltechnik stellt die Praxis aber meist vor kaum überwindbare Probleme (Neumaier & Ritzdorf, 1983, S. 31).

Bei der Erarbeitung der Zieltechnik im Techniktraining ist außerdem zu beachten, dass es aufgrund der natürlichen Variation in der Technikausführung keine fixen (nummerischen) Werte für einzelne Technikmerkmale geben kann, auf welche die Korrekturen starr ausgerichtet sind, sondern lediglich einen Orientierungsbereich. Damit soll zum Ausdruck gebracht werden, dass Techniksollwerte immer eine gewisse „Bandbreite“ aufweisen. Thorhauer und Kempe (1993, S. 171) sprechen hier von einem „Toleranzbereich“. Es ist davon auszugehen, dass dieser Toleranzbereich bei einigen Technikmerkmalen relativ gering ist, während er bei anderen relativ groß gehalten werden kann (siehe Abb. 2).

Eine größere Bandbreite der Merkmale der Zieltechnik ist insbesondere bei „offenen“ Aufgabenstellungen möglich, bei denen die Effektivität der Technik nicht in erster Linie von biomechanischen Gesetzmäßigkeiten bestimmt wird, sondern eine Reihe von weiteren Gesichtspunkten hinzu kommt (z. B. die Antizipierbarkeit durch den Gegner; individuelle Stärken im konditionellen und/oder koordinativen Bereich). So findet sich beispielsweise im Spitzentennis eine Vielfalt individueller (und erfolgreicher) Schlagvarianten, die von der „Lehrbuchtechnik“ insbesondere dann weit entfernt sind, wenn sie im Spiel situativ angepasst eingesetzt werden (z. B. ein „gesprungener“ Vorhandschlag in offener Schlagstellung). Bei der Gestaltung von Ausholbewegungen finden sich in den Sportspielen besonders viele unterschiedliche Varianten (z. B. bei der Tennisvorhand bezüglich der „Schleife“), die tolerabel sind, weil sie die Effektivität des Schlags oder Wurfs kaum oder gar nicht beeinträchtigen.

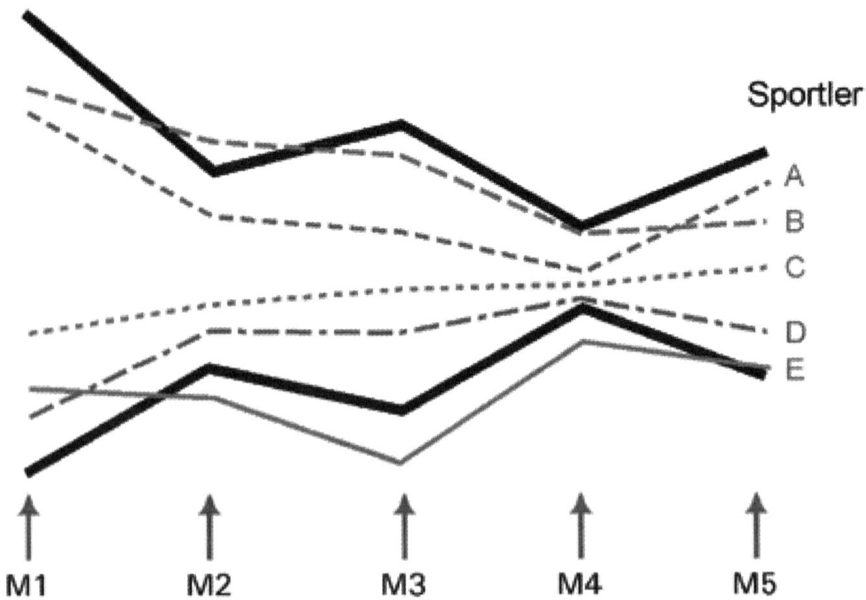

Abb. 2: Unterschiedliche „Bandbreite“ von Technikmerkmalen (Toleranzbereiche der Techniksollwerte zu den Merkmalen M1 bis M5). Die fetten Linien begrenzen den Toleranzbereich, bei dessen Überschreiten Abweichungen im entsprechenden Technikmerkmal vorliegen, die nicht mehr akzeptabel sind und daher korrigiert werden müssen. Die Linien A bis E veranschaulichen individuelle Ausführungen der Merkmale M1 bis M5 von fünf Sportlern (in Anlehnung an Thorhauer & Kempe, 1993). Sportler A, C und D liegen mit ihrer Technikausführung bei allen Merkmalen innerhalb der „Bandbreite“. Sportler B liegt bei M2, Sportler E bei M2 bis M4 außerhalb des Toleranzbereichs.

Sowohl in der theoretischen Aufarbeitung als auch in der Sportpraxis sind die Schwierigkeiten bei der Beurteilung individueller Technikausprägungen unübersehbar. Die Frage, ob beim Athleten eine erwünschte, vielleicht sogar notwendige Anpassung der Technik an die individuellen Leistungsvoraussetzungen vorliegt oder ob es sich bei der individuellen Technikausprägung um eine nicht wünschenswerte Technikveränderung und damit um einen prinzipiell zu korrigierenden Technikfehler handelt, entbehrt in vielen Fällen einer wissenschaftlich abgesicherten Entscheidungsgrundlage (vgl. Neumaier & Ritzdorf, 1983).

3 Arten und Formen des Techniktrainings

Ein übergreifendes Konzept für das Techniktraining stellt z. B. Lehnertz (1991) mit der Unterscheidung von *Technikerwerbs-* und *Technikanwendungstraining* vor. Martin et al. (1991) übernehmen das Konzept von Lehnertz und erweitern es um das *technische Ergänzungstraining*. Carl und Mechling (1992, S. 506) fügen in ihrem Strukturierungsvorschlag ein Technikvoraussetzungstraining hinzu. Gleichzeitig zweifeln sie die Eigenständigkeit eines technischen Ergänzungstrainings an. Stark (1986) und Krug (1986) führen ihre Einteilung mit gewissen Abänderungen auf Meinel und Schnabel (1976) zurück, die den motorischen Lernprozess als Grundvorgang der sporttechnischen Ausbildung ansehen und „Motorisches Lernen ... [als] das Erwerben, Verfeinern, Stabilisieren und Anwenden motorischer Fertigkeiten“ (S. 223) bestimmten (vgl. Tab. 1).

Der Begriff des Voraussetzungstrainings ist in seinem Ursprung auf sowjetische Trainingssysteme zurückzuführen. Er begründet sich mit dem Erfahrungswissen, dass wesentliche Leistungsvoraussetzungen in einem eigenständigen Trainingsbestandteil zu etablieren und mit eigenen Zielstellungen und Inhalten zu erarbeiten sind.

Trotz der Unterschiede in den Anforderungen und in den situativen Ausführungsbedingungen ist es das erste Ziel aller Technik-Lehrwege, zunächst die motorischen Programme oder Programmelemente (Bausteine) aufzubauen, die auch bei variablem Einsatz der sportlichen Technik als Bewegungsgrundmuster ihre Funktion beibehalten (Martin et al., 1991, S. 47). Die Richtung des Techniktrainings ist also nicht umkehrbar, sondern verläuft immer vom Neulernen zur Optimierung, gleichgültig ob es auf Variabilität oder Automatisierung zielt (Roth, 1991, S. 2).

Ausgehend von diesem Prinzip und unter Einbeziehung des o. a. Erfahrungswissens, dass für die Erarbeitung von Leistungsvoraussetzungen eigenständige

Trainingsschwerpunkte sinnvoll sind, hat Neumaier (1997) ein gegenüber früheren Systematisierungsansätzen deutlich umfassenderes, integratives Konzept zum Techniktraining vorgelegt. Darin gruppiert nach den schwerpunktmäßig unterscheidbaren Zielen und Inhalten des Techniktrainings in zwei Kategorien, die „Arten“ und „Formen“ des Techniktrainings (vgl. Abb. 3).

3.1 Arten des Techniktrainings

Durch die Wahl des Begriffes „Arten“ soll deutlich gemacht werden, dass diese in der Regel entweder den Ausgangspunkt oder den Hauptinhalt des Techniktrainings bilden, bevor weiterführende, ergänzende, kombinierte oder komplexe Formen zum Einsatz kommen. Sie sind demnach nicht generell ersetzbar durch die Trainingsinhalte der zweiten Gruppe von „Formen“ des Techniktrainings. Dies bedeutet aber nicht, dass sie zeitlich gesehen stets vor letzteren zu durchlaufen sind.

Die Arten des Techniktrainings werden in der Praxis je nach Zielstellung und Problem nicht selten im Wechsel oder in Verbindung mit verschiedenen Formen des Techniktrainings eingesetzt, so z. B. Simulationsübungen innerhalb des Erwerbs der Grundstruktur der Technik und/oder der Technikautomatisierung oder das allgemeine Koordinationstraining zur Vorbereitung und/oder zur Begleitung einzelner Arten des Techniktrainings mit dem Ziel, deren Wirksamkeit zu erhöhen.

Das Aufeinanderfolgen der Arten des Techniktrainings in diesem Strukturierungsvorschlag darf aber nicht als Schwierigkeitsrangfolge oder Empfehlung zur methodischen Reihung im Training missverstanden werden. Wie bereits betont wurde, lassen sich zwar Bewegungsaufgaben wohl kaum übertragen, variieren oder situationsgerecht auswählen, wenn man sie nicht vorher zumindest grob erlernt hat, und sie lassen sich auch schwerlich an verschiedene Situationen anpassen, wenn man zuvor nicht gelernt hat, sie zu variieren.

Dies bedeutet aber nicht, dass beim Beginn des Trainings einer sportlichen Technik grundsätzlich mit einem reinen Erwerb der Grundstruktur angefangen werden muss, an das sich dann das Technik-Variationstraining anschließt, bis die Technik quasi auf der höchsten Könnensstufe in Konkurrenz zu anderen Bewegungstechniken ausgewählt und variiert werden muss.

Je nach Lerngegenstand und individuellen Voraussetzungen des Sportlers findet man in der Praxis unterschiedliche Lehrwege, die Roth (1990) in seinem „ABC“ für das Techniktraining in einer Übersicht zusammengefasst hat.

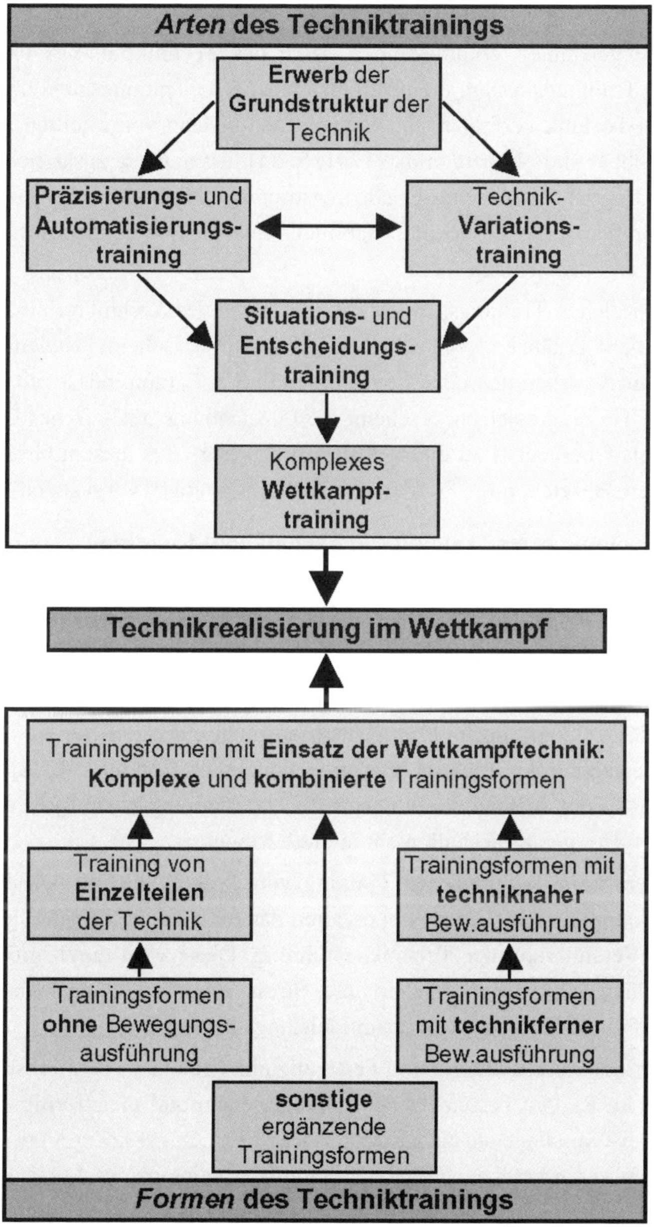

Abb. 3: Arten und Formen des Techniktrainings (nach Neumaier, 1997)

3.2 Formen des Techniktrainings

Neben den genannten grundlegenden *Arten* des Techniktrainings existiert eine Reihe von Trainings*formen*, die ebenfalls spezifische Trainingsziele bezüglich der sportlichen Technik verfolgen, die aber mit den bislang vorgestellten *Arten* allein nicht erreichbar sind. Martin et al. (1991, S. 54) fassen diese zusätzlichen Formen unter dem Begriff „technisches Ergänzungstraining" zusammen, das „all jene Maßnahmen (umfasst), die Virtuosität, Stabilität, Koordination der sportartspezifischen Techniken ergänzend ausformen".

Da die zahlreichen Trainings*formen* aber die *Arten* des Techniktrainings nicht nur begleiten oder ergänzen, sondern je nach sportpraktischem Problem und Trainingsziel auch vorbereiten oder weiterführen und z. T. (zumindest zeitweise) vollständig im Training ersetzen, erscheint die Bezeichnung „technisches Ergänzungstraining" als Oberbegriff zu dieser Kategorie zu eng. Aus diesem Grund wird die allgemeinere Bezeichnung „Formen des Techniktrainings" vorgezogen.

Beispiel: Kombiniertes Training von Technik und Kondition

Diese kombinierte Trainingsform wird in vielen Sportarten auf höherem Leistungsniveau als unverzichtbar angesehen, um die speziellen konditionellen Fähigkeiten wettkampfspezifisch zu entwickeln.

Von dieser Trainingsform soll nur die Rede sein, wenn der Sportler im Konditionstraining die Wettkampftechnik ausführt (und nicht eine ähnliche Bewegung oder eine Teilbewegung der Technik wie im techniknahen Konditionstraining, z. B. an einem Kraft- oder Ausdauertrainingsgerät). Das Training eines Ruderers auf dem Ruderergometer gehört deshalb nicht in diese Kategorie.

Ein Problem beim kombinierten Training von Technik und Kondition kann die nicht wettkampfgerechte Muskelinnervation darstellen, d. h. die räumliche und dynamische Veränderung der Technikausführung. Diese wird durch große Wiederholungszahlen so gefestigt, dass sie unter Stress- oder Ermüdungsbedingungen im Wettkampf dominieren kann und damit leistungsmindernd wirkt.

Die Gefahr der Herausbildung und Festigung einer solchen „Trainingstechnik" besteht z. B. im Rudern besonders bei umfangreichem und gleichzeitig monotonem Training der Grundlagenausdauer (vgl. Wick, 1991, S. 198). Zur Vermeidung dieser unerwünschten Effekte ist eine Variation der Trainingsmittel und -intensität zu empfehlen, wie dies beispielsweise in der Ruderpraxis bereits durch das Einfügen von kurzen Belastungsphasen mit wettkampfnaher Schlagzahl geschieht (zum

Techniktraining unter konditioneller Belastung siehe weiterführend Olivier, 1996; Olivier & Dillinger i. d. Bd. D.5).

Beispiel: Allgemeines und technikspezifisches Koordinationstraining

Die Bedeutung der koordinativen Grundlagen als komplexe Leistungsvoraussetzungen für das Erlernen und Realisieren von sportlichen Techniken ist heute unumstritten.

Ein zielgerichtetes und systematisches *allgemeines Koordinationstraining*, das auf die Schulung der sogenannten koordinativen Fähigkeiten zielt, bildet im langfristigen Trainingsprozess insbesondere im Rahmen einer vielseitigen Grundausbildung im Kinder- bzw. Nachwuchstraining einen Schwerpunkt. In ihm kommen überwiegend technikferne Bewegungsausführungen zur Anwendung (z. B. Reaktionsspiele, Balancieraufgaben, Hindernisläufe, usw.)

Die Effektivität allgemeiner, d. h. technikunspezifischer Koordinationsübungen wird jedoch in jüngerer Zeit vermehrt angezweifelt. Da der Fähigkeitsansatz für ein sportartspezifisches, *techniknahes Koordinationstraining* offensichtlich an seine Grenzen stößt, gewinnt hier der anforderungsorientierte Ansatz zunehmend an Beachtung.

Ausgangspunkt sind bei diesem Ansatz die *koordinativen Anforderungen* (Informationsanforderungen und Druckbedingungen), die mit der Lösung der Bewegungsaufgabe unter Einbeziehung der konkreten Ausführungsbedingungen verbunden sind (vgl. Mechling, i. d. Bd. D.6; Neumaier & Mechling, 1994; 1995; Neumaier, 2003; Roth, 1998; zu den Anforderungskategorien vgl. Abb. 4).

So beinhaltet z. B. ein anforderungsorientiertes Koordinationstraining für den leichtathletischen Kurzsprint u. a. Übungen mit variiertem bzw. zusätzlichem

- Präzisionsdruck (Präzisionsanforderungen; z. B. Laufen mit räumlichen Vorgaben: auf Linien, über Markierungen, zu Zielpunkten; Laufen mit zeitlichen Vorgaben: nach vorgegebenen Rhythmen, mit Schrittmacher; Laufen mit Vorgabe von Bewegungsmerkmalen: mit vorgegebenem Kniehub, vorgegebener Armführung, wobei von Lauf zu Lauf variiert wird)
- Komplexitätsdruck (hier Anforderungen an die Simultankoordination; z. B. Laufen mit Veränderung von Bewegungsmerkmalen: möglichst schnell mit veränderter Rumpfhaltung oder/und leicht variierten Arm-/Beinbewegungen, bei variierender Schrittlänge; mit Veränderung der Massenverteilung/der Massenträgheitsmomente: Laufen mit Zusatzgewicht an Händen oder/und Füßen)

- Situationsdruck (Umweltanforderungen; z. B. Laufen bei variablen Umweltbedingungen: auf unterschiedlichen Böden innerhalb des Laufs, wie über Sandstreifen oder Rasenstücke, durch Pfützen, mit Wechsel von trockenem und nassem Untergrund; vgl. Neumaier, Mechling, Strauß, 2002, S. 35 ff.).

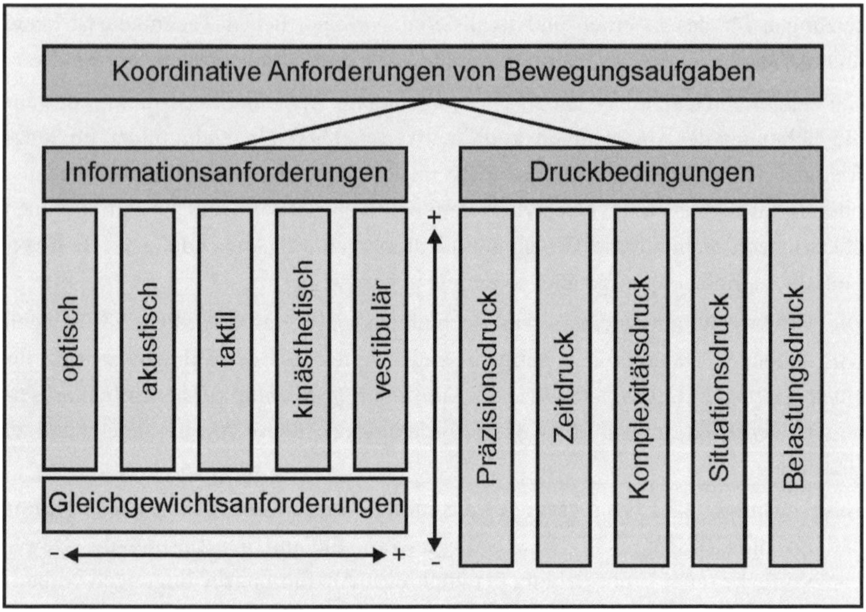

Abb. 4: Koordinative Anforderungskategorien: Informationsanforderungen und Druckbedingungen (aus: Neumaier, Mechling & Strauß, 2002)

Beispiel: Messplatztraining

Diese Trainingsform findet insbesondere im Techniktraining des Hochleistungssports Anwendung, wo es in der Regel nicht mehr um größere strukturelle Veränderungen geht, sondern um die Optimierung von Bewegungsdetails, basierend auf einem hohen Automatisierungsgrad des Vollzugs (Thorhauer, 1991, S. 191). Ein solches Techniktraining verlangt optimierte Lernstrategien, die in der Praxis zunehmend an rechnergestützte Messplätze gebunden sind.

In diesem Training, das auch mit dem Begriff „Messplatztraining" oder „cp-Training" (computergestütztes parameterorientiertes Training; Krug, 1988; 1992; Thorhauer, 1991) bezeichnet wird, versucht man, über objektive (Rück-)Informationen zu leistungsrelevanten Bewegungsparametern eine Verbesserung der Informationsorganisation zu erreichen, u. a. durch:

- Sensibilisierung der Wahrnehmung durch Aufmerksamkeitslenkung auf Stellungs-, Lage-, Spannungs- und Zeitparameter;
- Präzisierung der kognitiven Repräsentation wesentlicher Bewegungsparameter;
- verstärkte psycho-physische Aktivierung des Sportlers unter Einbeziehung von (inneren) Verbalisierungsprozessen und in der bewussten Auseinandersetzung mit dem Mess- und Informationssystem (vgl. Stark, 1984; Thorhauer, 1991; Krug, 1996).

Ein Beispiel für einen Messplatzaufbau findet sich in Abb. 5.

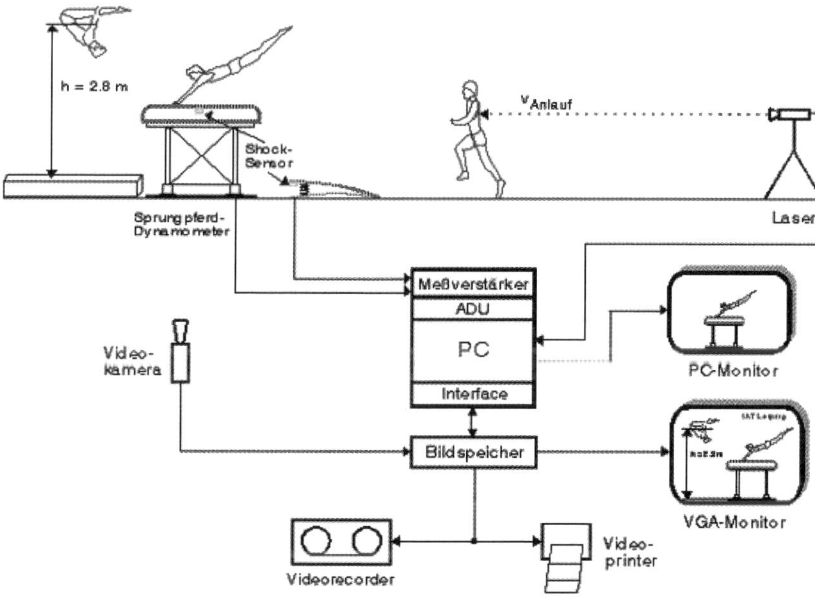

Abb. 5: Messplatz Sprungpferd (Knoll, 1999)

Das Training an einem Messplatz ist nicht auf die Ausführung der komplexen Wettkampftechnik beschränkt, sondern es lässt auch die Realisierung von einzelnen Bewegungsteilen zu. Da es sich aber auf die Korrektur und Ansteuerung der Feinstruktur der Technik richtet, ist besonders zu berücksichtigen, dass durch die Isolierung von Bewegungsteilen die Feinstruktur tatsächlich erhalten bleibt. Es ist darauf zu achten, dass der Muskeleinsatz mit dem der Wettkampftechnik möglichst weitgehend übereinstimmt. An dieser Stelle befindet man sich im Übergangsbereich zum „techniknahen Konditionstraining“, das im Hochleistungsbereich teilweise ebenfalls an Geräten durchgeführt wird, die als Messplatz ausgerüstet sind.

Mit der Entwicklung der Video- und Computertechnik konnten in den 1980er-Jahren zunehmend sportartspezifische Messplätze als Schnellinformationssysteme mit Relevanz für den Trainingsprozess gebaut werden. Eine besondere Rolle spielt dabei die synchrone Erfassung und Wiedergabe von Bildsignalen mit kinemetrischen und dynamometrischen Parametern (vgl. Hildebrand & Spahr D.8 i. d. Bd.).

Aktuelle Entwicklungen der modernen Computertechnik ermöglichen die Nutzung neuer Ansätze (z. B. audiovisuelle Informationen in Erweiterung des Sonification-Konzepts von Effenberg, 2002; C.3 i. d. Bd.) sowie weitere Verbesserungen des Messplatztrainings durch eine realitätsnahe Simulation mit mathematischen Modellen, eine Bewegungsanimation mit der Verwendung anschaulicher Kennwerte und Kennlinien und eine Vernetzung mit großen multimedialen Datenbanken von gespeicherten Lösungsvarianten des geforderten Bewegungsablaufes.

4 Forschungsstand zum Techniktraining

Angesichts der großen Zahl von Sportarten/-disziplinen und der mit ihnen verbundenen sportlichen Techniken mit einer enormen Vielfalt von Einsatz- und Variationsmöglichkeiten befindet man sich bei der Erstellung eines sportartübergreifenden, anwendungsorientierten Konzeptes zum Techniktraining in einem Dilemma. Die Schwierigkeit eines solchen Ansatzes besteht u. a. darin, dass es gilt, eine Gesamtstruktur mit verallgemeinernden Aussagen zu entwickeln, ohne dabei (wegen der hohen Spezifität der Einzelprobleme) notwendigerweise ein Abstraktionsniveau zu wählen, das später die Ableitung von Handlungsanweisungen für die Trainingspraxis erschwert.

Diese Schwierigkeit in der Theoriebildung spiegelt sich in der Tatsache wider, dass es bislang keinen umfassenden, allgemein anerkannten bewegungs- oder trainingswissenschaftlichen Ansatz zum Techniktraining gibt.

Forschungsperspektiven

Der sportwissenschaftliche Erkenntnisstand zu den verschiedenen Problemfeldern und Aspekten von Techniktraining ist sehr unterschiedlich. Relativ weit fortgeschritten ist er in Punkten, die das Erlernen sportmotorischer Fertigkeiten betreffen, obwohl auch hier noch zahlreiche Unsicherheiten oder Lücken bestehen, z. B. bei der Überwindung von verfestigten Fehlern (sog. Technikstillstände, Grosser & Neumaier, 1982).

Auch für die oben als Beispiel angeführte Trainingsform „Messplatztraining" und der dabei gestalteten Prozesse des sportmotorischen Lernens/Techniktrainings zeigt sich bislang meist eher eine „technologisch gestützte Meisterlehre" als eine wissenschaftlich-technologische Trainingssteuerung, und insbesondere hinsichtlich der theoretischen Grundlegung und der Kontrolle der Trainingswirksamkeit, aber auch bezüglich der technologischen Forschung und der Praxisimplementation sind nach den Befunden von Daugs (2000) erhebliche Defizite unübersehbar.

Insgesamt gesehen muss der Entwicklungsstand einer „Theorie des Techniktrainings" trotz der Fortschritte in den letzten Jahren (u. a. Nitsch et al., 1997; Krug, 1996) noch immer als defizitär angesehen werden. Unstimmigkeiten und Unschärfen sind weiterhin bei der Definition der Begriffe „sportliche Technik" und „Techniktraining" festzustellen. Außerdem sind weder allgemein anerkannte Strukturierungsmodelle zu Arten und Formen des Techniktrainings vorhanden noch sind die Erklärungsansätze zur Funktionsweise bzw. dem Wirkungsgefüge von Techniktraining als hinreichend differenziert und abgesichert zu betrachten. Nach wie vor besteht ein besonderer Forschungsbedarf im Hinblick auf

- die Ableitung und Präzisierung individueller Techniksollwerte (Zieltechnik) und die Anpassung des Techniktrainings an den einzelnen Athleten, d. h. Individualisierung des Techniktrainings. In vielen Sportarten fehlen wissenschaftlich hinreichend abgesicherte Technikleitbilder, aus denen in der Praxis eine individuelle (oder gruppenbezogene) Zieltechnik deduziert werden könnte, die im Training auch begründet ansteuerbar und überprüfbar ist. Sowohl in der theoretischen Aufarbeitung als auch in der Sportpraxis sind die Schwierigkeiten bei der Beurteilung individueller Technikausprägungen unübersehbar (vgl. Daugs, 2000). Die Frage, ob beim Athleten eine erwünschte, vielleicht sogar notwendige Anpassung der Technik an die individuellen Leistungsvoraussetzungen vorliegt oder ob es sich bei der individuellen Technikausprägung um eine nicht wünschenswerte Technikveränderung und damit um einen prinzipiell zu korrigierenden Technikfehler handelt, entbehrt in vielen Fällen nach wie vor einer wissenschaftlich abgesicherten Entscheidungsgrundlage (vgl. Neumaier & Ritzdorf, 1983);
- die Innensicht der sportlichen Technik, d. h. der subjektiven kognitiven Repräsentation von Technikmerkmalen und deren Nutzbarkeit im Techniktraining, weil die Angaben zu Technikleitbildern zumeist auf mechanisch-physikalische (biomechanische) und/oder anatomisch-physiologische Elemente beschränkt sind. Aussagen zur kognitiven Repräsentation der sportlichen

Technik als Ganzes oder von Einzelmerkmalen, die für eine Umsetzung im Techniktraining von besonderem Wert wären, liegen kaum vor (vgl. Munzert & Reiser C.4 i. d. Bd.);

- die Notwendigkeit der (situativen) Berücksichtigung der psychischen Einstellung der Athleten (vgl. Schack D.4 i. d. Bd.);
- die Belastungsgestaltung im Techniktraining sowie dessen Zyklisierung/ Periodisierung (vgl. Neumaier, de Marées & Seiler, 1997, S. 32 ff.; Olivier & Dillinger D.5 i. d. Bd.).

Literatur

Ballreich, R. (1988). Perspektiven in der Entwicklung von Bewegungstechniken. In H. Mechling, J. Schiffer, & K. Carl (Red.), *Theorie und Praxis des Techniktrainings* (Hearing des Bundesinstituts für Sportwissenschaft vom 3.-4.12.1986 in Köln, S. 37-57). Köln: Sport und Buch Strauß.

Carl, K. & Mechling, H. (1992). Techniktraining. In P. Röthig (Red.), *Sportwissenschaftliches Lexikon* (6. Aufl.) (S. 505-506). Schorndorf: Hofmann.

Daugs, R. (2000). Evaluation sportmotorischen Messplatztrainings im Spitzensport. Köln: Sport & Buch Strauß.

Effenberg, A. (2002). *Effekte multisensorisch-konvergenter Informationen in der Wahrnehmung und bei der Beurteilung und Ausführung komplexer Sportbewegungen.* Unveröffentlichte Habilitationsschrift, Universität Bonn.

Grosser, M. & Neumaier, A. (1982). *Techniktraining.* München: BLV.

Gutewort, W. & Sust, M. (1989). Sporttechnische Leitbilder und individualspezifische Technikvarianten. *Theorie und Praxis Leistungssport,* 27 (8-9), 19-35.

Harre, D. (1986). *Trainingslehre.* Berlin: Sportverlag.

Knoll, K. (1999). *Entwicklung von biomechanischen Messplätzen und Optimierung der Sporttechnik im Kunstturnen.* Köln: Sport und Buch Strauß.

Krug, J. (1986). Positionen zur Weiterentwicklung der Sporttechnik und des sporttechnischen Trainings in den akrobatischen Sportarten. *Theorie und Praxis Leistungssport, 24,* 84-99.

Krug, J. (1988). Stand und Aufgaben zur Weiterentwicklung des computergestützten parameterorientierten Trainings in den akrobatischen Sportarten. In *3. Biomechanik-Konferenz der DDR* (S. 16-20). Leipzig: Forschungsinstitut für Körperkultur und Sport.

Krug, J. (1992). Messplätze, Messplatztraining, cp-Training. In Institut für Angewandte Trainingswissenschaft (Hrsg.), *Messplätze für moderne Trainingskonzeptionen des Spitzensports* (S. 4-14). Dokumentation zum Seminar des Bundesausschuss Leistungssport am 25./26.11.1991 in Leipzig.

Krug, J. (1996). Techniktraining - eine aktuelle Standortbestimmung. *Leistungssport,* 26 (3), 6-11.

Lehnertz, K. (1991). Techniktraining. In H. Rieder & K. Lehnertz (Hrsg.), *Bewegungslernen und Techniktraining* (S. 107-192). Schorndorf: Hofmann.

Martin, D., Carl, K. & Lehnertz, K. (1991). *Handbuch Trainingslehre*. Schorndorf: Hofmann.

Mechling, H. & Carl, K. (1992). Technik, sportliche. In P. Röthig (Red.), *Sportwissenschaftliches Lexikon* (6. Aufl.) (S. 504-506). Schorndorf: Hofmann.

Meinel, K. & Schnabel, G. (1976). *Bewegungslehre*. Berlin: Volk und Wissen.

Mester, J. (1995). Bewegungslernen und Techniktraining im Spiegel moderner Wissenschaftstheorie. In W. Fritsch (Hrsg.), *Rudern - lehren, lernen, trainieren* (S. 4-6). Wiesbaden: Limpert.

Neumaier, A. (1997). Trainingswissenschaftlicher Ansatz zum Techniktraining. In J.R. Nitsch, A. Neumaier, H. de Marées & J. Mester (Hrsg.), *Techniktraining – Beiträge zu einem interdisziplinären Ansatz* (S. 173-225). Schorndorf: Hofmann.

Neumaier, A. (2003): *Koordinatives Anforderungsprofil und Koordinationstraining. Grundlagen - Analyse - Methodik* (3. Aufl.). Köln: Sport und Buch Strauß.

Neumaier, A., de Marées, H. & Seiler, R. (1997). Stand und Probleme des Techniktrainings - Trainerbefragung und Literaturanalyse. In J.R. Nitsch, A. Neumaier, H. de Marées & J. Mester (Hrsg.), *Techniktraining – Beiträge zu einem interdisziplinären Ansatz* (S. 13-36). Schorndorf: Hofmann.

Neumaier, A. & Mechling, H. (1994). Taugt das Konzept der "koordinativen Fähigkeiten" als Grundlage für sportartspezifisches Koordinationstraining? In P. Blaser, K. Witte & Ch. Stucke (Hrsg.), *Steuer- und Regelungsvorgänge der menschlichen Motorik* (S. 207-212). Sankt Augustin: Academia.

Neumaier, A. & Mechling, H. (1995). Allgemeines oder sportartspezifisches Koordinationstraining? Ein Strukturierungsvorschlag zur Analyse und zum Training spezieller koordinativer Leistungsvoraussetzungen. *Leistungssport,* 25 (5), 4-18.

Neumaier, A., Mechling, H. & Strauß, R. (2002). *Koordinative Anforderungsprofile ausgewählter Sportarten. Analyse, Variationsprinzipien, Trainingsbeispiele zu Leichtathletik, Fußball, Judo, Alpiner Skilauf, Rudern*. Köln: Sport & Buch Strauß.

Neumaier, A. & Ritzdorf, W. (1983). Zum Problem der individuellen sportlichen Technik. *Leistungssport* 13 (5), 27-32.

Nitsch, J.R. & Neumaier, A. (1997). Interdisziplinäres Grundverständnis von *Training* und *Techniktraining*. In J.R. Nitsch, A. Neumaier, H. de Marées & J. Mester (Hrsg.), *Techniktraining – Beiträge zu einem interdisziplinären Ansatz* (S. 37-49). Schorndorf: Hofmann.

Nitsch, J.R., Neumaier, A., de Marées, H. & Mester, J. (Hrsg.). (1997). *Techniktraining - Beiträge zu einem interdisziplinären Ansatz*. Schorndorf: Hofmann.

Olivier, N. (1996). *Techniktraining unter konditioneller Belastung*. Schorndorf: Hofmann.

Roth, K. (1990). Ein neues "ABC" für das Techniktraining im Sport. *Sportwissenschaft, 20*, 9-26.

Roth, K. (1991). Einführung in das Schwerpunktthema "Techniktraining". *Sportpsychologie, 5* (1), 2-3.

ROTH, K. (1998). Wie verbessert man koordinative Fähigkeiten? In Bielefelder Sportpädagogen: *Methoden im Sportunterricht* (3. Aufl.) (S. 85-102). Schorndorf: Hofmann.

Stark, G. (1984). Sporttechnisches Training und zwei grundlegende Prinzipien der Leistungsentwicklung. *Theorie und Praxis Leistungssport,* 22 (12), 3-12.

Stark, G. (1986). Zur weiteren Erschließung des Faktors Sporttechnik und zur Erhöhung der Wirksamkeit des sporttechnischen Trainings in Vorbereitung auf die Wettkampfhöhepunkte bis 1988. In: *Theorie und Praxis Leistungssport*, 24 (3), 6-34

Thorhauer, H.-A. (1991). Aufmerksamkeit und sporttechnisches Leitbild – Erfahrungen mit dem CP-Training im Hochleistungssport. In R. Daugs & K. Blischke (Hrsg.), *Aufmerksamkeitsstörung und Automatisierung in der Sportmotorik* (S. 191-198). Sankt Augustin: Academia.

Thorhauer, H.-A. & Kempe, M. (1993). Sporttechnische Leitbilder im Trainings-Prozess. *Sportwissenschaft,* 23, 158 - 174.

Wick, D. (1991). Zu Aspekten der Technikentwicklung in den Ausdauersportarten. In N. Olivier & R. Daugs (Hrsg.), *Sportliche Bewegung und Motorik unter Belastung* (S. 196-200). Clausthal-Zellerfeld: dvs.

Willimczik, K. (1977). Die sportmotorische Zieltechnik - Möglichkeiten und Grenzen ihrer Erstellung. In H. Rieder (Hrsg.), *Bewegungslehre des Sports II* (S. 103-115). Schorndorf: Hofmann.

Willimczik, K. (1991). Techniktraining - Eine Symbiose für Lern- und Adaptationsprozesse? In R. Daugs, H. Mechling, K. Blischke & N. Olivier (Hrsg.), *Sportmotorisches Lernen und Techniktraining*, Bd. 1 (S. 132-146). Schorndorf: Hofmann.

E.4 Motorisches Lernen im Alter

Michael Brach & Nadja Schott

Gliederung

1 Gegenstandsbereich

2 Forschungsstand
2.1 Neulernen
2.2 Erhaltungslernen

3 Forschungsperspektiven
3.1 Gestaltung von Lernprozessen
3.2 Erhalt von Selbstständigkeit
3.3 Prävention und Kompensation

Kurzreferat

Motorisches Lernen ist von großer Bedeutung im Alter, unabhängig von Leistungsstand und Lernfähigkeit des Einzelnen. Der Forschungsstand wird für die altersbedingten Unterschiede im Lernen neuer motorischer Fertigkeiten sowie für Kompensationsstrategien beim Erhalt vorhandener motorischer Fertigkeiten referiert. Dabei sind jeweils alters- und krankheitsbedingte Veränderungen zu berücksichtigen. Bezüglich des Neulernens werden i. d. R. Gruppen verschiedenen, jedoch zumeist jüngeren Alters untersucht. Unterschiede in der Lernfähigkeit und -geschwindigkeit ergeben sich aus den Merkmalen der Lernaufgabe. Der Erhalt motorischer Fertigkeiten wird am Beispiel von Experten und Patienten untersucht. Experten erhalten im Alter ein hohes Leistungsniveau aufrecht, obwohl sie Abbauprozessen bzgl. der Geschwindigkeit und Komplexität der Informationsverarbeitung unterliegen. Parkinson-Patienten bemühen sich um die Kompensation sensomotorischer Ausfälle bei Alltagsbewegungen wie dem Gehen. Eine weitere Erforschung kompensatorischer Lernprozesse könnte sowohl präventiven Nutzen für alternde als auch eine Leistungssteigerung für jüngere Personen ermöglichen.

Schlagworte

Alter, altersbedingte Veränderungen, Erhaltungslernen, Expertise, Kompensation, lebenslanges Lernen, Neulernen, Parkinson

1 Gegenstandsbereich

Älteren Menschen stehen prinzipiell dieselben Komponenten und Prozesse der Bewegungsregulation zur Verfügung wie anderen auch. Aufgrund von Biographie und Lebenssituation verschieben sich jedoch Ziele und Schwerpunkte (Baumann, 1999). Daher wurde der vorliegende Beitrag nicht anhand der Prozessabschnitte oder der Inhalte, sondern anhand zweier wichtiger Zielrichtungen des motorischen Lernens gegliedert.

Unter dem Stichwort *lebenslanges Lernen* spielt das Erweitern der Bewegungskompetenzen und das motorische Lernen neuer Bewegungen (*Neulernen*) im Alter eine Rolle. Dabei kommen altersbedingte Veränderungen je nach den Anforderungen der Lernaufgabe in unterschiedlicher Weise leistungsbestimmend zum Tragen. Da Neulernen als wissenschaftlicher Untersuchungsansatz die Versuchsperson vor gleiche Bedingungen stellt (unbekannte Bewegung), kann die Lernfähigkeit verschiedener Altersgruppen verglichen werden.

Eine mindestens ebenso große Rolle spielt der Erhalt von Fertigkeiten, denn Einbußen bei den motorischen Funktionen sind der hauptsächliche Grund für den Verlust von Selbständigkeit im höheren Lebensalter. Beim *Erhaltungslernen* geht es darum, eine Leistungsminderung abzuwenden oder auszugleichen, die aufgrund eines Abbaus oder Ausfalls bestimmter Fähigkeiten und Leistungsvoraussetzungen droht oder eingetreten ist. Da hier Informationsverarbeitung (z. B. Kraftgefühl, Anstrengungserleben, Sicherheitsbedürfnis) die Bewegungsregulation und damit Verhaltensmöglichkeiten ändert, ist die Forschungsperspektive des motorischen Lernens (Haywood & Getchell, 2001, S. 6 f.) angemessen. Aus der Entwicklungsperspektive könnte derselbe Vorgang als Ausgleich zwischen zwei Spezifikationen der motorischen Plastizität (Conzelmann, 1999) betrachtet werden, nämlich der Adaptabilität und der Lernfähigkeit.

2 Forschungsstand

Befunde zum motorischen Lernen sind eng mit den altersbedingten physischen, psychischen und sensorischen Veränderungen verknüpft (vgl. Calautti, Serrati & Baron, 2001). Alterstypische Struktur- und Funktionsveränderungen lassen sich an Veränderungen im Stütz- und Bewegungsapparat (u. a. nachlassende Muskelkräfte, Verschleißerscheinungen an Wirbelsäule und den Gelenken), im Herz-Kreislauf-System (u. a. Bluthochdruck, Arterienverengung), im respiratorischen System (u. a. Vitalkapazitätsminderung), im Verdauungs- und Ausscheidungssystem, im endokrinen System sowie im Nervensystem ablesen. Weiterhin kommt es zu einem Nachlassen von Sinnesleistungen, insbesondere dem Seh- und Hörvermögen (vgl. Shepard, 1997).

Ebenso sind altersbedingte strukturelle wie auch chemische Veränderungen im Gehirn bekannt, insbesondere neuronale Verluste in Bereichen des Hippocampus und der Großhirnrinde, eine Reduktion der Anzahl von Dendriten und Synapsen, sowie eine Reduktion verschiedener Neurotransmittersysteme. Ältere Personen weisen im Vergleich zu jüngeren bei gleichen kognitiven Aufgaben eine größere Aktivität in denselben Arealen bzw. Aktivität in zusätzlichen Arealen auf (Grady, 2000). Dies hängt wahrscheinlich mit der reduzierten Effizienz der beteiligten Hirnareale zusammen. Die Ergebnisse von Fera, Mattay, Tessitore, Callicot, Hariri, Das und Weinberger (2001) zeigen, dass eine Aktivierung zusätzlicher kortikaler und subkortikaler motorischer Regionen auch in Verbindung mit einer verringerten motorischen Effizienz bei willkürlichen Bewegungen beobachtet werden kann.

Die Abnahme der kognitiven Plastizität wird mit der generellen Verlangsamung der Funktionsprozesse (Cerella, 1990), reduzierten Inhibitions-Aufmerksamkeitsmodellen (McDowd, 1997) sowie Limitierungen im Arbeitsgedächtnis (Zacks, Hasher & Li, 2000) begründet. Degenerationserscheinungen werden nicht nur dem Alterungsprozess zugeschrieben, sondern auch der verringerten körperlichen und geistigen Beanspruchung.

Deutlichstes und wohl prägnantestes Anzeichen für den Alterungsprozess ist das nachlassende Gedächtnis. So müssen im Lernprozess vielfältige Informationen kurzfristig gespeichert werden, mit vorhandenen Gedächtnisinhalten (u. a. motorischen Programmen) verglichen, als neue Wissensbestände abgelegt und vorhandene Informationen wieder abgerufen werden (Metker, 1997). Neben der bereits angesprochenen nachlassenden Kapazität des Arbeitsgedächtnisses, den Schwierigkeiten bei der Enkodierung, der Verarbeitung und des Abrufs der Informationen lassen sich auch Einschränkungen im Langzeitgedächtnis feststellen (Balota, Dolan & Duchek, 2000), das sich in episodisches Wissen (Wissen über Ereignisse, an denen eine Person selbst aktiv oder passiv beteiligt war), Wissenssystem (Weltwissen, schulisches, universitäres, kulturelles Wissen) und prozedurales Wissen (Wissen über Handlungsabläufe, Bewegungsabläufe sowie motorische Fertigkeiten) untergliedert. Vor allem das episodische Gedächtnis unterliegt starken altersbedingten Abbauerscheinungen (Zacks et al., 2000). Für das semantische und das prozedurale Wissen lassen sich diese altersbedingten Verluste nur in geringem Maße beobachten.

2.1 Neulernen

Es ist allgemein bekannt, dass Erwachsenen und Älteren das Lernen – kognitiv wie motorisch – schwerer fällt als Jugendlichen und jungen Erwachsenen (Etnier & Landers, 1998), insbesondere wenn kognitive Anteile (Prozesse) zwischen visuellem Input und der (motorischen) Reaktion des Körpers zur Vermittlung erforderlich sind (vgl. Kay, 1954; 1955). Andererseits erleben wir Menschen, die auch im hohen Alter hochpräzise und variable motorische Leistungen erbringen, die Neuem gegenüber aufgeschlossen und lernbereit sind. Unabhängig von der individuellen Lernfähigkeit ist es in der Rehabilitation unumgänglich, neue Fertigkeiten zu lernen oder vorhandene umzulernen, z. B. nach einem Schlaganfall (Hanlon, 1996).

Die Erforschung altersbedingter Unterschiede beim Lernen neuer motorischer Fertigkeiten hat bisher nur wenig Aufmerksamkeit erlangt (Anshel, 1989). Winter und Baur (1994, S. 324) nennen den Kenntnisstand zur sportmotorischen Lernfähigkeit im mittleren und späten Erwachsenenalter unbefriedigend, insbesondere dann, wenn die Komplexität von Lernprozessen (konstitutionelle, konditionelle, koordinative, intellektuelle, motivationale und affektive Komponenten) unberücksichtigt bleibt. Von der Feststellung einer Abnahme des motorischen Lernens bereits im Alter von 27 bis 33 Jahren (Ehinger, 1927, S. 319 f.) über die Verneinung einer Abnahme der motorischen Lernfähigkeit vor dem 4. Lebensjahrzehnt (Israel, 1985, S. 8) bis hin zu der Aussage, dass 40 bis 55jährige durchschnittlich signifikant bessere Leistungen beim Neulernen als 55 bis 65jährige erzielen (Winkler, Opgenoorth & Presslich, 1983), lassen sich viele verschiedene Ansichten wiederfinden.

Lebenslange Lernfähigkeit schließt motorische Aneignungsprozesse mit ein, jedoch gibt es Einschränkungen, wenn Schnelligkeits- und Schnellkraftfähigkeiten bzw. komplexe Koordinationssituationsanforderungen mit einbezogen werden, z. B. bei Simultankombinationen oder Timing (Winter & Baur, 1994, S. 330 f.).

In frühen Studien wurde versucht, Lernaufgaben aus der „realen Welt“ wie Bogenschießen (Lashley, 1915) bzw. Basketballwurf (Noble, 1922) in Abhängigkeit vom Alter zu untersuchen. Jedoch ist die Aussagekraft dieser Studien aufgrund methodischer Probleme nur gering (Altersspanne bis 30 Jahre, geringe Fallzahlen). Eine weitere Studie beschäftigte sich mit dem linkshändigen Schreiben (Thorndike, Bregman, Tilton & Woodyard, 1928). Die Autoren stellten fest, dass die jüngeren Probanden ihre Bewegungsgeschwindigkeit in größerem Ausmaß steigern konnten als die älteren Versuchspersonen. Zu ähnlichen Ergebnissen kamen auch Leonard und Newman (1965) in einer Studie zum Maschine schreiben: Bei gleichen Umfängen konnten die jüngeren Probanden einen schnelleren Anschlag verzeichnen. In aktuellen Studien werden überwiegend das Maschine schreiben bzw. Computertrainingsprogramme als Lernaufgabe herangezogen (Charness & Holley, 2001). Czaja und Sharit (1993) fanden für ältere Personen langsamere Lern- sowie höhere Fehlerraten in Experimenten am Computer.

In den ersten Untersuchungen mit Laboraufgaben wurde hauptsächlich der Einfluss von Knowledge of Result (KR) überprüft. Während junge wie alte Probanden von KR profitieren, ist das Ausmaß der Lerneffekte für die älteren Versuchspersonen doch deutlich geringer. Toole, Pyne und McTarsney (1984) stellten nur geringe Unterschiede beim Erwerb einzelner Bewegungen fest, jedoch manifestierte sich ein signifikanter Altersunterschied, wenn längere Bewegungssequenzen gefordert wurden. Ähnliche Ergebnisse zeigten sich in der Studie von Wright und Payne (1985). In einer Tracking-Aufgabe lag die Leistung älterer Versuchspersonen deutlich unterhalb der Leistung jüngerer Versuchspersonen. Mit zunehmendem Übungsverlauf vergrößerte sich diese Spanne. Die Frage nach Altersunterschieden in der Fähigkeit Figuren mental zu rotieren, hat in jüngerer Zeit an Bedeutung gewonnen (Kausler, 1994). Dror und Kosslyn (1994) berichten, dass ältere Probanden zwar Schwierigkeiten in der Geschwindigkeit bei der mentalen Rotation besitzen, die Genauigkeit jedoch vergleichbar mit der jüngerer Versuchspersonen ist. Als weitere wichtige Einflussgröße auf das motorische Lernen gelten alterssensitive Anteile beim Problemlöseverhalten und bei Auswahlreaktionen. Bei Tastendruckaufgaben stellte Kay (1954; 1955) bei entsprechend höheren kognitiven Anteilen langsamere Reaktionszeiten für die älteren Versuchspersonen fest.

In sportmotorischen Lernsituationen führten Kiphard, Seel und Carstensen (1985) sowie Kirchner und Schaller (1996) einfache Koordinationsaufgaben durch. Sie ließen ihre Probanden das Jonglieren mit zwei bzw. drei Bällen einüben. In beiden Untersuchungen konnten z. T. erhebliche Lernfortschritte gefunden werden. Bock und Schneider (2001) untersuchten in ihrer Studie bei einer Tracking-Aufgabe die Lernfähigkeiten älterer Menschen. Sie stellten für die älteren Probanden eine insgesamt geringere Performanz, ein vergleichbares Ausmaß im Lernen, einen vergleichbaren Transfer zwischen den Lernaufgaben sowie höhere kognitive „Kosten" fest. Büsch und Schrader (2001) wählten als Lernaufgabe einen bipedalen Strecksprung. Ihre Ergebnisse zeigen, dass regelmäßig sporttreibende Personen im späteren Erwachsenenalter bei Aufgaben, die keinen Zeitdruck und keine hohen Kraft- und Schnelligkeitsanforderungen beinhalten, Lernleistungen erzielen können, die sich nicht von Personen im frühen Erwachsenenalter – und Personen im späten Schulkindalter – unterscheiden. Das kalendarische Alter stellt in ihrer Untersuchung keinen wesentlichen Faktor zur Erklärung unterschiedlicher Lernleistungen dar (vgl. hierzu Wollny in diesem Band).

Spirduso (1997, S. 107) fasst die Befundlage zum motorischen Lernen und Leisten wie folgt zusammen: "old adults learn at the same rate and in the same amounts that young ones do, they just perform slower, with less accuracy, and more variability" (vgl. ausführlich Spirduso, 1995, Kap. 8).

2.2 Erhaltungslernen

Lernen zum Zweck des Erhalts motorischer Kompetenz ist sowohl auf der Ebene einzelner Fertigkeiten als auch auf der Handlungsebene denkbar. So könnte die Variabilität motorischer Kontrolle auf die Formen eingeschränkt werden, bei denen kein Performanzverlust eintritt. Beispiel: Beim Treppensteigen dient der gewohnheitsmäßige Griff zum Geländer nicht mehr unbestimmten und wechselnden Funktionen (taktile Orientierung, Aufforderungscharakter u. a.), sondern in Verbindung mit festerem Zugreifen verstärkt der Unterstützung der Beinbewegung. Wenn andererseits ältere Rückschlagspieler mit ihrem „Auge" gegen athletisch überlegene Jüngere gewinnen, liegt dies gegebenenfalls an individualtaktischen Veränderungen. Bei beiden Beispielen trägt eine individuelle Optimierung den veränderten Ressourcen (Leistungsvoraussetzungen) Rechnung. Inwiefern sich dabei äußere Bewegungsabläufe ändern, bleibt zunächst zweitrangig.

Ein direkter wissenschaftlicher Nachweis solcher Vorgänge beim alternden Menschen bereitet große Probleme: Es sind große Zeiträume zu betrachten, weil sich aufgabenrelevante Ressourcen nur allmählich alters- oder krankheitsbedingt verändern. Dabei lassen kurzfristige Leistungsschwankungen kaum auf dauerhafte Kompetenzänderungen (Lernen) schließen. Übung und Informationsverarbeitung finden vorwiegend unsystematisch und unbewusst statt. Zudem steigt die Streuung der Performanz mit dem Alter der Probanden. Daher wird im Folgenden ein indirekter Nachweis durch die Untersuchung von homogeneren Modellpopulationen und anschließender Übertragung der Ergebnisse angestrebt.

Auf einem hohen Leistungsniveau fallen selbst kleine Defizite in aufgabenrelevanten Bereichen ins Gewicht. Da auch Experten mit steigendem Alter nicht von kognitiven und motorischen Abbauprozessen verschont bleiben, stellt sich die Frage, wie sie dennoch ihre hohen Leistungen aufrechterhalten können. Auf der anderen Seite führt z. B. die langsam fortschreitende Parkinsonsche Krankheit zu bekannten sensomotorischen Störungen, die in Alltagsbewegungen wie dem Gehen ausgeglichen werden müssen. Im Folgenden werden Kompensationsstrategien dieser beiden Populationen skizziert. Die Frage nach Konsequenzen für die Zielgruppe älterer Menschen wird im Abschnitt Forschungsperspektiven aufgegriffen.

Expertise im Alter: Kompensation auf hohem Niveau

Motorische und kognitive Fertigkeiten besitzen im mittleren und späten Erwachsenenalter eine hohe Stabilität (Thompson, Cengelci & Ozekes, 1999), obwohl die o. g. Abbauprozesse Schnelligkeit und Effizienz der Informationsverarbeitung verringern. Das Expertise-Paradigma erlaubt die Untersuchung dieses Phänomens: Würden Experten von altersbedingten Entwicklungen verschont bleiben, wäre die Stabilität ihrer Spitzenleistungen nichts Ungewöhnliches. Aber selbst verzögerte oder im Ausmaß verringerte Abbauprozesse erfordern eine Kompensation, damit Spitzenleistungen aufrecht erhalten werden können. Die folgenden Untersuchungen untermauern diese Überlegungen:

- Analysen von Unfällen in der Industrie decken ein interessantes Muster auf (vgl. Sterns, Barrett & Alexander, 1985 für ein detailliertes Review). Die Anzahl von Arbeitsplatzunfällen nimmt mit steigendem Alter im Vergleich zu Unfällen im Straßenverkehr ab. Birren (1964, S. 141) berichtete, dass Piloten im Alter von 40 bis 60 Jahren tendenziell weniger Unfälle als jüngere Piloten aufweisen. Das Ausbleiben eines signifikanten Anstiegs der Unfallhäufigkeit kann nicht nur mit der größeren Erfahrung älterer Piloten erklärt werden. Denn wenn die Anzahl der Flugstunden (Erfahrung) als Kontrollvariable berücksichtigt wird, zeigt sich sogar ein Abfall der Unfallrate. Hohes bereichsspezifisches Wissen scheint den altersbedingten Verlusten wie Informationsverarbeitungsgeschwindigkeit offensichtlich nicht in gleichem Maße zu unterliegen wie allgemeines Wissen.
- Im Maschine schreiben ausgebildete Personen zeigten zwar einen altersabhängigen Anstieg der Wahlreaktionszeiten sowie einen Abfall der Tapping-Frequenz, jedoch keine Unterschiede beim Maschine schreiben (Salthouse, 1984). Wurde die Anzahl im Voraus lesbarer Buchstaben auf Werte zwischen 1 und 19 eingeschränkt, ergaben sich Alters-Geschwindigkeits-Korrelationen, die nahezu monoton zwischen den entsprechenden Korrelationskoeffizienten bei Wahlreaktion (keine Vorausschau, $r > .5$) und normalem Tippen (unbegrenzte Vorausschau, $r < .1$) lagen.
- Beim Schach gilt die Fähigkeit zum optimalen Vorausdenken eigener und gegnerischer Züge und Spielpositionen als leistungsbestimmend. Jüngere Spieler waren den Älteren beim Erinnern von kurzzeitig präsentierten Figurpositionen und von kompletten Spielfeldkonstellationen überlegen (Charness, 1989). Dagegen erwiesen sich als leistungsgleich eingestufte jüngere und ältere Spieler auch in der Testaufgabe „Finden des besten Zuges aus einer gegebenen

Spielkonstellation“ als ebenbürtig. Die älteren dachten genauso viele Züge voraus, gingen jedoch eine geringere Anzahl von Startzügen durch. Sie benötigten weniger Zeit für ihre Entscheidung. Insgesamt scheinen Ältere ihren Geschwindigkeits- und Gedächtnisnachteil durch realistischere Einschätzungen und sparsameren Ressourceneinsatz auszugleichen.

Rybash, Hoyer und Roodin (1986) bieten ein *Einkapselungs-Modell* an, um diese Belege einzuordnen. Es geht davon aus, dass die nachgewiesenen altersbezogenen Einbußen im Bereich *Verarbeitung* durch Gewinne und Weiterentwicklungen in den Bereichen *Wissen* und *Denken* ausgeglichen werden. Generell scheint eine Kompensation desto schwieriger, je mehr eine Aufgabe aus dem gewohnten Zusammenhang herausgenommen und in grundlegende Bestandteile zerlegt wird (Fisk & Rogers, 2000, S. 375 f.).

Morbus Parkinson: Strategien zum Erhalt einer Alltagsbewegung

Kleine Schritte bei gebeugter Körperhaltung sowie verzögerte Reflexe gehören neben anderen Merkmalen zum Gangbild des Parkinson-Patienten, das im Sinne der in der Neurologie üblichen Läsionen-Methodologie als direkte Auswirkung der Hirnschädigung (u. a. Degeneration von Stammhirnbezirken) angesehen wird. Bloem, Visser und Carpenter (2001) führen dagegen eine Reihe von Befunden und Argumenten an, die das Verhalten der Patienten als im langjährigen und langsamen Krankheitsverlauf erworbene Strategie einordnen lassen:

- Versteifungen an den Fußgelenken durch Anspannungen von Agonist und Antagonist werden als erhöhte Grundaktivität im EMG gemessen. Sie treten nicht nur bei Parkinson-Patienten auf (Horak, Nutt & Nashner, 1992), sondern auch bei Gesunden, die z. B. auf einer erhöhten Plattform stehen (Carpenter, Frank, Silcher & Peysar, 2001). Das Steifhalten von Gelenken ist bei Angst vor einem Sturz nur bedingt nützlich, da es zwar die Schwankungen im Stand reduziert, jedoch dynamisches Regeln erschwert.
- Eine nach vorn geneigte, gebeugte Haltung führt durch Senkung des Körperschwerpunktes zu einem stabileren Gleichgewicht. Der Fußdruckpunkt wird nach vorn verlagert, wodurch sich die Gefahr des bei Parkinsonerkrankungen häufigen Fallens nach hinten verringert. Auch diese Effekte wurden bei Gesunden auf einer kippbaren Plattform nachgewiesen (Bloem, van Dijk & Beckley, 1999). Bei den Probanden wurden darüber hinaus parkinsontypisch verzögerte Reflexe gemessen. Der Fußdruckpunkt verlagert sich im frühen Krankheitsstadium nach hinten und wandert im weiteren Verlauf, in dem der

Patient die typische Körperhaltung entwickelt, nach vorne (Schieppati & Nardone, 1991). Dies spricht ebenfalls für eine absichtsvolle, wenn auch unbewusste, Verhaltensänderung.

- Beim Gehen fällt neben der verringerten Geschwindigkeit und der verlängerten beidbeinigen Stützphase die Vermeidung von *Doppeltätigkeiten* („stops walking when talking“) auf. Statt eines neuronalen Defizits kann es hierbei ebenso um erlernten Selbstschutz im Sinne einer *posture first*-Strategie handeln. Eine solche kann auch bei gesunden älteren Menschen nachgewiesen werden, wenn man die Anzahl der gleichzeitigen Aufgaben weiter erhöht (Bloem, Visser & Carpenter, 2001).

Ähnliche Veränderungen im Gangbild sind als altersbedingt bekannt (Okada, Hirakawa, Takada & Kinoshita, 2001). Sie treten i. d. R. nicht plötzlich auf, sondern entwickeln sich allmählich und unmerklich. Daher liegt es nahe, motorische Erscheinungsbilder bei alten Menschen nicht allein als durch „das Alter“ verursacht, sondern als Wechselwirkung zwischen Alterserscheinungen, Kompensation und Erhaltungslernen zu betrachten und zu erforschen.

3 Forschungsperspektiven

Mit der Unterscheidung nach Zielen des Lernens sollten keine unterschiedlichen grundlegenden Lernprozesse postuliert werden, sondern den Besonderheiten der Zielgruppe Rechnung getragen werden. Eine vorsorgliche Aneignung „guter Gewohnheiten“, z. B. die Prävention einer Kyphose der Brustwirbelsäule durch Erlernen und Automatisieren eines dynamisch-aufrechten Sitzverhaltens, kann von ihrem Ziel her dem Erhaltungslernen zugeordnet werden, weil sie dazu dient, Leistungsminderungen zu vermeiden, verzögern oder zu verringern. Ebenso passt dieses Beispiel zum Neulernen, da neue motorische Formen erlernt werden. Auch ohne disjunkte Aufteilung von Lernsituationen ergeben sich aus der gewählten Darstellung Folgerungen für Wissenschaft und Praxis.

3.1 Gestaltung von Lernprozessen

Aus den Erkenntnissen über das Erlernen neuer Bewegungen bei älteren Menschen können einige Folgerungen für die Vermittlung gezogen werden. Diese beziehen sich vor allem auf die Darbietung von Sollwerten sowie auf längere Übungszeiten und damit auf die Motivierung. Altersbezogene Unterschiede der Lerngeschwindigkeit werden möglicherweise überbewertet, denn nach einer Sekundäranalyse (Charness, 1989, S. 449 ff.) kann man durch dreiminütiges Üben pro Jahr Altersunterschied auf den anfänglichen Leistungsstand einer jüngeren Person gelangen. Die Gültigkeit dieser Aussage sollte anhand von realen Bewegungsfertigkeiten bestimmt werden, die komplexer sind als die von Charness geprüften typischen Laborexperimente.

3.2 Erhalt von Selbstständigkeit

An den beiden Modellpopulationen „Experten" und „Parkinson-Patienten" konnten eine Reihe von Erklärungsansätzen für motorisches Lernen beim Erhalt von Fertigkeiten aufgezeigt werden. Entsprechende Interventionen sollten allerdings anhand der Zielgruppe wissenschaftlich entwickelt und überprüft werden. Dabei bietet sich u. a. auch eine Zusammenarbeit mit der Pflegewissenschaft an, z. B. in den Bereichen Mobilität und Sturzprävention (Brach, 1997b; Becker, Lindemann, Kapfer, Eichner, Hausner & Nikolaus, 2001). Ein Spezialfall besteht in der Personenhilfe, d. h. bei der Unterstützung motorischer Funktionen (z. B. Orientierung oder Gleichgewicht) durch eine assistierende Person. Hier gilt es, individuelle Routinen zu erarbeiten, die von beiden Personen gemeinsam zu lernen sind (Brach, 1997a). Grundlagenorientierte Forschung auf dem Ansatz der gemeinsamen Bewegung von Haupt- und Hilfsperson (Hatch, Maietta & Schmidt, 1996) könnte hier direkt zu anwendungsorientierten Folgerungen führen.

Bei jeder Intervention sollte das Ziel über die Vermittlung der zu lernenden Funktion hinaus in der individuellen Selbstbestimmung und Selbstständigkeit liegen. Hier besteht in der Sportwissenschaft als auch der Pflegewissenschaft Diskussions- und Umsetzungsbedarf, um mehr oder weniger versteckte Defizitorientierungen abzubauen (Kolb, 1999; Schäffler, Menche, Bazlen & Kommerell, 1997).

3.3 Prävention und Kompensation

Bezüglich des motorischen Erhaltungslernens bei alternden Experten erscheinen sowohl die Erhebung empirischer Daten als auch eine Übertragung des Einkapselungsmodells auf den Bereich der Motorik sinnvoll. Dabei wäre zu fragen, inwiefern Kompensationsstrategien

- von Älteren auch bei Fertigkeiten ohne eigene Expertise angewandt werden können. Unter welchen Bedingungen ist dies möglich? Inwiefern kann man präventiv die eigene Lernfähigkeit und motorische Leistung im Alter beeinflussen?

- implizit oder bewusst gelernt werden. Kann diese Form des Lernens in der Sprache der Trainingswissenschaft (Reizstärke, Reizdauer, Reizschwelle) oder der Lernpsychologie (Sollwert, Istwert, Rückmeldung) formuliert werden?
- für Jüngere zur Steigerung der individuellen Leistungsfähigkeit nutzbar gemacht werden können (Bsp. Vorausschau und Ökonomie).

Wenn Letzteres gelänge, könnte dies als Beispiel für Wissenschaftsentwicklung dienen: In einem zunächst als „Anwendung von Grundlagenwissen für eine spezielle Zielgruppe" vorgesehenen Teilgebiet (Motorisches Lernen bei Älteren) werden eigene Grundlagenuntersuchungen (Expertise) durchgeführt und Nutzen (Erkenntnis mit Anwendungsmöglichkeit auch bei Jüngeren) für den ursprünglichen Grundlagenbereich gewonnen.

Literatur

Anshel, M.H. (1989). An Information Processing Approach for Teaching Motor Skills to the Elderly. In A.C. Ostrow (Ed.), *Aging and Motor Behaviour* (pp. 285-303). Indianapolis: Benchmark Press.

Baumann, H. (1999). Entwicklungen, Zielperspektiven und Forschungsrichtungen im Seniorensport. *Sportwissenschaft, 29*, 273-287.

Balota, D.A., Dolan, P.O. & Duchek, J.M. (2000). Memory Changes in Healthy Older Adults. In E. Tulving & F.I.M. Craik (Eds.), *The Oxford Handbook of Memory* (pp. 395-409). Oxford: University Press.

Becker, C., Lindemann, U., Kapfer, E., Eichner, B., Hausner, M. & Nikolaus, Th. (2001). *Mobilität und Mobilitätsstörungen von Heimbewohnern. Dritter Bericht des Ulmer Modellvorhabens „Verminderung von sturzbedingten Verletzungen bei Alten- und Pflegeheimbewohnern".* Ulm: ohne Verlag.

Birren, J.E. (1964). *The Psychology of Aging.* Englewood Cliffs, NJ: Prentice Hall.

Bloem, B.R., van Dijk, J.G. & Beckley, D.J. (1999). Are automatic postural responses in patients with Parkinson's disease abnormal due to their stooped posture? *Experimental Brain Research, 124*, 481-488.

Bloem, B.R., Visser, J.E. & Carpenter, M.G. (2001). Compensatory Postural Strategies in Patients with Longstanding Balance Impairment. In J.C.E. van der Burg, B.F. Fong, M.I.J. Hijl, R. Huys, M. Pijnappels & A.A. Post (Eds.), *Balance at all Times. Proceedings of the fifth Symposium of the Institute for Fundamental and Clinical Human Movement Sciences* (pp. 51-73). Utrecht, NL: Digital Printing Partners.

Bock, O. & Schneider, S. (2001). Motor Learning in the Elderly. In J. Mester (Ed.): *Perspectives and Profiles: 6th Annual Congress of the European College of Sport Science; 15th Congress of the German Society of Sport Science, Cologne, 24 - 28 July 2001; Book of Abstracts.*

Brach, M. (1997a). MOTA – ein Mobilitätstest für alte Menschen. *Ergotherapie & Rehabilitation, 36* (1), 104-107.

Brach, M. (1997b). Sport- und Bewegungstherapie in einer stationären Einrichtung für alte Menschen. *Gesundheitssport und Sporttherapie, 13*, 44-48.

Büsch, D. & Schrader, M. (2001). Altersabhängigkeit beim Parameterlernen. In R. Daugs & Ch. Igel (Hrsg.), *Aktivität und Altern* (S. 123-132). Schorndorf: Hofmann.

Calautti, C., Serrati, C. & Baron, J.-C. (2001). Effects of age on brain activation during auditory-cued thumb-to-index opposition: A positron emission tomography study. *Stroke, 32,* 139-146.

Carpenter, M.G., Frank, J.S., Silcher, C.P. & Peysar, G.W. (2001). The influence of postural threat on the control of upright stance. *Experimental Brain Research, 138*, 210-218.

Cerella, J. (1990). Aging and Information-Processing Rate. In J.E. Birren & K.W. Schaie (Eds.), *Handbook of the Psychology of Aging, 3rd ed.* (pp. 201-221). San Diego, CA: Academic Press.

Charness, N. (1989). Age and Expertise: Responding to Talland's Challenge. In L.W. Poon, D.C. Rubin & B.A. Wilson (Eds.), *Everyday Cognition in Adulthood and Late Life* (pp. 437-455). Cambridge: University Press.

Charness, N. & Holley, P. (2001). Computer Interface Issues for Health Self-Care: Cognitive and Perceptual Constraints. In W.A. Rogers & A.D. Fisk (Eds.), *Human Factors Interventions for the Health Care of Older Adults* (pp. 239-254). Mahwah, NJ: Erlbaum.

Conzelmann, A. (1999). Plastizität motorischer Fähigkeiten und Fertigkeiten im Lebenslauf. In J. Wiemeyer (Hrsg.), *Forschungsmethodologische Aspekte von Bewegung, Motorik und Training im Sport. 3. gemeinsames Symposium der dvs-Sektionen Biomechanik, Sportmotorik und Trainingswissenschaft vom 17.-19.9.1998 in Darmstadt* (S. 149-154). Hamburg: Czwalina.

Czaja, S.J. & Sharit, J. (1993). Age differences in the performance of computer-based work. *Psychology and Aging, 8,* 59-67.

Dror, I.E. & Kosslyn, M. (1994). Mental imagery and aging. *Psychology and Aging, 1,* 90-102.

Ehinger, G. (1927). Age et déclin des optitudes. *Archives de Psychologie, 20*, 318-323.

Etnier, J.L. & Landers, D.M. (1998). Motor performance and motor learning as a function of age and fitness. *Research Quarterly for Exercise and Sport, 69,* 136-146.

Fera, F., Mattay, V., Tessitore, A., Callicot, J., Hariri, A., Das, S. & Weinberger, D. (2001). *Age-Related Changes in Human Motor Function: A BOLD fMRI Study*. In 7th Annual Meeting of the Organization for Human Brain Mapping, HBM 2001, 10-14 June, Brighton, UK. NeuroImage, 328, June 2001.

Fisk, A.D. & Rogers, W.A. (2000). Influence of training and experience on skill acquisition and maintenance in older adults. *Journal of Aging and Physical Activity, 8*, 373-378.

Grady, C.L. (2000). Functional brain imaging and age-related changes in cognition. *Biological Psychology, 54,* 259-281.

Hanlon, R.E. (1996). Motor learning following unilateral stroke. *Archives of Physical Medicine and Rehabilitation, 77,* 811-815.

Hatch, F., Maietta, L. & Schmidt, S. (1996). *Kinästhetik: Interaktion durch Berührung und Bewegung in der Pflege.* (4., überarbeitete Aufl.). Eschborn: Deutscher Berufsverband für Pflegeberufe.

Haywood, K.M. & Getchell, N. (2001). *Lifespan Motor Development* (3rd ed.). Champaign, IL: Human Kinetics.

Horak, F.B., Nutt, J.G. & Nashner, L.M. (1992). Postural inflexibility in parkinsonian subjects. *Journal of Neurological Science, 111*, 46-58.

Israel, S. (1985). Die Problematik der Körpernormen bei Menschen nach dem sogenannten Höchstleistungsalter. *Wissenschaftliche Zeitschrift der Deutschen Hochschule für Körperkultur, 26* (Sonderheft 1) 5-45.

Kausler, D.H. (1994). *Learning and Memory in Normal Aging.* San Diego: Academic Press.

Kay, H. (1954). The effects of position in a display upon problem solving. *Quarterly Journal of Experimental Psychology, 6,* 155-169.

Kay, H. (1955). Some Experiments on Adult Learning. In International Association of Gerontology (Ed.) *Old Age in the Modern World. Report of the third Congress of the International Association of Gerontology* (pp. 259-267). Edinburgh, Scotland: Livingstone.

Kiphard, E.J., Seel, R. & Carstensen, R. (1985). Leistungs- und Belastungsfähigkeit im Alter. Eine Untersuchung zur Bewegungskoordination. *Praxis der Psychomotorik, 10,* 5-7.

Kirchner, G. & Schaller, H.-J. (1996). *Motorisches Lernen im Alter: Grundlagen und Anwendungsperspektiven.* Aachen: Meyer und Meyer.

Kolb, M. (1999). *Bewegtes Altern: Grundlagen und Perspektiven einer Sportgeragogik.* Schorndorf: Hofmann.

Okada, S., Hirakawa, K., Takada, Y. & Kinoshita, H. (2001). Age-related differences in postural control in humans in response to a sudden deceleration generated by postural disturbance. *European Journal of Applied Physiology, 85*, 10-18.

Lashley, K.S. (1915). The acquisition of skill in archery. *Papers from the Tortugas Laboratory of the Carnegie Institution of Washington, 7,* 105-128.

Leonard, J.A. & Newman, R.C. (1965). On the acquisition and maintenance of high speed and high accuracy in a key board task. *Ergonomics, 8,* 281-304.

McDowd, J.M. (1997). Inhibition in attention and aging. *Journal of Gerontology: Psychological Science, 52B,* 265-273.

Metker, T. (1997). Blickverhalten älterer Autofahrerinnen und Autofahrer an Knotenpunkten. In U. Schulz (Hrsg.), *Wahrnehmungs-, Entscheidungs- und Handlungsprozesse beim Führen eines Kraftfahrzeuges. Zum Gedenken an Ulrich Tränkle* (S. 197-221). Münster: Lit.

Noble, S.G. (1922). The acquisition of skill in the throwing of basket goals. *School and Society, 16,* 640-644.

Rybash, J.M., Hoyer, W.J. & Roodin, P.A. (1986). *Adult Cognition and Aging*. Elmsford, NY: Pergamon Press.

Salthouse, T.A. (1984). Effects of age and skill in typing. *Journal of Experimental Psychology, 113*, 345-371.

Schäffler, A., Menche, N, Bazlen, U. & Kommerell, T. (Hrsg.). (1997). *Pflege heute: Lehrbuch und Atlas für Pflegeberufe.* Ulm u. a.: G. Fischer.

Schieppati, M. & Nardone, A. (1999). Free and supported stance in Parkinson's disease. The effect of posture and 'postural set' on leg muscle responses to perturbation, and its relation to the severity of the disease. *Brain, 114,* 1227-1244.

Shepard, R.J. (1997). *Aging, Physical Activity, and Health.* Champaign, Il: Human Kinetics.

Spirduso, W. W. (1995). *Physical Dimensions of Aging*. Champaign, Il.: Human Kinetics.

Spirduso, W. W. (1997). Introduction in Motor Learning. Adaption and Learning in Old Age. In G. Huber (Ed.), *Health, Aging, Activity and Sports* (pp. 104-108). Werbach-Gamburg: Health Promotion Publication.

Sterns, H.L., Barrett, G.V. & Alexander, R.A. (1985). Accidents and the Aging Individual. In J.E. Birren & K.W. Schaie (Eds.), *Handbook of the Psychology of Aging,* (2nd ed., pp. 703-719). New York: Van Nostrand Reinhold.

Thompson, D.N., Cengelci, B. & Ozekes, M. (1999). The effect of age, visual short-term memory, and performance on a familiar task: a turkish sample. *Experimental Aging Research, 25,* 169-174.

Thorndike, E.L., Bregman, E.O., Tilton, J.W. & Woodyard, E. (1928). *Adult Learning.* New York: Macmillan.

Toole, T., Pyne, A. & McTarsney, P.A. (1984). Age differences in memory for movement. *Experimental Aging Research, 10,* 205-210.

Winkler, R., Opgenoorth, E. & Presslich, O. (1983). Räumliche Orientierungsleistungen bei älteren Menschen. *Aktuelle Gerontologie, 13,* 236-240.

Winter, R. & Baur, J. (1994). Motorische Entwicklung im Erwachsenenalter. In J. Baur, K. Bös & R. Singer (Hrsg.), *Motorische Entwicklung. Ein Handbuch* (S. 309-332). Schorndorf: Hofmann.

Wright, B.M. & Payne, R.B. (1985). Effects of aging on sex differences in psychomotor reminiscence and tracking proficiency. *Journal of Gerontology, 40,* 179-184.

Zacks, R.T., Hasher, L. & Li, K.Z.H. (2000). Human Memory. In F.I.M. Craik & T.A. Salthouse (Eds.), *Handbook of Aging and Cognition* (2nd ed., pp. 293-357). Mahwah, NJ: Erlbaum.

E.5 Motorisches Lernen in Trendsportarten

Klaus Pfeifer

Gliederung

1 Einleitung

2 Fertigkeitstypologien in Trendsportarten

3 Motorisches Lernen beim Inline-Skating
3.1 Praxiskonzepte und Analysen
3.2 Koordinations-Anforderungs-Profile für das Inline-Skating
3.3 Anforderungsprofil für das Erlernen des Grundschritts – Abstoßen und Rollen mit Anfängern

4 Ausblick

Kurzreferat

Neben den traditionellen Sportarten haben sich vielfältige neue Sportformen entwickelt, die als Trendsportarten bezeichnet werden. Vor dem Hintergrund der Vielfalt dieser sportiven Praxen und deren unterschiedlichen Entwicklungen und Charakteristika existiert bislang keine eindeutige Kategorisierung der Trendsportarten. Entsprechend können für sie auch keine allgemeingültigen Methoden, Regeln oder Empfehlungen für das motorische Lernen abgeleitet werden. Vielmehr erfordert die bewegungswissenschaftliche Aufarbeitung von Lehr- und Lernwegen in Trendsportarten eine detaillierte Analyse der Lernbedingungen und der für die jeweilige Zielgruppe vorliegenden Anforderungen. Dieser Beitrag versucht dies exemplarisch am Beispiel der Sportart Inline-Skating.

Schlagworte

Druckbedingungen, Fertigkeitstypologien, Informationsanforderungen, Inline Skating, Koordinationsanforderungsanalyse, Koordinationsanforderungsregler, motorisches Lernen

1 Einleitung

Als Trendsportarten werden neuartige Bewegungspraktiken bezeichnet, die traditionell vorhandene Vorstellungen von Sport überschreiten und von denen kurz- oder mittelfristig eine starke Verbreitung erwartet wird. Dabei kann nur dann von einem sportiven Trend gesprochen werden, wenn „sich ein neu auftauchendes Bewegungsangebot über mehrere Jahre im Bewusstsein der Sporttreibenden verankert und als Praxis etabliert“ (Schwier, 1998, S. 7). Hinsichtlich der Entstehung und Entwicklung neuer Bewegungskulturen beschreibt Schildmacher (1998) fünf typische Trends. Demnach ist zunächst eine Entwicklung von der klassischen Hallensportart zu deren Varianten im Freien festzustellen, wie es z. B. beim Beach-

Volleyball oder beim Streetball zu beobachten ist. Weiterhin beschreibt sie einen Trend vom normierten zum unnormierten Sport, der seinen Ausdruck darin findet, dass weniger die optimale Ausführung einer normierten sportlichen Technik, orientiert an der Ausführung des Hochleistungssportlers, im Vordergrund steht, sondern vielmehr die optimale, originelle individuelle Ausführung - der *Style*. Auch die Umgebungsbedingungen neuer Sportarten unterliegen kaum besonderen Festlegungen. Ein weiterer Trend liegt in der Verringerung der Spielerzahl, wie es in den neuen Varianten der großen Mannschaftssportarten erkennbar ist. So wird z. B. Beach-Volleyball nur mit zwei und Streetsoccer nur mit vier Feldspielern pro Mannschaft bestritten. Ein vierter Trend wird in einer Entwicklung von geschütztem hin zu risikoreichem Sport sichtbar. Als Beispiele können neben einigen anderen Free-Skiing, Rafting oder Klettern genannt werden. Ein wesentliches Merkmal der Entwicklung wird im fünften Trend vom verbindlichen zum unverbindlichen Sport beschrieben. Demnach binden sich neue Sportformen vorerst nicht an Verbands- und Organisationsstrukturen und sie sind kaum an bestimmte Gruppen oder Trainingszeiten geknüpft. Schwier (1998) beschreibt die Aspekte der Stilisierung, des Tempos, der Virtuosität, der Extremisierung, der Ordalisierung und des Sampling als Merkmale von Trendsportarten. Dabei müssen jedoch nicht alle der beschriebenen Trends erfüllt sein bzw. nicht alle Merkmale gleichzeitig gelten, um eine Trendsportart zu beschreiben, ihre Charakterisierung bleibt unscharf. Entsprechend kann eine Vielzahl unterschiedlicher Bewegungs- und Sportformen als Trendsportart bezeichnet werden und es lassen sich im Kontext zum motorischen Lernen kaum charakteristische Gemeinsamkeiten finden.

2 Fertigkeitstypologien in Trendsportarten

Bislang liegen zu den verschiedenen Trendsportarten jeweils nur wenige sportwissenschaftliche Arbeiten zu Methoden des Erwerbs von Bewegungstechniken vor (z. B. Kaszas, 1997: Beach-Volleyball; Freienstein, 1999: Mountainbike; Kane, 1992: Skateboard; zum Inline-Skating vgl. Abschnitt 3). Dies kann damit erklärt werden, dass die meisten neuen Sportformen bislang weder in klassische Wettkampfstrukturen mit dem Ziel des Leistungsvergleichs eingebunden sind, noch Eingang in den Schulsport gefunden haben, so dass die sportwissenschaftliche Analyse erst mit einiger Verzögerung erfolgt. Andererseits lassen sich bei einzelnen Sportarten bereits Experten ausmachen, die ein hohes Maß an technomotorischem Können demonstrieren (z. B. beim BMX oder beim Skateboarden) und wegen ihrer perfekten Beherrschung verschiedener Tricks zu Vorbildern der jeweiligen Szene werden. Das Erlernen der aktuellen Bewegungsformen und deren Weitergabe an die Mitglieder der losen Gruppen erfolgt dabei unstrukturiert und ist nicht an Organisationsformen und bestimmte Personen gebunden (z. B. Vereine, Trainer), wie dies in den klassischen Sportarten der Fall ist. Vielmehr steht hier das Lernen am Modell und das Prinzip von „trial and error" im Vordergrund.

Für die vielfältigen sportiven Praxen, die als Trendsportarten bezeichnet werden können, muss aufgrund ihrer unterschiedlichen Charakteristika auch eine differenzierte Kategorisierung erfolgen. Vor dem Hintergrund von Überlegungen zum Techniktraining beschreibt Mechling (1988) unter Berücksichtigung der Ausführungsbedingungen von Bewegungsfertigkeiten vier Fertigkeitstypen, die zur Einordnung der Trendsportarten verwendet werden können. Dabei wird grundsätzlich zwischen zyklischen und azyklischen Bewegungsformen unterschieden, die entweder unter weitgehend konstanten (geschlossenen Fertigkeiten) oder variierenden und nur bedingt vorhersehbaren Umweltbedingungen (offenen Fertigkeiten) ausgeführt werden.

Fertigkeitstyp 1 beschreibt Bewegungsformen, die unter konstanten Umweltbedingungen ausgeführt werden. Hier lässt sich das Speed-Skating auf der Rundbahn als zyklische Sportart einordnen. Zu diesem Fertigkeitstyp gehören auch einzelne azyklische Bewegungsformen, wie sie mit Inline-Skates, Skateboard oder BMX-Rad in der Halfpipe durchgeführt werden. Gleichwohl unterliegen diese „Tricks" kaum Normierungen wie einzelne Techniken im Turnen oder der Leichtathletik. Zu nennen sind hier auch die Fertigkeiten, die beim *Aggressive-* oder *Street-*Skating an Treppen, Geländern, Kanten etc. durchgeführt werden. Die relative Konstanz der Umweltbedingungen wird bei letzteren daran deutlich, dass die Bewegungsformen zwar am immer gleichen Hindernistyp (z. B. Treppe oder Bordstein) geübt und ausgeführt werden, dieser „Typ" aber standortbezogen variiert (z. B. Stufenanzahl, -breite, -höhe, -länge).

Als Fertigkeitstyp 2 werden Verbindungen von einzelnen geschlossenen Fertigkeiten unter konstant bleibenden Umweltbedingungen bezeichnet. Einzelne Techniken vom Fertigkeitstyp 1 werden hier miteinander verbunden, z. B. bei der Kopplung verschiedener Tricks beim Aggressive-Skating. Unter diesem Fertigkeitstyp können auch moderne Bewegungspraxen wie die verschiedenen Aerobicformen gefasst werden.

Trendsportarten wie Inline-Skating oder Skateboarding auf Verkehrsflächen (Fitness/Recreation), Mountainbiking, Snowboarding, Klettern usw. lassen sich dem

Fertigkeitstyp 3 zuordnen. Dabei handelt es sich um die Anpassung von Bewegungstechniken an ständig variierende Umweltbedingungen.

Fertigkeitstyp 4 bezeichnet dann Bewegungsformen, bei denen aufgrund vielfältiger situativer Variationen (z. B. durch andere Personen in Spiel- oder Kampfsportarten) ständig Anpassungen vorgenommen und neue Lösungen und Wege gefunden werden müssen. Hierzu zählen z. B. Inline-Hockey, Streetball, Streetsoccer oder die Beach-Varianten von Volleyball und Handball.

Vor dem Hintergrund der Vielfalt der Trendsportarten und ihrer unterschiedlichen Typologien wird deutlich, dass keine allgemeingültige Aussage zum Bewegungslernen in Trendsportarten vorgenommen werden kann. Weiterhin sind die Bedingungen und Anforderungen der verschiedenen Bewegungsformen bislang kaum sportwissenschaftlichen Analysen unterzogen worden. Lediglich für einzelne Sportarten, die sich bereits wieder einer Etablierung in der Sportlandschaft und einer Einbindung in Organisationsstrukturen nähern, liegen praxisorientierte Konzepte vor (z. B. Nagel, 1996 für das Inline-Skating). Grundsätzlich gelten für das motorische Lernen in Trendsportarten die in der Sportwissenschaft etablierten Methoden für das Erlernen und Trainieren von Bewegungstechniken, wie sie z. B. von Roth (1998), Brehm (1998) oder Wiemeyer (in diesem Band) beschrieben werden. Daher wird an dieser Stelle auf diese Methoden nicht mehr im Einzelnen eingegangen.

Nachfolgend sollen am Beispiel Inline-Skating exemplarisch Aspekte des motorischen Lernens in Trendsportarten dargestellt werden. Dabei wird das Beispiel Inline-Skating gewählt, da es mit seinen verschiedenen Varianten auch die unterschiedlichen Fertigkeitstypen repräsentiert. Weiterhin hat Inline-Skating, nicht zuletzt aufgrund seiner weiten Verbreitung, auch innerhalb der Sportwissenschaften verstärkt Beachtung erfahren (Nagel, 1998; Hänsel, Pfeifer & Woll, 1999), so dass auf einzelne methodische Ansätze zurückgegriffen werden kann.

3 Motorisches Lernen beim Inline-Skating

3.1 Praxiskonzepte und Analysen

Bislang liegen verschiedene Arbeiten vor, die eine erste Zuwendung der unterschiedlichen sportwissenschaftlichen Disziplinen zur Sportart Inline-Skating repräsentieren. Eine Übersicht liefern die von Nagel (1998) und Hänsel et al. (1999) herausgegebenen Sammelbände. Aus bewegungswissenschaftlicher Sicht existieren nur wenige Untersuchungen. Diese befassen sich mit Belastung und Beanspruchung beim Inline-Skating (Stallkamp, 1999; Heidjann & Nicol, 1999) oder Fragen der Muskelaktivierung (Pfeifer, Vogt, Alex & Banzer, 1999). Auch die Arbeiten von Lippens (1998, 1999) haben, hier im Kontext pädagogischer Fragestellungen, bewegungswissenschaftlichen Hintergrund.

Zu den speziellen Fragen des motorischen Lernens im Inline-Skating lassen sich auch international keine differenzierten wissenschaftlichen Auseinandersetzungen/Analysen finden. Allerdings existiert entsprechend der weiten Verbreitung der Sportart mittlerweile eine Vielzahl von Büchern, die die Vermittlung von Bewegungstechniken des Inline-Skatings zum Inhalt haben (z. B. Nagel & Hatje, 1997; Schaar & Platen, 2000; Ladig & Rüger, 2001). Vergleicht man den Aufbau und den Inhalt dieser Bücher so fällt auf, dass meist dieselben Techniken in den Vordergrund gestellt werden. Die differenzierteste Darstellung liefern Nagel und Hatje (1997), die die folgenden *Basisfahrtechniken* zusammenstellen:

- Grundschritt: Abstoßen und Rollen; Grundhaltung/Bereitschaftshaltung
- Bremsen (Fersenstopperbremse, T-Stop Bremse, Schneepflugbremse, Power-Slide)
- Kurventechniken (Skateposition bei Kurvenfahrt, Bogentreten, C-Cuts, vorwärts übersetzen, Bremsbögen)
- Rückwärtsfahren (rückwärts Bogen fahren („schlängeln", „twisten"), Rückwärtskurventechniken, rückwärts bremsen)
- Vorwärts-rückwärts Wendungen
- Überwinden von Hindernissen (Springen, Tiefentlastungen).

Insgesamt wird in keiner der Publikationen das motorische Lernen explizit thematisiert, es fehlen Begründungen für das methodische Vorgehen und es wird meist keine Strukturierung vorgenommen. Blickt man auf den jeweiligen Aufbau der Arbeiten, so scheint die Abfolge der dargestellten Basistechniken aber implizit den allgemein bekannten Empfehlungen für die Vermittlung von eher geschlossenen zu eher offenen Fertigkeiten zu folgen. Eine ausführlichere Darstellung theoretischer Überlegungen zum Bewegungslernen im Inline-Skating liegt von Schock (1998) vor, der Inline-Skating im Kontext zu verwandten Sport- und Bewegungsformen (Eislauf, Skilauf etc.) betrachtet und dementsprechend Basis-, Grundlagen- und Spezialfertigkeiten unterscheidet sowie die Fähigkeit zur situationsgemäßen Anwendung dieser Fertigkeiten betont (z. B. die Fertigkeit der Richtungsänderung in großen und kleinen Radien und deren Anwendung beim Befahren einer Fußgängerzone mit Passanten). Die Anwendung der erlernten Basistechniken in variabel gestalteten Situationen und die Kombination von Bewegungsformen mit vielfältigen Bewegungsaufgaben, teilweise entlehnt aus anderen Sportarten (z. B. Basketball oder Fußball auf Inline-Skates), beschreiben Nagel (1996) und teilweise auch Nagel und Hatje (1997). Hintergrund dieser Ansätze ist das Ziel, einerseits eine variable Verfügbarkeit der Inline-Skating Techniken herzustellen und weiterhin, die im Inline-Skating erworbenen Bewegungserfahrungen und Bewegungsmöglichkeiten im Sinne des *Cross-Trainings* zu nutzen.

Die oben genannten Basisfahrtechniken und die dazugehörigen Übungsformen können je nach Art der Ausführung und der gewählten Organisationsform als situationsorientierte Fertigkeitstypen auf dem von Brehm (1998) dargestellten Kontinuum zwischen abnehmender und zunehmender Variation der Umfeld- und Ausführungsanforderungen bzw. zunehmend geschlossener und offener Fertigkeit eingeordnet werden. Folgt man dieser Typisierung und den vorgeschlagenen allgemeinen Regeln für die Vermittlung der Fertigkeiten (von Anpassung und Gestaltung zu Normierung und Veränderung; vom Wesentlichen zum Unwesentlichen; vom Bekannten zum Unbekannten; von Einfach- zu Mehrfachanforderungen), ergibt sich für die jeweiligen Bewegungstechniken die Möglichkeit zur Entwicklung methodischer Reihen. Für das Erlernen des Grundschritts (Abstoßen und Rollen) könnte eine solche methodische Reihe folgendermaßen aussehen (vgl. Nagel & Hatje, 1997):

- Schulung der Grundhaltung ohne Skates
- Fallübungen ohne Skates
- Übungsformen auf einem Skate, Erlernen der Abstoßbewegung, Schulung des „Kanteneinsatzes“
- Grundhaltung auf Skates (evtl. mit Partnerhilfe, mit Haltemöglichkeit an Rollwagen etc.)
- Erlernen des Abstoßens und Rollens auf beiden Skates (evtl. mit Rollwagen) usw.

Die einzelnen genannten Übungsformen stellen jede für sich wiederum Situationen dar, die spezifischen Bedingungen unterliegen und damit spezifische Anforderungen an die Übenden stellen. So muss bei der Wahl der Übungen jeweils neu überlegt werden, welche Voraussetzungen die Teilnehmer mitbringen, welche Übungsform Grundlage für weitere Übungsformen sein kann, welche Redundanzen vorhanden sind und wie die einzelnen Formen aufeinander aufbauen. Bei der Zusammenstellung entsprechender methodischer Reihen verlässt sich der Lehrende meist auf seine Kenntnis der Bewegungsform sowie auf seine Lehrerfahrung und versucht dann, die verschiedenen potentiellen Übungsformen bestmöglichst im Sinne der vorgeschlagenen Regeln für die Vermittlung der Fertigkeiten zu nutzen. Das Vorgehen folgt also subjektiven Kriterien und ist insbesondere bei offenen Fertigkeiten, die unter vielfältigen Variationen der Umfeldbedingungen erlernt und angewendet werden müssen, nur bedingt operationalisierbar.

3.2 Koordinations-Anforderungs-Profile für das Inline-Skating

Ein strukturierter Zugang zur Planung und Vermittlung von Lernvorgängen sollte über eine detaillierte Bedingungsanalyse der jeweiligen Bewegungssituation erfolgen, um genaue Angaben über die Anforderungen an den Lernenden und Hinweise für die Auswahl adäquater Übungsformen zur Verbesserung der Aufgabenbewältigung zu erhalten. Neumaier (1999) schlägt für die Lösung solcher Problemstellungen im Bereich des Koordinationstrainings die Durchführung strukturierter Anforderungsanalysen von Bewegungsaufgaben vor. Eine solche Anforderungsanalyse beruht auf einem Strukturmodell koordinativer Anforderungskategorien (Neumaier, 1999, S. 111 ff.; Neumaier & Mechling, 1994). Dabei ist die Analyse konkreter bewegungsspezifischer Anforderungen an die Koordination aus der kritischen Auseinandersetzung mit der Insuffizienz des Fähigkeitskonzepts für Planung und Umsetzung eines gezielten Koordinationstrainings, wie sie in den letzten Jahren verstärkt geführt wurde (vgl. Neumaier, 1999, S. 91 ff.; Neumaier & Mechling, 1994), hervorgegangen. Eine Existenz übergeordneter koordinativer Leistungsvoraussetzungen wird demnach nicht mehr angenommen. „Bei der Suche nach einem Lösungsvorschlag stehen nicht die koordinativen Leistungsvoraussetzungen im Vordergrund, sondern das Augenmerk wird in einem Perspektivenwechsel primär auf die typischen koordinativen Leistungsanforderungen von motorischen Aufgabenstellungen gerichtet" (Neumaier, 1999, S. 111). Dabei werden innerhalb des Strukturmodells zwei Teile betrachtet: (1) die Informationsanforderungen (optisch, akustisch, taktil, kinästhetisch, vestibulär, sowie integrative Gleichgewichtsanforderungen) und (2) die Druckbedingungen (Präzisions-, Zeit-, Komplexitäts-, Situations-, Belastungsdruck). Die Ausprägung der einzelnen Anforderungen bzw. Bedingungen kann nun für eine spezifische Bewegungssituation auf einem Kontinuum zwischen niedrig und hoch bestimmt werden. Darauf basierend können gezielt Übungsformen zugeordnet werden, die wiederum eine Variation der jeweiligen Informationsanforderungen und Druckbedingungen ermöglichen. An dieser Stelle wird auch für motorisches Lernen im Inline-Skating die Verwendung solcher Koordinationsanforderungsanalysen vorgeschlagen, um diese als konkrete Hilfestellung bei der Auswahl von Übungsformen und deren Variationen zu nutzen.

Das in Abschnitt 3.3 beschriebene Beispiel stellt exemplarisch ein koordinatives Anforderungsprofil für ausgewählte Bewegungsaufgaben des Inline-Skating dar. Tabelle 1 und 2 beschreiben die koordinativen Anforderungen für das Erlernen der Basistechnik „Abstoßen und Rollen“. Es wurde der Versuch unternommen, den einzelnen Bedingungen jeweils beispielhaft Lernziele und Übungsformen zuzuordnen, wobei allerdings auch deutlich wird, dass bei Anfängern Überschneidungen von Druckbedingungen vorliegen, die eine differenzierte Auswahl spezifischer Übungsformen erschweren.

3.3 Anforderungsprofil für das Erlernen des Grundschritts – Abstoßen und Rollen mit Anfängern

Ziel- und Funktionsanalyse: Ziel des Abstoßens und Rollens auf Inline-Skates ist die sichere Überwindung einer Strecke ohne Gleichgewichtsverlust. Für den Anfänger liegt der Schwerpunkt hier darauf, die für das Abstoßen notwendige Fußstellung und Fußbelastung zu erlernen, die erzeugten Muskelkräfte in Vortrieb (Rollen) umzuwandeln, sowie das Gleichgewicht bei der Rollbewegung zu kontrollieren.

Bedingungsanalyse: Die Bewegungen des Skaters müssen durch Muskelkräfte erzeugt werden, wobei diese Kräfte auf ein relativ instabiles Widerlager (bewegliche Rollen der Skates) übertragen werden müssen. Die Positionierung der Skates in Relation zur Abstoß- und Rollrichtung beeinflusst die Kontrolle über Vortrieb und Gleichgewicht. In der Lernsituation sind die materiellen Umgebungsbedingungen konstant (ebener, glatter Boden) und die situativen Umweltbedingungen werden auf einem niedrigen Niveau konstant gehalten (z. B. geschlossener Raum, kein Verkehr, keine Passanten, genügend freier Raum für die Lernenden).

Tab. 1: Abstoßen und Rollen – *Informationsanforderungen*, Lernziele und Übungsbeispiele

Informations-kategorie	**Ausprägung (Auswahl)**	**Lernziel/Art der Variation**	**Übungsbeispiele**
Optisch (o)	*Gering*: Raumorientierung	Keine sinnvolle Variation	
Akustisch (a)	*Gering*: kaum relevante Eigengeräusche	Wahrnehmungslenkung auf Abstoß- und Gleitphase	Verbalisierung; Lautmalerei von Bewegungen; Unterstützung durch akustische Signale
Taktil (t)	*Hoch*: Druckempfindungen unter der Fußsohle und am Schaft des Skates	Wahrnehmungslenkung auf die sensorischen Informationen; Nutzung der Informationen zur Bewegungskontrolle	Verbalisieren von taktilen Empfindungen; Körperwahrnehmungsübungen zur Lenkung auf taktile Information; Variation taktiler Empfindungen durch Körperpositions-veränderungen: ohne Skates auf Matte/Boden, mit Skates auf Matte/Boden (evtl. mit Haltemöglichkeit)
Kinästhetisch (k)	*Hoch*: adäquate Muskelspannung der beteiligten Gelenke bei Gleich-gewichtskontrolle; rhythmisches An- und Entspannen der Muskulatur in Abstoß- und Gleitphase; Sensibilität für instabilitätsbedingte Positions-veränderung etc.	Grobform der Bewegung; Positions- und Spannungs-verhältnisse für die Erzeugung von Vortrieb und die Kontrolle des Gleichgewichts; Kennenlernen verschiedener Positions- und Spannungsverhältnisse	Imitation/Üben von Abstoß und Gleit-/Rollbewegung ohne Skates oder mit Teppichfliesen; Abstoß- und Rollbewegung mit einem Skate, mit beiden Skates (evtl. mit Haltemöglichkeiten: Rollwagen, Partner); Skaten mit unterschiedlichen Rollwiderständen etc.
Vestibulär (v)	*Hoch*: mittlere translatorische Beschleunigungen in medio-lateraler Richtung (Pendelbewegung); variierende Beschleunigungen in allen Ebenen bei Gleichgewichtsstörungen	Kennenlernen und Erlernen der rhythmischen Pendelbewegung; Kennenlernen von Informationen und Reaktion bei veränderten Gleichgewichtsbedingungen	Simulation der Pendelbewegung ohne Skates, Übungsformen mit veränderten Kopfstellungen: veränderte Kopfposition, lange Nase etc.; Fahren über Hindernisse (z. B. Wippe), Stehen/Fahren auf einem Skate usw.
Gleichgewicht (g)	*Hoch*: Integrative Leistung der Information aus k, v, t und o	Kennenlernen von Gleichgewichts-situationen auf instabilen Ebenen; Erlernen von Kontrollstrategien auf instabilen Ebenen und auf Skates bei Gleit- und Rollbewegungen	Vorbereitende Gleichgewichtsübungen auf stabilen und instabilen Ebenen; Stehvariationen (offene/geschlosse Augen) auf Boden/unterschiedlichen Matten, auf Sport-/Therapiekreisel, auf Wackelbrett usw.

Tab. 2: Abstoßen und Rollen – *Druckbedingungen*, Lernziele und Übungsbeispiele

Informationskategorie	Ausprägung (Auswahl)	Lernziel/Art der Variation	Übungsbeispiele
Präzisionsdruck	*Gering*: Rhythmisierung von Abstoß- und Gleitbewegung	Rhythmisierung von Abstoß- und Gleitbewegung	Unterschiedlich lange Gleitphasen; Akustische Unterstützung der Phasen; Skaten zu Musik
Zeitdruck	*Mittel*: schnelle Reaktion auf Gleichgewichtsveränderungen	Schnelle Reaktionen auf Veränderungen der Gleichgewichtssituationen	Reaktionsübungen (z. B. Ball fangen mit offenen und geschlossen Augen, Strecken auf Zeit laufen, evtl. Staffelspiele)
Komplexitätsdruck I (Simultankoordination)	*Hoch*: Adäquates muskuläres Zusammenspiel für Gleichgewichtskontrolle und Fortbewegung	Muskeleinsatz für Gleichgewichtskontrolle; Bewegungstechnik zur Fortbewegung; Arm-/Beinkoordination	Übungen zur Arm-/Bein-Koordination ohne Skates; Übungsformen zur Kontrolle des Gleichgewichts und zur Schulung der kinästhetischen Komponenten; Zusatzaufgaben
Komplexitätsdruck II (Sukzessivkoordination)	*Gering*: Zyklische Wiederholung der Bewegung	Rhythmisierung der Bewegung	Siehe Übungsformen zum Präzisionsdruck
Komplexitätsdruck III (Muskelauswahl)	*Hoch*: Auswahl der Muskelgruppen zur Erzeugung von Vortrieb und Gleichgewicht; Arm-/Bein-Koordination	Muskelauswahl für die verschiedenen Bewegungsformen	Übungsformen zur Kontrolle des Gleichgewichts und zur Schulung der kinästhetischen Komponenten; bei Fortgeschrittenen evtl. Zusatzaufgaben
Situationsdruck I (Komplexität)	*Gering*: ungewohnte Situation des Lernenden auf Rollen; sonst konstante Umweltbedingungen	Gewöhnung an Roll- und Gleitsituationen	Übungsformen zur Kontrolle des Gleichgewichts und zur Schulung der kinästhetischen Komponenten; bei Fortgeschrittenen evtl. Zusatzaufgaben
Situationsdruck II (Variabilität)	*Minimal*: keine Veränderungen der Bedingungen in der Halle	Raumorientierung	Verbesserung der Orientierungsbedingungen; Orientierungshilfen (Pylone, Markierungen)
Belastung I (physisch)	*Gering*: geringe konditionell-energetische Beanspruchung	Mit Anfängern keine Variation sinnvoll	
Belastung II (psychisch)	*Hoch*: Furcht vor Stürzen	Reduktion der Furcht vor Stürzen; Reduktion der Verletzungsgefahr	Schutzausrüstung; Fallübungen ohne und mit Skates; Reduktion/Verstärkung von Stressoren (Rampen, Hindernisse, Geschwindigkeit etc.

4 Ausblick

Die dargestellten Bewegungssituationen zeigen die Anwendung von Koordinations-Anforderungs-Analysen für die Sportart Inline-Skating und deren Übertragung auf Situationen des Bewegungslernens mit dem Ziel, konkrete Bewegungsaufgaben und Übungsformen für motorische Lernprozesse abzuleiten. Dieses Vorgehen ist auch auf weitere Bewegungsformen im Inline-Skating anwendbar, z. B. auf die komplexen Techniken beim Skaten in der Halfpipe oder auf die Optimierung der Bewegungsausführung im Spitzensport (z. B. Kurvenlauf im Speed-Skating). Für die bislang kaum analysierten Bedingungen des Bewegungslernens in den verschiedenen Trendsportarten erleichtert die Verwendung einer detaillierten Analyse koordinativer Anforderungen die Beantwortung von Fragen nach spezifisch notwendigem Bewegungskönnen und vorrangig zu schulenden Komponenten; dies bietet die Grundlage für eine Evaluation des methodischen Vorgehens.

Literatur

Brehm, W. (1998). Wie lehrt man offene Fertigkeiten? In Bielefelder Sportpädagogen (Hrsg.), *Methoden im Sportunterricht* (S. 47-63). Schorndorf: Hofmann.

Freienstein, T. (1999). Einfach abgefahren: das Mountainbike – Teil 1. *Leichtathletiktraining, 10* (9), 28-31.

Hänsel, F., Pfeifer, K. & Woll, A. (Hrsg.). (1999). *Lifetime-Sport Inline-Skating.* Schorndorf: Hofmann.

Heidjann, J. & Nicol, K. (1999). Belastung und Beanspruchung beim Inline-Skating – Eine biomechanische Untersuchung. In F. Hänsel, K. Pfeifer & A. Woll (Hrsg.), *Lifetime-Sport Inline-Skating* (S. 60-77). Schorndorf: Hofmann.

Kane, S. (1992). *Skateboard – Voll die Tricks.* Stuttgart: Pietsch.

Kaszas, K. (1997). *Beachvolleyball: Technik, Taktik, Training.* München: BLV.

Ladig, G. & Rüger, F. (2001). *Richtig Inline-Skating.* München: BLV.

Lippens, V. (1998). „Wider die Schwerkraft!" – Zum Konzept des „Bewegungsgefühls" beim Inline-Skaten. In V. Nagel (Hrsg.), *Inline-Skating: „neue" Bewegungskultur sportwissenschaftlich analysiert* (S. 63-76). Hamburg: Czwalina.

Lippens, V. (1999). Vom Balance-Halten zum rhythmischen Gleiten. In F. Hänsel, K. Pfeifer & A. Woll (Hrsg.), *Lifetime-Sport Inline-Skating* (S. 98-104). Schorndorf: Hofmann.

Mechling, H. (1988). Zur Theorie und Praxis des Techniktrainings: Problemaufriß und Thesen. *Leistungssport, 18*, 39-42.

Nagel, V. (1996). Cross-over auf In-Line-Skates. Crosstraining. *fit for fun, 9,* 100-103.

Nagel, V. (Hrsg.). (1998). *Inline-Skating: „neue“ Bewegungskultur sportwissenschaftlich analysiert.* Hamburg: Czwalina.

Nagel, V. & Hatje, T. (1997). *Inline Skating: Das Handbuch.* Berlin: Sport Verlag.

Neumaier, A. (1999). *Koordinatives Anforderungsprofil und Koordinationstraining.* Köln: Sport & Buch Strauß.

Neumaier, A. & Mechling, H. (1994). Taugt das Konzept der „koordinativen Fähigkeiten“ als Grundlage für sportartspezifisches Koordinationstraining? In P. Blaser, K. Witte & C. Stucke (Hrsg.), *Steuer- und Regelungsvorgänge menschlicher Motorik* (S. 207-212). St. Augustin: Academia.

Pfeifer, K., Vogt, L., Alex, S. & Banzer, W. (1999). Muskelaktivität beim Inline-Skating. In F. Hänsel, K. Pfeifer & A. Woll (Hrsg.), *Lifetime-Sport Inline-Skating* (S. 41-51). Schorndorf: Hofmann.

Roth, K. (1998). Wie lehrt man schwierige geschlossene Fertigkeiten? Bielefelder Sportpädagogen (Hrsg.), *Methoden im Sportunterricht* (S.47-63). Schorndorf: Hofmann.

Schaar, B. & Platen, P. (2000). *Inline-Skating.* Reinbek: Rowohlt.

Schildmacher, A. (1998). Trends und Moden im Sport. *dvs-Informationen, 13* (2), 14-19.

Schock, K. (1998): Inline-Skating aus handlungstheoretisch-fähigkeitsorientierter Sicht. In V. Nagel (Hrsg.), *Inline-Skating: „neue“ Bewegungskultur sportwissenschaftlich analysiert* (S. 77-92). Hamburg: Czwalina.

Schwier, J. (1998). „Do the right things“ – Trends im Feld des Sports. *dvs-Informationen, 13* (2), 7-13.

Stallkamp, F. (1999). Elektromyographische Untersuchungen zum Inline-Skating – Ein Vergleich zwischen Hartschalen- und Weichschalenschuh. In F. Hänsel, K. Pfeifer & A. Woll (Hrsg.), *Lifetime-Sport Inline-Skating* (S. 52-60). Schorndorf: Hofmann.

E.6 Bewegung und Bewegungslernen im Tanz

Gabriele Postuwka

Gliederung

1 Einleitung

2 Zum Phänomen Tanz
2.1 Begriffsbestimmung und Eingrenzung
2.2 Kennzeichnung der Tanzbewegungen

3 Bewegungslernen im Tanz
3.1 Stand der Forschung
3.2 Tanz lehren und lernen
3.3 Zur Beziehung von Tanz und Musik
3.4 Ausdruck und Präsentationsfähigkeit

4 Zusammenfassung und Formulierung von Forschungsperspektiven

Kurzreferat

Dieser Beitrag versucht eine Standortbestimmung vorzunehmen, will bisherige Befunde darstellen und auf offene Fragestellungen hinweisen. Gleichzeitig soll auf Besonderheiten des Bewegungslernens im Tanz aufmerksam gemacht werden und zwar: das *Bewegungslernen durch Imitation und Improvisation*, die *Beziehung von Tanz und Musik*, der Erwerb von *Ausdruck* und *Präsentationsfähigkeit*. Zum besseren Verständnis der Ausführungen werden zunächst der Gegenstandsbereich definiert und eingegrenzt sowie die Grundbewegungsformen identifiziert. Im Anschluss an die Darstellung des gegenwärtigen Forschungsstandes werden ausgewählte Aspekte des Lehr-Lernprozesses angesprochen, die wiederum Ausgangspunkt für die Formulierung offener Forschungsfragen sind.

Schlagworte

Bewegungsselbstkonzept, Exploration und Imitation, Gestaltungsfähigkeit, (Lernen durch) Improvisation, Musik, Rhythmus, rhythmisches Bewegungslernen, Sprache, tänzerische Sprachfähigkeit

1 Einleitung

Das Lehren und Lernen von Tanz kann auf lange Traditionen verweisen, gleichwohl existieren wenige Arbeiten, die sich mit *Bewegungs*lernen und Tanz befassen. Allerdings existiert eine Reihe von Beiträgen, die sich dem Thema *Erziehung im und durch Tanz* und *Tanz unterrichten* auseinandersetzen (vgl. Artus, 1988; Cabrera-Rivas, 1992; Fritsch, 1990; 1994; Haselbach, 1975; Laban, 1981; Rosenberg, 1997).

2 Zum Phänomen Tanz

2.1 Begriffsbestimmung und Eingrenzung

Der Tanz ist ein Phänomen, das sich einer eindeutigen Begriffsbestimmung entzieht, was es schwierig macht, über *das* Bewegungslernen im Tanz zu schreiben. Die Vorstellungen dessen, was Tanz ist, sind ebenso vielfältig wie seine Erscheinungsformen. Auch die Frage, wann ein Mensch tanzt, kann letztendlich nur von ihm selbst beantwortet werden oder von Zuschauern, die „sich auskennen". Wie soll man sich einem Phänomen annähern, das flüchtig ist, permanenten Veränderungen unterliegt und mit verschiedensten Intentionen gelehrt, gelernt und ausgeführt werden kann? Es gibt keine Lösung, und so wird dieser Beitrag in vieler Hinsicht unvollständig bleiben.

Zur Verdeutlichung des Phänomens Tanz und als Grundlage der weiteren Ausführungen sollen die verschiedenen Bereiche genannt werden, in denen sich Tanzenlernen vollziehen kann. Dabei werden nur jene Tanzrichtungen erwähnt, die vorrangig in Deutschland und Europa gelehrt und gelernt werden. Als diese lassen sich nennen: *Kindertanz und kreativer Tanz* (Tanz und Improvisation, Kontakt Improvisation), *Rock- und Poptanz* (z. B. Rock'n'Roll, Breakdance, Hip Hop), *Gesellschafts- oder Paartanz* (bestehend aus den Standardtänzen und den lateinamerikanischen Tänzen)[1], *künstlerischer Tanz* (z. B. klassischer Tanz, moderner Tanz, Ausdruckstanz, Elementarer Tanz, Jazztanz, Stepptanz, Tanztheater, aber auch Formen des höfischen Tanzes wie Menuett), *Volks- oder Folkloretanz und ethnischer Tanz* (z. B. Polka, Flamenco, afrikanischer Tanz etc.), *religiöser Tanz* (z. B. meditativer Tanz), *Varieté-Tanz und Musical Dance.*

Versucht man für all diese Erscheinungen eine allgemeingültige Definition zu formulieren, so lässt sich nur eine sehr weit gefasste Beschreibung wählen.

> Tanz ist ein Phänomen, bei dem der Körper auf rhythmische Art bewegt wird, meist zu Musik (u. U. ergänzt durch Sprache, Licht, Kostüm oder Objekte etc.), um z. B. eine kultische oder religiöse Handlung zu begehen, zur Ekstase zu gelangen, anderen Menschen zu begegnen, ein Gefühl oder eine Idee auszudrücken, eine Geschichte zu erzählen oder sich an der Bewegung selbst zu erfreuen. Instrument als auch Medium des Tanzes sind der menschliche Körper

---

[1] Langsamer und Wiener Walzer, Tango, Quickstep, Foxtrott (sog. Standardtänze) und Rumba, Samba, Cha-Cha-Cha, Paso Doble, Jive (lateinamerikanischen Tänze), aber auch Erscheinungen wie Rock'n'Roll, Twist, Boogie Woogie, Salsa, Merengue

und seine Bewegungen. Der Tanz kann symbolisch-expressiv oder abstrakt, spontan oder nach festgelegten Regeln gestaltet sein. (vgl. Postuwka, i. V.)

2.2 Kennzeichnung der Tanzbewegungen

Grundsätzlich kann fast jede Bewegung zur Tanzbewegung werden. Die Art der Ausführung (z. B. ganzheitlich oder polyzentrisch, fließend oder gebrochen, raumgreifend oder binnenkörperlich) ergibt sich durch die Intention der Tanzenden, den kulturellen Hintergrund etc. Betrachtet man die Bewegungen, in denen sich Tanz äußern kann, so lassen sich die folgenden nennen:

Schrittverbindungen (z. B. Gehen, Laufen, Hüpfen, Federn), *Stände und Sprünge* (ein- oder zweibeinig), *Drehungen* um verschiedene Achsen und in verschiedenen Positionen (im Stand, im Sitzen oder Liegen am Boden, auf dem Kopf beim sog. Headspin im Hip Hop, Rollen am Boden, in der Luft, im Flug mit Partnerhilfe), *Schwünge und Wellen, Bewegungen am Boden* (Liegen, Sitzen, Stützen, von einfachen bis schwierigen turnerisch-akrobatischen Bewegungen). Hinzu kommen jene Aktionen, die mit folgenden Begriffen versehen sind: *Fallen und Wiederaufrichten, Halten, Heben, Tragen, Werfen und Fangen des Partners.*

Unter dem Blickwinkel des Bewegungslernens lassen sich diese großmotorischen Bewegungen und tänzerische Fertigkeiten mehrheitlich den *geschlossenen Fertigkeiten* zuordnen, da die Bewegungsabfolgen nach gewissen Regeln oder Vereinbarungen festgelegt sind. Was das Erlernen der *Feinmotorik und des (Körper-) Ausdrucks* betrifft, d. h. Blickverhalten, Gestik, Mimik, Körperhaltung etc. scheinen bislang kaum Befunde über das Lernen vorzuliegen.

3 Bewegungslernen im Tanz

3.1 Stand der Forschung

Bislang existieren *in Deutschland* wenige Untersuchungen, die sich speziell mit dem Bewegungslernen im Tanz beschäftigen, vor allem herrscht bei den empirischen Untersuchungen Nachholbedarf.[2] Einen wesentlichen Beitrag lieferte

[2] Die Schwerpunkte der Tanzforschung in Deutschland liegen z. Zt. im historischen, künstlerischen, ästhetischen, kultursoziologischen, soziologischen und therapeutischen Bereich. In den USA, die seit Jahren über eine aktive und vielseitige Tanzforschung verfügen, werden Fragen des Bewegungslernens vorwiegend unter Bezug auf Unterrichten von Tanz (Teaching of Dance und Teaching Methods of Dance) behandelt, wobei u. a. auch Fragen wie Dance and Imagination, Dance and Creativity und Creating through Dance thematisiert werden.

Quinten (1994) mit ihrer Arbeit zum *Bewegungsselbstkonzept und seiner handlungsregulierenden Funktion* (am Beispiel des imitativen Bewegungslernens im Tanz). Sie lieferte einen Nachweis für den von ihr eingeführten Begriff des *Bewegungsselbstkonzepts* und legte zugleich wichtige Erkenntnisse über *selbstreflexive Prozesse beim Bewegungslernen, Strategien zur Bewältigung der Selbstdarstellung im Tanz und die Entwicklung von Lernstrategien* vor.

Unter dem Blickwinkel *Musik und Bewegung* befassen sich Hökelmann und Blaser mit der Thematik. In ihren Untersuchungen wollen sie u. a. Aufschluss über die Wirkung ausgewählter Musik auf bio-psychische Grundfunktionen von Sportlerinnen und Tänzerinnen und auf deren Bewegungsverhalten in der *Bewegungsimprovisation und Bewegungsgestaltung* erhalten (vgl. z. B. Hökelmann, Blaser & Ellenberger, 2000; Hökelmann & Blaser, 2001).[3]

Auf der Grundlage der phänomenologisch-anthropologischen und soziologischen Betrachtungsweise beschäftigte sich Fritsch mit Tanz, wobei sie u. a. der Frage der *Entwicklung von Ausdruck und tänzerischer Sprachfähigkeit* aber auch der *Gestaltungsfähigkeit* nachging (vgl. Fritsch, 1988; 1990; 1994). Im Zusammenhang mit der Analyse des Modernen Tanzes und den durch ihn eingeleiteten Neuansätzen geht Postuwka (1999) auch auf Lernen im Tanz ein.

3.2 Tanzen lehren und lernen

Tanzdidaktische Ansätze

Im schulischen und universitären Bereich in Deutschland diente ab Mitte der 70er Jahre vor allem die Didaktik der *Ästhetischen Erziehung* nach Hentig als Referenztheorie zur Formulierung von tanzdidaktischen Konzeptionen. Im Wesentlichen zielt sie darauf ab, die Wahrnehmung und Gestaltung der eigenen Umwelt zu genießen, zu kritisieren und zu verändern, ein Verständnis für die gesellschaftlichen Bedingungen und Wirkungen ästhetischer Phänomene zu entwickeln, und die Ich-Stärkung durch Sensibilisierung der Perzeption zu erreichen (vgl. z. B. Arbeitskreis für Tanz im Bundesgebiet, 1975). Tanzenlernen ereignet sich jedoch auch außerhalb von Bildungseinrichtungen, weshalb in diesem Beitrag ein erweitertes Verständnis von Tanzenlernen eingenommen wird. Damit lassen sich die Positionen zu der Frage, was und wie im Tanz gelernt werden soll, zwischen den

[3] Wenn auch das zentrale Anliegen dieser Forschungen nicht im Bewegungslernen liegt, so sind sie dennoch von Interesse, da sie die Zusammenhänge zwischen Musikwahrnehmung und Musikverarbeitung und deren Umsetzung in Bewegung aufzuklären versuchen.

beiden Polen des sogenannten *prozess-* und *produktorientierten Lernens* verorten, wobei heutzutage weitgehend Konsens darin besteht, dass Tanzenlernen über den Wechsel und die Kombination von prozess- und produktorientierten Phasen erfolgen soll bzw. erfolgt (vgl. Smith-Autard, 1994). Diese Art des Lernens wird häufig auch als Lernen über die Prozesse der *Imitation, Exploration* und *Improvisation* beschrieben. Damit soll gewährleistet werden, dass einerseits offene Aufgaben im Sinne des problemlösenden Unterrichts zur Schulung der Improvisationsfähigkeit vorkommen, aber auch geschlossene, in denen z. B. Fertigkeiten und Tanztechniken erworben und geübt werden (vgl. Smith-Autard, 1994, S. 26 f.). Diese Idee findet zunehmend im tanzkünstlerischen Bereich Aufmerksamkeit, da z. B. Choreographen wie Forsythe der Improvisationsfähigkeit eine Bedeutung zuschreiben (vgl. u. a. Forsythe in ZKM u. a., 1999, S. 35).

Methodische Ansätze

Im Hinblick auf das *imitative Lernen* bieten sowohl die Ergebnisse von Quinten (1994) als auch die Erkenntnisse der Bewegungs- und Sportwissenschaft Anhaltspunkte. Pöhlmann (1986, S. 221 f.) z. B. formulierte allgemeine Hinweise für das rhythmische Bewegungslernen, die auch Gültigkeit für das Tanzen lehren und lernen haben. Er nennt 8 Punkte: *Aspekt der Polarisierung* (Vereinfachung der Handlungsregulation, so dass voneinander abhebende Bewegungsausführungen betont werden wie „hoch – tief"), *Aspekt der rhythmischen Sprechweise* (Präzisierung des Rhythmusschemas mittels sprachlicher Impulse wie z. B. „links, rechts, links" etc.), *Aspekt der Rhythmusinstrumentierung* (Einsatz unterschiedlicher akustisch-rhythmischer Mittel, Klang- und Körperinstrumente wie Schnipsen, Klatschen), *Aspekt der serialen Rhythmusreihung* (Verwendung Rhythmischer Reihen, wobei die Auswahl und Verbindung dem Ziel entsprechen soll wie z. B. Wiederholen von „Schritt, Schritt, kick, ball, change"), *Aspekt der Spannungskontrolle sowie der Ökonomisierung* (Beachtung und bewusst machen der idealen Spannung und Entspannung der beteiligten Muskelgruppen), *Koordinationsaspekt des Rhythmus* (bei der Kopplung verschiedener Rhythmen, z. B. der Arme und Beine, ist es sinnvoll, erst die Rhythmen der einzelnen Zentren zu stabilisieren und dann zu koordinieren), *Kooperationsaspekt des Rhythmus* (Nutzung des Gruppenrhythmus zur Verbesserung der Orientierungs- und Antriebsregulation), *Kommunikationsaspekt des Rhythmus* (Einsatz von Darstellungsspielen und Gestaltungsübungen).

Mit Fragen und Problemen *des Lernens durch Exploration und Improvisation* setzen sich u. a. Artus und Mahler (1992), Fritsch (1990), Postuwka und Schwappacher (1999) auseinander und artikulieren unterschiedliche Aspekte. Einigkeit besteht darin, dass sog. kreative Bewegungshandlungen durch die Konfrontation mit „einem Problem" ausgelöst werden. Dabei hat sich nach Fritsch (1990, S. 112 ff.) die Methode der *Erschwerungen, Eingrenzungen und Einengung* als förderlich erwiesen, da einerseits die produktive Auseinandersetzung stark gefördert wird andererseits *Widerständigkeit* erfahren wird. Beide sind nach Fritsch für die Entwicklung tänzerischer Sprachfähigkeit wichtig. Beispiele für die Tanzpraxis finden sich bei Haselbach (1987), Kaltenbrunner (1998), Sportjugend NW (1996), Sportpädagogik (2001) und auf der CD-Rom von Forsythe (vgl. ZKM et al., 1999).

Anmerkungen zur Informationsaufnahme und Informationsverarbeitung

Bewegungslernen kann als Prozess aufgefasst werden, der sich durch die Wechselwirkung von Selbst- und Umwelterfahrung sowie zwischen Selbst- und Umweltveränderung vollzieht. Deshalb ist die Frage nach den Prozessen der Informationsaufnahme und Informationsverarbeitung von Bedeutung, schließlich gilt es zu berücksichtigen, ob und wie die Lernenden in der Lage sind, mit den vorhandenen Informationen (selbsterzeugte als auch umwelterzeugte) umzugehen.

Zentrale Funktionen hat das *visuelle Informationssystem,* indem es u. a. Informationen über den Raum, die Bewegung, die Mittanzenden etc. liefert. Seine Leistungsfähigkeit ist in Abhängigkeit von Alter, Vorerfahrung, psychisch-emotionalem Zustand, der Lehr-Lernsituation etc. unterschiedlich ausgeprägt. Cadopi (1994) z. B. ging der Frage nach, inwieweit Individuen in Abhängigkeit von Alter und Vorerfahrungen in der Lage sind, visuelle Informationen (Tanzsequenzen) zu erkennen, zu differenzieren und korrekte Erklärungen zu formulieren. Ihre Ergebnisse legen die Annahme nahe, dass Kinder zwischen 8 und 10 zwar kinetische Bilder entwickeln und diese auch als solche abspeichern, aber nicht in verbaler Form. Diese Interpretation steht nach Cadopi im Einklang mit anderen Befunden, die davon ausgehen, dass es einfacher ist, motorische Aktionen in Form von Bildern als in sprachlicher Form abzuspeichern.

Das *akustische Informationssystem* hat die Aufgabe, die Vielfalt der Eigen- und Fremdgeräusche zu organisieren und möglichst optimal zu verarbeiten. Neben vielen anderen Quellen spielen beim Tanzenlernen vor allem *Musik und Rhythmus* sowie *Sprache* eine besondere Rolle.

Zunächst zur *Musik*. Wenngleich sich Effenberg (1996) nicht mit Tanz befasste, so können seinen Ergebnisse Hinweise für das Tanzenlernen liefern. Er führte u. a. aus, dass musikbezogene akustische Informationen es ermöglichen, die Bewegungsvorstellung zu differenzieren und zu erweitern, und dabei helfen, eine Bewegungstechnik zu stabilisieren und zu präzisieren. Bei der Speicherung und Wiedergabe von Bewegungen spielt die *einheitliche* Wahrnehmung von Musik und Bewegung eine Rolle. Nach Hökelmann und Blaser (2001) ist bei der Wiedergabe von Bewegungen zu Musik die motorische Kompetenz zumindest bei Improvisationsaufgaben von Bedeutung, denn sie hat Einfluss auf die gelungene Ausnutzung des tänzerischen Potentials. Diese enge Beziehung zwischen Musik, Bewegung und Gedächtnis wird durch Ergebnisse der Hirnforschung gestützt, die darauf hinwiesen, dass unser Hörsystem direkt mit Gehirnstrukturen verbunden ist, die der Muskelkontrolle dienen (vgl. Jourdain, 1998, S. 50). Damit kann Musik als lernrelevantes Kriterium angesehen werden, wobei nur ansatzweise Kenntnisse über den „optimalen Umgang" mit Musik im Lernprozess bestehen (vgl. auch 3.3), denn das hochkomplexe Wesen Musik ist weit mehr als eine Summe akustischer Signale. Musik wird von jedem Menschen anders gehört, empfunden, erlebt, verstanden, umgesetzt und abgespeichert (vgl. Jourdain, 1998).

Neben der Musik muss der *Rhythmus* (als *Eigen-*, *Fremd-* oder *Gruppenrhythmus)* als weitere wichtige akustische Quelle genannt werden (vgl. Effenberg, 1996, S. 160 f.). Er kann u. a. dazu beitragen, Bewegungen zu strukturieren und Informationen zu einer umfassenden Vorstellung zu verdichten (Gestaltbildung, Chunking), wodurch es gelingt, freie Kapazitäten im Gehirn zu schaffen. Wie die Musik – ist auch er ein komplexes Phänomen, das individuell unterschiedlich empfunden und erlebt wird (vgl. Jourdain, 1998).

Die *Sprache* und *bewegungsunterstützende Lautmalerei* sind weitere wichtige Quellen, zu denen leider kaum Hinweise zum Tanzenlernen vorliegen. Von Interesse ist die Frage nach der Entwicklung von geeigneten Bildern und Metaphern, die hilfreich sind und die es erlauben, neben der Bewegungsgestalt auch den „richtigen" Ausdruck zu erlernen (vgl. z. B. Hanrahn & Salmela, 1990; Quinten, 2000a). Es wäre zu untersuchen, ob und inwieweit Ergebnisse aus der sportwissenschaftlichen Forschung (vgl. z. B. Munzert, 1997; Nitsch & Allmer, 2001) auf das Tanzenlernen übertragen werden können.

Informationen, die über den *taktilen, kinästhetischen und statiko-dynamischen Sinn* gewonnen werden, sind nicht minder bedeutsam. Allerdings scheinen Hinweise aus empirischen Untersuchungen zum Tanzenlernen zu fehlen.

3.3 Zur Beziehung von Tanz und Musik

Eine eindimensionale Beziehung zwischen Musik und Bewegung, wie sie im Fall der *funktionalen Musik* (vgl. Effenberg, 1996) vorgestellt wird, liegt im Tanz nicht vor. Je nach Zielsetzung kann Tanz *kongruent, analog, kontrastierend oder autonom* zur Musik ausgeführt werden (vgl. Vent & Drefke, 1982, S. 104). Musik hat aber auch eine *emotionale Komponente*, die die Motorik aber auch das Ausdrucks-, Sozialverhalten und die Befindlichkeit stimuliert und wesentlich beeinflussen kann (vgl. Jourdain, 1998, S. 374 ff.).

Für das Bewegungslernen im Tanz und die Tanzgestaltung spielt daher die „richtige" Auswahl und Umgangsweise mit der Musik eine wesentliche Rolle (vgl. z. B. Meusel, 1995; Postuwka, 1999, S. 75 ff.). Soll Musik bewegungsbildend wirken, z. B. in Vorübungen wie dem sog. Exercise, muss sie Kongruenzen und Analogien zur Bewegung aufweisen und zudem dem zu erlernenden Tanzstil gerecht werden. Meist wird jedoch die *Eigenständigkeit* des Tanzes gegenüber der Musik betont, denn erst dadurch entsteht zwischen beiden ein *positives Spannungsverhältnis*, das Tanzen ausmacht (vgl. Vent & Drefke, 1982, 104 ff.).

3.4 Ausdruck und Präsentationsfähigkeit

Erst wenn Tänzer in der Sprache ihres Mediums, *dem Körper, denken und sprechen können,* wird es ihnen gelingen, unmittelbaren Ausdruck (und Eindruck) zu erzeugen (vgl. Fritsch, 1990). In einem solchen gelungenen Prozess sind Inneres und Äußeres nicht voneinander getrennt, sondern aufeinander bezogen. Diesen Zustand, der gleichsam Voraussetzung für *Präsentationsfähigkeit* ist, erreichen Tanzende u. a. über den Weg des wiederholten Übens von prozess- und produktorientierten Bewegungsaufgaben, wobei zu beachten ist, dass das Üben ganz im Sinne Bernsteins zu „einem Wiederholen ohne Wiederholung" wird (vgl. Pöhlmann, 1986, S. 5). Hierdurch lernen sie, sich mit der Bewegung zu identifizieren und mit der Bewegung „eins zu werden". Durch diese Konzentration auf die Einheit und Stimmigkeit von Körper und Bewegung, Innen und Außen, dem Hier und Jetzt können Tänzer dann Flow (vgl. Csikszentmihalyi, 1991, S. 228 f.) sowie Freude und Präsenz im Tanz erfahren (vgl. Postuwka, 1992).

Aus der Lehr- und Lernpraxis ist jedoch bekannt, dass das Erreichen eines solchen optimalen Zustandes nicht immer und einfach zu erreichen ist, insbesondere dann, wenn Tanzenlernen im Rahmen einer Pflichtveranstaltung angeboten wird. Nach Quinten (1994; 2000b) ist es daher unerlässlich, dass sich die Lehrenden über die Chancen und *Risiken* der identitätsdynamischen Prozesse, die beim Tanzenlernen ablaufen, im Klaren sind und sich damit auseinandersetzen. Dass das Einfordern eines bestimmten Ausdrucks bzw. Eindrucks sogar Angst erzeugt und nicht nur die Bewegungsregulation nachhaltig stören kann, sondern auch die Identität, führte z. B. Abraham (1984) am Beispiel der Erfahrungen von Gymnastinnen aus. Tanzenlernen soll jedoch positive Gefühle und Freude bereiten, die Chancen dazu sind gegeben, sie müssen nur genutzt werden.

4 Zusammenfassung und Formulierung von Forschungsperspektiven

In diesem Beitrag wurde versucht, Hinweise zum Bewegungslernen im Tanz zu geben. Die Erfahrungen aus der Praxis weisen allerdings darauf hin, dass noch viele Fragestellungen auf ihre Bearbeitung warten. Als solche lassen sich nennen:

- Lehrende gehen im allgemeinen davon aus, dass die Lernenden in der Lage sind, das Gesehene zu erfassen und das Gehörte zu verstehen, ohne sich jedoch im Klaren darüber zu sein, was die Lernenden wirklich sehen, hören, fühlen und spüren, was sie wie verarbeiten und wie sie sich dabei fühlen. Wahrnehmungspsychologische Studien sind notwendig z. B. im Hinblick auf des Sehen von Bewegung (vgl. Studie von Cadopi, 1994), das Hören von Musik und Rhythmus, das Verstehen von Bewegungsanweisungen. Solche Untersuchungen müssten Aspekte des Alters und Geschlechts einbeziehen.
- Die von Hagendoorn (2001) begonnenen Studien zur „Wahrnehmung und Emotion im Tanz" und die Erforschung ihrer neurophysiologischen und psychophysischen Komponenten sollten als Aufforderung für weitere Forschungen angesehen werden, wie auch die Studien zu Musik und Bewegung, die von Hökelmann et al. (2000) begonnen wurden.
- Die Erforschung des motorischen Gedächtnisses und seine Rolle beim Abspeichern von Tanzverbindungen, die eine Dauer von 1,5 bis 20 min und mehr haben, ist zu intensivieren und Erkenntnisse für das Lernen, Behalten, Vergessen sowie Reproduzieren von Tanz daraus abzuleiten. Seniorentanz scheint sich beispielsweise sowohl als sehr gutes Training der Koordination als auch des Gedächtnisses zu erweisen.
- Aus der Erfahrung ist bekannt, dass ein Tanztraining, das auf den Prinzipien des modernen und klassischen Tanzes aufbaut, in besonderer Weise geeignet zu sein scheint, die Bewegungsqualität und damit die sportliche Leistungsfähigkeit zu verbessern. So ist aus den USA bekannt, dass Sportler

einiger Disziplinen wie Leichtathletik oder Football am Tanztraining teilnehmen, weil sie davon in verschiedener Hinsicht profitieren (vgl. Stewart, 1996). Gründe dafür könnten die Vielfalt der koordinativen Aufgaben, die spezifische Schulung der Beweglichkeit, die Verwendung von Musik, oder die Abwechslung, die dieses Training an sich bietet und es nie langweilig werden lässt, sein.

Literatur

Abraham, A. (1984). Anmut und Angst. In M. Klein (Hrsg.), *Sport und Körper* (S. 76-88). Reinbek: Rowohlt.

Arbeitskreis für Tanz im Bundesgebiet (Hrsg.). (1975). *Informationen über Tanz. Didaktische Konzeptionen,* Heft 4.

Artus, H.-G. (Hrsg.). (1988). *Gestalten in Gymnastik und Tanz.* Bremen: Universität Bremen.

Artus, H.-G. & Mahler, M. (1992). Kreativität im Tanz. Zur Anwendung theoretischer Grundlagen auf die Tanzpraxis. In M. Klein (Hrsg.), *Jahrbuch Tanzforschung* Bd. 2 (S. 37-60). Wilhelmshaven: Noetzel.

Cabrera-Rivas, C. (1992). Erziehung zum Tanzen oder Erziehung durch Tanzen? Gedanken über einen Weg zur Tanzpädagogik. In M. Klein (Hrsg.), *Jahrbuch Tanzforschung* Bd. 2 (S. 61-81). Wilhelmshaven: Noetzel.

Cadopi, M. (1994). Representation of Movement Speed in Dance by Novices. In J.R. Nitsch & R. Seiler (Hrsg.), *Bewegungsregulation und motorisches Lernen* (S. 118-125). St. Augustin: Academia.

Csikszentmihalyi, M. (1991). *Die außergewöhnliche Erfahrung im Alltag. Die Psychologie des flow-Erlebnisses.* Stuttgart: Klett-Cotta.

Effenberg, A. (1996). *Sonification – ein akustisches Informationskonzept zur menschlichen Bewegung.* Schorndorf: Hofmann.

Fritsch, U. (1988). *Tanz, Bewegungskultur, Gesellschaft. Verluste und Chancen symbolisch-expressiven Bewegens.* Frankfurt a. M.: Afra.

Fritsch, U. (1990). Tanz „stellt nicht dar, sondern macht wirklich". Ästhetische Erziehung als Ausbildung tänzerischer Sprachfertigkeit. In E. Bannmüller & P. Röthig (Hrsg.), *Grundlagen und Perspektiven ästhetischer und rhythmischer Bewegungserziehung* (S. 99-117). Stuttgart: Klett.

Fritsch, U. (1994). *Tanzen – Ausdruck und Gestaltung.* Karben: Afra.

Hagendoorn, I. (2001). *Perception, emotion and the nature of dance.* Zugriff am 15. November 2001 unter http://www.ivarhagendoorn.com/research/perception.html

Hanrahn, C. & Salmela J. (1990). Dance images – Do they really work or are we just imagining things? *Journal of Physical Education, Recreation and Dance, 61* (2), 18-21.

Haselbach, B. (1975). *Tanzerziehung.* Stuttgart: Klett.

Haselbach, B. (1987). Tanz, Improvisation, Bewegung. Stuttgart: Klett.

Hökelmann, A. & Blaser, P. (2001). Movement Formation under the Conditions of Improvisation and Choreography. In T. Jürimäe & J. Jürimäe (Eds.). *Proceedings of the Sport Kinetics 2001 Conference* (pp. 120-123). Tartu: University Press.

Hökelmann, A., Blaser, P. & Ellenberger, W. (2000). Musik durch Bewegung und Bewegung durch Musik. *Zeitschrift für Musik-, Tanz- und Kunsttherapie, 11*, 141-145.

Jourdain, R. (1998). *Das wohltemperierte Gehirn. Wie Musik und Kopf entsteht und wirkt.* Heidelberg: Spektrum Akademischer Verlag.

Kaltenbrunner, T. (1998). *Contact Improvisation. Bewegen, Tanzen, und sich Begegnen.* Aachen: Meyer & Meyer.

Laban, R. von (1981). *Der moderne Ausdruckstanz in der Erziehung.* Wilhelmshaven: Heinrichshofen.

Meusel, W. (1995). Musik und Bewegung. In W. Meusel & R. Wieser (Hrsg.) *Handbuch Bewegungsgestaltung* (S. 25-53). Seelze: Kallmeyersche Verlagsbuchhandlung.

Munzert, J. (1997). *Sprache und Bewegungsorganisation. Untersuchungen zur Selbstinstruktion beim Bewegungslernen.* Schorndorf: Hofmann.

Nitsch, J.R. & Allmer, H. (Hrsg.). (2001). *Denken, Sprechen, Bewegen.* Köln: bps.

Pöhlmann, R. (1986). *Motorisches Lernen. Psychomotorische Grundlagen der Handlungsregulation sowie Lernprozessgestaltung im Sport.* Berlin: Sportverlag.

Postuwka, G. (1992). Ausdruck und Bewegung. Bericht von einem Tanzprojekt. *sportunterricht 41*, 413-419.

Postuwka, G. (1999). *Moderner Tanz und Tanzerziehung. Analyse historischer und gegenwärtiger Entwicklungstendenzen.* Schorndorf: Hofmann.

Postuwka, G. & Schwappacher, A. (1999). Erfahrungen mit kreativem Tanz – Eine rückblickende Analyse. In Gesellschaft für Tanzforschung (Hrsg.), *Jahrbuch Tanzforschung* Bd. 9 (S. 63-94). Wilhelmshaven: Noetzel.

Postuwka, G. (i. V.). Definition Tanz. In P. Röthig & R. Prohl (Hrsg.), *Sportwissenschaftliches Lexikon* (7. Auflage in Vorbereitung).

Quinten, S. (1994). *Das Bewegungsselbstkonzept und seine handlungsregulierenden Funktionen.* Köln: bps.

Quinten, S. (2000a). Vorstellungsbilder und Bewegungslernen. In G. Klein (Hrsg.), *Tanz – Bild – Medien* (S. 245-265). Münster: Lit. Verlag

Quinten, S. (2000b). Effizienz und Kongruenz: Fundamentale Aspekte menschlichen Handelns. In D. Hackfort, J. Munzert & R. Seiler (Hrsg.), *Handeln im Sport als handlungspsychologisches Modell* (S. 133-151). Heidelberg: Asanger.

Rosenberg, C. (1997). Tanzen als Dialog mit der Welt – Zur Bedeutung eines dialogischen Bewegungsverständnisses für die Tanzpädagogik. In Gesellschaft für Tanzforschung (Hrsg.), *Jahrbuch Tanzforschung,* Bd. 7 (S. 195-209). Wilhelmshaven: Noetzel.

Smith-Autard, J. (1994). *The Art of Dance in Education.* London: Black.

Sportjugend NW im LandesSportBund Nordrhein-Westphalen (Hrsg.). (1996). *Praxismappe Tanzen. Einführung in die kreative Tanzerziehung.* Duisburg: Basis Druck.

Sportpädagogik (2001). Zeitschrift für Spiel, Sport und Bewegungserziehung, 5, Tanzen.

Stewart, L. (1996). *The effects of ballet cross training on a high school football program.* A professional paper M.A., Texas Women's University, Department of Performing Arts, Programs in Dance.

Vent, H. & Drefke, H. (1982). *Gymnastik/Tanz. Sport Sekundarstufe II.* Düsseldorf: Schwann.

ZKM (Zentrum für Kunst und Medientechnologie), Institut für Bildmedien, Shaw, J. & Deutsches Tanzarchiv Köln (Hrsg.). (1999). *William Forsythe Improvisation Technologies – A tool for the analytical dance eye* (CD-Rom).

Anhang

Inhalt

Index

Autorenverzeichnis

Index

A

Adaptation 190
age-functional-relationships 376
Aktionspotential 61, 74
Alles-oder-Nichts-Gesetz 63, 72
Allgemeines zentralnervöses Aktivierungsniveau (AZAN) 337
Alter 362, 469
Altersunterschiede 465
Alterungsprozess 462, 463, 466, 467
Analyse
  morphologische 46
Anforderungsanalyse 481
Angst 314
Ansatz multipler Strategien 362
Antizipationsleistung 159, 161
Antizipationstraining 161
antizipative Verhaltenskontrolle 232
Apperzeption 35
Assoziation 35
Assoziationslernen 414
Audiomotorik 415
audio-visuell 389
Auflösungsvermögen
  räumliches und zeitliches 177, 182
Aufmerksamkeit und implizites Lernen 251
Aufmerksamkeitsfokus 252, 255, 270, 271, 272, 274
Auge-Hand-Koordination 179
Augenfolgebewegung 97, 181
Ausdruck 494
Außensicht 221
Automatisierung 165, 166, 170, 171
Automatismus
  primärer 163
  sekundärer 164

B

Basalganglien 90, 222
Basketball 179, 182, 236, 272, 274, 281, 283, 319, 338, 480
Bedingungsanalyse 481, 482
Behalten
  Kontexteffekte 235
Behaviorismus 36, 134, 135
  Trainingsforschung 267
Belastungs-Beanspruchungs-Konzept 335
Belastungsdruck 481
Bereitschaftsinnervation 165, 166
Bewegungsaufgabe 41, 185, 186, 225, 269, 270, 314, 317, 318, 406, 410, 445, 447, 453
Bewegungsbeobachtung 181, 190, 210, 223
Bewegungsbeurteilung 176, 177, 181, 190
Bewegungsentwurf 112
Bewegungsgeschwindigkeit 68, 186, 199, 203, 464
Bewegungsgestalt 124
Bewegungshandeln 158, 198, 304, 315
Bewegungshandlungsanalyse 298, 300, 301, 303, 305
Bewegungshilfen 409, 410
Bewegungskoordination 20, 29, 31, 34, 38, 40, 44, 46, 47, 78, 105, 133, 176, 364, 443, 444
Bewegungslehre
  funktionelle 40
Bewegungslernen 198, 205, 213
Bewegungspriming 253
Bewegungsprogramm 113
Bewegungsregulation 186, 187, 190, 198, 200, 202, 207, 208, 209, 212, 213, 315, 321, 324, 461, 462, 495
Bewegungsrepräsentation 85, 89, 111, 113, 115, 253, 317, 320, 415, 416, 417
Bewegungssehen 181
Bewegungsselbstkonzept 490
Bewegungs-Sonification 209, 211
Bewegungssteuerung
  Ökonomie 110
Bewegungsstruktur
  funktionale 413, 414
  phänomenale 418
Bewegungsvertonung 209, 211
Bewegungswahrnehmung 181, 207
Bewegungsziel 422
Bildmischungsverfahren 390
Biomechanik 34
Blickmotorik 181, 182, 183
Blicksprung 182
Blickstrategie 182, 188, 190, 191

C

Center of Pressure 184, 185
Chronofotografie 34
common coding 37
common-coding-Hypothese 253

D

Deprivation 187
Didaktisch-methodischer Grundzyklus 439
Direkte Parameterspezifikation 162, 166, 167, 168
Diskrepanzinformation 284
Diskuswurf 188, 190

Doppeltätigkeit 469
Doppeltätigkeitskosten 164, 168, 169
Drei-Faktoren-Modell 337
Drillmethode 415
Druckbedingung 453, 481, 482

E

EEG (Elektroenzephalogramm) 33
Efferenz 143, 145
Efferenzkopie 145, 227
Eigensicht 296, 297, 303, 304, 305
Einkapselungsmodell 468
Eiskunstlauf 188, 190
Elektromechanische Koppelung 63
Elektromyogramm 106
Elektromyostimulation 393
Emergenz 135, 137, 138, 141
EMG (Elektromyographie) 33, 226, 287, 396, 468
Emotion 314, 315, 320
  Angst 314, 321, 322, 323, 324, 325
emotionale Prozesse 314, 321, 323, 325
Emotionstheorien 314
end-state comfort 111
Entwicklungspsychologie
  Lebensspanne 373, 377
Erhalt von Fertigkeiten 462, 466, 469
Ermüdung 332
Evolution 139, 140
Expertise 159, 161, 283, 319, 467, 470, 471
Exploration 491, 492
Expropriozeption 165

F

Fähigkeit
  motorische 184, 186, 190, 336
  sportmotorische 351, 352
Fähigkeiten
  koordinative 375
  motorische 374
Fähigkeitskonzepte
  dynamische 362
Faktorenanalyse 357, 374
Farbwahrnehmung 31, 191
Feedback 82
  extrinsisches 101, 170, 227, 268, 269, 281, 283, 284, 285, 287, 289, 390, 409, 410, 411, 415, 416, 419, 424
  präskriptives 267
Feedforward 82
Fehlsichtigkeit 178
Fertigkeit 132, 157, 158, 159, 164, 169, 171, 172, 190, 220, 224, 227, 228, 235, 246, 257, 336, 347, 351, 353, 355, 357, 360, 364, 376, 378, 406, 414, 416, 431, 438, 440, 456, 462, 464, 466, 467, 470, 477, 479, 480, 481, 489, 491
  geschlossene 158
  motorische 134, 406, 439, 449, 463, 464
  offene 158, 159, 162, 165, 166, 171, 172, 220, 223, 360, 477, 479, 481
Fertigkeiten
  motorische 374
Fertigkeitstypologie 476, 477, 478
Fiederungswinkel 58
Fließmuster
  retinale 199
Flimmerverschmelzungsfrequenz 178
Fovea centralis 177, 178, 181
Freiheitsgrade 31, 109, 110, 111, 137, 144, 417
Fremdsicht 296, 297, 299, 300, 301, 304, 305, 306
Frequenzierung 74, 76, 78, 79, 338
Funktion
  prototypische 113, 114
Funktionspotenz 200, 352
Funktionsspezialisierung 120
Fußball 177, 186, 480

G

Gangbild 93, 468, 469
Ganzheitspsychologie 38
Gedächtnis 38, 86, 163, 231, 232, 233, 234, 236, 238, 245, 246, 250, 253, 336, 350, 363, 463, 493
  deklaratives 233
  implizites Gedächtnis 244
  Langzeitgedächtnis 233
  perzeptuelles 252
  prozedurales 233
  Modell 232
Genauigkeit 100, 109, 118, 119, 159, 169, 200, 235, 268, 272, 317, 363, 465
general motor ability 350, 356
Generalisierbarkeit 350, 354
Geschwindigkeitsregulation 354
Gesichtsfeld 177, 178, 180, 181, 183, 191
Gestaltkreis 38
Gestaltpsychologie 37, 38, 39, 40, 207
Gestaltungsfähigkeit 490
Gleichgewicht 22, 27, 41, 47, 78, 112, 149, 163, 183, 184, 186, 187, 188, 190, 283, 356, 468, 470, 482
  Definition 186
Gleichgewichtsaufgabe 186, 188, 190, 271
Gleichgewichtsfähigkeit 184, 186
Gleichgewichtsregulation 96, 162, 184, 185, 186, 187, 189, 190, 356
Gleichgewichtstraining 185
Gleitfilamenttheorie 61
Gliederkettentheorie 44
Gymnastik 24, 43, 182, 269, 378

H

Habituation 188
Hammerwurf 188
Handball 68, 177, 182, 478
Handlungsfähigkeit
  sportmotorische 431

Handlungsmodell 300, 301, 303, 305
Handlungstheorie 133, 304, 415
Hirnströme 33
Homunkulus 86
Hürdenlauf 410

I

Imitation 491
implizites Lernen
    Ereignissequenzen 247
    finite Grammatik 246
    Merkmalskovariation 248
    motorische Fertigkeiten 249
Improvisation 491, 492
Information
    Diskrepanzinformation 284
    Korrekturinformation 284
    time-to-contact 165
Informationsanforderung 453, 481
Informationsverarbeitung 167, 171, 178, 267, 316, 360, 376, 415, 436, 462, 466, 467, 492
    ergänzende Information 265, 268, 275
    Informationstheorie 275
    präskriptives Feedback 267
    transition information 267, 268
Informationsverarbeitungsansatz 167, 171, 178, 316, 360, 376, 415, 436, 462, 466, 467, 492
Initiale Orientierung 272
Inline-Skating 476, 477, 478, 479, 481, 482, 485
Innensicht 221
Innervationsverhältnis 71
Instabilität 350
Instruktion 124, 225, 228, 249, 251, 257, 266, 267, 268, 269, 270, 271, 272, 273, 274, 275, 276, 277, 315, 390, 407, 409, 410, 411, 415, 416, 417, 418, 419, 424
    Aufmerksamkeitsfokus 252, 255, 270, 271, 272, 274
    Definition 266, 275
    initiale Orientierung 272
    Metapher 273
    Theorie 275
Instruktionspsychologie 266, 267
Instruktionstheorie 275
Intentionsregulierung 32
Interdisziplinarität 191
Internet 395
Interventionseffekt 297, 300
Invariante 213

K

Kampfrichter 177, 181
kinästhetisch 188, 481
Kinästhetische Vorstellungen 220
Kleinhirn 95
Knowledge of Performance 268, 282
Knowledge of Result 268, 282, 465
Kognition 314, 321
kognitive Hypothese 225
kognitive Prozesse 314, 323
kognitive Strukturen 315, 319
Kompensation 201, 338, 467, 468, 469, 470
Kompensationsstrategien 466, 470
Kompetenz
    motorische 466
Komplexitätsdruck 453
Komplexitätsreduktion 432
Konditionieren 135, 414
Kontextinterferenz (s. auch Übungsvariabilität) 423, 424
Kontextualismus 373, 377
Kontraktion
    exzentrische 68, 70
    isometrische 68
    konzentrische 68, 70
    tetanische 74
Kontraktionsgeschwindigkeit 69, 70
Kontrolle
    motorische 142
Konvergenzebenen 77
Koordination 28
Koordination, relative 33
Koordinations-Anforderungs-Profil 481
Koordinationshypothese 417
Koordinationstraining 453
Koordinative Fähigkeiten 355, 358, 435, 439
Körperhaltung 112
Körpermodell 391
Körperschema 30
Körperschwerpunkt 184, 187, 188
Korrektur 31, 146, 164, 227, 273, 315, 415, 455
Korrekturinformation 284
Kraftentwicklung 64
Kraftfähigkeit
    aktive Insuffizienz 66, 67
    passive Insuffizienz 67
Kraftfeld 117
„Kraftmuskel" 58
Künstliche Neuronale Netze (s. auch Neokonnektionismus) 414
Kurzzeitgedächtnis 389
Kybernetik 415

L

Langzeitgedächtnis 233
Lateralität 393
Lehren 406
Lehrformen 408, 409, 410, 412, 419
Lehrverfahren 267, 408, 410, 411, 415, 416, 418, 420, 421
Leib 22
Leistungsanforderung
    koordinative 372, 481
Leistungsfähigkeit
    motorische 371
Leistungsprinzip 39
Leitungsprinzip 39
Lernen 466

Assoziationslernen 414
Audiomotorik 415
durch Einsicht 416
Eigenschaften Lernende 406
Erhalt von Fertigkeiten 462, 466, 469
Handlungstheorie 133, 304, 415
implizites 169, 170, 244, 245, 246, 251, 253, 257
inzidentelles 249
Koordinationshypothese 417
Künstliche Neuronale Netze (s. auch Neokonnektionismus) 414
Kybernetik 415
lebenslanges 462
motorisches 131, 133, 138, 141, 406, 432, 433, 435, 437, 441, 449, 471, 478
Neokonnektionismus (s. auch Künstliche Neuronale Netze) 414
neue Bewegung 134, 170, 267, 271, 284, 318, 375, 449, 462, 463, 464, 469
Prinzipienlernen 416
Randbedingungen 58, 77, 110, 120, 123, 124, 137, 140, 144, 275, 406, 407, 411, 419, 421
Suchen und Entdecken 413, 417
unbewusstes 245
Visuomotorik 99, 415
Lernfähigkeit
motorische 372, 374
Lernforschung
differentielle motorische 373
Lerngeschwindigkeit 469
Lernphasen 157, 170, 239, 360, 437
Lerntransfer 190

M

Materie, selbstaktive 28
Mediatorenforschung 267
Messplatztraining 454
Messungen
anthropometrische 44
Metapher 138, 273, 275, 409, 417, 418, 493
Metaphysik 25
Methodologie 192
Modell
Impuls-Variabilitäts-Modell 113
inneres 107, 116, 120
inverses 108
Vorwärtsmodelle 107, 145
motorische Äquivalenz 110
Motorische Aufgaben 441
motorische Einheit 71, 72, 73, 74, 75, 76, 77, 338, 394
motorische Endplatte 62
Motorische Entwicklung und Lernen 437
motorische Karten 87
motorischer Lernprozess 449
motorisches Lernen
Bedingungen 375
Multifactor-Systems-Theory 359
Musik 490, 494
Muskelaktionsströme 33
Muskelkontraktion 24
Muskulatur
anatomischer Querschnitt 59
gefiederte, ungefiederte 58
physiologischer Querschnitt 59
seriell elastische Anteile 65
Musteranalyse
relationale kinematische 206, 210
Mustergeneratoren 114

N

Nervenimpulse 24
neuromuskuläres System 77
neuronale Zellverbände 255
Nicht-Gleichgewicht 47
Nystagmografie 187
Nystagmus 99, 102, 185, 188

O

occlusion paradigm 161
optic flow 190, 199, 200, 201, 202, 203, 204, 206, 207
Ordnung 20, 21, 28, 29, 37, 38, 47, 48, 85, 147, 213
Ordnungsparameter 122
Ordnungsprinzipien 20
Orientierung 46, 102, 112, 162, 176, 178, 188, 268, 272, 348, 364, 466, 470
Oszillator
nicht-linear 122

P

parallele Informationsverarbeitung 167
Paralyse 90
Parameteransatz 362
Parese 90
Parkinson 93, 94, 468
Pendeltheorie 34
Pflegewissenschaft 470
Phasenstruktur 46
Piloten 185
Plastizität 373, 377, 378, 381
kognitive 463
motorische 462
point-light-technique 205
postural 185
prämotorisches Areal 222
Präsentationsfähigkeit 494
Prävention 469, 470
Präzisionsdruck 364, 453
primärer motorischer Kortex 86, 222
primärer sensorischer Kortex 222
Prinzipienlernen 416
Problemlösen in komplexen Systemen 248
Programme
motorische 30
Programmierungs-Hypothese 226

Prozess-Dissoziations-Methode 257
Prozess-Produkt-Forschung 267
Psychologie
  Differentielle 372, 373
Psychophysik 34, 36, 37

Q

Querbrücken 63
Querbrückenzyklus 63
Querstreifung der Muskulatur 60

R

Radsport 164, 190, 205, 283, 319
Randbedingung
  Kopplung 124
Randbedingungen des Lernens 58, 77, 110, 120, 123, 124, 137, 140, 144, 275, 406, 407, 411, 419, 421
Reafferenzprinzip 33
Reaktion
  getriggerte 166
Reaktionszeit 111, 160, 166
Reflex 83, 31
  Beuge-Rückzieh-Reflex 163
Reflexantwort 163, 164
Reflexforschung
  experimentelle 31
Reflexmotorik 162, 165
Regelkreis 107, 108, 109, 114
Regelungstheorien 136, 137
Rekrutierung 76, 77, 78, 79, 338
  Rekrutierungsprinzip 79
Repräsentation 314, 315, 319
  Bewegungsrepräsentation 317, 320
  interne 317
  kognitive 316, 320
  Repräsentationsstrukturen 319, 320
  Repräsentationssysteme 315
    perzeptuelle 252
  Wissensrepräsentation 318
Repräsentationssystem
Retina 145, 165, 177, 180
Rhythmisches Bewegungslernen 491
Rhythmus 493
Ringen 186
Rotation 187, 188, 190, 192
  mentale 465
Rückmeldungen 109
  visuelle 108, 118, 119
Rückschlagspiele 182, 466
Rudern 188, 190, 281, 283, 299, 302, 318, 452
Ruhelänge 65, 66, 67, 69

S

Sakkade 182
Sakkadische Ortungsgeschwindigkeit 182
Sarkomer 60
Schema
  Motorikschema 137
  Schematheorie 135, 136, 137, 238
Schießsport 186
Schnellkraftniveau 337
Schwerkraft 117
Schwierigkeit 277
Schwimmen 182, 185, 298
Seele 22
Sehen
  peripheres 176, 177
  räumliches 183
  relativistisches 200, 205
  synchron-optisches 177
Sehschärfe 160, 176, 177, 179, 180
  dynamische 182, 183
Selbständigkeit 462
Selbstbestimmtes Üben 420, 421, 470
Selbstbewegung 39
Selbstorganisation 31, 37, 417
Sensomobilität 32
Sensoriktraining 188, 189, 190
Shaping 415
Simulator 396
Sinnesleistungen 192, 462
Sinnesmodalität 220
Sinnesphysiologie 176, 190, 191
Situationsdruck 454
Sonification 456
Spezifität 184
Spiegelschrift 124
SPOWIS 389
Sprache 193
Sprechen 125
Sprint 185
Stabilität 47, 185, 350, 354, 355, 356, 374, 452, 467
state/trait 350
Stereosehen 178, 180
Stereoskopie 392
Steuerkette 107, 108, 109, 110
Strategieansatz 362
Strategiewechsel 365
Struktur
  koordinative 30
Strukturelle Verlagerung 168, 170, 171
Sturzprävention 470
Subjektive Theorie 298
Super-Diagonal-Struktur 356
supplementär motorisches Areal 86, 222
Synchronisations-Strategien 303
Synergismus
  Definition 79
System
  attentionales 169
  motorisches 77, 183, 222, 433
  nicht-attentionales 169
Systeme
  dynamische 41, 141, 142
  offene 48

Systemtheorie
dynamische 417

T

Tanz 190, 378, 487, 488, 489, 490, 493, 494, 495
Definition 488
tänzerische Sprachfähigkeit 490
Tanzbewegung 489
tau 202
Tauchen 185
Technik
individuelle Ausprägungen 449, 457
Technikbausteine 364
Technikleitbild 445
Technikmodell 301
Techniktraining 304, 331, 332, 337, 351, 395, 443, 444, 445, 447, 449, 450, 453, 454, 456, 457, 458, 477
Arten 450
Definition 443, 444
Formen 452
Technikvoraussetzungstraining 449
Tennis 159, 177, 178, 179, 180, 182, 271, 273, 283, 319, 363
Test
direkter 256
indirekter 256
motorischer 184
Testing-the-Limits-Methode 377
Theorie relativistischen Sehens 200
Theoriebildung, interdisziplinäre 21
Tiefensehen 161, 176, 179, 180
Tischtennis 179, 180, 378
Topologie 41, 87
traits 350, 352, 365
Trampolin 185
Transformation
motorische 106, 107, 116, 117, 118
transition information 267, 268
Translation 188
trial-to-trial-Analyse 291
Turnen 21, 42, 43, 44, 45, 182, 225, 477

Ü

Üben 142, 406, 421
komponentenorientiertes Üben 439
könnensorientiertes Üben 439
Überlernen 422
Übung
Einzelübung 411, 412, 422
Übungsfolge 411, 412, 414, 416, 422
Übungsvariabilität (s. auch Kontextinterferenz) 272, 412
Übungsverteilung 412, 423, 424
Unterbestimmtheit 133, 144, 145
Unterstützungsfläche 184, 185, 187

V

Variabilität 38, 83, 113, 125, 165, 184, 276, 377, 379, 449, 466
Variable
kollektive 122
Variation 38
Vergessen
Interferenz 237
proaktiv 237
Retentionsintervall 233
Verhaltens-Erlebens-Kovariation 253
Verhaltenskontrolle
antizipative 138, 144, 255
Verkürzungsmuskel 58
Vermittlungsdialog 409, 419
Verschiebungsgradient 199, 202
Verschmelzungsfrequenz 75
Versklavungsprinzip 124
Verzögerungen 119
Vestibularorgan 176, 187, 188, 191, 212, 282, 316
Visuomotorik 99, 415
Visus 177, 179
Volleyball 184, 271, 272, 476, 478
Vorwärtsmodell 108, 143, 145, 146, 149

W

Wahrnehmung 23, 31, 36, 37, 38, 41, 100, 118, 144, 145, 146, 147, 150, 162, 166, 175, 176, 178, 181, 198, 199, 200, 201, 204, 205, 206, 207, 208, 209, 212, 213, 253, 254, 255, 256, 282, 319, 350, 361, 388, 389, 392, 418, 455, 490, 493, 495
Wahrnehmung ohne Bewusstheit 251
Wahrnehmungs-Bewegungs-Zusammenhang 38
Wahrnehmungsfunktionen
zeitmusteranalytische 201, 202, 204
Wahrnehmungs-Handlungsbezüge
intermodale 200, 208
Wahrnehmungspsychologie
ökologische 199, 207
Wassersport 187
Wasserspringen 188
Weitsprung 180
Willkürbewegung 26, 32, 33
Windsurfen 184
Wissen 317
Bewegungswissen 315, 317, 319
Wurf 125

Z

Zeitdosierung 354
Zeitdruck 158, 187, 239, 253, 354, 465
Zentralnervensystem 41, 162, 164, 176, 255
Zielfunktion 186
Zielgröße 110
Zielmotorik 32
Zieltechnik 445, 446, 447, 448, 457
Zylindrex-Modell 360

Autorenverzeichnis

Dr. Klaus Blischke

Universität des Saarlandes

Arbeitsschwerpunkte: motorisches Lernen, motorische Kontrolle, Entwicklung und Evaluation von Lerntechnologien, motorische Entwicklung, motorische Störungen

Kontakt: k.blischke@mx.uni-saarland.de

Home: http://web.swi.uni-saarland.de

Dr. Michael Brach

Rheinische Friedrich-Wilhelms-Universität Bonn

Arbeitsschwerpunkte: Methodenentwicklung, EEG im Sport, Motorik im höheren Lebensalter

Kontakt: michael.brach@uni-bonn.de

Home: http://www.sportinstitut.uni-bonn.de

Dr. Sven Bruhn

Albert-Ludwigs-Universität Freiburg

Arbeitsschwerpunkte: Trainingswissenschaft, Bewegungskoordination, Bewegungsregulation, funktionelle Gelenkstabilisation

Kontakt: sven.bruhn@sport.uni-freiburg.de

Home: http://www.sport.uni-freiburg.de

Prof. Dr. Reinhard Daugs

Universität des Saarlandes

Arbeitsschwerpunkte: Grundlagen des motorischen Lernens, Techniktraining

Kontakt: r.daugs@rz.uni-sb.de

Home: http://web.swi.uni-saarland.de

Marc-Oliver Dillinger

Arbeitsschwerpunkte: motorisches Lernen, motorische Kontrolle

Kontakt: oliver.dillinger@web.de

Home:

PD Dr. Alfred O. Effenberg

Rheinische Friedrich-Wilhelms-Universität Bonn

Arbeitsschwerpunkte: motorische Kontrolle, motorisches Lernen, Wahrnehmungspsychologie, integrative Wahrnehmungsmechanismen, multisensorische Integration, Wahrnehmungs-Handlungskopplung

Kontakt: effenberg@uni-bonn.de

Home: http://www.sportinstitut.uni-bonn.de

Prof. Dr. Albert Gollhofer

Albert-Ludwigs-Universität Freiburg

Arbeitsschwerpunkte: neuromuskuläre Kontrollmechanismen bei Haltung und Bewegung, neuromuskuläre Anpassung an Training, Bewegungsanalyse, Biomechanik des Bewegungsapparates

Kontakt: ag@sport.uni-freiburg.de

Home: http://www.sport.uni-freiburg.de

Dr. Markus Gruber

Albert-Ludwigs-Universität Freiburg

Arbeitsschwerpunkte: neuromuskuläre Kontrolle, Trainingsanpassungen, Biomechanik

Kontakt: markus.gruber@sport.uni-freiburg.de

Home: http://www.sport.uni-freiburg.de

PD Dr. Frank Hänsel

Johann-Wolfgang-Goethe-Universität Frankfurt am Main

Arbeitsschwerpunkte: Instruktionspsychologie, motorisches Lernen, kognitive Psychophysiologie, psychologisches Training, Körper- und Selbstkonzepte, Gesundheitspsychologie und Forschungsmethodologie

Kontakt: haensel@psych.uni-frankfurt.de

Home: http://www.uni-frankfurt.de

Prof. Dr. Herbert Heuer

Institut für Arbeitsphysiologie an der Universität Dortmund

Arbeitsschwerpunkte: Arbeitspsychologie und experimentelle Psychologie

Kontakt: heuer@ifado.de

Home: http://www.ifado.de

PD Dr. Falk Hildebrand

Universität Leipzig

Arbeitsschwerpunkte: Modellierung sportlicher Bewegungen mit Hilfe der Mehrkörperdynamik, Modellierung aerodynamischer und hydrodynamischer Prozesse im Leistungssport (speziell Diskuswurf und Sportschwimmen)

Kontakt: falk.hildebrand@iat.uni-leizig.de

Home: http://www.iat.uni-leipzig.de/iat/index.htm

Prof. Dr. Peter Hirtz

Ernst-Moritz-Arndt-Universität Greifswald

Arbeitsschwerpunkte: koordinative Fähigkeiten, motorische Entwicklung, Koordinationstraining, motorische Diagnostik

Kontakt: hirtz@mail.uni-greifswald.de

Home: http://www.uni-greifswald.de/~sport/sw_01a.htm

PD Dr. Ernst-Joachim Hossner

Justus-Liebig-Universität Gießen

Arbeitsschwerpunkte: motorische Kontrolle, motorisches Lernen, Koordinationstraining, Techniktraining, Sportspielforschung

Kontakt: enjo.hossner@sport.uni-giessen.de

Home: http://www.uni-giessen.de/~g51085

Prof. Dr. Albrecht Hummel

Technische Universität Chemnitz

Arbeitsschwerpunkte: Schulsportforschung, regionale Sportentwicklung

Kontakt: doritt.haugk@phil.tu-chemnitz.de

Home: http://www.tu-chemnitz.de/phil/

Dr. Gernot Jendrusch

Ruhr-Universität Bochum

Arbeitsschwerpunkte: Sinnes- und wahrnehmungsphysiologische Aspekte im Sport, Bewegungskoordination, Bewegungswahrnehmung, Wahrnehmungsschulung, Sicherheit im Sport

Kontakt: gernot.jendrusch@ruhr-uni-bochum.de

Home: http://sposerver.sportdekanat.ruhr-uni-bochum.de

Prof. Dr. Armin Kibele

Universität Kassel

Arbeitsschwerpunkte: Grundlagen des Maximal- und Schnellkraftverhaltens, biomechanische Leistungsdiagnostik, biomechanische Bewegungsanalyse, implizites Bewegungslernen, unbewusste Wahrnehmung im Sport

Kontakt: akibele@uni-kassel.de
Home: http://www.armin-kibele.de/

Prof. Dr. Jürgen Konczak

University of Minnesota

Arbeitsschwerpunkte: neuronale Basis motorischer Lern- und Kontrollprozesse, insbesondere die Rolle der Basalganglien und des Kleinhirns, sensomotorische Entwicklung im Kindesalter

Kontakt: jkonczak@umn.edu
Home: http://www.education.umn.edu/kls/research/motorlab/home.html

Prof. Dr. Jürgen Krug

Universität Leipzig

Arbeitsschwerpunkte: Bewegungskoordination, motorisches Lernen, Techniktraining

Kontakt: krug@rz.uni-leipzig.de
Home: http://www.uni-leipzig.de/~sportfak/frame/index1.html

Dr. Stefan Künzell

Justus-Liebig-Universität Gießen

Arbeitsschwerpunkte: motorische Kontrolle, motorisches Lernen

Kontakt: stefan.kuenzell@sport.uni-giessen.de
Home: http://www.uni-giessen.de/~g51027

PD Dr. Volker Lippens

Univerität Hamburg

Arbeitsschwerpunkte: pädagogische Bewegungslehre, subjektive Theorien in Lern- und Optimierungsprozessen, Interventionseffekte im Techniktraining

Kontakt: vlippens@uni-hamburg.de

Home: http://www.rrz.uni-hamburg.de

Prof. Dr. Richard A. Magill

Louisiana State University

Arbeitsschwerpunkte: motor skill acquisition processes and influences, especially implicit and explicit learning processes, forms of instruction, augmented feedback, practice schedules

Kontakt: rmagill@lsu.edu

Home: http://www.lsu.edu/kinesiology

Dr. Franz Marschall

Universität des Saarlandes

Arbeitsschwerpunkte: motorisches Lernen und Techniktraining, insbesondere Visualisation von Lehrmedien und Gestaltung von Feedbackprozeduren

Kontakt: f.marschall@mx.uni-saarland.de

Home: http://www.uni-saarland.de/fak5/swi/personen/frma.html

Prof. Dr. Heinz Mechling

Rheinische Friedrich-Wilhelms-Universität Bonn

Arbeitsschwerpunkte: Motorik- und Bewegungsforschung, motorisches Lernen, Techniktraining, Bewegungsdiagnostik, Alterssport

Kontakt: mechling@uni-bonn.de

Home: http://www.sportinstitut.uni-bonn.de

Prof. Dr. Jörn Munzert

Justus-Liebig-Universität Gießen

Arbeitsschwerpunkte: motorisches Lernen, kognitive Prozesse, mentales Training

Kontakt: joern.munzert@sport.uni-giessen.de

Home: http://www.uni-giessen.de/~g51010/

Prof. Dr. August Neumaier

Ruhr-Universität Bochum

Arbeitsschwerpunkte: Koordinationstraining, Techniktraining, Bewegungsbeobachtung und Bewegungsbeurteilung

Kontakt: August.Neumaier@rub.de

Home: http://sposerver.sportdekanat.ruhr-uni-bochum.de

Prof. Dr. Norbert Olivier

Universität Paderborn

Arbeitsschwerpunkte: motorische Kontrolle, motorisches Lernen, Techniktraining, Belastung und Beanspruchung, Trainingsgeräte, Multimedia

Kontakt: bewtrain@hrz.uni-paderborn.de

Home: http://sport.upb.de

Prof. Dr. Klaus Pfeifer

Otto-von-Guericke Universität Magdeburg

Arbeitsschwerpunkte: Trainings- und Bewegungswissenschaften, Gesundheitssport und Sporttherapie

Kontakt: klaus.pfeifer@gse-w.uni-magdeburg.de

Home: http://www.uni-magdeburg.de/ispw/index.htm

Dr. Gabriele Postuwka

Johann Wolfgang Goethe-Universität Frankfurt am Main

Arbeitsschwerpunkte: Tanz- und Bewegungspädagogik
Kontakt: postuwka@sport.uni-frankfurt.de
Home: http://www.sport.uni-frankfurt.de

Dr. Markus Raab

Max-Planck-Institut für Bildungsforschung

Arbeitsschwerpunkte: Urteils- und Entscheidungsforschung, motorisches Lernen, motorische Kontrolle
Kontakt: raab@mpib-berlin.mpg.de
Home: http://ntfm.mpib-berlin.mpg.de

Mathias Reiser

Justus-Liebig-Universität Gießen

Arbeitsschwerpunkte: motorische Kontrolle, motorisches Lernen, motor imagery
Kontakt: mathias.reiser@sport.uni-giessen.de
Home: http://www.uni-giessen.de/~g51051/

PD Dr. Thomas Schack

Deutsche Sporthochschule Köln

Arbeitsschwerpunkte: Angst im Sport, mentale Kontrolle, mentales Training, kognitive Architektur komplexer Bewegungen, soziale Kognition im Sport, dynamisches Testen und Veränderungsmessung
Kontakt: schack@hrz.dshs-koeln.de
Home: http://www.dshs-koeln.de

Dr. Nadja Schott

Justus-Liebig-Universität Gießen

Arbeitsschwerpunkte: Alterssport und Altersmotorik, Forschungsmethoden, Versuchsplanung, Statistik, motorische Entwicklung, Sportspielforschung, Sport in der Entwicklungszusammenarbeit

Kontakt: nadja.schott@sport.uni-giessen.de

Home: http://www.uni-giessen.de/~g51052/

Martin T. Spahr

Rheinische Friedrich-Wilhelms-Universität Bonn

Arbeitsschwerpunkte: Bewegungslehre, motorisches Lernen, Biomechanik, 3D-Echtzeit-Bewegungsvisualisierung

Kontakt: m.spahr@uni-bonn.de

Home: http://www.sportinstitut.uni-bonn.de

Prof. Dr. Josef Wiemeyer

Technische Universität Darmstadt

Arbeitsschwerpunkte: Bewegungskontrolle, Bewegungslernen, Bewegungswahrnehmung, Psychophysiologie, Informatik im Sport (Multimedia und unkonventionelle Modellierungsparadigmen), wissenschafts- und erkenntnistheoretische Aspekte der Bewegungsforschung

Kontakt: wiemeyer@ifs.sport.tu-darmstadt.de

Home: http://www.sport.tu-darmstadt.de/personal/wiemeyer/index.html

PD Dr. Rainer Wollny

Ruprecht-Karls-Universität Heidelberg

Arbeitsschwerpunkte: motorische Kontrolle, motorisches Lernen, motorische Entwicklung, Elektromyografie

Kontakt: i74@ix.urz.uni-heidelberg.de

Home: http://www.issw.uni-heidelberg.de

Beiträge zur Lehre und Forschung im Sport

DIN A5, 276 Seiten
ISBN 3-7780-1771-3
Bestell-Nr. 1772 € 21.80

Dr. Klaus Zimmermann

Gesundheitsorientiertes Muskelkrafttraining

Theorie – Empirie – Praxisorientierung

2., unveränderte Auflage 2002

Das Buch beinhaltet basierend auf dem aktuellen internationalen Erkenntnisstand relativ übergreifende, allgemeingültige theoretische Grundlagen und trainingsmethodische Verfahrensweisen zum primärpräventiv orientierten Muskelkrafttraining. Die Darstellungen erstrecken sich ausgehend von der Bedeutung und von Bestimmungsaspekten des Krafttrainings in der Primärprävention über die Kennzeichnung von gesundheitsrelevanten kraftrainingsinduzierten Hauptwirkungsrichtungen bis hin zur Herausarbeitung von methodischen Prinzipien wie auch Standpunkten zur Methodik des primärpräventiven Krafttrainings. Potentielle Ansatzpunkte für weitere, vor allem empirische Forschungen werden abgeleitet. Das Buch wendet sich nicht nur an Sport- und Gesundheitswissenschaftler sowie Studierende, sondern durch die hohe Praxisorientiertheit u. a. auch an Sportlehrer, Trainer, Übungsleiter, Sporttherapeuten, Krankengymnasten und die Gesundheitssportler selbst.

DIN A5, 264 Seiten
ISBN 3-7780-1851-5
Bestell-Nr. 1851 € 29.80

Susanne Tittlbach

Entwicklung der körperlichen Leistungsfähigkeit

Eine prospektive Längsschnittstudie mit Personen im mittleren und späteren Erwachsenenalter

Im Vordergrund dieses Buches steht die empirische Analyse der Ent wicklung der körperlichen Leistungsfähigkeit im mittleren und späte ren Erwachsenenalter hinsichtlich potentieller Einflussfaktoren.Ei eigenes Modell zur Entwicklung der körperlichen Leistungsfähigkeit abgeleitet aus bereits bestehenden Modellen, wird in einer Längs schnittstudie im Fünf-Jahres-Intervall empirisch überprüft. Im erste Schritt wird der Einfluss von soziodemographischen Variablen sowi der sportlichen Aktivität einzeln überprüft. Im zweiten Schritt erfolg die simultane Analyse von potentiellen Einflussfaktoren auf die Pro gnose der verschiedenen motorischen Fähigkeiten.

hofmann. VERLAG & DRUCKEREI

Postfach 1360, D-73603 Schorndorf
Telefon (07181) 402-125, Telefax (07181) 402-111
Internet: www.hofmann-verlag.de · E-Mail: bestellung@hofmann-verlag.d

Bewegungslehre

Format 15,1 x 21 cm, 204 Seiten ISBN 3-7780-7741-4
Bestell-Nr. 7741 € 17.80

Prof. Dr. Ulrich Göhner

Einführung in die Bewegungslehre des Sports

Teil 1: Die sportlichen Bewegungen

Die Einführung in die Bewegungslehre des Sports stellt die sportliche Bewegung in den Mittelpunkt ihrer Darlegungen. Schwerpunkte sind die Kapitel über das Kennzeichnen, das Beschreiben, das Ordnen und das Gliedern von sportlichen Bewegungen. Besondere Bedeutung hat das letzte Kapitel über „richtiges Bewegen" im Sport.

Format 15,1 x 21 cm, 224 Seiten ISBN 3-7780-7751-1
Bestell-Nr. 7751 € 23.50

Prof. Dr. Ulrich Göhner

Einführung in die Bewegungslehre des Sports

Teil 2: Bewegerlehre des Sports

Dem Anliegen der Buchreihe „Sport und Sportunterricht" entsprechend werden „zentrale Themen und Probleme, Begriffe und Ergebnisse auf einem der Hauptgebiete der Sportwissenschaft" so aufgearbeitet, dass der anvisierte Leserkreis (Lehrer an Schulen, Hochschulen und Ausbildungsstätten ebenso wie Trainer und Studierende in den verschiedensten sportwissenschaftlichen Ausbildungsgängen) eine Vorstellung von der Funktionsweise des (sportlichen) Bewegers bekommt.

Lieferbare Beiträge zur Lehre und Forschung im Sport

1 A. Seybold, **Pädagogische Prinzipien in der Leibeserziehung,** 7. Auflage 1973

2 U. Popplow, **Leibesübungen und Leibeserziehung in der griechischen Antike,** 5. Auflage 1972

3 J. Nöcker, **Die biologischen Grundlagen der Leistungssteigerung durch Training,** 8. Auflage 1989

6 H. Bernett, **Die pädagogische Neugestaltung der bürgerlichen Leibesübungen durch die Philanthropen,** 3. Auflage 1971

17/18 H. Lenk, **Werte – Ziele – Wirklichkeit der modernen Olympischen Spiele,** 2. Auflage 1972

25 O. Grupe, **Studien zur pädagogischen Theorie der Leibeserziehung,** 2. Auflage 1968

28 P. Röthig, **Rhythmus und Bewegung,** 3. Auflage 1981

32 H. Neumann, **Die deutsche Turnbewegung in der Revolution 1848/49 und in der amerikanischen Emigration,** 1969

36 D. Ungerer, **Zur Theorie des sensomotorischen Lernens,** 3. Auflage 1977

41 H. Haag, **Die amerikanische Gesundheitserziehung,** 1971

46 K. Widmer, **Sportpädagogik,** 2. Auflage 1977

48 A. Seybold, **Didaktische Prinzipien der Leibeserziehung,** 2. Auflage 1974

49/50 P. Röthig (Red.), **Sportwissenschaftliches Lexikon,** 6. Auflage 1992

52 H. Bernett, **Untersuchungen zur Zeitgeschichte des Sports,** 1973

59 M. Grosser, **Psychomotorische Schnellkoordination,** 1976

60 U. Herrmann, **Die Fußballfans,** 1977

68 D. Kramer-Lauff, **Tanzdidaktik,** 1978

73 W. Kuhn, **Funktionelle Anatomie des menschlichen Bewegungsapparates,** 3. Auflage 1992

76 J. Hilmer, **Allgemeine Didaktik und Sportdidaktik,** 1979

80/81 R. Zimmer, **Motorik und Persönlichkeitsentwicklung bei Kindern,** 2. Auflage 1996

83 R. Singer (Hrsg.), **Alterssport,** 1981

85 R. Erdmann (Hrsg.), **Motive und Einstellungen im Sport,** 1983

87 H. Bernett, **Der Weg des Sports in die nationalsozialistische Diktatur,** 1983

90 W.-D. Brettschneider (Hrsg.), **Alltagsbewußtsein und Handlungsorientierungen von Sportlehrern,** 1984

91 D. Kuhlmann, **Sprechen im Sportunterricht,** 1986

92 W.-D. Miethling, **Belastungssituationen im Selbstverständnis junger Sportlehrer,** 1986

94 A. Abraham, **Identitätsprobleme in der Rhythmischen Sportgymnastik,** 1986

96 Bielefelder Sportpädagogen, **Methoden im Sportunterricht,** 4. Auflage 2003

97 V. Scheid, **Bewegung und Entwicklung im Kleinkindalter,** 1989

98 K. Dietrich/K. Heinemann/M. schubert, **Kommerzielle Sportanbieter,** 1990

100 D. Martin/K. Carl/K. Lehnertz, **Handbuch Trainingslehre,** 3. Auflage 2001

101 R. Prohl, **Sportwissenschaft und Sportpädagogik,** 1991

102 B. Wurzel, **Sportunterricht mit Nichtbehinderten und Behinderten,** 1991

103 R. Eggers, **Skisport und Ökologie,** 199

104 G. Wulf, **Zur Optimierung motorischer Lernprozesse,** 1994

105 B. Haimerl, **Sportunterricht und Sportlehrfilm,** 1994

106 J. Baur/K. Bös/R. Singer (Hrsg.), **Motorische Entwicklung,** 1994

107 K. Heinemann, **Einführung in die Ökonomie des Sports,** 1995

108 H. Rieder/G. Huber/J. Werle, **Sport mit Sondergruppen,** 1996

109 G. Wydra, **Gesundheitsförderung durch sportliches Handeln,** 1996

110 H. Denk (Hrsg.), **Alterssport,** 1996

111 A. O. Effenberg, **Sonification,** 1996

112 R. Stelter, **Du bist wie dein Sport,** 1996

113 P. Kuhn, **Indoor-Sport und Ökologie,** 1996

114 J. Munzert, **Sprache und Bewegungsorganisation,** 1997

115 H. Haag (Hrsg.), **Sportphilosophie,** 1996

116 M. Tiemann, **Fitneßtraining als Gesundheitstraining,** 1997

117 J. Perl u. a. (Hrsg.), **Informatik im Sport,** 1997

118 E. Balz/D. Neumann, **Wie pädagogisch soll der Schulsport sein?,** 1997

119 Th. Schack, **Ängstliche Schüler im Sport,** 1997

120 K. Bös/W. Brehm (Hrsg.), **Gesundheitssport,** 1998

121 B. Gröben, **Einheitenbildung im Bewegungshandeln,** 2000

122 D. Kuhlmann, **Wettkampfsport: Domäne in der Defensive?,** 1998

123 M. Kolb, **Bewegtes Altern,** 1999

124 F. Hänsel u. a. (Hrsg.), **Lifetime-Sport Inline-Skating,** 1999

125 D. Martin u. a. (Hrsg.), **Handbuch Kinder- und Jugendtraining,** 1999

126 I. Hunger, **Handlungsorientierungen im Alltag der Bewegungserziehung,** 2000

127 K. Zimmermann, **Gesundheitsorientiertes Muskelkrafttraining,** 2. Auflage 2002

128 K. Beier, **Anreizstrukturen im Outdoorsport,** 2001

129 M. Wegner, **Sport und Behinderung,** 2001

130 A. Hummel/A. Rütten (Hrsg.), **Handbuch Technik und Sport,** 2001

131 Regensburger Projektgruppe, **Bewegte Schule – Anspruch und Wirklichkeit,** 2001

132 J. Perl / M. Lames / U. Glitsch (Hrsg.), **Modellbildung in der Sportwissenschaft,** 2002

133 H. Haag/A. Hummel (Hrsg.), **Handbuch Sportpädagogik,** 2001

134 J. Dieckert / C. Wopp (Hrsg.), **Handbuch Freizeitsport,** 2002

135 S. Tittlbach, **Entwicklung der körperlichen Leistungsfähigkeit,** 2002

136 H. Altenberger (Hrsg.), **Medien im Sport,** 2002

137 U. Pühse, **Soziales Handeln und kindliche Entwicklung,** 2003

138 R. Brand, **Schiedsrichter und Stress,** 2002

139 H. Denk / D. Pache / H.-J. Schaller, **Handbuch Alterssport,** 2003

140 W.-D. Miethling / C. Krieger, **Schüler im Sportunterricht,** 2003

141 H. Mechling/I. Munzert, **Handbuch der Bewegungswissenschaft – Bewegungslehre,** 2003